# 兒童發展

## 主動學習的觀點

## Child Development:

### An Active Learning Approach

Laura E. Levine & Joyce Munsch ◆ 著

陳增穎 ◆ 譯

# Child Development

## An Active Learning Approach

Fourth Edition

Laura E. Levine
*Central Connecticut State University*

Joyce Munsch
*California State University, Northridge*

# 關於作者

**Laura E. Levine**

密西根大學發展與臨床心理學博士。她曾在兒童精神醫院服務兒童與家庭，並在安娜堡私人診所工作了十年。之後，她搬到康乃狄克州，作為兩個孩子的全職母親長達六年。1994 年她重返學術界，在中康乃狄克州立大學教授兒童心理學和人生全程發展逾二十載，榮獲三次優良教學獎，目前是該校心理科學系的名譽教授。Levine 博士的研究重點是幼兒社會發展、媒體使用與注意力困難的相關性，曾發表於 *Developmental Psychology*、*Journal of Applied Developmental Psychology*、*Infant Mental Health Journal*、*Infant and Child Development*、*Computers and Education*、*CyberPsychology, Behavior, and Social Networking*，以及 *International Journal of Cyber Behavior, Psychology and Learning* 等國際期刊，並撰寫 *The Wiley Handbook of Psychology*（心理學）、*Technology and Society*（科技與社會）和 *The Encyclopedia of Cyberpsychology*（網路心理學百科）（以上皆為暫譯）等書中的章節。

Levine 博士致力於促進大學的卓越教學。她參與創設中康乃狄克州立大學的卓越教學中心，並在康乃狄克大學聯盟的董事會任職，以提升學習和教學成效。她在大學、地方和國家會議上為教職員工爭取到許多專案項目。Levine 博士在教學與學習上的學術成就，於 *New Directions for Teaching and Learning*、*College Teaching* 和 *International Journal for the Scholarship of Teaching and Learning* 期刊上有目共睹。

Levine 博士因《兒童發展：主動學習的觀點》（原文書第二版）一書榮獲教科書與學術作者協會頒發的 2020 年教科書卓越獎。

**Joyce Munsch**

康乃爾大學人類發展與家庭研究博士。她曾在德州理工大學擔任人類發展與家庭研究相關課程教職十四年，並在人文科學學院擔任研究副院長兩年。2002 年，Munsch 博士前往加州州立大學北嶺分校，擔任兒童與青少年發展學系的創系主任和教授，她目前是該系的名譽教授。

Munsch 博士的研究重點是青少年的壓力和因應及社交網絡。她的研究成果發表在 *Journal of School Psychology*、*Adolescence*、*The Journal of Early Adolescence*、*Journal of Research on Adolescence*，以及 *American Journal of Orthopsychiatry* 等期刊上。在她的整個職業生涯中，Munsch 博士管理支持社區發展項目的補助款。她是德州理工大學早期啟蒙計畫的共同主持人，也是德州青年委員會（少年司法部）三項補助款的聯合首席調查員，並在加州州立大學北嶺分校時期，管理十多年的 Jumpstart 計畫。她對社區服務學習的熱忱付出，使她在 2005 年獲得 CSUN 遠見社區服務學習獎。2012 年，她對洛杉磯郡的服務得到了郡監事會的表揚。Munsch 博士服務於德州理工大學時，被人文科學學院提名 Hemphill-Wells 新進教授卓越教學獎、Barnie E. Rushing Jr. 教師傑出研究獎、El Paso 能源基金會教師成就獎及總裁卓越教學獎。她還榮獲 Kathryn Burleson 教師服務獎和人文科學學院傑出研究獎。

Munsch 博士因《兒童發展：主動學習的觀點》（原文書第二版）一書榮獲教科書與學術作者協會頒發的 2020 年教科書卓越獎。

# 譯者簡介

## 陳增穎

現職：南華大學生死學系所副教授

學歷：國立臺灣師範大學教育心理與輔導學系博士
美國伊利諾大學香檳校區訪問學生

經歷：諮商心理師高考及格
國高中輔導教師
諮商與心理治療實務工作者及督導

譯作：《敘事治療入門》（2008，心理出版社）
《諮商概論：諮商專業的第一本書》（2012，心理出版社）
《團體諮商：概念與歷程》（2014，心理出版社）
《諮商技巧精要：實務與運用指南》（2015，心理出版社）
《悲傷諮商：原理與實務》（2016，心理出版社）
《40 個諮商師必知的諮商技術》（2017，心理出版社）
《社會心理學》（2019，心理出版社）
《兒童與青少年諮商：理論、發展與多樣性》（2021，心理出版社）
《青少年心理學》（2022，心理出版社）
《兒童發展：主動學習的觀點》（2024，心理出版社）

# 譯者序

翻譯完上一本書《青少年心理學》之後，我意猶未盡，心中老想著：雖然青春期很重要，但兒童期也很重要呀。所以我趕緊再上網搜尋，期盼能再找到好書跟大家分享。經過九個多月的努力，好像懷胎生子一樣，終於來到要呱呱墜地問世的一刻了。我就像世間其他媽媽一樣，總覺得自己的孩子最可愛，所以我也要跟各位讀者大秀我的母愛，你們挑這本《兒童發展：主動學習的觀點》來讀準沒錯。

除了我自己的成年子女和授課對象大學生、研究生之外，我的生活當中有兩位侄兒小搗蛋鬼，目前分別為 10 歲和 5 歲。不知道是因為先天遺傳還是後天環境的緣故，總之我這個不成材的中年姑姑，是兩個小兒童欺負的對象，我常常恐嚇他們我要打113，但可能小兒童們受限於認知發展，聽不懂大道理。我常想不知道他們什麼時候能趕快長大，但或許他們長大以後，我又會很懷念他們的小時候。

最後仍然是要感謝心理出版社林敬堯總編的大力支持，十多年來如一日；感謝執行編輯陳文玲的細心與耐心，一同催生本書。也許各位讀者在閱讀本書時，會忍不住回想起童年時光；有的不堪回首、有的想重頭來過、有的難以忘懷、有的卻是忘得一乾二淨了，這時你說不定會想找個長輩來問一下你小時候是什麼樣子。同樣地，你可能也會好奇，在社會變遷和數位科技下誕生的寶寶和兒童，和我們的童年有些什麼變與不變的地方。台灣已經進入「生不如死」的時代，兒童快變成保育類動物了，我衷心希望不變的是我們護佑下一代的心，今日的大人沒有辜負未來的孩子。

增穎

於南華大學學慧樓

# 目次

PART 1 認識與瞭解發展 001

Chapter 1．兒童發展的重要議題／003

Chapter 2．發展的理論／023

PART 2 生命的起源與生理發展 055

Chapter 3．遺傳與環境／057

Chapter 4．產前發育與新生兒／091

Chapter 5．生理發展：大腦與身體／127

PART 3 認知發展 177

Chapter 6．認知發展的理論／179

Chapter 7．智力與學業成就／225

Chapter 8．語言發展／259

PART 4 社會與情緒發展 301

Chapter 9．情緒發展與依戀／303

Chapter 10．認同：自我、性別與道德發展／347

Chapter 11．社會發展：社會認知與同儕關係／391

PART 5 發展的脈絡 429

Chapter 12．活動、媒體與大自然／431

Chapter 13．健康、幸福與韌力／467

名詞彙編／513

本書參考文獻置於心理出版社網站「下載區」

https://www.psy.com.tw

解壓縮密碼：9786267178005

# Part 1

# 認識與瞭解發展

*Chapter 1*

兒童發展的重要議題

·

*Chapter 2*

發展的理論

*Chapter 1*

# 兒童發展的重要議題

## 學習問題：

1.1 哪些人需要好好瞭解兒童發展？爲什麼？

1.2 兒童發展包含哪些領域？這些領域中有哪些反覆出現的議題？

1.3 兒童發展的背景脈絡爲何？

©iStock / FatCamera

©Peathegee, Inc / Getty

花點時間思考一下你為什麼想要瞭解兒童、青少年以及他們的發展。或許你很喜歡與孩子互動、想要更瞭解他們；又或者你的職涯目標是想與兒童或青少年一起工作。也許你想透過探索童年經驗如何影響往後的人生，更瞭解自己或其他認識的人；又或許你更具科學精神，想要好好理解、解釋發展過程的研究。你所設定的特定目標，將影響你如何運用本書的內容。

本書的內容和學習活動旨在透過不同方式激發你的思考。我們想與你分享許多令人聞之興奮的兒童與青少年發展主題，希望能激發你的好奇心，甚至想多學一點。當你讀完本書時，對於許多與發展相關的重要主題，將能打下堅實的基礎。我們希望能激勵你在完成本書的閱讀後，仍然會繼續花時間瞭解兒童以及兒童的發展。

本書第 1 章會介紹兒童與青少年發展的基本概念。首先瞭解為什麼要研究兒童，以及如何善用這些知識以促進兒童的正向發展。接著，我們要討論一些關於發展是如何發生的基本議題，最後會介紹影響兒童生活的不同背景脈絡。

## 為什麼要研究兒童發展？

### 學習問題 1.1・哪些人需要好好瞭解兒童發展？爲什麼？

許多人對研究兒童發展有興趣，原因在於這個主題本身不但很吸引人，而且相當重要。有些人希望自己將來成為父母後能夠學以致用；許多學生希望能成為與兒童一起工作的專家，或推動制定影響兒童和家庭的社會政策；另有些學生希望成為研究人員，進一步以科學方式瞭解兒童的成長與發展。這些都是研究兒童發展的好理由，以下將在本章一一探討。

### 瞭解發展過程

學生對研究兒童發展感興趣的原因之一，是可以探究嬰兒期、兒童期和青春期如何形塑成年後所扮演的角色。早期的心理學已認定童年經驗對發展具有特殊甚至獨特的影響。兒童長期發展的研究已經提供充分的證據，顯示早年的特質、行為和經驗，與許多成人後

**盡責**。這位小女孩在小時候就願意努力工作並與成年人合作，你可以預測她長大後會是什麼樣子嗎？
*©Shutterstock / Pixel-Shot*

的發展結果有關。然而，也有大量研究記載當代可見的變化數量和型態。在本書中，你會讀到一些在年少時經歷極端壓力或貧困兒童的故事，儘管如此，他們仍成長為健康、快樂和功能健全的人。

早期的發展階段對後期的發展和功能很重要，但這並不表示早期發展比後期發展更重要。相反地，發展是一個過程，每個階段都為隨後的階段奠定基礎，稱職教養的研究就是最好的例子。嬰幼兒時期得到細心呵護的養育，與其日後成為敏感、稱職的父母有關。然而，稱職的教養能力也受到兒童期與青春期的同儕社交能力，及成年早期戀愛關係能力的影響（Raby et al., 2015）。這項研究顯示，成長經歷和成年個體的心理功能息息相關。瞭解有哪些特徵或因素將發展軌跡導向正向與負向的結果，是兒童發展領域學者面臨的最大挑戰之一。

## 善用兒童發展知識

研究兒童發展的第二個原因，是能夠利用這些訊息來改善兒童和青少年的生活。瞭解兒童如何思考、感受、學習與成長，以及他們如何改變和維持不變，對於促進正向發展至關重要。這些知識可以幫助父母和家庭成員、與兒童和家庭一起工作的專業人士，並啟發制定影響兒童與家庭福祉的社會政策人士。

### 父母與家庭成員

**青少年父母**。年紀輕輕就成為父母的青少年，可能欠缺瞭解兒童發展的知識。參加親職教育計畫可以幫助他們對孩子有更切合實際的期望。
*©iStock / Imagesbybarbara*

充分瞭解孩子在各個發展階段的需求和能力，可以幫助每一位家長提供適當數量和類型的支持與刺激，促進孩子的成長和發展。當父母對孩子的發展有很好的瞭解時，他們就能夠與孩子進行更高品質的互動、使用更有效的教養策略，並提供更適合孩子發展的活動。只有當父母對孩子行為的期望切合實際，才可能使用有效的管教策略，減少使用嚴厲、懲罰的方式（Bartlett, Guzman, & Ramos-Olazagasti, 2018）。

然而，家人、朋友和網路等媒體訊息量排山倒海，很容易壓得為人父母者喘不過氣來。這些訊息經常相互矛盾、似是而非。在一項針對多元文化和族裔的新手父母研究中，研究人員發現，儘管父母想要獲取訊息，但他們更想知道在和孩子互動時，該如何使用這些訊息（Bartlett et al., 2018）。

儘管所有父母都應該具備兒童發展的相關知識，但這些知識對某些父母更為重要。一項針對高風險和弱勢父母（包括青少年母親、未婚母親和生活貧困者）的親職教育計畫所做的研究發現，許多旨在幫助父母更佳瞭解兒童發展的計畫，對孩子和母親雙方都有正面的效果（Chrisler & Moore, 2012）。對孩子來說，它可以減少行為問題；對母親來說，則提供了一個更能支持孩子的家庭環境，也對孩子有更切合實際的期望。另有旨在提高弱勢父母教養品質的長期研究顯示，這些計畫有助於子女完成高中學業、減少 19 歲之前懷孕生子的人數，以及減少 19 歲之前犯罪的人數（Reeves & Howard, 2013）。

## 兒童發展專業人士

如果你未來的職業可能要與兒童和家庭一起工作，你必得學習兒童發展。專業助人工作者透過不同的方式來促進兒童與青少年的正向發展、辨識問題和及早預防，並在問題發生時介入處理。

促進兒童和青少年的最佳發展，是教育領域專業人員（尤其是授課教師、資源教室老師、行政人員、輔導員、早期療育和教育工作者）、心理健康專業人員、青年服務人員、以服務兒童為主的社區組織代表的主要工作目標。社區組織人員、社區心理學家和外展工作者，是在問題出現之前就致力加以預防的專業人士；兒童治療師和家庭治療師則是幫助家庭解決現有問題的兩類專業人士；社工、心理學家、婚姻與家庭治療師以及兒童精神病學家，為家庭提供各種類型的介入措施。瞭解兒童發展有助於各個專業人士找到及運用能

**兒童發展相關的行業。**兒童發展的知識，對於從事許多不同行業的人（包括小兒科醫師、教師、社會工作者、輔導員、語言治療師、律師和護理師等）至關重要。如果你對與兒童一起工作的行業有興趣，有很多機會可供選擇。

*©iStock / FatCamera / iStock / SDI Productions / iStock / FatCamera*

支持鼓勵兒童與青少年充分發揮潛力的方法。

## 政策制定者

多數情況下，我們可以將兒童發展的知識直接應用到兒童工作中，但兒童與家庭的福祉也受到**社會政策（social policy）**法規和計畫的影響。立法者既希望提升國民未來的健康和成就，同時也希望控制計畫和服務的成本。精心構思和執行的法律政策可以做到這一點，美國國會就資助了許多支持兒童情緒健康與身體發展的計畫（National Conference of State Legislatures, 2019）。

關於兒童發展的知識如何指引和提供社會政策制定者資訊的例子，可參考 Walter Gilliam（2008）的研究。他是耶魯大學 Edward Zigler 兒童發展和社會政策中心的主任。Gilliam 博士發現，康乃狄克州學齡前兒童被退學的比例是 K-12 年級兒童的三倍以上。但他也表示，若有心理健康專家能幫助教師制定處理問題行為的策略，就可以減少兒童退學的情況。今日，多虧 Gilliam 博士的倡導，美國半數以上的州有提供幼兒心理健康諮詢服務（Perry, 2014）。

另一個正在實施的社會政策例子，是婦嬰幼兒特殊營養補充計畫（WIC），為低收入、有營養風險的女性和 5 歲以下嬰幼兒提供補充食品和營養教育。懷孕期間的良好營養有助於確保嬰兒的健康發育，幼兒期的良好營養則與兒童一生中許多正向結果有關。儘管這些結果很重要，但 WIC 在 2018 年財政年度就耗費了 53 億美元（U.S. Department of Agriculture, 2019b）。像這樣一個昂貴的計畫需要繼續實施時，立法者會要求該領域的專家提出證明這筆支出合理的研究。

針對 WIC 的研究發現，該計畫可以降低出生體重過輕或早產兒的風險（Rossin-Slater, 2015）；早產和低出生體重與許多負面的發育結果有關。WIC 參與者的嬰兒出生體重增加，醫療保健費用降低，從而節省了終生費用，表示該計畫的收益超過成本（Rossin-Slater, 2015）。諸如此類的訊息有助於政策制定者評估社會計畫的有效性，並在必要時對其進行修正。

**婦嬰幼兒特殊營養補充計畫（WIC）**。這位孕婦可以在農貿市場使用 WIC 的代金券，讓她可以得到對健康產前發育至關重要的營養飲食。支持此類計畫有效性的研究，幫助有需要的人持續獲得資金補助。
©*Tracy A. Woodward / The Washington Post via Getty Images*

美國許多機構組織會提供立法者和國民與兒童發展相關的訊息，目的是在紮實的研

**制定社會政策**。影響兒童與家庭的社會政策，制定者上從最高層的聯邦政府、下至地方學校董事會和社區委員會。有興趣的公民可透過寫信給民意代表、簽署請願書、為他們支持的組織工作和投下同意票，來參與制定社會政策。
*©iStock / YinYang*

究基礎上修正社會政策。表 1.1 包含其中幾個組織的名稱和使命，及它們的一些政策倡議或報告。每個組織的網站都有豐富的訊息，有興趣的讀者可以造訪相關網站，就你感興趣的主題蒐集與社會政策相關的數據。

作為國家的一份子，每個人在制定社會政策方面都發揮重要的作用。當我們聯繫立法者、簽署請願書並投票時，就是在為兒童的福祉發聲，並讓政策制定者知道我們期望政府頒布執行什麼樣的社會政策。我們對兒童的需求瞭解愈多，就愈能有效地代表他們倡議，推廣最能為他們服務的政策。

**表 1.1　社會政策組織**

| 組織名稱 | 使命 | 近期的政策報告 / 倡議 |
|---|---|---|
| 兒童未來<br>Future of Children (2019) | 「將有關兒童和青年的最佳社會科學研究，轉化為對政策制定者、實務工作者、資金提供者、倡議者、媒體和公共政策學系學生有用的訊息。」 | ・兒童與氣候變化<br>・重新審視婚姻和兒童福祉<br>・促進兒童健康的政策<br>・及早開始：從學齡前到三年級的教育 |
| 兒童發展研究協會（SRCD）<br>Society for Research in Child Development (2019) | 這是一個定期製作有關兒童發展主題政策簡報的專業組織。 | ・雙語學習者和英語學習者的人口結構變化：對學校成就的影響<br>・支持父母：60 年來的教養研究對政策和優質教養的啟示<br>・美國公立學校的體罰問題<br>・男孩和有色人種青年的發展 |
| 全國幼兒教育學會（NAEYC）<br>National Association for the Education of Young Children (n.d.) | 傳播知識並為專業成員培養能力、資格檢定和設立標準；為家庭提供以研究為基礎的資源；透過行動及重要優先政策，為兒童、家庭和幼兒專業人士倡議。 | ・創造機會幫助所有的兒童和家庭成功<br>・培養高品質的早期教育師資 |

## 學習檢定

**知識問題：**

1. 研究兒童發展的理由有哪些？
2. 誰可以從瞭解兒童發展當中獲益？
3. 兒童發展研究與社會政策之間的關係為何？

**思辯問題：**

你認為當今兒童面臨的最重要問題是什麼？公共政策如何解決這個問題？作為學生，你如何發揮影響力？

# 瞭解兒童發展

### 學習問題 1.2・兒童發展包含哪些領域？這些領域中有哪些反覆出現的議題？

想瞭解有關兒童發展的各個面向，無疑是一項艱鉅的任務。為了讓教材更容易閱讀，本書以幾種方式組織內容。其一是將內容劃分為生理、認知和社會情緒等不同的發展領域。我們把每個領域的焦點放在發展過程，故以年齡與生命階段來架構內容。多年來，兒童發展存在許多爭議問題。本書將簡要介紹一些概念，並在全書中的不同地方詳細說明。

## 發展的領域

發展的三個基本領域是：生理、認知和社會情緒。**生理發展（physical development）**涵蓋身體發生的生物變化，包括體型大小和力氣的變化，以及感覺和動作的整合。神經或大腦發育已成為主要的生理發展研究面向。**認知發展（cognitive development）**涵蓋思考、理解和推理方式的變化，含括知識的累積並運用知識解決問題，以及做決策的方式。**社會情緒發展（social-emotional development）**涵蓋學習與他人建立情感連結及良好互動；理解、表達和調節情緒，並瞭解他人的情緒。

**發展的領域**。研究發展時，我們著眼於兒童和青少年生理、認知和社會情緒發展的變化。
*©iStock / PeopleImages; iStock / SheStock; iStock / FatCamera*

雖然區分這些領域有其用處，但重要的是明白它們之間會不斷地交互作用。例如，青少年在短時間內經歷劇烈的生理變化，但這些變化也會影響社會發展。隨著青少年的外表變得愈來愈像成人，周遭大人開始像對待成人一樣地對待青少年，賦予他們新的責任並期待他們更加成熟，這些新的經驗反過來又有助於青少年的認知發展。以此類推，當幼兒學會走路並可以自己四處走動時，他們與照顧者之間的關係就會發生變化——聽到**不可以**這個詞的頻率變多了，大人要好好盯著他們，免得他們遇到危險。當然，幼兒探索環境的能力增強，也讓他們有更多機會來探索瞭解這個世界，促進了認知發展。

## 年齡與階段

審視發展時，會研究不同年齡和階段的變化是如何發生的。我們使用**嬰兒期**、**學步期**、**幼兒期**（兒童早期）、**兒童中期**和**青春期**等名詞，來界定出某些行為或特徵有別於其他階段的廣泛發展時期。

在**嬰兒期**（出生第一年），嬰兒得完全依賴照顧者，但他們已經可以使用所有的感官探索外在世界，接著發展必要的動作技能。嬰兒會對照顧者形成強烈的情感依戀，並為學習語言奠定基礎。**學步期**（1-3 歲）的幼兒繼續發展他們的動作技能，積極地探索他們的生活世界。在這段期間，語言以驚人的速度發展，他們會嘗試自己完成事情，逐漸表現出獨立性和自主性。在**幼兒期**（3-6 歲），幼兒透過遊戲認識物理和社會世界。隨著同儕變得愈來愈重要，幼兒學習必要的技能來理解他人的想法與感受。在**兒童中期**（6-12 歲），兒童發展出更有條理的認知思考能力，學校成為發展的主要環境。在這個階段，兒童更清楚地知道自己是誰以及自我的獨特之處，遊戲與同伴是他們生活中不可或缺的部分。青春期的生理變化，顯示從兒童期過渡到**青春期**（12-18 歲）。青少年的體形愈來愈像成人，同時懂得以更抽象的方式思考和推理，並對個人的身分和未來方向發展出強烈的認同。家庭對青少年來說仍然很重要，但同儕關係的重要性更勝以往。

## 兒童發展的議題

關於兒童，我們都有自己的看法和經驗。請花幾分鐘想幾個能說明你對兒童發展看法的句子。你相信不打不成器嗎？或者歹竹出好筍？你認為兒童就像小海綿嗎？還是「咻」地一下就長大了？這些民間智慧都涉及兒童發展一直爭論的問題。本節將介紹一些反覆出現的爭論，並在之後各章節持續不斷地審視這些論點。

### 遺傳基因與環境教養

縱觀歷史，人類的行為、思考和感覺究竟是受到先天**遺傳基因（nature）**，還是後天**環境教養（nurture）**影響的問題，已經左右了我們如何理解人類為何以某些方式行動，以及如何解釋人類行為。這場爭論最初被說成是遺傳**對比**（versus）環境。例如，假設你是一個好鬥（或害羞，或外向……）的人，研究人員想知道你好鬥是因為你「天生就是這樣」，你的基因決定了結果；還是因為你的成長環境讓你學會好鬥。研究人員最初各執己見、爭論不休，但很顯然地，任何發展結果都是兩者的相互作用。

對於行為是與生俱來的還是後天養成的疑問，就好像在問汽車是否需要引擎或車輪。一輛車子除非兩者兼備，否則去不了任何地方；想要到達目的地，兩者必須共同合作。**表觀遺傳學**（epigenetics）告訴我們，重要的不僅是有哪些基因，還包括基因在做什麼、基因如何受所處環境的影響（Nesterak, 2015）。我們已經離開了「遺傳**對比**環境」（nature *versus* nurture）的時代，進入了「遺傳**憑藉**環境」（nature *through* nurture）的時代。很多基因，特別是與特質和行為有關的基因，都是透過與環境不斷相互作用的過程才得以呈現出來的（Meaney, 2010; Stiles, 2009）。我們將在第 3 章進一步討論這些想法。

## 連續與不連續發展

發展是一連串的小步驟、一點一點地改變行為，還是快速增長？在第 2 章及本書的其他章節，你會學習到某些兒童發展理論將發展描述為一系列的階段，類似於上面說的「快速增長」，在這些理論中，每個階段都有別於前後階段的特徵；而某些理論說明的則是微幅改變的發展過程。

描述這兩種發展觀的一種方式是，連續發展代表量變，不連續變化代表質變（見圖 1.1）。**量變（quantitative changes）**指的是測量到的數量變化。例如，隨著年齡增長，兒童的身高增加。他們學習到愈來愈多新的單字（詞彙量增加），獲得更多的事實知識（知

**圖 1.1　量變與質變**。兒童成長中發生的某些變化是量變的，正如這棵樹所示，隨著年齡的增長而變得更大。而兒童成長中的某些變化是質變的，就像這隻蝴蝶一樣，在發展的每個階段都會改變形態。

識庫中的訊息量增加）。然而，某些發展面向並不僅僅是身高高度或字詞量的累積。相反地，它們是過程或功能的整體性質變化的**質變**（**qualitative changes**），結果完全不同。例如，步行與爬行有質的不同，思考正義或公平等抽象概念與知道更具體的事物（例如 50 個州的首都）也有質的不同。一般來說，**階段理論**（**stage theories**）以質或不連續變化來描述發展，**增量理論**（**incremental theories**）則將發展視為數量增加或連續性的變化。這兩種類型的理論雖然看到發展的同一面向，但描述的方式卻截然不同。

## 穩定與變化

在發展的過程中我們改變了多少？隨著成長、發展和成熟，我們基本上和以前一樣沒什麼改變，還是一直在重塑自己？研究證據顯示，穩定與變化同時出現在發展中。例如，焦慮、憂鬱（Lubke et al., 2016; Nivard et al., 2015）、害羞（Karevold, Ystrom, Coplan, Sanson, & Mathiesen, 2012）和攻擊性（Dennissen, Asendorpf, & Van Aken, 2008）等特質隨著時間推移趨於相對穩定，然而，有所改變的是這些特質的具體表現方式。例如，幼兒生氣時會打、踢或扔東西，而學齡兒童可能用嘲笑、譏諷和辱罵來表現攻擊性（Lui, Lewis, & Evans, 2013），青少年則以社交手段，如散布謠言或排擠他人來相互攻擊（Wang, Iannotti, & Luk, 2012）。

發展的穩定與變化例子之一為，檢視兒童從童年期到青春期的自尊變化。在第 10 章會看到，年幼兒童通常對自己和自己的能力有很高的評價，但這種高自尊卻隨著他們進入學校而下降，他們對自己能力的評估變得更為實際。青春期早期通常會再下降一次，接著在青春期之後穩步上升。光看這些與年齡有關的變化，會以為自尊出現相當大的變動。然而，若將焦點轉移到個人身上，可以發現兒童、青少年和成人的許多人格特質（包括自尊），在相對位置上往往沒有什麼變化。從這個角度來看，穩定性相當地高。在兒童期自尊得分較高者，到了青春期甚至成年期，依然維持較高的自尊分數（Trzesniewski, Donnellan, & Robins, 2013）。圖 1.2 說明自尊特質的變化與穩定性。

## 個別差異

科學研究致力於找出描述平均或典型模式的一般原則，對經常發生的事提出概括性的說明。我們不需要花太多時間觀察兒童或青少年，就可以知道每個人與其他人不一樣。對兒童的研究需要處理發展的兩個面向——幾乎所有個體普遍共有的面向，以及個體之間不同的面向。

本書將帶你瞭解從研究中得出的一般性結論。儘管這些通論是正確的，但也有許多例外情況是原先沒有預想到的。例如，生活貧困的兒童面臨許多發展和心理健康問題的風

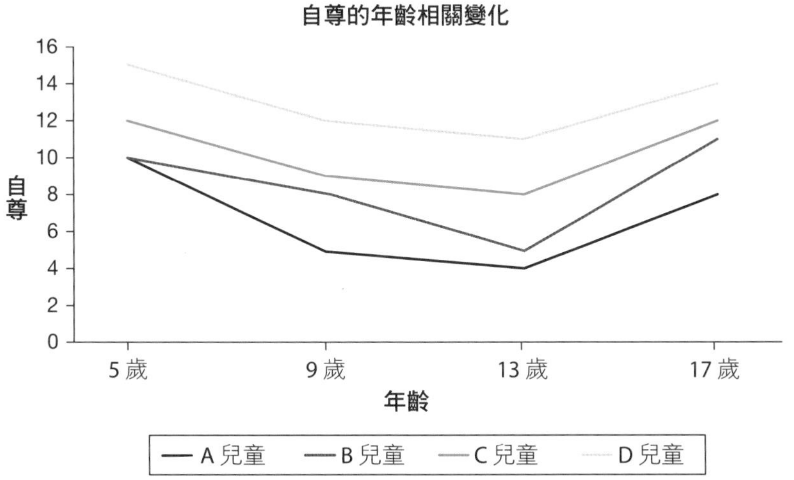


圖 1.2　**自尊的穩定和變化**。此圖顯示四名兒童在不同年齡的自尊得分情況。他們的得分模式反映出自尊的典型變化：兒童早期較高，兒童中期和青春期早期下降，青春期後期回彈。然而，這也顯示出與同儕維持相對位置的情況。換句話說，那些在發展早期具有較高自尊的兒童，在與年齡相關的變化上，依然也是自尊較高的一群。

險，但其中一些兒童卻能在面臨巨大困境下成長茁壯。透過觀察這些兒童，可以找出有助於保護兒童免受發展風險的因素。

雖然我們可以就發展過程提出一些有效的一般性結論，但任何特定個體的發展路徑都難以預測。**不同的**路徑可能導致**相同的**結果，這個過程稱為**殊途同歸性（equifinality）**（equi＝平等，finality＝結果）。例如，憂鬱症的起因有生物和遺傳過程因素，但也有可能是早年的創傷經歷所引起。然而，**相同的**路徑也可能導致**不同的**結果，這就是**同途異歸性（multifinality）**（Cicchetti & Toth, 2009）。例如，遭受虐待的兒童可能衍生許多不同的長期結果，包括憂鬱或憤怒，但也有兒童發展出韌力和復原力。兒童或青少年的個人特徵，包括性別、氣質、生理條件和認知能力，是在任何特定情況下可能影響特定結果的特質舉隅。

**個別差異**。兒童的個別特徵，如氣質、性別和族裔背景，都會影響發展過程。因此，某一兒童的狀況未必適用於另一個兒童。這表示我們必須時刻留意個別差異。

*©iStock / fstop123*

雖然我們經常關注性別、族裔、年齡、社經地位等個人特徵如何影響個體的發展軌跡，但**多元交織性（intersectionality**，或稱為**交叉性）**的概念提醒我們，這些特徵不是孤立存在的，而是以複雜的方式相互作用，創造出獨特的發展軌跡。黑人女性與黑人男性的體驗不同，黑人女性與白人女性不同，這些社會身分（族裔和性別）都可能成為特權或壓迫的根源。例如，黑人女性同時受到種族主義和性別歧視的傷害，但黑人男性可能只遭受種族主義的傷害，但卻受惠於固有的性別不平等（Rosenthal, 2016）。該理論的目標之一是利用研究為社會政策提供訊息，促進社會正義和公平。

認識到個別差異的存在，可以改變我們看待行為和情緒障礙的方式。**發展精神病理學（developmental psychopathology）**將精神障礙視為偏離典型發展軌跡（Cicchetti, 2016）。因此，本書會將這些障礙納入討論。例如，說明語言發展時，會討論語言障礙；描述注意力的典型發展時，會討論注意力缺陷障礙。以這種方式思考非典型發展，有助於我們將其視為發展的個別差異而不是疾病，減少與之相關的汙名。

## 兒童在發展中的角色

你能夠成為今天的你，是因為你自己的**選擇**，還是別人**造就**了你？你如何看待這個問題，幾乎可看出你是一個主動積極的孩子，還是一個被動消極的孩子。有些理論假設是環境塑造了兒童的發展，這種思維方式最明顯的例子就是**行為主義**（behaviorism）。如第 2 章所提到的，這個取向採用系統性的獎勵和懲罰方式，來影響孩子做或不做某些事。如果你認同孩子就像黏土，任由父母把他們塑成想要的類型，那麼你可能會同意這種觀點。另外有些兒童發展理論認為兒童在形塑自己的發展上，發揮了更主動的作用。例如，第 2 章也會提到的 Jean Piaget（皮亞傑）認知發展論就是基於這樣的觀點，即兒童積極地探索他們的環境，並在過程中建構出世界如何運作的想法。

至於前面已經討論過的議題，或許問題的答案並非遺傳或環境二擇一，而是兩者的特殊組合。**利基選擇（niche picking）**（Scarr & McCartney, 1983）的概念說明人們會積極尋找與基因組成非常契合的環境。透過這種方式，兒童選擇環境，主動地塑造他們的經驗，這些環境反過來又會強化或抑制最初吸引兒童進入該環境的特徵。再者，雖然兒童無法選擇出生的家庭、社區或文化，但每一個環境都為他們提供許多選擇，深切地影響和塑造他們的發展。本章最後將更詳細地描述特定環境背景對發展的重要作用。

## 正向心理學

多年來，兒童發展的研究多半著重於瞭解生活出現問題的原因，並找到方法恢復功能和個人安適。但從 1990 年代後期開始，心理學家開始看重人們的優勢，探求能促進所有人（而不僅僅是那些正陷入困境的人）發揮最大效果的方式。正向心理學的目標是關注優勢，而不是弱點；建立生活中美好的事物，而不是修復壞掉的東西，並幫助人們過上充實、有意義的生活（Park et al., 2016; Seligman, 2011）。採用正向心理學的觀點，學者已經找出許多優勢，包括：勇氣、樂觀、人際能力、毅力和洞察力。這些優勢讓我們不僅得以生存，還能夠蓬勃發展。

正向心理學對兒童發展研究的影響，從**正向青年發展**（**positive youth development**）的趨勢可見一斑。正向青年發展以多項發展資源為基礎，這些資源撐起所有兒童（而不僅僅是高風險兒童）的最佳發展。這些資源協助兒童應對挑戰及善用機會。本書將在第 12 章和第 13 章中說明更多有關正向青年發展的內容，並在其他章節中呈現正向青年發展為主的研究。

### 學習檢定

**知識問題：**

1. 生理、認知和社會情緒發展之間有何區別？
2. 請比較發展的量變與質變。
3. 利基選擇與遺傳—環境間的爭論有何關聯？
4. 何謂正向青年發展？

**思辯問題：**

試比較：認為兒童在個人發展中發揮主動角色，以及認為兒童被動接受父母提供的環境，這兩種觀點會如何影響父母的教養策略。

# 發展的背景脈絡

## 學習問題 1.3・兒童發展的背景脈絡爲何？

世界各地的兒童在許多方面雖然相似，但其發展方式卻因成長環境不同而差異極大。**背景脈絡**（context）是一個含義非常廣泛的名詞，含括了發展的所有環境。兒童的發展環境包括家庭、學校、社區和文化等在內的多種環境，本書將帶領讀者瞭解這些不同的背景脈絡，以及它們影響兒童發展的方式。

### 家庭

家庭是多數兒童發展的主要環境。今日的家庭型態多元，但無論是核心家庭、單親家庭、多代家庭、繼親家庭還是收養家庭，都發揮著一個重要的功能：負責兒童的**社會化**（**socialization**）。家庭灌輸文化的規範、價值觀、態度和信仰，如此一來兒童才能成長為積極的、對社會有貢獻的人。後面的章節將討論不同家庭型態對兒童發展的影響，也會探討家庭如何連同其他環境，影響兒童和青少年的發展。

## 學校

在大多數國家裡，學校是另一個重要的發展環境。在學期間，美國兒童每天平均在校時間約為 6.5 小時（Nisen, 2013）。兒童在學校學習課業能力，如閱讀、寫作和算術，並為將來接受高等教育或進入勞動市場做好準備。學校也在培養兒童成為好公民方面扮演重要的角色。近年來，學校擔負起愈來愈多教育以外的功能，今日的學校為學生提供營養午餐、醫療保健和一系列的社會服務活動。學校也是大多數兒童和青少年交朋友的地方，但他們有時也成為霸凌的受害者。從上面的描述可看出學校是影響兒童生理、認知和社會情緒發展的重要環境。

## 社區

兒童所居住的社區特性影響許多層面的發展。社區的特性會影響兒童及家庭可取得的支持服務範圍和品質，而鄰里學校的素質會影響教育機會和課外活動。社區是否安全，以及社區是否有公園等公共休閒場所，會影響兒童在戶外活動的時間長短和如何利用戶外時間（Kurka et al., 2015）。本書將在第 12 章帶領讀者瞭解更多兒童參與大自然世界的效果。社區環境可以促進健康發展或使兒童面臨環境汙染物引起的風險，如第 13 章所述。

**街區活動**。鄰居們聚在一起參加這樣的街區活動，有助於社群感的建立。兒童居住的社區對他們的生活有很大的影響。

*©iStock / monkeybusinessimages*

## 社經地位

有的家庭資源多，有的家庭資源少，這些差異會影響兒童的發展。**社經地位（socioeconomic status, SES）**是指綜合收入、教育和職業等項目來衡量個人或群體社會地位的指標（American Psychological Association [APA], 2019b）。社經地位差異往往與社會資源獲取機會不平等有關，而這些不平等又反過來對兒童和家庭的生活產生負面影響（APA, 2019b）。這個不平等的過程甚至在孩子出生之前就開始了，社經地位低的父母很難獲得良好的營養和產前護理。因此，低社經地位家庭的嬰兒更有可能早產或出生時體重偏低，長期健康問題堪憂，且限制孩子的學習能力。財務資源較少的家庭通常居住在既不健康又不安全的社區，學校能提供的學習和成就機會較少。最後，資源較少的家庭更有可能碰到壓力極大的生活事件，例如：收入減少、搬家、離婚及分居、暴力（APA, 2019b）。但儘管存在這些經濟劣勢，仍有許多兒童克服了這些挑戰，過著健康、快樂和卓有成就的人生（參見 Ellis, Bianchi, Griskevicius, & Frankenhuis, 2017; Luthar & Eisenberg, 2017; Mayo & Siraj, 2015; Ratcliffe & Kalish, 2017; Wadsworth, Ahlkvist, McDonald, & Tilghman-Osborne, 2018）。作為一個高度發展的社會，我們有必要確保每個孩子都能獲得充分發揮潛力的機會。

## 文化

發展研究得出的一般性結論，不僅需因個體差異修正，群體差異也得納入考量，例如不同文化之間的差異。**文化（culture）**是一個群體共享並代代相傳的行為、規範、信仰和傳統（Matsumoto & Juang, 2017）。文化源自於一個群體的環境利基（environmental niche）（或其所處的特定環境），藉由提高群體應付環境需求的能力，促進群體的生存。文化還能幫助群體成員追求幸福並找到生活的意義。

你所閱讀的有關兒童發展的大部分內容，幾乎都是在西方工業化國家所進行的研究，但幸好這個領域愈來愈看重從兒童自身文化的背景去瞭解兒童。有鑑於此，本書擷取跨文化研究來說明跨文化相似性的發現，這可能意味著有一個普遍作用的歷程，我們也會闡述影響兒童發展的重大文化差異研究。例如，第 8 章會著眼於成人與嬰兒交談的跨文化異同。在第 9 章中，我們將探討依戀的適應性風格如何因文化背景而異，以及不同文化下的情緒表現方式。此外，我們還會探究兒童遊戲（第 11 章）和自我概念（第 10 章）的文化異同。

近年來，兒童發展學界對多樣性表現出更深入、更豐富的認識，但仍難免容易陷入一種假設：即*我們*做事的方式是正確的，其他方式則是錯的。**家長民俗理論（parental ethnotheories）**是理解特定文化背景如何影響兒童發展的理論框架（Harkness, Super, & Mavridis, 2011）。在任一特定文化中，父母對於最佳教養方式的看法，在在反映了該文化的價值觀、信仰和傳統。雖然某些狀況在所有或大多數文化中是普遍共有的（例如，父母想給孩子最好的），但在食物、睡眠、遊戲等許多發展層面，什麼才是最好，可能會因文化環境而異。為避免將基於文化的教養方式貼上不良的標籤（而非僅視為不同），我們必須明白，教養方式反映了父母所持有的特定文化價值觀。唯有如此，我們才能看到千百種不同的教養方式，每一種方式都是呼應特定環境的現實，其目的都是為了提升該文化中兒童的福祉。

我們有時可能會誤解文化相異者的行為和意圖，請參閱以下「主動學習：跨文化的教養行為」示例。

主動學習

## 跨文化的教養行為

對於下面的每一項描述，如果你同意這是撫養孩子的好方法，請圈「是」，如果不同意，請圈「否」。

| | | |
|---|---|---|
| 1. 好父母會讓幼兒在零度以下的戶外小睡[2]。 | 是 | 否 |
| 2. 好父母不會在兩歲到兩歲半前就開始對幼兒進行如廁訓練[3]。 | 是 | 否 |
| 3. 好父母會在晚上 7:30 或 8:00 之前就讓年幼的孩子上床睡覺[1,2]。 | 是 | 否 |
| 4. 好父母會讓嬰兒、學步兒甚至年幼的孩子跟他們一起睡[1,3]。 | 是 | 否 |
| 5. 好父母不會為年幼的孩子準備特殊的食物；孩子吃的跟父母吃的一樣[3]。 | 是 | 否 |

**資料來源：**[1] American Academy of Pediatrics (2016a). [2] Morin (2018). [3] Ward (2018).

你是否曾聽聞有些父母的育兒觀念和方式，是和典型的西方教養方式背道而馳的？如果有的話，請描述這些行為如何反映其文化中的信念或價值觀。

1. 是。瑞典或芬蘭的父母認為在戶外的新鮮空氣中睡覺，有助於預防感冒或流感。
2. 是。如果你住在西方國家。

   否。如果你住在中國或越南，當地的父母會在嬰兒出生後幾天，就開始觀察嬰兒是否有小便的跡象，並發出低沉的口哨聲，以讓嬰兒學會將聲音與小便連結起來。透過這種方法，所有嬰兒在 9 個月大時都接受了如廁訓練（Duong, Jansson, & Hellström, 2013）。
3. 是。如果你住在美國。美國兒科學會（American Academy of Pediatrics, 2016a）建議嬰兒每天應有 12 至 16 個小時的睡眠（包括打盹），幼兒應有 11 至 14 個小時的睡眠，學齡前兒童應有 10 至 13 個小時的睡眠。

   否。如果你住在香港、印度或台灣。當地的父母通常要到晚上 10 點左右才會叫孩子上床睡覺，因為這樣一家人才有相處的時間。
4. 否。如果你住在西方國家。美國兒科學會建議嬰兒跟爸媽睡在同一個房間，但嬰兒要睡在旁邊的嬰兒床或搖籃上（絕不可以睡在軟墊或沙發上）（Moon, 2016）。

   是。在日本，孩子可能會一直和父母睡，直到長大上學。
5. 否。多數西方國家的父母會準備方便兒童吃的食物。

   是。在法國或南韓等國家，吃是一個重要的社交體驗。從很小的時候開始，兒童就和成人一起上桌吃飯，吃同樣的食物。

文化在**個人主義**到**集體主義**的連續向度上變動。在個人主義文化中，所謂的英雄通常是那些白手起家、並設法從貧困環境中力爭上游取得成功的人。個人主義文化強調獨立、競爭和獨特性。集體主義文化則更為強調對家庭或團體的義務，身分認同主要來自個人的社會歸屬。孩子被教育成要意識到自己的行為如何影響他人，要懂得分享資源，重要的是保持社會關係的和諧（Thies & Travers, 2006）。表 1.2 摘述這些文化的差異（Hofstede, 2011）。

過去的西方工業化社會是個人主義文化的原型，亞洲文化則是集體主義文化的原型。然而，學界開始質疑這種「東方—西方」二分法是否能充分描述文化差異。綜合世界各地的研究可發現，沒有完全的自主獨立或相互依賴（Vignoles et al., 2016）。這些研究人員認為將文化視為位在從集體主義到個人主義的連續向度上的想法，並不能充分反映和描述集體與個人主義兩者的混合特徵。例如，拉丁美洲文化通常被認定是集體主義，因為他們的文化看重相互依賴，但對拉丁裔樣本的研究顯示，在七個文化向度中，有六個向度強調自主獨立。同樣地，中東國家的研究樣本強調自力更生、堅強果敢和自立自強（這是個人主義的特徵），以及重視他人和個人行為的社會後果（這是集體主義的特徵）。未來的研究建議可以著眼於不同文化群體中，個體既自主獨立又相互依賴的表現方式。

表 1.2　個人主義和集體主義文化的特徵

| 個人主義 | 集體主義 |
|---|---|
| 只要照顧好自己或直系親屬就可以了 | 人們出生在以忠誠換取保護的大家庭或氏族中 |
| 意識到「我」 | 意識到「我們」 |
| 重視隱私權 | 強調歸屬感 |
| 說出內心話才健康 | 應該永遠保持和諧 |
| 他人是獨立的個體 | 將他人區分為圈內人或圈外人 |
| 期待個人表達意見，每個人的意見同等重要 | 團體內預先確定意見和投票 |
| 違反規範會產生內疚感 | 違反規範會產生羞恥感 |
| 話語中不可缺少「我」這個字 | 話語中避免使用「我」這個字 |
| 教育的目的是學習「如何學習」 | 教育的目的是學習「如何做事」 |
| 任務重於關係 | 關係重於任務 |

**資料來源**：Hofstede (2011), p. 11.

有些文化期望是明確教導給兒童的。例如，某一文化的父母對孩子說：「我跟你說話時，你要看著我。」另一文化的父母卻告訴孩子：「不直視大人才是尊重的表現。」然而，

**餵食的文化差異**。強調獨立文化的嬰兒通常被鼓勵嘗試自己進食；但強調相互依賴文化的嬰兒，更常以著重家庭親密的方式餵食。從圖片中可看出不同的文化價值觀是如何反映在餵食上。

*©iStock / damircudic*

許多文化訊息是藉由一些育兒手段，以隱微的方式傳給下一代，包括父母如何餵養嬰幼兒之類的基本問題（Bornstein, 2012）。試想美國一位母親餵養 1 歲的嬰兒時，你預期會看到什麼？很有可能你想像的是嬰兒坐在高腳椅上的畫面。媽媽用湯匙餵寶寶，但常常讓寶寶拿湯匙，開始學習自己進食（通常會出現混亂和有點搞笑的結果，如圖片中之左圖所示）。她也可能會在餐盤上放一些「手抓小食物」，比如乾穀片，讓寶寶自己吃，以鼓勵孩子獨立。相比之下，在強調相互依賴而不是自主獨立的文化中，餵食仍然由父母主導，如圖片中之右圖所示。在這個過程中，孩子要學習耐心及與他人合作。用餐時間成為家庭表達關愛及舉止得體的期待。

儘管育兒方式存在許多文化差異，但世界各地的嬰幼兒都依照各自文化的期望學習吃飯、睡覺和如廁。這就是前面所提到的**殊途同歸性**的例子。如本章前面所述，育兒方式雖然千百種，但目的都是要將孩子扶養長大。

## 學習檢定

**知識問題：**

1. 多數兒童發展的主要背景脈絡是什麼？
2. 社經地位如何影響兒童的發展？
3. 文化如何影響教養方式？

**思辯問題：**

為什麼我們很容易陷入「我們的成長方式是教養孩子的最佳方式」的想法？可以做些什麼來克服這種傾向？

## 主動學習

# 測試你對兒童發展的知識

| | | | |
|---|---|---|---|
| 1 | 對 | 錯 | 每個人都有成千上萬個基因，這些基因使其成為一個獨特的個體。 |
| 2 | 對 | 錯 | 研究表明，讓胎兒接收額外的刺激（例如，在孕婦腹部附近播放音樂）可以刺激高階認知發展。 |
| 3 | 對 | 錯 | 人類只使用了大腦的 10%。 |
| 4 | 對 | 錯 | 對嬰兒說話時，可以使用寶寶語（baby talk）。 |
| 5 | 對 | 錯 | 超重和肥胖的兒童進入青春期後可能會變瘦。 |
| 6 | 對 | 錯 | 多數童年被虐待的人，長大後並不會成為施虐父母。 |
| 7 | 對 | 錯 | 有天賦或才華的孩子通常得為其天賦付出代價，因為他們可能有社交或情緒障礙。 |
| 8 | 對 | 錯 | 建立學生自尊心的方案不僅可以提高他們的成績，還有助於減少犯罪、吸毒和青少女懷孕。 |
| 9 | 對 | 錯 | 許多男 / 女同志或雙性戀青少年表示，學校是最能接受他們的社區環境之一。 |
| 10 | 對 | 錯 | 與 20 年前相比，現今的青少年在學校成為暴力受害者的可能性要小得多。 |

答案：

1. 錯。人類基因組計畫已經畫出整個人類基因組，只發現到大約 20,500 個基因，而不是如預期的找到成千上萬個。（第 3 章）
2. 錯。儘管胎兒在出生前能夠聽到聲音，甚至對聲音做出反應，但沒有科學證據表明，自然產前環境以外的聽覺刺激有任何額外的認知益處。（第 4 章）
3. 錯。最近的神經學研究顯示，我們使用全部的大腦，而且大部分的大腦幾乎處於活動狀態。（第 5 章）
4. 對。成人經常用高聲調、非常誇張的語音和單曲的節奏對嬰兒說話——這種方式非常適合嬰兒的聽力和喜好。這樣的說話方式能抓住寶寶的注意力，也不會延緩語言發展。（第 8 章）
5. 錯。不幸的是，肥胖的兒童很可能會長成肥胖的青少年，而肥胖的青少年又會長成肥胖的成人。（第 5 章）
6. 對。大約 70% 在孩提時代被虐待的人，在成為父母後並沒有虐待孩子，打破了這個循環。（第 13 章）
7. 錯。有天賦的孩子在社交和情緒上都適應良好，並對其天賦和能力懷抱正向的態度。（第 7 章）
8. 錯。許多學校實施的自尊增強計畫，並沒有對學生的成績或行為產生正面影響。（第 10 章）
9. 對。同志與非同志聯盟（Gay-straight alliance，又稱同直聯盟）、教職員工的支持，以及學校的反騷擾和反霸凌政策，使許多男 / 女同志、雙性戀和跨性別青少年感受到學校是一個接納他們的環境。（第 10 章）
10. 對。儘管任何程度的校園暴力都是不允許的，現今的學校對大多數兒童和青少年來說是安全的環境。近年來整體的校園暴力發生率是下降的。（第 11 章）

## 結語

我們希望本章能激發讀者渴望瞭解更多有關兒童發展的知識，並在學習時主動求知。現在你已經瞭解兒童發展的一些基本概念，準備好要更深入地探索這些概念了嗎？接下來的章節有許多有趣和重要的主題，很難只挑幾個來特別說明，例如：瞭解我們可以做些什麼來確保母親和嬰兒在懷孕期間健康無虞；研發教學策略，協助教室中各種能力的孩子茁壯成長；認識神經科學中令人興奮的新發現，這些發現有助於我們瞭解大腦的運作原理。我們要研究什麼可以促進健康發展、有哪些威脅存在，以及有哪些保護因子可以緩衝負面影響。我們也會探討這些議題是如何展現在兒童日益多樣化的世界中。

*Chapter 2*

# 發展的理論

## 學習問題：

2.1 兒童發展理論有哪些基本特徵？

2.2 主要的兒童發展理論有哪些假設？如何將它們應用在當代社會？

2.3 歷史和文化背景脈絡如何影響兒童發展理論？

©iStockphoto.com/SDI Productions

## 課前測驗

判斷以下每個陳述內容是「對」或「錯」，測試你對兒童發展的瞭解。接著在閱讀本章時，檢視你的答案。

1. □對 □錯 研究無法告訴我們一個理論是真或假。
2. □對 □錯 你的大部分性格，在你進入青春期時就已經固定下來了。
3. □對 □錯 Freud（佛洛伊德）的精神分析論已經過時，與今天的兒童發展無關。
4. □對 □錯 建立和維持行為的最好方法，是在每次表現出這種行為時給予獎勵。
5. □對 □錯 矯正孩子不良行為的最好方式是懲罰。
6. □對 □錯 與解決課本的算術問題相比，幼兒可以從挑木棒之類的遊戲中，更有效地學習數學。
7. □對 □錯 Darwin（達爾文）的「適者生存」，意指最強壯的動物最有可能生存。
8. □對 □錯 嬰兒必須在出生後的最初幾個小時內與母親進行肌膚接觸，這樣嬰兒才能與母親建立情感連結。
9. □對 □錯 研究兒童的最佳方法，是在實驗室環境中進行仔細控制的實驗。
10. □對 □錯 好的理論應該放諸四海皆準，適用於所有情況下的所有兒童。

---

正確答案：1.對；2.錯；3.錯；4.錯；5.錯；6.對；7.錯；8.錯；9.錯；10.錯。

當我們觀察並與兒童和青少年一起工作時，會想理解所觀察到的現象，解釋兒童的特定行為表現，以形成理論。本章首先討論為何理論是理解發展的重要基礎，接著說明影響我們今日如何理解兒童發展的一些重要理論。儘管某些理論起源於 19 世紀末或 20 世紀初，但也都可以應用在當代社會。本章在這裡廣泛地介紹這些理論，以提供讀者理解當代兒童的研究和實務工作。不過，當本書論及其他特定主題時，也會進一步說明這些理論內容。

## 發展理論的重要性

### 學習問題 2.1・兒童發展理論有哪些基本特徵？

要瞭解兒童如何發展，及為何如此發展，光靠觀察是不夠的。觀察引導我們做出解釋，由此預測兒童的行為模式。這些解釋可以組織成一套**發展理論**（**developmental theory**）。正如第 1 章所述，對於人類行為的各個面向，我們都有自己的理論。但對兒童和青少年發展建立的科學理論，必須禁得起公開檢驗。任何科學理論都具有兩個重要的功能：幫助我們**統整**知識及**做出預測**，以便繼續進行調研和檢驗。

大多數的理論無法在永遠不容置疑的狀況下得到證明，僅能以科學程序蒐集支持或反對這些論點真實性的證據（課前測驗第 1 題）。例如，有人說 Darwin（達爾文）的進化論不是拿得出證據的事實。嚴格來說，這是真的。然而，支持其論點的大量證據，超過了反對它的證據，因此進化論已得到當今科學界的普遍認可。另一方面，由於和理論預測不符的證據堆積如山，某些理論如曇花一現。例如，從 1930 年代到 1970 年代，精神分析論（下一節將進一步說明）的擁護者主張，童年時母親不當的教養方式，是嚴重精神疾病——即思覺失調症的成因（Harrington, 2012）。然而，隨著研究繼續進行，顯然遺傳和環境的交互作用，才是思覺失調發展的罪魁禍首（Jaffe et al., 2016）。這種新的理解對於向思覺失調症患者及家屬提供幫助的方式，產生了深遠的影響。治療師不再將孩子的疾病歸咎於母親，而是為孩子的福祉著想，建立支持系統並與家庭合作，而孩子通常也要服用緩解症狀的藥物（Johnston, 2013）。閱讀本書中的「研究之旅」專欄時，讀者可以瞭解到更多有關於理論如何隨著研究證據支持或否定，而加以變化修正。

各個發展理論之間的差異不一。從第 1 章中，我們已經看到有些理論將發展視為隨著時間穩定地、逐漸發生的一系列量變，而有些理論則將發展視為在特定年齡發生的一系列重大質變，並以顯著的方式徹底改變兒童或青少年。不同理論之間的另一個關鍵是：發展的變化是由生理和認知發展等內在過程引起的，抑或是由環境塑造兒童發展等外在過程引起的？當你閱讀本章中的每個理論時，請牢記以下問題：

1. 該理論如何描述發展？發展的變化是小幅度的量變，還是有顯著差異階段的質變？

2. 是什麼推動了發展？它是生理和認知成長等內在過程的產物，還是外在環境影響的產物？抑或是這些因素綜合後的結果？

閱讀完不同的理論之後，你可以使用表 2.3（見第 54 頁）核對這些問題的答案。

### 學習檢定

**知識問題：**

1. 理論在科學中發揮哪兩個作用？
2. 發展理論有哪兩種不同之處？

**思辯問題：**

理論與真理之間的關係為何？

## 兒童與青少年發展理論

### 學習問題 2.2・主要的兒童發展理論有哪些假設？如何將它們應用在當代社會？

在開始說明發展理論之前，重要的是要知道這些理論思想並非空穴來風。這些在兒童發展學界有影響力的理論家，在特定的歷史文化時空背景下發展出他們的論點，對於兒童發展影響深遠。然而，每種理論都通過了時間的考驗，保留了仍有用的概念和原則，將無用的剔除或改變。這些理論以不同的方式協助我們形成問題意識、執行研究及解釋研究結果。

本章首先從兒童發展研究史上最早提出的理論開始，最後再談到一些近期的理論。並非所有的理論都是當前研究的主題，但在介紹每種理論之後的「當代應用」，將會說明今日如何應用這些理論。

### 精神分析論

**精神分析論（psychoanalytic theory）**（psyche ＝心靈；analysis＝詳細探究事物的成分和結構）是第一個描述童年發展階段的理論。在這個由 Sigmund Freud（佛洛伊德）（1856-1939）提出的理論中，生物驅力推動每個人經歷一系列塑造人格的階段。儘管精神分析論一直備受爭議，但它的許多概念已經成為心靈如何運作的假設之一。

Freud 認為人格由三部分組成：本我、自我和超我。根據 Freud 的說法，人與生俱來就有一個**本我（id）**，由基本的本能驅力組成。本我尋求立即滿足所有的衝動，例如嬰兒**想要就要**，從不想等待。隨著兒童年齡增長，他們愈來愈意識到周遭世界的現實，開始發展出思考和控制情緒的能力。**自我（ego）**的任務就是協調基本驅力需求和現實世界之間的衝突。最後，在 5 到 7 歲的時候，兒童開始將與本我驅力相悖的道德原則納入。這些道德原則由**超我（superego）**維護，Freud 認為在兒童還沒有發展出超我之前，是沒有任何良心或內疚感來引導行動的。圖 2.1 說明人格的這三個部分如何在個體內部運作。

| 本我 | 自我 | 超我 |
| --- | --- | --- |
|  |  |  |
| 「我現在就要吃掉所有糖果！」<br>©*iStock / anatols* | 「太多糖果會很噁心。一根棒棒糖就可以了。」<br>©*iStock / pick-uppath* | 「好女孩要吃蔬菜，而不是糖果。」<br>©*iStock / soleg* |

**圖 2.1 本我、自我和超我。**在 Freud 的理論中，本我是人格中想要立即滿足所有欲望的部分；自我的任務是找到合乎現實的方式來滿足需求；超我則是對這些欲望施予道德指引和限制。

## Freud 的性心理階段

Freud 認為我們最基本的驅力是性驅力（sex drive）。如果你也認為生命的生物目標是傳遞基因，那麼你可能會同意 Freud 的觀點，即性驅力凌駕一切。除此之外，Freud 更指出，許多有關性的想法和感受，都隱藏在我們的**潛意識心靈（unconscious mind）**中，是我們意識不到的部分。Freud 羅列出兒童和青少年發展的五個階段，稱之為**性心理階段（psychosexual stages）**。在每一個階段中，性能量都投注到身體的不同部位，身體這些相關部位的衝動需要得到愉悅滿足。Freud 主張，每個階段處理這些衝動的方式，決定了成人的性格。

在**口腔期（oral stage）**（出生到約 18 個月大），嬰兒從刺激嘴、唇或舌頭的活動中獲得很大的滿足感，這就是為什麼嬰兒經常把拿到手的任何東西立即放進嘴裡。在**肛門期（anal stage）**（18 個月至 3 歲），快感的重心移到肛門，如廁訓練成為重點。這個年齡孩子的任務是學會控制身體衝動，以符合社會期望。在**性器期（phallic stage）**（3 到 6 歲），性能量集中在生殖器上。男孩和女孩發展出所謂的「家庭浪漫情懷」（family romance），男孩幻想長大後跟母親結婚，女孩幻想長大後跟父親結婚。要進入下一個性心理階段，兒童必須學會放棄這些欲望，開始認同同性父母或渴望成為和同性父母一樣的人。

Freud 的**潛伏期**。這張男孩與男孩玩、女孩與女孩玩的照片，是否讓你想起了小學的經歷？
*©Shutterstock / wavebreakmedia*

**潛伏期（latency stage）**出現在 6 至 12 歲之間。**潛伏**意味著性驅力不活躍，Freud（1953）認為這段時期的性驅力沉潛蟄伏。兒童從性器期想跟父母結婚的幻想，轉而認識到他們必須走上漫長的學習之路，才能成為一個大人。性驅力為必要的學習提供能量，但性驅力本身隱微不顯。兒童將對父母的興趣轉移到同儕身上（Freud, A., 1965）。在這個年齡階段，兒童放棄跨性別的友誼，討厭與自己性別不同的人。此種性別分隔的現象在大約 12 歲時發生變化，此時青少年進入**生殖期（genital stage）**。當此時，性能量集中在生殖器區域，同輩之間發展出更成熟的性趣。

## Erikson 的心理社會階段

Freud 的許多追隨者進一步拓展了他的理論，其中最有影響力的人是 Erik Erikson（艾瑞克森）（1902-1994）。Erikson 認為自我比本我和本能驅力更重要。他主張，認同發展是兒童和青少年的核心問題。在他的理論中，每個階段都會出現該發展階段的典型社會經驗衝突。基於此，Erikson 的理論稱為**心理社會階段（psychosocial stages）**（相對於 Freud 的**性**心理階段）。兒童在每個階段解決衝突的方式，為下一階段的發展奠定了基礎。

例如，Erikson 認為嬰兒必須對周遭世界建立信任感，因此嬰兒期的發展問題是**信任 vs. 不信任**（trust versus mistrust）。嬰兒完全依賴照顧者，當照顧者可信賴且可靠地滿足嬰兒的需求時，嬰兒就能學會信任這個世界，感到安全、安心；然而，若照顧者的照顧方式矛盾不一或情感若即若離時，嬰兒便會對這個世界產生不信任感，這些早年經驗會影響個人往後如何處理社會關係。同此，每個後續的發展階段都有不同的發展衝突。例如，嬰兒解決信任與不信任問題的方式，為即將在下一階段變得更加獨立時，處理**自主決定 vs. 羞愧懷疑**（autonomy versus shame and doubt）的方式奠定基礎。

當然，沒有人的經驗是完全正向或完全負向的。因此，我們可以將每個階段的兩種結果視為蹺蹺板的兩端，雖然一端比另一端高，但都在積極發揮作用。例如，我們都對關係有些信任、有些不信任，而兩端的平衡為往後的發展奠定基礎。

Erikson 理論的另一個重點是，發展不會在青春期停止。Erikson 超越 Freud 的階段，增加了三個成年階段，他是第一個認識到成長和發展是持續終生的理論家（課前測驗第 2 題）。表 2.1 摘述 Erikson 的八個心理社會階段，並與 Freud 的性心理階段相比較。

表 2.1 Freud 和 Erikson 的發展階段比較

| 年齡 | Freud 的性心理階段 | | Erikson 的心理社會階段 | |
|---|---|---|---|---|
| 嬰兒期 | 口腔期 | 快感集中在口腔的「攝入」上。 | 信任 vs. 不信任 | 嬰兒對照顧者和自身的應對能力發展出信任感，反之則產生無望感。 |
| 學步期 | 肛門期 | 快感集中在肛門區域和對身體及排泄物的控制。 | 自主決定 vs. 羞愧懷疑 | 學步兒開始想掌控自己的行動，如果受阻，他們就會退縮不前。 |
| 兒童早期 | 性器期 | 快感集中在生殖器區域；發展出「家庭浪漫情懷」。 | 積極主動 vs. 退縮內疚 | 兒童表現出旺盛的活動力，反之則過度拘謹。 |
| 兒童中期 | 潛伏期 | 性能量沉潛，兒童專注在同儕和學習上。 | 勤奮進取 vs. 自貶自卑 | 兒童學習社會任務，反之則產生無能感。 |
| 青春期 | 生殖期 | 性能量達到成人水平，專注於親密關係。 | 自我認同 vs. 角色混淆 | 青少年整合以前的經驗以形成認同，反之則對自己在社會中的角色感到困惑。 |
| 成年早期 | | | 親密 vs. 孤獨 | 青年人發展出建立親密關係的能力，反之則害怕和逃避關係。 |
| 成年中期 | | | 生產 vs. 停滯 | 中年人帶領下一代，反之則只關心自己的需求。 |
| 成年後期 | | | 自我統整 vs. 悲觀絕望 | 老年人獲得生命意義感，反之則覺得人生沒有價值、害怕死亡。 |

**資料來源**：編譯自 Kahn (2002) 與 Erikson (1963).

## 精神分析論的當代應用

雖然精神分析論的一些概念得到研究支持，但其他的卻無法可證。儘管精神分析論爭議不斷，但其論點的影響力仍然非常大，尤其是在心理疾病和情緒障礙的研究中（課前測驗第 3 題）（例如，參見 Behrendt, 2012）。許多心理治療師仍沿用 Freud 的精神分析論點，即早年生活經驗引發的內在衝突（特別是童年創傷）是之後心理症狀的源頭。治療成效在於將這些內在衝突從潛意識心靈帶到意識之中。在另一方面，Freud 的理論並非當代兒童發展研究的主流。

**學步期：自主決定 vs. 羞愧懷疑**。根據 Erik Erikson 的理論，學步兒在父母的支持和鼓勵下，會發展出自主感或學習獨立做事。然而，當成人過於挑剔或缺乏耐性時，學步兒可能感到羞恥並懷疑自己的能力。

*©Stock / yaoinlove*

Erikson 的理論影響深遠，因其大致與當今學界認定的發展大同小異。Erikson 重視文化、環境和社會經驗對發展的影響，與當今瞭解兒童發展的環境脈絡不謀而合。此外，Erikson 認為兒童是塑造自我發展的主動參與者，變動性（每個階段有不同的危機）和穩定性（後期階段繼續受到前期問題解決與否的影響）兩者兼具的觀點，也與當今的看法不謀而合。研究顯示，能否成功解決 Erikson 每個階段的發展危機，都與韌力（resilience）有關，包括因應壓力的能力（Svetina, 2014）。本書會帶讀者瞭解更多有關韌力和壓力對整個嬰兒期、兒童期和青春期的影響。Erikson 的論點持續在育兒（Fletcher & Branen, n.d.）和情緒障礙兒童的治療（Turns & Kimmes, 2014）上發揮影響力。

### 學習檢定

**知識問題：**

1. Freud 認為人格可分成哪三個部分？
2. Freud 認為對人類發展最重要的驅力是什麼？
3. Freud 和 Erikson 理論的階段有何不同？

**思辯問題：**

許多學步兒很不聽話，成了大家口中的「可怕的兩歲」（兩歲貓狗嫌）（Terrible Twos）。你如何從 Freud 和 Erikson 的不同觀點來理解這時期的行為？

## 學習理論

學習理論提供另一種思考兒童如何發展的嶄新觀點。精神分析論側重於心靈的內在過程，學習理論則看重可觀察的行為。學習理論建立在刺激（外在環境的事件）和反應之間的關聯。以下分別說明行為主義（基於古典制約與操作制約原理）和社會認知論（基於示範與模仿原理）。

### Watson 與古典制約

John B. Watson（華生）（1878-1958）被稱為**行為主義（behaviorism）**之父。他只關注能觀察到的事態：行為或正在做什麼。現代心理學剛剛興起，美國的心理學家正努力將心理學確立為一門實驗科學，用可觀察的現象做出禁得起驗證的預測，而不是 Freud 的潛意識等看不見摸不著的概念。

Watson 研究環境影響人類行為的方式。他參考俄羅斯生理學家 Ivan Pavlov（巴夫洛夫）早期關於**古典制約（classical conditioning）**的研究成果，對 9 個月大的小艾伯特進行一項實驗。應用古典制約的原理，Watson 證明了他可以讓嬰兒對特定刺激產生恐懼反應（Watson & Rayner, 1920）。

Watson 發現小艾伯特和許多嬰兒一樣，會被突然的巨響嚇到。另外，當 Watson 給小艾伯特看一隻老鼠時，他並沒有害怕。我們可以將制約視為一種學習，當我們稱某些事物為非制約，意指不必學習，就會產生自動化的反應。對小艾伯特來說，巨響是非制約刺激（unconditioned stimulus, UCS），因為他的害怕反應是自動化的，是一種非制約反應（unconditioned response, UCR）。接著，Watson 執行古典制約，讓小艾伯特每次看到老鼠時，都製造出巨響。小艾伯特因為巨響而大哭，很快地，當他一看到老鼠就會開始用大哭來表達恐懼。最後，Watson 不再製造巨響，但每次給小艾伯特看老鼠時，小艾伯特仍然顯得很害怕。在這個過程中，老鼠變成制約刺激（conditioned stimulus, CS），小艾伯特對老鼠的恐懼成為制約反應（conditioned response, CR），而這種恐懼也延伸到其他毛茸茸的東西上。圖 2.2 說明古典制約的過程。

日常生活中古典制約的例子隨處可見。吃蘆筍後生病的孩子，以後光看到蘆筍就覺得噁心，噁心的感覺已經被「看到蘆筍」制約了。古典制約也可以灌輸正向情緒。想知道你是否瞭解古典制約的過程，請閱讀「主動學習：瞭解古典制約的過程」。

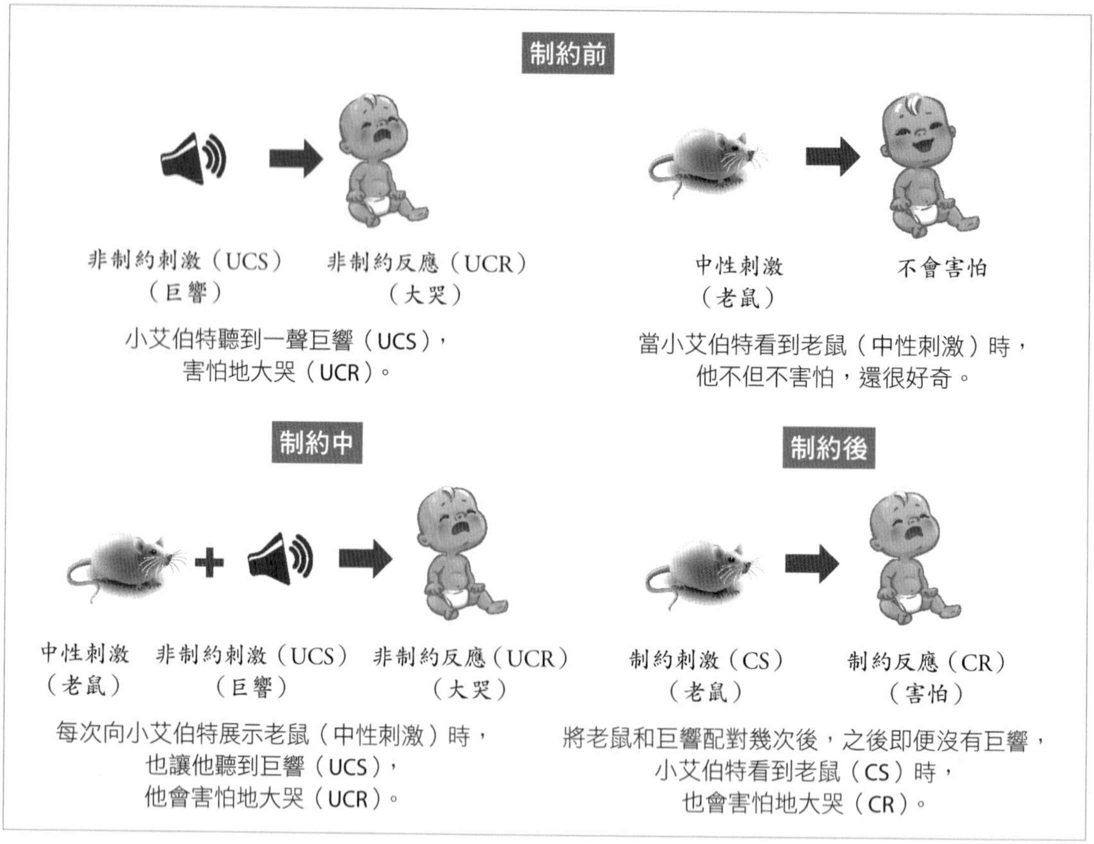
制約前
非制約刺激（UCS）
（巨響）
非制約反應（UCR）
（大哭）
小艾伯特聽到一聲巨響（UCS），
害怕地大哭（UCR）。
中性刺激
（老鼠）
不會害怕
當小艾伯特看到老鼠（中性刺激）時，
他不但不害怕，還很好奇。
制約中
中性刺激
（老鼠）
非制約刺激（UCS）
（巨響）
非制約反應（UCR）
（大哭）
每次向小艾伯特展示老鼠（中性刺激）時，
也讓他聽到巨響（UCS），
他會害怕地大哭（UCR）。
制約後
制約刺激（CS）
（老鼠）
制約反應（CR）
（害怕）
將老鼠和巨響配對幾次後，之後即便沒有巨響，
小艾伯特看到老鼠（CS）時，
也會害怕地大哭（CR）。

圖 2.2　古典制約

## 主動學習

### 瞭解古典制約的過程

閱讀以下段落，然後回答問題：

每次你的室友離開房間時，他都會說「再見！」並大聲關上門，讓你猛地一顫，抖縮了一下。這種情況發生多次之後，你的室友對你說：「現在得走了，再見！」在聽到關門聲之前，你就意識到自己抖縮了一下。請找出這個古典制約範例中的所有要素。

非制約刺激（與你無法控制的反應相呼應的刺激）：__________

非制約反應（自動化反應）：__________

制約刺激（與非制約刺激配對的刺激）：__________

制約反應（習得的反應）：__________

答案：

起初，非制約刺激總是產生非制約反應。在這種情況下，用力關門聲讓你嚇得猛地一顫，抖縮了一下，所以用力關門聲是非制約刺激，抖縮是非制約反應。然而日子一久，用力關門聲已經與室友說「再見」配對了。室友說「再見」時你本來不會抖縮，所以「再見」原本是中性刺激，但在重複與用力關門聲配對後，「再見」已經成為制約刺激，你的抖縮成為聽到「再見」時的制約反應。

這種學習的一個危險是，一旦建立了負面制約（或習得）反應，可以想見我們會盡量迴避產生不愉快反應的刺激，以至於沒有機會發現那些刺激真的沒什麼好害怕的。如果你曾經在吃了蘆筍後病得很嚴重，以後就不敢吃蘆筍了，這麼一來，你永遠沒有機會發現蘆筍其實與你的病無關。古典制約下的恐懼如此強大，讓人畫地自限，這種不合理的恐懼稱為**畏懼症（phobia）**。

畏懼症患者極力迴避恐懼的物體，但心理學家可以使用古典制約來治療畏懼症，方法是讓患者暴露在害怕但可控制的情境中。這個想法始於 Mary Cover Jones（1924），她模仿 Watson 的小艾伯特實驗，研究一位 2 歲男孩。小男孩非常害怕老鼠、兔子和其他毛茸茸的物體，就像 Watson 實驗中被制約的小艾伯特一樣。Jones 對小男孩進行**反制約（deconditioning）**來消除恐懼，她在兔子出現的同時給小男孩糖果，並鼓勵他模仿另一個抱著兔子的孩子。現今，接受反制約的患者可以先學習放鬆技巧；接下來，依序從最不可怕到最可怕的，漸進地暴露於害怕的物體或情境，並在每一步驟使用放鬆技巧來減少焦慮，直到刺激不再引起恐懼反應。

## 古典制約的當代應用

如今，虛擬實境（virtual reality）被用於治療患有焦慮症的兒童。在兒童可以忍受的範圍內，將他們暴露在引起害怕但可控制的刺激中。儘管研究數量有限，但這種方法已被證實有助於改善學校畏懼症和蜘蛛畏懼症（Bouchard, 2011; Bouchard, Weiderhold, & Bossé, 2014）。現在還可以把令人害怕的圖像（例如蜘蛛）疊加到孩子的真實環境，而不是將孩子置於完全虛擬的環境中，這種技術被稱為**擴增實境（augmented reality）**（Baus & Bouchard, 2014），為畏懼症打開治療願景。

**用擴增實境治療畏懼症**。如果你對蜘蛛有不合理的恐懼，可將蜘蛛的擬真圖像投射到手上，同時使用放鬆技巧克服恐懼。

## Skinner 與操作制約

B. F. Skinner（史金納）（1904-1990）帶入**操作制約（operant conditioning）**的概念，進一步擴展行為主義理論。在研究老鼠的行為時，他注意到老鼠不是像古典制約一樣，受到行為之前發生的事情影響，而是受到之後發生的結果影響（Vargas, 2005）。他的結論是，自發行為被環境對行為的反應控制。他將**增強（reinforcement）**定義為：在行為發生之後，任何能夠使行為繼續下去或再次發生的事。

增強分為正增強和負增強，這兩種類型都會使行為更有可能發生。正增強的例子較多，負增強卻不容易理解。得到想要和喜歡的東西，就是**正增強**（**positive reinforcement**）。當令人不快的事情在行為之後被移除時，就是**負增強**（**negative reinforcement**）。例如，當父母抱起正在哭泣的嬰兒，嬰兒也同時停止哭泣，父母就更有可能再次以這種方式回應嬰兒的哭泣。圖 2.3 說明正負增強的差異。

正增強

正增強更有可能使行為持續下去。獎勵兒童的學習成績進步，兒童更有可能繼續在學校努力學習。
*©iStock / michaeljung*

負增強

負增強也有可能使行為持續下去。聽到嬰兒哭鬧，媽媽很難沉得住氣。當這位媽媽發現抱起寶寶可以讓他停止哭鬧，之後她很可能就會繼續以抱起寶寶的方式來讓他停止哭鬧。
*©Shutterstock / Dmitrii Kotin*

圖 2.3　正增強與負增強圖示

Skinner 說明了幾個與增強有關的概念，幫助我們理解操作制約的運作過程。一是**行為塑造（行為逐步養成）**（**shaping behavior**）的過程。但我們只能在該行為有發生時才能予以增強，例如，如果孩子不與同儕互動，我們就無法增強正向互動行為。幸而，Skinner

發現，行為可以透過增強逐步「塑造」，變得愈來愈接近期望行為。為了塑造一個不與同儕互動的孩子的行為，我們可以從孩子靠近另一個孩子時即提供獎勵開始。下一步是僅在孩子看著另一個孩子時才給予增強。接著，只有在他看著別的孩子說話時才提供獎勵。最後，當孩子與同伴真正互動時，才偶爾給予獎勵。

如果增強能增加某行為發生的可能性，你可能會以為建立和維持行為的最有效方法，就是在孩子每次做出該行為時就予以增強。然而，儘管連續增強在建立行為方面的效果不錯，但當停止增強時，行為也可能跟著停止。Skinner 發現，間歇增強才能更有效地維持行為（課前測驗第 4 題）。例如，吃角子老虎機的賭徒隨機中獎，這招對於延長他們賭博的時間非常有效。

如果增強的目的是增加反應，那麼**懲罰**（**punishment**）就是要減少反應出現。懲罰包括對不良行為施以嫌惡的後果（例如：打屁股）或取消期望的後果（例如：因為你不吃晚餐，所以也不能吃零食）。然而，Skinner (1953) 認為控制行為更有效的方法不是懲罰，而是忽略不良行為，此技巧稱為**消弱**（**extinction**）（課前測驗第 5 題）。例如，孩子想得到父母的回應，因此在孩子不乖時吼他或打他屁

懲罰 1：負面後果——這個小男孩因為不乖而被責罵。
*©iStock / freemixer*

懲罰 2：取消獎勵——這個小男孩因為不吃晚餐，所以也不能吃零食。
*©iStock / LumiNola*

消弱：忽視小男孩發脾氣，從而減少他發脾氣的次數。
*©iStock / snapphoto*

**圖 2.4　懲罰和消弱**

股，也可能會無意間增強不良行為，因為孩子正可藉此得到父母的關注。在這種情況下，當孩子不乖時故意忽視，但在孩子表現良好時給予關注，才有助於消除不良行為。圖 2.4 呈現懲罰和消弱的例子。

## 操作制約的當代應用

**應用行為分析（applied behavior analysis, ABA）**技巧基於操作制約原理，可應用於學校場域（Zoder-Martell, Dieringer, & Dufrene, 2017）和特殊兒童，增加適應行為並減少適應不良行為（Irwin & Axe, 2019）。治療師首先觀察兒童，確定問題行為發生的地點、時間和頻率，接著確認兒童從中獲得的獎勵或增強。在設定減少問題行為的目標後，治療師在兒童的環境中實施改變，減少無意間對不良行為的增強，並不時增強希望兒童表現的行為。例如，兒童在教室裡惹惱同學，因為這會讓他留校察看而不必做功課，在這種情況下，留校察看的處理方式無意中獎勵了學生不必做功課的不當行為。可行的介入措施是任課教師盡可能忽略其不當行為，從而不增強該行為；或讓其不當行為招致負面後果，例如孩子沒有做功課時，就要求他做不喜歡做的事。於此同時，當孩子表現出完成功課等適當行為時，教師可以給他正向關注或一些小獎勵等正增強。這樣的實施程序已經成功應用在自閉症兒童身上，改善其智力、語言和社交能力（Irwin & Axe, 2019），以及減少多重障礙兒童的行為問題（O'Mea, 2013）。

## Bandura 與社會認知論

Albert Bandura（班度拉）原本是行為主義學家，但卻不滿意行為主義的某些理念，因為很難（或不可能）找出所有人類行為的刺激或增強物。Bandura（1986）指出，除了古典制約和操作制約外，我們還能透過模仿（imitation）來學習。Bandura 認為，僅從觀察他人就可以學習新的行為，並不一定需要直接從環境中得到增強。

Bandura 最早的實驗呈現了兒童如何透過直接觀察來學習。在他的經典實驗中，一組兒童觀察到成人對波波玩偶（Bobo doll，一個巨大的不倒翁充氣玩偶）表現出攻擊行為的影片，不但打它、踢它、扔它，還用玩具搥敲它（Bandura, Ross, & Ross, 1963）。這些孩子和另一組沒有看過攻擊影片的孩子，隨後分別被帶進一個房間，房間裡放著波波玩偶和其他玩具。看過成人攻擊波波玩偶的兒童，更容易模仿影片中成人的暴力行為。相較之下，沒有看過成人攻擊波波玩偶的孩子，較少表現出攻擊行為。Bandura 的結論是，根據孩子對眼前狀況的解讀，觀察所引發的反應可能更多。以這個情況為例，兒童明顯看到成人攻擊波波玩偶，但同時心裡也大略推知，成人對玩偶心懷惡意、蓄意攻擊。

Bandura 最初將他的理論命名為**社會學習論**（social learning theory），因為學習是觀察他人的結果。後來他更加看重行為發展的認知或思考層面，故將理論重新命名為**社會認知論**（**social cognitive theory**），以強調人們在環境中所有的經歷，都是透過思考方式來加以過濾的。

Bandura 的**模仿實驗**。男孩和女孩從觀看影片中的成人（圖中第一排）身上學到什麼？
*©Albert Bandura*

## 社會認知論的當代應用

近年來，以 Bandura 社會認知論為主的研究集中在**自我效能**（**self-efficacy**），或稱「相信自己有能力影響自身功能與生活環境的核心信念」（Bandura, Caprara, Barbaranelli, Pastorelli, & Regalia, 2001, p. 125）。自我效能的概念與第 1 章描述的正向心理學有關，重點是我們可以完成什麼，而不是畫地自限。運用社會認知論，設計介入措施以提高自我效能。例如，墨西哥播放了一部探討文盲問題的電視劇，描述文盲剛開始時困難重重，但後來成功閱讀的故事。在劇集的最後，一位知名演員告訴觀眾有一個識字能力自學計畫，隔天，馬上有 25,000 人報名參加（Bandura, 2008）。顯然，觀察楷模成功學習閱讀後，人們對自己學習閱讀的能力更具信心。

學習檢定

**知識問題：**

1. 根據行為主義，對人類行為最重要的影響力是什麼？
2. 古典制約和操作制約有何相似及相異之處？
3. 社會認知論的基本學習原則為何？

**思辨問題：**

找出你認為需要改變的兒童行為（例如：亂丟衣服在地上）。請說明你如何使用行為塑造，讓這種行為朝著你期望的方向發展。

## 認知發展論

以下理論側重於認知，包括心理運作的過程、思考和學習。在此先簡單介紹這些理論，之後在第 6 章詳述認知發展。

### Piaget 的認知發展論

Jean Piaget（皮亞傑）（1896-1980）是瑞士科學家，他使用**臨床方法**（clinical method）研究兒童的思維。他鼓勵兒童在回答他的訪談問題時自由回應，並詳細分析對話內容來瞭解兒童的想法（Piaget, 1955 / 1973）。

**調適新訊息。**小男孩第一次看到大象時，可能會以為牠是一隻大狗，但他很快就會知道牠是不一樣的動物，因而調整他的想法，納入大象這個類別。
*©iStockPhoto.com / eurobanks*

Piaget 認為我們不斷地學習和適應環境，以自己可以理解的方式組織世界。我們用來組織理解的單位稱為**基模（schemas）**，包括從過往經驗得出的概念和與之相關的訊息。例如，我們都有性別基模，包含對女性和男性的所有期望和聯想。

根據 Piaget 的說法，適應包括兩個過程：同化與調適。在**同化（assimilation）**時，我們將新訊息置入現有的基模中，無論契合與否。以小男孩去動物園第一次看到大象為例，他轉身向媽媽說：「妳看，這是一隻有兩條尾巴的大狗。」這個小男孩沒有基模來幫助他理解一隻既有象鼻又有尾巴的動物，所以他試圖將這種新經驗納入他固有的概念中。他會一直認為大象是一隻奇怪的狗嗎？當然不會，這個時候**調適**

（**accommodation**）過程就上場了。當他的母親指出大象的特徵時，小男孩便會創建一個新的大象基模來調適這些新訊息。在 Piaget 的理論中，**平衡作用（equilibration）**的過程是同化和調適之間不斷擺動的蹺蹺板。當我們學習新經驗和新事物時，剛開始會盡可能地以現有的基模同化新訊息，如果新訊息無法被同化，就會陷入不平衡狀態。此時便需要改變基模以調適新訊息，再度回到平衡狀態。

和 Freud、Erikson 一樣，Piaget 相信兒童從一個年齡階段到下一個年齡階段的改變是質變。他所描述的階段，是基於兒童在每個年齡階段思考和理解世界的方式。在他的理論中，兒童懂得的並不比成人少；倒不如說，他們在每個發展階段以不同的方式思考。Piaget 提出認知發展的四個階段：感覺動作期、前運思期、具體運思期和形式運思期。第 6 章將更深入探究 Piaget 的理論和階段。

## Piaget 理論的當代應用

對 Piaget 理論的批評主要集中在他使用的研究方法，以及關於兒童何時進入他的理論的每個階段，至今尚無定論。但他留給後世最大的精神遺產在於他的**建構主義（constructivism）**觀點（Newcombe, 2011）。還記得第 1 章討論到兒童是環境影響的被動接受者，還是自身發展的積極參與者。Piaget 認為兒童是積極的學習者，總是努力地**建構**自己對世界的理解。許多教師將 Piaget 的思想作為教學風格的基礎（Hinde & Perry, 2007），這方面的研究正在進行中。例如，Kamii 和 Rummelsburg（2008）為一年級學生提供與數學相關的探索活動（如：挑木棒遊戲和小組算術遊戲），而不是傳統的數學作業（如：「2＋2＝？」）。到學期結束時，這些學生在心算和邏輯推理測驗的得分，高於接受教師指導、以紙筆教學為主的學生（課前測驗第 6 題）。積極參與這些活動，能鼓勵兒童思考數字的意義，而不僅僅是「背多分」（Kamii, 2014）。

Piaget 還強調，嬰兒期的身體活動是思考發展的基礎。這個想法近年來出現在**體化認知（embodied cognition，或稱具身認知、體感認知）**這一觀點裡（Kontra, Goldin-Meadow, & Beilock, 2012）。在體化認知中，思考和行為是多個「說者」之間「對話」的結果，包括大腦、身體活動以及環境的刺激和影響（Marshall, 2016）。想想你和一群朋友的對話，通常沒有一個人可以全程控制對話，而是每個人都會塑造交談的主題、方向和流動。同樣地，體化認知呈現了許多因素的複雜相互作用，這些因素都會影響人類思考和行為的流動與發展。

## Vygotsky 的社會文化論

俄羅斯心理學家 Lev Vygotsky（維果斯基）（1896-1934）對認知發展有一些不同的看

法，他強調社會和文化對於促進認知發展的重要性。根據 Vygotsky（1962 / 1986）的論點，學習首先發生在人與人的互動中，接著個體再將學習內化，成為自己的獨立思考。

相較於瞭解兒童目前的功能，Vygotsky 對如何提高兒童的理解水平更感興趣。他認為，觀察兒童在和有能力的同儕互動中能夠學習到什麼，比僅僅測試兒童已經知道的知識，更能反映他的認知發展水平。他提出了**近側發展區（zone of proximal development, ZPD）**的概念，將之定義為「兒童獨立解決問題的實際發展水平，與在成年人指導下、或與更有能力的同儕合作下解決問題的潛在發展水平，這兩者之間的差距」（Vygotsky, 1978a, p. 86）。

**近側**（proximal）意指附近或接近。好的教師首先要確定兒童已經知道什麼，接著讓他們去挑戰學習接近於他們現有的知識或能力，以便他們能夠理解，這個過程稱為**鷹架作用（scaffolding）**。鷹架是架設在建築物外圍的結構，好讓工人踏在上面工作。在 Vygotsky 的概念中，成人透過提供指導和支持（鷹架）來協助兒童「建構」理解。就像建築完工時鷹架會撤掉一樣，當兒童完全理解時，成人即可功成身退。例如，2 歲的孩子可能需要你拉她的手放在玩偶盒（jack-in-the-box）的盒蓋上，但到 3 歲時她就能自己做到，不再需要你的幫忙，你可以撤下「鷹架」了。本書將在第 6 章帶領讀者瞭解更多 Vygotsky 的理論。

## Vygotsky 理論的當代應用

與 Piaget 的理論一樣，Vygotsky 的思想對教育領域產生了巨大的影響。從 Vygotsky 的思想發展出來一種特別的教育方式，稱為**動態評量（dynamic assessment）**。採用這種方法的教師不是測試兒童在某個特定時間知道或可以做什麼，而是透過提問來評估兒童對某個概念的理解。當兒童答錯時，教師會從最間接的提示開始，例如建議兒童想想以前是否看過類似的問題。如果這樣的提示還不夠，則再提高指導程度，最後可能會直接告訴兒童並解釋正確的答案。有些兒童只需要些微提示，有些則需要直接指導（參見 Alavi & Taghizadeh, 2014; Petersen, Chanthongthip, Ukrainetz, Spencer, & Steeve, 2017）。我們將在第 7 章更詳細地討論基於 Vygotsky 理論的教育策略。

## 訊息處理理論

Piaget 和 Vygotsky 提出許多關於認知發展的廣泛概念，而訊息處理理論則將理解和使用訊息的方式分解為認知的特定層面，例如注意力和記憶。早期的訊息處理取向是將認知描述為一系列的線性步驟——我們先注意到某件事，然後去處理或思考它，接著將它儲存在記憶中，以便日後檢索和使用，這被稱為**儲存模型（stores model）**，是將心智視為像電腦一樣運作的觀點。然而，認知的複雜度超乎我們的想像，尤其認知是線性的、特定順序過程的假設飽受質疑。

近期流行的模型稱為**連接機制**（**connectionist**）或**神經網絡模型**（**neural network model**）。這種訊息處理的思考方式更能反映目前對大腦功能的理解——大腦由神經元或神經細胞組成，透過與其他神經元多工同時的連接來運作。連接機制不是依序、逐步的過程，而是將認知視為同時多方並行的過程。

依此模型，我們可以把記憶想成是相互連接的概念節點（concept nodes）所組成的神經網絡，如圖 2.5 所示。例如，看到一隻白色的鴨子時，可能會激發不同的概念節點。一個節點代表一個特定的概念（**白色**），另一個代表高階概念（**鴨子**），又另一個代表一個上位概念（**鳥類**），其多寡取決於神經元是如何被激活的（Robinson-Riegler & Robinson-Riegler, 2008）。這些概念節點類似於大腦中的神經細胞或神經元，分別連結各個神經元。當訊息儲存在記憶中時，就成為與網絡中其他節點連結的新節點。儘管每個節點都以某種方式連結到記憶裡的其他訊息片段，但這些連結的強度並非固定不變，例如學習就能改變這些連結的強度。當刺激輸入系統時（例如，看到飛行中的鳥類），就會激活某些節點。如果這些節點之間的連結夠強，就會輸出一個概念（在本例中為**鳥類**）。

與 Piaget 認為兒童的思考方式從一個階段到另一個階段發生質變的論點不同，訊息處理論著眼於認知過程的逐漸發展。第 6 章將說明近期探討注意力、記憶和其他認知過程發

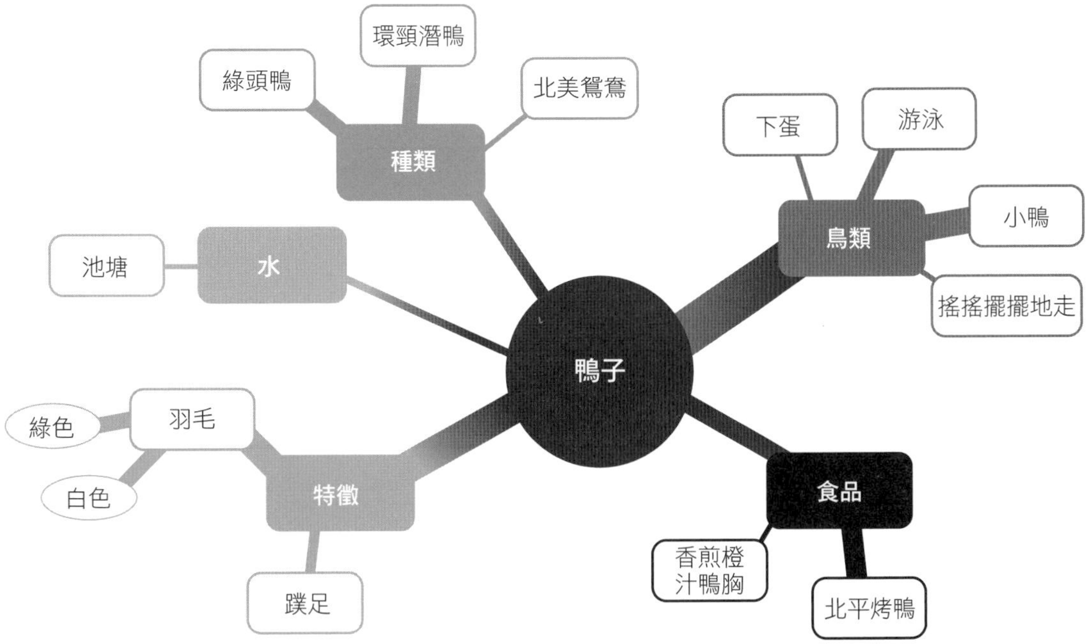


**圖 2.5 記憶的神經網絡模型**。在訊息處理的神經網絡模型中，概念由訊息（或節點）和代表該訊息的相關概念連結組成。圖中連結的寬度代表每個連結的強度。

展的研究。本書其他章節也會穿插相關的主題，例如，在第 11 章討論社會發展時，也會談到社會認知或如何思考社會情境。

### 訊息處理論的當代應用

訊息處理論帶動了大量關於兒童與青春期認知過程成長和變化的研究。認知發展研究的一個重大進展是使用現代醫學成像技術，將認知過程與大腦和神經系統的結構和功能變化聯繫起來。此研究領域被稱為**發展的認知神經科學**（**developmental cognitive neuroscience**），讓我們能夠瞭解發育中的大腦如何促進和限制某些認知能力。例如，抽象思考的能力（而不僅是處理周遭的具體世界），在整個青春期持續發展。大腦成像研究顯示，青春期處理抽象思考部分的大腦激活程度發生變化（Dumontheil, 2014）。這些研究支持了此論點——青春期大腦的不成熟，限制了青少年的認知能力。因此，教師、法官等不應該期待青少年的大腦運作能與成人有一樣的水準。本書第 5、6 章將說明更多關於大腦發育及其與認知發展的關係。

#### 學習檢定

**知識問題：**

1. 根據 Piaget 的說法，兒童如何建構他們對世界的知識？
2. 兒童能力的動態評量與傳統的評量有何不同？
3. 儲存模型和訊息處理的連接機制模型有何不同？

**思辯問題：**

4 歲、8 歲和 16 歲的兒童或青少年會如何解釋植物生長的原因？這些差異顯示認知如何發展？

## 演化論：動物行為學

Charles Darwin（達爾文）演化論的基本論點是，能夠適應環境的生物不一定是最大或最強的生物，而是最有可能將基因傳遞給下一代的生物（課前測驗第 7 題）。他的重點主要放在外表特徵上。然而，具有適應性價值的人類行為將延續下去的基本理念，是**動物行為學**（**ethology**）的核心。現代動物行為學（研究動物和人類行為在自然環境中的適應性價值）之父 Konrad Lorenz（勞倫茲）（1903-1989）在德國慕尼黑研究動物行為時，發現鴨子和鵝在出生後會立即跟著母親，這種自動化的行為稱為**銘印現象**（**imprinting**），具有適應性價值，因為母親會為後代提供食物和保護，使其免受掠食者的侵害。如果剛出生的小動物不這樣做，就不太可能存活下來，無法將基因傳遞給下一代。Lorenz 認為這種行為是與生俱來，不是後天習得的。當他用自己來取代鵝媽媽時，剛孵出的小鵝對他就像對母鵝一樣，緊緊跟著不放。

有些研究者試圖將銘印的概念應用於人類行為，聲稱嬰兒必須在出生後的幾個小時內與母親肌膚接觸，好形成連結（bonding，綁定關係）或愛。就像將許多動物行為直接套用在人類身上一樣，事實證明並非如此（課前測驗第 8 題）（Streep, 2015）。動物行為或許對一些人類行為有所啟發，但直接套用則流於簡單粗糙。雖然沒有證據表明人類之間的綁定關係，但動物行為學的原理有助於我們理解嬰兒和父母在生命第一年慢慢形成、有意為之的依戀發展。第 9 章將進一步說明依戀關係。

Konrad Lorenz 與銘印現象。Konrad Lorenz 觀察鵝（左圖）的行為，並在小鵝出生後立即拿走母鵝，用自己代替母鵝來證明銘印現象的存在。小鵝們跟著他，好像 Lorenz 才是牠們的母親（右圖）。

*©Shutterstock / Shannon Jordan; Getty / Nina Leen*

## 演化論的當代應用

當代一種稱為**演化發展心理學**（evolutionary developmental psychology）的取向，將演化論的原理應用在探討兒童如何以及為什麼會有這樣的發展問題（Frankenhuis, Panchanathan, & Nettle, 2016）。兒童的行為（例如：攻擊、利他和依戀）是以兩種方式在適應環境：（1）為成年生活做準備；（2）為了適應當時的發展階段和特定的生活環境。

演化發展取向的研究範例之一，是探討女孩青春期開始的年齡。雖然青春期開始的年齡多半受基因控制，但這項研究表明，父母的衝突激烈、婚姻滿意度差、父親缺席或嚴重失能，或在 15 個月大時與母親的關係不夠穩定，都可能使女孩提早進入青春期（Belsky, Houts, & Fearon, 2010; Webster, Graber, Gesselman, Crosier, & Schember, 2014）。演化發展心理學家指出，童年不幸的女孩可能不敢指望能順利長大，因此，青春期提前是對環境的一種適應策略，以確保她能夠提早懷孕來傳遞基因。

學習檢定

**知識問題：**

1. 適應在演化論中扮演什麼角色？
2. 動物的銘印現象和人類的依戀有何不同？
3. 為什麼家庭關係不安全的女孩會提早進入青春期？

**思辯問題：**

如果人類嬰兒不像某些動物那樣會自動銘印母親，那麼人類嬰兒有哪些行為可以確保父母與他們建立依戀關係並照顧他們？

## 生態系統論

生態學研究原本是關注動植物與環境的關係，但在 1970 年代，Urie Bronfenbrenner（布朗芬布倫納）（1917-2005）將有機體與環境交互作用的概念應用到發展心理學領域，首創人類**生態系統論（ecological systems theory）**。在這個架構下，他將發展定義為：「發育中的有機體與長期所處的環境脈絡之間交互作用的函數」（Bronfenbrenner, 1975, p. 439）。Bronfenbrenner 認為，如果不瞭解一個人如何與所處環境的不同面向交互作用，就無法瞭解一個人的生命歷程。他也認為發展是一個動態的過程，環境的所有面向都會影響個體，而個體也會影響所處環境的所有面向。

Bronfenbrenner 的理論在某種程度上是對一些實驗心理學取向的反動。在這些實驗中，兒童在實驗室裡接受測試，並假設其測試結果可以反映兒童在自然情境下的行為。Bronfenbrenner 提出**生態效度**（ecological validity）的概念，亦即研究結果要能類推到真實世界。例如，實驗室或許是在嚴格控制的情境中觀察反應的好地方，但不一定是觀察父母和孩子日常互動的好方法（Bronfenbrenner, 1977）（課前測驗第 9 題）。

Bronfenbrenner（1977, 1986）指出，個人在一組嵌套的影響中成長和發展，他將這些影響分成五個系統——微觀系統、中間系統、外部系統、巨觀系統、時間系統，如圖 2.6 所示，這些系統相互嵌套、相互影響。

**微觀系統（microsystem）**包括個體在他直接接觸的環境中（例如家庭、學校或友伴團體）與他人的面對面互動。母親和孩子之間的互動形成了一個微觀系統，孩子與同伴之間或兄弟姊妹之間的互動也是微觀系統。**中間系統（mesosystem）**將兒童周遭的兩個環境連結在一起。例如，當父母與孩子的老師見面並交談時，家庭環境與學校環境互動，這種互動會影響孩子在學校的進展。**外部系統（exosystem）**由兒童從未接觸的環境（即兒童的**外部**環境）組成，但仍會影響兒童的發展。例如，即使孩子從沒去過爸媽的工作場所，但父母在職場發生的事情，也會對孩子產生影響。職場要求太高，以至於父母在工作一天後筋疲力盡，會影響父母回家後與孩子的互動品質。**巨觀系統（macrosystem）**由文化規範組成，這些規範是日常生活的制度和活動的基礎。例如，美國的巨觀系統包括民主意識形態，以及對個人成就的重視。**時間系統（chronosystem）**包括發生在兒童生命中不同時間的事件，以及兒童生活的歷史時期。例如，父母離婚對 2 歲兒童的影響，與對青少年的影響不能相提並論。此外，現今父母離婚的情形更加普遍，與 1940 年代罕見的情況不可同日而語（Bronfenbrenner, 1986）。

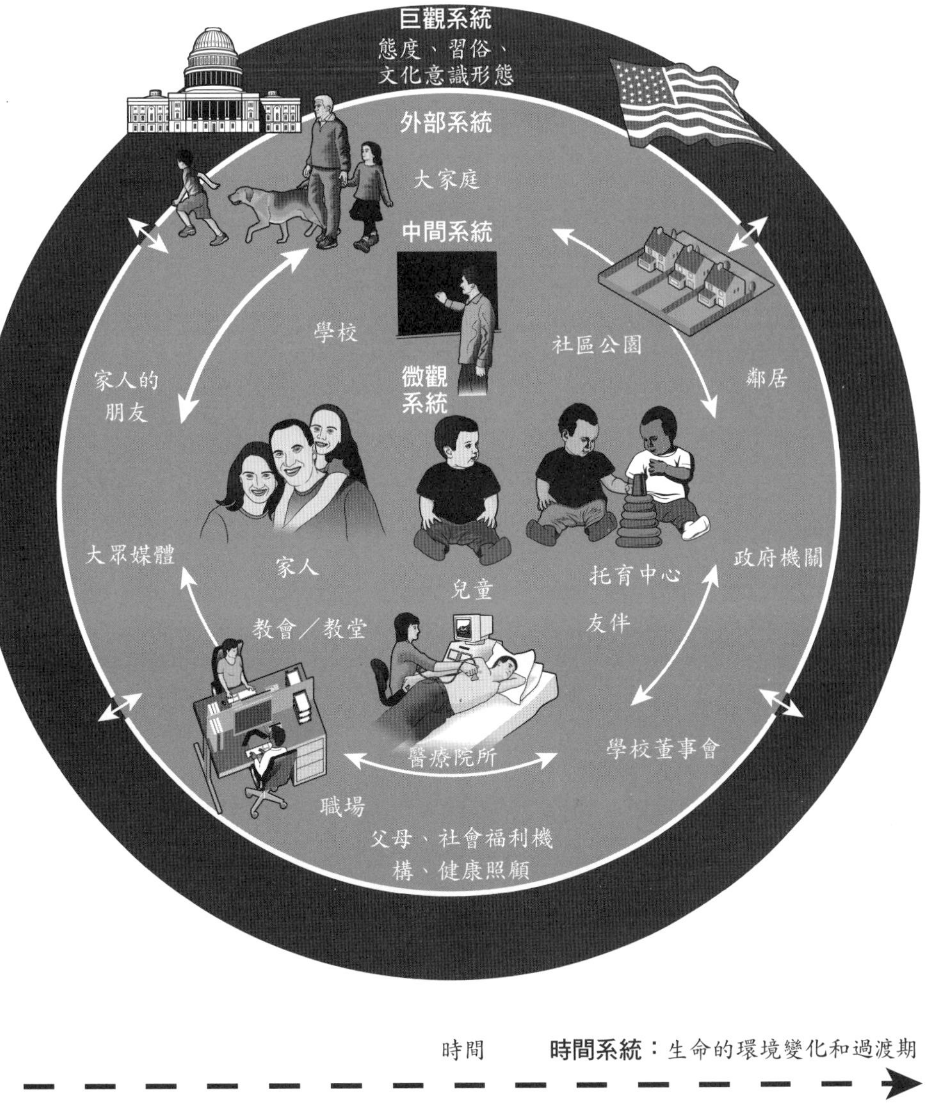


圖 2.6　Bronfenbrenner 的生態系統模型。生態系統模型中的各個系統為一組嵌套環境，但每一個系統內和系統間都有交互作用。所有這些交互關聯的系統隨時間變化，以時間系統代表。

**資料來源：**修改自 Bronfenbrenner & Morris (2006).

運用「主動學習：生態系統示例」來幫助你記憶組成生態系統論的各個系統。

主動學習

## 生態系統示例

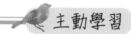

將下面的每個描述與其所代表的生態系統正確配對。系統層面為：微觀系統、中間系統、巨觀系統、外部系統和時間系統。

| 示例 | 系統層面 |
|---|---|
| 1. 從 1970 年到 1990 年，有 5 歲以下幼兒的母親就業人數翻了一倍。 | |
| 2. 父母去學校參加家長會，以便瞭解孩子的在校表現。 | |
| 3. 美國原住民父母撫養孩子是為了避免人際衝突，並與他人攜手合作，做有益人群的事。 | |
| 4. 幼兒園老師教孩子如何將兩個積木疊在一起。 | |
| 5. 澳洲新手父母在孩子出生後有權享受一年的帶薪育兒假。 | |
| 6. 父親升職加薪，但也意味著他需要工作更長的時間。 | |
| 7. 父母親邀請孩子的朋友到家中同樂。 | |
| 8. 今日的父親在育兒方面比過去積極。 | |
| 9. 一位青少年和他最好的朋友規劃了週末如何共度時光的計畫。 | |
| 10. 一位新手媽媽和朋友聚會，朋友告訴她別那麼擔心孩子，她應該放鬆一下，享受身為母親的樂趣。 | |

答案：

1. 時間系統；2. 中間系統；3. 巨觀系統；4. 微觀系統；5. 巨觀系統；6. 外部系統；7. 中間系統；8. 時間系統；9. 微觀系統；10. 外部系統

## 生態系統論的當代應用

生態系統論擴大了研究兒童發展應包含的廣度，以更全面地瞭解兒童在多種環境脈絡下的發展。例如，生態系統論幫助我們檢視家庭和同儕的影響（微觀系統）；家庭、同儕和學校之間的互動（中間系統）；社區（外部系統）；移民的文化價值觀（巨觀系統）；以及從青春期過渡到成年期的時間因素（時間系統）（Paat, 2013），有助於我們瞭解美國移民兒童發展的完整背景。

人類生態學留下的另一個遺緒是將理論應用於社會政策。人類生態學家認為，社會的各個層面都會影響人類的發展，並將此信念延伸到參與社會政策的制定，包括各級政府的立法和計畫。Bronfenbrenner 積極參與擬定 Head Start 計畫（啟蒙計畫），該計畫旨在從不同層面提供介入措施，協助處境不利的兒童。啟蒙計畫不僅是一項針對兒童的卓越教育計畫，還可以幫助正遭逢經濟、社會、教育和心理困難的家庭。啟蒙計畫也致力於搭起教室和家庭之間的橋梁。第 7 章將說明更多關於啟蒙計畫的內容及其對兒童生活的影響。

**推動社會政策。**Head Start 計畫（啟蒙計畫）的發展受到 Bronfenbrenner 生態系統論的強烈影響。該計畫旨在從理論描述的幾個層面中提供介入措施。*©AP Photo / Peter Cihelka*

**學習檢定**

**知識問題：**

1. 為什麼要從孩子的生活世界脈絡去理解孩子？
2. Bronfenbrenner 的生態系統由哪五個系統組成？
3. 為什麼生態系統論在形成社會政策方面發揮著重要作用？

**思辯問題：**

一名 10 歲兒童老是在學校闖禍。你如何從生態系統的不同層面中介入，來幫助他控制攻擊性呢？

## 動態系統論

隨著對兒童的研究愈趨精緻複雜，學界已經明白發展是一個複雜的過程，包括我們的生理、環境、與他人互動的方式，以及我們思考或表達經歷的方式（Sameroff, 2010）。**動態系統論（dynamic systems theory）**指出，發展的所有不同面向會隨著時間推移交互作用並相互影響。在這個理論中，發展不是一首固定的曲子，而更像是爵士樂的即興創作（Spencer, Perone, & Buss, 2011）。當兒童試圖解決發展問題時，身體每個部分會相互照應配合，因此每位兒童都會創造出獨特的行為模式。以嬰兒不同的爬行方式為例：有的手腳並用、有的用肚子貼地滑行、有的側坐一隻腳拖在後面，每位寶寶都根據自己的能力和環境，以獨特的方式解決從這裡移動到那裡的問題。在光滑地板上學習爬行的嬰兒，會發展出與在長毛地毯上學習的嬰兒不同的爬行方式。

**爬行的多種形式**。沒有所謂的正確爬行方式。嬰兒會根據他們的能力和環境，來弄清楚如何從這裡移動到那裡。在光滑的地板上爬行，與在草地上爬行相比，具有不同的挑戰。
*©iStock / yaoinlove; iStock / Altinosmanaj*

為了說明這個過程是如何運作的，我們來看看 Esther Thelen 如何將動態系統論應用於運動技能的發展。Thelen 發現身體發育的本質是靈活的，不是絕對的。例如，新生嬰兒有一種踏步反射（stepping reflex，將初生嬰兒抱著直立時出現的本能踏步反應）。這種反射通常約在 2 到 3 個月大時消失，學界最初認為這種消失是大腦成熟的結果。然而 Thelen 發現，如果將這些嬰兒放入水中（約在胸前高度），讓腿變得不那麼重，他們會重新開始踏步，這意味著踏步反射的消失並非僅由大腦發育驅動（Thelen, 1989）。當腿變得太重而抬不起來時，嬰兒會停止反射性地踏步。基於這些觀察，Thelen 假設真正的學步發展不僅僅是生理成熟的問題，而是許多不同體驗、身體成長和動機的結合。依照體重和活動水平等個別特徵，她主張每個嬰兒都會以不同的方式探索和發展這些能力，每個孩子都在嘗試摸索方法，他所採取的每一個動作都會影響下一個動作，從而創造出特有的發展模式。

## 動態系統論的當代應用

當動態系統論運用在發展或計畫介入措施時，會通盤考慮整個兒童在環境背景下的特徵（包括神經系統、肌肉骨骼系統、兒童的動機或準備度），以及任務本身的性質（Darrah et al., 2011; Sauve & Bartlett, 2010）。如前所述，早期的論點看到的是動作發展，但近年來，動態系統論幫助我們理解兒童發展的許多不同面向，包括認知和語言發展（Parladé & Iverson, 2011; Samuelson, Jenkins, & Spencer, 2015)。例如，與嬰兒交流可以看作是一個由語言、示意動作和情緒組成的動態系統。當嬰兒想要一個玩具時，他會用熱切的眼神看著它、指它，然後說出玩具的名字。然而，當該系統的一個部分變化太快，與其他部分的協調可能會中斷。在 2 歲的某個時候，許多（但不是全部）幼兒的詞彙量爆增，他們突然開始快速地學會新單詞。研究人員發現，當這種情況發生時，語言就會與情緒和示意動作脫鉤，也就是說，系統失去了平衡。這個時候，每位幼兒都必須找到新的方式來協調語言、情緒和示意動作，從而恢復平衡（Parladé & Iverson, 2011）。

### 學習檢定

**知識問題：**

1. 人類發展與爵士樂的即興創作之間有何相似之處？
2. 動態系統論如何解釋兒童發展的個別差異？

**思辯問題：**

在 Piaget 理論的當代應用中，曾提到體化認知概念。體化認知與動態系統論有何關聯？

## 歷史文化背景下的兒童發展理論

### 學習問題 2.3・歷史和文化背景脈絡如何影響兒童發展理論？

正如本章所言，理論在我們理解兒童發展方面發揮著核心作用。然而，重要的是要明白，理論思想不是憑空出現的。儘管這些理論影響了我們對兒童的看法，但它們也反映出理論家所處的文化和歷史時代。如果你停下來思考一下，你今天生活的世界如何影響你對孩子的看法以及他們的發展，你會意識到我們的文化和經驗如此影響我們的世界觀，而我們甚至沒有意識到這些影響，除非有意識地去思索琢磨。

「研究之旅：理論的歷史脈絡」並不是對發展理論史的完整回顧；它簡述本章討論過的幾種理論的例子，說明歷史和社會背景如何影響理論。根據這一特點，以下說明文化在兒童及發展理論中可以發揮的作用。

### 研究之旅 理論的歷史脈絡

#### Sigmund Freud 與精神分析論

Freud 的某些理論在今日看來很是古怪，甚至有點奇特。其論點基於人類性行為的想法，反映出 Freud 所處時代（19 世紀後期德國維多利亞時代）的文化。這是歷史上性行為被視為私密甚至可恥的時期。性被視為婚姻中繁殖後代的必要之惡，為快樂而性是社會大眾普遍不能接受的行為（Goodwin, 2005）。

在這種背景下，Freud 將他在患者身上看到的精神疾病，解釋為他們早年經歷某種性創傷（無論是真實還是幻想）的後果。他的邏輯是，不能被接受的性感覺或想法，將被推入潛意識，並不時地以破壞生活功能的方式再度浮現（Goodwin, 2005）。

©Universal History Archive / Contributor

這種解釋在維多利亞時代或許很有道理，但在性衝動被視為人性正常表達的文化中，卻顯得不大實用。

### John B. Watson 與行爲主義

20 世紀初期，行為主義在美國聲名大噪。當時的美國大眾殷切渴望這一新興心理學門的科學原則，可以指引他們處理包括育兒在內的許多議題。你已經讀過 Watson 在約翰霍普金斯大學期間對小艾伯特進行的研究。但除了科學寫作外，Watson 還為大眾媒體撰寫文章和書籍，來回應大眾對心理學的興趣。

©George Rinhart / Contributor

Watson 最有名的著作《嬰幼兒的心理照顧》（*Psychological Care of the Infant and Child*）提供父母許多育兒問題的建議（Bigelow & Morris, 2001）。雖然他就不當行為（可以讓孩子忙於其他適當的活動，使他無暇表現不當行為）、懲罰（通常不建議）以及為孩子制定生活規律等提出相當有用的建議，但他對愛和情感的看法，與我們目前對情緒發展的瞭解完全不符。Watson 建議父母不要親吻、擁抱孩子，或讓孩子坐在他們的腿上，擔心溺愛孩子會使他們變得依賴，日後不知道如何打理生活（Watson & Watson, 1928）。雖然這些建議聽起來很奇怪，但實際上反映了普羅大眾和其他心理學家對良好教養方式所抱持的信念（Bigelow & Morris, 2001）。Watson 相信父母可以將孩子完全塑造成他們希望的樣子。這種觀點具有極大的吸引力，難怪他的書多年來一直是最受歡迎的育兒書籍之一。

### Jean Piaget 與認知發展論

雖然 Piaget 與 Watson 的研究幾乎是同時開始，但 Piaget 所處的歐洲是一個非常不同的文化環境。美國心理學家的關注焦點在學習測量，主要以老鼠或大學生為研究對象，很少以兒童為主體。然而，Piaget 以開放式臨床訪談對兒童進行研究（Kessen, 1996）。在訪談中，他可能會突然改變問題，讓兒童盡情述說感興趣的事情（Piaget, 1969）。他還花了很多時間觀察兒童的自發行為，包括他自己的三個孩子。他的研究沒有支持結論的統計數據，而是使用抽象概念來解釋（Lerner, 2002）。由於這些原因，當他的研究在 1920 年代和 1930 年代首度發表時，在美國受到了冷遇，並不被看好（Whitman,

©Patrick Grehan / Contributor

1980），但到了 1960 年代，興起一股反對嚴格行為主義方法及將人類行為削減為一組刺激－反應（stimulus-response）關聯的運動。美國心理學家致力於研究兒童的心智、認知和語言發展（Kessen, 1996）。在這種新的氛圍下，Piaget 對兒童理解世界的方式之豐富描述，使得他的理念如今廣為人知。

### Urie Bronfenbrenner 與生態系統論

©AP Images / Associated Press

對心理學發展方向日益不滿的 Urie Bronfenbrenner 在 1977 年撰文批評心理學只是狹隘地為獲得資料而蒐集資料，並依賴嚴格控制的實驗設計，以至於這種高度人工化得出的結果，與兒童的真實生活幾乎沒有相似之處。他擔心的是「當代發展心理學多半是盡可能在最短的時間內，研究兒童在與陌生成人同處的奇怪情境下，表現出奇怪行為的科學」（Bronfenbrenner, 1977, p. 513）。與其將環境視為需要控制的東西，Bronfenbrenner 認為我們應該研究嵌套在層層環境中的行為，因為每一個環境都會對發展過程造成影響。

1960 年代和 1970 年代是美國社會發生巨大變化的時期，其中一部分變化是日益重視多元主義和多樣性。Bronfenbrenner 的論點汲取他在歐洲、中國、俄羅斯和以色列進行的研究。1960 年代也是尋求改善生活條件的社會變革時期，而 Bronfenbrenner 在將發展研究的知識應用於社會政策方面發揮了領導作用。他的生態系統論採用更全面的角度，關注直接和長期影響發展的因素（Lerner, 2018）。今日的挑戰是找到方法來研究影響發展的多重複雜交互作用，如此才能對人類的發展過程有更豐富、完整的理解。

## 文化背景下的發展理論

雖然本章說明的理論多少有考慮到文化差異，但畢竟都是由歐美的理論家提出的，且大多數以西方中產階級家庭為研究對象（Kärtner, 2015）。正如第 1 章所言，若假設所有社會都符合西方的價值觀，我們就會忽略不同環境脈絡下成長的兒童，或許會發展出不同的想法和行為（課前測驗第 10 題）。在第 1 章已經談到文化價值觀如何影響特定的教養方式，此處著重的是文化價值觀如何形塑兒童發展理論。

Erikson 的理論看重個體自主權和自決權的發展——這些特徵在許多西方文化中都受到重視。然而，某些文化的發展理論更關注個體與社會群體的共融並存。例如，Nsamenang 與 Lo-oh（2010）解釋道，在撒哈拉以南非洲，整體發展理論「不強調兒童的主權，而是融入社會群體和社區」（p. 386）。這意味著兒童是文化社區的參與者，而不是具有個人興趣、目標和行為的自主個體。為說明文化差異如何反映在這些理論學者提出的發展理論上，表 2.2 將 Erikson 的階段與 Nsamenang（2015）描述的非洲文化發展階段進行比較。

由此可知，不同文化的價值觀和信仰，對於兒童發展乃至於成年期的發展，所形成的概念化竟如此不同。

**表 2.2** 將 Erikson 在美國研究得出的發展階段與 Nsamenang 在非洲研究得出的發展階段進行比較。Erikson 的理論側重個人發展，而 Nsamenang 的理論則看重整個發展過程中的社會連結。這些文化觀點有何不同？又有哪些相似之處？

| Erikson 的階段 | Nsamenang 的階段 | Nsamenang 的階段說明 |
|---|---|---|
| 信任 vs. 不信任 | 新生兒期 | 嬰兒安全分娩的幸福感，以及透過社會化打造成應有的模樣。 |
| 自主決定 vs. 羞愧懷疑 | 社會啟動作用 | 增加嬰兒和照顧者之間的溝通、分享和交流。 |
| 積極主動 vs. 退縮內疚<br>勤奮進取 vs. 自貶自卑 | 社會見習期 | 預演生活不同面向所需的社會角色。 |
| 自我認同 vs. 角色混淆 | 進入社會<br>社會束縛 | 與青春期開始有關的儀式。<br>接受擔負成人角色和責任的教育。 |
| 親密 vs. 孤獨<br>生產 vs. 停滯 | 成年期 | 結婚與為人父母。 |
| 自我統整 vs. 悲觀絕望 | 老年 / 死亡 | 擁有最佳的社會能力、智慧。<br>兒孫的重要性。 |
| | 祖靈 | 成為「讓人敬畏的往生者」或「可怕的邪靈」。 |

資料來源：修改自 Nsamenang & Tchombe (2011) 與 Erikson (1963).

**發展理論反映了文化價值觀。**撒哈拉以南非洲的兒童發展理論強調兒童與社區的連結，有別於多數西方理論中強調的個人主義。
*©iStock / hadynyah*

學習檢定

**知識問題：**

1. 文化在兒童發展理論中扮演什麼角色？
2. 文化的價值觀如何影響兒童發展階段的概念化？

**思辯問題：**

描述你的文化背景。想想若要撫養孩子，你的教養目標為何？你認為你設定的目標與你的文化背景有何關係？

## 發展理論的比較

開始說明這一節發展理論的比較前，請先記住以下重要問題：

1. 該理論如何描述發展？變化是小幅度的量變，還是有顯著差異階段的質變？

2. 是什麼推動了發展？它是受生理和認知成長等內在歷程抑或外在環境的影響？還是這些因素的組合？

現在你可以使用表 2.3 來回顧本章介紹的理論，並檢查你對這些問題的回答是否正確。此外，本表另簡要說明每種理論對兒童發展研究的主要貢獻，以及每種理論的當代應用。

# 結語

本章描述的理論為你理解本書後續章節內容打下堅實的基礎，你會繼續讀到與特定發展領域相關的其他理論，並擴展兒童發展研究的科學探索。儘管你可能會想對某些理論說「我同意」或「我不同意」，但在這之前，重要的是將你的意見建立在可以檢驗的合理論據之上，也有必要對你的想法進行批判思考。是否接受某種理論，最終應取決於支持或否定該理論的證據。

表 2.3　發展理論的比較

| 理論（理論學家） | 量變或質變 | 內在歷程和／或環境影響 | 對兒童發展研究的貢獻 | 當代應用 |
|---|---|---|---|---|
| 精神分析論（Freud 與 Erikson） | 質變：<br>Freud 有五個階段<br>Erikson 有八個階段 | 生物驅力推動發展，並受環境經驗的影響。 | 瞭解兒童潛意識的想法和動機，有助於解釋他們的行為。<br>Erikson 的階段描述了從嬰兒期到青春期的典型發展問題。 | 心理和情緒問題的心理治療方法 |
| 行為主義與社會認知論（Watson, Skinner 與 Bandura） | 量變 | 環境 | 運用增強改變兒童的問題行為。模仿是兒童學習的重要關鍵。 | 畏懼症的虛擬和擴增實境治療<br>應用行為分析<br>自我效能 |
| Piaget 的認知發展論 | 質變：<br>Piaget 的四個階段 | 生物驅力推動認知過程發展，再加上環境的塑造。 | 兒童對知識的主動建構，啟發了教學方法。 | 活動本位學習<br>體化認知 |
| Vygotsky 的社會文化論 | 量變 | 環境以文化和社會影響的形式，推動認知過程的發展。 | 鷹架和近側發展區是教學方法的基礎。 | 動態評量 |
| 訊息處理理論 | 量變 | 生理和環境交互作用，影響認知過程。 | 認知發展的基本歷程是理解兒童學習過程的核心。 | 發展的認知神經科學 |
| 演化論—動物行為學（Lorenz） | 不適用 | 生理是適應環境的基礎。 | 兒童的行為是適應環境的結果。 | 演化發展心理學 |
| 生態系統論（Bronfenbrenner） | 量變 | 互相嵌套的環境與兒童的特質交互影響。 | 兒童與許多層次的社會影響互動。 | 如啟蒙計畫的社會政策應用 |
| 動態系統論（Thelen） | 量變 | 生理發展與認知過程、環境經驗交互作用。 | 兒童行為是生理、環境、認知和社會情緒因素複雜交互作用的結果。 | 持續進行認知發展方面的研究 |

# Part 2

# 生命的起源與生理發展

*Chapter 3*
遺傳與環境

·

*Chapter 4*
產前發育與新生兒

·

*Chapter 5*
生理發展：大腦與身體

*Chapter 3*

# 遺傳與環境

## 學習問題：

3.1　上個世紀的基因研究發生了什麼變化？

3.2　基因與染色體如何作用？

3.3　遺傳疾病是如何發生的？基因檢測和諮詢在識別、預防和治療這些疾病方面發揮什麼功能？

3.4　如何研究基因遺傳與個體特質及行為之間的關係？

3.5　基因與環境如何交互作用？

## 課前測驗

判斷以下每個陳述內容是「對」或「錯」，測試你對兒童發展的瞭解，接著在閱讀本章時，檢視你的答案。

1. □對 □錯 受孕時，母親的遺傳物質決定了孩子的性別。
2. □對 □錯 每個人都有幾十萬個基因。
3. □對 □錯 父母都是棕色眼睛，仍然可以生出藍色眼睛的孩子。
4. □對 □錯 身體內的每個基因，都有一個特定的功能。
5. □對 □錯 男性比女性更容易罹患遺傳疾病。
6. □對 □錯 醫生現在能夠使用改變缺陷基因的基因療法，來治療許多遺傳疾病。
7. □對 □錯 邁克是一位才華橫溢的鋼琴家。由於他的父母都是音樂家，所以基因勢必決定了邁克也有音樂天賦。
8. □對 □錯 基因幾乎在所有行為的發展中發揮作用。
9. □對 □錯 分開撫養的同卵雙胞胎在許多性格特徵上，比一起撫養的異卵雙胞胎更為相似。
10. □對 □錯 你的生活經驗可以改變你的基因結構。

正確答案：1. 錯；2. 錯；3. 對；4. 錯；5. 對；6. 錯；7. 錯；8. 對；9. 對；10. 錯。

基因是我們從父母那裡繼承的生物遺傳基本單位。本章將探討基因對兒童發展的影響。首先從遺傳學研究的簡短歷史觀點開始，接著說明基因及其基本運作方式。然後檢視由基因引起的某些類型疾病，以及治療這些疾病的有望方法。最後則探討基因和環境的相互作用，顯示遺傳（基因）和教養（環境）密不可分，因此我們不能將發展的大部分面向單獨歸因於其中一個基因。正如第一章所言，如今已捨棄「遺傳**對比**（versus）環境」的觀念，來到「遺傳**憑藉**（through）環境」的時代。

## 基因研究與行為

### 學習問題 3.1・上個世紀的基因研究發生了什麼變化？

遺傳對比環境的爭論由來已久。其觀點是基於某些人類屬性是基因遺傳（先天）**或**環境經驗（後天）的產物。想認識令人震驚的遺傳學研究歷史，請閱讀「研究之旅：遺傳學研究的歷史」。

### 研究之旅 遺傳學研究的歷史

現代遺傳學研究始於 1866 年，當時的中歐科學家兼修道士 Gregor Mendel（孟德爾）發表了一篇對豌豆植物的研究論文，概述遺傳訊息代代相傳的指導原則。他的思想後來被稱為**孟德爾遺傳學**（Mendelian inheritance）。雖然 Mendel 描述了植物高度或豆莢顏色等性狀的傳遞模式，但他還不夠瞭解基因，直到 1900 年，其研究的重要性才得到了認可（Gayon, 2016）。

約莫同一時期，英國心理學家和人類學家 Francis Galton（高爾頓）結論道，可以在人類身上培育某些理想特質，而原本不好的特質也可以用人工繁殖消除掉——他稱之為**優生學**（eugenics）。這個過程是為了促進「高等」的人類繁殖，但後來被誤解為也可限制繁殖那些被認為是「低等」的人。這個想法的影響力所向披靡，從 1907 年開始，美國 30 個州通過了法律，允許對大約六萬名被認為是「罪犯、白痴、強暴犯和低能者」的人進行強制絕育（Watson, 2003, p. 27）。在那個時代，**白痴**和**低能**不僅是罵人的用詞，這些詞直接顯示智力測驗的表現水平。隨著 1930 年代德國納粹上台，狂熱地採用包含優生學的政策。他們從絕育開始，繼而轉向大規模屠殺，以各種理由殺害所有被認為不適合繁殖的人。這其中還包括為了創造一個純粹的 Aryan race（雅利安種族），而想滅絕他族（Watson, 2003）。

由於優生學運動過於激進，連帶地讓遺傳學研究也變得可疑。直到 1950 年代，James Watson 和 Francis Crick 才發現基因結構與功能的基本祕密。靠著他們的發現，科學家們得以瞭解將近 100 年前 Mendel 首度描述的基因傳遞過程。40 年後，James Watson 擔任人類基因組計畫（Human Genome Project）的第一任主任，實現了繪製所有人類基因圖譜的遠大目標。2003 年，在 Watson 和 Crick 的發現整整 50 年後，才終於完成了構成人類基因組的整個 DNA 序列圖譜（National Human Genome Research Institute [NHGRI], 2018）。

2005 年，人類基因組研究又向前邁進一步，研發出一種稱為**全基因組關聯研究**（**genome-wide association studies, GWAS**）的新技術。透過這項技術，現在可以一次研究整個基因組來辨識出相關基因，而不再只是研究導致特定疾病或特質的特定基因（Hu, 2013）。儘管人類基因組研究正在迅速發展，但要找出特定基因與多數人類特質和行為之間的關聯，仍有待研究進一步釐清（Plomin, 2013）。

改變基因結構的技術是在 1900 年代後期發展出來的。但在 2009 年，一種稱為 CRISPR（clustered, regularly interspaced, short palindromic repeats）的新技術，讓移除、添加或替換特定基因變得更為容易，這一過程稱為**基因組編輯**（genome editing）。這些技術已先用於動植物上，以便更加瞭解基因的運作原理；人類研究僅在小型實驗基礎上進行（NHGRI, 2017b）。本章後續討論基因治療時，會說明更多關於基因組編輯的知識。

科學家研究基因和生物遺傳的方式有二：**分子遺傳學**（**molecular genetics**）研究與某些特徵相關的特定基因，而**行為遺傳學**（**behavioral genetics**）研究雙胞胎之間、領養兒之間，及其與親生父母和養父母之間行為的相似性和差異性，以判定某些特徵的遺傳力。下一節將詳細說明分子遺傳學和遺傳的基礎知識，並在本章後續討論行為遺傳學。

## 學習檢定

**知識問題：**

1. Mendel 的研究是什麼？與我們目前對遺傳學的瞭解有何關聯？
2. 人類基因組計畫完成了哪些成就？
3. 分子遺傳學和行為遺傳學有何不同？

**思辯問題：**

Galton 相信 Mendel 的遺傳原理可以用來培育更好的人類。討論 Galton 的假設如何得出這個錯誤的結論。

# 分子遺傳學：染色體、基因和 DNA

## 學習問題 3.2．基因與染色體如何作用？

首先認識基因影響兒童發展的方式，我們先從分子層次開始，說明基因以及它們如何在細胞內運作。我們的基因遺傳始於受孕，女性的卵子細胞和男性的精子細胞各含有一半的遺傳物質，組成 23 條**染色體**（**chromosomes**）。當父親的精子在**受精**（**fertilization**）過程中穿透母親的卵子時，就成為**受精卵**（**zygote**）。當受精發生時，來自精子的染色體鏈與來自卵子的染色體鏈，其中具有相同功能的基因配對，形成 23 對染色體。如圖 3.1 所示，在 22 對染色體（稱為**體染色體**或**常染色體**，autosomes）中，每對染色體兩兩之間都非常相似。但是請注意，第 23 對中的染色體可能一樣、也可能不一樣。這兩條染色體分別為 X 染色體和 Y 染色體，由於女性有兩條 X 染色體，故卵子只有一條 X 染色體；而男性有 X 染色體和 Y 染色體，故精子可以有一條 X 染色體或一條 Y 染色體。當卵子和精子結合時，父親的第 23 對 X 或 Y 染色體，決定了孩子的性別（課前測驗第 1 題）。如圖 3.1 所示，從父母雙方遺傳到 X 染色體的受精卵是女性，從母親那邊遺傳到 X 染色體和從父親那邊遺傳到 Y 染色體的受精卵是男性。

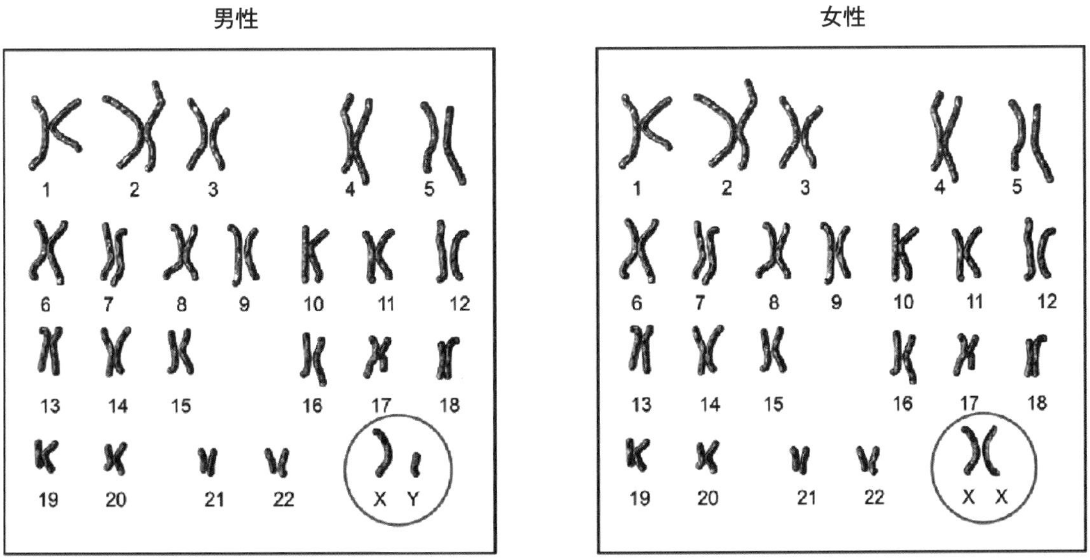


圖 3.1 **人類的染色體**。這組圖片顯示完整的 23 對染色體。左圖代表男性，第 23 對有一條 X 染色體和一條 Y 染色體；右圖代表女性，第 23 對有兩條 X 染色體。

**資料來源：**KATERYNA KON / SCIENCE PHOTO LIBRARY.

要瞭解基因遺傳的基本單位，請先看圖 3.2。每個細胞的細胞核內都有染色體，染色體由 DNA 鏈（去氧核糖核酸）組成。這些 DNA 鏈像**雙螺旋**（double helix）般相互纏繞，看起來很像有著欄杆的蜿蜒樓梯。生命的基本構造是組成 DNA 的四種含氮鹼基（nitrogenous base）：鳥嘌呤（guanine, G）、腺嘌呤（adenine, A）、胸腺嘧啶（thymine, T）和胞嘧啶（cytosine, C）（Klug, Cummings, Spencer, & Palladino, 2016）。構成生物體遺傳指令的完整鹼基序列稱為**基因組（genome）**。在該序列裡面，有許多協同工作的區域，以提供組裝蛋白質所需的訊息（蛋白質是細胞內創造身體結構和功能的分子），染色體上的這些區域稱為**基因（genes）**。

當人類基因組計畫繪製完成人類所有的基因圖譜時，最令人驚訝的是，基因總數竟然約只有 20,500 個，而不是原先預期的超過十萬個（課前測驗第 2 題）（NHGRI, 2018）。如果單以基因數量決定一個物種的複雜精緻度，那麼我們似乎只比植物、老鼠或果蠅複雜一點；連水稻也有大約 38,000 個基因（NHGRI, 2013a）。因此，除了基因數量之外，一定還有其他因素才能解釋物種之間的巨大差異。

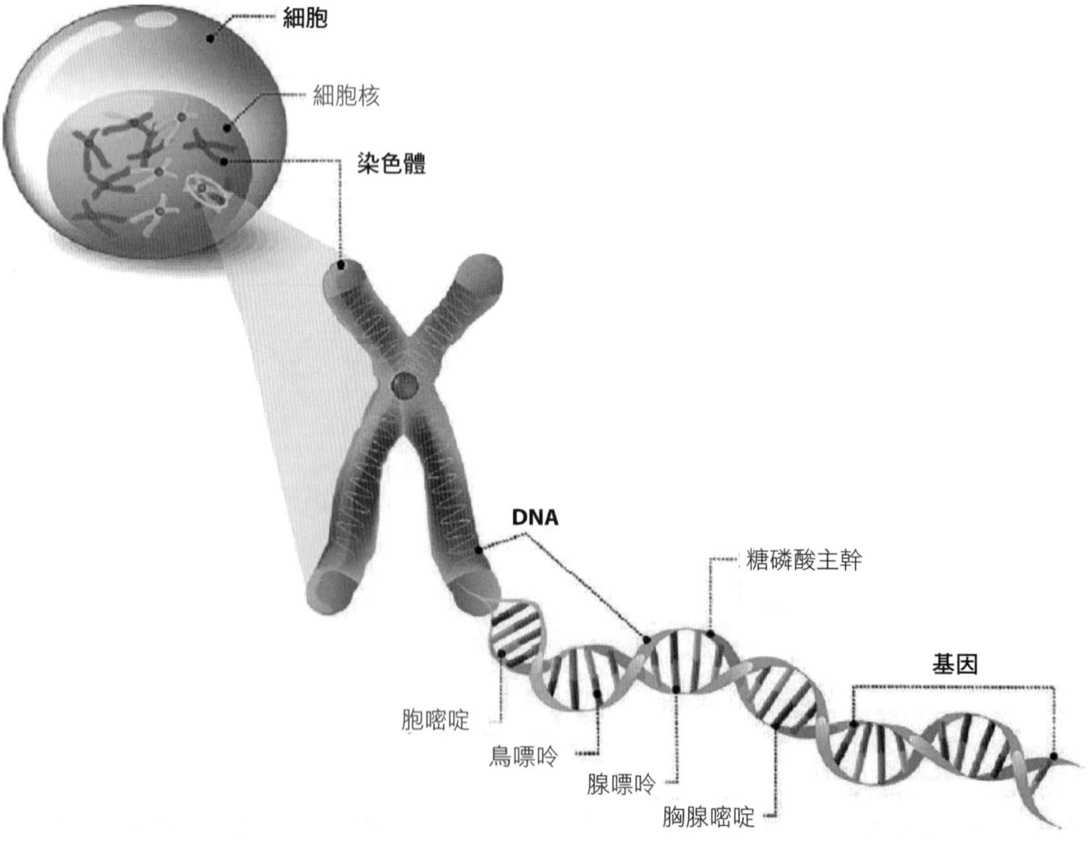


**圖 3.2　什麼是基因？**基因是由四種鹼基：鳥嘌呤、腺嘌呤、胞嘧啶和胸腺嘧啶組成的 DNA 片段。基因位於每個細胞核內的染色體上。在構成 DNA 的雙螺旋分子中，腺嘌呤 (A) 總是與胸腺嘧啶 (T) 配對，而鳥嘌呤 (G) 總是與胞嘧啶 (C) 配對。這個只有四個字母的「字母表」產生了一系列鹼基，為我們體內的所有細胞編寫指令。

**資料來源：**Ttsz / Getty Images.

我們現在還知道，只需要整個人類基因組的 2%，就可以構成這 20,500 個基因（Plomin, 2013），其他 98% 的基因組長久以來被認為是沒有作用的「廢物」。但這種想法正在改變，因為全基因組定序（whole-genome sequencing）發現，一些以前被認為沒有功能的區域，實際上在調節 20,500 個活性基因的表現方式中發揮了重要的作用（Plomin, 2013; Zhang et al., 2013）。

儘管已經辨識出人類基因組中的多數基因，但距離確切瞭解每個基因的實際作用還有很長的路要走（NHGRI, 2018）。我們可以將基因視為一組指令或說明書，就像購買具有許多不熟悉功能的新手機時，會附送的一本說明書。如果閱讀並按照說明書操作，就能夠執行手機內置的所有功能；但如果你不這樣做，可能就永遠不知道怎麼使用其中的一些功能。以此類推，基因不是被讀取，就是被忽略，進而對與之相關的人類結構和功能等產生影響。本章稍後將詳加說明關於基因表現或基因指令沒有動靜的情況。

正如前述，基因由四種含氮鹼基（G、A、T 和 C）組成，這些鹼基組合在一起，就像單詞組合成句子一樣。使用的單詞及排列方式不同，可以造出各種不同意思的句子。同樣地，基因內含身體製造蛋白質所需的訊息和指令（NHGRI, 2015a），難就難在怎麼識別哪些 Gs、As、Ts 和 Cs 的序列構成一個基因。為讓讀者更好地瞭解這個過程，請看下面的句子：

**下雨天留客天天留我不留**

一種斷句方法如下：

**下雨天留**

**客天天**

**留我不留**

我們都知道這是錯誤的句子，沒有任何意義。應該要把這些字詞序列分成四個有意義的指令：

**下雨天，**

**留客天，**

**天留我不？**

**留！**

以類似的方式，科學家們已經獲得諸如 ATCATCTTTGGTGTT 之類的鹼基序列，並

**基因研究**。這位科學家正在使用一種能按大小分離 DNA 片段、並將其顯示在凝膠片上的技術。這種技術使科學家能夠檢查構成每個基因的鹼基 A、G、T 和 C 的序列。
*©Getty / Andrew Brookes.*

找出哪些序列能夠明確下達製造蛋白質的指令。

全人類 99.5% 的基因組是相同的；剩下的 0.5%，是造成彼此差異的原因（NHGRI, 2012）。基因結構的改變，稱為**突變（mutations）**，也會因人而異。突變可能遺傳自父母，但每個人幾乎都有約 175 個新突變，使我們成為獨一無二的個體（Plomin, 2013）。突變大多無關緊要，對我們的生長和發育沒有影響。但物種的進化有時要靠突變發生，因為這些突變最後證明具有適應性價值，有助於個體在環境中生存。當個體因特定的適應性突變而存活時，就會將之傳給後代。然而，有些突變是有害的，與囊胞性纖維症、自閉症和思覺失調症等疾病有關，而且這些突變仍有可能遺傳下去（Plomin, 2013）。本章後續將討論更多關於遺傳疾病的訊息。

突變的發生有幾種不同的方式。突變可能是單個**核苷酸（nucleotide）**的變異（核苷酸是四個鹼基之一與磷酸基團和糖分子的組合）。這類型的突變稱為**單核苷酸多態性**（single nucleotide polymorphism, SNP）（Grigorenko & Dozier, 2013）。突變還可能是基因中核苷酸順序發生大規模變化，核苷酸團被插入、刪除，或者基因中的核苷酸團份數發生差異，這些不同的突變可以影響一到數千個核苷酸。

這邊再用句子作比喻，來說明突變類型的性質。從下面每種突變類型中，可以看到初始指令已經被以某種重要的方式修改，結果因此大為不同：

單核苷酸多態性（SNP）：

PICK UP MILK　變成　PACK UP MILK
（拿起牛奶）　　　　（打包牛奶）

份數變化：

PICK UP MILK　變成　PICK UPUPUPUPUPUP MILK
（拿起牛奶）　　　　（拿起起起起起起牛奶）

插入：

PICK UP MILK　變成　PICK UP NO MILK
（拿起牛奶）　　　　（不拿起牛奶）

刪除：

PICK UP MILK　變成　PICK MILK

（拿起牛奶）　　　（拿起牛）

瞭解基因在細胞內如何運作後，接下來討論基因如何轉化為外觀和行為。

## 孟德爾遺傳：顯性基因和隱性基因

你可能長得很像你的父親，或和母親完全是一個模子刻出來的。既然你是從父母那裡收到相同數量的染色體，那怎麼會變成這樣？當卵子和精子形成時，每個卵子和精子中的染色體都會沿著雙螺旋「解開」，因此每個卵子和精子都只包含細胞中的一半遺傳物質。當卵子和精子因受孕而結合時，來自父母雙方的染色體進行配對，來自父母一方的基因被拉到來自另一方的相同基因上。每一個來自父親的基因都與來自母親的基因配對。傳統的孟德爾遺傳學認為，每對基因都是由**顯性基因**（**dominant genes**）和**隱性基因**（**recessive genes**）組合而成的。位於染色體上某一特定位置，並編碼特定性狀的基因稱為**基因型**（**genotype**）。顯性基因內的遺傳訊息通常會顯現在身體上，觀察一個人的身體特徵時，所見到的稱為**表現型**（**phenotype**）。隱性基因攜帶的訊息通常不會呈現在表現型中，除非與另一隱性基因配對。

**顯性基因**。你看起來很像你的爸爸或媽媽，就像這個女孩和她的母親一樣嗎？從父母之一方繼承顯性基因，會產生驚人的相似之處。

*©istockphoto / digital skillet*

舉例來說，棕色(B)眼睛顏色比藍色(b)眼睛顏色更為顯性，但它並非表面上這麼簡單，解釋完這個例子之後，稍後還會說明是什麼讓這個過程變得更加複雜。如果你的母親是棕色眼睛，她的基因型中有兩個棕眼基因，這是她可以遺傳給孩子的唯一遺傳訊息。如果你的父親是藍色眼睛，他*必定*有兩個藍眼隱性基因。在這種情況下，你和兄弟姊妹能得到的唯一遺傳組合是一個棕眼顯性基因和一個藍眼隱性基因。因此，棕色眼睛會成為你家中所有兄弟姊妹的表現型。但是，你的基因型中仍會攜帶從父親那裡得到的藍眼隱性基因。如果你跟有棕色眼睛，但卻帶有藍眼隱性基因的人生下孩子（如圖 3.3(d)），那麼你的孩子可能會有藍色眼睛（當兩個藍眼隱性基因配對時）（課前測驗第 3 題）。請參見圖 3.3 以更佳瞭解這個過程的運作。

雖然眼睛顏色經常被用來說明顯性基因和隱性基因的概念，但事情沒有那麼簡單。許多嬰兒一開始是藍眼，但隨著年齡的增長，眼睛顏色發生變化。也有人是碧眼、灰眼和淡褐色眼睛。雖然棕色是較為顯性的眼睛顏色，但碧眼、灰眼和淡褐色眼睛亦有其顯性等級。此外，有些人的眼睛顏色是明亮清澈的，有些人的眼睛顏色是柔和褪白的，這是因為有可以影響眼睛顏色強度的修飾基因存在，你甚至可能見過有一隻藍眼、一隻棕眼的人。儘管遺傳過程比我們所舉的例子還要複雜得多，但顯性和隱性基因的運作方式仍然是理解遺傳的核心。

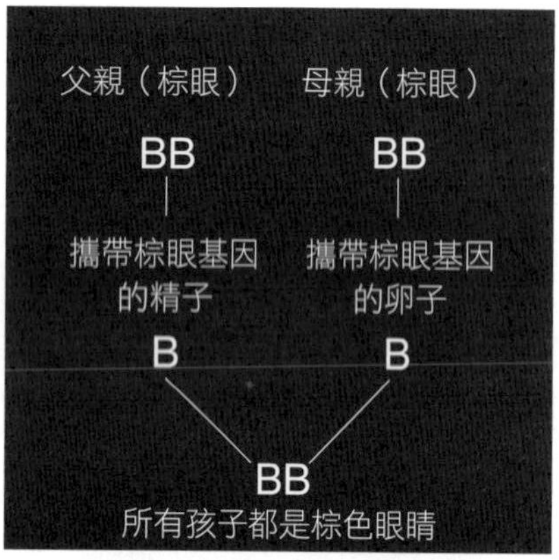


(a) 父母雙方都只有棕眼顯性基因，因此這是他們可以遺傳給孩子的唯一遺傳訊息，他們所有的孩子都會是棕色眼睛。

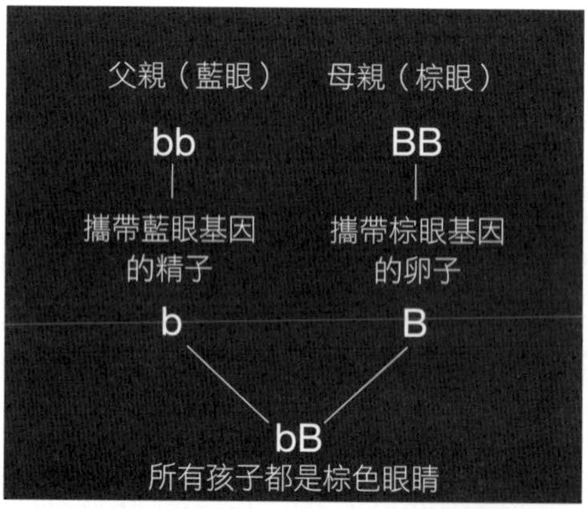


(b) 父親只有藍眼隱性基因，所以他只能遺傳給孩子藍眼隱性基因。母親只有棕眼顯性基因，所以她只能遺傳給孩子棕眼顯性基因。每個孩子都有一個藍眼基因和一個棕眼基因，所以所有的孩子都會是棕色眼睛。

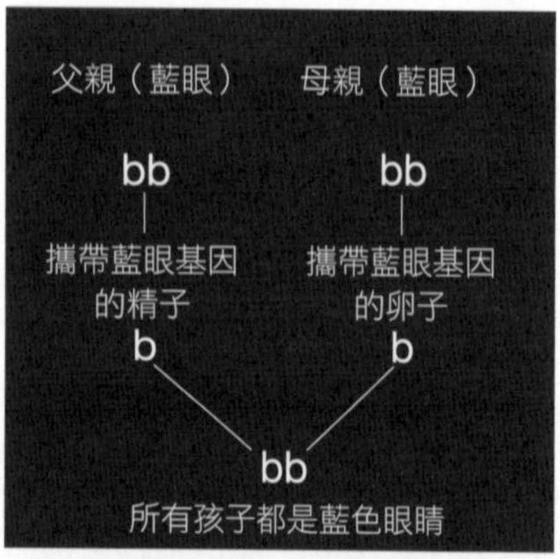


(c) 父母雙方都只有藍眼隱性基因。兩個人都是藍色眼睛，故只能將藍眼基因傳給孩子，所以他們所有的孩子都會是藍色眼睛。

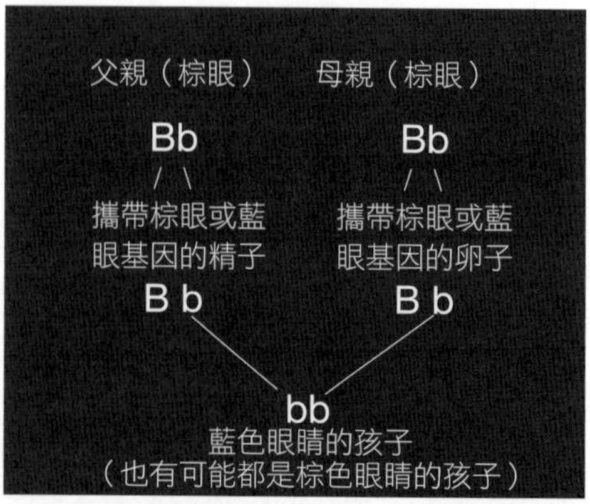


(d) 父母雙方都有一個棕眼顯性基因和一個藍眼隱性基因（所以他們都是棕色眼睛）。然而，如果父母雙方都遺傳一個藍色眼睛的隱性基因給孩子，孩子就會有藍色眼睛。但如果父母任何一方遺傳棕眼基因給孩子，孩子就會是棕色眼睛。

圖 3.3　眼睛顏色的遺傳（顯性和隱性基因）

無論藍眼還是棕眼，對未來的發展並沒有那麼重要。然而，某些遺傳疾病是由兩個隱性基因相互配對而引起的，其中一種是**鐮狀細胞貧血症**（sickle cell anemia），影響世界各地數百萬人；非裔比其他族裔更為普遍。鐮狀細胞貧血症是一種痛苦且有殺傷力的疾病，患者的紅血球細胞形狀歪曲。正常的紅血球細胞光滑圓潤，但鐮狀細胞看起來像字母 C 的形狀（National Heart, Lung, and Blood Institute [NHLBI], n.d.）。

正常的紅血球細胞表面積較大，可以將氧氣輸送到全身，但鐮狀細胞無法有效發揮此一功能。鐮狀細胞較硬、容易聚集成塊，阻撓血液流入較小的血管，如圖 3.4 所示。氧氣無法輸送到需要的地方，不但引發疼痛，最終導致器官受損（NHLBI, n.d.）。本章後續會再詳加討論遺傳疾病。

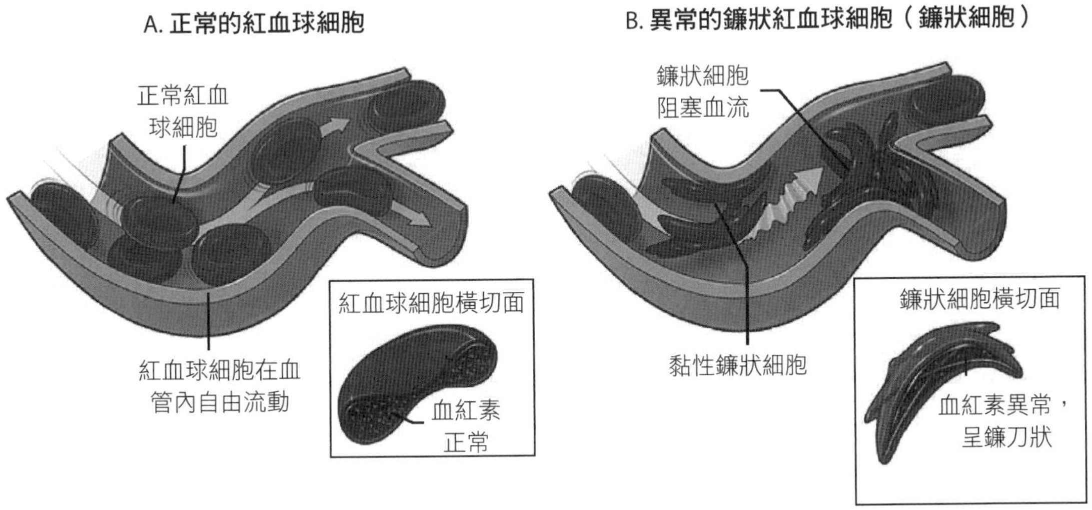


**圖 3.4　鐮狀細胞貧血症**。(A) 正常的紅血球細胞在血管中自由流動。(B) 鐮刀狀的紅血球細胞黏在一起，阻塞血液正常流動，剝奪器官所需的氧氣。

**資料來源**：National Heart, Lung and Blood Institute. Department of Health and Human Services.

為什麼這些適應不良的基因沒有從人類的基因庫中消失？因為它可能有很好的演化理由。事實證明，雖然帶有兩個這樣的隱性基因是有害的，但帶有其中**一個**隱性基因，可能在某些環境中具有保護作用。每 13 名非裔美國人中，就有一人攜帶鐮狀細胞貧血症的隱性基因，但它似乎可以保護人類免受瘧疾的侵害（CDC, 2019d）。經觀察後推論發現，該基因人口的非洲區域，與瘧疾肆虐的地區幾乎相同。具有這些隱性基因的個體擁有保護優勢，更有可能存活下來，並將之傳給後代（Elguero et al., 2015）。這跟前面提到的藍色眼睛例子很像。如果兩個攜帶隱性基因的人生下孩子，他們的孩子有四分之一的可能性遺傳到兩個隱性基因，並罹患鐮狀細胞貧血症。想更加瞭解隱性基因如何導致疾病，請試著回答「主動學習：認識泰薩二氏症的遺傳機制」的問題。

主動學習

## 認識泰薩二氏症的遺傳機制

泰薩二氏症（Tay-Sachs）是一種進行性神經功能退化的遺傳疾病，通常會導致兒童在 5 歲前死亡。這種疾病最常發生在東歐猶太裔中，在法裔加拿大人中亦有升高趨勢（NHGRI, 2011）。泰薩二氏症是由一個隱性基因引起，藉由簡單的血液檢測就可以定位找到。回答以下問題，看看你是否理解隱性基因的運作：

1. 一名女性決定接受泰薩二氏症基因檢測，發現她是泰薩二氏症的「攜帶者」，也就是她帶有該症的隱性基因。她是否必須擔心自己會得到泰薩二氏症？如果有的話，她需要擔心什麼？
2. 你能預估她所生的任何一個孩子遺傳到泰薩二氏症的可能性嗎？或者你需要其他訊息來評估？
3. 她的丈夫也決定接受檢測，發現他沒有攜帶泰薩二氏症基因。這對夫妻生出患有這種疾病的孩子的可能性有多大？
4. 如果她的丈夫也是攜帶者，他們的孩子患有泰薩二氏症的可能性有多大？

答案：

1. 這名女性不必擔心自己會生病。因為她的基因是隱性的，對應的顯性基因將決定攜帶者的結果。在這種情況下，這名女性雖然有該基因，對她本身卻沒有影響。然而，她可能要擔心將隱性基因遺傳給她的孩子。
2. 除非我們知道母親和父親的基因型，否則無法推測孩子遺傳隱性基因疾病的可能性有多大。如果父親也是攜帶者，他才可能會將這種疾病的隱性基因傳給他的孩子。孩子必須從父母親雙方那裡遺傳到兩個泰薩二氏症的隱性基因，才會罹患這種疾病。
3. 如果父親不是攜帶者，表示他有兩個顯性基因，所以孩子不可能罹患泰薩二氏症，因為罹病者必須有兩個泰薩二氏症的隱性基因（一個來自母親，一個來自父親）。這對夫妻的任何一個孩子都會從父親那裡遺傳到一個顯性基因，保護他們免於得到這種疾病。
4. 請看下面的圖表（稱為旁氏表，Punnett square），它顯示母親和父親基因的可能配對，可以看出當父母雙方都是攜帶者時，孩子罹患泰薩二氏症的可能性有多大。

| 父親 | 母親 | |
|---|---|---|
| | 泰薩二氏症基因（隱性，ts） | 正常基因（顯性，N） |
| 泰薩二氏症基因（隱性，ts） | ts / ts（註） | ts / N |
| 正常基因（顯性，N） | N / ts | N / N |

註：這是唯一會導致子女患有泰薩二氏症的基因組合，因為父母雙方都為該疾病傳遞了一個隱性基因。因此，孩子患此病的機率為四分之一（或 25%）。此外，這對夫妻每一次懷孕，孩子患此病的機率永遠是 25%。

**配偶綁定**（pair bonding）。這種田鼠終生為一夫一妻制。你如何把牠們變成沒有特定伴侶的動物？類似的基因也可能導致人類對配偶不忠。
*©istock / CreativeNature_nl*

正如前述，單個基因兩兩配對可能導致致命疾病。此外，至少對動物來說，單個基因配對也可能與看似相當複雜的行為有關。以田鼠為例，一個特定的基因就決定了牠們是一夫一妻制還是「用情不專」。野生田鼠的種類很多，草原田鼠選擇單一終生伴侶，而山區田鼠則是盡可能多交配。科學家們發現，促使這兩種類型的田鼠分泌抗利尿激素（血管加壓素）的基因不同。當科學家把這兩種田鼠的基因對調，一夫一妻制的草原田鼠變成了花心浪子，而原本花心的山區田鼠旋即將交配能量朝向一隻雌鼠，放棄花花公子的生活（Lim et al., 2004）。單個基因不太可能控制人類如此複雜的行為，但瑞典研究發現，擁有某種抗利尿激素基因的男性和女性，在過去一年中比其他人更可能發生多次戀愛關係（Zietsch, Westberg, Santtila, & Jem, 2015）。就人類而言，這種基因傾向與文化期望相互作用，塑造出如一夫一妻制這樣的行為。

## 一種行為，多種基因；一個基因，多效作用

鐮狀細胞貧血症和泰薩二氏症等疾病是單個隱性基因兩兩配對的結果，然而，大多數的人類行為不太可能僅來自於一個基因的結果。**多基因遺傳（polygenic inheritance）**意指許多不同的基因交互作用，促發了特定的特質或行為。此外，不同的基因會與環境經驗相互作用。因此，任何特質或能力的發生都可能是多因素的；也就是說，它取決於許多因素，包括許多基因之間相互影響，以及與環境的各個面向交互作用。

此外，任何一個基因都可能帶來多種結果（課前測驗第 4 題），稱為**多效作用（pleiotropic effects）**。例如，某一特定基因與非裔美國人的肺癌和高血壓以及歐裔美國人的心臟病發作風險有關（Tyler, Crawford, & Pendergrass, 2014）。當某些基因或基因組合似乎對許多相關能力具有普遍影響時，就會出現一種特定類型的多效作用，這些基因被標記為**通才基因**

（**generalist genes**）。例如，遺傳學分析顯示，影響語言能力的相同基因也會影響非語言認知能力（Bearden & Glahn, 2017）。研究人員相信可以發現一組基因，其個別基因的影響力雖然很小，但綜合起來卻能對一系列認知能力產生廣泛影響。因此，儘管科學家們已經辨識出一些個別基因的功能，但我們仍須小心，不要過度簡化研究發現。

### 學習檢定

**知識問題：**

1. 染色體是什麼？
2. 什麼是多基因遺傳？
3. 多效作用是什麼？

**思辯問題：**

產前基因檢測近來被用在診斷鐮狀細胞貧血症等遺傳疾病。然而，對胎兒的所有基因進行全基因組定序的分析，可能會在未來的某個時候成為標準做法。在產前使用這項技術有哪些風險和好處？

## 遺傳疾病

**學習問題 3.3・遺傳疾病是如何發生的？基因檢測和諮詢在識別、預防和治療這些疾病方面發揮什麼功能？**

討論完基因在人類身上發揮的一些作用後，接下來要探究基因干擾人類身心健康功能、造成某些疾病的狀況。以下介紹三種類型的遺傳疾病：單基因遺傳疾病、染色體異常疾病和多因子遺傳疾病。

### 單基因遺傳疾病

有些遺傳疾病是由單個基因引起的。前面介紹過鐮狀細胞貧血症和泰薩二氏症，另外兩種單基因遺傳疾病是苯酮尿症（phenylketonuria, PKU）和囊狀纖維化（cystic fibrosis）。苯酮尿症是一種兒童無法消化人類飲食中常見蛋白質的疾病，這種情況可能導致智力障礙（U.S. National Library of Medicine, 2017c）。囊狀纖維化的兒童身體會產生濃厚的黏液，堵塞肺部，造成肺部容易受到感染。囊狀纖維化還與營養缺乏有關（Elborn, 2016）。

**單基因遺傳疾病（single gene disorders）**發生的方式有兩種：（1）遺傳到一對攜帶該

疾病指令的**隱性基因**，或（2）遺傳到一對含有**突變**的基因，從而使一些指示製造蛋白質的鹼基出現故障或疏漏。以囊狀纖維化為例，疾病的遺傳原因是一個稱為 CFTR 基因的特定基因出現缺失序列（missing sequence）（或是前面提過的**刪除**）。該基因一部分的正常序列應為 ATCATCTTTGGTGTT。如果此處標記的三個鹼基在一條染色體上缺失，則孩子不會罹患囊狀纖維化，但如果從父母雙方都遺傳到這種突變，孩子就會罹患這種疾病（U.S. National Library of Medicine, 2017a）。

儘管許多遺傳疾病是由隱性基因編碼的，但大多數情況下，隱性基因會與不攜帶這種疾病的顯性基因配對，因此顯性基因中的遺傳訊息可以保護個體免於罹病。曾有位學生言簡意賅地說：「就算一個基因搞砸了，你還有備用的啊！」只要顯性基因善盡職責，功能失調的基因就可能會按兵不動。然而，有一種情況會讓隱性基因顯現作用，原因是沒有第二個基因與之配對。正如右方 X 和 Y **染色體**的圖片所示，Y 染色體比 X 染色體小得多，而且僅包含 50 到 60 個基因，是所有染色體中最少的。相較之下，X 染色體包含 200 到 900 個基因（U.S. National Library of Medicine, 2017d; 2017e）。此外，Y 染色體上只有一些基因是活躍的。因此，當 X 染色體與 Y 染色體配對生出男孩時，X 染色體上一些活躍的基因將無法在 Y 染色體上找到配對搭檔。在這種情況下，不管是隱性基因還是顯性基因，基因訊息都會顯現出來。其結果就是男性更容易受到 X 染色體上隱性基因的影響，導致紅綠色盲、血友病和裘馨氏肌肉失養症（Duchenne muscular dystrophy）等問題（課前測驗第 5 題）（Medline Plus, 2019）。

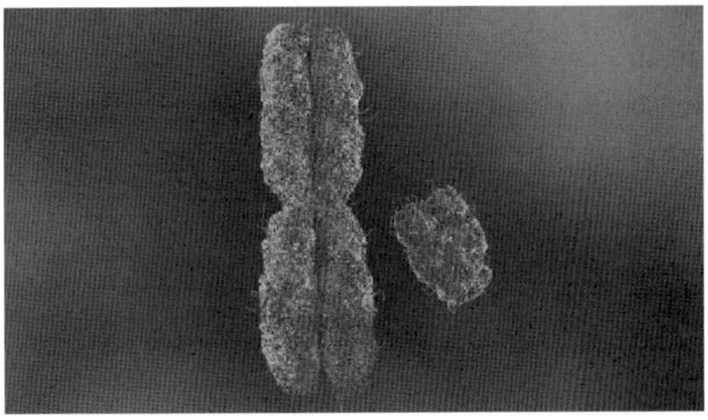

**X 和 Y 染色體**。當 X 染色體和 Y 染色體配對時，你看出潛在的問題了嗎？X 染色體（左側）的很大部分區域在 Y 染色體（右側）上找不到配對搭檔，因此，X 染色體上沒有配對搭檔的任何隱性基因，都會出現在男性的表現型中。如果隱性基因是遺傳問題的根源，那麼男性就很容易受到影響。

*©Shutterstock / Nathan Devery*

## 染色體異常疾病

遺傳疾病也可能發生在染色體。當 23 對染色體中，有一對染色體出現兩條以外的染色體時，就會發生**染色體異常疾病（chromosome disorders）**。例如，圖 3.5 顯示唐氏症患者的染色體結構。第 21 對染色體有三條染色體，而不是兩條。另一種情況是透納氏症（Turner's syndrome），女性的第 23 對染色體只有一條。人類的 23 對、46 條染色體出了任何差錯，都會導致染色體異常疾病。因為一條染色體就包含大量基因，任何差錯──無論

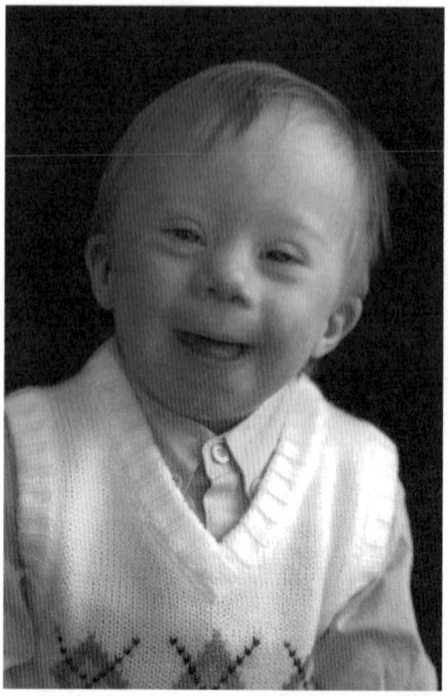

**唐氏症**。這個小男孩的臉部有典型的唐氏症特徵，例如上翹的小眼睛、小耳朵和扁平的面部輪廓。

*©iStock / JSCook*

是增加還是減少——都會讓許多特徵受到影響。

染色體異常的第二種狀況是染色體結構因斷裂而改變（NHGRI, 2016b）。當染色體區段斷裂時，可能不會以原來的形式重新組合在一起。有些區段可能會倒轉，甚至可能鏈接到不同的染色體。這兩種類型的異常可能是偶然發生的，但第二種類型的異常，也可能由具有這類染色體形態的父母遺傳給孩子。表 3.1 說明染色體異常所引起的一些狀況。

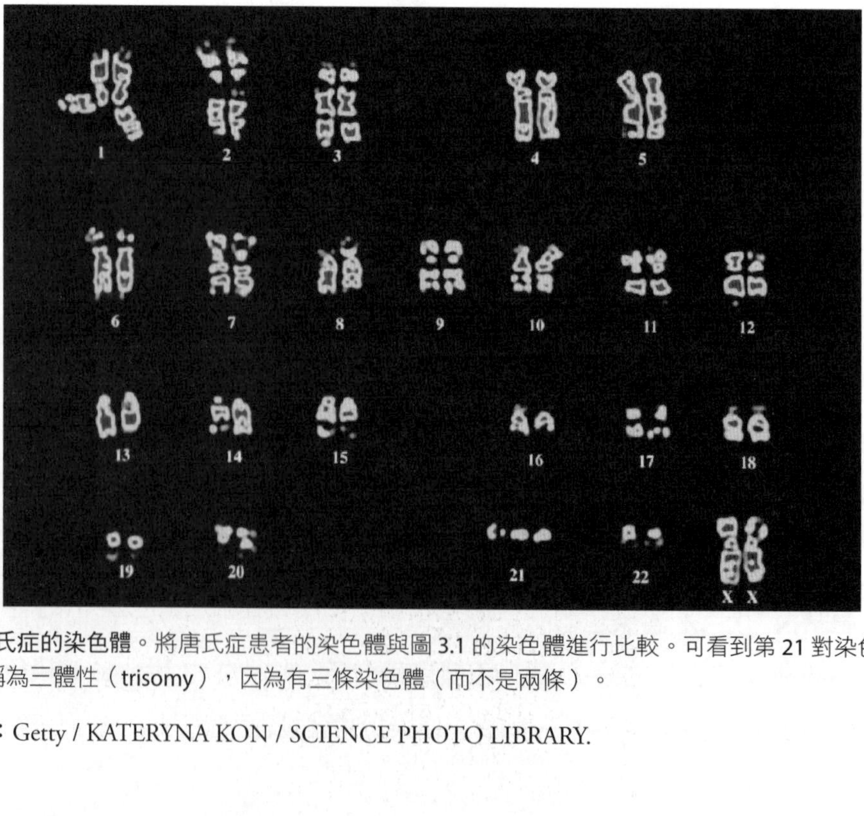


**圖 3.5　唐氏症的染色體**。將唐氏症患者的染色體與圖 3.1 的染色體進行比較。可看到第 21 對染色體多了一條。這被稱為三體性（trisomy），因為有三條染色體（而不是兩條）。

**資料來源**：Getty / KATERYNA KON / SCIENCE PHOTO LIBRARY.

表 3.1 染色體異常疾病

| 病名 | 染色體說明 | 症狀描述 | 治療 |
|---|---|---|---|
| 唐氏症（Down Syndrome） | 第 21 對染色體多出一條 | 智力障礙；典型的面部特徵；肌張力差；心臟、消化系統和聽力可能出現問題 | 物理、職能、語言和教育治療；根據需要進行醫療處遇 |
| 柯林菲特氏症（Klinefelter Syndrome） | 男性多了一條 X 染色體（第 23 對染色體是 XXY） | 不孕症；生殖器小；乳房擴大；臉部、腋下和陰部的毛稀少；可能有自體免疫疾病 | 睪固酮治療；根據需要進行醫療和教育處遇 |
| 透納氏症（Turner's Syndrome） | 女性 X 染色體缺失（第 23 對染色體是 XO） | 身材矮小；蹼狀頸；卵巢發育不良，導致青春期性成熟度不佳 | 雌激素替代療法；或使用生長激素 |
| X 染色體易裂症（Fragile X Syndrome） | 第 23 對 X 染色體上的一個基因區段（CGG）重複 200 次而不是 5 到 40 次 | 智能障礙和學習障礙；分心和衝動；可能有自閉症；顫抖和協調性差；男性的發生率是女性的兩倍；具有特定的面部特徵，包括較大的頭、前額、下巴和耳朵 | 早期治療、特殊教育、過動症治療；根據需要進行醫療處遇 |

**資料來源：**NHGRI (2013b; 2013c; 2016a; 2017a).

## 多因子遺傳疾病

**多因子遺傳疾病（multifactorial inheritance disorders）**是由許多基因之間交互作用引起的，這些基因也與環境影響相互作用。多因子遺傳疾病包括憂鬱症、思覺失調症和注意力不足過動症（attention deficit / hyperactivity disorder, ADHD）。為找出哪些基因與這些疾病有關，正在進行的全基因組關聯研究，將患有每種疾病個體的基因組，與沒有類似疾病個體的基因組進行比較，但這項研究的發展才剛起步而已（NHGRI , 2015b）。

## 遺傳諮詢和基因檢測

即將組建家庭的人會特別在意基因。據統計，每次懷孕中，每一對夫妻都有 3% 的機會生下患有遺傳疾病的子女（CDC, 2017a）。由於機率很低，通常沒有必要進行遺傳諮詢。然而在某些情況下，有些人的風險比較高，因此希望尋求遺傳諮詢來幫助他們評估風險的類型和高低。表 3.2 說明懷上患有遺傳疾病或出生缺陷子女風險較高的夫妻，需要考慮進行遺傳諮詢。

表 3.2　誰應該接受遺傳諮詢？

| 出生缺陷基金會（March of Dimes）建議以下人士諮詢遺傳顧問： |
|---|
| ‧罹患或擔心自己可能有遺傳疾病或出生缺陷的人。 |
| ‧35 歲以後懷孕或計劃懷孕的女性。 |
| ‧已經有智力障礙、遺傳疾病或先天缺陷子女的夫妻。 |
| ‧通過常規新生兒篩檢，診斷出嬰兒患有遺傳疾病的夫妻。 |
| ‧曾有子女在嬰兒期死亡或流產三次以上的女性。 |
| ‧擔心自己的工作、生活方式或病史可能對妊娠結果構成風險的人。常見原因包括：暴露於輻射、藥物、非法藥物、化學製品或感染源。 |
| ‧想要檢測或多加瞭解其族裔經常出現的遺傳狀況之夫妻。 |
| ‧夫妻彼此為表親或其他近親。 |
| ‧孕婦的超音波檢查或血液檢測顯示，懷孕可能會增加某些併發症或出生缺陷的風險。 |

**資料來源**：March of Dimes (2017a).

遺傳諮詢和基因檢測可以在懷孕前或懷孕期間進行。遺傳顧問會詢問夫妻的病史及家族疾病和遺傳疾病史，並推薦做某些檢查。驗血可以確定個體是否為某種疾病的隱性基因攜帶者。如前所述，只有父母雙方都攜帶隱性基因時，孩子才會有風險。有一百多種疾病可以透過血液或唾液樣本進行檢測（American College of Obstetricians and Gynecologists [ACOG], 2017b）。前面已經探討四種遺傳疾病：鐮狀細胞貧血症、泰薩二氏症、囊狀纖維化和苯酮尿症，此外，還有另一種常見的遺傳疾病是地中海貧血（thalassemia）。它是一種與血紅蛋白合成減少有關的血液疾病，最常見於中東、非洲、亞洲或地中海血統的族群（尤其是希臘人或義大利人）。然而，許多人並不知道祖先的來歷，況且這些疾病可能發生於任何族裔。因此無論族裔背景如何，都可以對多種不同的遺傳疾病進行檢測。

需注意的是，當我們談論基因遺傳時，我們談的是祖先而不是族裔。儘管族裔長期以來一直被用來將人類劃分為不同的族群，但基因研究清楚地表明，絕大多數人很難被歸入於一個族裔類別。例如，檢測個體基因組的公司 23andMe 研究美國超過 150,000 人的基因組，研究發現，平均而言，非裔美國人的遺傳血統中，73% 是非洲人、24% 是歐洲人、0.8% 是美洲原住民，非洲遺傳血統比例在 0% 到 100%（Bryc, Durand, Macpherson, Reich, & Mountain, 2015）。族裔身分與其說是基因事實，不如說是一種社會建構。因此，我們必須小心，不要隨便將不同族裔身分之間的差異歸因於基因遺傳。在基因研究中更重要的是在評估遺傳疾病風險時，審視個人的祖先源自何處，而不是他們的族裔認同。話雖如此，族裔身分仍然對兒童成長經歷產生很大影響，本書將在第 10 章詳細討論。

在懷孕期間，有兩種類型的檢測可以識別發育中胎兒的基因異常：篩查檢測（screening tests）和診斷檢測（diagnostic tests）。其中一種篩查檢測是檢查母親血液內游離的少量胎兒 DNA，這是一種篩檢唐氏症等染色體疾病的非侵入性檢測方法（Goldwaser & Klugman, 2018）。其他檢測方式可以篩檢女性血液中的荷爾蒙濃度異常情況，顯示大腦和脊髓發育出來的神經管結構可能有缺陷（Chitayat, Langlois, & Wilson, 2011）。

如果篩檢顯示有基因或染色體異常的可能性，或者有其他原因導致風險增加，例如母親年齡超過 35 歲，此時可以進一步進行診斷檢測。因為支撐妊娠的所有結構（包括胎盤、羊膜囊和絨毛膜）都是受孕的產物，它們所包含的細胞與胚胎的基因組成相同，因此可以用它們來檢測基因問題。如圖 3.6 所示，在進行**羊膜穿刺術（amniocentesis）**時，會用一根細長的針穿過母親的腹部，進入包覆胎兒的羊膜囊。發育中胚胎皮膚表面的細胞常會脫落到胚胎周圍的羊水中，因此，從囊中抽取液體時，液體內含可以分析基因異常的胎兒細胞（Mayo Clinic, n.d.a）。另一種診斷檢測是**絨毛取樣術（chorionic villus sampling, CVS）**，從胚胎囊外層（稱為**絨毛膜，chorion**）的絨毛抽取微微突起的細胞。方法是使用針管直接從腹部插入絨毛膜中提取細胞，或使用小導管穿過陰道和**子宮頸（cervix）**，從胎盤中剝除細胞，然後分析細胞樣本。絨毛取樣術在妊娠 10 到 11 週時進行，而羊膜穿刺術要等到 15 到 17 週才能進行。絨毛取樣術的流產風險略高於羊膜穿刺術，但父母可以藉此在懷孕早期獲知有關基因問題的訊息（Mayo Clinic, n.d.b）。

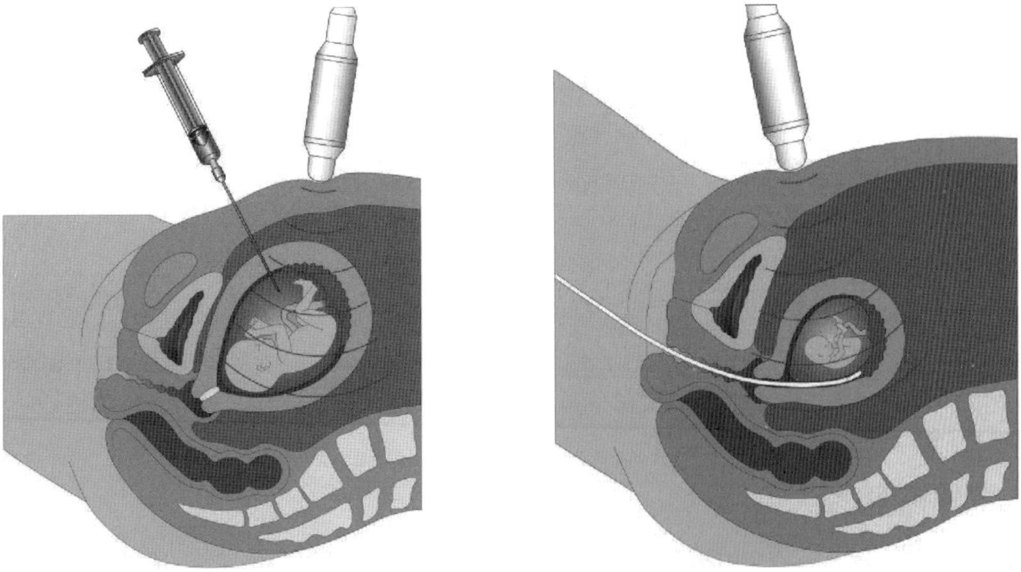

**圖 3.6　基因檢測**。進行羊膜穿刺術時（如左圖所示），醫生先用超音波顯示羊膜囊中胎兒的影像，接著插入一根細長的針，抽取大約四茶匙羊水，檢測漂浮在羊水中的胎兒細胞是否有基因問題。進行絨毛取樣術時（如右圖所示），則使用一根小導管穿過陰道和子宮頸，或用針直接插入腹部，然後從絨毛膜（與胎兒有相同基因）抽取細胞樣本來檢測。

**資料來源：**Dorling Kindersley / Getty Images.

嬰兒出生後也可以進行基因檢測。美國兒科學會（American Academy of Pediatrics, AAP）生物倫理委員會（2013 / 2018）建議為所有父母提供新生兒基因檢測的選項，但應事先告知父母檢測的好處、與檢測有關的極低風險，以及如果發現基因異常時後續可採取的措施。所有父母都有權在獲知相關訊息後拒絕此檢測選項。在美國，每年約有 400 萬名嬰兒接受遺傳疾病檢測，以進行關鍵的早期治療，從而減少疾病的長期影響（AAP Committee on Bioethics, 2013 / 2018）。下一節將描述年齡較大的兒童接受基因檢測的條件及所涉及的倫理議題。

### 基因檢測的倫理考量

隱私問題及如何使用基因檢測結果，引發許多倫理議題，尤其是當檢測涉及兒童時。美國兒科學會生物倫理委員會（2013 / 2018）建議基因檢測應以兒童的最大利益為出發點，並由專業的遺傳顧問進行。應該鼓勵父母與孩子分享檢測結果，當孩子的年齡達到足以給予知情同意時，孩子應有檢測的同意權，且應尊重屆齡青少年要求提供訊息的請求。美國兒科學會建議在兒童有罹患遺傳疾病的風險時對其進行檢測，但也建議家庭可以等到成年問題出現再做檢測，除非早期介入可以減輕疾病症狀或延長壽命。因為檢測可能會揭露對孩子或家庭造成壓力的訊息（例如，孩子是被領養的，或有不同的親生父親），因此應提前討論和計劃這些風險。

儘管美國兒科學會建議為所有家庭提供產前基因檢測，但另一個風險是出現偽陽性結果（即最終結果顯示沒有問題）。當然，這可能會引起父母極大的焦慮，甚至根據錯誤的訊息做出未來的生育決定。幸運的是，研究人員發現這種風險的發生率非常低（McClennan et al., 2016; Yu et al., 2017）。第二個問題是需要確保此類檢測結果的隱私性。令人擔憂的是，雇主、保險公司和其他第三方可能會因為獲知這些檢測結果，而拒絕他們的投保或就業，使患有遺傳疾病的人受到歧視。

基因研究和基因檢測帶給人類很大的收穫，但我們顯然需要謹慎行事以避免傷害，尤其是對兒童的傷害。請牢記，個人可以透過多種方式初步瞭解自己的遺傳脆弱性（genetic vulnerabilities）。但這些檢測都不是完整可靠的，如果發現某些問題，最好諮詢醫生。

## 遺傳疾病的治療

有鑑於遺傳疾病對個人造成的損失，科學家們正在研究預防和治療人類疾病的方法，但**基因治療（gene therapy）**，即透過植入特定基因或抑制基因表現來治療遺傳疾病，對人類來說仍處於起步階段（課前測驗第 6 題）。儘管開發這些產品的研究如雨後春筍般迅速增長，但美國食品藥物管理局僅批准一小部分在美國使用的基因治療產品（USFDA, 2019）。目前正在進行治療裘馨氏肌肉失養症（Duchenne muscular dystrophy）和鐮狀細胞貧血症等疾病的小型實驗性試驗（Bengtsson et al., 2017; Kolata, 2019; NHLBI, 2018）。例如，針對鐮狀細胞貧血症，研究人員從患者血液中提取幹細胞，將正常版本的基因添加入有缺陷的基因，然後將細胞輸回患者的血液。針對裘馨氏肌肉失養症，一些研究人員正在進行類似的程序，另有些研究人員正嘗試一種不同的方法來覆蓋造成這種疾病的微小突變，使其無法激活。

在一種名為**基因組編輯（genome editing）**的基因治療中，可以切割基因以移除、添加或替換 DNA。由於未知的風險，使用這種技術對人類進行的研究受到限制，但英國的科學家獲得特別許可，得以治療一名叫 Layla 的 1 歲女孩。她患有一種無法治癒的白血病。經過多次的治療無效後，她接受基因組編輯治療，因此挽救了她的生命（NHGRI, 2017b）。基因治療帶來了希望，先前無法治癒的疾病，現在可能是可以醫好的。但我們還需要一段時間才能充分瞭解，如何將其轉為一種大規模的治療方法。

基因治療工作受到嚴格控制。最近，中國一位科學家聲稱編輯了一對出生於 2018 年的雙胞胎女孩的胚胎基因（Cyranoski, 2019），他的目的是利用基因讓兒童可以抵抗愛滋病毒。由於這種操縱基因的方式是不合法的，這位科學家受到全世界的譴責，並遭大學的研究單位解職。

對於某些基因方面的疾病，可以透過改變個體環境來控制負面影響。例如，苯酮尿症是造成血液中苯丙氨酸濃度升高的疾病，患有苯酮尿症的孩子遺傳到兩個隱性基因，所以無法製造一種對消化苯丙氨酸至關重要的酶。苯丙氨酸是一種存在於所有蛋白質和一些人造甜味劑中的氨基酸（Genetics Home Reference [GHR], 2019）。如果不及時治療，血液中高濃度的苯丙氨酸會導致智力障礙和其他健康問題（GHR, 2019）。然而，導致問題的並不只有基因本身而已，而是該基因與新生兒攝入含苯丙氨酸的食物交互作用。藉由使用特殊配方，從嬰兒的飲食中消除苯丙氨酸，有害影響也隨之消除。由於大腦在早年發育如此迅速，因此特別容易受到這些破壞性毒素的影響。苯酮尿症患者需終生保持低苯丙氨酸飲食，以防止症狀出現。這種飲食主要包括水果、蔬菜和低蛋白穀物產品，並攝取能提供飲食中缺乏的蛋白質的醫療食品（Singh et al., 2014）。

### 學習檢定

**知識問題：**

1. 單基因遺傳疾病是如何發生的？
2. 什麼樣的染色體異常會導致唐氏症？
3. 什麼是羊膜穿刺術？
4. 基因檢測有哪些風險和好處？
5. 什麼是基因治療？

**思辯問題：**

想要多瞭解有關唐氏症的訊息，必須對患者進行研究。對這一族群進行研究需顧及哪些特殊的倫理考量？

## 行為遺傳學

### 學習問題 3.4・如何研究基因遺傳與個體特質及行爲之間的關係？

瞭解基因的功能後，現在要來看看兒童的行為和發展與基因有何關聯。分子遺傳學（molecular genetics）從識別基因開始，檢視基因與人類行為、疾病和其他特質等結果的關係，而行為遺傳學則從特質和行為層面著手，使用多種技術來嘗試判定這些特質的遺傳力。如果發現**遺傳力（heritability）**很高，表示基因具有重要作用，研究人員就可以尋找相關的特定基因。隨著全基因組關聯研究的發展（先前只被當做一種觀察整個人類基因組的方法），研究人員現在可以廣泛地研究哪些基因可能與人類特質相關。請記住，多數行為和特質的遺傳可能不僅和特定基因有關，還牽涉到基因與其他基因，以及與環境的交互作用。

回顧歷史，研究人員曾使用多種方法，嘗試區分基因與環境對個體行為差異的相對影響力。你可能會以為，只要注意孩子與父母的相似程度，就可以知道某一特定行為具有多少遺傳基礎，但遺傳的影響和環境常以複雜的方式交織在一起。例如，想像一下你走進一位新朋友的家，發現這位朋友是一位非常有才華的鋼琴家。這個家庭裡，父母都與當地的合唱團一起表演，而他們最小的孩子是一位有天賦的小提琴手。關於這種音樂天賦的來源，你會得出什麼結論？這個家庭的孩子是遺傳到音樂能力的基因，還是從父母為他們準備的環境中學習音樂的？在這種情況下，無法得知發生了什麼事。事實上，很可能基因和環境都造成了影響，但無法分清哪個因素造成什麼影響（課前測驗第 7 題）。

有三種類型的研究可以在自然情況下辨識個體之間遺傳的相似性和差異性：（1）領養兒童研究；（2）同卵雙胞胎與異卵雙胞胎比較研究；（3）嬰兒期被不同家庭撫養的同卵雙胞胎研究。這類研究的目標是確定遺傳力程度，並測量基因決定特定行為或特質的程度。

## 領養兒童研究

查明遺傳力的方法之一是研究領養兒童。領養兒童既繼承親生父母的基因，也有為其提供成長環境的養父母。要檢視基因和環境對特定發育結果的相對貢獻，研究人員必須掌握養父母和親生父母的訊息。接著，他們查看兒童與親生父母和養父母之間的**一致率**（**concordance rate**），或者個人的特質或行為的相似程度。兒童與親生父母之間較高的一致率顯示基因對該特質的影響，而兒童與養父母之間較高的一致率則顯示環境的影響。

領養研究的另一種變化形式是比較領養兒童與住在不同家庭的親生手足之間的一致率，以及領養兒童和被一起撫養長大的領養手足之間的一致率。例如，與領養手足相比，被領養的兒童成年後更常出現藥物濫用問題，如果他們的親生手足也有藥物濫用情形，就表示這種行為具有較高的遺傳力（Kendler et al., 2012）。有血緣關係的家庭成員之間的一致率若顯著高於領養家庭成員之間的一致率時，可見遺傳的作用存在。

## 同卵雙胞胎與異卵雙胞胎比較研究

另一種測量基因和環境相對影響力的方法，是利用兩種類型的雙胞胎作比較研究。當母親的卵巢在月經週期中釋放兩個卵子時，兩個卵子分別由不同的精子受精，就會形成異卵（或非同卵）雙胞胎，由此產生的雙胞胎被稱為**異卵雙胞胎**（dizygotic [DZ] twins），因為它們是從兩個受精卵發育而來，基因和其他手足是相似的，大約有一半的基因相同（見圖 3.7），所以他們的外觀並不相同。事實上，**異卵雙胞胎**不必然是相同性別。因為兩個卵子分別和不同的精子受精，所以可能一個精子攜帶 X 染色體，另一個精子攜帶 Y 染色體。容易懷上異卵雙胞胎的傾向與遺傳有關，因此某些家庭比其他家庭更容易懷上異卵雙胞胎。研究人員已經找出這種機制。有兩種單核苷酸多樣性（single nucleotide polymorphisms, SNPs）會影響促卵泡激素的產生和作用，這種激素與每個月的卵子排放有關。如果一名女性擁有其中一種單核苷酸多樣性，她懷上雙胞胎的機會就會增加 29%（Mbarek et al., 2016）。

雙胞胎的第二種發育方式發生在一個卵子與一個精子結合形成受精卵時，受精卵開始複製並生成額外的細胞，但在這個過程初期，不知何故細胞球分裂成兩個。兩個細胞球各自在產前繼續發育，成為兩個**同卵雙胞胎**（identical twins），又稱**單卵雙胞胎**（**monozygotic [MZ] twins**），因為他們是單一受精卵的產物。同卵雙胞胎具有相同的遺傳物質（包括第 23 對染色體的訊息），所以他們會是相同性別而且看起來很像。這類型的雙胞胎是偶然發生的，因此懷上同卵雙胞胎的傾向不會在家族中發生。

| | | | |
|---|---|---|---|
| 單胞胎 |  | 一個卵子跟一個精子結合受精。 | 父母雙方各自貢獻一半的基因。 |
| 手足 | 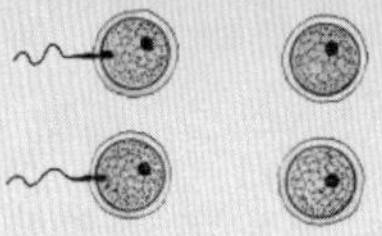 | 在兩次不同的懷孕期中，一個卵子跟一個精子結合受精。 | 每個手足與另一個手足有 50% 的基因組成相同。 |
| 異卵雙胞胎 | 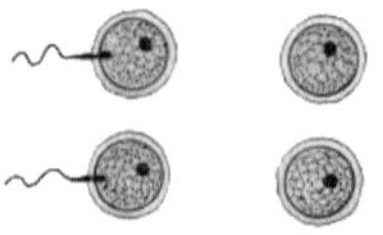 | 女性在一次月經週期中釋放兩個卵子，兩個卵子各跟不同的精子結合受精。 | 異卵雙胞胎在基因上與任一手足相似。他們有 50% 的基因組成相同。 |
| 同卵雙胞胎 | 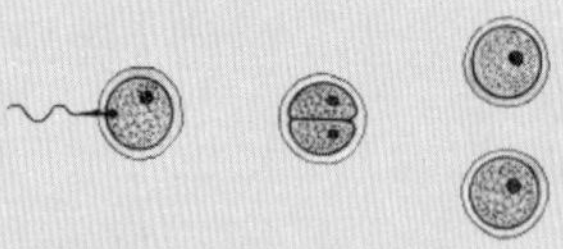 | 一個卵子跟一個精子結合受精。受精卵在發育早期分裂成兩個相同的胚胎。 | 同卵雙胞胎來自同一個受精卵，所以他們幾乎所有的基因都相同。 |

**圖 3.7　同卵雙胞胎和異卵雙胞胎之間的基因相似性**。如圖所示，同卵雙胞胎和異卵雙胞胎基因相似程度的差異，已被研究人員用來研究基因對人類許多特質的影響。

**資料來源**：Paul Richardson / Getty Images.

為什麼同卵雙胞胎的基本外觀可能有微小差異，或發展出不同的遺傳疾病，這仍然是個謎。科學家們此前曾假設環境是造成這些差異的主因，然而，近期研究發現，即使是同卵雙胞胎的基因排列也存在微小差異，這些差異或許導致可觀察到的、有時甚至是顯著的不同（Morimoto et al., 2017）。

科學家們現在已經能夠比較同卵雙胞胎之間的一致率和異卵雙胞胎之間的一致率，嘗試找出哪些行為或性格特質與遺傳有關。如果幾乎所有基因相同的同卵雙胞胎在害羞等特質上比僅有一半基因相同的異卵雙胞胎更相似（亦即同卵雙胞胎有更高的一致率），研究人員即可得出結論：基因在決定一個人是否害羞方面起著重要的作用。曾有研究探討冷酷無情特質（callous-unemotional traits），也就是缺乏同理心和內疚感的人的特質。他們發現同卵雙胞胎比異卵雙胞胎更為相似，為基因影響這些特質的發展提供了證據（Saunders et al., 2019）。

行為遺傳學表明幾乎所有的行為都有部分基因涉入其中（課前測驗第 8 題），不同的特質和行為或多或少是遺傳來的（Dick & Rose, 2004）。找出哪些特質和行為**極有**可能有基因涉入發展是有必要的，這將有助於定位出主責的特定基因。另一方面，我們也想知道環境的哪些面向會影響行為發展，如此一來就可以推動那些與正向結果有關的環境。

**雙胞胎和三胞胎**。同卵雙胞胎都是相同性別，但異卵雙胞胎可以是相同性別或不同性別。三胞胎可以是同卵三胞胎，也可以是異卵三胞胎；或其中兩個是同卵雙胞胎，另一個是異卵手足。

*©Istock / James Woodson; iStock / Digital-dave; ©iStockphoto.com / digitalskillet*

## 同卵雙胞胎分開撫養研究

第三種研究是結合雙胞胎和領養研究的自然實驗。這類實驗著眼於被領養到不同家庭的同卵雙胞胎和異卵雙胞胎，並測量他們與雙胞胎手足的相似程度。例如，如果在不同家庭長大的同卵雙胞胎，在某個特質上比在同一家庭長大的異卵雙胞胎更相似，即表示基因對該特質的影響更大。

針對這一獨特族群的最大規模當代研究，是明尼蘇達大學對分開撫養的雙胞胎研究（Minnesota Study of Twins Reared Apart）（Segal, 2012）。明尼蘇達大學的研究始於對「吉姆雙胞胎」（Jim twins）——Jim Lewis 與 Jim Springer 的發現。雖然吉姆兄弟被分開撫養，39 年沒見面，但他們表現出驚人的相似之處。當時的媒體報導集中在軼事巧合上，例如他們第一次都與名叫琳達的女性結婚，第二次都與名叫貝蒂的女性結婚，以及他們的兒子都取名為詹姆斯．艾倫。但研究團隊對吉姆雙胞胎進行了一系列的測試，隨後又對 81 對同卵雙胞胎和 56 對異卵雙胞胎進行測試。這項研究表明，分開撫養的同卵雙胞胎在性格、興趣和社會態度方面，與一起撫養長大的同卵雙胞胎大致相同，而且比一起撫養的異卵雙胞胎更為相似（課前測驗第 9 題）（Segal, 2012）。

這項研究似乎為基因對許多特質的強大影響力提供了強力的證據。然而，這些發現仍有爭議。Joseph（2001）提出論證：許多分開撫養的雙胞胎事實上彼此認識，有些甚至被住在同一地區的親戚領養，有些在分開之前一起生活了數年，這意味著雙胞胎的環境非常相似。然而，Segal（2012）反駁了這一論點，指出明尼蘇達大學雙胞胎研究中的雙胞胎，比之前研究中的雙胞胎更早分開、且分開的時間更長，因而能為基因涉入的各種特質提供更好的證據。

Joseph（2001）對這項研究的另一個批評是，雙胞胎之間的相似之處，可能是出於年齡、性別、族裔和吸引力的相似性，因為這些特質都可能使人們彼此相似，即便彼此之間沒有遺傳關係。他建議，應該將雙胞胎的相似程度，與具備所有這些共同特質的無關陌生人間的相似程度進行比較。Segal 等人（Segal, Hernandez, Graham, & Ettinger, 2018）研究沒有血緣關係但長相相似的人，以確定外表是否會引起其他人的相似反應，進而影響這些實驗對照組中個體的性格和自尊。她發現分開撫養和一起撫養的異卵雙胞胎，彼此之間的相似程度遠高於長相相似但沒有血緣關係的人。請記得，異卵雙胞胎有一半的基因是相同的，而長相相似但沒有血緣關係的人不應當有任何大量的基因相似性。由此，她得出結論，明尼蘇達大學研究中發現的同卵雙胞胎性格相似性，是由於基因或可能是其他因素造成的，而不是因為外表相似程度。圍繞分開撫養的雙胞胎研究的爭議仍在繼續。

閱讀「主動學習：一致率」來核對你對雙胞胎研究中一致率的理解。

主動學習

## 一致率

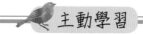

雙胞胎研究和領養研究使用一致率（即兩個人在某些特質上彼此相似的可能性）來評估基因影響該特質的可能性。閱讀下文以核對你對一致率的理解，再說明你的結論。

1. 在丹麥一項針對自閉症類群障礙（autism spectrum disorder, ASD）族群的雙胞胎研究中，發現同卵雙胞胎和異卵雙胞胎的一致率如下：

   如果其中一個同卵雙胞胎被診斷出患有自閉症，那麼另一個也被診斷出患有自閉症的可能性為 95.2%。

   如果其中一個異卵雙胞胎被診斷出患有自閉症，那麼另一個也被診斷出患有自閉症的可能性為 4.3%（Nordenbæk, Jrgensen, Kyvik, & Bilenberg, 2014）。

   關於基因在自閉症發展中的作用，你會得出什麼結論？

2. 在一項對母親情感依戀類型的研究中，分別評估 3 歲的同卵雙胞胎和異卵雙胞胎，以判定他們為安全依戀型或不安全依戀型。

   如果其中一個同卵雙胞胎是安全依戀，另一個是安全依戀的可能性為 70%。

   如果其中一個異卵雙胞胎是安全依戀，另一個是安全依戀的可能性為 64%（O'Connor & Croft, 2001）。

關於基因在安全依戀發展中的作用，你會得出什麼結論？

答案：

1. 這些發現表明基因在自閉症發展中的重要作用，因為具有相同基因的同卵雙胞胎，比只有一半基因相同的異卵雙胞胎更為相似。
2. 這些研究顯示，基因在安全依戀發展中的作用很小或根本沒有作用。與只有 50% 基因相同的異卵雙胞胎相比，具有相同基因的同卵雙胞胎在依戀品質的相似度上僅稍微高一些。

## 人格特質與全基因組關聯研究（GWAS）

根據領養研究和雙胞胎研究的證據，研究人員已經找到與某些特質有關的特定基因，具有高度遺傳力。然而，在全基因組關聯研究（GWAS）發展出來之前，這些研究幾乎沒有成功。全基因組關聯研究讓研究人員得以查看整個人類基因組，而毋需事先猜測要檢查哪些特定基因（Amin et al., 2013）。近年來，研究人員定位出與「大五人格特質」（big five personality characteristics）：外向性、盡責性、親和性、神經質和開放性等有關的基因組區域和基因組合（Amin et al., 2013; de Moor et al., 2015; van den Berg et al., 2016）。然而，正如下節所述，特定基因的存在並不一定能決定一個人的行為，因為環境經驗會影響基因遺傳的表現方式。

### 學習檢定

**知識問題：**

1. 為什麼遺傳學要研究領養兒童？
2. 一致率要測量什麼？
3. 如何解釋出生時分開撫養的同卵雙胞胎之間的許多驚人相似之處？

**思辯問題：**

想一想你與爸爸或媽媽相似的行為或非身體特質。你還記得這是你在成長過程中被教導的，還是你模仿父母的？如果都不是，你認為你是遺傳到這種行為嗎？請說明。

# 基因與環境交互作用

## 學習問題 3.5・基因與環境如何交互作用？

我們已經瞭解基因在分子層次上是如何在我們體內發揮作用，也看到科學家們以哪些方式找到行為、特質和能力與基因的關聯。隨著科學家對特定基因及其功能的瞭解愈來愈多，顯然可看出，基因與環境以複雜的方式交互作用，並影響我們的發展。本節將說明環境如何塑造基因表現，以及基因如何塑造我們的環境。

## 環境如何塑造基因表現

近期關於基因研究的主要發現之一是，環境可以影響基因表現。環境對基因表現影響的概念稱之為渠道化，發生的機制之一稱為行為表觀遺傳學（behavioral epigenetics）。

### 渠道化

基因對不同性狀（traits）或特質的影響程度，各有相當大的差異。儘管某些特質相對來說似乎不受環境因素的影響，但某些特質則是非常容易受到影響。Conrad Hal Waddington（1942）提出的**渠道化（canalization）**一詞，反映了基因表現受環境影響的程度。想像你正從一處陡峭的山頂往下看，山坡上有各種經由水和天氣刻劃出的溪谷（或溝渠），有的深而窄，有的淺而寬。如果將球滾下山坡，有些球會沿著深而窄的溝渠行進，每次都在大約同一個地方停住；有些球則沿著淺而寬的溝渠行進，最後在山腳下某一個地方停住，或掉入另一個溝壑（見圖 3.8）。

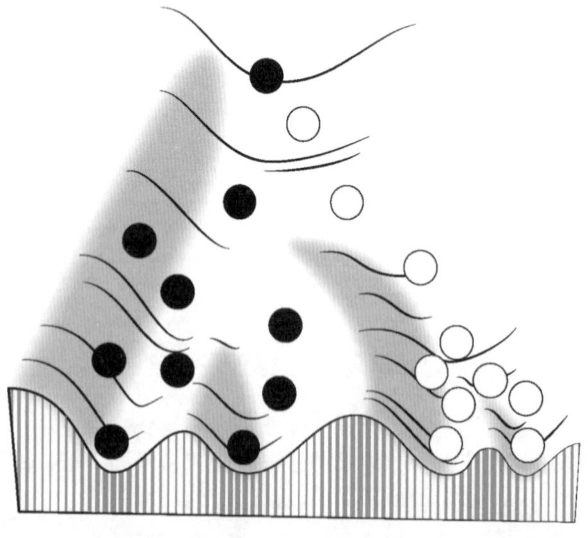

**圖 3.8　渠道化。**當一個性狀被深度渠道化時，就好像一顆球滾下一個深溝。如同這些白球總是會到達大約同一個地方一樣，無論在什麼情況下，一個被深度渠道化的性狀會產生類似的結果。而當性狀沒有那麼渠道化時，結果則因情況而異。在這種情況下，黑球滾下淺溝的終點，更取決於環境並出現更大的變異性。

**資料來源：**修改自 National Human Genome Research Institute, National Institutes of Health.

按同樣的方式，某些性狀已經被深度渠道化（定型化）。深度渠道化性狀的基因具有自我校正的傾向，除了最極端的環境條件外，其他所有環境條件都能產生預期的發育結果（Hallgri-msson et al., 2018）。例如，在各種環境條件下，幾乎所有嬰兒都能到達早期動作發展的里程碑，例如坐著和走路。相較之下，像智力這樣的特質，實際結果變化多端。這類遺傳路徑**較不受限**或較無法渠道化，因此**更加**受到兒童環境條件的影響。

**環境對基因表現的影響**。在維吉尼亞州阿靈頓的夏季期間，路面電車會將低收入家庭的孩子接駁到社區圖書館。儘管貧困會限制智力和學業成就相關基因的表現，但諸如此類的教育機會卻可以擴大基因表現。

©*The Washington Post / Contributor*

在相對富裕的中高收入環境下長大的孩子，無論先天智力是高、低或是中等，都較可以表現出遺傳所提供的智力水準。然而，在低收入家庭長大的孩子，遺傳對其作用較小，因為缺乏高品質的教育機會，加上環境中的許多風險，限制了他們的發展（Tucker-Drob & Bates, 2016; Woodley of Menie, Pallesen, & Sarraf, 2018）。

低收入家庭的孩子如果擁有良好的教育機會和醫療保健等環境資源，當然可以克服這些限制，展現出遺傳的全部可能性。因此，渠道化的概念讓我們深刻瞭解遺傳稟賦與環境影響之間的複雜交互作用。接下來說明渠道化發生的機制——行為表觀遺傳學。

## 行為表觀遺傳學

是什麼決定個體的基因如何受到環境經驗的影響？所有生物都有可以開啟或關閉基因活動的化學標籤（見圖 3.9）。雖然基因結構維持不變，但每個基因的表現方式卻因化學標籤在何時何地開啟或關閉，造成大不相同的結果（課前測驗第 10 題）。**行為表觀遺傳學（behavioral epigenetics）**是對**表觀基因組（epigenome）**的研究，包括附著在 DNA 上、可以打開或關閉基因的化合物，以及影響這些化合物相互作用的事件或環境。行為表觀遺傳學被稱為先天遺傳與後天環境之間的橋梁，也證實早年的生活經驗如何因為某些基因的激活或沉寂而「按兵不動」（Szyf & Bick, 2013; Zhang & Meaney, 2010）。

行為表觀遺傳學如何運作的案例已經在一項研究中得到證實，研究對象是被母鼠忽視或沒有被母鼠撫觸的幼鼠。這些幼鼠在往後遇到一些環境事件時，顯得更加恐懼緊繃，從幼鼠的行為表現和壓力荷爾蒙濃度都可看出端倪。研究人員發現這種行為與某一特定基因有關，該基因在由母鼠養育的幼鼠中會被激活，但在被忽視的幼鼠中會被關閉。

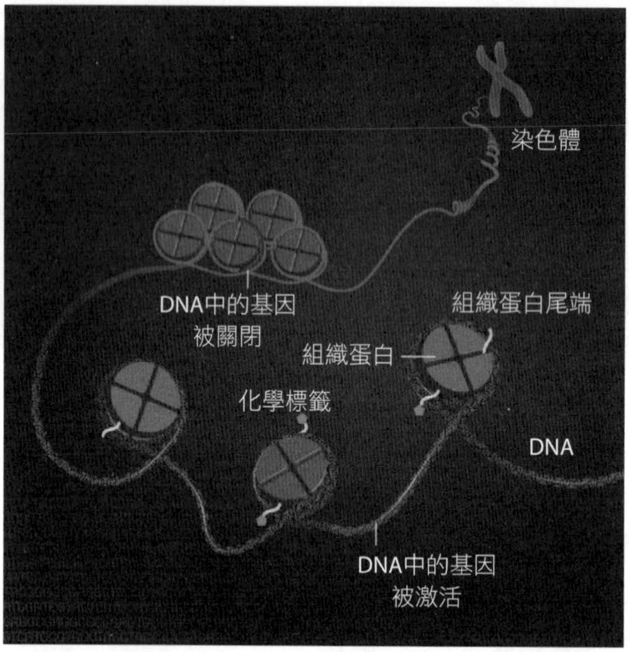


彩色版圖片

**圖 3.9　表觀遺傳學**。基因 DNA 中的化學標籤受個人的經驗影響而被激活或沉寂。標籤使得某些基因能被讀取或被隱藏。DNA 的基本結構並沒有改變，但基因的表現方式出現變化。在本圖中，化學標籤（藍色）決定 DNA（綠色）是緊緊纏繞在組織蛋白周圍、阻止基因表現，或是鬆開、允許基因表現。

資料來源：Courtesy of the National Human Genome Research Institute.

為了確定這種影響是來自母鼠的行為而非基因造成的，研究人員在幼鼠出生時，將幼鼠交替給會養育和不會養育的母鼠照顧，結果仍是一樣。那些出生時即被不會養育的母鼠撫養的幼鼠，儘管牠的親生母鼠非常會撫育幼鼠，但這些早期經驗已經關閉了幼鼠的基因（Diorio & Meaney, 2007）。從進化的角度來看，沒有經歷足夠母愛的幼鼠似乎會「改編」（reprogram）牠們的基因，改編的結果是幼鼠對壓力的反應更強。這番改編的演化優勢是，增強的反應能力使幼鼠能夠在面臨危險時迅速應對，而不是等待反應遲鈍的母鼠來保護牠們。

**對壓力的表觀遺傳反應**。生命早期的高壓力事件，例如父母過世，可能使個體的表觀基因組發生變化，從而導致日後憂鬱和焦慮的發生率更高。
*©iStockphoto.com / Rich Legg*

在人類身上也發現類似的結果。Turecki 與 Meaney（2016）回顧 27 項兒童基因組中早期壓力與後期表觀遺傳標記之間關係的研究，這些研究檢視兒童早期的創傷史，包括兒童虐待和父母過世。他們找到了強而有力的證據，證實早期壓力會改變大腦控制壓力反應部位的表觀基因組。有這些改變的人即使面對低度壓力，反應也很大，因此更容易出現憂鬱和焦慮症狀。

生命早期壓力對表觀基因組的影響，還取決於個體遺傳到的特定基因版本，稱為**等位基因（alleles）**。例如，研究人員研究基因與環境在兒童外顯行為問題發展中的作用，如攻擊性和對立反抗行為（Windhorst et al., 2016）。他們聚焦在與多巴胺產生相關的基因，多巴胺是大腦中與動機、注意力、情緒和活動調節有關的化學物質。利用全基因組關聯，研究人員發現，帶有與多巴胺相關的不同等位基因的兒童，對童年早期嚴厲的教養經驗產生不同的反應。生長在溫暖養育下、但只有一種等位基因的兒童，表現出更多的外顯行為問題；而擁有不同類型等位基因的兒童，卻表現出較少的外顯行為問題。然而，對於生長在嚴厲教養下的兒童，其所具有的等位基因類型與外顯行為問題的程度無關。嚴厲的教養似乎推翻了基因變異在攻擊性和對立反抗行為發展中的作用；但在溫暖的養育下，基因可以決定攻擊性的程度。在青春期依戀、嬰兒消極情緒和注意力不足過動症有關的不同基因中，也發現這些類型的基因與環境交互作用（Gould, Coventry, Olson, & Byrne, 2018; Green et al., 2016; Zimmermann & Spangler, 2016）。

表觀遺傳變化會遺傳給下一代嗎？當女性懷孕時，任何會開啟或關閉**她的**某些基因的表觀遺傳變化化學標籤通常會被消除乾淨。也就是說，嬰兒是一個全新的白板，隨著成長和發展建立屬於自己的表觀遺傳模式（Daxinger & Whitelaw, 2012）。然而有證據表明，一些表觀遺傳變化實際上可能會遺傳給發育中的胎兒。在動物研究中，產前接觸某些化學物質，會對動物產生表觀遺傳影響，而這些影響日後會出現在曾孫代的表觀基因組中，即使曾孫代從未接觸過這種化學物質（Gillette, Son, Ton, Gore, & Crews, 2018）。科學家們正剛開始將這項研究擴展到人類發展。

## 基因如何影響環境

到目前為止，我們已經說明基因影響生理和生物過程的方式，以及環境影響基因表現進而產生各種發展結果的方式。而當基因影響所處環境的性質時，就會出現第三種發展機制。

Sandra Scarr（1992）指出，思考基因如何塑造環境的一種方法是將基因視為被動型、主動型或激發型。在**被動型基因—環境交互作用（passive gene-environment interaction）**中，基因沒什麼好表現的，因為孩子出生在一個既為他們提供基因、同時又提供鼓勵這些基因表現的家庭。例如，歌手 Bruno Mars（火星人布魯諾）可能從他的父親（一位拉丁裔打擊樂手）和他的母親（一位歌手）那裡繼承了與音樂才華相關的基因，同時，他在 4 歲時開始接受音樂訓練，當他模仿貓王（Elvis），擔任家族拉斯維加斯風格評論節目的一角時，也為他長大後的才華提供了支持的環境（Hope, 2010）。他在音樂方面取得了非常成功的職業生涯。

當基因成為兒童尋找適合其遺傳稟賦的環境經驗之驅動力時，就會發生**主動型基因—環境交互作用（active gene-environment interaction）**（Jaffee & Price, 2008）。例如，具有追求冒險基因的孩子可能會像磁鐵一樣被滑雪板、高空彈跳或任何提供身體冒險挑戰的活動所吸引。另一方面，具有羞怯畏縮基因傾向的孩子，會尋找可以單獨從事且不會過度刺激或令人興奮的活動。在第 1 章中曾討論兒童在自身發展中發揮的主動作用，我們將這種類型的基因效應稱為**利基選擇**，個體會找到最契合的環境（利基），然後再主動地做出選擇。

最後，在**激發型基因—環境交互作用（evocative gene-environment interaction）**下，基因使得兒童的言行吸引或「誘發」周遭人的某些反應。例如，具有某種與製造催產素相關基因的人，與具有相同基因但不同形式的人相比，更為外向、落落大方。研究人員發現，這些人表現出的友善行為，會引發社交圈中人們的正向反應，從而獲得更多的社會支持和更多的朋友（Creswell et al., 2015）。

跟隨家族的腳步。Bruno Mars 4 歲開始在他的家族音樂劇中扮演「小貓王」。成年後，他的專輯銷量在全球已超過了 1100 萬張，並成為 2017 年美國音樂獎的年度藝人。他很可能同時受到基因和環境的影響，而走上了成功的歌唱生涯。

*©Catherine McGann / Contributor via Getty Images*

## 學習檢定

**知識問題：**

1. 簡要說明「渠道化」一詞。
2. 什麼是表觀遺傳學？
3. 被動型、主動型和激發型基因—環境交互作用，三者有何區別？

**思辯問題：**

喬安娜繼承了與數學技能相關的基因。請說明她的遺傳秉賦在不同年齡階段，如何以被動、主動和激發的方式與環境交互作用。

# 結語

所有人都是從父母的基因組合開始，然後出生在一個塑造這些基因表達方式的環境中。反過來，基因遺傳也會塑造環境。但要理解所有遺傳和環境之間的複雜交互作用，還有很長的路要走。接下來，將探討兒童的生理、認知、語言、情緒和社會發展，如何受到基因遺傳和生活環境背景的影響。

*Chapter 4*

# 產前發育與新生兒

## 學習問題：

4.1 產前發育的三個階段會發生什麼事情？

4.2 有哪些健康問題和風險會影響懷孕？

4.3 分娩過程中會發生什麼事情？

4.4 新生兒如何適應這個世界？有哪些威脅他們健康的因素？

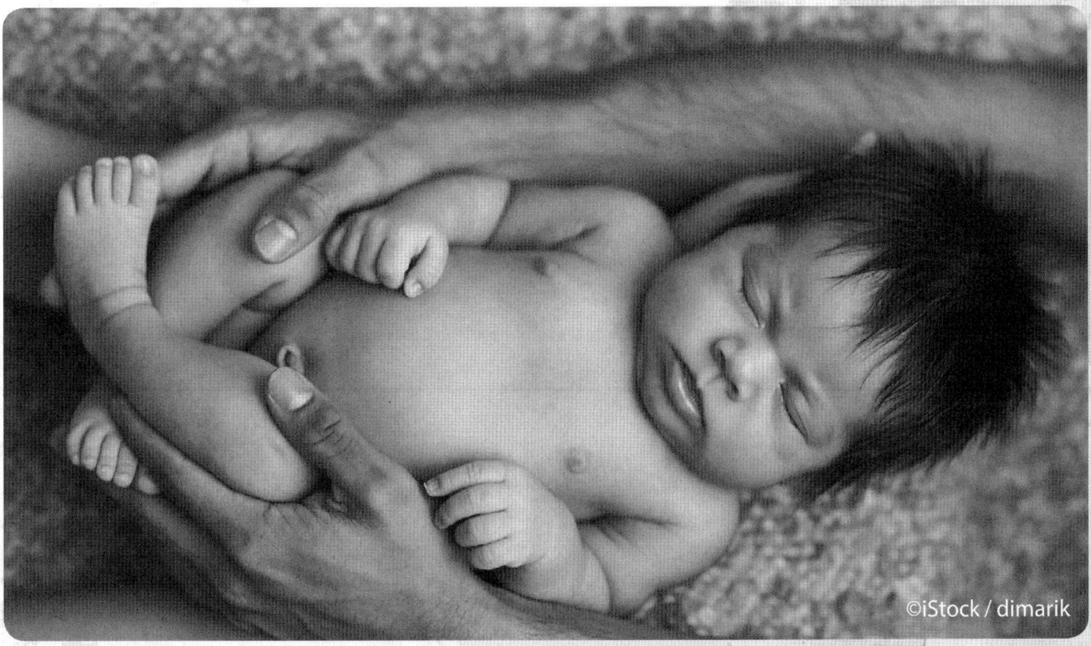

©iStock / dimarik

## 課前測驗

判斷以下每個陳述內容是「對」或「錯」，測試你對兒童發展的瞭解，接著在閱讀本章時，檢視你的答案。

1. □對 □錯 多達半數以上的受精卵未能在女性的子宮內著床。
2. □對 □錯 男性大腦和女性大腦的結構具有差異，在產前就可以觀察到。
3. □對 □錯 研究表明，讓胎兒受到額外的刺激（例如，在女性腹部附近播放音樂）可以刺激高階認知發展。
4. □對 □錯 美國是世界上孕產婦死亡率最低的國家之一。
5. □對 □錯 女性在懷孕期間的飲酒量並不重要，因為所有的酒精量都會對嬰兒造成同樣傷害。
6. □對 □錯 懷孕期間戒菸會對胎兒造成太大壓力。
7. □對 □錯 如果女性在使用鴉片類藥物時懷孕，應立即停止使用藥物。
8. □對 □錯 攜帶HIV病毒的女性所生的嬰兒，幾乎可以確定會罹患愛滋病。
9. □對 □錯 美國是經濟福祉相似的國家中，嬰兒死亡率最高的國家之一。

---

正確答案：1. 對；2. 對；3. 錯；4. 錯；5. 錯；6. 錯；7. 錯；8. 錯；9. 對。

從受精過程中精子與卵子結合的那一刻起，複雜而驚人的發育過程就開始了。正如第3章所述，那一刻決定了新生命的基因組成，也是從那一刻起，受精卵開始與環境交互作用。在接下來的九個月中，女性子宮的產前環境所發生的種種，會對發育過程造成巨大的影響。該過程內建了一些保護措施，有助於確保新生兒健康，並為進入這個世界做好充分準備。但該系統並不完美，有許多潛在威脅虎視眈眈。幸運的是，今日我們已經知道很多方法，可以幫助母親在沒有併發症的情況下順利度過懷孕期，以及幫助新生兒在生命初始就能獲得最好的照顧。本章將探討從受精到嬰兒出生的發育過程。

# 產前發展

## 學習問題 4.1・產前發育的三個階段會發生什麼事情？

首先來看產前發育的過程，說明在九個月的時間裡，單個受精細胞如何發育成一個完全成形且功能正常的新生兒。產前之旅始於女性卵巢中的一個卵泡成熟，並在每個月的月經週期中釋放一個**卵細胞（ovum，或稱卵子）**，這個過程稱為**排卵（ovulation）**。卵子沿著輸卵管向子宮移動，當卵子在性交過程中，被來到女性生殖系統中大約3億個精子的其中一個精子穿透時，就會發生受精。如本章後面所述，卵子和精子也可以在輔助生殖技術的協助下結合。

在第3章中曾提到，如果與卵子結合的精子在第23條攜帶Y染色體，就會受孕為男胎，如果攜帶的是X染色體，則受孕為女胎。雖然男胎和女胎受孕的數量相同，但其實有更多的女胎在產前流失（Orzack et al., 2015）。因此，到嬰兒出生時，男胎的數量會多過於女胎的數量。此外，某些國家會對女胎進行選擇性流產，進一步導致全球男女失衡的比例提高（United National Population Fund, 2017）。

產前發育分為三個為期長短不一的階段，以下將詳細描述每個階段中發生的情況。

### 胚芽期（受孕至第2週）

產前發育的第一階段，稱為**胚芽期（germinal stage）**，從精子穿透卵子開始。一旦形成受精卵，外部就會變厚，使其他精子無法再進入卵子。隨著受精卵繼續通過輸卵管，細胞分裂過程開始（見圖4.1）。從單細胞變成兩個細胞大約需要15個小時，然後再從兩個細胞變成四個，四個變成八個，依此類推，直到受精後4到5天，變成有32個細胞的桑葚胚。多數懷孕由單一受精組成，但約有3.3%懷孕會誕生雙胞胎。三胞胎和四胞胎等多

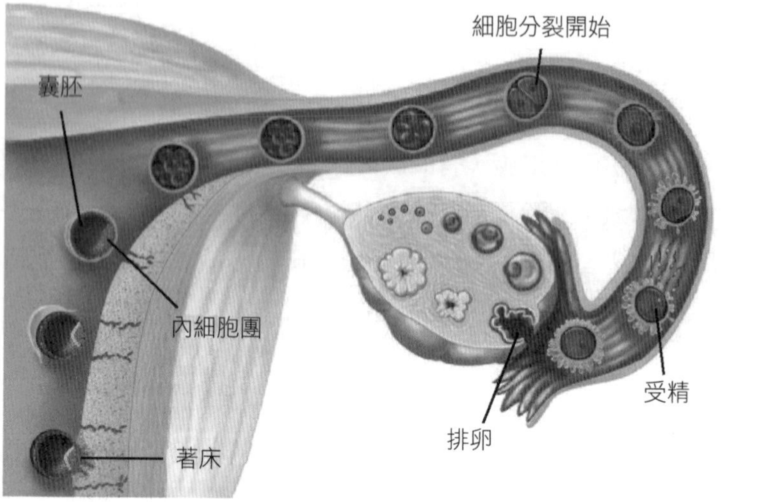


圖 4.1　**胚芽期**。在卵子受精後的一週，新形成的受精卵沿著輸卵管向下移動，發育中的囊胚著床植入子宮內膜。

**資料來源**：BFIP / Photo Researchers, Inc.

胞胎相當罕見，每十萬例新生兒中僅有 102 例（Martin, Hamilton, Osterman, Driscoll, & Drake, 2018）。

隨著細胞數量不斷增生，實心細胞球變成了一個空心細胞球，稱為**囊胚（blastocyst）**，其中一端是一組實心細胞，稱為**內細胞團（inner cell mass）**，外環細胞稱為**滋養層（trophoblast）**（見圖 4.2）。內細胞團繼續發育成胚胎及部分包覆胚胎的羊膜，外環細胞發育成妊娠的支撐系統，包括胎盤和絨毛膜。討論下一階段的產前發育時，會再說明這些結構及其功能。

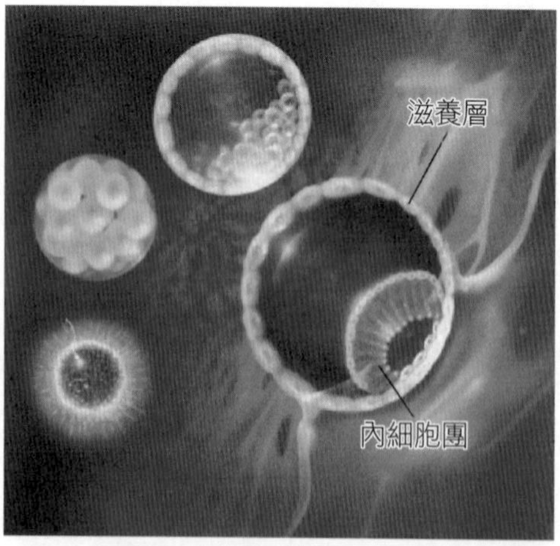


圖 4.2　**囊胚的發育過程**。隨著受精卵內的細胞繼續複製和分裂，形成一個實心的細胞球。細胞對折自疊並形成一個稱為囊胚的空心細胞球，其中包含內細胞團（之後會形成胚胎）和稱為滋養層的外環細胞（之後會成為妊娠的支撐系統）。

**資料來源**：Jim Dowdalls / Photo Researchers, Inc.

當囊胚到達子宮時，就準備著床植入子宮內膜了。女性在月經週期中的荷爾蒙已經為這個目的做好準備。滋養層中的細胞會分泌一種酶來消化一些內膜，使囊胚可以安全地嵌入其中。如果囊胚不知為何無法著床，就會從女性的身體排出，女性甚至不會意識到她已經受孕，這種情況並不少見。事實上，據估計，有 40% 到 60% 的受孕無法著床且存活（課前測驗第 1 題）（Jarvis, 2017）。著床後，滋養層外層像手指狀部分延伸深入子宮，連結胚胎和母體（Butkus, 2015）。一且有了母親的營養來源，囊胚就會真正開始變大。

沒有進行避孕措施（unprotected sex）的夫妻預計會在一年內懷孕，因此如果在這段時間內沒有受孕，可能意味著這對夫婦正面臨**不孕症（infertility）**的問題。美國約有 12% 的已婚女性難以懷孕或懷孕至足月（RESOLVE: The National Fertility Association, 2019）。其中，女性因素占三分之一，男性因素亦占三分之一，其餘則為男女雙方因素皆有或原因不明。

不孕症最重要的因素之一是母親的年齡。美國女性生孩子的時間延後，如今 20% 的女性要到 35 歲或以上才生第一胎（Centers for Disease Control and Prevention [CDC], 2019i）。這些高齡女性中約有三分之一會出現生育問題。但今日的醫學科技為不孕夫妻提供了廣泛的治療措施，如表 4.1 列出其中幾項加以說明。隨著愈來愈多的同性伴侶結婚，使用輔助生殖技術的情況也愈來愈多。女同志伴侶可以使用人工授精（artificial insemination），男同志伴侶可以使用代理孕母（surrogacy），也就是尋找願意替男同志伴侶代為懷孕的女性，生下的孩子將由男同志伴侶撫養（Gates, 2015）。

生育治療的費用，從每月 5 美元到 20 美元刺激卵子生成的藥物，到試管嬰兒或代孕的數千美元不等（Mauer, n.d.）。保險是否涵蓋這些費用，取決於個人醫療保險的條款規定。在美國出生的嬰兒中，約有 1.7% 是經由輔助生殖技術受孕成功的（CDC, 2019b）。

**表 4.1　輔助生殖技術**

| | |
|---|---|
| 女性生育藥物 | 藥物可以刺激女性卵巢中卵子的生成和釋放。 |
| 體外授精 | 也稱為**人工授精**（artificial insemination）。排卵時將精子放入女性的子宮中，可搭配使用生育藥物增加排卵的機會。 |
| 精卵輸卵管內植入術（輸卵管內配子移植術） | 卵子和精子被直接放入女性的輸卵管中，因此受精發生在女性的體內，而不是在實驗室裡。 |
| 試管嬰兒 | 使用針頭從女性卵巢中取出成熟的卵子，並與精子（來自女性的伴侶或捐贈者）混合以產生一個或多個胚胎，然後將胚胎植入子宮中。 |
| 單一精蟲顯微注射（胞漿精子注射） | 如果精子數量少、精子受損或活動力差，可以將一個有活力的精子細胞直接注射到卵子中來製造胚胎。 |
| 胚胎著床前基因診斷 | 胚胎是在實驗室中創造出來的，並在植入女性的子宮前先進行基因檢測。該技術旨在幫助有可能生育出性別相關遺傳疾病風險子女的家庭，用以選擇胚胎性別再進行植入。但這種技術極具爭議。 |

**資料來源：**American Pregnancy Association (n.d.b); Centers for Disease Control and Prevention (2019b).

不孕症會對夫妻帶來沉重的精神負擔，他們往往在滿懷希望之後卻又大失所望。儘管精神負擔如此龐大，但也只有不到三分之一的夫妻尋求諮商。當他們求助諮商時，重要的是給予他們需要的特定支持（Read et al., 2014）。有些夫妻需要的可能是情感支持，幫助他們處理生活中無法預期和無法控制的事情；有些夫妻需要的是獲知他們擁有哪些選項的訊息；有些夫妻則是兩種類型的協助都需要。

## 胚胎期（第 2 週至第 8 週）

**胚胎期（embryonic stage）**從受孕後約第 2 週開始，持續到第 8 週。此時的受孕狀況稱為**胚胎（embryo）**。胚胎被包覆在連接到母親的支撐系統裡，這個支撐系統包括兩個胎膜、胎盤和臍帶。我們可以把兩個胎膜想像成兩個囊，一個胎膜在另一個胎膜裡面。外層的稱為**絨毛膜**，它與子宮相連的地方形成了胎盤；內層的稱為**羊膜（amnion）**，包覆發育中的胚胎，裡面充滿羊水以緩衝和保護胚胎。**胎盤（placenta）**的基本功能是將母親的氧氣和營養通過臍帶（umbilical cord）傳送給發育中的胚胎，並在懷孕後期帶走胎兒的排泄物。下一節將更詳細描述這兩個功能。

在胚胎期，身體所有的主要器官系統都在一個稱為**器官形成（organogenesis）**的過程中開始。內細胞團分化為三層，每一層繼續發育成不同的器官和結構，如圖 4.3 所示。由於短時間內發育快速，因此這是發展的**關鍵期（critical period）**。產前環境的任何閃失，都可能造成嚴重且不可逆的傷害。

產前的發育從頭部區域開始，漸次向身體發展，稱為**從頭到尾的發展（cephalocaudal development）**（cephalus 意指「頭部」，caudal 意指「尾巴」）。由於這種發育模式，在整個懷孕期間，尤其是最初幾個月，胚胎（以及後來的胎兒）的上半部分比下半部分發育更快。到第 8 週時，身體的所有主要器官和結構都已大致形成，不過還需要相當長的時間才能發揮作用。在第 9 週大時，頭部約占胎兒整個長度的一半。由於大腦發育得如此之快，以至於它的大小超過了身體的其他部分。

懷孕的任何時候都可以進行產前**超音波（ultrasound）**檢查。檢查時，高頻聲波穿過女性的子宮，反射的聲波會形一個影像，顯示胚胎在子宮中的大小、形狀和位置。不同時期的妊娠超音波檢查，可以提供不同的訊息，例如確認胎兒正在以預期的速度生長、有無任何身體異常、是否有多個胎兒、懷孕的其他方面是否正常。如果父母想要知道的話，也可以辨識胎兒的性別（American Pregnancy Association, 2017b）。

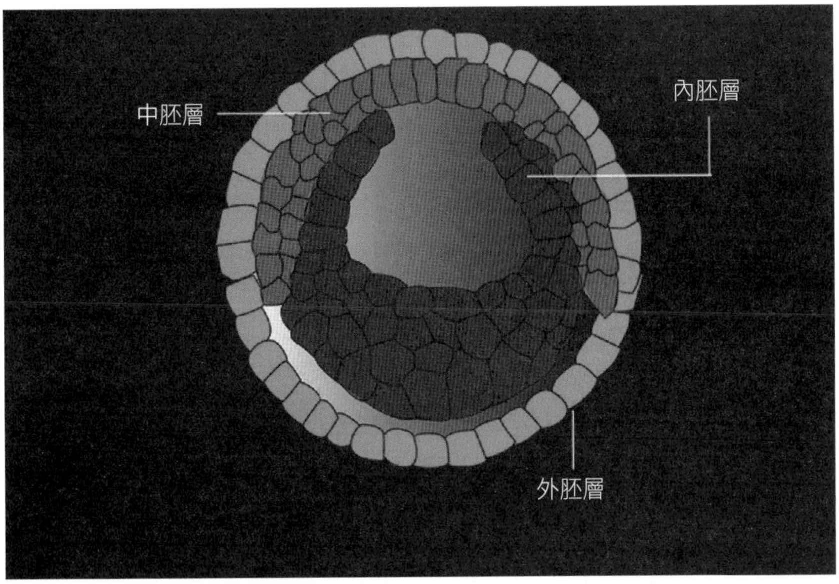


圖 4.3　**內細胞團的分化**。內細胞團中的細胞分化成三種不同類型的細胞，每一種都會繼續發育出不同的功能。右側的描述說明隨著胚胎的發育，每一層會變化成什麼。

**資料來源**：Francis Leroy. Biocosmos / Science Source.

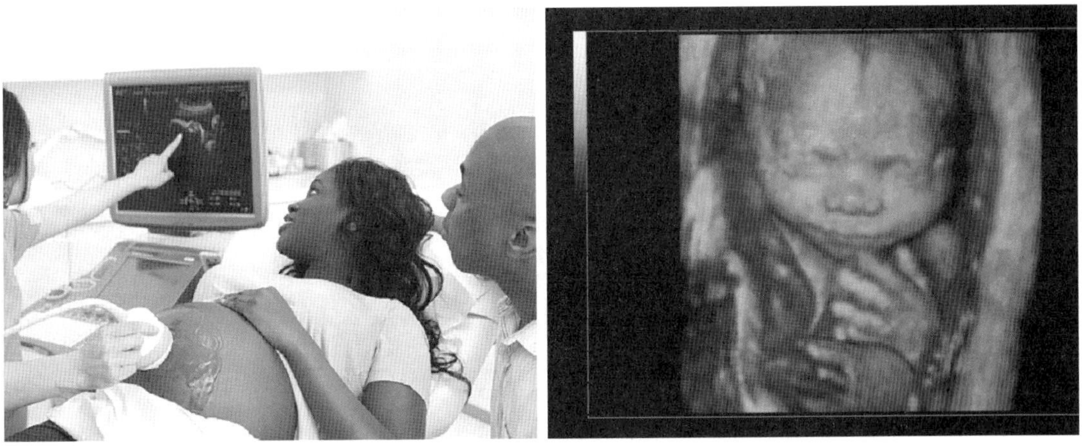

**產前檢查**。技術人員正在為這對夫妻進行產前超音波檢查。此 3-D 圖像是典型的胎兒發育圖之一，3-D 圖像可以顯示一些在標準超音波上看不出的隱微出生缺陷。

*©iStockphoto.com / monkeybusinessimages; Photo By BaSIP / UIG Via Getty Images*

## 胎兒期（第 9 週至出生）

從第 9 週開始到嬰兒出生是**胎兒期（fetal stage）**。這個時期的特徵是**胎兒（fetus）**的大小和重量顯著增加，所有的器官系統都發育完成並開始發揮作用，使得新生兒可以在出生後不必依靠母體就能存活。

前面曾提到，胎盤為發育中的生命體提供氧氣和營養，並帶走代謝廢物。圖 4.4 顯示母親和胎兒的血液在沒有混合的情況下，這一切是如何運作的。仔細看這個圖可以發現，當胎兒的動脈進入胎盤的空間時，它們會在這些空間內螺旋繞行，最後成為一個閉環回到胎兒體內。胎兒的動脈不會直接連接到母體的動脈或靜脈，這就是為什麼母親和孩子可以有不同的血型，這兩個血液系統在整個懷孕期間保持分離。

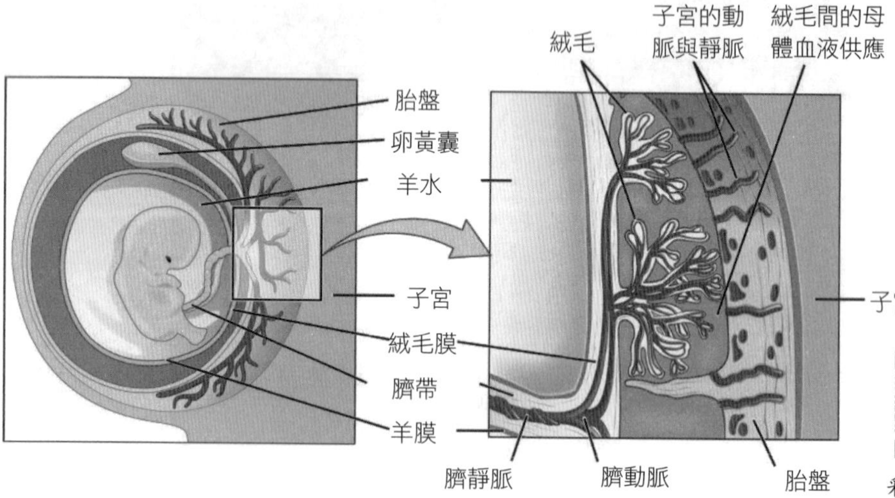


彩色版圖片

圖 4.4　胎盤的功能。母親血液中的氧氣和營養在胎盤內被胎兒的血液吸收，胎兒血液中的廢物也被釋放到母親的血液中，由母體處理。

資料來源：Anatomy & Physiology. Connexions.

由於胎兒血液中的氧氣和營養物質濃度，低於母體血液的濃度，這些物質從母體的血液穿過動脈壁，在胎盤中被胎兒血液吸收，並帶回去給發育中的胎兒。以類似的方式，胎兒血液中高濃度的廢物穿過動脈壁流到母體血液中可吸收它們的空間，然後運送回母體，透過母體的器官系統進行處理。該系統可以防止某些物質從母體轉移給胎兒，因為它們的分子太大而無法穿過動脈壁，但仍有許多物質會對發育中的胎兒造成傷害，不幸的是，這些有害物質**可以**穿過胎盤和進入胎兒的血液。本章後續將討論其中一些有害物質，例如酒精和尼古丁。

此時期中一個特別重要的發育，是胎兒的生殖器轉變為男性或女性的生殖器。胚胎的生理性別（biological sex）是在受孕時由精子攜帶的染色體訊息決定，但直到孕期這一刻之前，男性和女性胚胎的內部構造和外觀都是相同的。大約 9 週大時，男胎的睪丸開始分泌雄性**激素**（androgen），改變生殖器的發育（de Bellefonds, 2019）。而女胎的生殖器則繼續按照原先的發育路徑，形成女性的生殖系統。

產前分泌的激素不僅影響胎兒的身體發育，還影響大腦的發育。例如，杏仁核有產前的差異；杏仁核是大腦處理情緒和某些社會行為（例如兒童的打鬧遊戲）的區域

（McCarthy, 2015）。然而，男性和女性的大腦，相似處遠多於相異處（課前測驗第 2 題）。此外還有許多其他因素，例如出生後的經歷，也會影響男孩和女孩的大腦結構和功能。

大約第 10 週時，胎兒開始出現呼吸動作。雖然羊膜囊中沒有空氣，但胎兒會先吸進羊水，然後排出羊水。在第 18 週和第 25 週之間，多數母親開始感覺到胎動。發育中的胎兒也有清醒和睡眠的週期，其中大部分是快速動眼睡眠（REM sleep），或稱以快速眼球運動為特徵的睡眠。成人約有 20% 到 25% 的睡眠時間處於快速動眼睡眠狀態，而胎兒大約有 90% 的時間處於快速動眼睡眠狀態。睡眠科學家認為，這麼多的快速動眼睡眠對於產前神經發育是必要的（McNamara, 2012）。

雖然胎兒在子宮環境中受到保護，免受極端刺激的干擾，但並沒有與感覺世界隔離。諸如觸覺和疼痛之類的「皮膚感覺」以及察覺動作或身體位置的本體感覺（proprioceptive senses），都是在出生前最先發展出來的；其次是嗅覺和味覺等化學感覺（chemical sense），以及與平衡有關的前庭感覺（vestibular senses）；最晚發展出來的是聽覺和視覺。子宮內環境為這些感覺提供了一些刺激。例如，羊水含有刺激嗅覺和味覺感受器的化學感應分子、胎兒的活動會刺激前庭感覺（Lecanuet, Graniere-Deferre, & DeCasper, 2005）。隨著系統的發育與其後開始發揮功能，整個產前時期是數不清的連續性發展。這讓新生兒在出生後幾乎可以立即與環境互動並做出反應。

甚至有證據表明，胎兒在出生前可能就會進行一些簡單的學習。例如有研究發現，新生兒對於在子宮內聽過的部分母語母音，其反應不同於他們在子宮內沒有聽過的聲音（Moon, Lagercrantz, & Kuhl, 2013）。這是中樞神經系統完整且功能正常的指標，不過我們不應假定產前刺激的差異，與後來的認知功能差異有關。對產前感覺能力的研究衍生出一些聲稱可以刺激神經生長，或促進產前學習、記憶、思考，甚至社交互動小工具的商業行銷，這是對這項研究的誤解。正常的產前環境在發育的這個階段，已經提供了足夠的刺激（Lecanuet et al., 2005）。提供超出正常範圍的刺激給發育中胎兒不一定好，甚至可能會有害（課前測驗第 3 題）（Krueger, Horesh, & Crosland, 2012; Philbin, 2017）。

**不必要的產前刺激。**雖然有些商業設備聲稱可以為在子宮內發育的胎兒提供額外的有益刺激，但這種做法並無科學根據，母親日常環境中的聲音已經提供了所有必要的刺激。

*©iStock / nensuria*

此外還有許多關於懷孕的信條代代相傳。回答「主動學習：這是無稽之談還是科學事實？」中的問題來測驗一下自己，看看哪些想法有科學依據、哪些沒有。

## 主動學習

### 這是無稽之談還是科學事實？

本節要測試讀者對發展的常識或直覺知識，有沒有和科學證據相抵觸。老一輩關於懷孕的故事，可能比其他任何發展時期的故事都還要多。以下有關懷孕的說法，哪些是正確的？哪些是錯誤的？

1. □對 □錯 如果肚子尖尖的，就是生男孩；如果肚子圓圓的，就是生女孩。
2. □對 □錯 如果將手臂高舉過頭頂，臍帶可能會勒死寶寶。
3. □對 □錯 孕婦不應該接種流感疫苗。
4. □對 □錯 懷孕時是一人吃兩人補。
5. □對 □錯 懷孕期間不應該染頭髮。
6. □對 □錯 懷孕期間吃花生會增加寶寶對花生過敏的機會。
7. □對 □錯 懷孕期間發生性行為會傷害寶寶。
8. □對 □錯 孕婦可能會變得健忘，並且在懷孕早期難以集中注意力。
9. □對 □錯 孕婦有一種特殊的光采。
10. □對 □錯 懷孕結束後會掉頭髮。

**資料來源：**Abrams & Sicherer (2018); Alcañiz (2018); Kam (2016); KidsHealth (2018a); Myklebust (2016).

答案：

1. 錯。孕婦的腹部形狀與胎兒的性別無關，腹部形狀與女性的體型較有關。
2. 錯。孕婦的活動不會影響臍帶的活動。如果胎兒的臍帶繞頸，那是胎兒在子宮內的活動所致，與母親在懷孕期間的活動無關。
3. 錯。懷孕會抑制女性的免疫系統，如果感染流感，孕婦重症甚至死亡的風險會更高。流感疫苗可以保護孕婦和未出生的胎兒，亦可保護新生兒在出生後免受流感的侵害。
4. 對。懷孕時是一人吃兩人補，但胎兒的可能體重不超過 8 磅（約 3600 公克），這表示孕婦每天平均需要額外增加的熱量為 300 卡路里。
5. 錯。僅有少量的染髮劑化學物質會被皮膚吸收，對懷孕無害。但某些產品的強烈氣味會使一些女性噁心想吐，擔心此項副作用的女性可以避免在懷孕早期染髮或使用含氨的染料。
6. 錯。除非孕婦自己對花生過敏，否則沒有理由避免食用花生。
7. 錯。由於胎兒被保護在羊膜囊內，所以性行為不會影響到胎兒。但是，因為羊膜可能在懷孕後期破裂，在孕期快結束時使用保險套來預防感染，是一個很好的保護措施。
8. 對。疲勞、晨吐和全神貫注於懷孕上，容易使孕婦健忘，難以在懷孕初期集中注意力。
9. 對。女性的身體會產生大量的血液來支持懷孕，導致血管中更多的血液流動和油腺分泌增加，這可能是懷孕期間會「發光」的原因。
10. 對。懷孕期間分泌的荷爾蒙會使頭髮長得更快，掉得更少。但隨著嬰兒出生後的荷爾蒙變化，會導致大量頭髮因身體重新調整而脫落。

## 學習檢定

**知識問題：**

1. 產前發育的三個階段分別發生了什麼事？
2. 什麼是超音波？為什麼要使用超音波？
3. 為什麼母親和嬰兒可以有不同的血型？
4. 胎兒在出生前有哪些感覺經驗？

**思辯問題：**

坊間有大量關於懷孕的錯誤訊息，你認為向孕婦提供準確訊息的最有效方法是什麼？為什麼你認為這種方法會有效？

# 孕期健康與風險

### 學習問題 4.2・有哪些健康問題和風險會影響懷孕？

本節將說明孕婦為確保自己健康和懷孕期間胎兒的福祉，可以做的一些事情。除了早期和持續的產前檢查，以及注意飲食和運動外，孕婦還需要避免一些可能對發育中的胎兒造成長期損害的潛在有害物質，例如香菸和酒精。

## 孕期的三個三月期

前面所述的產前發育三個階段，告訴我們在懷孕九個月期間發育中的胎兒狀況。然而，從孕婦的角度來看，這九個月是以不同的方式劃分，每三個月為一期，稱為三月期（trimesters），每個時期都有其特點。

在第一個三月期（first trimester），其他人可能看不出該女性懷孕了，但荷爾蒙濃度的變化可能會導致疲倦、乳房脹痛和晨吐，這種噁心感通常會隨著時間過去而消退。在第二個三月期（second trimester），多數孕婦開始感覺比較好一些了。隨著胎兒長大，孕肚變得更加明顯，孕婦也開始感覺到胎動。到了第三個三月期（third trimester），胎兒繼續生長，孕婦變得更加疲倦和不舒服（U.S. Department of Health and Human Services, 2019e）。這段時期的尾聲，孕婦會感覺到胎兒在她體內下降，開始進入分娩位置準備出生。

## 流產

懷孕之後**流產**（**miscarriage**）的情況並不少見，這是指胎兒在 20 週**胎齡**（**gestational**

**age，或稱孕齡）**前自然死亡。在知道自己懷孕的女性中，據估計有 10% 到 25% 會經歷流產，通常發生在懷孕的前 7 週（U.S. National Library of Medicine, 2019d）。流產大多數是染色體異常的結果，但是，許多情況原因不明。若醫療專業人員能夠確定原因，孕產婦會比較容易接受失落，這些訊息也可以減輕一些痛苦（Nikčević & Nicolaides, 2014）。

女性可以使用多種因應策略來面對流產（Van, 2012）。與其他經歷過流產的女性交談特別有幫助，她們不僅可以分享相互理解的感覺，且如果另一名女性隨後懷孕到足月，更可提供安心感和希望感。不知道該說什麼或做什麼的伴侶或其他人，應該懂得「好好陪伴」（just being there）是緩和哀傷過程的重要且有效的方式（Van, 2012, p. 82）。僅有 1% 到 3% 的夫妻會發生反覆流產（Alijotas-Reig & Garrido-Gimenez, 2013），因此，多數流產的女性可以從未來可能再次懷孕生子的盼望中得到安慰。

在某些情況下，女性可能會選擇**人工流產（abortion）**來終止妊娠。人工流產是一種從女性子宮中取出胚胎（或胎兒）和胎盤的醫療程序（U.S. National Library of Medicine, 2019a）。全球墮胎率雖持續下降，但在 2010 年至 2014 年間，大約仍有 25% 的妊娠以人工流產告終（Sedgh et al., 2016）。在一項關於女性人工流產原因的跨國研究中，顯示社會經濟問題、限制家庭規模或還不想成立家庭，是最常見的原因（Chae, Desai, Crowell, & Sedgh, 2017）。雖然這是一個艱難的選擇，但研究表明，大多數女性在手術**之前**最為焦慮。一項縱貫研究比較人工流產女性和因胎齡超過而被拒絕人工流產的女性，那些被拒絕人工流產的女性最初的焦慮程度較高，但長期下來，人工流產的女性與那些沒有人工流產的女性幸福感程度不相上下（Horvath & Schreiber, 2017）。然而，如果女性沒有得到支持、對決定感到矛盾、曾有過心理健康問題，或是想要懷孕，則更有可能產生負面反應（APA, 2014; Chae et al., 2017）。

## 孕期的健康與福祉

能在生命中任何時候保護女性健康與福祉的事情，同樣也有助於確保孕期健康。不過，即使還沒有懷孕，孕前照護也可以減少或預防對女性或寶寶的許多風險威脅（Mehta-Lee, Bernstein, Harrison, & Merkatz, 2013）。本節將討論孕婦可以採行的一些生活方式。

女性一旦懷孕，定期去產檢是避免日後出現問題的最佳方法之一，醫生會就健康問題提出建議、回答問題，並在必要時進行篩檢和診斷評估。然而在 2018 年，美國有 6% 的孕婦僅接受後期照護，或從來沒有接受過產前照護（Child Trends, 2019b）。美洲印第安人或阿拉斯加原住民女性（12%）和非拉美裔黑人女性（10%）的比例甚至更高；青少女、教育程度較低的女性和貧困人口也面臨更大的風險，只接受後期照護或完全沒有產前照護

（Osterman & Martin, 2018）。提高貧困社區的產前照護品質、提高教育程度使孕婦更加瞭解產前照護的重要性，以及增加預防保健經費預算，都有助於改善這種情況。未接受產前照護的女性生下低出生體重嬰兒的可能性高出三倍，嬰兒死亡的可能性高出五倍（Child Trends, 2019b）。患有慢性疾病（如糖尿病、氣喘或過敏）的女性須更常去看醫生，或轉介給專門處理高危險妊娠的醫生，才能幫助她們管理懷孕期間的藥物。

近年來出現一個令人擔憂的趨勢：美國女性在分娩期間或分娩後不久死亡的比率一直在增加，相較之下，世界上其他多數已開發國家的孕產婦死亡率一直下降（Tavernise, 2016）。在 2014 年的跨國比較中，有 29 個國家的孕產婦死亡率低於美國，而美國的孕產婦死亡率又是加拿大或英國的三倍（課前測驗第 4 題）（Lu, 2018）。未能接受足夠的產前照護、患有慢性病的孕婦人數增加、女性生育年齡提高及美國女性的高肥胖率，都是這股不安趨勢的幫兇。有些批評者指責另一個可能的幫兇是，近年來對胎兒和嬰兒安全的關注轉移了對母親醫療需求的注意力，使得孕產婦面臨更大的風險（Hogan, 2017; National Public Radio, 2017）。

據估計，若能提高孕期、分娩和產後的照護品質，五分之三的孕產婦死亡是可以預防的（Petersen et al., 2019）。由於心血管疾病造成三分之一以上的妊娠相關死亡，美國婦產科學院（American College of Obstetricians and Gynecologists, [ACOG], 2019）公布最新的妊娠期間可能發生的心臟疾病診斷和治療指南。未能正確診斷和治療心血管疾病，是妊娠相關孕產婦死亡率存在巨大種族差異的原因之一。每十萬名順產中，非拉美裔黑人孕婦有高達 42.8 人死亡，美洲印第安人 / 阿拉斯加原住民孕婦為 32.5 人死亡，非拉美裔白人女性為 13.0 人死亡，拉美裔女性為 11.4 人死亡（Petersen et al., 2019）。

**產前照護**。女性在懷孕期間定期去看醫生接受檢查，對於良好的產前照護至關重要。準爸爸參與這些產檢，可幫助他瞭解自己角色的重要性。
*©iStock / SDI Productions*

## 孕期飲食

懷孕期間的均衡飲食對母親和胎兒來說都是不可或缺的，但是發育中的胎兒相對於母親的體型來說太小了，因此平均每天只需要額外的 300 卡路里就足以支持產前發育（Kam, 2016）。懷孕初期需要的卡路里較少，而接近分娩時需要的卡路里較多。以正常體重開始懷孕的女性，建議孕期體重須增加 25 至 35 磅（約 11 到 16 公斤）（ACOG, 2013）。孕婦若是過於節食，恐影響嬰兒未來的健康、認知技能、解決問題能力、發育水準和行為功能

**孕期的健康飲食**。健康飲食的重要性自不待言，尤其是在懷孕期間。母親的飲食提供發育中胎兒所需的所有營養。孕婦也要避免食用可能有害的食物。

*©istock / matzaball*

（Boulet, Schieve, & Boyle, 2011; Sudfeld et al., 2015）。

新生兒的體重通常在 5.8 磅和 8.13 磅之間（約 2600 到 3700 公克）（KidsHealth, 2018b）。低於平均體重的嬰兒更容易受到感染，而過高於平均體重的嬰兒則會增加分娩的時間和分娩困難的風險。無論是營養受限的飲食還是更典型的高脂西式飲食，都會經由母親的飲食影響孩子的代謝系統功能，增加兒童日後肥胖的風險（Parlee & MacDouglad, 2014）。

由於孕婦需要攝取足量的維生素和礦物質，醫生通常會開立綜合維他命或孕婦專用維他命。維他命 B 群之一的葉酸（folic acid）在預防大腦和脊髓缺陷方面起著重要作用，因此美國疾病管制與預防中心（CDC, 2018f）建議所有育齡女性（即使沒有懷孕）應每天攝取 400 微克葉酸。葉酸也可以從飲食（如豆類、綠葉蔬菜和柳橙汁）或食品補充劑中攝取。

有些食物在懷孕期間應該避免，因為有風險存在。例如，午餐肉（luncheon meat）和軟奶酪（如：Brie 起司和 feta 起司）可能含有細菌（U.S. Food and Drug Administration [FDA], 2018b）。雖然魚可算是孕婦健康飲食的一部分，但鯊魚和旗魚等魚類可能含有高濃度的汞或工業汙染物，應避免食用（FDA, 2018a）。另外，咖啡因攝取量與早產之間的關係一直令人擔憂，但一般認為相當於每天一杯 12 盎司（約 340 毫升）咖啡的適度咖啡因攝取量是安全的（American Pregnancy Association, 2018）。即使標籤上沒有列出，但茶、巧克力、汽水、瓶裝水和能量飲料都可能含有咖啡因，因此在計算每日咖啡因攝取量時，應將這些飲食中的咖啡因納入。

## 運動

適當程度和類型的運動對孕婦有益。運動有助於緩解與懷孕相關的一些不適狀況，例如背痛或疲勞，並改善情緒和睡眠品質（American Pregnancy Association, n.d.a.）。運動還可預防體重過度增加，強化身體並為分娩做好準備。

**孕期瑜伽**。在懷孕期間進行適度的運動，對孕婦與胎兒的健康有益。適度運動可以緩解一些孕期不適，同時維持母親的體態與體力。適度運動還有助於孕婦的身體為分娩做好準備。

*©istock / ArtistGNDphoto graphy*

女性應常就其特殊情況諮詢醫生，而那些在懷孕前就進行體能鍛鍊的女性通常可以在懷孕後繼續進行中度的相同活動，不過仍必須根據不斷變化的身體調整日常生活。孕期荷爾蒙能使關節和肌肉更有彈性，孕婦的重心會隨著腹部變大而發生變化，當然，由於體重增加（American Pregnancy Association, n.d.a.），因此也需要調整運動來適應身體的變化。對於以前沒有進行過體能鍛鍊的女性來說，步行或瑜伽等低衝擊活動（low-impact activities）比那些可能跌倒或過度跳躍的活動更好。

## 致畸胎物

即使有健康的飲食、良好的產前照護和足夠的運動，仍有許多因素會對產前發育造成負面影響。可能導致胚胎或胎兒畸形的物質，泛稱**致畸胎物（teratogens）**，包括母親在懷孕期間罹患或感染疾病、孕婦攝取的物質及環境中的毒素。由於潛在的致畸胎物太多，本節只能就其中最常見的簡要說明。

每種致畸胎物對發育中的胚胎或胎兒各有特定的影響，可能導致**結構異常**，例如：頭部或四肢細小或畸形；或**功能缺陷**，例如聽力損失或智能障礙。影響的性質和程度取決於胚胎或胎兒在產前何時暴露於致畸胎物、暴露的量以及暴露持續的**時間長度**。例如，如果發生在胚芽期早期，可能會導致妊娠終止；如果發生在胚胎期，可能會產生嚴重的身體缺陷；但如果發生在胎兒期後期，嚴重缺陷的機率可能會小得多。圖 4.5 顯示各種致畸胎物對發育影響的敏感期。

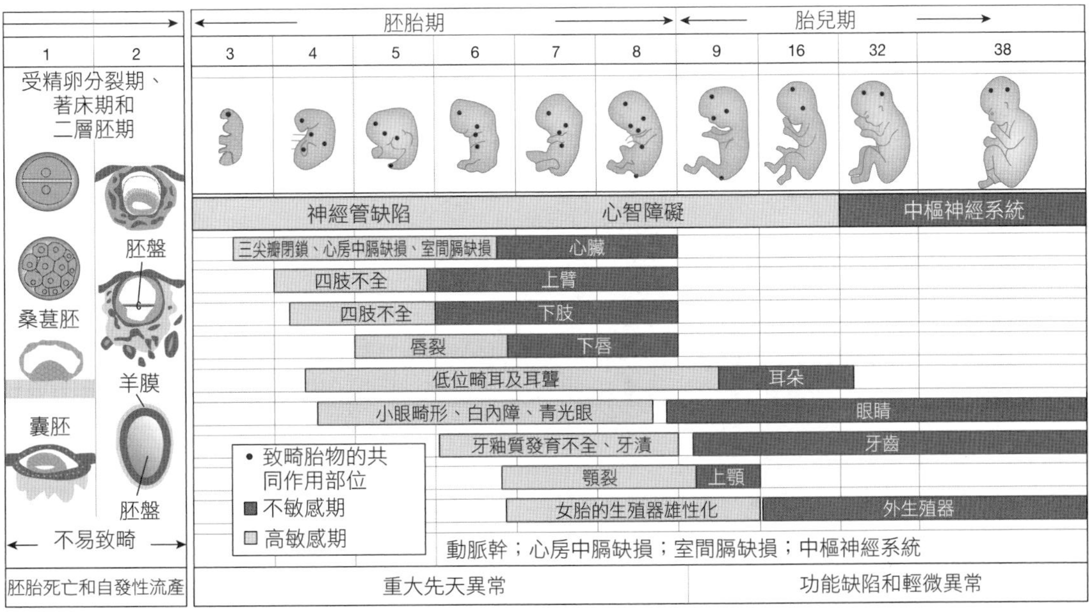


**圖 4.5　產前發育的敏感期**。每個器官系統對致畸胎物的破壞，都有特別敏感的產前發育時期。本圖顯示這些發育的敏感或關鍵時期。

**資料來源：**Moore & Persaud (2003).

女性在懷孕的不同時期感染德國麻疹（一種在美國相當罕見的疾病）所受到的影響就是一個很好的例子。懷孕前三個月感染德國麻疹會導致 85% 的嬰兒出現視力、聽力、心臟功能或心智發展遲緩等嚴重問題，但妊娠 20 週後感染則很少導致出生缺陷（Immunization Action Coalition, 2018）。

## 酒精

酒精不應該成為孕期飲食的一部分。當孕婦喝酒精飲料時——無論是啤酒、葡萄酒還是烈酒——酒精會進入她的血液並在系統中循環，直到肝臟在接下來的幾個小時內將其分解，再從身體排出。這段期間，由於孕婦血液中的酒精濃度高於胎兒血液中的濃度，酒精會穿過胎盤，對發育中的胚胎或胎兒造成傷害。胚胎或胎兒的體型相對較小，加上重要器官系統可能正處於發育的關鍵階段，所以即使少量的酒精也會造成胚胎或胎兒的問題。酒精對 120 磅（約 54 公斤）女性的影響，不同於對 1 或 2 磅（約 0.5 到 1 公斤）胎兒的影響。

酒精對懷孕最明顯的影響，從在懷孕期間大量飲酒或偶爾狂飲（定義為一次喝四杯以上）的女性所生子女可見一斑。任何一種飲酒方式都可能導致**胎兒酒精症候群（fetal alcohol syndrome, FAS）**，包括面部特徵異常、身材矮小和頭小畸形等身體特徵，以及學習、記憶、注意力廣度、推理和判斷能力等功能異常問題（CDC, 2019e）。FAS 是**胎兒酒精譜系障礙（fetal alcohol spectrum disorders, FASDs）**（包括不同嚴重程度的胎兒酒精症狀組合）連續問題光譜中最嚴重的一端。「研究之旅：瞭解酒精對懷孕的影響」中有更詳細的描述。

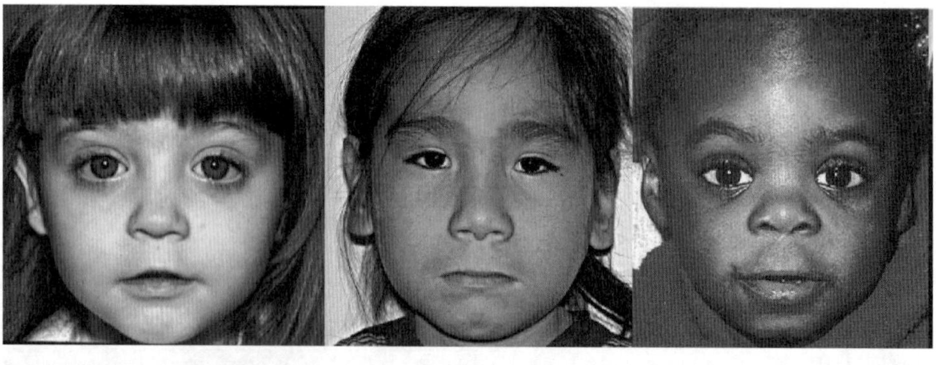

**胎兒酒精症候群患童的面部特徵。**這些照片顯示胎兒酒精症候群患童的一些面部特徵，包括鼻子和上唇之間的人中平滑、上唇較薄、眼睛間距寬、耳朵發育不全、鼻梁短且扁平。

## 研究之旅 瞭解酒精對懷孕的影響

早在古希臘和羅馬時代，人們就懷疑酒精會對懷孕產生負面影響，但直到 1700 年代，醫學文獻才讓此擔憂浮上檯面。當時英格蘭的醫療團隊描述酗酒的女性生下的孩子「虛弱、智力低下和脾氣暴躁」（Calhoun & Warren, 2006, p. 169）。1899 年，一位英國副法醫指出，酗酒母親生下的嬰兒，出生時的死亡風險增加。但醫學界一直以來並沒有注意到酒精和出生缺陷的關聯，直到一群法國研究人員在 1960 年代發表的論文提出 100 名懷孕期間大量飲酒女性的後代中常見的一些問題。英國研究人員後來確定了長期酗酒女性所生子女的共同異常，得出結論表明酒精是這些異常的原因，並將其命名為胎兒酒精症候群（Calhoun & Warren, 2006）。

隨著大眾日益關注，美國食品藥物管理局 1977 年發布公告，勸阻在懷孕期間「狂飲」或「長期、過度」飲酒（Bobo, Klepinger, & Dong, 2006, p. 1062）。十年後，聯邦《酒精飲料標籤法》（Alcoholic Beverage Labeling Act）通過，要求酒精飲料標示警語：懷孕期間不應飲酒，因為有出生缺陷的風險。2005 年，醫務總監更新 1981 年的一份公告，建議孕婦「限制懷孕期間的飲酒量」，稱「懷孕期間沒有所謂的安全飲酒量」，並警告女性飲酒在懷孕的任何階段都會傷害胎兒（CDC, 2005, p. 1）。

我們在宣導女性懷孕期間飲酒的危險性是否有效？美國疾病管制與預防中心（CDC）2015 年的一份報告發現，美國 10% 的孕婦自陳在過去 30 天內有飲酒、3.1% 自陳酗酒（Tan, Denny, Cheal, Sniezek, & Kanny, 2015）。在此研究的酗酒者中，有懷孕者比未懷孕者更頻繁地酗酒和飲酒。其他國家研究出來的百分比不遑多讓，與這些數字一樣高，甚至更高。愛爾蘭、澳洲、紐西蘭和英國的女性飲酒比例從 20% 到 80% 不等（O'Keeffe et al., 2015）。這些發現可能反映了對飲酒或自陳飲酒的文化態度差異。有鑑於產前接觸酒精是美國出生缺陷和智能障礙的主要可預防原因（Williams, Smith, and the Committee on Substance Abuse, 2015），這些數字不免令人洩氣。

近年來，一些研究未能發現懷孕前三個月的低量飲酒與早產（McCarthy et al., 2013）或日後兒童行為（Skogerb et al., 2013）等結果之間存在明確的關聯。然而，即使是這些研究人員也表示，這些研究並未得出懷孕期間有安全飲酒量的結論。很難確定酒精對胎兒大腦發育造成的所有影響，因為酒精具有劑量效應，亦即所造成的傷害與攝取量成正比（課前測驗第 5 題）（May et al., 2013）。無法檢測到異常並不等於沒有異常，疾病管制與預防中心（CDC, 2019e）和美國兒科學會（引自 Williams, Smith, and the Committee on Substance Abuse, 2015）繼續提醒女性：懷孕期間沒有所謂的安全飲酒量。

任何產前接觸酒精的影響都是永久且不可逆的。在懷孕期間的任何時候停止飲酒都可以防止進一步的傷害，但並不能逆轉已經造成的傷害。據估計，美國約 2% 到 5% 的一年級學生可能患有胎兒酒精譜系障礙（Tan et al., 2015）。介入計畫雖可改善出生患有胎兒酒精症候群和胎兒酒精譜系障礙兒童的功能，但預防才能完全消除酒精對兒童發育的威脅。

## 香菸

另一個可預防的發育風險來源是懷孕期間母親吸菸和接觸二手菸。香菸的煙霧中含有 4,000 多種化學物質，包括甲醛、砷和鉛，其中許多化學物質會穿過胎盤屏障到達胎兒體內（de Vocht, Simpkin, Richmond, Relton, & Tilling, 2015）。孕婦吸愈多菸，生下低出生體重嬰兒的風險就愈大（de Vocht et al., 2015）。孕婦吸菸時，血液中的一氧化碳濃度會增加，降低血液將氧氣輸送給胎兒的能力。香菸中的尼古丁會收縮血管，更限制了氧氣和營養物質流到胎盤。此外，由於尼古丁會抑制食慾，因此吸菸的孕婦吃得更少。這些因素都和吸菸者生下的嬰兒有生長遲緩問題脫不了關係。

吸菸與孕婦在懷孕期間的健康問題，也是導致子女之後發育出現問題的主要因素。它增加了胎兒早產、低出生體重或出生缺陷，以及嬰兒猝死症候群發生的風險（Tiesler & Heinrich, 2014），也會使兒童終生面臨氣喘等呼吸系統問題的風險（Neuman et al., 2012）或使其日後肥胖或超重（Banderali et al., 2015; Santos et al., 2016）。研究人員推測，兒童期體重增加，可能是身體對早期產前生長受限的反彈。母親吸菸似乎也會導致其他發育問題，包括注意力不足過動症（ADHD）、行為規範障礙和反社會行為（Tiesler & Heinrich, 2014）。

雖然在過去幾十年間，一般人的吸菸率有所下降，但處於生育黃金年齡的女性吸菸率仍然居高不下。2016 年，約 7.2% 的分娩女性自陳在懷孕期間吸菸（Drake, Driscoll, & Mathews, 2018）。懷孕期間吸菸母親生下的嬰兒，似乎會出現與毒癮母親生下的嬰兒相似的戒斷症狀（García-Algar, 2008），而母親在懷孕期間吸菸是青少年是否自發性吸菸的有力預測因素（Taylor et al., 2014）。

有些吸菸女性擔心在懷孕期間戒菸會對胎兒造成太大壓力，但事實上戒菸是她們所能做的最好的事情之一（課前測驗第 6 題）（Smokefree.gov, n.d.）。只要孕婦停止吸菸，即使是在懷孕的第二個三月期後才停止吸菸，嬰兒的體重和身體測量值也可以與母親不吸菸的嬰兒達到相同標準（ACOG, 2010 / 再次聲明，2015）。然而，許多在懷孕或哺乳期間戒菸的女性，不久之後又恢復了吸菸（Xu, Wen, Rissel, & Baur, 2013），讓孩子在家庭環境中接觸到了菸霧。灰塵、地毯和其他表面上附著的**三手菸**殘留物，都會影響長時間在地板上玩玩具的幼兒（Mahabee-Gittens, Merianos, Hoh, Quintana, & Matt, 2019）。基於這些原因，需設法讓無菸環境成為長期的生活方式，而不僅是在懷孕期間稍加適整，這樣對母親和嬰兒雙方都好。

## 藥物

懷孕期間的藥物使用涵蓋範圍廣泛，包括非處方藥、處方藥、社交或娛樂性藥物以及非法藥物。前述會分別討論酒精和香菸，是因為育齡女性的廣泛使用，本節將進一步探究已知有害的其他物質。這些藥物類別之間的界線是模糊的，為一名女性開立的合法藥物，可能是另一名女性的非法街頭毒品；在某州合法的藥物，在另一州可能是非法的。本節並不過度探討這些物質的辨識和標籤，而是關注每種物質對懷孕以及產前暴露對嬰兒未來健康的影響，圖 4.6 摘列產前藥物和酒精使用的一些結果。

處方藥或非處方藥的使用難以一概而論，因為這類藥物對懷孕的潛在影響，取決於使用的特定藥物類型、在懷孕期間服用的時間點及劑量。如果女性想要服用非處方藥來緩解感冒、頭痛或噁心等不適，應該先與醫生討論，權衡潛在的好處和可能的風險。由於多數草藥和食品補充劑尚未經過美國食品藥物管理局的安全性測試，因此在懷孕期間最好完全避免服用。回顧 74 項檢視懷孕期間草藥使用的研究，得出的結論是：沒有足夠的證據證明其使用的安全性或有效性（Munoz Balbontin, Stewart, Ashalatha, Fitton, & McLay, 2019）。

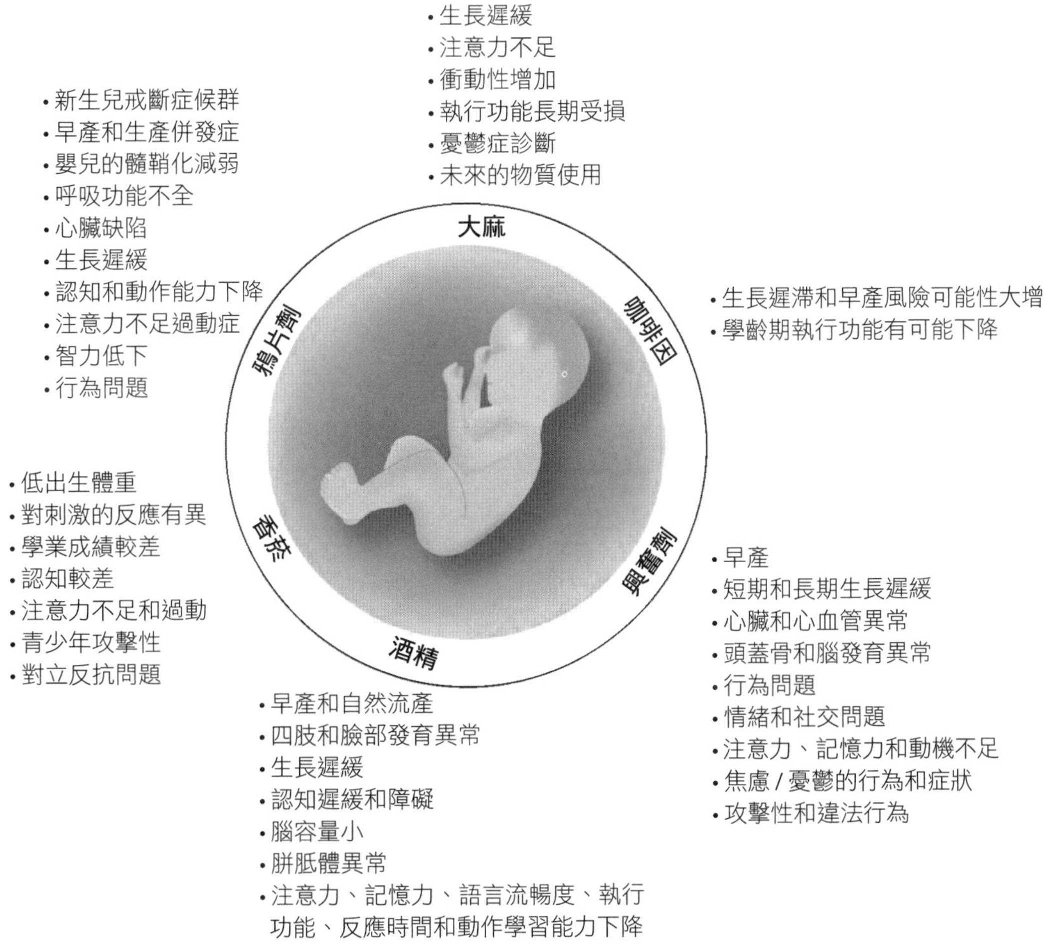


**圖 4.6　產前物質暴露的影響**。本圖摘列產前母親物質使用對發育中胎兒及其日後的影響。

**資料來源**：Ross, E. J., Graham, D. L., Money, K. M., & Stanwood, G. D. (2015). Developmental Consequences of Fetal Exposure to Drugs: What We Know and What We Still Must Learn. *Neuropsychopharmacology, 40*(1), 61–87. 經 Macmillan Publishers, Ltd. 許可轉載。

女性若患有氣喘、糖尿病或高血壓等慢性疾病，就有必要繼續服藥。但美國食品藥物管理局在 2000 年至 2010 年所批准超過 95% 的藥物，均沒有足夠的數據來確定其在懷孕期間服用的安全性（Adam, Polifka, & Friedman, 2011），因此，患有慢性疾病的孕婦需與醫生密切合作，權衡繼續服藥的好處和潛在風險。我們需要更多研究來確認美國食品藥物管理局批准的藥物對產前發育的潛在負面影響。

近年來，開立各種鴉片類止痛藥（可待因 [codeine]、芬太尼 [Fentanyl]、嗎啡 [morphine] 和羥考酮 [oxycodone]）的處方數量急劇增加。隨著這類藥物的醫療用途增加，非法使用現象也增加了。無論是合法開立的還是非法的，懷孕期間使用鴉片類藥物都會導致一連串的併發症，對胎兒造成許多有害影響，包括增加死產、早產或低出生體重的風險，以及神經管缺陷和心臟問題的出生缺陷（March of Dimes, 2017c）。出生後，新生兒可能會出現**新生兒戒斷症候群（neonatal abstinence syndrome）**，這是指嬰兒中止接觸產前物質所引起的一系列症狀。新生兒可能會出現震顫、過度哭鬧、睡眠問題、嘔吐和腹瀉（March of Dimes, 2019a）。如果女性在使用鴉片類藥物時懷孕，應該諮詢醫師，不可貿然停用，因為貿然停用可能比繼續使用對胎兒的傷害更大（課前測驗第 7 題）。對於合法或非法使用鴉片類藥物的女性，最好的建議是使用避孕措施避免懷孕。

依所處區域的不同，大麻可以是處方藥、合法藥物或非法藥物。大麻中的精神活性成分在懷孕期間會穿過胎盤屏障，使用者的母乳也發現大麻殘留。美國婦產科學院（ACOG, 2017a）建議醫生向孕婦詢問大麻使用情況（以及關於酒精和香菸使用的問題），要求她們在懷孕和哺乳期間停止使用大麻，必要時改為使用替代藥物。儘管大麻對懷孕和發育中的胎兒造成負面影響，但令人擔憂的是，自陳過去一個月曾使用大麻的孕婦比例增加了一倍多，從 2002 年的 3.4% 增加到 2017 年的 7%（Volkow, Han Compton, & McCance-Katz, 2019）。雖然有大約 5% 的孕婦自陳使用大麻，但據估計，在年輕、居住於城市、社經地位不利的女性中，這一比例高達 15% 至 28%（ACOG, 2017a）。

懷孕期間使用大麻，與胎兒的身體發育遲緩和出生體重下降有關（Ross et al., 2015）。出生後，已發現的缺陷包括幼兒的學習障礙和記憶缺損；學齡兒童的衝動與過動、注意力不集中和解決問題的能力不佳；青少年過動、注意力不集中、缺乏自我控制和情緒調節能力（Ross et al., 2015; Wu, Jew, & Lu, 2012）。

這些發現的一個可能解釋是，大麻改變了前額葉皮層的神經系統。前額葉皮層是兒童期後期發育的大腦區域，負責複雜的認知功能、決策和工作記憶（El Marroun et al., 2016）。產前使用大麻也可能改變大腦迴路，使藥物的酬賞作用更加強烈。這一觀點得到了研究的支持，女性在產前使用大麻，會增加日後青少年自發使用大麻的可能性，並降低開始使用大麻的年齡（Day, Goldschmidt, Day, Larkby, & Richardson, 2015; Sonon, Richardson, Cornelius, Kim, & Day, 2016）。目前對產前使用大麻影響的認識不足在於，今日大麻中的活性化合物 TCH 的濃度高於許多早期研究時的濃度，因此實際上可能低估了藥物的長期影響。

懷孕讓女性有機會減少甚至停止物質使用，但和吸菸的情況類似，許多女性在孩子出生後即恢復物質使用，愈年輕的母親愈有可能故態復萌（De Genna, Cornelius, Goldschmidt, & Day, 2015）。這個問題令人憂心，因為大麻中的活性化合物會殘留在母乳中，如果母親以母乳哺餵，嬰兒發育中的大腦會進一步接觸這種物質。

研究非法物質對孕婦的影響極具挑戰性，因為很難讓使用非法物質的母親提供關於物質使用量、類型或使用時間長短的準確訊息，也很難將物質本身的作用與可能對懷孕產生負面影響的其他因素區分開來。例如，使用非法物質的女性在懷孕期間不太可能去看醫生或以其他方式好好照顧自己。本節無法回顧孕婦可能使用的所有非法物質，但將簡要介紹最常用的物質之一的研究——古柯鹼（cocaine）。

吸食古柯鹼與懷孕期間的併發症，及早產、低出生體重或胎齡過小的可能性增加有關（Forray & Foster, 2015; Ross, Graham, Money, & Stanwood, 2015）。這些新生兒會出現**新生兒戒斷症候群**的戒斷症狀。接觸古柯鹼也會影響新生兒在出生後與父母互動的方式。嬰兒會用哭泣向照顧者發出痛苦的信號，但產前接觸古柯鹼的嬰兒發出的信號不夠清楚（Field, 2014），因此父母親更難以給予充分的照顧。古柯鹼對認知、運動和語言發展等其他發育結果的影響，研究結果尚無定論。某些研究表明有顯著影響，而某些研究報告則聲稱沒有影響或只有很小的影響。古柯鹼影響的研究仍正在進行中（Forray & Foster, 2015; Ross et al., 2015），至於發育結果的差異，可能與嬰幼兒成長環境品質不同有關。

## 疾病

本節將討論幾種可能對懷孕產生不利影響的常見疾病。首先，性傳播疾病（sexually transmitted infections, STIs）篩檢是產前照護的固定項目。某些性傳播疾病，如梅毒和 HIV（人類免疫缺乏病毒），可以穿過胎盤並在產前傳染給嬰兒，而某些性傳播疾病，如淋病、生殖器皰疹和衣原體，則潛伏在產道中，在分娩時傳染給嬰兒（USDHHS, 2019d）。儘管在懷孕期間可以用抗生素治療衣原體、淋病和梅毒等細菌感染，但卻無法治療生殖器皰疹和 HIV 等病毒性感染（CDC, 2016b）。

用藥物治療病毒感染，可以大大減少將病毒傳給發育中胎兒的機會。例如，如果女性在整個懷孕、分娩期間服用抗病毒藥物，也讓嬰兒也在出生後接受抗 HIV 藥物治療 4 至

6 週，則嬰兒感染 HIV 的風險可少於 1%（課前測驗第 8 題）（CDC, 2019f）。

據估計，約有 25% 至 30% 的孕婦罹患生殖器皰疹，如果分娩時產道中存有病毒，就會傳染給新生兒。因此，如果孕婦患有活性生殖器皰疹，胎兒宜以剖腹方式生產（CDC, 2017e）。新生兒皰疹會導致神經損傷、智能障礙甚至死亡（American Social Health Association [ASHA], 2019），幸運的是，嬰兒的感染率僅有 0.1%（即 1% 的十分之一）。但如果女性是在懷孕後期感染此病，嬰兒的感染率可高達 30% 至 50%。因罹患生殖器皰疹一段時間後，女性的身體就會產生抗體，再通過胎盤將抗體傳給胎兒。然而，如果是懷孕後期感染，女性的身體就沒有足夠時間產生抗體。患有活性唇皰疹的成人若親吻嬰兒，嬰兒也可能感染新生兒皰疹，因此最好是避免這種接觸（ASHA, 2019）。

**弓蟲病**。這隻可愛的小貓會給胎兒的發育帶來很大的問題。當孕婦處理貓砂盆時，即有感染弓蟲病的風險，這是一種貓糞中常見的寄生蟲感染，可導致胎兒失明或出現心智障礙。因此，孕婦不應更換貓砂，或在必要時戴上口罩和手套。
*©Shutterstock / Africa Studio*

另一種會對新生兒造成嚴重問題的感染是**弓蟲病（toxoplasmosis）**，這是一種由貓糞、貓砂或土壤中的寄生蟲引起的感染疾病。貓吃了小鳥或小動物後感染寄生蟲，再經由糞便傳播寄生蟲。如果孕婦被感染，又通過胎盤傳播寄生蟲，會導致發育中的胎兒出現智能障礙、失明或其他問題。因此，孕婦應避免處理貓砂盆，並應在園藝時戴上橡膠手套（National Institute of Child Health and Human Development, 2017）。

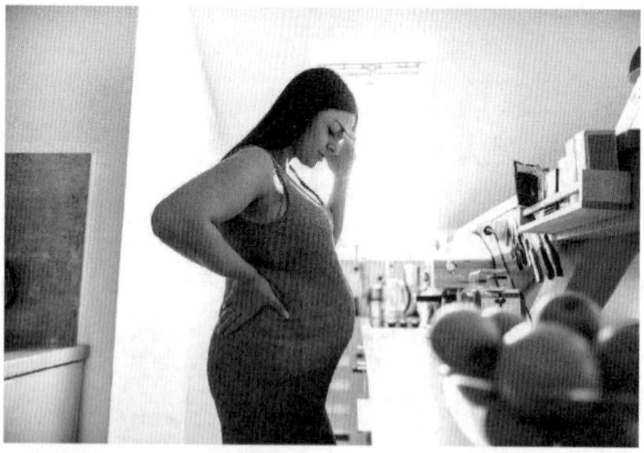

**孕婦的壓力**。懷孕會伴隨一些獨特的壓力，但任何過度的壓力都會影響胎兒，因為壓力荷爾蒙可以通過胎盤傳給胎兒。孕婦可以做些什麼來調節壓力？
*©iStock / franckreporter*

## 孕婦的壓力

處在壓力之下時，身體會產生壓力荷爾蒙，其中一種荷爾蒙——皮質醇（cortisol，或稱可體松）可以通過胎盤。和致畸胎物一樣，產前壓力和母體皮質醇分泌的確切影響，取決於暴露的性質、時間點和持續時間。各種形式的壓力，包括重大生活事件（如家庭成員過世）、災難性事件（如地震）或慢性壓力源（如無家可歸）等，都與早產有關（Dunkel Schetter & Tanner, 2012）。儘管某些研究表明重大生活事件與低出生體重有關，但失業或種族主義和歧視等慢性壓力源的影響甚至更大（Dunkel Schetter & Tanner, 2012）。這些壓力不但影響胎兒神經系統的發育，還與兒童和青少年的行為和情緒問題有關，包括注意力調節、認知與動作發展方面的問題，以及膽小怯懦的氣質。

儘管過度的壓力有害健康，但懷孕期間適當的壓力，也能帶來有益的影響。**壓力免疫假說**（stress inoculation hypothesis）建議，產前適度的壓力有助於個體為出生後的挑戰做好準備（Buss, Entringer, Swanson, & Wadhwa, 2012）。孕婦的生活中雖然有一些無法控制的壓力源，但可以參考前面討論過的健康做法，包括健康飲食、充足休息和規律的運動，把壓力控制在可管理的程度。

## 環境毒素

家庭和工作場所中存在許多環境毒素，包括家用清潔產品、驅蟲劑、殺蟲劑和溶劑等，都可能會傷害發育中的胎兒（Wilson, 2014）。孕婦應盡可能避免使用此類產品，如果無法避免，則應使用毒性較小的產品代替。孕婦還可能接觸到舊房屋油漆中的鉛、舊管路系統中的鉛，或居住在市區或交通繁忙的道路附近的空氣汙染。孕婦需避免接觸輻射，如牙科檢查時使用的 X 光，以及工作場所中的有害物質。如果工作場所中存在此類危害，女性應與雇主和醫生商量，找出減少或消除暴露於環境毒素的方法。

一組特別有害的化學物質被稱為**內分泌干擾物（endocrine disruptors）**，因為這種物質會干擾體內荷爾蒙系統和細胞的正常功能（National Institute of Environmental Health Sciences, 2019a）。當這些物質通過胎盤傳遞時，會影響大腦中控制新陳代謝的部位的發育，並與兒童罹患某些癌症、生長模式異常以及神經發育遲緩的風險增加有關（World Health Organization, 2019）。女性應該對常見於塑料瓶、洗滌劑、化妝品和殺蟲劑等日常用品的化學物質有所認識，並盡可能避免使用。

綜上所述，有許多因素會對產前發育產生不利影響，但孕婦可以做很多事情來確保自已和胎兒的健康。懷孕的目標是生下健康的寶寶，幸運的是，絕大多數的寶寶都安然無恙。雖然風險確實存在、需要盡可能地防範，但發育中的胎兒也有很強的韌力。正如本書所言，胎兒出生後的狀況，對最終的發育結果有著巨大的影響。

## 學習檢定

**知識問題：**

1. 在懷孕的三個三月期中，孕婦可預期各會發生什麼事？
2. 懷孕期間母親吸菸飲酒，會對胎兒造成哪些風險？
3. 還有哪些因素會對發育中的胚胎或胎兒構成風險？

**思辯問題：**

選擇一項本節所討論的健康懷孕威脅。說明你將如何讓孕婦意識到風險，以及孕婦可以做些什麼，卻又不至於杞人憂天。

# 分娩體驗

## 學習問題 4.3・分娩過程中會發生什麼事情？

經過幾個月的等待，當分娩終於開始時，準父母們可想而之相當興奮，也許還有點擔心。分娩過程需要多長時間，以及女性對分娩的主觀體驗因人而異。

### 分娩與生產

懷孕初期的孕婦可能已經感覺到子宮肌肉有些緊縮，稱為**布雷希氏收縮**（Braxton Hicks contractions），這種收縮最早可在懷孕的第 6 週開始，但直到懷孕中期才逐漸明顯。這種收縮通常不頻繁、無痛、零星出現（Cunningham Leveno, et al., 2014），但隨著預產期接近，宮縮開始讓**子宮頸（cervix）**（即子宮狹窄的下端）軟化和變薄，為真正的分娩做好準備。分娩分為三個產程：宮頸擴張、娩出胎兒和胎盤排出。第一產程再進一步分為三個時期：**分娩初兆期（early labor）**、**分娩活躍期（active labor）**和**過渡期（transition）**。表 4.2 說明每個階段發生的詳細情況，圖 4.7 說明分娩過程如何展開。

並非每個生產過程都遵循這種模式。通過剖腹產分娩——也就是嬰兒從孕婦的下腹部和子宮的切口分娩——的嬰兒數量顯著增加。近年來，近三分之一的美國新生兒是剖腹產（cesarean section）（CDC, 2017b）。由於剖腹產費用昂貴，而且是一項重大手術，對母親和孩子都有醫療風險，因此若沒有明確的醫療必要性時，建議採取一些其他措施以減少剖腹手術（Betrán et al., 2018）。

**表 4.2** **分娩與生產階段**。雖然分娩過程中每個階段的確切持續時間因人而異，但可以預期發生的順序。本表說明過程中的重點。

| | |
|---|---|
| **第一產程：宮頸擴張** | |
| 第一次生產者通常持續 10 至 20 小時 | |
| ■分娩初兆期 | ・孕婦通常可以安心地待在家裡，進行輕度活動或休息。<br>・真正的宮縮開始，每次持續 30 到 45 秒，每 5 到 30 分鐘一次。<br>・本階段持續約 8 到 12 小時。<br>・宮縮通常輕微，但隨著階段進行，會變得愈來愈強烈和頻繁。<br>・宮縮開始消失（變弱），子宮頸擴張（打開）3 公分。<br>・孕婦的羊水可能破裂，也就是羊膜囊破裂，羊水流出陰道。 |
| ■分娩活躍期 | ・子宮頸從 4 公分擴張到 7 公分，持續約 3 到 5 個小時。<br>・宮縮更長、更強、更頻繁，每次持續 45 至 60 秒，其間暫停 3 到 5 分鐘。<br>・當宮縮持續 1 分鐘並大約每 5 分鐘一次時，孕婦應該前往分娩中心或醫院。 |
| ■過渡期 | ・子宮頸從 8 公分擴大到 10 公分。<br>・這是最短但最困難的分娩階段，平均持續 30 分鐘到 2 小時。<br>・每次宮縮持續 60 至 90 秒，中間約暫停 30 秒至 2 分鐘。 |
| **第二產程：娩出胎兒** | |
| ■子宮頸完全擴張至 10 公分，宮縮將嬰兒推過產道。<br>■宮縮減慢，間隔 2 到 5 分鐘。<br>■本階段可短至 20 分鐘，也可能長至幾個小時。<br>■嬰兒的頭部出現，呼吸道通暢；繼而嬰兒肩部和身體其他部分都迅速娩出。<br>■可以將嬰兒放在母親的肚子上，同時夾住並剪斷臍帶。 | |
| **第三產程：胎盤排出** | |
| ■通常不到 20 分鐘。<br>■子宮收縮以排出胎盤，並閉鎖血管以防止進一步出血。 | |

**資料來源**：American Pregnancy Association (2017a); March of Dimes (2019b).

## 分娩選擇

今日，有許多種分娩方式可供選擇。女性可以選擇分娩環境、專業協助類型以及分娩技術。哪種分娩選擇最好，取決於女性的個人偏好和醫療狀況，且需考慮每個替代方案的優點和可能的風險。女性可以從各種電子資源中獲取有關分娩選擇的訊息。在一項超過 2,400 名母親的全國代表性樣本調查中，懷孕和兒童相關的部落格是這些母親最常造訪的訊息來源，其次是線上論壇和討論版（Declercq, Sakala, Corry, Applebaum, & Herrlich,

2013）。多數初次生產的女性（59%）還報名了分娩教育課程，最常見的是醫院的課程。

若孕婦選擇在醫院生產，她可以獲得醫療專業人員和醫療技術的協助。但醫院去個人化的環境讓人望之卻步，在這樣的環境中，孕婦得放棄對分娩環境的絕大部分控制權。令人擔憂的還有醫療介入措施，如醫院過度使用引產或剖腹產（Coxon, Sandall, & Fulop, 2014）。

作為其中一種替代方案，分娩中心更像家的氛圍，並在分娩期間給予孕婦更多的自主權。分娩中心的工作人員都是有執照的助產士，而不是產科醫生；雖然分娩中心擁有標準的醫療設備，但工作人員不進行外科手術、不引產，也不開藥。因此，女性可能會選擇附屬於醫院的分娩中心，而不是獨立的分娩中心，如此一來，若有必要的話，疼痛緩解、胎兒監測和手術等都近在咫尺（Conaway, 2012）。分娩中心對母親和嬰兒的成效有目共睹，包括低剖腹產率，且嬰兒和孕產婦的死亡率與在醫院分娩相當（例如 Stapleton, Osborne, & Illuzzi, 2013）。

近年來，選擇院外分娩的美國女性人數日益增加，但僅占所有分娩人數的 1.5% 左右（Martin, Hamilton, Osterman, Driscoll, & Mathews, 2017）。在家分娩通常被認為是安全的，主要原因是只有低風險孕婦才會做這種選擇。若有意在家分娩，必須由經過認證的助產士接生。助產士接受過安全監督分娩所需的專業培訓，知道何時需要將孕婦轉送到醫療機構。由缺乏此類認證的人助產可能會置母親和新生兒於危險之中（Tuteur, 2016）。

在美國，90% 的分娩由受過婦產科培訓的醫生接生。約 8% 的醫院分娩和 31.4% 的院外分娩由助產士接生（Martin, Hamilton, Osterman, Curtin, & Mathews, 2015）。除了醫

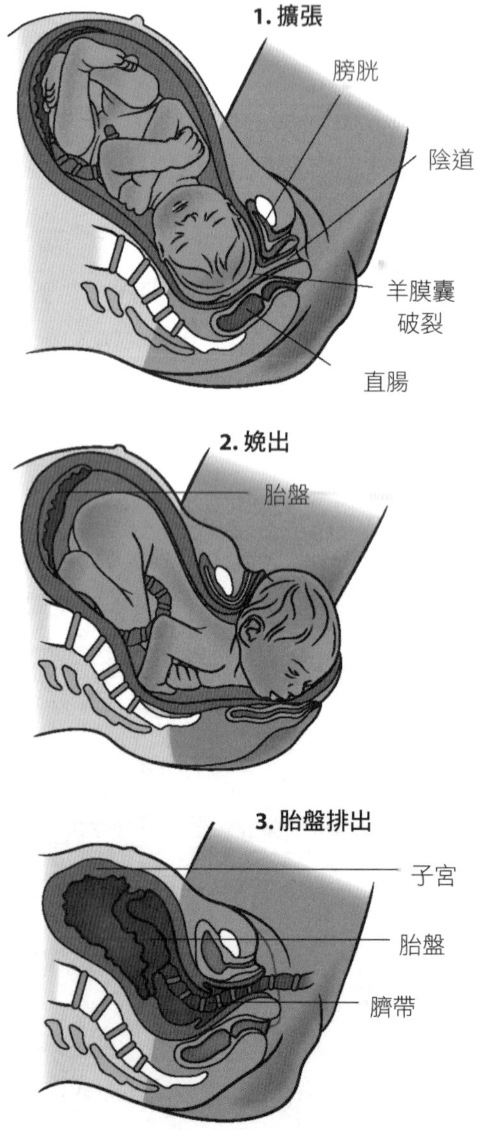


**圖 4.7　分娩階段。**如圖所示，在分娩的第一階段，宮縮的頻率和強度漸次增加，從而使子宮頸變薄並擴張。在第二階段，娩出胎兒。在第三階段，胎盤從女性體內排出。

生和助產士之外，**陪產員（doula，又稱導樂）**和助產指導員還可以在女性懷孕、分娩和生產期間為她提供支持。與醫生或助產士不同，陪產員並不直接協助分娩過程，而是作為訓練有素、學識豐富的陪伴者在旁支持產婦。陪產員的支持與低剖腹產率和低產鉗率、更少使用硬膜外麻醉和止痛藥、產程更短、分娩體驗滿意度更高以及更少低出生體重嬰兒有關（Green & Hottelling, 2014）。對這些好處的一種解釋是，陪產員在場減少了女性在分娩過程中分泌的壓力荷爾蒙量。與孕婦一起參加分娩準備課程的丈夫、伴侶、親戚或密友都可以擔任助產指導員，做一些事情來協助孕婦放鬆，提供情感支持，讓孕婦在分娩過程中更加舒適自在。

儘管生產普世皆然，但分娩過程本身可能因文化而異，如以下幾個例子所示：

- 一位住在太平洋兩個小島之一的密克羅尼西亞（Micronesia）法魯克族（Ifaluk）女性，在助產士和女性親屬的陪同下在產房分娩（Le, 2000）。當嬰兒準備出生時，孕婦跪在墊子上，讓嬰兒自行娩出。孕婦不能顯露出痛苦，以符合 Ifaluk 始終保持冷靜的價值觀。如果出現併發症，其他女性會協助她。寶寶出生後，女方的媽媽會抱著寶寶，到海裡為寶寶洗澡。
- 在荷蘭，多數孕婦會由她們的家庭醫生轉介到當地的助產士診所（Christiaens, Nieuwenhuijze, & de Vries, 2013）。醫生只有在出現併發症或高風險分娩時才會介入。所有準媽媽都會領到一個在家分娩時能派上用場的醫療用品包。如果孕婦選擇在醫院而不是在家分娩，她的助產士會進行家訪以確定何時該去醫院。如果孕婦大清早就在醫院分娩且沒有併發症，母親和嬰兒或可在短短兩小時內返家（Schalken, n.d.）。

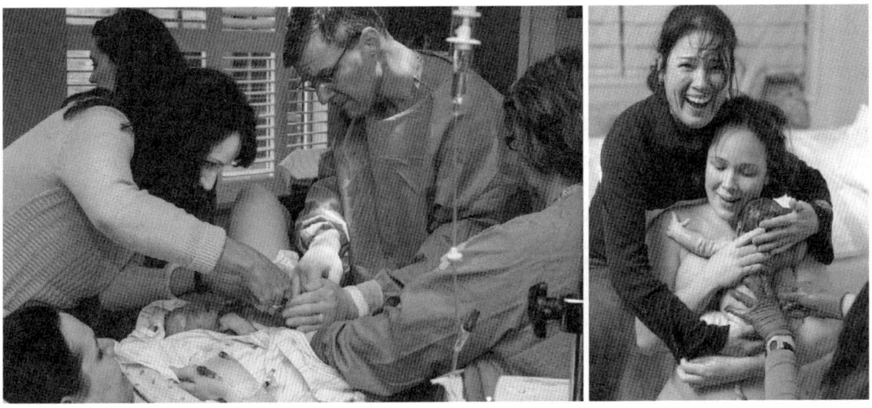

**分娩選擇**。女性可以選擇在哪裡以及用何種方式分娩。分娩可以在醫院、分娩中心或家中進行，有些分娩甚至在水中進行，分娩可以由醫生或助產士協助。這些替代方案各有哪些優點和缺點？

*©Education Images / Contributor / Getty Images / ©Andersen Ross / Brand X Pictures / Getty Images*

- 在尼泊爾偏遠的農村地區，許多孕婦較喜歡在 goth（主屋外的小型建築物）或主屋下方的畜房分娩。預備生產的時候，在 goth 地板上覆蓋著乾淨的稻草。在那裡分娩可以避免將出生汙染物帶進主屋，才不會冒犯房子裡的 Deuta（一種神明）。這麼做是在確保母親和新生兒的健康和安全，同時也允許女性管理和掌控自己的分娩過程（Kaphle, Hancock, & Newman, 2013）。

## 寶寶的出生體驗

前文從母親的角度說明分娩過程，但你可曾想過嬰兒是如何經歷出生的？看起來好像很痛苦。新生兒從溫暖、安靜、黑暗的產前環境，迅速轉移至明亮、嘈雜、寒冷的產後環境。本節將審視新生兒出生後的常規護理方式，以及他們與生俱來、得以有一個良好開始的能力。

所幸的是，嬰兒在生理上已經做好應對出生壓力的準備。嬰兒的頭骨由不同的板塊組成，這些板塊在分娩過程中重疊和壓縮，使頭部可以拉長，從而通過產道。母親在分娩過程中分泌的壓力荷爾蒙亦會觸發嬰兒體內壓力荷爾蒙分泌，讓嬰兒的肺部準備好開始呼吸，也向嬰兒的大腦和重要器官輸送額外的血液，讓嬰兒在出生後立即保持警覺（Weiss, 2014）。

一旦嬰兒的頭部分娩出來，醫生或助產士就會使用橡膠沖洗器清除口腔和呼吸道中的任何物質；嬰兒娩出後，等臍帶停止搏動後夾住並剪斷；測量嬰兒的體重、頭圍和長度，並將幾滴抗生素滴入嬰兒的眼睛，以預防產道中的任何生物感染（Ben-Joseph, 2014）。

在出生後的第 1 分鐘和第 5 分鐘，使用**亞培格量表（Apgar Scale）**評估嬰兒的整體狀況。根據新生兒的**活動量**（**A**ctivity）、**脈搏**（**P**ulse）、**皺臉**（**G**rimace）（對輕捏等刺激的反射反應）、**外觀**（**A**ppearance）和**呼吸**（**R**espiration）分別評比 0、1 或 2 分。總分在 7 至 10 分範圍內的新生兒接受常規護理，並在 5 分鐘時重新評估。保持新生兒溫暖，並放在母親的肚子上進行肌膚接觸，或讓母親抱在懷裡，這是母親和嬰兒初次見面的時刻。亞培格分數低於 7 分可能代表分娩困難，需立即協助嬰兒呼吸或讓心臟以健康的速度跳動。然而，某單一項目的低亞培格分數，並不能用來預測任何嚴重或長期的健康問題（Kaneshiro, 2018）。

將嬰兒的臍帶夾緊並剪斷後，接著就是幫嬰兒洗澡。因為新生兒很容易著涼，所以要將他們裹在毛毯裡並戴上帽子。嬰兒還要接受維生素 K 注射，以幫助他們的血液正常凝固（March of Dimes, 2018）。在嬰兒出院前，會從嬰兒的腳底抽取幾滴血液，檢查是否有嚴重的健康問題。另外要進行聽力檢查及心臟病篩檢，檢查嬰兒體內的血氧含量（March of Dimes, 2016）。

## 學習檢定

**知識問題：**

1. 在分娩的三個階段中，每一個階段各會發生什麼事？
2. 助產士和陪產員的角色有何不同？
3. 新生兒在分娩室的典型經驗為何？

**思辯問題：**

你認為什麼是協助孕婦瞭解分娩選擇的最好方法？請說明你的方法為何有效。

# 新生兒

## 學習問題 4.4・新生兒如何適應這個世界？有哪些威脅他們健康的因素？

嬰兒出生後來到一個全新的世界，但他們有一些稱為**嬰兒狀態**的先天機制來幫助他們因應新的經驗。儘管嬰兒具有很強的韌力，但本節也要討論一些可能在生命早期階段影響新生兒的風險。

### 嬰兒狀態

雖然新生兒的感官在出生前就開始發揮作用，但他們處理環境訊息的能力有限；幸好他們有一套**嬰兒狀態（infant states）**來幫助他們調節能接受的刺激水平。新生兒在這些狀態中切換，將感覺輸入保持在他們可以處理的程度。兩種睡眠狀態（安靜睡眠和活動睡眠）和四種清醒狀態（昏昏欲睡、安靜警覺、活動警覺和哭泣）反映了不同程度的活動和警覺性（Shelov, Altmann, & Hannemann, 2014）。

多數新生兒在出生後不久就會進入一段**安靜警覺期**（quiet alertness）。他們的眼睛睜開、注意周圍的事，但身體卻是靜止的，呼吸也很規律，這是父母與嬰兒建立連結的絕佳機會。初期的安靜警覺期通常會接續進入安靜睡眠狀態。

新生兒通常每天睡 10 到 18 個小時，其中大約一半的時間是快速動眼睡眠（rapid eye movement, REM），這是會做夢的輕度睡眠；另一半時間是規律睡眠（regular sleep）（Blumberg, Gall, & Todd, 2014）。在快速動眼睡眠期，嬰兒的大腦正在鞏固學習。雖然許多文化的家庭經常共用一張床，但與嬰兒同床共眠在美國一直爭議不斷。美國兒科學會（AAP）對這種做法持批評態度，因為它與嬰兒猝死症候群及其他睡眠相關的嬰兒死亡原因有關。美國兒科學會建議嬰兒與父母睡在同一個房間六個月到一年（Moon, 2019），因為共用房間可以降低嬰兒猝死症候群的風險多達 50%，但警告不要親子同床共眠。

嬰兒的最後一個狀態是哭泣，這是嬰兒發出需要的信號，不過他們也可能莫名其妙地哭泣。在出生後的前 6 週，哭泣和煩躁不安的時間很長，平均每天大約 2 小時；但在出生後 10 到 12 週時，會顯著下降到每天 1 小時多一點（Wolke, Bilgin, & Samara, 2017）。

即使是這麼小的年紀，一般正常嬰兒的行為也存在個別差異。有些嬰兒從一種狀態平穩過渡到另一種狀態，但有些嬰兒會從一種狀態快速或意外地切換到另一種狀態；有些嬰兒以清晰易懂的方式表達他們的需求，讓父母能夠迅速地回應，而有些則讓新手父母難以「讀懂」。我們將在第 9 章討論氣質差異。經過最初的幾週，多數父母和嬰兒都能夠彼此同步配合，進展得相對順利。然而，這並不代表新手父母不會徹夜難眠地擔心自己和嬰兒的表現是否夠好。

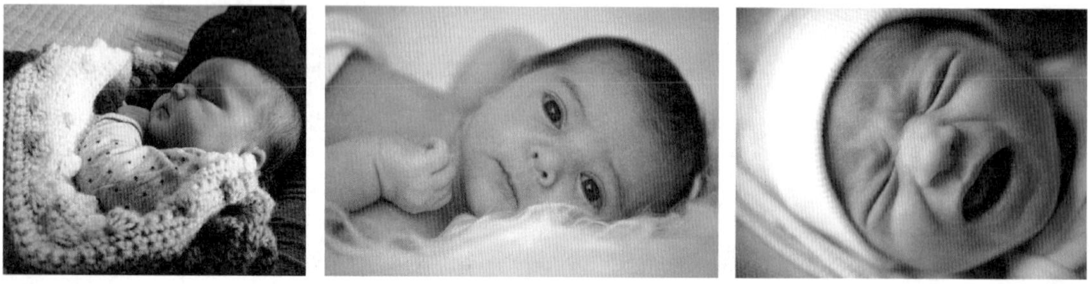

**嬰兒狀態**。嬰兒不斷地經歷一系列狀態，這些狀態使他們能夠調節可接受的刺激量。你能看出這些狀態如何協助嬰兒適應，滿足他們對休息、刺激和身體照顧的需求嗎？
*©iStock / AMR Image*

## 新生兒的健康風險

嬰兒裝備齊全地進入這個世界，開始他們的發展之旅，並與一路上愛他們、照顧他們的人互動。但這趟旅程並非對每個新生兒來說都順利，本節將探討新生兒在生命最初幾個月可能面臨到的一些挑戰。

### 早產和低出生體重

許多因素會讓新生兒處於風險之中，其中早產或低出生體重是重要的危險因素。**早產（premature or preterm）**是指嬰兒在胎齡 37 週之前出生（U.S. National Library of Medicine, 2019f）。足月出生但體重低於 5.5 磅（約 2500 公克）的嬰兒即為**低出生體重（low birth weight）**。體型比正常胎齡小的嬰兒，稱**小於胎齡兒**（small for gestational age），情況特別危險，因為這可能表示某些產前環境因素限制了嬰兒的身體發育。

導致早產的因素錯綜複雜，而且原因不明（USDHHS, 2017c），但有些因素會增加早產風險。母親有過早產史；生過雙胞胎、三胞胎或多產；孕期不健康的行為如吸菸、飲酒或吸毒；肥胖或體重過輕；患有高血壓或糖尿病等未經治療的疾病，都會增加早產或低出生體重嬰兒的風險（USDHHS, 2017b）。今日的醫療在照顧早產兒方面取得了長足的進步，醫療科技提升了早產兒生存和健康發展的機會。現代新生兒加護病房（neonatal intensive care unit, NICU）的歷史可以追溯到一百多年前。請閱讀「研究之旅：從早產兒孵化器到現代新生兒加護病房」，瞭解目前的進展。

## 研究之旅　從早產兒孵化器到現代新生兒加護病房

提高早產兒存活率的第一個嘗試是產科醫生 Étienne Stéphane Tarnier 在 1880 年代開發的保溫箱（Sammons & Lewis, 1985）。它是一個木箱，有著布滿木屑的內壁，分成上下兩個隔間。底部隔間的一半敞開，讓空氣流通，另一半用裝滿熱水的石瓶來控制溫度。當空氣循環來到放置嬰兒的上層隔間時，會先經過一塊濕海綿來吸收水分。頂部隔間的煙囪則讓空氣繞過嬰兒並進入隔間（Neonatology on the Web, 2007）。

1896 年，Martin A. Couney 在柏林世界博覽會一個名為「Kinderbrutanstalt」或「兒童孵化器」（child hatchery）的展覽中展示了可以照護六個早產兒的孵化器。這個展覽取得了商業上巨大的成功（是的，有人就是願意付費觀看這些奇怪的東西），Couney 於是在 1940 年代之前到世界各地的博覽會重複展示（Snow, 1981）。醫生本人並沒有從展品的入場費中獲利，而是用這筆錢支付嬰兒的重症護理費用。照護成效非常好，Couney 聲稱他照顧的 8,000 名嬰兒中，有 6,500 名存活下來，其中一個還只有 1.5 磅（約 680 公克）（Snow, 1981）。

到了 1940 年代，早產兒的照護成為一門醫學專業，逐漸交由照顧過這些嬰兒的訓練有素的醫生接手。由於當時的醫生認為父母是危險感染的主要來源，且早產兒很容易受到過度刺激，因此父母通常被排除在照護人手之外。這種做法一直持續到 1970 年代初，父母才成為照顧早產兒團隊的重要主力（Davis, Mohay, & Edwards, 2003）。

從那時起醫界發現，適度地撫觸和刺激早產兒利大於弊（Field, Diego, & Hernandez-Reif, 2010）。例如，新生兒按摩治療與體重增加有關，四肢的被動性運動與體重增加和骨質密度增加有關（Field et al., 2010）。除了促進嬰兒的身體健康外，撫觸還能加強父母與新生兒之間的連結，讓父母感受到他們是照顧嬰兒的重要角色（Jefferies & Canadian Paediatric Society Fetus and Newborn Committee, 2012）。今日的醫界鼓勵父母雙方參與照顧嬰兒並提出問題，以便他們瞭解維持嬰兒生存的複雜醫療處遇措施。甚至可能鼓勵他們提供**袋鼠式護理**（**kangaroo care**），將嬰兒與父母裸露的胸部或乳房進行肌膚接觸，並蓋上毯子。

接受袋鼠式護理的低出生體重嬰兒更有可

能存活，罹患重病和感染的風險更低，住院時間更短。還有證據表明嬰兒的心肺功能和體溫穩定性、睡眠周期和神經發育結果得到改善（Jefferies & Canadian Paediatric Society Fetus and Newborn Committee, 2012）。現代科技在拯救幼小和脆弱的嬰兒生命方面取得了長足的進步，但這並無法取代人類與生俱來對人際互動的需求。

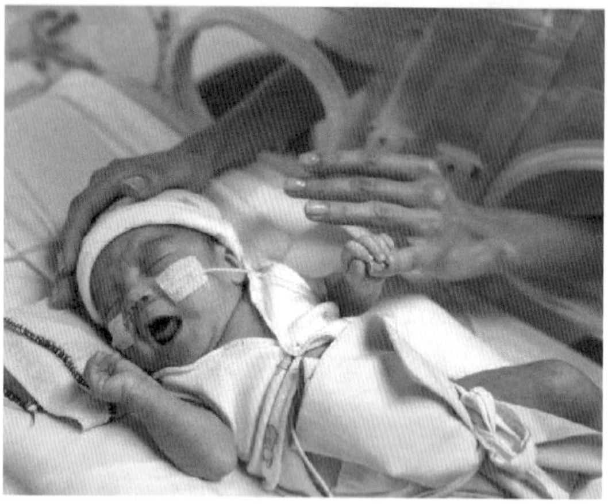
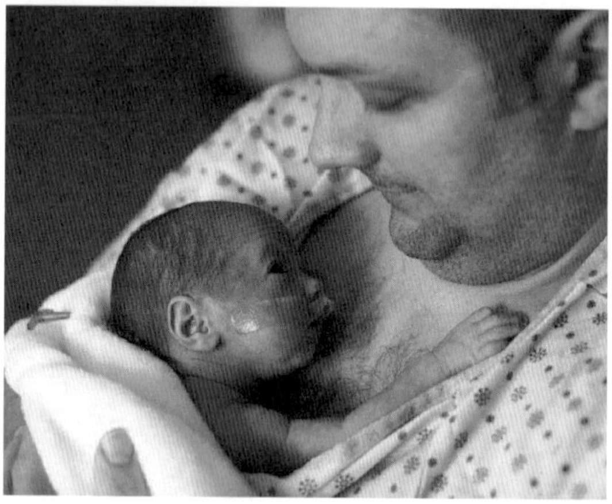

**照護脆弱的早產兒。**醫院仔細監控早產兒的環境並持續監測其身體機能，為早產兒提供密集照護。然而，即使在這樣的醫療環境中，撫觸也很重要，因此鼓勵父母抱著和觸摸他們的新生兒。
*©iStock / andresr; iStock / manonallard*

早產兒無法像足月嬰兒那樣調節身體機能，因此新生兒加護病房會持續監測嬰兒並補足嬰兒無法自發調節的功能。例如，早產兒沒有一層體脂肪來幫助他們調節體溫和體液流失，所以由保溫箱提供恆定的溫度和水分；早產兒也還沒有吮吸反射或嘔吐反射，所以需要特殊的哺餵程序；早產兒不成熟的中樞神經系統難以承受太多的刺激，因此得調低光線、吸收噪音，緩慢且溫柔地撫慰他們（Altimier & Phillips, 2013）。整體而言，新生兒加護病房的醫療人員必須對無法自行發出信號的嬰兒更加敏銳。

現代新生兒加護病房成功拯救了極為幼小、脆弱的嬰兒。出生體重低於 3.3 磅（約 1,500 克）的極低出生體重兒存活率約為 90%，但隨著出生體重下降，併發症的風險隨之上升（Volpe, 2009），這讓救治這些小病人的醫療專業人員陷入兩難境地。多數新生兒加護病房為胎齡 25 週以上出生的嬰兒提供密集照護，只有在父母同意的情況下才能為胎齡 23 或 24 週的嬰兒提供密集照護（Tyson, Nehal, Langer, Green, & Higgins, 2008）。問題在於是否該設定極輕早產兒生存機會如此渺茫的決定點，因此人道的做法是提供舒適的照護，而不是試圖挽救嬰兒的生命。舒適照護（comfort care）的目的是滿足嬰兒的基本需求，而非使用可能會導致額外疼痛和受苦、且不太可能延長嬰兒壽命的逞英雄手段。

儘管已經盡了最大的努力，但早產和低出生體重仍約占新生兒死亡的四分之一（March of Dimes, 2017b）。存活下來的嬰兒可能衍生許多發育後果；嬰兒可能會有影響精細動作技能和協調的動作問題，也可能罹患腦性麻痺或各種類型的感覺障礙。在兒童期後期，可能出現學習障礙和注意力缺陷障礙（McCormick, 2017）。愈早出生的嬰兒風險愈大（McCormick, 2017; Platt, 2014），但即使在胎齡 22 至 24 週出生的極早期早產兒中，也有 20% 未出現神經發育障礙（Younge et al., 2017）。許多因素，包括產前條件、出生情況、家庭取得醫療服務的數量與品質，以及獲得介入服務的機會，都會共同影響發育結果的品質。

為提高獲得良好發展成果的機會，全方位的服務應儘早開始，並需要持續一段時間。照顧早產兒帶給父母極大的負荷，因此父母必須積極地使用這些服務，遵循專業人士的建議。父母看待嬰兒的方式和期望至關重要，因此需協助父母瞭解孩子可以有良好的發育成果，如此一來他們才能看見並欣賞孩子的進步。

## 嬰兒死亡率

**嬰兒死亡率（infant mortality）**是指出生後第一年的嬰兒死亡人數。一般來說，已開發國家的嬰兒死亡率遠低於低度開發國家，但即使在已開發國家之間也存在差異。在經濟福祉水平相似的國家中，美國是嬰兒死亡率最高的國家之一（課前測驗第 9 題）（America's Health Rankings, 2019）。2017 年，美國的嬰兒死亡率為每 1,000 名活產嬰兒中有 5.8 人死亡，但這一比率因族裔而異。2016 年嬰兒死亡率中，非拉美裔黑人嬰兒（11.4%）是非拉美裔白人嬰兒（4.9%）的兩倍多，是亞洲嬰兒（3.6%）的三倍多（CDC, 2019h）。

一項針對嬰兒死亡率風險因素分析得出的結論是，族裔差異大部分要歸因於非拉美裔黑人女性的早產數極多。然而，這一族群的早產並非由於教育和收入較低等風險因素造成的。事實上在這項研究中，教育程度最高的黑人女性所生的嬰兒死亡率最高。這項研究的作者認為，美國社會中種族歧視的經驗和身為黑人女性的壓力，對高血壓、壓力相關的荷爾蒙以及憂鬱症等造成生理負擔，進而影響生育結果（Smith, Bentley-Edwards, El-Amin, & Darity, 2018）。

## 嬰兒猝死症候群

看似健康的嬰兒突然意外死亡是父母最可怕的惡夢，而**嬰兒猝死症候群（sudden infant death syndrome, SIDS）**是 1 個月到 1 歲幼兒死亡的主要原因。2 到 4 個月之間是危險的高峰，其中男孩高於女孩，非白人嬰兒高於白人嬰兒（Mayo Clinic Staff, 2018b）。

我們尚未完全瞭解嬰兒猝死症候群的原因，它很可能是多重因素加在一起的結果，包括：

- 嬰兒的身體脆弱（例如，低出生體重或呼吸道感染）。
- 睡眠環境中的一些因素（例如，未讓嬰兒仰臥或穿太多衣服而過熱）。
- 在早期發育的關鍵時期，嬰兒大腦中控制呼吸和甦醒的部分尚未成熟到能正常運作（Mayo Clinic, 2018b）。

由於嬰兒猝死症候群的原因和風險因素太多，且並非父母能夠掌控所有的因素，以至於有時看似無能為力，但仍有一些簡單的策略有助於降低風險。美國兒科學會建議嬰兒應該仰臥在堅硬平坦的床上睡覺，床鋪周圍不應置放床上用品或柔軟的玩具等。兒科學會還建議父母不要給嬰兒穿得太多，以免在睡覺時過熱。以母乳哺餵嬰兒、定期身體檢查及遵循疫苗接種時間也是很好的措施。最後，母親不應該在懷孕期間吸菸或者在嬰兒周圍吸菸（USDHHS, 2019c）。雖然做這些事並不能保證嬰兒的安全，但卻是降低嬰兒風險的明智之舉。在有成人監控注視的情況下，可以讓嬰兒醒著時有一些「俯臥時間」（tummy time），以強化嬰兒的頸部、手臂和肩部肌肉，往後更容易學會翻身。前面討論過美國兒科學會的建議，即讓嬰兒在一歲之前和父母睡在同一個房間裡，但不要同床共眠。

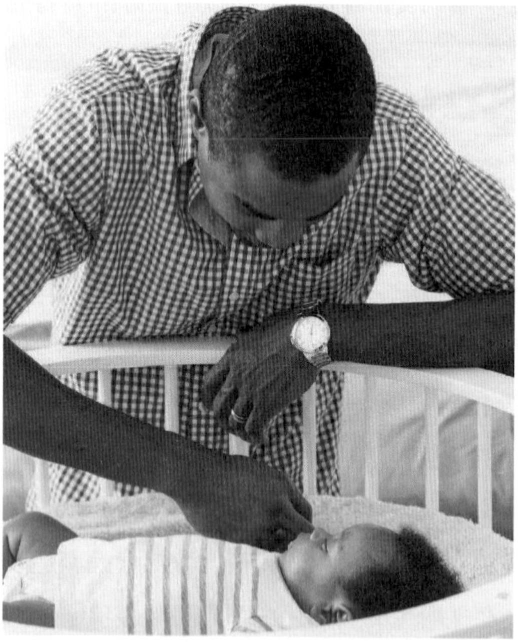

**安全睡眠**。「安全睡眠計畫」（safe to sleep program）建議父母讓嬰兒仰臥在堅硬的床上睡覺，大大降低了美國嬰兒猝死症候群的發生率。
*©Mike Kemp / Blend Images / Getty Images*

當父母因嬰兒猝死症候群失去孩子時，心中的悲痛和無助難以言喻。事實上，我們對嬰兒猝死症候群有太多不瞭解，使得失落特別難以承受。First Candle（2018）是一個支持嬰兒健康和生存的全國性非營利組織，為失去孩子的悲痛家庭提供哀慟支持。

## 頭部虐待性創傷和嬰兒搖晃症候群

有時，因照顧嬰兒而筋疲力竭的成人可能會用力搖晃嬰兒，導致嬰兒的大腦撞擊頭骨——尤其是當嬰兒的頭部撞到某物時，即使是像枕頭一樣柔軟的物體亦然。此舉造成嬰兒的大腦出現瘀傷、出血或腫脹，從而導致大腦永久損傷甚至死亡。由於嬰兒的頭部相對於身體的比例較大，頸部肌肉較弱，遭受重擊的結果就像遇到車禍一樣。**嬰兒搖晃症候群**

（**shaken baby syndrome**）的症狀包括：極度煩躁或易怒、難以保持清醒、呼吸困難、進食困難、嘔吐、皮膚蒼白或發紫、癲癇發作、癱瘓，甚至死亡（Mayo Clinic Staff, 2017c）。

嬰兒時常無明顯原因地長時間哭鬧，對新手父母來說可能會非常有壓力。嬰兒搖晃症候群的發生率在嬰兒 2 至 3 個月大時最高，哭鬧的時候更是嚴重（Parks, Annest, Hill, & Karch, 2012）。照顧者必須知道，就算對嬰兒生氣，永遠不可把怒氣化為行動。學習自我控制的技巧，例如放下嬰兒、尋求育兒協助，或向可提供支持的對象訴說沮喪或憤怒，都可以防止潛在的虐待行為。如果挫折感一直沒有消失，可以求助諮商或育兒課程，緊急情況下可撥打兒童保護專線。本書將在第 13 章繼續討論兒童虐待。

### 學習檢定

**知識問題：**

1. 為什麼嬰兒有不同的狀態？
2. 如何照顧早產兒？
3. 如何降低嬰兒猝死症候群的風險？
4. 搖晃嬰兒會產生什麼後果？

**思辯問題：**

運用你已知的訊息，為有助於減少早產兒的計畫提出最有說服力的論據。

## 結語

本章描述了驚人的產前發育之旅。這段旅程將我們從一個受精卵，變成一個準備開始與環境中的人事物互動的新生兒。即便存在許多風險，但絕大多數的懷孕最終都會生出健康、功能良好的寶寶。儘管孕期過程遇到種種困難，幸好多數父母都樂意再生一個。接下來的章節將探討新生兒邁向兒童期和青春期時，他們的生理、認知、社會與情緒發展的變化。

*Chapter 5*

# 生理發展：大腦與身體

## 學習問題：

5.1 兒童與青少年的大腦和成人的大腦有哪些相似和相異之處？哪些疾病與大腦的結構和功能有關？

5.2 嬰兒期的感官是如何發展的？

5.3 從嬰兒期到青春期，兒童的身體經歷哪些變化？

5.4 哪些因素會影響和形塑動作發展？

5.5 營養在發展中扮演什麼角色？

©iStock.com / naumoid

## 課前測驗

判斷以下每個陳述內容是「對」或「錯」，測試你對兒童發展的瞭解，接著在閱讀本章時，檢視你的答案。

1. □對　□錯　右腦人較直觀，左腦人較理性。
2. □對　□錯　人類僅使用 10% 的大腦。
3. □對　□錯　多年來每天練習小提琴，會導致大腦結構發生物理變化。
4. □對　□錯　多數腦性麻痺病例是分娩過程中缺氧的結果。
5. □對　□錯　近年來，自閉症類群障礙的發生率上升令人擔憂。
6. □對　□錯　嬰兒生來就偏好所處文化中常見的食物。
7. □對　□錯　與青春期相關的最早變化始於 8 歲，這是很常見的情況。
8. □對　□錯　在美國，90% 的 15 到 19 歲青少年至少有過一次性行為。
9. □對　□錯　在美國 50 個州，14 歲以上的青少年無需父母同意，即可獲得性傳播感染的治療。
10. □對　□錯　超重和肥胖的兒童進入青春期後可能會變瘦。

---

正確答案：1. 錯；2. 錯；3. 對；4. 錯；5. 錯；6. 對；7. 對；8. 錯；9. 對；10. 錯。

本章將介紹有關嬰兒、兒童與青少年生理發展的一些核心問題。然而，檢視生理發展時，重要的是要記住它會與其他發展領域相互影響。儘管本書將發展的領域（生理、認知和社會情緒發展）分成各自獨立的章節，但我們其實無法真正地將其中某一領域的影響與其他領域區分開來。

下面首先探討大腦是如何發育的，包括一些與大腦發育相關的疾病訊息。其次說明感官如何發展，描述身體如何從嬰兒期發育到青春期的性成熟，並仔細審視我們如何從新生兒不成熟的生理發展，轉變為在兒童和青少年身上看到的高度發展的動作技能。最後則描述營養在支持健康成長上發揮的關鍵作用。

# 大腦發育

**學習問題 5.1・兒童與青少年的大腦和成人的大腦有哪些相似和相異之處？哪些疾病與大腦的結構和功能有關？**

本節將說明大腦如何發育，以及大腦和身體如何相互作用、交互影響。想瞭解大腦和身體之間令人驚奇的互動方式，請閱讀「主動學習：大腦和身體」。

**主動學習**

### 大腦和身體

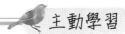

請舒服地坐在椅子上，將右腿交叉在左腿上（交叉在膝蓋或腳踝處均可）。將右腳向右轉圈（順時針方向）。現在，用你的右手在空中畫一個數字「6」。你能同時讓你的右腳繼續向右轉圈嗎？少數人可以，但大多數人不能。用右腳和左手很容易做到這一點，所以問題應該是我們的大腦左側控制著身體的右側，而且似乎一次只能朝一個方向動作。我們的身體有能力做這兩個動作，但大腦可能不讓我們同時做這兩個動作。

## 大腦的結構

大腦由許多不同的部分組成。如圖 5.1 所示，大腦從中間分成兩個**腦半球**（**hemispheres**）。大腦的兩側透過連接它們的結構相互交流，此結構稱為**胼胝體**（**corpus callosum**）。

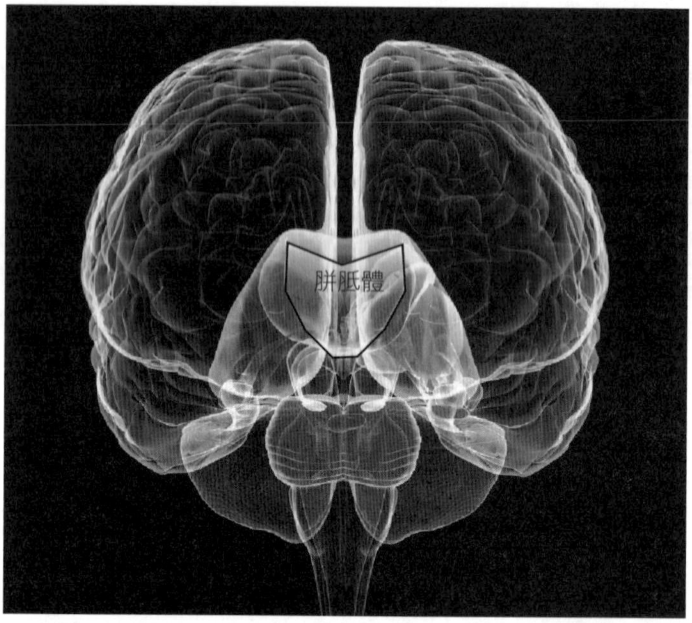


彩色版圖片

**圖 5.1　人類大腦的兩個腦半球。**雖然大腦的兩個腦半球看起來很相似，但有些大腦功能主要由一側處理，有些主要由另一側處理，另有些則由兩側一起處理。胼胝體（彩圖中的綠色區域；在這張圖片中以黑框線顯示）連接兩個腦半球，因此兩個腦半球可以相互交流。

資料來源：Roger Harris / Science Source.

雖然人類的身體和大腦看起來是對稱的，但身體兩側的一項區別是：大多數人是右利手（right-handed，右撇子），少數人是左利手（left-handed，左撇子）。慣用手是**腦側化（lateralization）**的證據，也就是某一功能的部位偏在一個腦半球。位於大腦右側的運動皮層控制身體左側的活動，而左側的運動皮層控制身體右側的活動。某側的大腦優勢主導，決定了一個人是右利手還是左利手。孩子甚至在出生前就開始展現出使用其中某隻手的偏好（Corballis, 2014）。不過，他們繼續使用雙手完成不同類型的任務直到 4 歲或 5 歲，這反映了腦側化的強度會隨著年齡增長而增加（Sacrey, Arnold, Whishaw, & Gonzalez, 2013）。

一般人誤以為直覺或理性等性格特質指的是更常受到左腦或右腦的影響，但其實沒有所謂的「右腦人」（right-brained）或「左腦人」（left-brained）（Nielsen, Zielinski, Ferguson, Lainhart, & Anderson, 2013; Shmerling, 2017）。幾乎我們做的所有事情，大腦的兩個腦半球都以複雜的方式參與（課前測驗第 1 題）。例如，儘管對大多數人來說，語言大部分是由大腦左側處理，但某些特點，如幽默和話語的情緒基調，則是由右半腦處理的（Godfrey & Grimshaw, 2016）。

從側面看大腦時，可看到不同的大腦景像，如圖 5.2 所示。此處再次強調，雖然大腦的各個部位或腦葉各具有一些獨特的功能，人體功能的多數面向都涉及到大腦的許多部分，彼此相互協調。例如，枕葉控制視覺，但頂葉、顳葉和額葉也在視覺中發揮作用（Huang, 2019）。參閱圖 5.2，並辨識該圖中的大腦部位及其執行的功能。

- **腦幹**（brain stem）是大腦最原始的部分，控制呼吸、心率和睡眠等基本生存功能。
- **小腦**（cerebellum）位於腦幹頂部，接收來自感覺系統、脊髓和大腦其他部位的訊息，以協調平衡和自主運動。
- **大腦**（cerebrum）或**皮層**（cortex）約占大腦質量的三分之二，處理思考和行動等高階功能。大腦包括許多不同的部分：

  ***枕葉**（occipital lobe），處理視覺。

  ***顳葉**（temporal lobe），處理聽覺訊息，使我們能夠理解語言。

  ***頂葉**（parietal lobe），處理感覺輸入，是整合或處理味覺、溫度感覺和觸覺的地方。

  ***額葉**（frontal lobe），負責處理複雜的思考、計劃、動作、語言和衝動控制。
- **杏仁核**（amygdala）和**海馬迴**（hippocampus）位於大腦深處（見圖 5.3）。杏仁核負責情緒和心情，而海馬迴則負責處理和儲存記憶（Sprenger, 2013）。

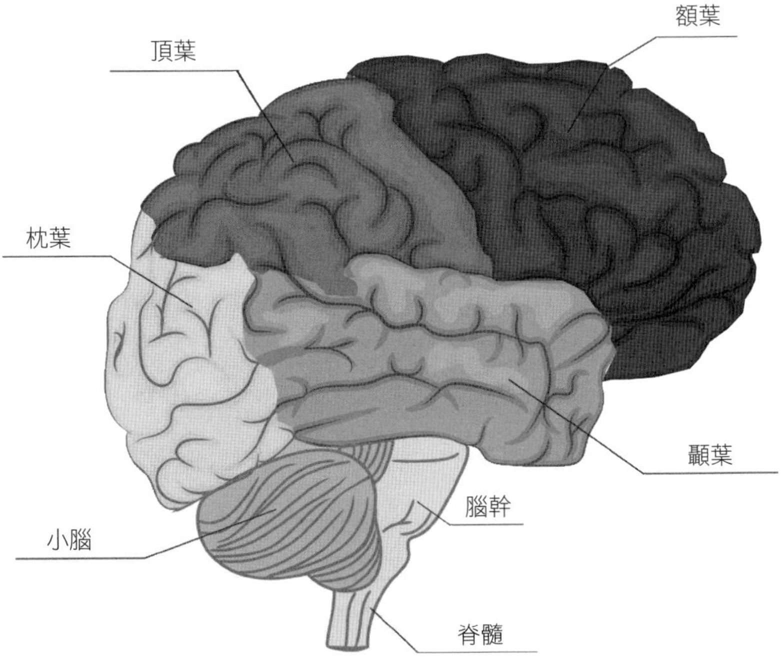


**圖 5.2　人腦的側視圖**。本圖顯示了人腦的重要結構部分。圖 5.3 則顯示了兩個重要的結構——杏仁核和海馬迴，它們深埋在大腦內部。

**資料來源**：iStock / ambassador806.

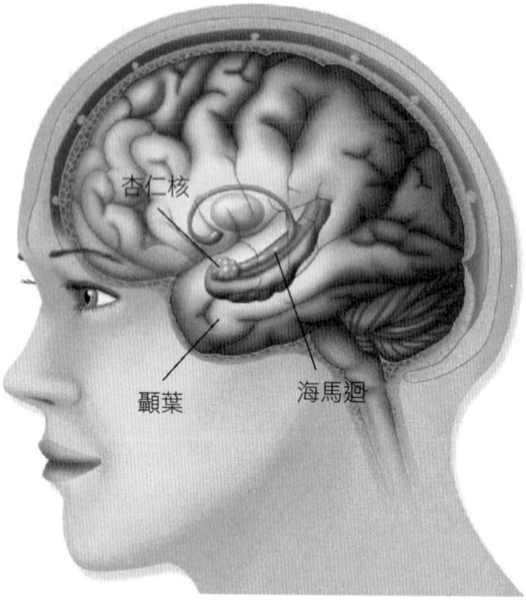


**圖 5.3　杏仁核和海馬迴**。這些大腦結構位於大腦深處，杏仁核負責情緒和心情，海馬迴處理和儲存長期記憶。

資料來源：BSIP / UIG / Universal Images Group / Getty.

你是否聽說過人類僅使用 10% 大腦的迷思？既然我們對人類大腦的複雜性及各部分相互作用的方式有了一些概念，由此可知，我們是使用大腦的所有部分，而不單僅是 10%（課前測驗第 2 題）（Burgess, 2018）。如果你認為正確答案是 10%，那麼你並不是唯一這樣想的人。2014 年，在中國、希臘、荷蘭、土耳其和英國受訪的教師中，一半以上的教師相信這個迷思（Howard-Jones, 2014）。這之所以是迷思，原因在於大腦只占體重的 3%，但卻使用了 20% 的代謝能量（Jabr, 2012）。從演化的角度來看人類這個物種，保留一個消耗如此多能量而絕大部分沒有被使用的大腦，是說不通的。

讓大腦的不同部位專司其職有其好處。當某一項功能主要由某一個腦半球處理時，就可以讓另一個腦半球自由地執行其他的功能（Wang, Buckner, & Liu, 2014）。但是，若某一項功能只能由某一部位的大腦來執行，萬一該部位受傷的話怎麼辦？不就失去了該功能？幸運的是，大腦具有改變構造和功能的一定能力，尤其是在兒童期，這種特徵稱為**可塑性（plasticity）**，本章稍後將說明更多關於可塑性的知識。

本節對大腦的概述有助於讀者思考，不同的生理發展面向與大腦的不同部位及其所控制的功能有何關聯。之後章節將有更多關於大腦的認知、語言和情緒中心及其功能的內容。

## 發育過程

本節將說明從兒童期到青春期的大腦發育。大腦發育是遺傳過程和個人經驗之間不斷交互作用的歷程。本節會帶領讀者瞭解個人經驗如何影響大腦神經元之間形成連接的方式，以及這些神經元之間如何發展出能使交流更有效的髓鞘。

### 神經元和突觸連接

據科學家估計，人腦平均有 860 億個**神經元（neurons）**（Herculano-Houzel, 2016）。每個神經元或神經細胞藉由稱為**神經傳導物質（neurotransmitters）**的化學物質，通過稱為**軸突（axons）**的細胞延長部分，向其他神經細胞發送訊息，並由稱為**樹突（dendrites）**的受體接收脈衝。一個神經元的軸突與另一個神經元的樹突相會的地方，稱為**突觸（synapse）**，如圖 5.4 所示。某個細胞釋放出神經傳導物質，並將它們的「訊息」傳遞給第二個細胞。成人約有 1,000 萬億個突觸連接（Kasthuri & Lichtman, 2010）。神經元及突觸連接構成大腦的**灰質（grey matter）**。軸突及其外層，又稱**髓鞘（myelin sheath）**，構成**白質（white matter）**。

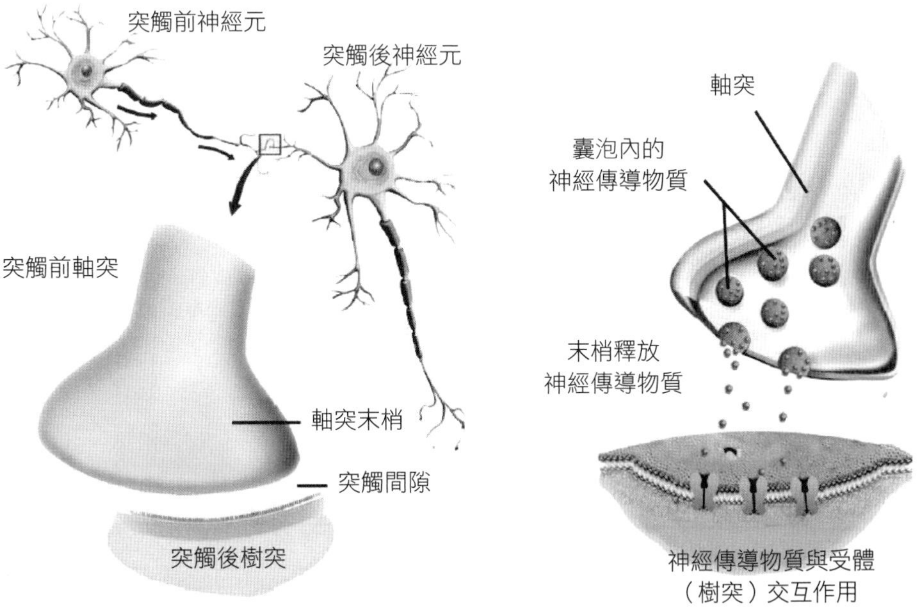


**圖 5.4　神經元和突觸**。當一個神經元的軸突在突觸的地方觸及到另一個神經元的樹突時，兩個神經細胞（神經元）彼此相互連接（如左圖所示）。在突觸的地方，稱為神經傳導物質的化學物質從一個細胞中釋放出來，並將它們的「訊息」傳遞給第二個細胞（如右圖所示）。

雖然嬰兒出生時幾乎具備所有的神經元，但終其一生，新的神經元可在大腦的某些特定區域再生（Wnuk, 2016）。儘管新神經元之間的突觸或連接相對較少，但透過**突觸形成**（**synaptogenesis**）的過程，新的連接以驚人的速度形成。到了 2 歲或 3 歲時，嬰兒大腦的突觸數量是成年期的兩倍（Stiles & Jernigan, 2010）。如圖 5.5 所示，大腦不同部位的突觸形成有一個時間表。在出生後的最初幾個月，與視覺和聽覺有關的區域連接增加得最快，接著是與語言有關的區域達到高峰。進入幼兒期時，這些區域的突觸形成已經大幅降低，但前額葉皮層（涉及高階認知的區域）的突觸形成剛達到高峰，其過程要持續到青春期後期才會完成（Shonkoff & Phillips, 2000）。

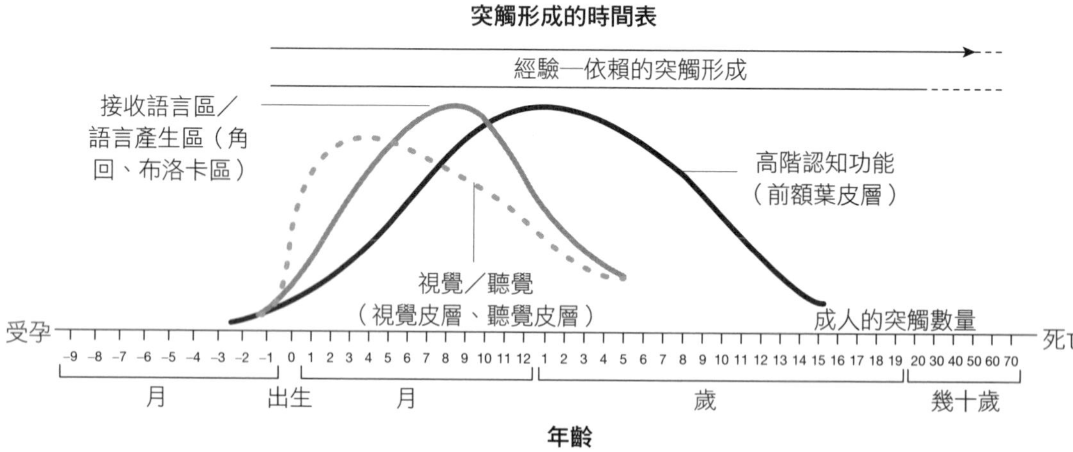


圖 5.5　**突觸形成**。突觸形成的速度，或細胞之間新突觸的形成，在大腦的各個部位並不相同，其中大部分發生在兒童早期。視覺和聽覺皮層（虛線）的突觸形成率在出生時或出生後不久達到高峰，與語言相關的區域（淺灰色線）則在大約 8 個月時達到高峰。前額葉皮質（深色線）的突觸形成率在兒童早期達到高峰，但會一直持續到青春期。

**資料來源：**National Research Council and Institute of Medicine. From Neurons to Neighborhoods: The Science of Early Childhood Development. Washington, DC: The National Academies Press, 2000.

## 大腦可塑性

在突觸連接數量快速增加一段時間後，未使用的連接會退化並在**修剪**（**pruning**）的過程中消失。就像修剪樹木的枯枝是為了強化生長一樣，修剪掉未使用的突觸，可以強化大腦並使大腦的運作更有效率。例如，新生兒可以區分所有語言的語音，但在出生的第一年過後，若只接觸到那些每天聽到的語言中的聲音，那麼這些聲音的突觸會被強化，而那些未使用的突觸則會被修剪掉，如此一來能提高嬰兒辨別語音的能力。我們將在第 8 章說明更多相關的知識。

修剪遵循由共同經驗機制和特定經驗機制驅動的「用進廢退」（use it or lose it）原則

（Ciccheti, 2012）。**經驗—預期的大腦發育（experience-expectant brain development）**是由於大腦**預期**某些事件會發生。在發育的敏感期（sensitive period），大腦已準備好接受來自環境的某些類型刺激。當大腦接收到這類刺激時，會保留曾用於處理刺激的路徑，並修剪掉其他不使用的路徑。在 Hubel 與 Wiesel（1965）對小貓的經典實驗中，他們發現如果大腦的視覺中心在發育早期沒有接收到應有的視覺刺激輸入，小貓的眼睛仍然會正常發育，但大腦中處理視覺訊息的部分將不會發揮功能。一隻眼睛在出生後隨即被遮蔽一段時間的小貓，那隻眼睛永遠無法發展出視力，即使後來不再遮蔽眼睛也是如此。出生時患有先天性白內障（眼球的水晶體混濁，嚴重阻礙大腦接收視覺刺激）的兒童也會出現類似的情況。建議在嬰兒 2 個月大之前以手術更換混濁的水晶體（Bashour, 2018）。若能在這段時間內進行手術，視覺系統仍具有可塑性，為兒童日後的視力恢復提供最好的結果。

**經驗—依賴的大腦發育（experience-dependent brain development）**則更為個別化，取決於每個人的特定經驗。雖然未使用的突觸被修剪掉，但新的突觸似乎因刺激不同而形成。例如拉小提琴時，左手的手指在琴弦上撥動，產生不同的音符，而右手的手指通常握住琴弓，保持在一個定點。研究發現，小提琴手大腦中控制左手活動的右側運動區域比未受過音樂訓練的人來得大（Jäncke, 2009）。這些人並非天生就是音樂家，而是經由不斷地使用手指，促進控制這些活動的大腦部分發展（課前測驗第 3 題）。

其他研究亦發現，精熟複雜體力任務者（如：雜技表演者等）的大腦白質發生了變化（Scholz, Klein, Behrens, & Johansen-Berg, 2009），開車三到四年、記住 2 萬 5 千條錯綜複雜城市街道的倫敦計程車司機，灰質則增加了（Woolett & Maguire, 2011）。此外，會說兩種語言的人，大腦左半球主要負責語言的部分灰質密度增加，而隨著他們對第二語言的熟練程度提高，灰質密度也跟著增加（Costa & Sebastián-Gallés, 2014）。

**經驗—依賴的大腦發育**。近期對精熟複雜任務者（如小提琴手、雜技表演者或倫敦計程車司機）的研究發現，他們的大腦結構變化與其從事的活動有關。大腦會創建出神經元以及神經元之間的新連接，從而對這些不同經驗做出反應。

*©Mikael Vaisanen / The Image Bank / Getty Images Istock / RobertCrum / iStock.com / Casarsa*

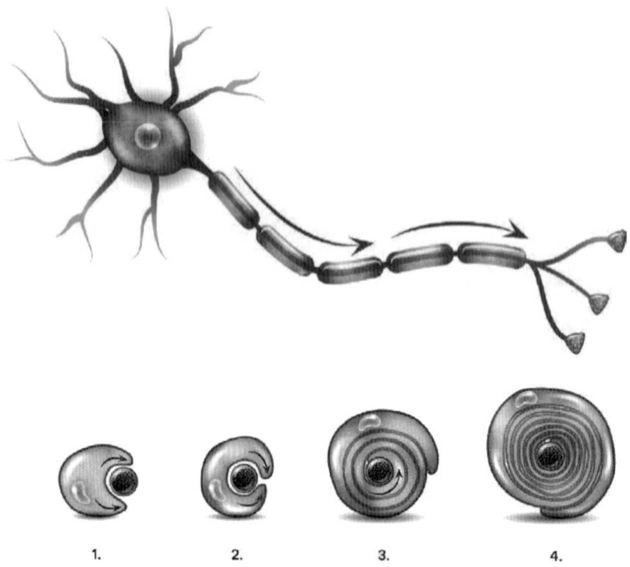


圖 5.6　**髓鞘**。髓鞘是包覆在軸突周圍的脂肪外層，可確保從一個神經元發送到另一個神經元的訊息有效傳遞。在本圖中，軸突被髓鞘包裹著。橫切面顯示脂肪外層如何包裹軸突。

資料來源：Shutterstock / Tefi.

## 髓鞘化

為使訊息成功傳遞，軸突被名為髓磷脂（myelin）的脂肪物質所包覆，如圖 5.6 所示。包覆的過程稱為**髓鞘化（myelination）**。想像一下牆壁插座和檯燈之間的電線，電線內有一根金屬線，將電流從電燈開關傳送到檯燈。如果在沒有絕緣的情況下使用裸線，不僅碰到它時會觸電，檯燈也無法充分發揮作用，因為只有部分電流能傳遞到檯燈。正因為如此，電線必須要用一些不能傳送電流的材料絕緣，好讓所有的電流都集中流向終端目標。同理，連接神經元的軸突用髓鞘來絕緣，如此一來，神經傳導物質發送的訊息才能最有效地被接收。

嬰兒出生時，髓鞘尚未包覆神經系統中所有的軸突。當代的成像技術可以追蹤髓鞘化的發展模式，該模式始於大腦底部較原始的區域，並擴展到大腦皮質較高階的部分（Deoni et al., 2011）。隨著研究人員愈來愈瞭解髓鞘化的正常進展，他們也發現導致自閉症類群障礙和思覺失調症等疾病髓鞘化異常發展的證據（Deoni et al., 2015; Schoonover, Farmer, Cash, & Roberts, 2019）。以多發性硬化症的失能狀態為例，身體的免疫系統會錯誤地攻擊和破壞髓鞘。一旦髓鞘被破壞，神經纖維暴露出來，大腦和脊髓就不能有效地相互交流，因而導致疲倦、肌肉無力、麻痺甚至癱瘓（Kirkwood, 2015）。

我們已經知道突觸形成受經驗影響，也有證據表明髓鞘化亦受經驗影響。例如，閱讀量更多的兒童，通常大腦與閱讀技巧有關的區域，髓鞘化發展得也更好（Takeuchi et al., 2016）。這一發現有助於解釋大量閱讀可以提升閱讀技巧，我們將在第 8 章進一步討論。

## 從兒童期到青春期的大腦發育

嬰兒的大腦容量在出生後的第一年會增加一倍，到 3 歲時已經達到成人大腦容量的 80%（The Urban Child Institute, n.d.），但大腦發育會持續到兒童期和青春期。在兒童中期發育成長的特定結構包括：額葉、頂葉和胼胝體。額葉負責執行功能，包括計畫、推理和衝動控制。額葉的變化也改善了工作記憶（第 6 章將會談到更多認知功能的內容）。頂葉處理感覺訊息，支持語言發展。胼胝體的生長強化了大腦不同區域之間的連結性和協調性，從而提高了動作技能、視覺空間技能和協調能力（Semrud-Clikeman, 2017）。

兒童中期持續進行的突觸修剪，使得兒童更有選擇性地使用較少的大腦區域來完成正在執行的任務，也就是更有效地執行任務（Mah & Ford-Jones, 2012）。例如，比較 6 歲投手與 12 歲投手的投球方式，會發現年齡較大的孩子投球更精準果斷，此即部分歸功於控制動作功能的大腦區域效能提高。

青春期早期是另一個突觸生產過多的時期，隨後才是正常的修剪過程，由此青少年和年輕人得以發展出更為精緻複雜的思考（Arain et al., 2013），這個修剪過程一直持續到青春期甚至成年早期。前額葉皮層（額葉的一部分）對判斷、計劃和衝動控制最為關鍵，在整個青春期仍在持續發育。青少年傾向跟著感覺採取行動而不三思後行，與他們大腦中前額葉皮層尚不成熟有關（Arain et al., 2013）。

我們對青少年的大腦相對不成熟的認識，影響了美國司法系統對青少年犯罪的判決。大腦的不成熟意味著青少年的言行、問題解決和做決策的方式與成人迥然不同。青少年更容易衝動行事，使用大腦更原始的部分來應對狀況，鮮少考慮行為的後果（American Academy of Child and Adolescent Psychiatry, 2016）。基於上述認識，美國最高法院已經廢止青春期犯罪的死刑，並裁定終身不得假釋的判決違反了憲法第八條修正案中禁止殘忍和不尋常懲罰的精神（Center for Law, Brain, & Behavior, 2012）。

**青少年犯罪**。過去的司法系統是在成人法庭審理受到指控的年輕罪犯。其後的研究提供司法系統有關青少年大腦發育不成熟的發現，這些發現影響了對青少年犯罪的判決。

*©Associated Press / KELLY JORDAN*

在青春期遭受變化的數量和類型，使得青少年的大腦特別容易受到神經毒素（例如酒精和其他藥毒品）的影響。在青春期使用酒精和大麻會影響大腦的結構和功能（deShazo et al., 2019; Squeglia, Jacobus, & Tapert, 2014）。對於有精神疾病風險的青少年，使用大麻與成年後罹患精神病和思覺失調症的風險較高，並與思覺失調症發病較早以及認知功能的幾個層面（包括學習）下降有關（Radhakrishnan, Wilkinson, & D'Souza, 2014）。大量飲酒與記憶、注意力、空間技能和執行功能測驗表現受損有關。此外，即使青少年停止物質使用，這些缺損依然存在，顯示其為大腦長期變化的結果（Jacobus, Squeglia, Sorg, Nguyen-Louie, & Tapert, 2014）。這個發展階段的任何認知損害，都會對未來的學業、職業和社會功能帶來潛在後果。

## 與大腦發育有關的疾病

大腦在任何時候受損，或沒有按預期發育時，可能會衍生許多疾病。本節探討三種截然不同的疾病類型：腦性麻痺、自閉症類群障礙及思覺失調症。腦性麻痺已知是特定的腦部異常造成的疾病；自閉症類群障礙和思覺失調症之所以和大腦有關，是因為儘管它們的確切病因仍難以捉摸，但目前咸認其具有與大腦發育相關的潛在生物學解釋（Autism Speaks, 2018; Wilkinson et al., 2018）。

### 腦性麻痺

**腦性麻痺（cerebral palsy）**是一個統稱，指的是一組和大腦有關的疾病，這些疾病會影響個體的動作與保持平衡和姿勢的能力。這是由於生產前、產程中或出生後最初幾年的大腦發育異常或受損所致，是兒童最常見的動作障礙（CDC, 2018e）。

**腦性麻痺輔助技術**。當代的資訊科技能協助身體活動能力受限的腦性麻痺兒童參與課堂活動，傳達想法和感受。

*©David Grossman / Science Source*

過去認為腦性麻痺是分娩過程中缺氧引起的，但現在證實這種因素僅占少數病例（課前測驗第 4 題）（CDC, 2018e）。相反地，有許多因素會增加罹患腦性麻痺的風險，包括早產、低出生體重、母親在懷孕期間接觸毒素以及分娩過程中的併發症。

雖然某些罹患腦性麻痺的兒童特別嚴重，需要終生全面照護，但其他兒童僅出現輕度損傷，幾乎不需要特殊協助。任何介入都是以制定滿足兒童獨特需求的個別化治療計畫為目標。儘管病情本身不會隨年齡增長而惡化，但早期介入和治療可以預防或延緩繼發性問題發生，如癲癇發作、吞嚥困難和消化問題（Cerebral Palsy Guidance, 2019）。藥物有助於控制癲癇發作和肌肉痙攣，外科手術可以延展因太短而無法發揮作用的肌肉和肌腱，物理治療可以幫助孩子學習必要的技能。另外還有一些新的技術，可以讓腦性麻痺兒童使用有限的頭部動作來操作帶有語音合成器的電腦，藉此和他人溝通交流。

## 自閉症類群障礙

根據美國精神醫學會《精神疾病診斷和統計手冊》的最新修訂版（DSM-5），**自閉症類群障礙（autism spectrum disorder, ASD）**包括一系列症狀，嚴重程度因人而異，但其特點是社交溝通和互動普遍受損，行為、興趣或活動局限或重複（APA, 2013）。以前，自閉症類群障礙被分為四個獨立的子類別，但 DSM-5 現在只有一個分類，包括反映個體需要多少支持才能發揮功能的程度等級。

導致自閉症類群障礙的可能原因眾說紛紜，「研究之旅：尋找自閉症類群障礙的病因」說明我們對自閉症類群障礙的理解是如何演變的。今日，對自閉症類群障礙和其他類似發育障礙的神經學基礎研究，是兒童發展領域中最令人興奮和活躍的領域之一。

### 研究之旅　尋找自閉症類群障礙的病因

1942 年，精神科醫生 Leo Kanner（肯納）率先發現一種他稱之為**自閉的情感接觸障礙**（autistic disturbances of affective contact）的病症。當他治療患有這種疾病的孩子時，他將原因歸咎於父母的冷漠、強迫症，以及對孩子需求只給予機械式的關注，沒有真心的溫暖關懷（Blakemore, 2018）。儘管 1940 年代到 1970 年代初的心理學文獻充斥著「冰箱媽媽」（refrigerator mothers）的論述，但育兒不當已從自閉症的可能原因中排除。取而代之的是，當代研究集中在可能的生物學原因，包括遺傳和神經系統差異。

可能是遺傳因素的有力證據從自閉症是家族遺傳可見一斑。如果同卵雙胞胎中有一個患有自閉症，另一個同時有相同診斷的機率為 36%至 95%（依研究取樣而定）。如果一個異卵雙胞胎患有自閉症，另一個同時有相同診斷的機率為 0%至 31%（CDC, 2019c）。另一個遺傳差異是男孩被診斷為自閉症的可能性是女孩的四倍（Baio et al., 2018）。最近的研究已經指認出大約 200 個基因突變，會造成與早期大腦發育至關重要的基因失去功能，因而對自閉症的發生產生一定影響（Iossifov et al., 2015）。當這些突變發生時，也很有可能與更嚴重的疾病有關。

其他不同的研究集中在自閉症的可能環境因素（或觸發因素）上。1998 年發表在英國醫學雜誌《柳葉刀》（*The Lancet*）上的論文引發了用汞（水銀）當作麻疹腮腺炎—德國麻疹（measlesmumps-rubella, MMR）疫苗防腐劑的擔憂（Wakefield et al., 1998）。之後，這項研究受到撲天蓋地的質疑，因為它僅採 11 個案例，並且有嚴重的方法學瑕疵。其結論並未得到任何後續研究的支持（CDC, 2015b; National Institute of Environmental Health Sciences, 2019b）。

然而，還有其他環境因素會增加罹患自閉症的機率，包括：高齡產婦、產前接觸到空氣汙染或某些殺蟲劑、產前健康狀況如肥胖、糖尿病或免疫系統疾病，以及極早期早產或極低出生體重（National Institute of Environmental Health Sciences, 2019a）。雖然這些因素本身不太可能導致自閉症，但當它們與遺傳脆弱性結合，就可能會提高自閉症的風險。

當今進行的主要研究領域是自閉症與大腦功能和結構之間的關聯，接下來我們會說明這項研究。

神經學研究的三個熱門主題，包括大腦結構、大腦功能和大腦不同部分之間連接性的研究，有望我們更進一步瞭解自閉症的原因。

在對**大腦結構**（brain structure）的研究中，影像學研究發現患有自閉症的幼兒，大腦中的杏仁核（在情緒體驗和表達中非常活躍的大腦區域）腫大。杏仁核愈大，個體的社交關係就愈困難（Schumann, Barnes, Lord, & Courchesne, 2009）。另一個結構差異和總腦容量有關，被診斷患有自閉症幼兒的大腦，比正常發育者具有更大的腦容量，至少在青春期早期出現變化之前是這樣。過了青春期早期之後，正常發育青少年的腦容量，大於被診斷患有自閉症青少年的腦容量（Lange et al., 2015）。前面提到，患有自閉症的男孩是女孩的四倍，影像學研究發現，患有自閉症的女性，其大腦結構差異小於自閉症男性（Cauvet et al., 2019）。

第二種神經學研究探究自閉症兒童的大腦**功能差異**（functional differences）。研究結果包括，自閉症兒童在社交溝通過程中需要付出更多努力來理解說話者的意圖，這與大腦某些部分的過度活躍有關。然而，在其他認知任務方面，自閉症兒童的大腦活躍程度卻低於正常發育的兒童（Ha, Sohn, Kim, Sim, & Cheon, 2015）。自閉症兒童的工作記憶缺損可能影響其語言知能（Schuh & Eigsti, 2012），再加上他們分析面部表情的能力受損（Ha et al., 2015）。正常發育的嬰兒，其大腦在看到臉孔時的反應與看到物體時的反應不同，但自閉症嬰兒的大腦似乎沒有不同的反應，這可能顯示他們無法區分人和物體（McCleery, Akshoomoff, Dobkins, & Carver, 2009）。

第三種神經學研究檢視大腦區域之間的**連接性**（connectivity）（Maximo & Kana, 2019）。自閉症兒童不但在某些特定神經元之間缺乏高效、牢固的連接，而且在許多其他神經元之間的連接效率也較低。如圖 5.7 所示。此種畫蛇添足的多餘現象是修剪未使用的突觸過程緩慢的結果（Tang et al., 2014）。如前所述，修剪過程太慢會導致訊息傳遞效率降低。近期對幼兒的研究發現與之前在年長兒童身上才有的過度連接情形有相同的狀況（Uddin, 2015），這項研究的重要貢獻是可以幫助我們找到敏感度高且可靠性高的自閉症生物標記，可能成為早期辨識自閉症的一項切入點。

準確估計自閉症類群障礙的發生率並不容易，但這一估計近年來穩定上升（見圖 5.8）。美國疾病管制與預防中心（2019c）的最新估計是，美國每 54 名兒童中就有 1 名

（即大約 1% 到 2% 的兒童）患有自閉症類群障礙。

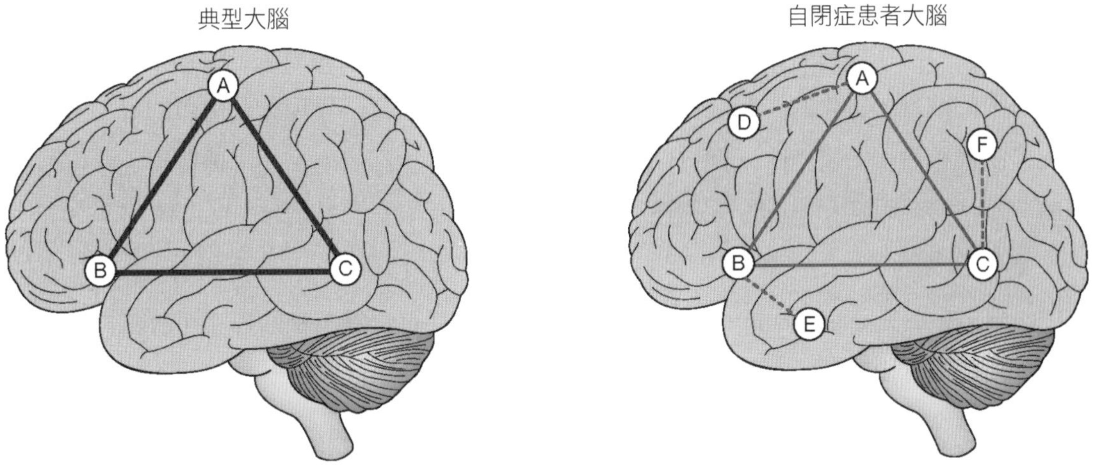


**圖 5.7 非典型大腦連接：自閉症**。比較典型大腦與自閉症患者大腦中的連接模式。左側典型大腦中的深色線代表這三個大腦區域之間有很強的連接，而右側自閉症患者大腦中的淺色線代表很弱的連接。自閉症患者的大腦網絡還包括與其他大腦區域（如 D、E 和 F 三點所示虛線）的連接（不存在於典型大腦中）。

**資料來源**：Akhgarnia (2011, May 26).

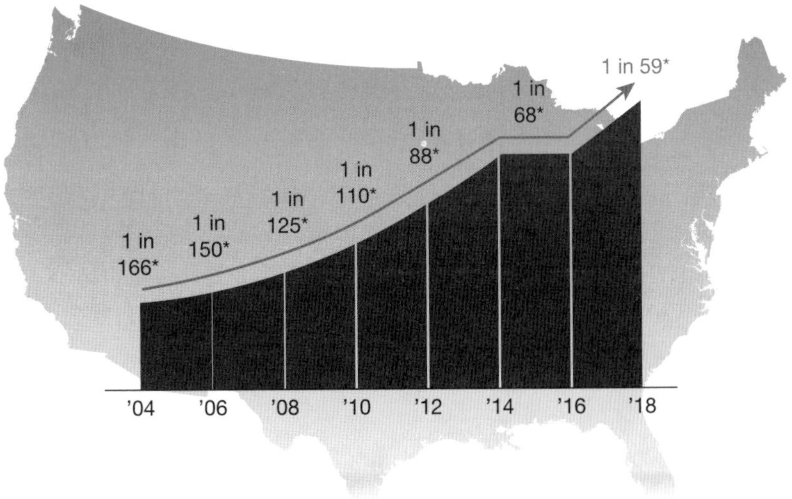


* CDC 發生率估計是以報告發布四年前的資料為依據（例如，2018 年的數據來自 2014 年）。

**圖 5.8 2018 年自閉症發生率估計**。該數據基於美國疾病管制與預防中心（CDC）「自閉症及發展障礙監測網絡」（Autism and Developmental Disabilities Monitoring, ADDM）的發生率估計。此一估計在 2000 至 2002 年和 2012 年之間攀升一倍，如今已達歷史最高紀錄。

**資料來源**：Autism Speaks (2018).

在試圖瞭解自閉症病例數量增加原因的同時，重要的是要考慮醫界如何診斷這種疾病。多年來，DSM 中用於診斷自閉症類群障礙的準則已經擴大到更具有兼容性。在這樣的變化下，可以預期將會辨識出更多自閉症的孩子，故自閉症病例數量增加可部分歸因於病例發現的改進。近來為了辨識出所有自閉症患者，以及盡早發現年幼患者的努力，也使得更多病例被發現。當然，任何自閉症的真實發生率增加都值得關注，但發現更多可能被忽視且無法接受早期和全面介入服務的自閉症兒童，並不必然是壞事（課前測驗第 5 題）。

雖然自閉症無法治癒，但早期療育可以為許多自閉症兒童帶來相當大的改善（Reichow, 2012; Zwaigenbaum et al., 2015）。美國各州都有受過訓練的專家可服務自閉症幼童。經由專業團隊評估後，找出兒童的優勢和弱勢，並針對症狀設計有效的治療計畫。團隊會與家庭合作，一起制定個別化家庭服務計畫（Individualized Family Service Plan），詳細說明可向家庭（而不僅僅是兒童）提供的服務，並至少每六個月重新討論一次（Center for Parent Information & Resources, 2017）。至於學齡兒童，《身心障礙者教育法》（Individuals with Disabilities Education Act, IDEA）明定身心障礙兒童可接受免費與適當的公共教育和相關服務，協助他們學習和茁壯成長（Autism Society, 2016）。密集行為介入（intensive behavioral intervention）可提高許多自閉症兒童的智商和適應性行為（日常生活所需的技能）。

**神經多樣性（neurodiversity）**的概念正在改變我們看待自閉症等疾病患者的方式。這個觀點的倡議者認為，我們太常把焦點放在缺陷、疾病和失能上，但神經多樣性強調「理解神經差異應該像任何其他人類差異一樣受到尊重，包括族裔、性別認同、宗教、性取向等」（Armstrong, 2017, p. 11）。它肯定了個人的長處、天賦、能力和興趣，並在這些基礎上協助個體找到因應挑戰的方法（見圖 5.9）。舉例來說，自閉症者關注細節和發現微小差異的能力，是程式設計公司重視的特質之一（Higgenbottom, 2016）。全球自閉症公共衛生計畫（Autism Speaks, 2019）為雇主設置了一個聘僱和支持自閉症者的徵才平台，包括多家銀行和科技公司。例如，卓越心智（Exceptional Minds, 2019）為自閉症者提供電腦動畫、數位設計和影片剪輯等方面的培訓。

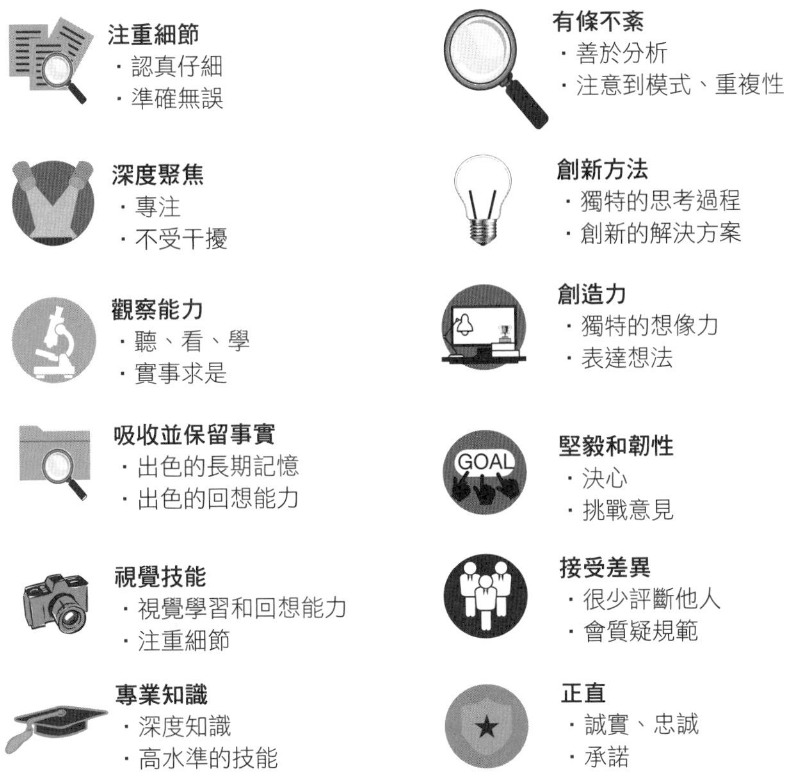


**圖 5.9　就業建議。**本圖幫助正在找工作的自閉症患者記得他們獨有的工作特質，愈來愈多的雇主認識到自閉症患者可以為其組織做出貢獻。

**資料來源：**修改自 Autism Speaks (2019).

## 思覺失調症

某些大腦疾病要到青春期才會出現。**思覺失調症（schizophrenia）**是一種罕見但嚴重的精神疾病，只占不到 1% 的人口（APA, 2017b）。它與大腦許多區域的結構和功能差異有關（Ren et al., 2013），其診斷需具備兩種以上的症狀，而且必須出現至少一個月：妄想（不切實際、固著的信念，例如正被中央情報局追捕）、幻覺（最常見的是聽到不存在的聲音）、語無倫次、非常混亂或緊張的行為（對環境缺乏反應），或其他顯示功能降低的症狀（例如，情緒表達減少和自發行為減少）。症狀通常在青春期後期先出現，但發病可能會遲至三十多歲（APA, 2013）。

極少數兒童與青少年罹患思覺失調症，稱為**兒童期思覺失調症**（childhood schizophrenia）（Mayo Clinic Staff, 2016a）。雖然思覺失調症可能要到青春期才會被診斷出來，但許多病例在被診斷出來之前，社會與認知功能已逐漸惡化，或這些功能一直不是很好（Quee et al., 2014）。

一般認為，基因、大腦的化學反應和環境等各種因素綜合起來，促發了思覺失調症。雙胞胎研究顯示基因的重要作用。如果同卵雙胞胎之一患有思覺失調症，那麼另一個也有 40% 到 60% 的罹病機率，而異卵雙胞胎只有 5% 到 15% 的罹病機率（McClellan & Stock, 2013）。然而，有些沒有思覺失調症家族病史的人仍然患病，而有些有家族病史的人卻未患病（National Institute of Mental Health, 2016）。遺傳脆弱性可能與環境中的某些因素交互作用，例如接觸病毒、營養不良或孕期或分娩期間的問題。如果存在脆弱性，大腦在青春期的巨大變化，也可能成為思覺失調症的促發因素。愈來愈多證據表明，青少年吸食大麻會增加某些易患病者的風險（Gage et al., 2017; Radhakrishnan et al., 2014）。思覺失調症的治療包括抗精神病藥物、心理治療、生活技能訓練，某些情況還需要住院治療。但思覺失調症是一種慢性疾病，治癒的可能性很小（Mayo Clinic Staff, 2016b）。

### 學習檢定

**知識問題：**

1. 為什麼修剪大腦中的突觸數量很重要？
2. 經驗—預期的大腦發育和經驗—依賴的大腦發育有何區別？
3. 髓鞘化在大腦發育中發揮什麼作用？
4. 腦性麻痺、自閉症類群障礙和思覺失調症與大腦發育有何關聯？

**思辯問題：**

早期辨識自閉症類群障礙兒童雖能提早進行早期療育，但也有可能增加了我們將發育速度不同或發育較慢的兒童誤診為自閉症的可能性。你認為早期辨識的好處值得冒這個風險嗎？請說明你的理由。

## 感官發展

### 學習問題 5.2・嬰兒期的感官是如何發展的？

本節主要探討嬰兒期的感官發展如何將嬰兒帶入社交世界，從而與他人產生連結。心理學界早期並不認為新生兒可以理解他們的世界，這種看法持續了多年。今日，我們知道這嚴重低估了新生兒有條理地運用所有感官接收外界訊息、並對訊息做出反應的能力。所有感官都在產前開始發展，並在出生前發揮功能。雖然有些嬰兒的發展比其他嬰兒早，但無庸置疑地，新生兒可以聽、看、嚐、聞，以及對觸摸有所反應。

## 視覺

雖然新生兒的眼睛可以對焦，但他們的視力比正常成人差很多。很難測量年幼嬰兒的**視覺敏銳度（visual acuity，視力）**（看清事物細節的能力），但據估計，出生時的視力約為 20 / 400 到 20 / 800，意指視力正常成人在 400 到 800 英尺（約 122 到 244 公尺）遠的距離看到的物體，嬰兒要近到 20 英尺（約 6.1 公尺）才能看到。到 1 個月大時，視力提高到 20 / 200 至 20 / 400，6 個月大時則提高到 20 / 25 至 20 / 30。在約 3 個月大之前，嬰兒已經可以對焦面前 8 到 10 英寸（20 到 25 公分）的物體（American Optometric Association, 2013）。

在一項有成人陪同參與的研究中，研究人員模擬一組人臉給 2 或 3 天大的嬰兒看（見圖 5.10；Von Hofsten et al., 2014）。嬰兒在大約 1 英尺（約 30.5 公分）的距離內識別人臉和面部表情的表現非常好，但距離拉到約 4 英尺（約 122 公分）後，識別能力就失準了。這顯示只要離得夠近，即使是嬰兒也能辨識人臉和表情，這就是為什麼當希望嬰兒看著我們時，我們要把臉靠近嬰兒。

嬰兒較喜歡看會移動、明暗對比度高、上半部比下半部內容豐富、曲線而非直線的物體（Bjorklund & Causey, 2018）。聽起來是不是很像人臉？就算是新生兒，也比較喜歡看臉而不是其他物體。更有一些證據表明，在剛出生後的 36 小時，他們更喜歡母親的臉（Bjorklund & Causey, 2018）。相較於對方的眼睛直視他而非移開視線時，新生兒還會花更多時間注視對方的臉（Farroni, Menon, & Johnson, 2006）。想想當你抱著一個直視你的嬰兒時的感受，許多父母的反應是「這孩子認得我」，這無疑是嬰兒吸引他人與之互動的一種適應方式。事實上研究表明，當嬰兒注視母親的眼睛時，母親更有可能繼續與嬰兒親近互動（Nomikou, Rohlfing, & Szufnarowska, 2013）。

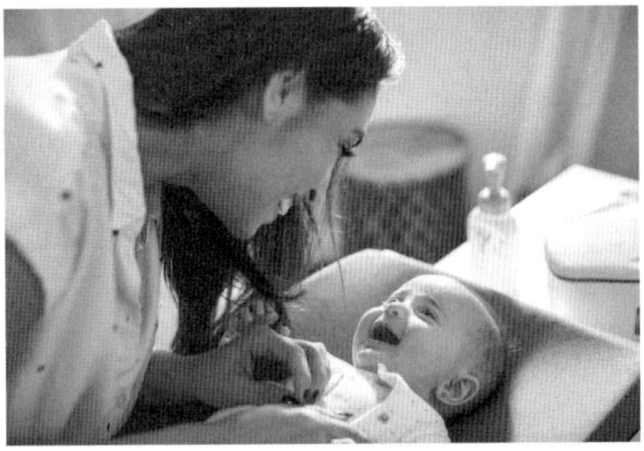

**嬰兒的視力**。從很小的時候開始，當他人看著嬰兒時，嬰兒也能注視對方的眼睛。這如何幫助嬰兒和父母形成最初的連結？

*©Istock / monkeybusinessimages*

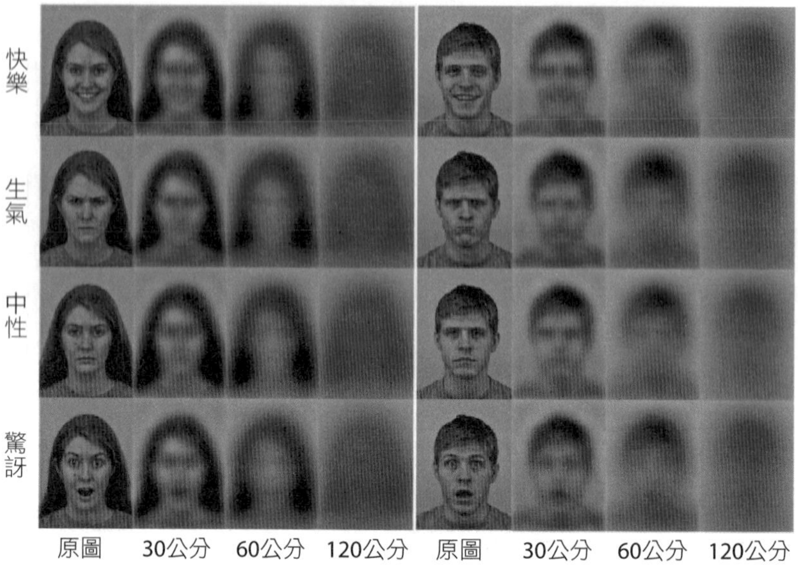


**圖 5.10　嬰兒視覺模擬**。本圖顯示嬰兒從不同距離看到的面部表情，他們的視力隨距離增加而迅速下降。這就是為什麼想引起嬰兒的反應時，我們要把臉靠近嬰兒。

資料來源：Von Hofsten, O., von Hofsten, C., Sulutvedt, U., Laeng, B., Brenne, T., & Magnussen, S. (2014). Simulating newborn face perception. *Journal of Vision*, *14*(13), 1-9.
經 The Association for Research in Vision and Ophthalmology 許可轉載。

## 聽覺

聽覺在胎兒還在子宮中時就開始發揮功能了，胎兒可以聽到母親說話的聲音、心跳聲、消化的聲音以及外界的聲音。事實上，在出生後最初幾個月，許多嬰兒似乎還需要一定程度的噪音才能入睡，這可能是因為他們在出生前就已經習慣某種程度的噪音。有些父母會使用「白噪音機」（白雜訊機、除噪助眠機）或讓真空吸塵器運轉。與環境中的其他聲音相比，嬰兒更喜歡說話聲（Shultz & Vouloumanos, 2010）或唱歌的聲音（Corbeil, Trehub, & Peretz, 2013）。到 6 個月大時，嬰兒能辨識出自己名字的聲音，聽到母親呼喚自己的名字時，他們的反應比陌生人喚名時更為強烈（Imafuku, Hakuno, Uchida-Ota, Yamamoto, & Minagawa, 2014）。第 8 章將探討更多關於聽覺在語言發展中的角色。

## 嗅覺

嬰兒天生就有嗅覺功能，對某些氣味的偏好更甚於其他氣味。他們從很小的時候就知道母親的氣味（Lipsitt & Rovee-Collier, 2012），甚至在接受會有輕微疼痛的醫療處遇（例如為了檢測而對新生兒腳後跟採血）（Nishitani et al., 2009）時，也會因為母乳氣味而平靜下來。嬰兒對輕微疼痛的反應，會因為聞到自己母親的母乳氣味、另一位母親的乳汁或嬰兒配方奶粉的氣味而不同，顯示他們在區分不同氣味方面十分敏銳。

## 味覺

嬰兒較喜歡甜味，因為母乳是甜的，所以能吸引嬰兒吸吮母乳和靠近母親。當嬰兒必須接受疼痛的醫療處遇時，甜味也可以用來安撫嬰兒，減少他們的疼痛反應（Mennella & Bobowski, 2015）。由於羊水和母乳都帶有母親所攝取食物的化學感應分子，所以嬰兒甚至在出生前就開始接觸當地食物的味道。早年對特定味道的體驗，變成日後對這些味道的接受或偏好（課前測驗第 6 題）（Harris & Coulthard, 2016）。當 14 個月大的嬰兒看到兩個語言和口音相似的人，其中一個人喜歡某種食物時，嬰兒會預期另一個人也喜歡這種食物。這顯示嬰兒對其所處社會中他人食物偏好的觀察，建立在他們早期的味覺偏好上，並有助於形成文化認同（Liberman, Woodward, Sullivan, & Kinzler, 2016）。

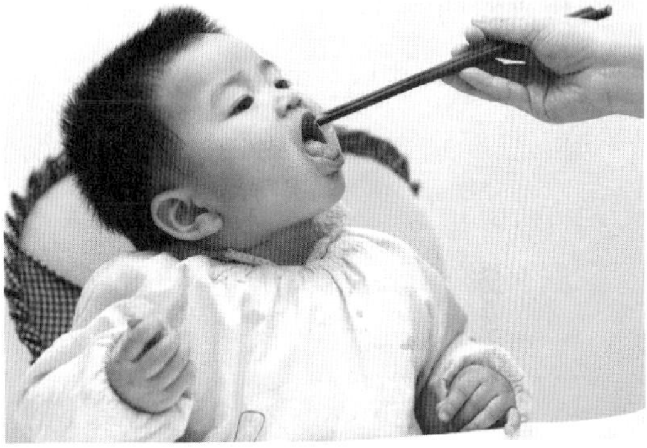

**味覺偏好**。母親的羊水帶有她所攝取的食物化學感應分子，這些分子轉而刺激胎兒出生前的嗅覺和味覺接受器。嬰兒出生後，嬰兒的食物環境進一步繼續強化與文化有關的口味和氣味偏好。

*©iStockphoto.com / bo1982*

## 觸覺

放眼世界各地，嬰兒按摩可說是寶寶的日常經驗之一，是促進母嬰連結的一種方式（Pados & McGlothen-Bell, 2019）。它能有效地安撫各種年齡的寶寶，尤其對早產兒特別有益。作為早產兒的一種護理方式，嬰兒按摩可以縮短嬰兒在新生兒加護病房的住院時間、增加體重、對哺餵程序有更好的耐受性，以及改善神經發育（Pados & McGlothen-Bell, 2019）。足月嬰兒在接受輕微疼痛的醫療處遇時，若能與母親肌膚接觸，就比較不會哭喊得太嚴重（Mennella & Bobowski, 2015）。

令人驚訝的是，直到 1980 年代，還有許多醫生認為嬰兒沒有痛覺。此信念是基於 1930 年代哥倫比亞大學心理學家 Myrtle McGraw 的研究。她宣稱有些嬰兒對針刺沒有反應，有些嬰兒則試圖掙脫並哭泣，然而她的結論是，這些嬰兒的反應只是局部反射，還不能算是高階的大腦功能，暗指嬰兒不像年長兒童和成人那樣感覺疼痛。多年來，McGraw 對於大腦功能的**推測**，被援引為嬰兒由於大腦不成熟而對疼痛不敏感的**證據**。根據這項

「研究」，醫生在為寶寶進行疼痛的醫療處遇時，鮮少施打麻醉。直到 1980 年代，研究人員才承認，在組織損傷受到刺激的情況下，心率增加和哭泣是嬰兒確實感覺疼痛的證據（Owens & Todt, 1984）。早期的研究以及對結果的錯誤解釋，提醒我們必須要謹慎，不可讓成見凌駕於我們面前的證據之上。

**包皮環切術（circumcision，或稱割包皮、割禮）**是男嬰常見的外科手術，該手術通常在出生後 10 天內，將陰莖上的包皮割除。根據一項對全球包皮手術比率的估計，全世界約有 37% 到 39% 的男性接受包皮手術，儘管這項手術在猶太人和穆斯林族裔中幾乎普遍施行（Morris, Bailis, & Wiswell, 2014）。在美國，約 77% 的男嬰接受了包皮手術，對許多家庭來說，這是一種文化傳統；但對其他家庭來說，這是個人選擇。美國兒科學會（AAP, 2012a）建議，包皮環切術的整體健康益處包括：尿路感染風險和性傳播疾病風險降低，其益處遠勝於該手術相關的微小風險。然而疼痛控制在包皮環切術中仍然重要，建議採用局部麻醉劑加上減壓措施，如沾有蔗糖的奶嘴（Sharara-Chami, Lakissian, Charafeddine, Milad, & El-Hout, 2017）。

## 感知的跨模式轉移

到目前為止，我們已經說明嬰兒如何透過個人感官去感知世界。然而，各種感官也必須合作無間。例如，閉上眼睛摸一顆蘋果，當你睜開眼睛後，出現在眼前的是一顆蘋果和一顆橘子，此時只需看一眼兩者，你就會知道剛剛摸的是蘋果而不是橘子。換句話說，你對「蘋果」的感知從觸覺模式跨移到視覺模式。即使在出生後不久，嬰兒就能展現出某些跨模式配對的能力。隨著年齡增長，他們在這方面的效率會更高，在所處世界中擁有更多看、觸、聽、嗅和品嚐事物的經驗（Bremner & Spence, 2017）。

有許多專為幼兒設計的玩具涵蓋運用感官探索世界的功能，「主動學習：玩具如何刺激嬰兒的感官」帶領我們一起認識某些玩具常見的特色。

## 主動學習

### 玩具如何刺激嬰兒的感官

這些玩具為嬰兒提供各式各樣的活動和體驗。請找出這些玩具至少能提供嬰兒哪四種不同的適當感官刺激。

彩色版圖片

*©Vlad Fishman / Moment / Getty Images*

建議答案：

1.鮮豔的色彩提供視覺刺激。2.玩具的不同質地促進觸覺發展。3.手搖鈴和其他玩具發出的聲音能刺激聽力。4.人臉形的填充玩偶和黑白分明的圖樣吸引嬰兒的注意。

綜合上述，嬰兒更喜歡注視人臉，天生就會「看著你的眼」、認出母親的聲音，更喜歡母親的氣味和母乳的味道。顯然，從出生的那一刻起，我們就已經準備好進入一個社交世界，準備好要與照顧者建立關係。雖然真正的依戀要到 1 歲之後才會發展，但正如第 9 章所述，嬰兒更喜歡那個照顧他們的特定人物，並且具有與生俱來的機制吸引這些人與他們建立關係。

## 學習檢定

**知識問題：**

1. 為什麼嬰兒喜歡注視人臉？
2. 嬰兒如何在其文化中培養出對食物的偏好？
3. 對男嬰施行包皮環切術時，在疼痛管理方面有哪些可行建議？

**思辯問題：**

為什麼我們很容易低估嬰兒的感官能力？

# 身體的成長與變化

## 學習問題 5.3．從嬰兒期到青春期，兒童的身體經歷哪些變化？

本節將說明身體比例如何從嬰兒的大頭小身成長為成人的比例。在兒童中期，骨骼拉長、肌肉變強、乳齒被恆齒取代。最後說明隨著兒童進入性成熟期，身體在青春期發生的主要變化，以及青春期成熟的結果。

### 身體比例變化

嬰兒的身體比例與年齡較大兒童或成人的比例非常不同。與小而看似瘦弱無助的身體相比，新生嬰兒的頭顯得非常大。找一位幼兒進行「主動學習：身高與頭部的比例（頭身比）」中描述的活動，就可親眼見證與頭部大小相比，幼兒的手臂有多短。

除了大頭之外，嬰兒還具有大眼、小鼻子小嘴巴、臉頰肥嘟嘟等特徵。這些外觀可能有演化上的原因，它讓嬰兒看起來很可愛，讓人情不自禁想照顧他們（Kringelbach, Stark, Alexander, Bornstein, & Stein, 2016）。的確，照顧嬰兒在很多方面非常令人不快，得把屎把尿、忍受難聞的氣味和徹夜難眠。儘管照顧嬰兒實屬不易，但我們仍願意去保護和養育嬰兒，部分原因即是他們的面部特徵帶來的效果。

**嬰兒的面部特徵。**你可以看出這些照片中嬰兒惹人憐愛的面部特徵嗎？嬰兒的大頭、圓臉和大眼是吸引和激發我們照顧嬰兒的特徵。

*©Elke Van de Velde / Photodisc / Getty Images / Moodboard / Cultura / Getty Images / iStockphoto. com / bmcchristy*

主動學習

### 身高與頭部的比例（頭身比）

請你舉起右手越過頭頂觸摸左耳。沒問題，對吧？現在讓學步兒或學齡前兒童做同樣的動作，必要時幫他一把。最有可能出現的情況是，幼兒的手搆不到另一隻耳朵，因為他們的頭身比相較成人的頭身比大得多。隨著兒童日漸成長，手腳也會跟著變長，身體其他部位的大小也會追上頭部。

2 歲前的嬰幼兒成長速度十分驚人。約 5 個月大時，體重比出生時增加一倍，滿周歲時增加三倍。在上述同一時間，身高比出生時約增加 10 英寸（25.4 公分）或 50% 的長度。這樣的增長率若發生在 11 或 12 歲的孩子身上，後果不堪設想。但在滿 2 歲之後，生長就會趨緩，2 歲幼兒的身高，約為長大成人後身高的一半。所以要預測兒童的成年身高，可以把 2 歲幼兒的身高乘以兩倍；但較佳的預測指標是家族成員的身高。假設營養充足，身高極大部分受遺傳影響，所以兒童長大成年後的身高，很可能會落在近親身高的範圍內。

隨著兒童早期的生長速度減慢，兒童的軀幹和四肢大小追上提早生長的頭部，身體比例變得更像成人，圖 5.11 顯示從出生到 15 歲半之間的頭身比變化。骨骼末端的生長中心繼續維持柔軟，直到青春期的某個時候，末端才會變硬並停止生長。

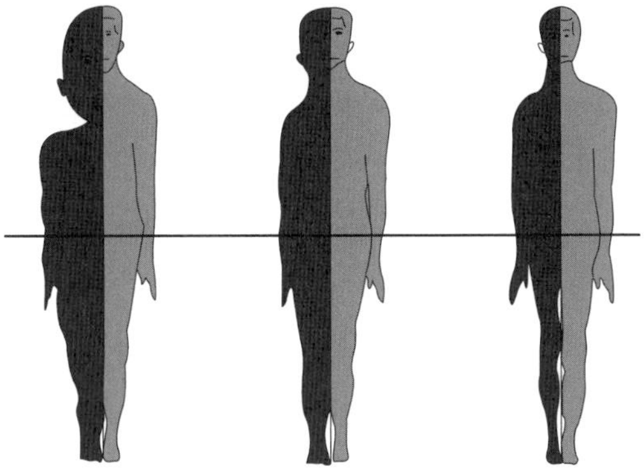


**圖 5.11　身體的比例變化**。隨著逐漸成長到兒童期，原本在嬰兒期特別大的頭部，生長速度變得比軀幹和下肢慢，到最後身體比例看起來更像成人。

**資料來源**：Burdi, Huelke, Snyder, & Lowrey (1969).

在兒童早期，體內脂肪和肌肉的比例也在變化。男孩和女孩都會減脂和增肌，但比例略有不同。5 歲大時，女孩的脂肪比男孩略多，男孩的肌肉略多（Sakai, Demura, & Fujii, 2012）。在兒童中期，成長繼續以穩定的速度增加，男孩和女孩的身高每年增加約 2 英寸（約 5.08 公分），體重每年增加約 6.5 磅（約 2.95 公斤）（American Academy of Pediatrics, 2019c）。

在青春期早期，生長激素與性激素（尤其是青少女的雌激素和青少男的睪固酮）共同作用，產生一個名為**青春期成長陡增（adolescent growth spurt）**的身高快速增長期。青春期開始的年齡以及完成的過程快慢因人而異，但女孩平均比男孩早兩年開始成長陡增，在 11 歲半時達到高峰，男孩則在 13 歲時達到高峰（U.S. National Library of Medicine,

2019b）。在青春期的成長高峰期，青少年可以在一年內增加 4 英寸（約 10.16 公分）的身高，女孩在 16 歲左右，男孩在 18 歲左右生長趨緩。

**青春期早期的成長**。由於女孩比男孩更早進入青春期，因此她們在青春期早期顯得較高。男孩通常會在青春期後期迎頭趕上，長得比女孩還高。

*©Istock / Highwaystarz-Photography*

## 牙齒

隨著身體的增長和比例變化，兒童的臉部也跟著發生變化。變化原因之一是牙齒發育，一般嬰兒出生時沒有牙齒（大多數哺乳媽媽都慶幸這一點），但在 1 歲之前，乳齒（baby teeth）就會長出來了。然而，乳齒的壽命不長，恆齒開始通過牙齦向外推，使乳齒鬆動。大約在 6 歲時，第一顆乳齒開始掉落，臼齒（口腔後部的牙齒）則通常要到 10 至 12 歲左右才會掉落。為什麼我們會換牙？與骨骼不同，牙齒不會長大，取而代之的是在牙齦下長出更大的牙齒，這些牙齒最終會往外推出，並取代較小的牙齒。

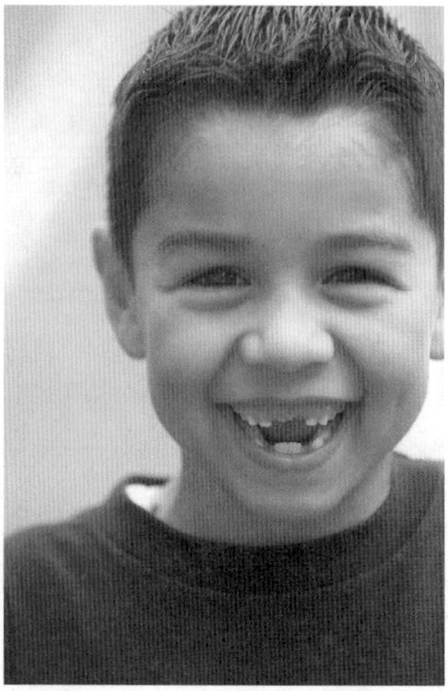

**乳齒掉落**。你曾像這個小男孩一樣因乳齒掉落而興奮不已嗎？請注意，他的兩顆下門牙是新長出來的，而且比其他牙齒大。

*©Mitch Diamond / Alamy Stock Photo*

## 性發育

儘管青春期（adolescence）與青春期發育（puberty）密不可分，但青春期發育順序中最早出現的事件，可能比許多人意識到的還要早，通常是在 8 歲左右（課前測驗第 7

題）（U.S. National Library of Medicine, 2019b）。**前青春期**（**prepubescence**）是指青春期發育開始的前幾年，荷爾蒙開始發生變化。在 5 到 9 歲之間的某個時間點，腎上腺會增加男孩和女孩體內的雄激素分泌。這些荷爾蒙與之後男孩鬍鬚生長和肌肉質量增加，以及男孩和女孩的陰毛、腋毛生長有關。幾年後，女孩卵巢分泌的雌激素會觸發子宮、陰道和乳房的生長變化，促使女性的脂肪堆積在特定部位。雌激素也是維持女孩月經週期不可或缺的荷爾蒙，月經週期最早可從 10 歲開始。圖 5.12 顯示一般青春期發育變化開始的年齡範圍。若女孩在 8 歲之前、男孩在 9 歲之前開始青春期發育，稱為**性早熟**（**precocious puberty**），原因可能是荷爾蒙失調或腦瘤，但許多情況原因不明（Kaplowitz, 2018），也有可能只是發育得比同齡者早。

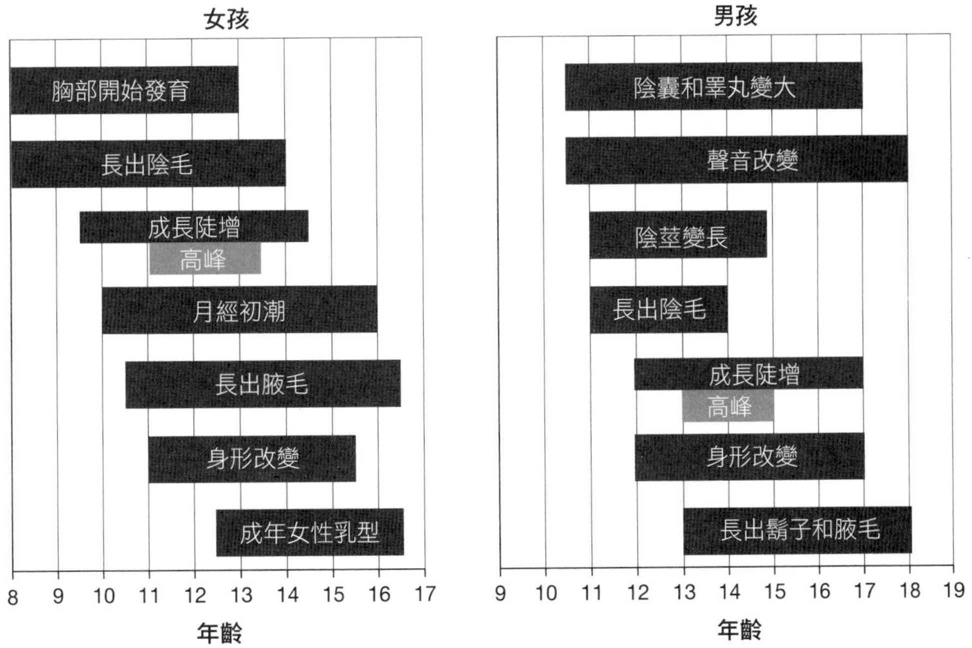


**圖 5.12　青春期發育順序**。青春期的性發育出現一系列的變化，變化的時間和速度因人而異，本圖顯示重要的性發育典型順序和發育的正常範圍。

**資料來源：**From the Merck Manual Consumer Version (Known as the Merck Manual in the US and Canada and the MSD Manual in the rest of the world), edited by Robert Porter. Copyright 2020 by Merck Sharp & Dohme Corp., a subsidiary of Merck & Co., Inc., Kenilworth, NJ. Available at http://www.merckmanuals.com / home. Accessed June 2020.

**青春期發育**（**puberty**）是發生在青春期的身體變化，使個體能夠進行有性生殖，女孩的開始和結束時間都比男孩早。青春期發育分成第一性徵發育和第二性徵發育。**第一性徵**（**primary sex characteristics**）係指生殖器官的變化——如女性的陰道、卵巢和子宮，以及男性的睪丸和陰莖。對於女性來說，這個過程在**初潮**（**menarche**）（第一次月經或初經）

和排卵開始時達到高峰。對男性來說，則指**初精**（**spermarche**）或有製造活性精子的能力。與性別相關，但不直接涉及生殖器官的特徵是**第二性徵**（**secondary sex characteristics**）。女性的乳房發育、男性的聲音變粗，以及男女兩性的陰毛和腋毛生長，都是第二性徵的例子，也是兒童身體成熟的重要外在標誌。這些變化常會影響同儕和成人與青少年互動的方式。由於青少年看起來不像兒童，而是更像成人，因此他們往往被當作成人來看待。

## 青春期發育的時間

許多因素會影響青春期發育的時間。遺傳扮演了一個重要的角色，因為母親青春期發育的年齡，與其子女青春期發育年齡有關（Sørensen, Brix, Ernst, Lauridsen, & Ramlau-Hansen, 2018）。平均而言，非裔兒童比拉美裔兒童更早性成熟，而拉美裔兒童又比非拉美裔白人兒童發育得更早（Herman-Giddens et al., 2012; Herman-Giddens, 2013）。環境中稱為**內分泌干擾物**的化學物質也可能發揮作用，因為它們會影響身體的荷爾蒙（或內分泌）系統。正如第 4 章所述，**內分泌干擾物**可見於食物、飲用水、空氣、土壤、室內灰塵，以及各種家用和商業化學製品中的化學物質。一些研究發現，與女孩青春期發育提前有關的化學物質，與造成男孩青春期延遲有關的化學物質雷同（Meeker, 2012），但目前尚不清楚造成這種性別差異的原因。

一項對近 5,000 名女孩及其母親的縱貫研究發現，與低社經地位有關的幾個變項，包括承受更大的壓力和女孩超重的可能性越大，都與初潮提前有關（Deardorff, Abrams, Ekwaru, & Rehkopf, 2014）。體重之所以成為一個因素，是因為女孩必須具備一定比率的體脂肪，才能開始和維持正常的月經週期。雖然體脂肪和女孩的青春期發育時間有關已經得到確認，但無法確定其是否與男孩的青春期發育時間有關。一項研究發現，超重（overweight）男孩的青春期發育較早，而肥胖（obese）男孩的青春期發育則較晚（Lee et al., 2016）。

由於青春期的身體變化對其他人如何看待青少年有著深遠的影響，因此比同齡者相對更早或更晚經歷這些變化，會對發展產生重大影響。許多研究審視早熟的後果，發現許多負面結果的風險增加，包括：反社會行為、物質使用、危險性行為、注意力問題、憂鬱和飲食障礙（Ullsperger & Nikolas, 2017）。早熟將男孩和女孩置於危險境地，但對女性的不利影響普遍大於男性（Graber, 2013; Negriff & Susman, 2011; Weir, 2016）。早熟男孩在青春期早期比同齡者身高更高、體重更重，因此他們更有可能成為運動選手，使他們在同儕團體中享有優越的地位，似乎可以保護他們免受一些（但不是全部）發展風險（Mendle & Ferrero, 2012）。我們對晚熟的影響仍知之甚少。

該怎麼解釋男孩和女孩的早熟，與日後成長風險之間的關聯？一種解釋是，當青少年的外表看起來更成熟時，成人對他們的期望更高。但青少年的認知能力和情緒能力並未以與身體特徵相同的速度成熟，且成人並沒有提供足夠的支持來協助青少年滿足這些更高的期望（Jormanainen, Fröjd, Marttunen, & Kaltiala-Heino, 2014; Ullsperger & Nikolas, 2017）。還有一種可能是，早熟的青少年更喜歡和外表相似的年長人士相處，而這些年長人士會帶他們涉足心理或認知能力還沒準備好應對的行為（Goldstein, 2011; Marceau, Ram, Houts, Grimm, & Susman, 2011）。例如，他們更有可能嘗試飲酒（Dickson, Laursen, Stattin, & Kerr, 2015）。女孩的另一個風險是：一個身體成熟但年紀尚輕的青少女，特別容易受同儕壓力的影響而發生性行為，因為她還沒有成熟的認知能力來知道要或不要、何時或如何說不，以及堅持原則不去做（Graber, 2013）。早熟的青少男從事性行為時，不太可能使用避孕措施（Downing & Bellis, 2009），顯示他們在認知和情緒方面還沒有為這種轉變做好準備。

早熟女孩面臨到很多困境，為此她顯得與同齡女孩格格不入，可能遭到排擠；早熟甚至可能招致嫉妒或羨慕。男孩（尤其是年紀較大的男孩）的關注及早熟女孩的受矚目程度，往往使她們成為同儕謠言和八卦的攻擊目標（Reynolds & Juvonen, 2011）。由於過於在意自己與同儕的身體差異，她們在社交場合也比較容易焦慮（Blumenthal et al., 2011）。

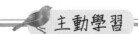

到高中結束前，幾乎所有青少年都歷經青春期發育的身體變化，早熟和晚熟的差別已經沒有多大意義（Jormanainen et al., 2014）。除非身體成熟的時間差異導致青少年從事其他有問題的危險行為，否則青少年在這點上再次處於相當公平的競爭條件中。「主動學習：青春期發育的時間」可以幫助你反思自己的青春期發育經驗。

主動學習

## 青春期發育的時間

回想你青春期發育的那段時光。你還記得你的變化是在你的同齡者之前、之後或同時發生的嗎？當你與他人比較時，這些比較是否有利於你？為什麼？與其他人討論你的經歷，瞭解更多關於青春期發育的經驗和時間變化的範圍，以及這些差異對青少年發育的可能影響。

## 性成熟的風險

隨著青少年生長成熟，許多人對戀愛關係益發嚮往，有些人甚至對性躍躍欲試。2017年，有 40% 的美國高中生表示至少有過一次性行為（課前測驗第 8 題）（Witwer, Jones, & Lindberg, 2018）。當青少年嘗試性行為，就會帶來懷孕和感染性傳播疾病的風險。

## 青少女懷孕

2017 年，美國青少女生育率創下歷史新低（見圖 5.13；CDC, 2019a）。儘管非裔和拉美裔青少女的生育率是非拉美裔白人青少女的兩倍之多，但近年來所有族裔的生育率都有下降趨勢。懷孕率下降的原因是性行為活躍的青少年減少，以及使用避孕措施的人數增加。儘管生育率下降，但美國的青少女懷孕率仍遠高於其他西方和工業化國家（CDC, 2019a; World Data Bank, 2015）。美國青少女的生育率是加拿大的 2.5 倍、德國或挪威的 4 倍、瑞士的 10 倍（Kearney & Levine, 2012）。

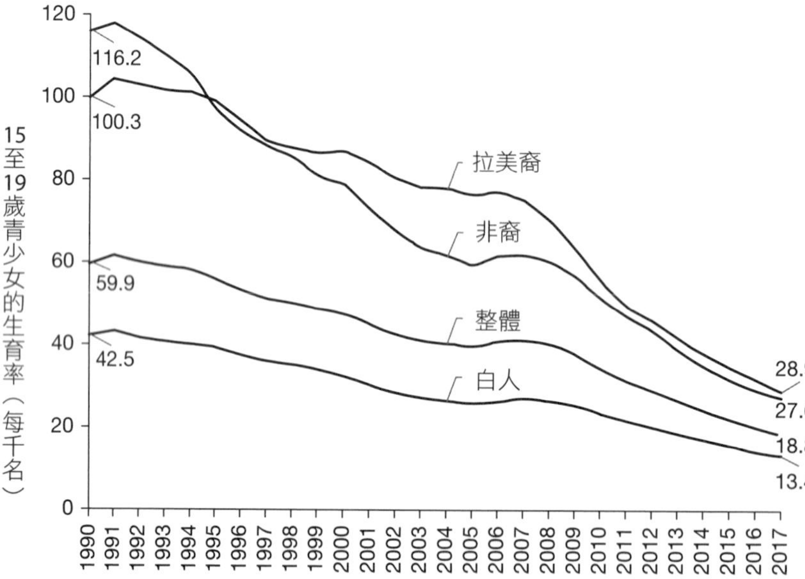


**圖 5.13　青少女生育率下降**。近年來，美國青少女生育率持續下降，2017 年創下歷史新低。雖然各族群的生育率逐年下降，但不同族裔背景的青少女之間仍存在相當大的差異。

**資料來源**：Centers for Disease Control and Prevention (2019a).

青春期懷孕生子對母親、孩子和社會都有影響。在高中時期生子的青少女中，只有半數繼續就讀直到畢業，而沒有生育的青少女完成高中學業的比例為 90%。未能高中畢業會導致日後的收入降低和貧困率升高。青少女小媽媽的孩子長大入學後學業成績較低、健康問題較多、更有可能在青少年時期犯罪入獄、年紀輕輕就失業，青少女小媽媽的女兒日後也更有可能在青春期懷孕（CDC, 2019a）。

**青少女懷孕**。這位與眾不同的青少女小媽媽正在攻讀大學學位。高中在學期間懷孕生子的青少女，只有半數能完成高中學業。

*©John Raoux / Associated Press*

非營利和無黨派研究機構「兒童趨勢」（Child Trends）評估美國境內各種用於改善青少年生殖健康決策方法的有效性，包括從事性行為的決定或使用避孕措施（Fish, Manlove, Anderson, & Mass, 2014）。研究屢次發現有效的計畫為包含改善父母與青少年溝通的計畫（特別是關於性行為和戀愛關係溝通的計畫），以及專為目標人口（特別是非裔和拉美裔青少年）的文化特色而設計調整的計畫。最有效的計畫還包括鼓勵青少年主動參與，而不僅是單方面向他們講課。只針對女校（而不是男女同校）和提供個別化服務（而不是為一小團體提供服務）的計畫也很有效（Juras, Tanner-Smith, Kelsey, Lipsey, & Layzer, 2019）。

有許多能有效改變青少年行為的方案，稱為全面式性教育課程。**全面式性教育課程（comprehensive sex education program）**是經醫學證實、有實證基礎且適合所有年齡的性教育課程。其涵蓋與性相關的廣泛主題，從兒童早期就可開始實施並持續終生，包括延遲性行為的好處，及避孕方法的相關訊息（ACOG, 2016 / 再次聲明，2018）。儘管節欲是全面式性教育課程的一部分，但研究發現僅著眼於節欲的計畫相當無效（Donovan, 2017）。我們必須找到協助青少年培養能力的方法，這些能力可保護青少年免於從事危險性活動及其他高風險行為。另一種有效的方法是提升個人整體的健康，而不是將青少年視為「需要克制強烈性衝動」的人（Allen, Seitz, & Apfel, 2007, p. 197）。

## 性傳播感染和性傳播疾病

性行為活躍的青少年也有罹患**性傳播感染（sexually transmitted infection, STI）**或**性傳播疾病（sexually transmitted disease, STD）**的風險。儘管這些名詞有時可以互換使用，但性傳播感染是經由親密接觸，將微生物從一個人傳播到另一個人所引起的，在出現症狀之前，這種感染並不能算是性傳播疾病（Shannon-Karasik, 2018）。儘管性傳播感染總是早於性傳播疾病，但並非所有性傳播感染都會演變成性傳播疾病。

美國疾病管制與預防中心（CDC, 2018g）估計，每年約有 1,900 萬人是新確診的性傳播疾病患者，其中一半發生在 15 至 24 歲的年輕人中。這個年齡層的性活躍女孩和女性中，有四分之一罹患性傳播疾病（CDC, 2018g）。當然，許多病例未被診斷出來，因此這些統計數據低估了實際病例數。

許多性傳播感染並不會讓個體產生應該就醫的自覺症狀。例如，人類乳突病毒（genital human papillomavirus, HPV）是美國最常見的性傳播感染，但多數感染患者並不知道自己罹病。雖然絕大多數的病例在無需治療的情況下，人體的免疫系統可以在感染兩年內清除體內感染，但感染也有可能會繼續惡化成癌細胞（CDC, 2018b）。2006 年 6 月，美國食品藥物管理局批准了一種可以預防最有可能導致子宮頸癌的 HPV 疫苗。自疫苗推出以來的 10 年間，14 至 19 歲青少女的 HPV 感染率下降了 86%。2017 年，幾乎達半數的美國青少女已經接受三劑疫苗注射，得到全面的預防保護；三分之二的青少女也至少注射一劑疫苗（CDC, 2018i）。CDC 建議在 13 歲之前完成一系列疫苗注射，但某些家長不願意相信他們的青春期女兒在這麼小的年紀就需要保護，因此推遲預防接種。小兒科醫生應該好好地告知家長早期預防接種和完整注射的重要性（Rubin, 2015）。

其他常見的性傳播感染，包括衣原體、淋病和梅毒等細菌感染，是可以治療並治癒的。若放著不管，未來可能導致嚴重的併發症。病毒感染，如 HIV / AIDS（人類免疫缺乏病毒 / 愛滋病）、B 型肝炎和皰疹，只能給予治療而無法根治。許多年輕人並不知道，在全美 50 個州，14 歲以上的青少年無需父母同意，即可獲得性傳播感染治療（課前測驗第 9 題）（Guttmacher Institute, 2019）。

2017 年，13 至 24 歲的年輕人估計約占新確診為 HIV 者的 21%（CDC, 2019g）。談到青少年 HIV 病例數時，我們需謹記，這種感染大約需要 10 年的時間才會發病。如果在青少年時期受到感染，症狀可能要到二十多歲或更晚才變得明顯，因此 HIV 的最終感染率可能會高出許多。

與年輕女性相比，年輕男性新感染 HIV 的風險更大，而年輕非裔男性的風險更是大得多。性教育不足，尤其是男同志和雙性戀男性的 HIV 檢測率低以及保險套使用率低，都是造成 HIV 高感染率的因素。不幸的是，青少年和年輕人是最少得到醫療照護的年齡層。當 HIV 感染者服用必要的藥物，將體內病毒抑制到偵測不出來（undetectable）的水平時（譯注：測不到即不具傳染力），就可以保持健康狀態，也不會有將病毒傳播給 HIV 陰性伴侶的風險。

## 學習檢定

**知識問題：**

1. 從嬰兒期到兒童中期，身體比例如何變化？
2. 前青春期會發生哪些身體變化？
3. 青春期發育早熟和晚熟對男孩和女孩各會造成哪些後果？
4. 有效的青少女懷孕預防計畫具有哪些特點？
5. STI 和 STD 有什麼區別？

**思辯問題：**

年輕人在開始性行為之前接種 HPV 疫苗最為有效，但某些家長不願意為家中的青春期女兒接種疫苗。有哪些方法可以減少父母的反對阻力？

# 動作發展

## 學習問題 5.4・哪些因素會影響和形塑動作發展？

隨著幼兒身體的成長和變化，他們的身體能力也在發展。本節將從新生兒的第一個動作——反射，開始檢視動作技巧的發展。接著說明神經系統的髓鞘化在完成關鍵動作發展順序中發揮的作用，最後則說明影響兒童動作技巧和身體覺知發展的其他因素。

### 新生兒反射

新生兒無法自行四處走動，他們還無法好好控制自己的四肢。但是自出生的那一刻起，他們就有一套不自主、規律的動作反應，稱為**反射**（**reflexes**），是新生兒神經系統的本能反應。反射由較低階的大腦中樞控制，不需要學習，但隨著大腦高階中樞在生命的最初幾個月發育，大多數反射會在預期時間內消失（見表 5.1），並被自主和有意向的行為所取代。例如，輕觸新生兒的臉頰，他會反射性地轉向被碰觸的方向，讓自己處於哺餵位置。然而過不了多久，即使是小嬰兒也能覺察即將被哺餵的信號，哺餵時間快到時，小嬰兒就會轉向照顧者的方向，成為一種自主行為。反射和自主行為並非完全不同的反應類型。反射和自主行為的不同組合，代表的是動作發展過程的連續光譜。但是，如果沒有反射、或反射應消失而未消失，則可能有神經系統方面的問題，應由醫生對新生兒進行評估。

### 動作技巧發展

兒童的發展包括運用身體大肌肉群（例如雙腿和手臂）的**粗大動作技巧**（**gross motor skills**）和執行小動作（主要是手和手指，但也包括嘴唇和舌頭）的**精細動作技巧**（**fine motor skills**）。這兩種技巧的發展都與大腦和整個神經系統的發育，以及促進或抑制兒童身體活動的經驗有關。

表 5.1　新生兒反射

| 反射 | 說明 | 消失時間 |
| --- | --- | --- |
| 吸吮反射（Sucking reflex） | 拿東西碰觸嬰兒的嘴唇上端，嬰兒會用嘴巴含住，反射性地吸吮。 | 約 2 個月大時 |
| 爬行反射（Crawling reflex） | 讓嬰兒趴著，即使無法向前移動，嬰兒的腿也會做出爬行的動作。 | 約 2 個月大時 |
| 莫洛反射（Moro reflex）/（或稱驚嚇反射，Startle reflex） | 當嬰兒失去支撐、感覺自己快要跌倒，或聽到很大的聲響時，會向外揮動手臂和雙腿。多數嬰兒受到驚嚇時會哭泣，接著將四肢縮回。 | 約 2-3 個月大時 |
| 踏步反射（Stepping reflex） | 扶起嬰兒，但讓他的雙腳著地，嬰兒會抬起腳做出「走路」的動作。 | 約 2-3 個月大時 |
| 巴賓斯基反射（Babinski reflex） | 輕撫嬰兒腳底一側，嬰兒的大姆趾會向上翹，其他腳趾則呈扇形散開。 | 約 4 個月大時 |
| 頸部張力反射（Tonic neck reflex） | 讓嬰兒仰臥，頭轉向一側，嬰兒會朝面對的方向伸出手臂和腿，並將另一側的手臂和腿向內拉，也稱為「擊劍姿勢」。 | 約 5-7 個月大時 |
| 尋乳反射（Rooting reflex） | 輕觸嬰兒的臉頰，嬰兒會轉向被碰觸的方向並用嘴吸吮。 | 約 4 個月大時 |
| 抓取反射（Palmar grasp） | 以手指碰觸嬰兒的手心時，嬰兒會反握緊手指。 | 約 5-6 個月大時 |
| 作嘔反射（Gag reflex） | 嬰兒的反射性嘔吐可避免窒息。 | 不會消失 |
| 眨眼反射（Blinking reflex） | 當眼睛被碰觸或突然暴露在強光下時，嬰兒會眨眼。 | 不會消失 |

**資料來源：**修改自 American Academy of Pediatrics (2014a); U.S. National Library of Medicine (2019c).

## 運動神經元髓鞘化

大腦透過脊髓連接身體的所有神經元。前面提到，當連接神經元的軸突被名為髓磷脂的脂肪物質包覆時，神經系統的工作效率會更好。運動神經元的髓鞘化在出生時尚未完成，身體神經系統裡的髓鞘朝兩個方向發展：從上到下（**從頭到尾的發展** [cephalocaudal] 方向）和從軀幹向外延伸到手指和腳趾（**從軀幹到四肢的發展 [proximodistal]** 方向）。嬰兒掌控身體的順序，反映出這些髓鞘化的模式。

髓鞘化從頭到尾的發展方向，產生的結果是嬰兒先從掌控頭部開始，逐而向下到能掌控身體，如下頁圖所示。

**頭部和頸部**：新生嬰兒的父母必須小心扶住嬰兒的頭部，但隨著髓鞘化向下發育，嬰兒逐漸能夠自行抬起頭部。

*©Istock / Ju Photographer*

**頸部和肩部**：俯臥的嬰兒動彈不得，但隨著髓鞘化沿著頸部向下形成，嬰兒能夠抬起頭來看看世界。

*©iStockphoto.com / Greenseas*

**肩膀**：隨著逐漸能夠控制肩膀，嬰兒達到下一個里程碑——翻身，從仰姿翻成俯姿，從俯姿翻成仰姿。

*©Shutterstock / Gabriela Insuratelu*

**手臂和胸部**：藉由控制這塊區域，嬰兒能夠用手臂撐起上半身，以觀察周圍更大的區域。然而，他的雙腿仍只會平放。

*©Lostinbids / E+ / Getty Images*

**臀部**：當嬰兒能控制臀部和背部時，就可以坐起來了。剛開始還要靠著支撐物，之後才能自行坐起。

*©iStockphoto.com / Yobro10*

**大腿**：透過控制雙腿，嬰兒可以拉動雙腿開始爬行。一開始通常是往後爬，部分原因是他們控制手臂的能力優於雙腿。

*©iStockphoto.com / szeyuen*

**小腿**：隨著控制能力從大腿延伸到小腿下部，幼兒開始抓著家具站起來。

*©iStockphoto.com / Orbon Alija*

**雙腳**：獨立行走需要控制雙腳。一開始，幼兒走路時雙腳分得很開，並舉起雙手以保持平衡。隨著他們愈來愈能控制雙腳和腳趾及平衡能力增強，他們的步態變得更像成人。

*©iStockphoto.com / lostinbids*

**動作技巧從頭到尾的發展**。圖片顯示從頭到尾或從上到下的髓鞘化發展方向。

髓鞘化從軀幹到四肢的發展方向，亦即從身體的中心軸向外延伸到四肢末端，形成動作發展的步驟如下：

1. 軀幹：翻身、控制胸部和肩膀。

2. 手臂：控制手臂的能力始於揮撥眼前的物件。能用手臂從地板上撐起身體，最後發展為爬行。

3. 手：有目的地抓握物件。用所有的手指挖起物件，也就是所謂的**手掌抓握**（palmar grasp）。

4. 手指：控制手指意指可以使用拇指和食指撿起像麥片一樣小的東西，稱為**鉗式抓握**（pincer grasp）。漸長之後，才會控制其他手指，也就是用**三腳架抓握**（tripod grasp）方式，用拇指、食指和中指握住鉛筆。

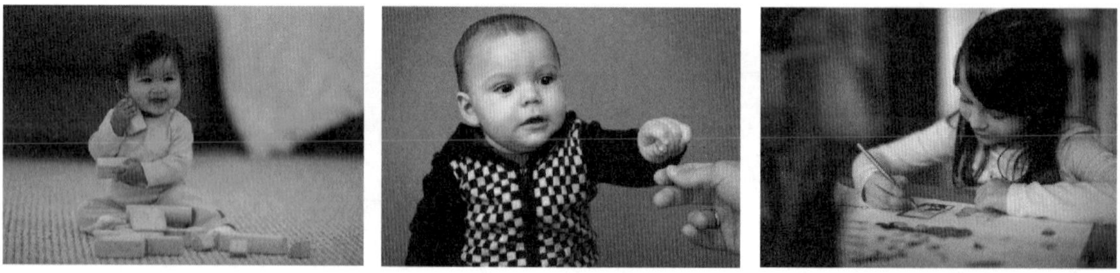

*©iStockphoto.com / FatCamera*　*©iStockphoto.com / Sdominick*　*©iStockphoto.com / damircudic*

**從軀幹到四肢的動作技巧發展**。看看你的握筆方式，你使用哪些手指，以及如何使用這些手指？將你使用手的方式與這些幼兒相比較。這些照片展示幼兒從手掌抓握到鉗式抓握，再到三腳架抓握的進展過程，愈來愈能掌握精細動作技巧。

利用「主動學習：動作技巧發展清單」來瞭解嬰幼兒的動作技巧發展。

## 主動學習

## 動作技巧發展清單

以下的動作技巧清單顯示一般嬰兒的粗大動作技巧發展。運用此表觀察 2 歲以下的嬰幼兒，看看他們的能力是否落在平均範圍或符合典型的反應。然而，個體之間存在很大差異，並非每個嬰兒都能在特定年齡達成所有預期的動作，但他們的發展仍算是在正常範圍內。

你對嬰幼兒可以或不能做到什麼動作感到驚訝嗎？將你的觀察結果與其他人的觀察結果進行比較。能否看到不同年齡嬰幼兒的身體發展趨勢？同齡嬰幼兒之間是否有個別差異？

| 動作技巧 | 平均 | 年齡範圍 |
|---|---|---|
| 保持頭部直立和穩定 | 1.6 個月 | 0.7-4 個月 |
| 在有支撐的情況下坐著 | 2.3 個月 | 1-5 個月 |
| 躺著時能抬起頭、肩膀和前臂 | 3.5 個月 | 2-4.5 個月 |
| 在沒有支撐的情況下坐著一會兒 | 5.3 個月 | 4-8 個月 |
| 用一隻手伸手去拿 | 5.4 個月 | 4-8 個月 |
| 翻身 | 6.4 個月 | 4-10 個月 |
| 爬行和抓住物體站起來 | 8.1 個月 | 5-12 個月 |
| 用手扶著東西走路 | 8.8 個月 | 6-12 個月 |
| 在沒有支撐的情況下站立一會兒 | 11 個月 | 9-16 個月 |
| 獨立行走 | 11.7 個月 | 9-16 個月 |

**資料來源**：American Academy of Pediatrics: Bright Futures (n.d.); 修改自 Bayley (1969).

## 環境在動作發展中的角色

雖然大腦發育對動作技巧的發展不可或缺，但它並非唯一涉及的因素，環境經驗也發揮了作用。例如，安全睡眠計畫（Safe to Sleep program）建議讓嬰兒仰睡以降低嬰兒猝死症候群的風險，結果造成嬰兒的爬行年齡延後。當嬰兒仰臥時，即無法用手臂和雙腿推擠堅硬表面，藉擺動而獲得刺激以強化肌肉。因此，兒科醫師等專家也建議務必讓嬰兒在成人的監督下，每天有一些「俯臥時間」（tummy time）（NIH, n.d.a）。

文化習俗也會影響動作發展。例如，在印度和非洲的某些地區，父母會主動幫嬰兒按摩和鍛鍊身體，並刻意教他們坐和走。因此，當地幼兒會坐和走的時間，往往比文化中不那麼強調親子互動的幼兒更早（Karasik, Adolph, Tamis-LeMonda, & Bornstein, 2010; Super, Harkness, Barry, & Zeitlin, 2011）。然而，平均年齡往往掩蓋了個別兒童差異相當大的事實，事實上，美國的某些幼兒比肯亞的某些幼兒更早發展出這些動作技巧（Karasik, Tamis-LeMonda, Adolph, & Bornstein, 2015）。

動作技巧的發展是許多因素交互作用的結果。大腦發育、身體成長、環境經驗、遺傳和動機都在每位兒童的動作技巧發展中占有一席之地。

## 動作發展的影響

動作技巧與嬰幼兒其他領域的發展交互作用。在一項經典研究中，Eleanor Gibson 結合爬行的發展與深度知覺的發展，首創名為**視覺懸崖**（visual cliff）的裝置，如圖 5.14 所示。這個由透明壓克力板覆蓋的桌子，給人一種會從桌子側邊的高度掉到地板上的錯覺，事實上嬰兒並不會摔落（Gibson & Walk, 1960）。她發現，在嬰兒學會爬行大約 4 到 6 週後，開始拒絕爬過視覺懸崖。她認為，嬰兒天生沒有高度的概念，而是透過學習爬行和體驗移動時的高低，從而產生對高度的意識和恐懼。然而，近年來，其他學者則認為嬰兒之所以避開懸崖，並不是對高度有了新的理解，而是因為他們愈來愈有能力覺知自己的身體和環境之間的關係（Adolph, Kretch, & LoBue, 2014）。爬行的經驗會增加嬰兒對自己身體以及身體與周遭世界關係的認識，因此他們知道什麼時候可以熟練地爬下懸崖，什麼時候對他們來說太高了。當幼兒第一次走路時，他們必須重新學習這一點。剛開始的時候，他們是想也沒想，便直接從懸崖上走過去（Kretch & Adolph, 2013）。

**圖 5.14　視覺懸崖**。在學會爬行 4 到 6 週後，嬰兒開始避免穿過這一明顯的「懸崖」（由 Eleanor Gibson 設計，用於評估嬰兒深度知覺的裝置）。

資料來源：Science History Images / Alamy Stock Photo.

新發展出來的行動能力還有其他效果。隨著依戀的發展，幼兒現在可以選擇停留在父母身邊，也可以更自由地四處探索，擴展學習視野。他們可能會惹出許多麻煩，這意味著父母和周遭的人要採取更多措施來監控他們的行為。

## 兒童期的動作發展

在兒童早期和整個學齡期，精細和粗大動作技巧都有相當大的進展。表 5.2 總結 3 到 10 歲間的典型變化。

3 歲幼兒的精細動作技巧已經發展到能夠用手指而非拳頭握住蠟筆、搭建積木，並使用剪刀剪紙。4 歲幼兒開始會自己吃飯和穿衣，並在輪廓內著色（American Academy of Pediatrics, 2014a）。在學齡期間，精細動作技巧的發展反映在手寫字跡益發工整，包括印刷體和草寫體（譯注：指英文書寫），以及在繪畫中融入的細節和複雜度。許多兒童長大後仍很熱衷有賴於良好精細動作技巧和手眼協調能力的活動，例如串珠、縫紉、搭建模型和複雜的電腦遊戲。

3 歲和 4 歲兒童的粗大動作技巧通常包括跑步、跳躍和騎三輪車。當兒童開始上學，他們的粗大動作技巧仍未充分發展，但到了五年級或六年級時，大多數兒童已經進步不少，他們的動作協調技巧幾與成人無異。他們愈來愈能夠控制和協調身體各個部位，靈活度、平衡感、反應能力和體力大幅提高。基於上述，許多兒童喜歡參與身體活動，例如仰賴粗大動作技巧的團體和個人運動。

身體活動（physical activity）對所有年齡層兒童的動作發展至為重要。第 12 章將詳細說明兒童可參與的多種身體活動。美國衛生與人類服務部建議兒童每天進行 60 分鐘的身體活動，包括有氧、肌肉強化和骨骼強化活動（USDHHS, 2018c）。這些活動不一定要包括密集參與運動項目，走路上學、騎自行車或掃落葉等，都是有益健康的活動。身體活動不僅能使兒童的肌肉發揮最大功能，還與大腦的最佳功能發展有關（Herting & Keenan, 2017）。因此應該多讓兒童遠離電子媒體，到戶外遊戲。

**表 5.2　精細與粗大動作技巧**。隨著兒童掌控性、靈活度、平衡感和協調性增加，動作技巧在整個兒童期不斷發展。此表顯示的技巧代表這段期間的進步。

| 年齡 | 精細動作技巧 | 粗大動作技巧 |
|---|---|---|
| 3 歲 | ‧撿起積木<br>‧把形狀積木嵌進孔中 | ‧單腳站立<br>‧倒退走和側身走 |
| 4 歲 | ‧用大姆指碰同一隻手的各個手指頭<br>‧在輪廓內著色 | ‧單腳跳躍<br>‧拍彈一個大球 |
| 5-6 歲 | ‧仿畫正方形和三角形<br>‧剪出一個簡單的圖形<br>‧在輪廓內整齊地著色<br>‧一筆一畫地寫出自己的（英文）名字 | ‧沿著狹窄的線輕鬆行走<br>‧換腳跳躍<br>‧雙手離胸接住豆袋（譯注：一種以小球粒填充的密閉袋子）<br>‧騎沒有輔助輪的兩輪自行車 |
| 6-7 歲 | ‧一筆一畫地寫出自己的（英文）姓氏<br>‧能好好地握住鉛筆，也可以改變運筆方向<br>‧能有自信地將小珠子穿過繩子<br>‧使用剪刀剪出更複雜的形狀 | ‧準確地瞄準和投擲<br>‧單腳站立 15 至 20 秒<br>‧踮腳尖沿著狹窄的線走<br>‧雙腳同時跳躍數次 |
| 7-10 歲 | ‧一筆一畫寫出所有數字和字母（不會上下顛倒）<br>‧熟練英文草寫<br>‧熟練地操作剪刀 | ‧單腳平衡站立 30 秒或更長時間<br>‧腳尖接腳跟沿著窄線行走<br>‧單腳跳躍，穩健著地 |

**資料來源**：修改自 Lammas & Poland (2014).

## 身體覺知

隨著幼兒愈來愈能控制自己的身體，他們也發展出身體覺知（body awareness）能力。來自關節、肌肉和韌帶接受器的回饋，會傳遞到大腦中控制動作的區域，讓我們無需查看就可以知道身體不同部位在空間中的位置，這種感覺稱為**本體感覺（proprioception）**。除非有意識地思考，否則我們通常不會去覺察這類訊息。在你讀到最後一句話之前，你有想過你的腳放在哪裡嗎？可能沒有。但是如果你想站起來走出房間，你就需要這些回饋訊息。

在兒童學會如何使用這類回饋訊息之前，他們的動作可能顯得笨拙或不熟練，或者可能難以判斷完成一項任務需要使出多少力氣。身體覺知通常是在一般活動中自然地發展出來，但父母和照顧者可以運用一些幼兒喜歡玩的簡單遊戲來促進身體覺知，如 Simon says（西蒙說）（譯注：一種團康遊戲，西蒙（老師）說什麼，其他人就要遵從指令做出動作）或 Hokey Pokey（變戲法）（譯注：一首經典的英語童謠，小朋友可以一邊唱一邊做動作）等互動遊戲。許多人喜歡問學步兒：「你的鼻子在哪裡？耳朵在哪裡？」幼兒也會很樂於表示他們知道答案。結構化活動也可以促進身體覺知，例如教導兒童簡單的瑜伽動作（Wenig, 2014）。瑜伽能幫助兒童在放鬆和進行非競爭性的體能活動時，培養體力、靈活性、協調性和身體覺知。

請利用「主動學習：身體覺知的發展」中描述的活動，來觀察幼兒身體覺知的發展。

主動學習

### 身體覺知的發展

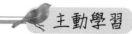

和一個 3 至 8 歲的兒童玩類似於 Simon Says 的遊戲。首先讓兒童和你一起做這些動作——當你說：「摸你的鼻子」或「摸你的膝蓋」時，請兒童注意看著你，並跟著你做出這些動作。接著只需下指令，讓兒童在沒有模仿對象的情況下自己做動作。最後，請兒童閉上眼睛繼續遵循指示。身體覺知是一種即使在看不見自己身體的情況下，仍然知道身體在空間中的位置的感覺。最後一項任務對於幼兒來說要困難得多。

注意兒童在這三種情況下犯了多少錯誤。閉著眼睛觸摸身體的不同部位是否有困難？如果你有機會與不同年齡的兒童一起嘗試這項活動，你是否發現年齡較小的兒童和年齡較大的兒童在完成這些任務的能力上有差異？如果遊戲對兒童來說變得困難或覺得受挫，可謝謝他跟你一起玩然後結束遊戲。

## 發展協調障礙

儘管兒童達成關鍵動作發展的年齡不一，但 DSM-5 列出一種名為**發展協調障礙**（**developmental coordination disorder, DCD**）的疾病，其關鍵動作發展的年齡延遲，干擾了日常生活或學業表現（APA, 2013）。首先會注意到的是幼兒在關鍵動作（如坐、走、跳或單腳站立）方面出現明顯延遲，或者在書寫、使用剪刀或繫鞋帶等精細動作技巧方面出現問題。隨著時間過去，這些問題會干擾兒童的社交發展，使其無法與其他兒童一起玩耍。就學之後，也會影響學習表現。雖然這些問題在兒童年幼時就已出現，但通常要到 5 歲才能做出診斷，因為兒童不同動作技巧的發展年齡範圍極廣。

約有 6% 的學齡兒童罹患發展協調障礙，其中男孩更為常見（APA, 2013）。目前尚不清楚病因為何，有可能是小腦及控制和監測自主動作的大腦部分出了問題（CanChild, n.d.）。可以透過體育課活動和日常生活訓練改善這種情況，幫助大腦和身體協力合作。但在某些情況下，有必要以職能治療或物理治療協助兒童提升生活自理能力（Tokolahi, 2014）。

### 學習檢定

**知識問題：**

1. 髓鞘化過程如何影響動作技巧的發展順序？
2. 粗大動作技巧和精細動作技巧有何區別？
3. 如何提高幼兒的身體覺知？
4. 什麼是發展協調障礙？

**思辯問題：**

一位朋友告訴你，她 4 歲的兒子在遊戲場上顯得很笨拙，她擔心他可能患有發展協調障礙。你能給她什麼建議或安慰？

# 營養

### 學習問題 5.5・營養在發展中扮演什麼角色？

身體的生長和發育在很大程度上有賴於嬰兒、兒童和青少年攝取的健康營養。本節首先討論如何讓嬰兒擁有良好的健康起步，以及如何為兒童和青少年提供健康的飲食。本節也會說明各種營養問題，如：營養不良、肥胖和飲食障礙。

## 母乳哺育

由於母乳哺育的好處良多，許多國家和國際組織強力提倡以母乳哺育嬰兒。表 5.3 摘述母乳對母親和嬰兒的好處。

開始母乳哺育時，女性的乳房最初會分泌一種叫做**初乳**（**colostrum**）的黃色濃稠物質，這種物質很容易被嬰兒消化，並富含促進新生兒早期生長的營養物質和有助於保護新生兒免於感染的抗體（USDHHS, 2019b）。幾天後，母親的身體開始分泌母乳。與初乳相比，母乳顯得稀薄而水潤，但它含有適合新生兒吸收的脂肪、糖、水和蛋白質。初乳和母乳中的抗體不僅可幫助嬰兒抵抗感染，同時能促進嬰兒自身免疫系統發育（Henry Ford Health System, 2015）。

美國兒科學會（AAP, 2012b）建議以純母乳餵養 6 個月內的嬰兒，其他食物則在 6 個月至 1 歲之間逐漸成為母乳的補充營養食品。學者力勸母親先別急著將固體食物加入嬰兒的飲食，因為太早這麼做和幼兒日後出現過敏症狀有關（Nwaru et al., 2010）。儘管近年來以母乳哺育嬰兒的美國女性人數有所增加，但許多母親並未繼續哺餵母乳。例如，2015 年有五分之四的新生兒接受母乳餵養，但到 3 個月大時，這一數字下降到 50% 以下，到 6 個月時僅為 25% 左右（CDC, 2018c）。

表 5.3　**母乳哺育的好處**。研究已經肯定母乳哺育對母親和嬰兒的好處良多。儘管有眾多好處，但許多美國母親並沒有按照美國兒科學會的建議繼續以母乳哺育。

| | 對母親的好處 | 對嬰兒的好處 |
|---|---|---|
| 結論性證據 | ・降低罹患第二型糖尿病的風險[1, 3, 5]<br>・降低高膽固醇的風險[5]<br>・延遲產後月經恢復的時間[*1]<br>・降低罹患卵巢癌[1, 3, 5]和特定類型乳癌的風險[3, 5]<br>・降低罹患心血管疾病的風險[5]<br>・子宮恢復到孕前形狀<br>・降低血壓[4, 5]和減少對壓力的反應[4]<br>・減少日後懷孕肥胖[5] | ・減少呼吸道疾病、耳部感染和胃腸道疾病[2, 3]<br>・降低過敏[2]、氣喘[3]和濕疹[3]的風險<br>・降低嬰兒猝死症候群的發生率[2, 3]<br>・降低兒童肥胖率[3]<br>・減少青少年和成人肥胖[2]<br>・降低腹瀉率，尤其是在衛生條件差的地方[2, 3]<br>・減少嘔吐[3]<br>・降低兒童白血病的風險[3]<br>・降低第二型糖尿病的發病率[3] |
| 無確定結果的證據 | ・骨質密度[1]<br>・產後體重變化[1]<br>・降低產後憂鬱症的風險[1] | ・對認知發展和教育成就的影響[6] |

*女性不宜以母乳哺育來取代避孕措施。

**資料來源**：修改自 Chowdhury et al. (2015);[1] Jackson & Nazar (2006);[2] USDHHS (2019b);[3] Tu, Lupien, & Walker (2005);[4] Schwarz & Nothnagle (2015);[5] Sajjad et al. (2015).[6]

母乳哺育對所有嬰兒都有好處，但母乳哺育的好處對貧窮國家和開發中國家的嬰兒更為重要。在這些國家，未進行母乳哺育的出生至 5 個月大的嬰兒，死亡的可能性是純母乳哺育嬰兒的 14 倍（Sankar et al., 2015）。在水資源經常受到汙染且衛生條件差的國家，聯合國兒童基金會（UNICEF, 2015）主張，與任何其他預防措施相比，優質的母乳哺育可以挽救更多生命。

雖然有大量文獻證實母乳哺育對身體健康的好處，但對於兒童認知發展的影響尚待釐清。例如，早期認為母乳哺育能促進認知發展的研究如今受到質疑，因為沒有考慮到母乳哺育的母親和沒有母乳哺育的母親之間的社經差異（Binns, James, & Lee, 2013）。平均而言，有母乳哺育的母親比沒有母乳哺育的母親年齡更大、教育程度更高、收入也更高，其中任一項就足以解釋兩方嬰兒之間的認知差異。將這些容易讓人混淆的人口因素納入考量時，母乳哺育和奶瓶餵養的嬰兒之間的智商差異為 3.45（Tawia, 2013; see also Kanazawa, 2015）。正確地說，我們必須留意統計顯著性和實際顯著性的差別。雖然這些結果具有統計顯著性，但問題仍在於，平均智商 4 以內的差距，對兒童的認知發展有何影響。

有些人質疑母乳哺育的好處被過於誇大，近年來更有人反對大力宣傳母乳哺育是母親的唯一最佳選擇（Jung, 2015）。批評者認為這會害得不能或選擇不以母乳哺育的女性受到責難或羞辱。在某些情況下，醫學上不建議某些女性進行母乳哺育。例如，母親帶有 HIV 病毒，正在服用抗生素、抗焦慮藥物或抗憂鬱藥物，這些可能經由母乳傳遞給嬰兒（American Academy of Pediatrics Committee on Drugs, 2013）。然而，對許多女性來說，是否母乳哺育的決定多半是基於現實考量而非醫學考量，例如女性必須重返工作崗位。

在女性生產住院期間為母乳哺育提供訓練和支持，是鼓勵女性選擇母乳哺育的重要方式（CDC, 2018c），但建立成功的母乳哺育需要時間。與沒有帶薪產假的就業女性相比，獲得 12 週以上帶薪產假的就業母親更有可能在孩子 6 個月大時繼續母乳哺育（Mirkovic, Perrine, & Scanlon, 2016）。一旦女性重返工作崗位，雇主必須為她們提供隱密的空間和合理的擠奶時間（U.S. Department of Labor, 2018）。若職場能提供這些便利，女性在重返工作崗位後才有可能繼續以母乳哺育（Dinour & Szaro, 2017）。

**上班時間哺餵母乳。**職場應支持女性員工以母乳哺餵嬰兒的決定，為她們提供可以哺乳或抽吸母乳的空間，讓嬰兒於母親不在身邊時仍有母乳可喝。

*©iStockphoto.com / lostinbids*

最後，與其說是母乳哺育和奶瓶餵養之間的選擇爭議，倒不如說是**母乳**（breast milk）和**配方奶**（formula）之間的爭議。媽媽們可以抽吸母乳，之後再用奶瓶哺餵，如此仍保留母乳所有的營養價值和有益健康的免疫力。雖然母乳哺育提供母嬰密切互動的絕佳機會，但用奶瓶哺餵意味著無論奶瓶裡裝的是母乳或配方奶，父親也一樣可以參與餵養嬰兒。

## 健康飲食

還記得在小學或高中時認識的食物金字塔嗎？2012 年，美國農業部（U.S. Department of Agriculture, USDA）用一個名為「我的餐盤」（My Plate）的新標誌取代食物金字塔，以圖形的方式展示構成健康膳食的水果、蔬菜、穀物、蛋白質和乳製品的比例。如圖 5.15 所示，水果和蔬菜應占餐盤的一半。美國農業部還建議減少固態脂肪、添加糖（added sugars）和鹽，並確保食用的穀物中至少一半是全穀類食物。

**圖 5.15　我的餐盤**。美國農業部的「我的餐盤」標誌，幫助我們瞭解構成健康膳食的不同類型食物比例。

**資料來源**：U.S. Department of Agriculture (2018b).

涵蓋各種健康食物的良好飲食習慣，從兒童期開始到青春期和成年期終生受益，且健康的飲食是支持嬰兒期和青春期快速成長的要件。一項由美國父母報告嬰幼兒日常飲食的全國性調查發現，在典型的一天裡最常吃的是牛奶（雖然不全是專家建議的低脂牛奶）、穀物（只有略多於一半是全穀物）、水果或 100% 果汁（專家建議吃水果，但不建議喝果汁）。然而，大約三分之一的兒童不吃蔬菜（炸馬鈴薯除外），許多兒童每天從食物攝取的能量有四分之一來自於零食，有將近一半的兒童愛喝含糖飲料（Heyman, Abrams, & Section on Gastroenterology, Hepatology, and Nutrition, Committee on Nutrition, 2017; Welker, Jacquier, Catellier, Anater, & Story, 2018）。雖然幼兒的日常飲食量已然足夠，但顯然還有改進的空間。餵食幼兒時，成人需特別小心，**不要**給他們吃堅硬的圓形食物，如爆米花、整顆葡萄或熱狗，因為這些食物大約和幼兒的氣管一樣大，容易卡在孩子的喉嚨裡導致窒息（KidsHealth, 2019）。

隨著兒童年齡增長，他們吃的外食愈來愈多，對於吃什麼有更多的自主權。儘管近年來學齡兒童和青少年的飲食改善不少，但仍有 10% 的總熱量攝取來自含糖飲料，不符合水果和蔬菜的食用建議，更有 40% 的每日卡路里來自於添加糖和固態脂肪（CDC, 2017c）。其中有些營養問題源自於他們喜歡吃的食物種類，漢堡、起司漢堡和披薩含有大量的脂肪和鈉，全脂牛奶和冰淇淋含有飽和脂肪。在典型的一天當中，三分之一的美國兒童和 40% 以上的青少年會在速食店吃東西或喝飲料（Poti, Duffey, & Popkin, 2014）。這些食物通常熱量高、總脂肪高、飽和脂肪高、糖和鈉含量高，缺乏牛奶、水果和蔬菜（馬鈴薯除外）等健康食物具備的營養價值（Powell & Nguyen, 2013）。

許多美國兒童每天在學校吃一餐或多餐。2017 到 2018 年的平常上學日裡，大約有 1,460 萬兒童加入學校早餐計畫（School Breakfast Program），其中約 1,250 萬兒童獲得免費或減價餐（Food Research and Action Center, 2019）。許多研究發現吃早餐對注意力、執行功能和記憶力具有短期效果，對飲食較差的兒童益處更多（Adolphus, Lawton, Champ, & Dye, 2016）。然而，學校早餐計畫與學業成績提升之間，至少有一個關聯出乎大家意料之外——在學校吃早餐的兒童比不吃早餐的兒童出席率更高。因此對學業成績的影響，部分可歸因於出席率提高，而不是早餐本身的營養價值（Bartfeld, Berger, Men, & Chen, 2019）。

2018 年，全國學校午餐計畫（National School Lunch program）平均每天為 2,970 萬名兒童提供免費或者低價餐點（U.S. Department of Agriculture, 2019a）。這項計畫鼓勵學區內學校多使用當地生產的食物，並讓學生嘗試新的食物。儘管該計畫的指南明確說明可以提供哪些食物（例如，僅提供全麥或低脂食物），但卻無法控制學生選擇吃哪些食物或吃多少。在一項測量餐盤浪費的研究中發現，學生只吃了一半

**學校營養午餐**。學校營養午餐可以為兒童提供健康的飲食選項，改善兒童飲食的整體品質。
*©iStockphoto.com / SDI Productions*

的蔬菜和 40% 的水果（Peckham, Kropp, Mroz, Haley-Zitlin, & Granberg, 2019）。提供營養午餐的另一個挑戰是，許多小學只給兒童 20 分鐘的午餐時間，學生幾乎沒有足夠的時間排隊等候和享用營養美味的餐點。

據估計，美國近 8% 的兒童患有一或多種食物過敏，其中許多人對一種以上的食物過敏（Gupta et al., 2018）。儘管任何食物都可能引起過敏反應，但 90% 的兒童過敏僅由六種常見食物引起：牛奶、雞蛋、花生、堅果（如核桃或腰果）、大豆和小麥（American Academy of Pediatrics, 2019a）。多數食物過敏反應並不會太嚴重或危及生命，但約有 40% 的食物過敏兒童曾在醫院急診室接受治療（Gupta et al., 2018）。為預防與過敏相關的問題，有些學校會規定「食物不共享」（"no-share" food）政策。

雖然食物過敏無法根治，但兒童長大後有可能不會再對牛奶、雞蛋和大豆過敏，但鮮少不再對花生、堅果、魚和貝類過敏（Food Allergy Research and Education, n.d.）。長大後不再過敏的可能性取決於過敏的嚴重程度、過敏開始出現的時間，以及兒童是否患有多種過敏症。一種新型療法有望治療對花生過敏（這是最常危及生命的過敏反應）的兒童（Dyer, Lau, Smith, Smith, & Gupta, 2015）。在這個免疫療法的測試中，給予確定對花生敏感的兒童少量花生粉形式的花生蛋白，並在接下來 4 到 6 個月的時間內逐漸增加這些蛋白。到第二階段研究結束時，84% 到 91% 的兒童每天可以安全地吃下至少五顆花生，而 54% 到 62% 的兒童可以吃下幾乎兩倍量的花生（Anagnostou et al., 2014）。如果這種療法證實有效，過敏症兒童即可放心參加常見的童年活動，例如生日派對和外出用餐，而不必擔心對食物產生意外的過敏反應。

青少年對吃什麼有更多自己的選擇，但許多選擇並不健康。青少年吃的水果、蔬菜和全穀物比營養專家建議的要少，而且飲食中的鹽、精製穀物、固態脂肪和糖分過多（Lipsky et al., 2017）。雖然青少年有自己的食物選擇，但父母仍對青少年的飲食具有一些影響力。有研究調查青少年家中的飲食規則，例如，父母有規定「汽水和垃圾食物僅限特殊場合」或「晚餐必須吃蔬菜」（Wang & Fielding-Singh, 2018, p. 221），並在調查結束時讓他們自由選擇零食。那些自述家中至少有一項與食物相關規則的青少年，選擇健康零食的可能性幾乎是那些沒有相關食物規則者的兩倍。無論青少年是否認為父母會批准他們的零食選擇，上述差異依然存在。青少年從父母的身教（而不是父母的口頭告誡）中看到他們在飲食和身體活動方面的種種作為，也會影響青少年的飲食選擇（Zarychta, Mullan, & Luszczynska, 2016）。然而，當父母試圖限制青少年的飲食並鼓勵他們節食時，青少男和青少女都很有可能更加暴飲暴食，或採取不健康的方式控制飲食（Loth, MacLehose, Fulkerson, Crow, & Neumark-Sztainer, 2014）。

## 營養不良

根據聯合國兒童基金會（UNICEF, 2019）的報告，**發育不良**（stunting）（以兒童的年齡而言太矮小）影響了大約 1.49 億的 5 歲以下兒童，而**消瘦**（wasting）（致命的瘦小）影響了另外 4,900 萬名兒童。兒童可能永遠無法從這些早年缺陷中恢復健康。這些發育不良兒童可能永遠無法達到其身高潛力或發展認知潛力，而消瘦兒童的免疫力下降，長期發育遲緩和早逝的風險增加。

我們常以為營養不良只會發生在第三世界國家或戰爭頻仍國家。但在某種程度上，每個國家都有營養不良兒童，包括美國。然而在美國，比營養不良更大的威脅是**營養不足（undernutrition）**，即缺乏熱量或一或多種必需營養素。另一種違反常理的情況是**糧食不安感（food insecurity）**，即無法順利取得滿足基本需求的營養食物（U.S. Department of Agriculture, 2018a）。2017 年某段時期，美國有 1,500 萬家庭遭遇糧食不安感。當食物不能持續穩定供應，成人和兒童都可能**在有食物時**採取暴飲暴食的策略。基於此，糧食不安感與暴飲暴食病例人數、肥胖率的增加有關（Rasmusson, Lydecker, Coffino, White, & Grilo, 2019）。

## 肥胖與超重

超重或肥胖會對兒童造成嚴重的負面影響。超重或肥胖者罹患多種危及生命的健康風險提高，包括高血壓、第二型糖尿病和氣喘。超重還與焦慮、憂鬱和低自尊有關，更可能使兒童成為霸凌的目標（CDC, 2016a）。不幸的是，愈來愈多兒童在童年時期就超重，超重的兒童極有可能成為超重的青少年（課前測驗第 10 題），進而成為超重的成人（參見圖 5.16；Ogden, Carroll, Fryar, & Flegal, 2015）。近期 2 歲幼兒至 19 歲青少年的肥胖率為 18.5%。非裔（22.0%）和拉美裔（25.8%）青年的肥胖率高於非拉美裔白人（14.1%）或亞裔（11.0%）青年（Hales, Carroll, Fryar, & Ogden, 2017）。

父母在協助孩子控制體重方面扮演關鍵角色。但當問及父母如何看待超重或肥胖子女時，許多父母卻說他們認為孩子的「體重剛剛好」（Duncan, Hansen, Wang, Yan, & Zhang, 2015, p. 1; Health and Social Care Information Centre, 2016）。這提醒我們，如果想設計介入措施來改變兒童的行為，那麼瞭解父母對某些情況的看法是多麼重要。我們不僅要讓父母知道有關兒童肥胖的訊息，還要讓他們認識到這是個問題，才會有動力運用這些訊息來改善兒童的健康（Weatherspoon, Venkatesh, Horodynski, Stommel, & Brophy-Herb, 2013）。

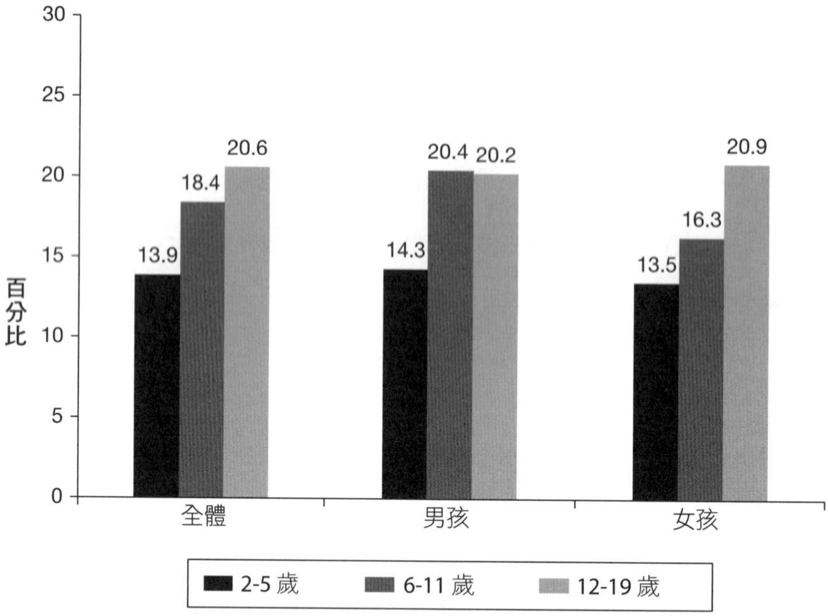


**圖 5.16 肥胖率的年齡趨勢**。肥胖兒童的百分比從幼兒期進入兒童中期再到青春期逐步增加，男孩和女孩的增加幅度相似。兒童中期是建立良好飲食習慣、幫助兒童管理體重的關鍵時期。

**資料來源**：Hales, Carroll, Fryar, & Ogden (2017).

## 飲食障礙

另一問題是與兒童和青少年嚴格減重有關的飲食障礙。雖然這類障礙為數眾多，但其中神經性厭食症和神經性暴食症令人觸目驚心，是我們應該關注的重點。

**神經性厭食症（anorexia nervosa）**是個體故意將進食量限制到可能危及生命的程度。儘管已經瘦成皮包骨，但患有神經性厭食症的人仍然認為自己過分超重，極度害怕體重增加。神經性厭食症對年輕人的整體健康造成可怕的影響，許多變化顯而易見，包括髮量稀疏、指甲易脆、皮膚乾黃，以及臉部、手臂和背部長出細毛；另外還有一些更嚴重的內隱變化，包括胃腸道和心血管問題，以及骨質疏鬆症。如前所述，女性的身體需要一定程度的體脂肪來維持經期。所以當年輕女性的體脂肪水平下降，可能導致初經遲遲不來，或月經週期變得不規則或停止。由於神經性厭食症會危及生命，必要時需住院治療，但住院治療時往往已是病程後期，身體損傷嚴重。儘管有些介入措施可成功協助患者恢復體重，但治療後復發屢見不鮮。神經性厭食症的死亡率高於其他精神疾病（Jagielska & Kacperska, 2017）。

**神經性暴食症（bulimia nervosa）**是一種暴飲暴食性質的飲食障礙。患者攝取大量食物，接著自行催吐或過度使用瀉藥來清除食物。神經性暴食症患者的自尊主要取決於體重，在暴飲暴食時彷彿失控般（APA, 2013）。由於神經性暴食症患者的目標是維持體重而不是大量減重，且大部分進食和清除行為是祕密進行的，因此許多病例未被發現，但 13 至 18 歲青少年神經性暴食症的終生盛行率估計約為 2.7%（National Institute of Mental Health [NIMH], 2017）。

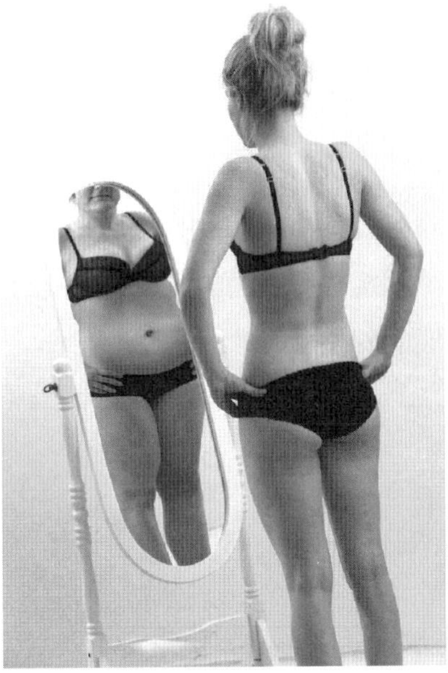

**身體意象**。飲食障礙通常伴隨不正確的自我意象，對年輕人的健康造成毀滅性的後果。已經瘦骨嶙峋的人仍然覺得自己很胖。有效的預防計畫著重於改變適應不良的態度和行為。

*©Peter Cade / Stone / Getty Images*

導致飲食障礙的原因非三言兩語能說清。神經性厭食症和神經性暴食症都是從正常節食和擔心體重開始，反映出文化對瘦身的重視。參加和體重限制息息相關的活動（例如：女性的體操或舞蹈，以及男性的摔角）可能會讓女孩和男孩處於風險之中。遺傳也有一定影響，許多雙胞胎和領養研究發現，飲食障礙的遺傳率從中度到高度不等（Culbert, Racine, & Klump, 2015）。早熟女孩患病風險比同齡未早熟女孩高，因為身體早熟和體重較重有關（Klump, 2013）。完美主義、憂鬱和低身體自尊等心理因素，也是男孩和女孩會出現飲食障礙的預測因子（Culbert et al., 2015; Keel & Forney, 2013）；衝動則與暴飲暴食和清除行為有關（Culbert et al., 2015）。

針對高風險青少年（而非一般青少年）的**預防性**（而非患病後才治療）飲食障礙計畫效果較佳。有效的計畫包括多次療程、由訓練有素的專業工作者實施，並鼓勵參加者主動參與計畫（Stice, Johnson, & Turgon, 2007）。

## 學習檢定

**知識問題：**

1. 母乳哺育對母親和嬰兒有哪些好處？
2. 許多兒童和青少年的日常飲食，在哪些方面不盡理想？
3. 糧食不安全對健康的飲食習慣有何影響？
4. 神經性厭食症和神經性暴食症的症狀有何不同？

**思辯問題：**

如果超重和肥胖兒童的父母不認為自己的孩子有體重問題，你該怎麼鼓勵他們改善兒童的飲食？

## 結語

人體的健康發育與功能發展對各面向的經驗影響深遠。本章已經說明身體發育與情緒、社會和認知發展的許多面向有關，接下來的章節將逐一探究這些面向，帶領讀者清楚瞭解這些發展面向與本章提及的大腦功能、感官發展、生理變化、動作技巧和身體健康之間的關係。

# Part 3

# 認知發展

*Chapter 6*

認知發展的理論

·

*Chapter 7*

智力與學業成就

·

*Chapter 8*

語言發展

*Chapter 6*

# 認知發展的理論

## 學習問題：

6.1 說明 Piaget 的認知發展四個階段，每個階段各發生什麼變化？

6.2 核心知識論的假設為何？

6.3 Vygotsky 的社會文化論描述了哪些基本過程？

6.4 從兒童期到青春期，注意力、記憶、執行功能和後設認知如何發展？

6.5 Piaget 的理論、Vygotsky 的理論、核心知識論、訊息處理理論，這四者之間有何異同？

©iStockphoto.com / Kohei_hara

## 課前測驗

判斷以下每個陳述內容是「對」或「錯」，測試你對兒童發展的瞭解，接著在閱讀本章時，檢視你的答案。

1. □對 □錯 幼兒與成人思考和理解世界的差異，主要在於知識的訊息量不同。
2. □對 □錯 如果嬰兒一次又一次地從嬰兒座椅上丟下物體，他可能只是在堅持自己的主張並測試父母的耐心。
3. □對 □錯 我們說學齡前兒童是自我中心的，是因為他們很自私。
4. □對 □錯 嬰兒對地心引力似乎具有直覺的瞭解。
5. □對 □錯 4 歲時較能集中注意力的幼兒，更有可能在 25 歲之前完成大學學業。
6. □對 □錯 一邊看喜歡的電視節目一邊讀書的青少年，學習更有效率。因為到了這個年齡，他們的注意力歷程已經發展完善，可以將注意力分散到多項活動中。
7. □對 □錯 有注意力不足過動症的兒童，可能會在成年後好轉。
8. □對 □錯 注意力不足過動症的主要原因是不良的教養方式。
9. □對 □錯 很少人能清楚記得 3 歲之前發生的事情。
10. □對 □錯 與幼兒相比，年齡較大的兒童和成人不太可能記得從未實際見過的事物。

---

正確答案：1. 錯；2. 錯；3. 錯；4. 對；5. 對；6. 錯；7. 對；8. 錯；9. 對；10. 錯。

研究認知發展時，我們會檢視兒童在成長過程中思考和學習方式的變化。本章將帶領讀者學習當代有助於瞭解兒童認知能力發展的理論和研究。第 2 章曾簡要介紹 Piaget、Vygotsky 的理論和訊息處理理論。本章將深入探究這三個理論，並審視一些支持或挑戰這些觀點的研究，此外還會介紹一種新理論——核心知識論。

# Piaget 的認知發展論

## 學習問題 6.1・說明 Piaget 的認知發展四個階段，每個階段各發生什麼變化？

### 基本原則

許多發展研究學者認為 Jean Piaget（皮亞傑）徹底改變了兒童認知發展的研究（Beins, 2016）。正如第 2 章所述，他最歷久彌新的貢獻是認為智力是一個主動建構和動態的歷程。Piaget 主張，我們一直在主動、積極地理解經驗，以順利適應環境。對 Piaget 來說，「理解」（making sense）意指將經驗組織成基模。**基模**（schema）是一種認知框架，將概念、物體或經驗放入相關的類別或組群中。人們根據各自發展出來的基模，以不同的方式組織經驗。

首先回顧 Piaget 提出的基本學習過程：同化和調適。通常碰到新的經驗時，我們之所以能馬上理解，是因為將新經驗納入已有的基模中。例如，幼兒拿到一種新口味的三明治，很容易就明白這類似於他之前吃過的食物。我們可以輕鬆地將新經驗納入先前建立的基模中，這就是 Piaget 所謂的**同化**（assimilation）。但是，假設這名幼兒從未見過龍蝦，龍蝦餐點與他熟悉的食物完全不同，他可能無法把龍蝦與他的食物基模連結。依照 Piaget 的說法，新的經驗會讓幼兒陷入一種困惑或**認知失衡（disequilibrium）**的狀態。失衡的不確定性常令人感到不舒服，促使我們去理解新事物，以恢復到舒適的認知**平衡**（equilibrium）狀態。需要改變基模以適應新的經驗時，我們會採取**調適**（accommodation）來調整或改變思考方式，理解新的資訊。以龍蝦為例，如果父母可以說服幼兒嘗試吃龍蝦，

**認知失衡**。這位小男孩從未吃過龍蝦，它不符合他的食物基模。如果他嘗試吃龍蝦之後覺得還不錯，就能解決他的認知失衡。

*©Getty images / Dean Conger / Contributor*

他可能會發現那是美味的食物，並將龍蝦加入現有的食物基模裡，重新恢復認知**平衡**。

## Piaget 的認知發展階段

透過研究以及與兒童對話，Piaget 認為兒童的思考方式與成人不同。兒童不僅訊息量較少或較不擅長思考（量的差異），更重要的是質的差異。也就是說，兒童是以一種專屬於其發展水平的獨特方式思考（課前測驗第 1 題）。根據對兒童的詳細觀察，Piaget 指出從嬰兒期到青春期會經歷四個階段，每個階段代表不同的思考性質（見表 6.1）。每個階段都建立在前一個階段所獲得的能力基礎上，但每個階段也都具有該階段獨有的新能力。以下將詳細描述這些階段，並說明有哪些活動可以用來明瞭每個年齡層兒童的思考性質。雖然 Piaget 設定出每個階段的年齡，但有些兒童比其他兒童早或晚到達這些階段。重要的是，Piaget 認為這些階段必須按他所描述的順序出現。

表 6.1　Piaget 的階段論。Piaget 認為兒童的思考方式在這四個認知發展階段會發生質的變化。

| 階段 | 大致出現年齡 | 說明 |
| --- | --- | --- |
| 感覺動作期 | 出生到 2 歲 | 嬰兒透過感官和動作來理解世界。 |
| 前運思期 | 2 歲到 7 歲 | 幼兒使用心理表徵，但還無法合乎邏輯地思考。他們的思考是以自我為中心的。 |
| 具體運思期 | 7 歲到 12 歲 | 兒童現在可以合乎邏輯地思考，但他們的思考是具體的而非抽象的。 |
| 形式運思期 | 12 歲以上 | 青少年同時具備邏輯思考和抽象思考的能力。 |

### 感覺動作期（出生到 2 歲）

Piaget 理論的第一個階段是**感覺動作期（sensorimotor stage）**。顧名思義，是指嬰幼兒透過感官和身體動作來組織他們的世界。感覺動作期的三大發展方向為：（1）反射轉變成目標導向的活動；（2）從動作到心理表徵；（3）物體恆存概念的發展。

#### 反射轉變成目標導向的活動

正如第 5 章所述，嬰兒天生具有反射動作。這些反射是自動的、模式化的行為，不是後天習得的，而是內建在神經系統中。Piaget 認為，當嬰兒開始用這些反射適應環境時，學習甚至在生命的第一個月就開始了。例如，當嘴唇被觸摸時，通常會誘發吸吮反射。但是，當嬰兒被放在母親的懷裡，甚至在嘴唇還沒被碰觸到之前，他們即會立刻開始吸吮。從某種程度上來說，即使是這些自動行為，也開始在適應環境（Piaget, 1962）。

在 1 到 4 個月之間，嬰兒開始以不同的方式運用反射。當反射帶來愉悅的體驗時，嬰兒會一遍又一遍地重複。例如，當嬰兒不知何故將拇指放進嘴裡並吸吮時，這個動作產生的良好感覺，促使嬰兒繼續該動作。當嬰兒的拇指從嘴裡掉出來，他必須重新做出將拇指放回嘴裡、能讓他感覺良好的動作（Piaget, 1962）。之後，在 4 到 8 個月之間，嬰兒開始有意識地採取動作（而不是反射）來延長有趣的體驗。嬰兒發展出來的不同動作，正是**動作基模（motor schemas）**的實例。嬰兒透過動作來組織他們對世界的理解，如果把任何一樣東西拿給一個 8 個月大的嬰兒，他會做的第一件事就是把東西放進嘴裡；他正在使用吸吮或嘴含基模，作為運用感官來組織理解世界的一種方式。

在 8 到 12 個月之間，嬰兒開始將各種動作基模合併，用以解決問題。他們會先在心裡形成一個目標，並兼用抓握和嘴巴的咬合動作基模來實現該目標。在 12 到 18 個月之間，嬰兒發展出新的動作，這使得他們不但能夠實現目標，還能加以探索「當我*這麼做*時會發生什麼」。例如，許多嬰兒都曾有過「一直故意丟東西」的階段。如果你仔細觀察，你會發現每次嬰兒這麼做時，他的動作可能有些微不同。嬰兒會嘗試：「如果我這樣丟下它，會發生什麼事？」「當我丟下它，媽媽會有什麼反應？」「當我丟下它，爸爸會有什麼反應？」讓父母疲於奔命。但 Piaget 認為這是各個年齡階段兒童主動嘗試的典型事例（課前測驗第 2 題）。

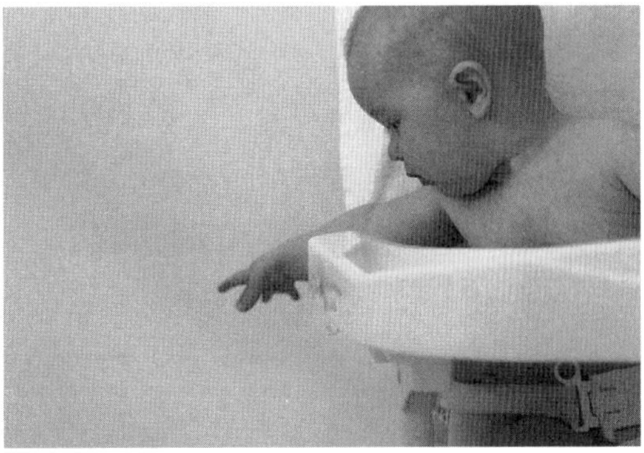

**如果我這樣丟下它，會發生什麼事？**這名嬰兒很好奇，想知道以不同方式丟東西時會發生什麼事。它會彈跳嗎？它會灑出來嗎？媽媽或爸爸會過來把它撿起來嗎？
*©David Barrett / Moment Open / Getty Images*

## 從動作到心理表徵

Piaget 的理論認為，動作基模是內在認知表徵的基礎。他相信兒童的第一個思考，是其所執行動作的心理表徵。換句話說，動作基模被內化了，幼兒可以用思考的，不必實際*動作*了。

然而，與 Piaget 所堅信的相反，現在有證據表明，即使是小嬰兒也懂得將事物歸入某些簡單的類別，而毋需有實際的動作。也就是說，嬰兒用的是認知基模，而不僅僅是動作基模。一項研究向 4 個月大的嬰兒展示兩隻貓的一系列圖片。運用眼動追蹤技術，研究人員發現許多嬰兒在兩隻貓之間來回細看，可能是在將牠們相互比較。看過這一系列圖片之後，再給嬰兒看幾張貓狗混雜的圖片。嬰兒的注意力通常會被新奇的事物吸引，所以如果嬰兒把所有的貓歸為一類，那麼狗就屬於不同的類別，是新奇的事物。研究人員發現，嬰兒看狗的次數比看貓的次數多，顯示嬰兒已經發展出兩種不同的類別，一種是貓，一種是狗。如果嬰兒家中有養寵物貓，或嬰兒在第一個系列展示的貓圖片之間來回細看，上述情況更是明顯。換句話說，即使在很小的時候，現實生活的經驗以及實驗室情境中的異同比較，都有助於類別或基模的發展（Kovack-Lesh, Oakes, & McMurray, 2012）。

**嬰兒期的分類。**讓 4 個月大的嬰兒看兩隻貓的一系列圖片，如左圖所示。接著讓他們看如右圖的狗和貓圖片，從嬰兒盯著狗看的模樣顯示，他們知道貓和狗之間的區別。

*©Eric Isselee / Shutterstock.com / iStockphoto.com / bogdansemenescu*

### 物體恆存概念的發展

Piaget 認為新生兒無法理解外界的物體或人自外於他而存在。也就是說，嬰幼兒缺乏**物體恆存（object permanence）**的概念。當嬰幼兒抓著玩具時，玩具是他經驗的一部分；但沒有抓著玩具時，玩具對他來說就不存在了。當嬰幼兒瞭解到他可以抓著玩具，也可以咬它並看著它時，他將幾個動作基模運用在物體上，但這些動作基模與物體本身毫無關聯。玩具不是「我抓住的東西」，而是「與我的動作無關的物體」。最後，到了感覺動作期尾聲，兒童終於明白物體獨立於他而存在，並有其自身的運作規則（Fast, 1985）。

Piaget 用實驗測試不同年齡嬰幼兒的物體恆存概念。他先展示一個嬰兒喜歡的玩具，然後把玩具藏在位置 A 的布下面，看看他是否會去尋找。Piaget 發現年紀太小的嬰兒根本不會去找被藏起來的物體，就好像認為一旦沒看到玩具，玩具就消失了一般。更令人驚訝的是，當 Piaget 將物體從位置 A 布下移動到位置 B 布下，眼看嬰兒開始尋找被藏起來的物體，好像表現出某種程度的物體恆存概念時，隨即發現即使嬰兒親眼見到物體從位置 A 布下被移動到了位置 B 布下，他們仍會繼續去位置 A 布下找，這就是著名的 **A 非 B 錯誤**。Piaget 解釋道，這是由於嬰兒尚未清楚理解物體和動作之間的分別。在某個位置尋找和找到物體，是他們對該物體的經驗之一。因此，即使物體被移動，他們也會繼續去那裡

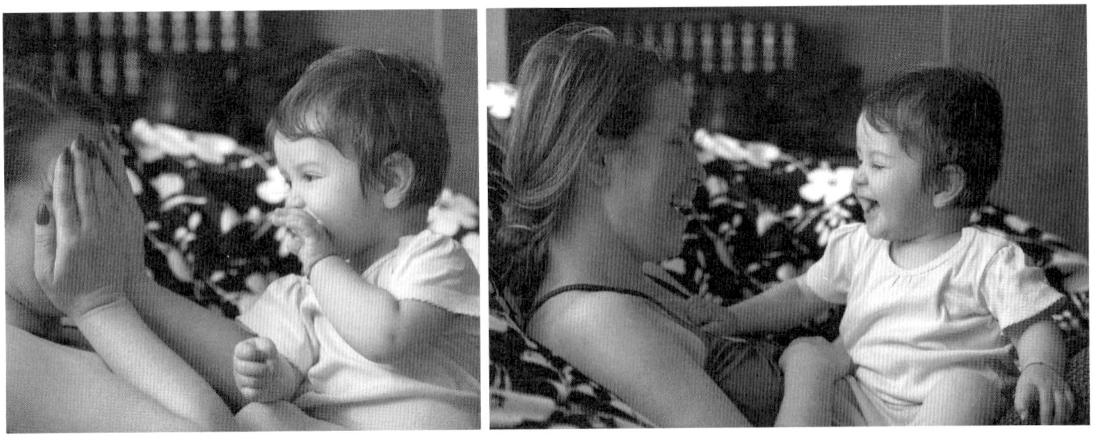

**躲貓貓**。如何以物體恆存的概念來解釋當母親的臉再次出現時，嬰兒顯得如此驚訝和高興的原因？
*©iStockphoto.com / stock_colors*

找。等到年紀稍長，當他們看到成人將物體從位置 A 布下移到位置 B 布下時，才會去位置 B 布下找；但如果在嬰兒未注視的情況下，成人將物體從位置 A 布下移到位置 B 布下，他們就不會去找。最後，當稍長的幼兒真正發展出物體恆存概念時，則不管物體如何移動，他們都一樣會去找。此時在幼兒的心目中，這個玩具在他看不見的情況下依然存在，因此他會繼續找，直到找到玩具為止。「主動學習：測試物體恆存概念」帶領讀者執行 Piaget 評估嬰幼兒物體恆存概念的過程。

主動學習

## 測試物體恆存概念

Piaget（1954）設計了一系列稱為 **A 非 B 錯誤（A-not-B error）**的實驗任務，來測試嬰幼兒對物體恆存概念的理解。首先要找一位 6 個月至 2 歲大的嬰幼兒，接著準備一個嬰幼兒可以安全使用的有趣玩具或物體（也就是不會讓嬰幼兒窒息或放入口中的安全物體），以及可用來蓋住這些物體的兩塊布。Piaget 的實驗分為三個步驟：

1. 將兩塊布並排，放在你和嬰幼兒之間的桌子上。向嬰幼兒展示玩具，確認他對玩具感興趣並注視著你。將玩具藏在其中一塊布下面，觀察並記錄嬰幼兒是否尋找玩具。
2. 如果嬰幼兒尋找並找到玩具，則進行步驟二：將玩具再次藏在同一塊布下面。然後，趁嬰幼兒還在注視的時候，將玩具從第一塊布下面移到第二塊布下面。觀察並記錄嬰幼兒尋找的位置。
3. 如果嬰幼兒第二次找到玩具，重複步驟二，但盡量不要讓嬰幼兒看到你將玩具從第一塊布下面移到第二塊布下面。觀察並記錄嬰幼兒尋找的位置。

你所測試的嬰幼兒是否以他的行為表明，即使他看不到物體，依舊知道物體仍然存在？當你移動玩具時，他會被騙嗎？

新科技讓研究人員能以不同的方式檢視嬰幼兒的發育，其中一些科技增進了我們評估 Piaget 理論的能力。研究人員使用眼動追蹤設備來評估 A 非 B 錯誤任務，結果顯示嬰兒在能夠伸手去**拿**被隱藏的物體之前，會先去**看**位置 B 的地方，這表明他們知道物體就在那裡，只是缺乏手眼協調的能力。由此可見物體恆存概念的發展比 Piaget 所描述的還要早一些（Cuevas & Bell, 2010）。我們將在本章稍後的核心知識論部分，再次討論物體恆存概念。

## 前運思期（2 歲到 7 歲）

Piaget 使用在第二階段所缺乏的能力——運思（或譯操作），來定義這個階段。對 Piaget 來說，**運思（operations）**指的是遵循系統性、邏輯性規則的心理行為，處於**前運思期（preoperational stage）**的兒童則還不會以邏輯方式思考。以下先說明這一階段新發展出的正向變化：使用象徵的能力。

### 象徵性思考

根據 Piaget 的說法，前運思期的主要成就是心理活動表現的能力，而不是身體動作的能力。學步兒可以思考和談論不在身邊的物體，因為他們已經能在心理上使用象徵代表這些物體。學步兒可以告訴你他們昨天吃了一個蘋果，而不必像嬰兒那樣必須給你看一個真正的蘋果。象徵能代表不在現場的任何事物，但這個時期的象徵仍然非常具體。抽象符號，例如代表正義概念的天平，仍然超出前運思期兒童的理解範圍。以下是兒童展示他們使用象徵能力的三種方式：假想遊戲、語言和繪畫。

- **假想遊戲**（fantasy play）：兒童在遊戲中使用物體、自己和其他人來代表不在現場的事物。例如，他們拿著一個積木想像這是一支電話，並假裝與電話另一端的某個人交談，而對方也是他們想像出來的虛構人物。

- **語言**（language）。對 Piaget 來說，語言的發展相當重要，因為這表示兒童會使用象徵。每當我們使用一個字詞時，它就代表或象徵一個不在現場的事物。

- **繪畫**（drawings）。最後，兒童會用繪畫表示象徵，就算別人看不懂這張圖也無妨。兩歲幼兒知道圖片上是真實香蕉的樣子，但不會想要去吃香蕉圖片，證明他們能夠理解圖片是物體的象徵（Ware, Gelman, &

**象徵性表現**。當幼兒發展出使用象徵的能力時，那些歪歪斜斜、難以辨認的曲線，可能代表任何他想表示的東西。

*©iStockphoto.com / jacoblund*

Kleinberg, 2013）。

象徵的運用是兒童的一大進步，它讓兒童不受制於眼前的物理世界。但 Piaget 強調，幼兒仍未具備邏輯思考的能力，他們對世界的理解大部分仍基於當下的感官和身體經驗。他把前運思期的後半段稱為**直覺思考期**。

## 直覺思考

從 3 歲左右開始，許多兒童對他們所看到和經驗的事情有了初步的瞭解，但現在他們會開始對任何事情問「為什麼」，因為他們想明白周遭的世界。Piaget（1955 / 1973）認為幼兒開始將邏輯解釋組織在一起，但多數時候仍被眼前所見迷惑，而未以邏輯推理思考。這種被他稱為**直覺思考（intuitive thought）**的方式，特徵包括轉換推理、自我中心觀和缺乏保留概念。

成人和年齡較大的兒童通常能以邏輯思考，使用演繹和歸納推理來解決問題。**演繹推理**（deductive reasoning）從一般前提開始（例如，「所有蘋果都有核」），然後得出具體結論（「這是一個蘋果；因此，它一定有核」）。演繹推理是假設檢驗的基礎，是科學研究不可或缺的條件。**歸納推理**（inductive reasoning）從個別例子開始（「我看過很多蘋果，它們都有核」），以一般原則結束（「因此，所有的蘋果都有核」），這種推理類似於蒐集觀察結果以發展理論的方式。

Piaget 從對兒童的晤談中發現，他們的邏輯並非一貫使用演繹推理或歸納推理。相反地，他們隨意地從一個特定的觀察切換到另一個觀察，在無中生有的情況下創造出因果關聯，他將此稱之為**轉換推理（transductive reasoning）**。他以女兒露西安娜說的話為例：「我還沒有睡午覺，所以現在不是下午。」好像是因為她的午睡才讓下午到來（Piaget, 1962, p. 232）。前運思期兒童可能會根據一組不相關的事實得出結論，或假設恰好在大約同一時間發生的事情互為成因。例如，一個生氣的孩子可能會指責一個無辜的旁觀者傷害他，理由是：「我跌倒時你在場，所以我受傷是你的錯。」

## 自我中心觀

Piaget 認為幼兒很難從另一個人的角度看世界，尤其是當別人的觀點與他們不同時，Piaget 稱之為**自我中心觀（egocentrism）**（**自我**的意思是指「我」或「自己」）。理解這個專業名詞時要小心，它與自私或自大（自以為是、妄自尊大）不同，儘管幼兒通常也有很多這類特徵。它真正的意思是指，幼兒的心智尚未充分發展到能理解他人的觀點可能與自己的不同（課前測驗第 3 題）。看起來像是一個「自私」的孩子從別人那裡搶玩具，但其實是因為幼兒還不明白別人和他一樣想要這個玩具。雖然成人應該要對這個年齡階段幼兒的行為設立適當的限制，但同樣重要的是幫助幼兒認識他人的想法與感受，克制這種看似故意自私的行為。

年齡較小的前運思期幼兒甚至難以理解他人眼中所見的現實。例如，如果有人在電話中問幼兒他幾歲了，幼兒可能會舉起兩根手指表示 2 歲，並認為如果他能看到自己的手指，那麼電話另一端的人同樣可以看到。Piaget 著名的「三山任務」（three mountains task）（如圖 6.1 所示）是評估自我中心觀的經典實驗。兒童面前的桌子擺了三座大山模型（這些受試兒童住在瑞士，所以山對他們而言相當熟悉）（Piaget & Inhelder, 1956），兒童站在桌子的一側，一位成人先向他展示從桌子各個側邊所見的山的圖片，然後再問他玩具熊分別從桌子的不同側邊看到的景象。無論玩具熊在哪裡，4 歲的孩子都說玩具熊看到的景象與他們看到的一樣。換句話說，他們沒有區分自己觀點和他人觀點的能力。

然而，當研究人員將任務簡化為沒那麼要求認知能力時，3 歲和 4 歲的幼兒大部分的時候都答對了。例如，讓幼兒看轉盤上三座山的全尺寸模型，而不是不同角度的圖片時，幼兒都懂得轉動模型，正確地展示娃娃看到的景象（Borke, 1975）。在更近期的研究中，大多數學齡前兒童都能夠在自己看到的圖片是正面朝上時，正確說出坐在桌子對面的成人看到的圖片是否為顛倒，反之亦然（Bigelow & Dugas, 2008）。本書第 11 章討論社會認知時，會討論 Piaget 可能低估了幼兒在這方面的能力，雖然從他人的角度看待問題的能力可能有限，但幼兒並不像 Piaget 所認為的那般自我中心。

圖 6.1　Piaget 的三山任務。在 Piaget 的三山任務中，自我中心觀的幼兒認為玩具熊看到的景象和她看到的景象一樣。

**資料來源：**修改自 Papalia, Olds, & Feldman (1998); Piaget & Inhelder (1956).

## ▶▶ 保留概念

前運思期兒童尚未獲得的一項重要認知能力是**保留概念（conservation）**。學齡前的兒童還不能明白，無論外觀如何變化，某物體的量（數量、體積、質量）都維持不變。如果將一塊黏土壓成扁平狀，你知道黏土的分量仍然不變，因為你並沒有添加或移除任何黏土。然而，前運思期兒童會被黏土的外觀變化愚弄，認為新形狀的黏土比原來的那塊黏土更大或更小。

Piaget 認為，當黏土的形狀發生變化，學齡前兒童會被愚弄的原因之一，是他們一次只能專注在問題的一個向度——一種他稱之為**中心性（centration，又稱片見性）**的認知限制。例如，當前運思期兒童看到幾個杯子裡的水時，他們只會注意到水的高度，並斷言水位最高的杯子裡水最多，而忽略這些杯子的寬度。當兒童稍後進入具體運思期時，他們才開始**去中心化（decenter）**，能夠同時思考問題的多個向度。到了下一個階段，兒童才能明白需要同時考量水位和容器的寬度，輕易地想出正確的解答。

最近，研究人員將幼兒在執行此類任務的困難歸因於有限的**工作記憶**（working memory），本章稍後詳述。幼兒在思索解決方案時，只能記住一兩件事。例如，當他們須同時比較杯子的高度和寬度時，常被問題的多重向度搞得不知所措，使得他們無法解決難題（Cowan, 2014）。請參閱「主動學習：保留概念」，嘗試進行針對學齡前和學齡兒童的實驗，幫助你更加瞭解保留概念的發展。

### 主動學習

## 保留概念

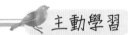

要瞭解保留概念的發展，請讓學齡前兒童（3 至 5 歲）和（或）學齡兒童（6 至 10 歲）執行以下任務。如果你有兩位兒童可測試，請務必先測試學齡前兒童。

1. **體積保留**（見圖 6.2A）

Piaget 的體積保留任務

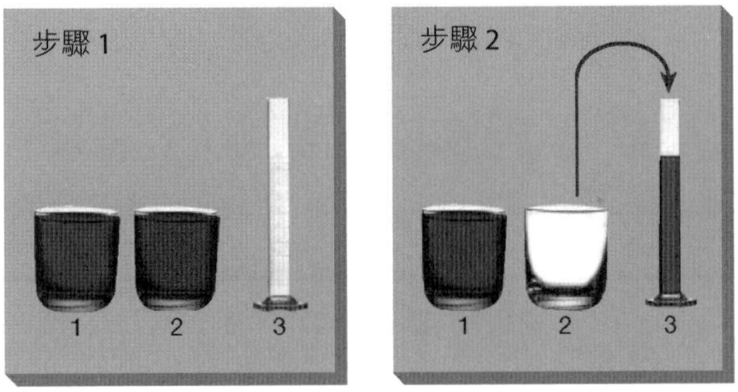


圖 6.2A　體積保留

**準備器具：**兩個相同的透明杯子，和另一個高度與寬度不同的透明杯子。

將相同容量的水裝入兩個相同的杯子，展示給兒童看，並問：「這些杯子裡的水量是一樣的，還是其中一個杯子的水比另一個杯子的水多？」調整水量，直到兒童同意杯子的水量相同為止。接著請兒童注意看你把其中一個杯子的水，倒進第三個杯子裡，並問兒童：「現在，這兩個杯子裡的水量是一樣的，還是其中一個杯子的水比另一個杯子的水多？」如果兒童回答其中一個杯子的水多，問他是哪一個。根據每位兒童的回答詢問**為什麼**他認為兩個杯子的水一樣多，或為什麼他認為其中一個杯子的水比另一個杯子的水多。兒童的解釋是這個實驗最重要的部分。

2. **質量保留**（見圖 6.2B）

Piaget 的質量保留任務

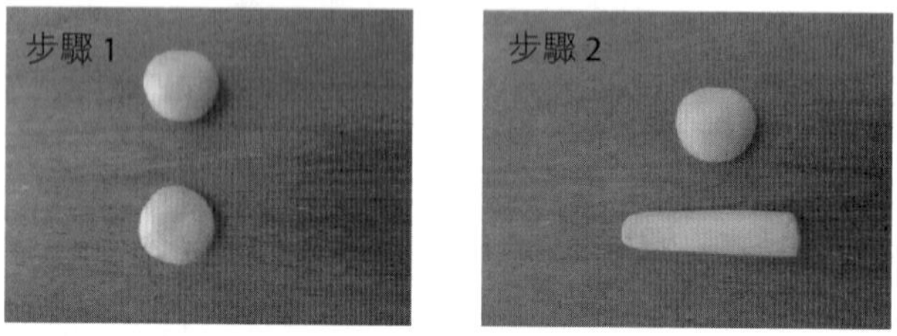


圖 6.2B　質量保留

**準備器具：**黏土或麵團

製作兩個相同大小的黏土球，展示給兒童看，並問：「這兩塊黏土是一樣的，還是其中一塊比另一塊多？」調整黏土的量，直到兒童同意兩塊黏土相同為止。接著拿起其中一塊黏土，在兒童的注視下揉成長條形。問兒童：「現在，這兩塊黏土的量是一樣的，還是其中一塊比另一塊多？」根據每位兒童的回答，詢問他**為什麼**認為兩塊黏土相同，或為什麼其中一塊比另一塊多？

3. **數目保留**（見圖 6.2C）

Piaget 的數目保留任務

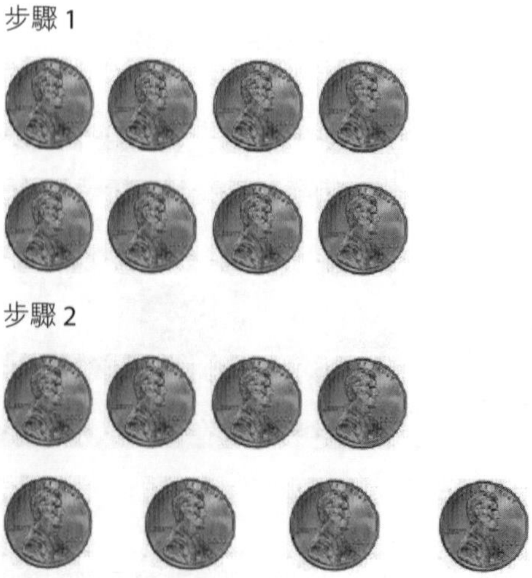


圖 6.2C　數目保留

**準備器具：**八個相同的物體，例如硬幣或餅乾

將八個相同的物體分成兩組各四個，排成相互平行的兩排。問兒童，「這一排硬幣（或餅乾）的數目與另一排相同嗎？」如果兒童不同意它們是一樣的，數給他看每排都有四個，然後再問一次。等兒童同意每排的數目相同後，再將其中一排硬幣或餅乾的間距拉遠，接著問兒童：「現在，這兩排硬幣（或餅乾）的數目是一樣的，還是其中一排比另一排多？」同樣地，一定要讓兒童解釋他的答案。

如果你測試的兒童被水、黏土或一排物體的外觀變化騙倒，表示這位兒童仍處於前運思期，還沒有發展出體積、質量或數目保留的概念。如果兒童沒有被騙倒，表示他已經發展出保留的概念，來到具體運思期。有些兒童可以通過某些任務的保留概念測試，但沒有全部通過，表示這些兒童處於過渡期，正在從前運思期前進到具體運思期。

第 2 章曾介紹**體化認知**的概念，即思考是大腦、身體和環境經驗綜合而成的結果。基於此，某研究團隊推測，如果讓幼兒自己操作這些任務，而不是被動地觀察，他們是否更有可能理解保留概念？也就是說，可否用自己的身體來幫助思考？研究團隊要求一年級學生將水倒入兩個相同的杯子中，直到同一高度，然後將水從這個杯子倒入另一個較為高細的杯子裡。研究團隊發現，比起只看成人演示的兒童，這些實際動手操作的兒童更容易理解水量其實沒有變化。採用這種實驗方式，體積、質量和數量等保留任務均得出相同的結論（Lozada & Carro, 2016）。

總而言之，前運思期的特色是象徵性思考的進步，但這個階段兒童的思考受限於眼前所見，而不是運用邏輯推理。儘管此階段兒童逐漸意識到他人看待和理解世界的方式可能與自己不同，但他們的看法仍然局限在自己的觀點。在前運思期兒童身上出現的許多限制，即將在下一階段的具體運思期加以克服。

## 具體運思期（7 歲到 12 歲）

Piaget 理論的第三個階段是**具體運思期（concrete operations）**。具體運思期兒童可以進行邏輯思考，但此時期的思考局限在具體思考而非抽象思考。例如，你會如何解釋「別把所有的雞蛋放在同一個籃子裡」這句話？抽象思考者可能會說：「不要指望只靠一個計畫就可以解決所有問題，要有一些備案。」但具體思考者可能會說：「去商店的時候要拿兩個籃子，把一半雞蛋放在一個籃子，另一半雞蛋放在另一個籃子。」具體運思在這個階段擔當重任。這就是為什麼我們至少要等到兒童上中學之後，才開始向他們教授政治科學或哲學等涉及抽象思考的科目。具體運思期的兩大認知進展為可逆性和分類，當兒童發展出這些認知能力，就能夠解決保留概念的問題。

**可逆性**（**reversibility**）意指反向心理操作的能力，讓兒童在判斷保留任務時，得以克服知覺偏見。還記得將一個矮寬杯子裡的水倒進一個高細的杯子裡，高細杯子裡的水位上升時，前運思期兒童會認為高細杯子裡的水較多。但是，瞭解可逆性的兒童知道，他可以將水倒回矮寬杯來反轉這個程序，得到容量仍然相同的結論。可逆性是兒童理解如果 1＋1 等於 2，那麼 2－1 必定等於 1 的先備條件能力，這是理解算術的基本基礎。在具體運思期，兒童可以把注意力放在事物**如何**變化，而不僅只注意到事物開始和結束的狀態。

前運思期和具體運思期的**分類**（**classification**）能力變化可從「20 個問題」（20 Questions）的遊戲中看出。進行遊戲時，兒童必須問一連串「是」或「不是」的問題，以弄清楚對方想的答案是什麼。在玩 20 個問題時，成人或年齡較大的兒童最常問的第一個問題是：「它有生命嗎？」這是一個非常有效率的問題，因為它消除了許多潛在項目——所有東西若非有生命，就是無生命。具體運思期兒童的策略是從大類別慢慢限縮到小類別（例如，「是動物嗎？」或「是植物嗎？」）但前運思期幼兒卻是從非常具體的問題開始，例如，「是一隻貓嗎？」或者「是我的椅子嗎？」這些幼兒還不明白各個物體可以歸入更大的類別。Piaget 認為，邏輯運思能力讓兒童得以明白每一個東西都可以納入更大的類別。

具體運思期另外發展出的一項新技能是**序列化**（**seriation**），即根據高度、重量或其他特性將物體排序的能力。幼兒可能會拿兩根不同長度的木棍，並得出其中一根棍子長、另一根棍子短的結論。但有了序列化的能力，年齡較大的兒童明白，一根棍子可能比另一根長，也可能比第三根短——換句話說，長短是相對的，而不是絕對的。序列化是推導出合乎邏輯結論能力的起手式，例如：如果小欣比小蘭高，小蘭比小芬高，那麼小欣一定比小芬高。

## 形式運思期（12 歲以上）

隨著兒童進入青春期，思考出現重要的質變。在兒童中期，兒童能對具體事件進行邏輯思考，但還不具備思考抽象或假設的概念。Piaget 的**形式運思期**（**formal operations**）的特色是發展出抽象思考的能力。抽象思考意指青少年不再依照表面字義理解「在雞蛋孵化以前，不要計算有多少隻雞」（譯注：別高興得太早、錢進口袋才算數）之類的文句，他們知道這不是指真正的雞。更重要的是，在形式運思期，青少年可以思考**民主**等廣泛抽象的概念，而不只是**計算選舉票數**等具體概念。幼兒可能會想當**醫生**和**護士**，但形式運思期青少年著眼的是**醫學領域**（LeHalle, 2006）。

Piaget（1999）說大約 12 歲時，兒童開始對假設的可能性進行邏輯推理，而不僅是對具體世界進行推理，他稱這種新發展出來的能力為**假設演繹推理**（**hypothetico-deductive reasoning**），也被稱為科學思考，因為它是科學家在檢驗假設時採取的思考型式。在青春期，假設演繹推理使個體懂得形成新的假設，並運用演繹推理加以檢驗。Piaget 認為具有形式運思的人能夠遵循邏輯過程，即使它不符合現實。例如：

1. 棕牛生產巧克力牛奶。
2. 這是一頭棕牛。
3. 因此，牠會生產巧克力牛奶。

顯然，這是一個錯誤的前提，導致錯誤的結論，但其背後的邏輯推理是合理的。具體運思期的人無法跳脫現實來得出這個合乎邏輯的結論，仍舊會主張沒有任何一頭牛能生產巧克力牛奶；而形式運思使得青少年能從具體的現實抽身，以更抽象、純邏輯的方式進行推理。

形式運思還包括為一個問題設想出許多可能的解決方案，並在做決定之前進行測試，找出哪一個方案較佳，測量任何特定變項的影響必須維持其他所有變項不變。想知道 Piaget 如何測試形式運思能力，請參閱「主動學習：形式運思」。

主動學習

## 形式運思

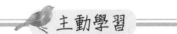

Piaget 用他所謂的「鐘擺問題」（pendulum problem）測試不同年齡的兒童。他給每位兒童一個鐘擺，繩子下面掛著一個垂墜物體，要求兒童找出有哪些因素決定繩子來回擺盪的速度。

請找年齡較大的兒童或青少年一起進行這項活動。找到一段繩子，並在繩子的末端繫上一個物體，使其可以自由擺盪。準備幾個更輕或更重的物體，以及幾條更長或更短的繩子。詢問兒童（或青少年）有哪些因素可能導致繩子擺動得更快或更慢，請他將想法寫下來。接著詢問兒童要如何找出正確答案，並進行實驗加以測試。

處於形式運思期的個體會思考問題的可能答案，接著控制除了實驗變項之外的所有變項，系統化地測試這些特定的假設。例如，可能的原因包括繩子的長度、推動的力道和垂墜物體的重量。兒童可以改變垂墜物體的重量，同時控制其他變項不變。如果重量改變沒有影響，接下來可以測試推動的力道，同時控制其他變項不變，以此類推把所有可能性都測試一遍。你所測試的兒童是否以系統化的實驗來找出答案？你找到鐘擺問題的答案了嗎？答案請見下方。

答案：繩子的長度決定來回擺盪的速度。

當青少年發展出執行科學過程的能力時，他們就能求證某些想法或假設，判斷結果是否支持這些想法或假設。然而，有能力進行高階思考，並不表示他們總是會這麼做。Kuhn（2009）認為我們發展出兩種思考系統，一種基於經驗，另一種基於分析。基於經驗的思考不費力、憑直覺，導致許多人在沒有考慮所有可能性的情況下就做出判斷。例如，阿威雖然會玩暴力電動，但他認為自己不是個好鬥的人。基於這個信念，他不同意某一以大樣本青少年做的研究下結論說玩暴力電動遊戲的人比其他人更具攻擊性。這是將個人經驗置於科學思考之上的一個例子。如果阿威進行分析思考，他會找到反對或修正第一個發現的科學證據，例如一項研究表明，玩暴力電動之前就有攻擊性的男孩，在玩電動之後變得更具攻擊性；而沒有攻擊性的男孩，在玩暴力電動之後並沒有變得更具攻擊性。基於證據的論點和反論是科學過程的本質，隨著形式運思而發展。

Piaget 認為並非所有人都能達到形式運思期，許多人終其一生都停留在具體運思期。有些證據表明，要達到這個層次的思考，並不是生理成熟使然，而是取決於個體的教育訓練能否助其發展（Artman, Cahan, & Avni-Babad, 2006）。

假設性思考能力的後果之一是青少年變得耽於理想主義，因為他們現在可以想像**可能發生的事情**，而不僅是簡單的**表象**。理想主義激勵青少年參與活動，致力於實現更遠大的目標；理想主義也驅使他們質疑成人的權威，例如，挑戰舊的規則。他們認為即使有規則，也不意味著規則是真理，其他替代方案同樣合理和合乎邏輯，他們想爭取實施這些替代方案。近年來，16 歲的 Greta Thunberg（童貝里）發起了一項運動，帶領全球數百萬名學生抗議各國政府在氣候變遷問題上的不作為。2019 年，她獲得諾貝爾和平獎提名。

**青少年的理想主義。**這些年輕人意識到，從前的做法並非唯一可行的方式，他們要向社會大眾倡導更環保的替代方案。

*©Getty images / Jeff J Mitchell / Staff*

## 青少年的自我中心觀

Piaget 認為前運思期幼兒的自我中心觀，使得他們無法從他人的角度看事情。David Elkind 指出，青春期早期自我中心觀再次抬頭，再度使青少年很難從他人的角度看世界。然而，青少年的自我中心觀不同於前運思期幼兒的自我中心觀。Elkind 認為，青少年的自我中心觀從他所謂的想像觀眾和個人神話可見一斑（Alberts, Elkind, & Ginsberg, 2007）。

**想像觀眾（imaginary audience）**意指青少年相信自己是別人注意的焦點，就像他們關注自己一樣。青少年可能會因為頭髮看起來很糟糕，或過分在意自己的外表而拒絕上學。在青少年的想法裡，學校裡的每個人都很清楚地看到他的缺點，儘管其他青少年更關心的是他們自己的長相，而不是別人的長相。青少年還會做白日夢，自顧自地想像如果有一天成名的話，會如何被同儕欽羨稱讚。

**想像觀眾**。這個青少年可能以為其他人和他一樣密切關注他的外表。他的「觀眾」是真實的還是虛構的？

*©iStockphoto.com / Syldavia*

雖然 Elkind 一開始所指的是青少年比較可能自認為有想像觀眾的存在，但近期的研究發現，想像觀眾和關注自我在整個青春期的波動或增加，通常是為了因應諸如轉換新學校等事件（Galanaki, 2012; Takishima-Lacasa, Higa-McMillan, Ebesutani, Smith, & Chorpita, 2014）。社群媒體讓想像觀眾的概念在今日變得更形重要，青少年可以選擇如何在網路上展現自我，想像有成百上千的人多麼關注他們（Cingel & Krcmar, 2014）。第 10 章將詳細說明社群媒體在青少年認同形成中起了哪些作用。

**個人神話（personal fable）**是青少年抱持的一種觀念，即認定自己的經歷是獨一無二的，與其他人的經歷不同。例如，失戀的女孩會想：「媽媽永遠無法理解我的痛苦，她不像我一樣愛得那麼深。」不幸的是，個人神話也可能是青少年從事冒險行為的原因（Alberts et al., 2007）。例如，青少年雖然知道酒精對反應時間的影響，但仍宣稱「我可以酒後駕車，什麼都不會發生在我身上。」莫名地相信自己可以酒後安全駕駛；或青少年雖然明白不安全性行為的風險，但仍覺得「我不會懷孕，這只會發生在其他人身上。」

想像觀眾和個人神話象徵的不僅是青春期的過度自我關注，我們也可以將其視為幫助青少年處理這一生命階段某些重要發展任務的適應機制，可以理解青少年為什麼擔心在新的社交情境中會被如何看待。想像觀眾協助青少年想像可能發生的事情，預先想好一些因應方法。個人神話注重個體的獨特性，協助年輕人為從家庭分離（或個體化）做好準備，這種分離（或個體化）通常會隨著青少年進入成年早期而出現（Martin & Sokol, 2011）。

## 形式運思期是最後一個階段嗎？

在 Piaget 的理論中，形式運思期是心理發展的最高階段，但某些理論家認為，認知發展可以延續到另一個稱為**後形式運思期（postformal operations）**的階段。這個階段的個體明白知識不是絕對的；也就是說，並非只有一個正確答案。個體會考慮多種觀點，統整看似矛盾的訊息（Labouvie-Vief, 2006）。例如，後形式運思期的人同意「就算是已知的兩難困境，也會有幾個不錯的解決方案」這樣的說法（Cartwright, Galupo, Tyree, & Jennings, 2009, p. 185）。顯然，這一階段的思考複雜性超越了形式運思期的邏輯抽象過程。

## 對 Piaget 理論的批評

儘管 Piaget 的理論影響深遠，但也招致不少批評。許多研究發現，兒童的某些運思能力比 Piaget 所宣稱的年齡還要早。另有批評是認為，認知發展可能不像 Piaget 所說的那麼階段分明。雖然 Piaget 將這些運思能力的習得視為一致、相對快速的過程，但之後的研究結果顯示，這其實更像是逐步漸進、而非一夕之間出現的過程。

**文化與認知能力。**這位來自墨西哥的女孩正在學習編織極為複雜的圖案，這些圖案要靠具體運思能力（譯注：譯者認為此處應為形式運思能力，可能是作者誤植）來理解。研究人員並不一定有從這些由文化界定的能力，來判定兒童的認知發展水平。

*©iStockphoto.com / Orbon Alija*

Piaget 認為他所描述的階段適用於世界各地所有的兒童。雖然跨文化研究支持所有兒童的 Piaget 認知階段出現順序相同（Maynard, 2008），但一些早期跨文化研究表明，來自非西方文化的兒童達到這些認知里程碑的年齡較晚。正因為如此，早期研究將非西方文化兒童的認知發展進度，以負面的語詞描述，如「落後」或「緩慢」（Maynard, 2008, p. 58）。現在我們已經知道這些早期研究的結果源於研究人員對文化不夠敏感（cultural insensitivity），他們用自身文化開發出來的評量工具，評估在不同文化下長大的兒童。

將 Piaget 式的任務和材料調整為與受測兒童的文化相關時，這些兒童通常能表現得非常好。例如，若以標準的 Piaget 式任務施測，美國兒童的表現比墨西哥兒童好，但在遇到與編織相關的問題時，墨西哥兒童的表現就比美國兒童好，因為這是墨西哥兒童相當熟稔的活動（Maynard & Greenfield, 2003）。這項研究提醒我們，必須對研究方法抱持文化敏感度。

### 學習檢定

**知識問題：**

1. 在 Piaget 的理論中，同化和調適有何差別？
2. Piaget 認知發展的四個階段中，各有哪些重要的認知進展？
3. 個人神話如何置青少年於危險之中？想像觀眾有哪些益處？
4. Piaget 的理論受到哪些批評？

**思辯問題：**

想想當你遇到不懂的新資訊時，你是如何設法理解的？說明你能夠同化到現有基模的面向，以及你必須更改基模才能理解的面向。

# 核心知識論

## 學習問題 6.2・核心知識論的假設爲何？

當嬰兒出生時，世界對他們來說只是一堆毫無意義的感覺（視覺、聲音和氣味）嗎？還是嬰兒在出生時就已經對這個世界有某些基本的認識呢？這些都是**核心知識論**（**theory of core knowledge**）想弄清楚的問題。為了探究嬰兒如何理解世界，研究人員進行名為**期望悖反**（**violation of expectations**）的實驗，其立論基礎是嬰兒和成人一樣，會花更多時間注視令他們驚訝的事件。頭戴帽子或頭戴章魚的人，哪一個你會多看幾眼？如果嬰兒對某件事感到驚訝，表示接下來發生的事情和他們原先所預期的不同。你會對下面的事件感到驚訝嗎？

1. 一個物體正在穿過另一個物體。

2. 箱子裡本來有一個娃娃，再把一個娃娃放進箱子裡，但是打開箱子時，裡面卻有三個娃娃；換句話說，1＋1＝3。

3. 一塊積木被推到桌面邊緣，大半積木超出桌面，沒有得到支撐，可是它卻沒有掉下來，如圖 6.3 所示。

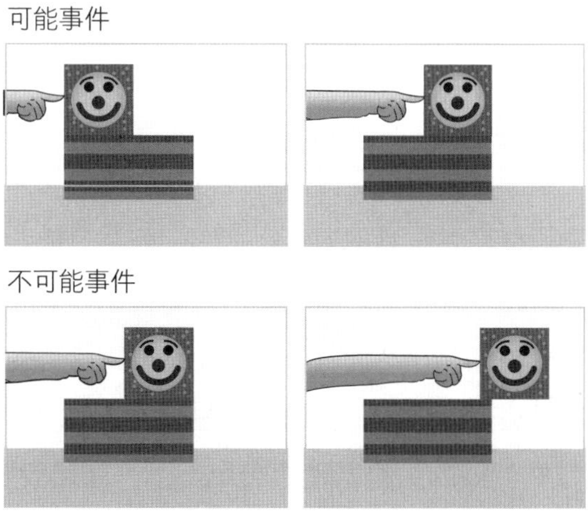


**圖 6.3　嬰兒瞭解地心引力嗎？**即使是嬰兒，在看到似乎違反地心引力影響的物體時（如最後一張圖所示），也會感到驚訝。

**資料來源：**Baillargeon (1994).

以上這些是給出生未滿一年的嬰兒看的一些場景，藉此判定他們是否瞭解物體的特性與功能（Baillargeon, Needham, & DeVos, 1992; Hespos & vanMarle, 2012; Newcombe, Sluzenski, & Huttenlocher, 2005）。從上述三個例子可看出，嬰兒似乎明白物體是固態的；他們有基本的數目概念（至少到 3）；他們對地心引力的影響有基本的瞭解（課前測驗第 4 題）。研究人員還發現嬰兒具備許多其他能力，時間早到可說是與生俱來的能力了——這一結論是核心知識理論的基礎。

當然，這些基本能力與年齡較大的幼兒和成人所具備的更完善、複雜的理解能力不同。例如，嬰兒可以區分相差 3 個數量以上的差異，他們甚至可以分辨一籃 5 個蘋果和一籃 10 個蘋果的不同，但是他們無法分辨一籃 5 個蘋果與一籃 6 個蘋果的不同。這種早期的數感（sense of number），稱為**概數感**（approximate number system, ANS），為一種毋需靠語言或實際的數字符號來表徵數量的能力（Bonny & Lourenco, 2013）。等到兒童學會數目的字詞和符號，將數量對應到代表它們的符號上時，才會對數目產生更精準的感知。換句話說，兒童必須知道三個物體對應於符號 **3** 和單字**三**。學齡前兒童似乎同時發展出概數感和數字符號系統，透過概數感，他們能夠估計 10 個蘋果大於 5 個蘋果，同時也在學習數到 10。然而約到 6 歲時，他們才懂得將兩種策略結合，知道可用計數法找出哪堆蘋果較多（Kolkman, Kroesbergen, & Leseman, 2013）。

除了理解物體的基本性質、數目的概念和一些基本的物理學原理（如地心引力定律）外，嬰兒還表現出對語言、人際互動和道德原則的基本瞭解。本書第 8、10 和 11 章將有更詳細的說明。例如，嬰兒似乎理解人是有目的的行動，「心中」有一個目標，而物體卻沒有（Spelke & Kinzler, 2007）；不過問題是，究竟這種能力是與生俱來的，還是很早就學會的？關於目標指向性（goal-directedness），Woodward（2009）發現，嬰兒在自己學會有意識地伸手去拿物體後，才比較能理解他人伸手去拿物體的意圖。Woodward 認為對意圖的理解不是與生俱來的，相反地，嬰兒是從自身的行為去學習如何解釋他人的行為。

目前正在進行的研究是科學驗證過程的良好範例，因為證據和反證都有助於我們更精確地瞭解認知發展的早期階段，以及早期階段如何影響後期發展。嬰兒是否天生就知道即使在看不見的情況下，物體仍然存在？抑或這些知識是後天習得的？「研究之旅：物體恆存概念是後天習得的，還是與生俱來的？」說明一些研究評估的過程。

核心知識論著重在認知發展的生物基礎與起始。下一節將說明 Vygotsky 的認知發展論，探討文化如何形塑兒童的認知發展。

## 研究之旅 物體恆存概念是後天習得的，還是與生俱來的？

正如 Piaget 理論所預測的，從該學派的角度對物體恆存概念進行研究，發現到認知發展的漸進過程。7 個月以下的嬰兒不會去找被隱藏起來的物體；等到年齡稍大一點，他們會去找部分被隱藏起來的物體；最後，8 到 10 個月大時，他們會去找完全被隱藏起來的物體（Moore & Meltzoff, 2008）。

然而根據核心知識論，嬰兒**天生**就具有「恆存概念」，即理解物體恆常存在於時間和空間中（Baillargeon, 2008）。換句話說，物體恆存概念是與生俱來的。Piaget 的批評者指出，Piaget 測試物體恆存概念的方式（從遮蓋物下面取出物體），靠的不僅是理解物體在眼前消失時依舊存在的能力，嬰兒還必須記住物體的位置、想辦法找出物體，而且還要有伸手抓住物體的動作技能（Baillargeon, Li, Ng, & Yuan, 2009）。

我們如何在不仰賴其他能力的情況下找到物體恆存概念的證據？當代研究人員使用更精密的技術來降低任務的難度時，發現受測對象在更年幼時就具有恆存概念（或持續存在）的證據。例如，研究人員使用電腦軟體來追蹤嬰兒的視線，Baillargeon、Spelke 和 Wasserman（1985）在 4 個月大的嬰兒面前放一個玩具，接著將隔板放在玩具前面並慢慢向後傾斜。在現實世界中，隔板會碰到玩具並停止傾斜。一組嬰兒看到完整的一幕（預期結果），而另一組嬰兒則看到隔板一直向後傾斜，好像它正在穿過玩具一樣（意外結果）。

意外結果條件下的嬰兒注視時間比預期結果條件下的嬰兒長得多。因此，即使看不到物體，但嬰兒似乎知道物體還在，並且知道該物體應該能阻止隔板繼續向後傾斜。後續的研究是讓 3 個月大的嬰兒看到一支管子下降到一個空心的物體內，向右移動，接著向上升起。一組嬰兒看到同一個物體仍在，另一組嬰兒則看到物體不見了；換句話說，物體消失了。第二組嬰兒注視的時間更長，再度顯示對意想不到的結果感到驚訝（Wang, Baillargeon, & Paterson, 2005）。

然而，Sirois 和 Jackson（2012）質疑測量到更長的注視時間，所代表的是否為驚訝這種情緒。他們轉而檢視隔板向後傾斜實驗的這段期間，嬰兒瞳孔擴張的變化。瞳孔會隨著光線的強弱而擴大，但也會隨著興趣、警醒和正在處理的訊息量而變大。在對 10 個月大嬰兒進行的研究中，Sirois 和 Jackson 發現，當嬰兒認為隔板正穿過玩具時，他們的瞳孔大小沒有變化。Sirois 和 Jackson 對結果的解釋是，更長的注視時間實際上反映的是嬰兒對其他因素的興趣（例如隔板的移動），而不是對物體恆存表示驚訝。採用這個解釋，他們的結論是：沒有證據表明嬰兒具有物體恆存概念。

持續對物體恆存概念進行研究，說明了如何使用新技術來嘗試回答兒童發展領域長期存在的議題。這也提醒我們，從研究得出的結論，取決於研究者如何解釋研究發現。

學習檢定

**知識問題：**

1. 何謂期望悖反？它如何說明嬰兒理解這世界的方式？
2. 何謂概數感？
3. 核心知識論與 Piaget 的認知發展論有何不同？

**思辯問題：**

我們是否有必要瞭解，嬰兒的大腦是在出生時已內建某些特定的知識，抑或他們必須在成長過程透過經驗學習？為什麼？

# Vygotsky 的社會文化論

## 學習問題 6.3・Vygotsky 的社會文化論描述了哪些基本過程？

與視兒童為主動積極、很大程度上是獨立學習者的 Piaget 相反，Lev Vygotsky（維果斯基）認為所有的學習和思考都是從社會世界開始。因此，學習是立基於文化的，因為每個人都身處於自己的文化中。各個文化將其工具、語言和行為傳遞給兒童，並塑造他們的認知能力（Gauvain & Parke, 2010）。Vygotsky 理論的核心是，透過社會合作，兒童跟著比他們有能力的人學習。Vygotsky 指出，社會互動塑造兒童思考的三種方式為：近側發展區、鷹架作用和私語。

### 近側發展區

Vygotsky 作為心理學家的職涯是從服務有肢體和心理障礙的兒童開始。起初，他只是簡單地測試兒童的心智能力。然而，他很快就提出兒童應該接受兩次評估的想法：第一次是讓兒童獨立進行，第二次是在成人的些許幫助下進行。這種技術不但可以評估兒童的實際成就水準，也可以評估他們的學習意願。如第 2 章所述，兒童可以獨立做的事情，與兒童在更有能力的成人或同儕的幫助和指導下可以完成的事情，兩者之間的差異即 Vygotsky（1978）所謂的**近側發展區**（ZPD）。近側發展區已成為對兒童進行動態評量的基礎，動態評量關注兒童在稍加指導下可以做到什麼——也就是他們學習的速度，本書將在第 7 章詳細說明動態評量。

## 鷹架作用

Jerome Bruner（1983）進一步擴展 Vygotsky 近側發展區的論點，說明成人如何幫助兒童學習（Haste & Gardner, 2017）。他借用鷹架（支撐建築物的構造）的概念，並將之應用於教學。**鷹架作用**（scaffolding）是一個支持、體察兒童需求的過程，協助兒童理解其能力範圍之外的事情。當成人提供的學習材料遠超出兒童目前的程度時，兒童能學到的有限；另一方面，如果我們一直教兒童已經精熟的事情，兒童一樣不會進步。只有當成人的教導恰到好處——稍微超出兒童當前程度的範圍時，教學才有成效，學習才會發生。一旦學會了，就不再需要鷹架，兒童可以獨立完成任務（Olson, 2014）。

以下用綁鞋帶來說明鷹架作用。如果對象是嬰兒，我們要為他綁好鞋帶；如果對象是學齡前兒童，你可以教他「兔耳朵」綁法，也就是教他將兩個圈相互打結，或者搭配一首歌或押韻句。等到幼兒 6 或 7 歲時，你可以告訴他們如何將一條鞋帶環繞並穿過另一條鞋帶。你在每個階段提供協助的數量和類型，就是支持兒童學習的鷹架。最後，當兒童可以獨立完成任務時，就可以撤走鷹架了。

**鷹架作用**。首先，握著兒童的手綁鞋帶，接著教簡單的「兔耳朵」綁法（即兩個圈相互打結），最後再示範如何將一條鞋帶環繞並穿過另一條鞋帶。帶著兒童精熟每一步驟，這就是鷹架作用。

*©istock / rossario*

下面的例子說明一位教師如何善用鷹架，來教導幼兒園學童如何閱讀一本新書。從下述內容中，看看教師使用了哪些鷹架技巧：

教　　師：現在，我們要來聊聊鞋子，因為這就是這本書要講的內容。在我們開始聊鞋子之前，我們先來說說當我們遇到一個不認識的詞時該怎麼辦，如果你遇到一個你不認識的詞，你會怎麼做？德克蘭，請說。

德 克 蘭：大聲唸出來。

教　　師：大聲唸出來，非常好。現在，我要問德克蘭一個問題。這本書裡有這麼一個詞〔老師在白板上寫**拖鞋**（ㄊㄨㄛ　ㄒㄧㄝˊ）這個詞〕，你們認得這個詞嗎？有人能告訴我這是什麼嗎？德克蘭剛剛說得非常好，萊利也說得不錯。

全體學生：（兒童們用各種方式來發音**拖鞋**這個詞。）

教　　師：很好，這個字唸**拖鞋**（ㄊㄨㄛ　ㄒㄧㄝˊ）。但更重要的是，老師聽到你們不會一個音節一個音節的唸，對吧？不，我聽到德克蘭說「ㄊㄨ……」，我聽到萊利說「ㄝ」。你們知道應該要怎麼唸嗎？你們可能沒注意到自己已經在這麼唸了。萊利你知道嗎？

萊　　利：我們要會劃分音節。

教　　師：要劃分音節！你們真的太棒了。……所以若是看到一個更長的詞時，我們需要找到它的音節。……（Ankrum, Genest, & Belcastro, 2014, pp. 43-44）

從上面的例子可看到教師提出一個問題（遇到新單詞該怎麼辦），然後邀請一位學生貢獻他已經知道如何處理該問題的策略（大聲唸出來）。接著教師讓學生們嘗試這個策略，並挑選出她希望他們使用的策略（劃分音節）。她並沒有直接告訴學生該怎麼做，而是邀請他們在她循序漸進的幫助下理解所學。你能從這個例子中看到其他鷹架作用的策略嗎？

## 私語

Vygotsky 認為**私語（private speech，或稱自言自語）**是學習過程的要素，私語是兒童將別人對他們說的話，換成對自己說。鷹架是**成人**幫兒童做的，而私語是**兒童**主動將外在互動轉變為內在思想。例如，對於想要拼圖的兒童，成人的鷹架話語可以是：「首先找到側邊平直的拼圖片，放在拼圖的邊緣。」接著你可能會聽到兒童對自己說：「側邊平直的拼圖片，找到側邊平直的拼圖片。」就是兒童正在以私語指導自己的行動。Vygotsky 和其他學者發現，愈是困難的任務，兒童私語的情況就愈多（Aro, Poikkeus, Laakso, Tolvaned, & Ahonen, 2015）。這種私人的（或自我導向的）言語逐漸轉變成內在、不發出聲音的言語，最後演變成思考活動。

研究還發現，和那些在實驗任務時沒有自言自語的兒童相比，以這種方式自言自語的兒童更能成功地完成困難的任務。當父母以敏察但非指導性的方式回應他們時，兒童更易在進行任務時使用有效的私語，自己嘗試解決令人挫折的任務（Aro et al., 2015; Day & Smith, 2019）。兒童在與學習無關的情境中也會私語，在進行假想遊戲時，私語的情況更是常見（Berk & Meyers, 2013），許多兒童在睡前會自言自語。Nelson（2015）研究一位小女孩的「睡前演說」（crib speech），並記錄她獨自躺在床上時說的內容：

……我們要先下車，去幼兒園，爸爸會給我們一個吻，然後說再見離開，然後他會去工作，我們在幼兒園玩。好笑的地方是，我為什麼要去幼兒園？是因為那天是幼兒園日。……（p. 173）

Nelson 主張，用語言表達經驗有助於兒童瞭解周遭世界，就像成人寫下備忘錄提醒自己一樣，兒童會在獨自一人時回顧個人經驗並用私語表達。兒童正在記住別人告知的內容，並預測第二天會發生什麼事，幫助自己以合理的方式安排生活。

Vygotsky 認為認知和學習與個體的文化和歷史背景息息相關，而非單一個體各自發展出來的功能。下一節將說明訊息處理論——關注與大腦功能有關的各種內在認知過程的理論。

### 學習檢定

**知識問題：**

1. 何謂近側發展區？
2. 在 Vygotsky 的認知發展觀中，鷹架的功用為何？
3. 私語在兒童的學習中發揮什麼作用？

**思辯問題：**

Vygotsky 式的幼兒園教室和 Piaget 式的幼兒園教室會有何不同？又會有哪些方面相似？

## 訊息處理論

### 學習問題 6.4．從兒童期到青春期，注意力、記憶、執行功能和後設認知如何發展？

正如第 2 章所述，訊息處理論將我們理解和使用訊息的方式分成認知的幾個特定面向。本節說明兒童如何接收訊息、心智運作以及思考自身如何做到的過程。這些過程包括注意力、記憶、執行功能和後設認知。

### 注意力

若有人聽到別人叫他：「注意！」表示此人應該將心思集中在一件事上（聽老師上課），而不是另一件事上（跟朋友聊天）。注意力包括將心思放在某件事上，同時忽略其他事情的**選擇性注意力（selective attention）**；或者不管時間過了多久，依然能繼續保持專注的**持續性注意力（sustained attention）**。本節將說明嬰兒期、兒童期和青春期各個注意力面向的發展，並瞭解注意力不足過動症兒童的注意力無法發揮功能時，可能會產生什麼後果。

## 嬰兒期

在生命的最初幾個月裡，嬰兒幾乎沒有能力控制自己的注意力。相反地，自動導向反應將他們的注意力吸引到環境的刺激上（Hendry, Jones, & Charman, 2016）。在出生第一年後期，選擇性注意力的發展使嬰兒可以選擇性地注意某些事物，並忽略其他事物。嬰兒的選擇性注意力，表現在看向對他們說話的對象。到約 6 個月大時，嬰兒的注意力才會轉向說話者的眼睛。約莫同時，他們開始牙牙學語，將注意力轉移到說話者的嘴巴，也許是在尋找和練習與說話這項新活動有關的訊息（Hillairet de Boisferon, Tift, Minar, & Lewkowicz, 2016）。

如前所述，嬰兒會花更長的時間注視之前從未見過的東西。這種對新奇事物的偏好，能幫助嬰兒將注意力集中在新事物上，盡可能地多瞭解這個世界。注意新奇事物的另一面向是對*以前看過的*東西失去興趣，這個過程稱為**習慣化（habituation）**。例如，進入一個有冷氣機運轉噪音的房間，一開始會非常注意噪音，然而過了一段時間後，就習慣了噪音，不再注意到它。隨著年齡增長，嬰兒處理訊息的效能更高，能更快地適應熟悉的刺激。有些研究發現，從嬰兒習慣化的速度，多少可以預測日後的認知能力。與在某些基本任務效能較差的嬰兒相比，習慣化效率較高的嬰兒更懂得擷取、理解並記住訊息（Bornstein et al., 2006）。這些研究得出的假設是：習慣化是一種基本能力，對後期更高階的學習能力發展至關重要（Colombo & Mitchell, 2009）。

當嬰兒愈來愈熟悉一個簡單的物件，持續性注意力也隨之降低。隨著嬰兒年齡增長，這種情形發生得更快。但當年齡較大的嬰兒看到更複雜的刺激物時（例如《芝麻街》的節目），持續注意力會*增加*，這種變化一直持續到學齡前（Courage, Reynolds, & Richards, 2006）。以一遍又一遍地完成三片式拼圖遊戲為例，顯然，很快就會讓人失去興趣。但如果換一個複雜的拼圖，你的興趣可能又會因注意到拼圖的其他新面向而提高。對嬰兒的注意力研究也發現了這項差異。

父母能在增加嬰兒維持注意力時間上助其一臂之力。當父母與嬰兒注視同一物件時，若能夠多加談論並且觸摸，嬰兒注視該物件的時間就會更長（Suarez-Rivera, Smith, & Yu, 2019）。能維持注意力的嬰兒較有能力控制訊息接收量，該能力進而與學步兒較佳的自我調節和兒童早期的記憶力提高有關（Johansson, Marciszko, Brocki, & Bohlin, 2016; Johansson, Marciszko, Gredebäck, Nyström, & Bohlin, 2015）。

## 兒童期

隨著兒童年齡增長，他們愈來愈有能力定向和維持自己的注意力。然而，任何曾在幼兒園工作過的人都知道，有些幼兒可以端正坐好並專心聽講，但有些幼兒卻很難做到這一點。這些在集中注意力和維持注意力上的個別能力差異，影響了日後的發展。在一項縱貫研究中，父母評估 4 歲幼兒的注意力廣度和持續性。那些能維持良好集中性注意力、即使面對困難也能堅持的幼兒，在 21 歲時的數學和閱讀成績更佳，且更可能在 25 歲前完成大學學業（課前測驗第 5 題）（McClelland, Acock, Piccinin, Rhea, & Stallings, 2013）。

儘管注意力的個別差異可能部分來自於遺傳（Isbell, Stevens, Wray, Bell, & Neville, 2016），但也受到兒童的經驗影響。例如有證據顯示，學齡前兒童對於自己選擇的活動，維持注意力的時間更長（DiCarlo, Baumgartner, Ota, & Geary, 2016）。學齡前幼兒的注意力也與家庭經濟狀況造成的育兒差異有關，低收入家庭的幼兒往往缺乏有效的選擇性注意力；也就是說，他們不太能忽視會分散注意力的刺激（Hampton Wray et al., 2017）。Helen Neville 等人（2013）為這些兒童開發了一個訓練方案，運用遊戲的方式練習注意力技巧，訓練計畫還包括教導父母改善兒童的注意力技巧。八週後，這些兒童的大腦功能、語言能力、非語言智商和社交技巧都出現正向變化，問題行為也減少了。父母也從該計畫獲益，不但育兒壓力減輕，也提高與孩子保持對話的能力。

進入兒童中期後，維持注意力和避免分心的能力大大提高。這項能力受到**自動化**（**automaticity**）的影響——技能熟練到無需太多意識思考的情況下，就能完成任務。隨著認知技能更加自動化，騰出了可用於其他任務的**處理容量**（**processing capacity**，大腦一次可以主動處理的訊息量）。試想當你學開車等複雜技能，一開始學的時候，你必須全神貫注於當下的任務。但隨著開車技巧更加熟練，這些動作變得更加自動化，不需要有意識地思考每一步驟。兒童學習閱讀的過程也是一樣。起初，兒童必須將注意力集中在念出字母和單詞的艱鉅任務上，但隨著這個過程益發自動化，他們也愈來愈能夠閱讀並理解整個句子（Lai, Benjamin, Schwanenflugel, & Kuhn, 2014）。試著看一幅廣告看板或招牌，而**不要**去讀上面的文字，最有可能的情況是閱讀已經變得如此自動化，使你很難不去讀所看到的內容。

**自動化**。一旦閱讀變得自動化，幾乎不可能不去閱讀周遭看見的文字。

*©Created by SAGE Art department*

## 青春期

當你坐下來看書或做功課時，你是否同時開著音樂、回覆訊息或旁邊還開著電視？如果有這種情形，表示你和許多學生一樣，對自己控制注意力的能力很有自信，相信自己可以同時處理好幾件事情。然而，研究並不支持這種觀點。事實上，我們的大腦一次只能進行一種思考活動，執行多重任務（multitask，一心多用）時，我們實際上是在任務之間來回切換。這麼一來，我們可能會忘記最初的任務，並在切換時錯過當下正在發生的事情。近年來隨著媒體多工程度提高，多重任務處理增多與青少年注意力不集中和分心增加有關（Baumgartner, van der Schuur, Lemmens, & te Poel, 2017; Moisala et al., 2016）。我們通常沒有意識到自己正在處理多少任務。在一項研究中，讓參與者使用電腦，但旁邊另有電視播放節目，在半小時內，參與者的注意力在電腦和電視之間平均切換了將近 120 次。但稍後當參與者被問及他們轉移多少注意力時，參與者的估計值只有實際轉換率的 12%（Brasel & Gips, 2011）。

一個值得特別關注的問題是，青少年常認為他們可以做到一邊開車一邊使用電子媒體。在一項研究中，41% 的青少年駕駛自陳在過去一個月開車時至少傳過一次訊息或電子郵件（Kann et al., 2016）。然而，邊開車邊講手機的青少年道路事故反應時間延遲、容易變換車道、更有可能發生事故；邊開車邊傳訊息的青少年發生事故的機率更高（Klauer et al., 2014; Sanbonmatsu, Strayer, Biondi, Behrends, & Moore, 2016）。事實上，邊開車邊講手機或傳訊息的反應時間比酒醉駕駛更慢（Strayer, Drews, & Crouch, 2006），如圖 6.4 所示。當然，不是只有青少年會邊開車邊傳訊息，成人也會。多數州現已立法禁止邊開車邊傳訊息（Governors' Highway Safety Association, 2017）。所有駕駛者都應該知道，傳訊息通常要將視線從道路上移開至少 5 秒鐘。若以時速 55 英里（約 89 公里）來計算，就像是閉著眼睛走過一個足球場的長度（約 90 至 120 公尺）（CDC, 2017d）。

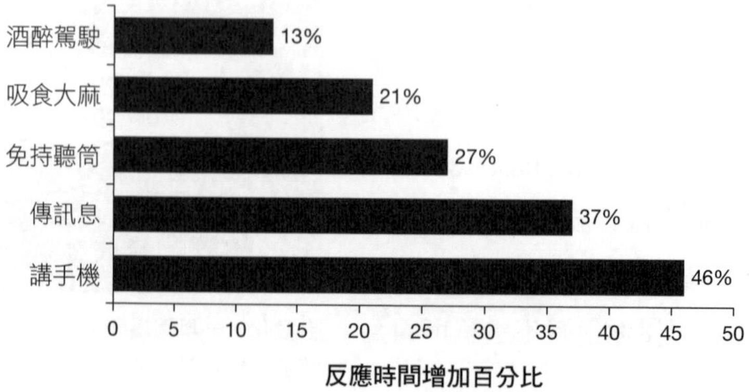


**圖 6.4　分心駕駛的危險性**。許多青少年認為他們可以一邊開車一邊處理多重任務，但研究表明分心駕駛的反應時間比酒醉駕駛更長。

使用電子媒體也會干擾學校課業（Levine, Waite, & Bowman, 2012）。一項實驗研究將青少年隨機分成兩組，一組青少年一邊看電視連續劇一邊寫作業，另一組則在沒有電視連續劇的情況下寫作業。那些開著電視的學生完成作業的時間更長，因為他們被節目分散了注意力。即使兩組學生實際上寫作業的時間相同，但開著電視的學生，日後接受考試時記憶和理解的內容更少。電視的干擾影響了學生吸收理解作業內容的能力，也就是說，他們對作業內容的理解不夠深刻，記住的內容也較少（Pool, Koolstra, & van der Voort, 2003）。學習習慣的研究證實，學習時分心在音樂、電視、使用電子郵件和（或）與朋友交談的學生，考試的表現最差（課前測驗第 6 題）（Gurung, 2005）。「錯失恐懼症」（fear of missing out，又稱社群恐慌症）讓行動媒體發送的通知更加分散使用者的注意力（Carrier, Rosen, Cheever, & Lim, 2015）。神經學研究證實執行多重任務處理時，難以對材料進行深度處理。嘗試同時做兩件事時，所使用的似乎是為粗淺、快速處理目的而設計的大腦區域，而不是為深度處理訊息目的而設計的大腦區域（Foerde, Knowlton, & Poldrack, 2006）。

**注意力的限制**。青少年以為他們可以邊做功課邊同時進行許多其他活動。然而，研究證據表明事實並非如此。

*©Bob Daemmrich / Alamy*

閱讀「主動學習：學習與分心」，來瞭解多重任務處理的影響。

## 主動學習

### 學習與分心

1. 設定閱讀 10 頁課文的目標。找一個你有可能因傳訊息或聊天而分心的時間來做這項實驗，記下你開始閱讀的時間，接著再記錄你讀完這 10 頁的時間。用結束時間減去開始時間。
2. 接下來，找一個確定不會被外務打斷、你也不會受到誘惑而分心的時間和地點，再讀這 10 頁課文。關閉你所有的行動裝置，記錄你開始閱讀和完成的時間。將兩者相減，看看你總共花了多少時間。
3. 比較上述兩種學習方式的結果。哪一種更有效率？

Bowman、Levine、Waite 與 Gendron（2010）發現，比起沒有分心的學生，閱讀電子教科書時被即時訊息打斷的學生，花費更長的時間來完成相同的閱讀量，即便已用總閱讀時間減去分心時間也是如此。如果你習慣開著電視、電腦和手機念書，請重新審視你的學習效果，看看這些干擾是否讓你的學習效率變慢了。你可以將其他的活動延後到念完書之後再去做，你會發現學習變得有更效率，空閒時間也變多了。

## 注意力不足過動症

注意力控制極度困難的兒童可能會被診斷為**注意力不足過動症（attention-deficit / hyperactivity disorder, ADHD）**，這是一種神經發展障礙，特性為「持續性注意力不足和（或）過動衝動樣態，干擾個體的功能或發展」（APA, 2013, p. 59）。在美國，2016 年約有 9.4% 的 2 至 17 歲兒童曾被診斷出患有 ADHD，其中男孩確診的可能性是女孩的兩倍（APA, 2013; CDC, 2018a）。儘管 ADHD 通常是在兒童期確診出來，但在某些情況下，症狀可能要到青春期才會出現（Asherson & Agnew Blais, 2019）。

ADHD 的三種症狀模式為：過動衝動型、注意力不集中型，或兩者兼而有之的混合型。過動衝動型兒童總是動個不停，坐立不安，難以完成任務，在別人還沒說完話前就插嘴，做任何事情前不假思索。這不是因為兒童精力充沛，而是無法控制衝動的行為，使得日常生活功能無法有效運作。注意力不集中型兒童很容易分心，難以組織或遵循指令，忘東忘西，經常從一件事跳到另一件事，但卻沒有完成任何一項任務（CDC, 2019o）。混合型兒童則兼具注意力不集中和過動衝動的症狀。

ADHD 兒童面臨許多社交、情感、認知和學業困難的風險。同齡互動困難可能在兒童早期就出現了（Normand et al., 2019），工作記憶缺損則是會導致學校表現水準下降（Calub, Rapport, Friedman, & Eckrich, 2019; Jangmo et al., 2019）。由於這些困難，ADHD 兒童更容易出現焦慮和憂鬱症狀（Meinzer et al., 2016）。

**注意力不集中和分心。**難以集中注意力並持續注意課堂上發生的事情，將使這位兒童處於非常不利的境地。

*©iStockphoto.com / pixdeluxe*

隨著兒童成長發育，症狀會發生變化。雖然注意力不集中的程度依然不變，但過動和衝動的幅度會下降（Holbrook et al., 2016）。不過，ADHD 常帶給青少年不好的後果。ADHD 兒童在所有年齡階段發生事故的風險都較高，ADHD 青少年的駕駛事故風險尤其高。未經治療的 ADHD 青少年更有可能發展成物質使用障礙症（APA, 2013）。

有些人的 ADHD 症狀會持續到成年期，而有些人長大後似乎能好轉（課前測驗第 7 題）（Sudre, Mangalmurti, & Shaw, 2018）。在紐西蘭進行的一項長達四十多年的縱貫研究發現，患有 ADHD 的兒童中，幾乎無人在 38 歲時依舊符合疾病標準；而被診斷患有 ADHD 的成人中，只有極少數在兒童期符合疾病標準（Moffitt et al., 2015）。然而，無論診斷是否連續，兒童期 ADHD 都會留下長期後果。在兒童期即被診斷出患有 ADHD 的成人，更有可能在同儕關係、學業表現和財務獨立方面遇到困難（Merrill et al., 2019）。

ADHD 無疑是一種大腦疾病，眾多研究證實患者大腦的各個不同區域，有其結構和功能差異（Hoogman et al., 2017）。這些差異的原因尚不清楚，但雙胞胎研究和領養研究都支持遺傳在 ADHD 中的可能作用，全基因組關聯研究也發現基因組上的幾個位置與 ADHD 顯著相關（Demontis et al., 2019; Frank-Briggs, 2011）。研究還發現其他許多環境風險因素，如：母親在懷孕期間抽菸、早產或低出生體重、接觸鉛等環境毒素、低社經地位以及對兒童生長不利的家庭生活條件等（ADHD Institute, 2019; Machlin, McLaughlin, & Sheridan, 2019）。當兒童的遺傳脆弱性高，壓力似乎也會促發 ADHD（Nigg, Nikolas, & Burt, 2010）。

美國兒科學會（AAP, 2011a）建議學齡前兒童的 ADHD 處遇從行為治療著手，協助父母提供兒童有結構的環境及正增強良好的行為。只有在症狀持續未能改善且仍為中重度時才建議用藥。對於學齡兒童和青少年，建議採用藥物治療和行為治療。一些批評者指責醫界過分依賴藥物治療，且 ADHD 被過度診斷，但有些專家認為 ADHD 診斷兒童人數增加，更能因此辨識出那些未被鑑定、因而得不到治療的兒童。

有些家庭使用補充或替代療法，例如飲食調整或營養補充劑，作為治療的一部分，但鮮少或毫無科學證據支持這些方法的有效性（Ballard, Hall, & Kaufmann, 2010; Karpouzis & Bonello, 2012）。減除飲食中的糖分並無法改善 ADHD 的症狀行為，去除食品添加物也只有很小的影響。美國兒科學會（AAP, 2011a）的 ADHD 治療實務指南甚至沒有提到飲食介入這一項。此外，目前也已摒棄不良教養會導致 ADHD 的觀念（課前測驗第 8 題）（Kutscher, 2008）。ADHD 兒童讓人頭痛的行為會破壞教養效能，因此父母需要學習如何有效地處理孩子的行為。應該將父母任何看似損害教養的行為，視為對孩子症狀表現的反應，而不是引發 ADHD 的原因。

## 記憶

注意到某件事之後，若想在將來使用該資訊，就必須將之轉入記憶中。本節說明嬰兒期到青春期的記憶發展，審視記憶歷程如何隨年齡而變化。

第 2 章曾介紹訊息處理的儲存模型，說明輸入到感覺系統的刺激如何經歷一系列步驟，如圖 6.5 所示。當訊息經由感官輸入時，會以原始狀態在**感官記憶**（**sensory memory**）中保留很短一段時間。在這幾分之一秒內，訊息若沒有移動到下一步，就會被遺忘。移入的訊息進到**工作（或短期）記憶**（**working [or short-term] memory**）。短期記憶的容量有限，訊息只能保留很短的時間，除非經過進一步的處理——工作記憶使用**編碼過程**

（**encoding processes**）將短期記憶中的訊息移動到長期記憶中，**長期記憶**（**long-term memory**）能夠永久儲存訊息。

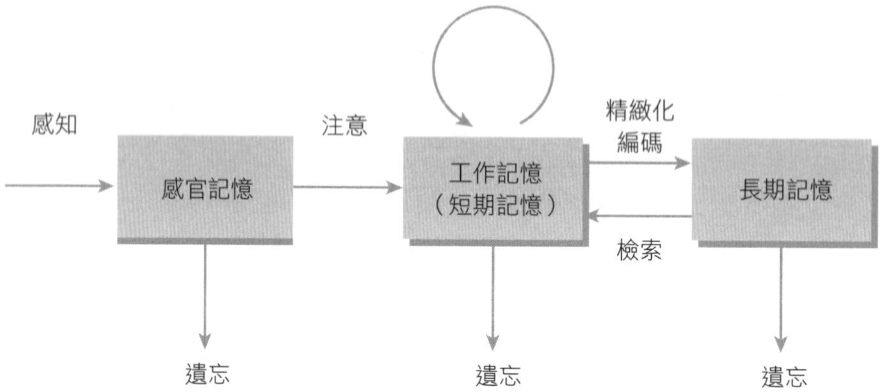


**圖 6.5　記憶的儲存模型**。這種訊息處理模型顯示訊息朝向一組位置或「儲藏室」移動，最後進入長期記憶，之後可以被工作記憶檢索和取用。

## 嬰兒期

如何得知嬰兒能否記憶？在 Carolyn Rovee-Collier（1999）關於嬰兒記憶的經典實驗中，她讓嬰兒仰躺在嬰兒床上，上面掛著吸引人的旋轉玩具。然後，她將繫在嬰兒腳踝上的絲帶一端繫在旋轉玩具上，如此一來當嬰兒踢腿時，旋轉玩具就會以一種有趣的方式搖晃，每個嬰兒都學會踢動旋轉玩具。之後，這些嬰兒又被帶回同樣的場景設定，如果嬰兒記得旋轉玩具，就會馬上踢腿。如果沒有，就得重新學習如何讓旋轉玩具移動。藉由這個實驗範式和另一個適用於年齡稍大嬰兒的實驗範式，Rovee-Collier 發現 3 個月大的嬰兒對於必要動作可以記住 1 週，而 18 個月大的嬰兒可以記住 13 週。

嬰兒期的記憶持續時間逐漸增長，從**延遲模仿**（**deferred imitation**）可以證明這一點。所謂的延遲模仿，意指先讓嬰兒看一個動作，嬰兒若在稍後重現該動作，顯示他們記得。在不同文化的嬰兒身上都可以觀察到延遲模仿，給來自德國中產階級家庭和喀麥隆 Nso 族農家 6 個月大的嬰兒看簡單的動作（例如拿起物體搖一搖），等待 10 分鐘後，兩者都表現出延遲模仿的舉動（Goertz et al., 2011）。以美國樣本為例，13 個月大的幼兒不記得 1 個月前看過的動作，除非給予提醒；而 16 個月和 20 個月大的幼兒可以記住 1 個月前看過的動作，但 3 個月前看過的動作，若未經提醒則不記得（Bauer & Leventon, 2013）。

閉上眼睛一分鐘，試著回想最早的記憶。有些人可以記得在 3 歲之前發生的印象深刻事件，例如受傷在醫院接受治療（Peterson, 2002）。但多數人無法回憶 3 歲之前的事，故有**嬰兒經驗失憶**（**infantile amnesia**）一說（課前測驗第 9 題）。與其說嬰兒無法記得發生在他們身上的事（研究已知他們可以），倒不如說是日後很難回憶早先發生的事情。

非人類動物也有某種形式的嬰兒經驗失憶，因此目前的解釋傾向於是因為早年大腦的物理變化。大腦的許多功能變化（例如：神經內分泌系統）都與此有關。研究的其中一個發現是，海馬迴（大腦的記憶形成中心）的新神經元在嬰兒期快速生長，干擾穩定記憶形成（Akers et al., 2014; Josselyn & Frankland, 2012; Madsen & Kim, 2016）。想像你在樹林裡行走，邊走邊留下一路的麵包屑，想做記號確保自己能找到回去的路。附近有另一個人也用一樣的麵包屑做同樣的事情，這個人跟你的足跡重疊，然後朝不同的方向前進。當你返回時，看到新留下的記號，便不確定該走哪一條路。同樣地，當新的神經元連接到形成特定記憶的神經元路徑時，你可能無法按照原來的路徑回溯原先的記憶。

## 兒童期

幼兒的工作記憶能力非常有限。一般來說，5 歲的幼兒一次可以在腦海中記住一兩件訊息（Alloway, 2010）。換言之，「把書放進你的小書櫃裡，然後坐在桌子旁」可能是他工作記憶一次可以處理的所有訊息。幸而，工作記憶從學齡前到青春期逐漸增加。這個與年齡相關的變化，出現在執行需要用到工作記憶任務時被活化的大腦區域，以及這些區域的活化程度（Cowan, 2016）。

### 編碼過程和訊息處理速度

工作記憶增加的一個關鍵因素是**訊息處理速度（information processing speed）**（執行認知任務的速度）普遍提高。處理速度一般在整個兒童期和青春期都會提高，這與大腦整體結構變化有關（Erus et al., 2015）。隨著處理速度提高，兒童可以更有效地複誦和檢索訊息，從而增強其記憶能力（Jarrold, Mackett, & Hall, 2014）。

第二個因素是兒童發展出有助於儲存和檢索訊息的編碼策略。隨著兒童年齡增長，這些編碼策略的複雜性和效率也跟著提高。5 或 6 歲以下的幼兒通常不懂得刻意運用一些策略來嘗試記住某件事；到了 5 到 6 歲時，他們仍不會自發地使用這些策略，不過只要善加教導，他們通常可以很快學會。然而，幼兒的策略運用並不一定能提升記憶力。他們費力使用這些策略的結果，反而干擾到實際記憶的能力。但只要勤加練習到自動化的程度，就會愈來愈得心應手，不會干擾記憶了（Clerc, Miller, & Cosnefroy, 2014）。到 7 歲時，兒童開始會自行運用一些主動策略來維持記憶（Camos & Barrouillet, 2011），自發性運用策略在整個兒童中期持續增加。然而，兒童獲知和運用這些策略的年齡差異很大。當詢問 6 歲的兒童是如何記住一組圖片時，從他們的答案即可看出個別差異。使用主動編碼策略的兒童會說：「我仔細觀察，然後複誦：紅色、藍色、棕色。」另一個不懂得運用策略的兒童則說：「我看著它們，我記住它們……我就只是看著它們。」（Visu-Petra, Cheie, & Benga, 2008, p. 101）

即使是幼兒也懂得運用的一種編碼過程是創建心理**腳本（scripts）**，用以幫助自己記住在熟悉的場合下要做什麼（Nelson, 2014）。年僅 3 歲的幼兒可能有去速食餐廳吃午餐的腳本（還會在遊戲中表演該場景）。年齡較大的兒童、青少年和成人也會使用腳本，學齡兒童可能有去朋友家過夜的腳本，而青少年可能有第一次見到朋友父母時該如何表現的腳本。

簡單地**複誦（rehearsal）**訊息內容是兒童、青少年和成人常用以提高記憶力的策略。儘管複誦是有效的，但如果能在學習的同時將訊息加以組合，更能大大提高日後檢索和使用的效果。若想記住「**馬、扳手、玫瑰、錘子、豬、牛、鬱金香、鋸子、百合**」這一串單詞，你可以把它們依概念分類：馬、豬和牛是動物；錘子、鋸子和扳手是工具；玫瑰、鬱金香和百合是花。另一種編碼方式是依據其所在位置分類：動物在農場，工具在工廠，花在花園。使用諸如此類的策略可以提高兒童的記憶力，但幼兒可能無法辨識可以使用訊息的哪些面向據此對訊息編碼。

另一種編碼過程稱為**精緻化（elaboration）**，也就是自創額外的連結及聯想，將訊息組合在一起。常見的做法是使用心像或句子，例如，如果需要記住在回家的路上買檸檬這件事，你可以想像自己腳上穿著檸檬（而非鞋子）走到停車場，當你下課後走到停車場時，應該很容易就會聯想到這張奇怪的照片，提醒你買檸檬。

成人可以跟兒童聊聊他們的活動經驗，以此促進他們的記憶能力發展。例如父母可以請孩子說說今天在學校做了什麼，如此一來更有可能形成記憶。另一種促進記憶的好方法是透過音樂，你可曾有過當熟悉的旋律響起，多年未聽的歌詞立刻脫口而出的經驗？音樂有助於形成強大的記憶，這也是為什麼要用歌曲來教兒童的原因之一。你能不用唱的就唸出每一個字母嗎？

### 知識庫

隨著兒童和青少年對這個世界的瞭解越多，他們建立起自己的知識庫（knowledge base）。知識庫對記憶的影響是，當新訊息和先前學到的訊息之間建立許多連結，儲存和回憶訊息就會變得更加容易。數個研究發現，與不擅長某一學科的兒童相比，堪稱某一學科專家的兒童，可以記住更多與其專業知識相關的訊息。增加兒童對特定學科的知識庫，有助於提高他們對相關新訊息的記憶（Hernandez Blasi, Bjorklund, & Soto, 2003; Schneider, 2015）。

從一個對特定主題有濃厚興趣、也已成為該主題專家的兒童或青少年身上，就可看到知識庫的效果。對恐龍或棒球統計數據著迷、或對哈利波特瞭如指掌的兒童，能迅速地吸收他們感興趣主題的任何新訊息，並且毫不費力地立刻活用這些新訊息。從你現在正在進行的這門兒童發展課程也可看出知識庫的作用，這門課的授課教師會比你更快、更省力地將有關兒童發展的新訊息整合到他的知識庫中。等到課程結束時，由於你的知識庫不斷擴展，你也將能夠比學習本課程之前，更有效地理解並整合任何有關兒童發展的新訊息。

**建立知識庫**。這個男孩建立了一個不同種類汽車的大型知識庫。如果給他一輛新車，加入他的收藏品，他將能比那些沒有相關背景知識的人記住更多關於這輛車的細節。

*©iStockphoto.com / mixetto*

## 錯誤記憶

是否曾有人告訴你，某件你記得發生在你身上的事情，事實上是發生在你的手足或朋友身上？成人和兒童都會有**錯誤記憶（false memories，又稱虛假記憶）**。錯誤記憶有幾種不同類型，其中一種是對從未發生過的事件的記憶。研究顯示，對幼兒編造這種類型的錯誤記憶相當容易。在一項研究中，請學齡前兒童想像他們正在乘坐熱氣球，並要他們盡量想像活動的細節（Ceci, Bruck, & Loftus, 1998）。接著，詢問幼兒這件事是否真的發生過。研究人員同時也要求幼兒詳細記住其他事件，這些事件有些確實發生過，有些沒有。研究人員重複這個過程 11 週，漸漸地幼兒開始認為他們確實坐過熱氣球。到了第 12 週，另一位研究人員訪談每位幼兒，告訴幼兒之前的研究人員說的話並不是真的。當幼兒被問到究竟發生過哪些事情時，許多幼兒仍堅稱記得曾坐過虛構的熱氣球。

儘管年幼的學齡前兒童比年齡較大的學齡前兒童更容易犯這類錯誤，但即使是成人，也容易受暗示影響而產生錯誤記憶。成人若被告知「在青少年時，曾因飲用某種酒精飲料而生病」的虛假訊息，他們傾向於把這件事當成真實記憶來回憶，還會說他們並不喜歡這種酒精飲料（Clifasefi, Bernstein, Mantonakis, & Loftus, 2013）。

只記住事情的要點而非具體細節，可能會產生名為**錯誤再認**（false recognition）的錯誤記憶（Brainerd, 2013）。閱讀「主動學習：製造錯誤記憶」，看看你是否會形成這類型的錯誤記憶。

## 主動學習

### 製造錯誤記憶

下面有兩欄單詞列表。先蓋住右側的單詞列表，閱讀左側的列表；接著再蓋住左側的列表，閱讀右側的列表。在右側列表中圈出你在左側列表中看到的單詞。

| | |
|---|---|
| 桌子 | 黑板 |
| 筆 | 筆 |
| 黑板 | 學校 |
| 橡皮擦 | 橘子 |
| 投影片 | 老師 |
| 老師 | 桌子 |
| 學生 | 祖父 |

停！完成活動後再繼續往下閱讀。

說明：你是否將「學校」誤認為你看到的單詞之一？如果是的話，表示你有錯誤記憶。由於你在左側列表看到的單詞都與學校有關，因而把右側列表中的「學校」誤認為你在左側列表中看到的單詞之一。

雖然年幼的兒童好像比年齡較大的兒童或成人更容易產生錯誤記憶，但也並非總是如此。例如在「主動學習：製造錯誤記憶」的測驗中，年齡較大兒童更有可能依一般類別做出聯想，將新的相關單詞誤認為在之前的單詞列表中看到的單詞。幼兒反倒更容易記住特定的單詞，因為他們還不懂得將它們歸類於更大的類別（課前測驗第 10 題）（Otgaar, Howe, Merckelbach, & Muris, 2018）。這個結果可用**模糊痕跡理論（fuzzy trace theory）**來解釋。模糊痕跡理論說明兩種記憶系統：**要旨記憶**（gist memory）儲存事件的大致脈絡，**逐項記憶**（verbatim memory）儲存特定細節（Brainerd & Reyna, 2015）。儘管兒童和成人都使用這兩種記憶，但年幼的兒童比年齡較大兒童或青少年更常使用極為具體的逐項記憶（「米雅的派對上有一塊粉紅色糖霜蛋糕」）；年齡較大兒童則較常挑取事件的要義，記住事件的要點而不是每個細節（「我們在米雅的派對上玩得很開心！」）。

## 青春期

雖然工作記憶從青春期到成年早期持續進展，但青少年的工作記憶能力，從幼時的工作記憶能力即可預測出來（Ahmed, Tang, Waters, & Davis-Kean, 2019; Simmonds, Hallquist, & Luna, 2017）。工作記憶效能愈高的人，學校表現愈出色。因此，提高這方面的認知能力，對於學業成就至關重要。

青春期的工作記憶與物質使用有關。研究證據顯示，工作記憶較差的青少年，初次飲酒的時間更早、飲酒量更多（Khurana et al., 2013; Squeglia et al., 2012）。年齡尚輕時重度飲酒與青春期後期的工作記憶惡化有關，負面循環提早開始（Nguyen-Louie et al., 2017）。習慣飲酒的青少年也常狂飲，容易造成立即、短暫的記憶喪失，名為酒精性記憶空白（blackouts）。年輕時就開始狂飲的青少年，即使飲酒頻率不高，還是會經常出現酒精性記憶空白（Hermens & Lagopoulos, 2018）。吸食大麻對青少年的長期記憶發展有相當大的負面影響，因此有些人主張在大腦發育成熟的 25 歲之前，不應該讓大麻使用合法化（Davis & Kreek, 2019; Morin et al., 2019）。

## 執行功能

**執行功能（executive function）**是大腦組織的其中一個部分，通常位於前額葉皮層內，負責協調注意力和記憶，並控制行為反應以達到目標。執行功能還包括訊息處理速度、認知彈性、抑制控制和計畫（Boelema et al., 2013; Weintraub et al., 2013）。前面已經討論過注意力和記憶的發展，所以本節側重在抑制控制、認知彈性和計畫。

### 嬰兒期與兒童期

**抑制控制（inhibitory control）**簡單來說就是停止反應的能力，例如忍住不吃零食，也包括避免分心和控制注意力的能力（Diamond, 2016; Lewis, Reeve, Kelly, & Johnson, 2017)。幼兒的抑制控制能力，表現在課堂上圍成圓圈討論時，須輪流等待發言，而不是直接大聲說出自己的想法。當照顧者展現溫暖和接納的態度，對兒童的行為和活動加以回應時，就能協助兒童提升抑制控制能力（Merz, Landry, Johnson, Williams, & Jung, 2016）。

著名的 Stroop 測驗（譯注：又名「叫色作業」）可用來測量兒童期抑制控制能力的變化。最簡單的一種方式是：請說出以下每個單詞的顏色：藍色（以綠色呈現）、綠色（以紫色呈現）、紫色（以紅色呈現）、紅色（以藍色呈現），要把它讀成「綠色、紫色、紅色、藍色」。你是不是覺得說出單詞的顏色比唸出單詞還難？如前所述，閱讀變得如此自動化，因此得花力氣抑制閱讀單詞（而非說出顏色）的慣性。7 到 17 歲之間確實無誤地執行這項任務所需的時間迅速下降，顯示抑制控制在兒童中期的效率愈來愈高（Lewis et al., 2017）。抑制控制能力強的幼兒，學業成就往往比抑制控制能力差的幼兒好（Allan, Hume, Allan, Farrington, & Lonigan, 2014）。

**認知彈性（cognitive flexibility）**是指能根據需要轉換焦點的能力。本章前面說明

Piaget 的 A 非 B 錯誤任務，用於評估嬰兒在尋找隱藏物體從位置 A 轉移到位置 B 的能力。在這項任務中，缺乏認知彈性的嬰兒，即使已經看到物體被移動到位置 B 布下，他們還是會一直在位置 A 布下尋找（Johansson, Forssman, & Bohlin, 2014）。正如 A 非 B 錯誤的研究所示，嬰幼兒的認知彈性有限（Diamond, 2016），但會在整個兒童期持續發展（Vandenbroucke, Verschueren, & Baeyens, 2017）。若幼兒能在他人的要求下樂於展現出改變規則或日常活動的能力，表示他們具有認知彈性（Moreno, Shwayder, & Friedman, 2017）。

評估兒童認知彈性的方法之一是維度變化卡片分類（Dimensional Change Card Sort, DCCS）。首先要求兒童根據一個標準（例如顏色）分類一組卡片，然後再根據另一個標準（例如形狀）移動和分類卡片。幼兒尚未具備這樣的思考彈性，無法順暢地依不同標準進行轉換。但這項測驗表明，認知彈性在兒童中期進步不少（Doebel & Zelazo, 2015）。認知彈性的發展，與理解他人在社交情境中的想法的能力有關，原因可能是在與他人互動時，必須在思考自己與他人的想法和感受之間來回切換，根據需求轉換焦點（Bock, Gallaway, & Hund, 2015）。

閱讀「主動學習：執行功能」，對幼兒執行功能的幾個面向進行簡單的評估，包括：注意力、工作記憶、認知彈性和抑制控制。

主動學習

## 執行功能

執行功能的其中一個面向是控制自身行為的能力。抑制自動化反應以執行正確反應的能力，對於學習至關重要。找一或多位 3 至 6 歲的學齡前兒童玩「頭兒，肩膀，膝，腳趾」（Head-Shoulders-Knees-Toes）遊戲，對這些技能進行簡單的評估。

告訴兒童，你要跟他玩一個遊戲。當你說「摸頭」或「摸腳趾」時，請他聽從你的指示做出這些動作。給他幾次練習機會，同時混淆你的指示順序。例如：摸頭、摸腳趾、摸腳趾、摸頭、摸頭、摸腳趾。確定兒童聽懂你的指示後，接著說：「好，現在讓我們做點奇怪的事。當我說『摸頭』時，你要摸腳趾。當我說『摸腳趾』時，你要摸頭。」同樣地，給兒童下指令，觀察他抑制原先的動作，並轉換到相反動作的難易程度。

重複該活動，給予「摸肩膀」和「摸膝蓋」等指示。

對不同年齡的兒童進行這個遊戲，或將你得到的結果與其他人進行比較，你會發現這些執行功能在相當短的時間內發展了不少。3 歲的幼兒很難記住既要做出相反動作的指示，又要同時抑制照你所說的去做的傾向，但 6 歲的兒童可能覺得這個遊戲很容易又很有趣。

執行功能是學習技巧的基礎。能注意力集中、抑制無關行為和主動記憶的學齡前兒童，學習基本語言、識字和算術技能的速度較快（Harvey & Miller, 2017; Viterbori, Usai, Traverso, & De Franchis, 2015）。與同儕玩耍及成人細心建立的鷹架，都有助於兒童發展這些技能（Devine, Bignardi, & Hughes, 2016; Holmes, Kim-Spoon, & Deater-Deckard, 2016）。若家庭和幼兒園都具備有組織和可預測的環境，也能提供幼兒非結構化、自主遊戲的充足時間，他們的表現會讓人驚嘆（Barker et al., 2014）。

執行功能與學業成績有關，同時也影響日常任務表現。表 6.2 列出依不同年齡兒童的執行功能可以完成的任務。

**表 6.2　需要執行功能的發展任務**

| |
|---|
| 幼兒園到小學二年級 |
| · 做簡單的家事和生活自理（例如，整理床鋪）；可能需要提醒。<br>· 上下學記得帶聯絡簿。<br>· 抑制行為：遵守安全規則、不亂罵人、上課發言前舉手、不亂碰別人的東西。 |
| 小學三年級到小學五年級 |
| · 做 15 到 30 分鐘的家事（例如，整理餐桌、掃地）。<br>· 出門在外時注意隨身物品。<br>· 為想要的物品存錢、計劃如何賺錢。<br>· 抑制 / 自我調節：避免粗魯的言論、發脾氣、不禮貌的行為。 |
| 小學六年級到中學二年級 |
| · 幫忙做家事，包括日常事務和偶爾指派的任務（例如：清理洗碗機、掃地、鏟雪等可能需要 60 到 90 分鐘才能完成的任務）。<br>· 照顧年幼的弟妹或擔任鐘點保母。<br>· 規劃時間，包括課後活動、家庭作業、做家事的時間；估算完成每一件任務所需的時間並調整時間表。<br>· 父母或師長等權威人物不在場的情況下依然遵守規則。 |

**資料來源：**修改自 Dawson & Guare (2013).

兒童若經歷混亂或威脅的環境，執行功能恐受影響。回想一下，當你壓力很大的時候，應該很難清楚思考下一步的行動。當兒童的大腦在發育過程中持續處於高壓狀態，對大腦的影響可能比壓力實際存在的時間還要長。例如，在生命早期經歷嚴厲教養的孩子，執行功能通常較低（Treat, Morris, Williamson, Hays-Grudo, & Laurin, 2019）。此外，生活貧困的壓力也會增加 ADHD 和衝動控制障礙相關疾病患者的執行功能困難風險（Raver, Blair, & Willoughby, 2013）。

幸而，介入方案可以改善執行功能。以此目標為學齡前兒童設計的一項計畫，包括以遊戲為主的團體活動，用以促進執行功能的各個面向，如：注意力、工作記憶、抑制 / 自我控制。它還包括簡短的冥想和正念，協助兒童覺察自己和他人的感覺和情緒。3 個月後，接受該計畫的兒童在執行功能面向的得分高於未參加計畫的對照組（García-Bermúdez et al., 2019）。其他活動如武術和瑜伽，以及線上課程等，都有望提升執行功能。這些活動的要素是不斷地挑戰下一個更高的層次（如 Vygotsky 近側發展區概念所預期的結果），以及反覆練習新的技能（Diamond, 2012）。

## 青春期

在青春期，負責執行功能的前額葉皮層出現更多的髓鞘形成和突觸修剪（Griffin, 2017; Petanjek et al., 2011）。一項針對 11 至 19 歲荷蘭青少年的縱貫研究，檢視其執行功能的三個要素：注意力控制、訊息處理（包括處理速度）和認知彈性（Boelema et al., 2013）。每個要素都有自己的時間表，但都在青春期持續發展。認知彈性在此期間的增長最多，其次是處理速度，注意力變項（包括抑制控制在內）的變化最小。除了認知彈性之外，青少女的起始程度通常比青少男高，但在青春期結束前，青少男急起直追，迎頭趕上。就注意力控制而言，低收入家庭的青少年比高收入家庭的青少年起始程度低，儘管日後在持續性注意力面向趕上了，但在青春期後期，高收入和低收入家庭青少年在抑制控制面向的差異甚至更大。

另一個在青春期繼續發展的執行功能是計劃能力。計劃包括行動前三思、在行動的同時評估結果，並根據需要更改行動。這項能力經常以河內塔（Tower of Hanoi）遊戲來測試，如圖 6.6 所示。遊戲的目標是將所有圓盤移動到右邊的桿子上，一次只能移動一個，而且大圓盤不能疊在小圓盤上，這項任務的難度依圓盤數目多寡而異。由於青少年具有較好的自我控制能力，比起幼兒，他們會在移動圓盤前花更多時間思考，因此能用更少的動作、更快的速度來解決問題（Albert & Steinberg, 2011）。

如果青少年愈來愈懂得控制自己的想法和行為以實現目標，為什麼在許多情況下，他們還是會衝動地做出反應呢？答案與大腦成熟度有關。神經傳導物質多巴胺將酬賞訊息傳遞到大腦，而青春期似乎是多巴胺效能的高峰期，這個高峰期約莫與青少年以冒險行為尋求立即酬賞同時（Luna, Paulsen, Padmanabhan, & Geier, 2013）。因此對青少年來說，參與冒險行為帶來的酬賞更具誘惑力，但也顯得青少年對潛在後果的理解不足，較不具抑制控制行為的能力。

**圖 6.6 河內塔**。你需要移動多少次，才能將左邊桿子上的所有圓盤移到右邊桿子上，且大圓盤不能疊在小圓盤上面？

**資料來源**：iStockphoto.com / markrhiggins.

我們往往認為青春期冒險是一件壞事，但有些人認為，一定程度的冒險有助於自主性發展和開拓視野（Wahlstrom, White, & Luciana, 2010）。然而，青春期冒險最重大的缺點是青少年禁不起誘惑而去從事危害自身安全的活動，例如嘗試藥毒品或危險駕駛。

青少年與同儕在一起時，比單獨一人時更容易發生冒險行為。在模擬駕駛實驗中，青少年和成人須決定是否在燈號變黃時停下車（Chein, Albert, O'Brien, Uckert, & Steinberg, 2011）。研究人員告訴他們，愈快完成駕駛路線，獲得的獎金愈多；但如果搶黃燈的話，會有撞車的風險，還會比煞停更減慢完成速度。在以 fMRI（譯注：功能性磁振造影，利用磁振造影來測量神經元活動所引發之血液動力的改變）監測大腦功能的同時，參與者第一次是獨自完成駕駛，第二次則是有兩個朋友在另一個房間觀看下完成駕駛。比起成人，青少年做決定時更為冒險、在有同儕觀看時更容易撞車。fMRI 結果顯示，當青少年知道同儕可以看到他們所做的事情時，大腦中酬賞系統的反應會增強——即使觀看者是陌生人亦然（Weigard, Chein, Albert, Smith, & Steinberg, 2014）。你看得出這與先前提到的「想像觀眾」之間有什麼關聯嗎？

## 後設認知

**後設認知（metacognition）**是思考和調節自身思想和認知活動的過程。幼兒並不清楚思考也是他們參與其中的一個過程。幼兒最早發展出來的能力之一為**心智理論（theory of mind）**，即理解他人和自己的心理狀態，以及根據信念、情緒和意圖等心理狀態採取行動的能力。這項能力是發展更成熟的後設認知過程的第一步，包括瞭解心理狀態與認知任務表現的關聯（Lecce, Demicheli, Zocchi, & Palladino, 2015）。心智理論是社會理解的重要基礎，本書第 11 章將從社會發展脈絡的角度充分探討。

想瞭解後設認知，可以想想你是如何準備某門課的考試。你可能會先評估你對某個主題的瞭解程度，以幫助你確定準備工作需要多長時間。接下來，要考慮使用哪些策略來準備考試；準備英文考試的方法，應該和準備化學期末考試的方法不一樣。為估量還有多少準備工作要做，或重新評估正在使用的策略是否恰當，你得隨著學習的進度，持續評估自己的理解程度。考試成績出來後，你可以評估使用策略的有效性，這樣才能鑑往知來，下次需要準備考試時便可派上用場，更有效地考出令你滿意的成績。

後設認知技巧在兒童中期持續發展。在一項研究中，對三年級和五年級的兒童展示各種即將學習的新材料時，他們都能夠準確地說出是否曾經學過（Metcalfe & Finn, 2013）。當給他們機會重新選擇要學習的材料時，五年級的學生選擇了自認從前沒學好的項目，而三年級學生只是隨機亂選。後設認知知識（metacognitive knowledge）在這段期間似乎發展得不錯，但應用的能力發展較慢。

教導學生瞭解自己的認知過程是如何運作的，可以提高他們的學業成績。例如，教導八年級學生計劃問題解決方法、監控自己的進度並評估結果時，他們在教育任務上的表現優於沒有接受過這類訓練的學生（Zepeda, Richey, Ronevich, & Nokes-Malach, 2015）。閱讀「主動學習：後設認知」，多多瞭解你的認知過程如何運作，再想想如何提高自己的表現。

## 學習檢定

**知識問題：**

1. 何謂選擇性注意力和持續性注意力？
2. 何謂自動化？自動化如何影響複雜技能的學習？
3. 處理速度和編碼過程讓兒童期的記憶出現什麼變化？
4. 執行功能有哪三個面向？
5 後設認知如何促進學習？

**思辯問題：**

學習閱讀不僅是將字母拼成單字而已。兒童早期的注意力、工作記憶和執行功能的發展，如何幫助兒童為學習閱讀作準備？

主動學習

## 後設認知

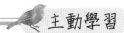

對學生而言，計劃、監控和評估是後設認知的三個基本面向。選一門你正在修的課，在課前、課中和課後回答以下問題。

| 計劃（課前） | 監控（課中） | 評估（課後） |
| --- | --- | --- |
| 這堂課的目標是什麼？ | 上這堂課時，我有什麼收穫？有什麼不懂的地方？ | 今天的課堂講了什麼？ |
| 我對這個主題有什麼瞭解？ | 我有沒有寫下在課堂上想到的問題？ | 今天聽到哪些內容，與我之前理解的內容有所出入？ |
| 我怎樣才能為這堂課做最好的準備？ | 我覺得上課內容有趣嗎？我要怎樣才能使這些學習材料與我個人切身相關？ | 今天的課程內容與之前的課程內容有什麼關聯？ |
| 我應該坐在哪裡、做什麼（或不做什麼），才能讓我在這堂課的學習保持最佳狀態？ | 我能區分重要內容和細節嗎？如果不行，我要如何解決這個問題？ | 我現在需要做什麼，才能解答我的問題並澄清我的困惑？ |
| 關於這個主題，我有哪些想進一步瞭解的問題？ | | 今天課堂上最有趣的事情是什麼？ |

**資料來源**：修改自 Tanner (2012).

執行這些步驟是否有助於你更深入地思考學習過程？這種思考方式就是後設認知。以這種方式覺察自身想法的學生，往往比那些漫無章法的學生更有學習效率。

# 四種認知發展理論的比較

### 學習問題 6.5．Piaget 的理論、Vygotsky 的理論、核心知識論、訊息處理理論，這四者之間有何異同？

本章概述的四種認知發展理論，看起來似乎截然不同。事實上，它們雖然彼此之間存在重大差異，但也有重要的相似之處。表 6.3 摘述每個理論的基本面向，這四種理論都描述了兒童在發展過程中的認知能力和限制，也都關注從早期、片面的理解，發展成更高階理解的過程。本章最後一節強調這些理論的差異，並探討不同理論如何整合，以有助於我們進一步瞭解認知發展。

表 6.3　四種認知發展理論的比較

| | Piaget 的認知理論 | 核心知識論 | Vygotsky 的社會文化論 | 訊息處理理論 |
|---|---|---|---|---|
| **階段性或連續性發展** | 階段是該理論的核心。 | 發展是連續的。 | 發展是連續的。 | 發展是連續的。 |
| **先天知識的作用** | 生理成熟與環境經驗交互作用。 | 許多知識是與生俱來的。 | 學習是社會性的，先天知識只起很小的作用。 | 大腦功能為主，先天知識並非重點。 |
| **環境影響的作用** | 環境與生理生長交互作用。 | 環境經驗奠基於先天知識。 | 環境和文化是認知發展的核心。 | 大腦功能與環境經驗交互作用，共同促進認知發展。 |

Piaget 的理論與訊息處理理論的差異之一在於，Piaget 提出的階段論是基於兒童思考方式的質變，而訊息處理理論則著重在逐步發生的量變。然而，新的科技讓研究人員更能好好審視與工作記憶和執行功能相關的大腦功能，並將研究發現與 Piaget 的階段變化相呼應。例如，一項測量大腦血流的 fMRI 研究發現，具有數目保留概念（即使將一排硬幣間距拉大，仍然知道硬幣數目相同）的兒童正在活化大腦與數字概念和抑制控制（執行功能面向）有關的區域（Houdé et al., 2011）。研究人員解釋說，保留概念不但須具備使用數字的能力，同時也要具備抑制將較長的長度視同更多物體傾向的能力。他們的研究支持 Piaget 的階段理論，為訊息處理理論指稱的大腦功能和能力變化提供有力的證據。這個例子顯示訊息處理理論找到 Piaget 所描述的變化的潛在機制，讓 Piaget 的論點更加完善。

Piaget 和 Vygotsky 都贊同建構主義的觀點，他們都認為兒童不是知識的被動接受者，而是在其已知的基礎上建構理解。他們理論的差別在於對兒童的知識來源看法不一。Piaget 認為知識來自於兒童對環境採取的行動，但 Vygotsky 認為，知識是建構於與他人的互動，並深植於社會、文化和歷史脈絡中。對 Vygotsky 來說，語言形塑了思想；但對於 Piaget 來說，語言只是表達思考的方式。

核心知識論主張所有嬰兒在出生時或出生後不久就具備一些基本認知能力；Piaget 則說明生理成熟如何與經驗交互作用，共同促進認知成長；Vygotsky 將發展與兒童所處的文化連結；訊息處理理論則描述變化發生的方式。往後的研究將持續深究這些理論的各個面向，以期更正確描述認知發展的不同過程。

## 學習檢定

**知識問題：**

1. 訊息處理論如何增進我們對 Piaget 理論的理解？
2. Piaget 和 Vygotsky 如何將建構主義應用在其理論中？
3. 核心知識論與其他三種理論有何不同？

**思辯問題：**

這四種理論中，哪種理論最接近你概念化兒童認知發展的方式？該理論的哪些面向導致你得出這個結論？

## 結語

本章探討四種不同的理論取向，瞭解兒童與青少年的思考和學習能力如何隨成長而變化。大腦成熟和生活經驗相互影響，促成認知發展。本章聚焦在所有兒童的發展過程，下一章將探討認知的另一個特定面向：智力。智力研究較少關注所有兒童的發展機制，相反地，其重點是探討個別差異以及智力對兒童在學校和生活表現的意義。

*Chapter 7*

# 智力與學業成就

## 學習問題：

7.1 如何定義和測量智力？

7.2 有哪些智能障礙與資賦優異的例子？

7.3 智力以外的因素如何影響學業成就？

7.4 性別、族裔和社經地位與學業成就有何關聯？

©Istock / FatCamera

## 課前測驗

判斷以下每個陳述內容是「對」或「錯」，測試你對兒童發展的瞭解，接著在閱讀本章時，檢視你的答案。

1. □對 □錯 測量智力最好的方法是測量一個人知道多少訊息。
2. □對 □錯 個人的智力水準主要取決於遺傳基因。
3. □對 □錯 自閉症兒童在學校接受服務的人數是特定學習障礙兒童的五倍。
4. □對 □錯 資優兒童通常得為他們的天賦付出代價——他們比較容易有社交或情緒適應困難。
5. □對 □錯 愈聰明的人愈有創造力。
6. □對 □錯 在各級教育中，女孩的數學成績通常比男孩好。
7. □對 □錯 提高兒童學業表現最好的方法是相信孩子，並讓孩子知道你相信他有能力成功。

---

正確答案：1.錯；2.錯；3.錯；4.錯；5.錯；6.對；7.錯。

第 6 章說明的許多理論，關注的是認知發展的一般過程——即所有兒童的經驗和能力。另一個認知發展研究傳統，是關注有哪些因素造就個別差異，這就是智力研究的觀點。本章首先瞭解如何定義和測量智力，接著探究智力的差異，包括智能障礙和資賦優異。儘管智力是與學業成就有關的一個因素，但也有其他影響學業成就的因素，包括自我控制、動機和學業心態等非認知因素，再加上性別、族裔和社經地位等特徵也與學業成就有關，這些都將在本章中一一檢視。

## 定義和測量智力

### 學習問題 7.1・如何定義和測量智力？

本節說明研究人員和理論學家如何定義智力及測量智力，包括先天遺傳和後天環境對智力發展的影響。此外，本節還會回顧探索大腦的結構和功能，及其與各個智力面向之關聯的神經學研究。

### 智力的定義

該如何定義智力？智力是由一個因素構成，抑或由許多獨立的能力構成？如何回答這些問題會左右測量智力的方法。請先閱讀「主動學習：定義智力」，看看你會如何定義智力。

主動學習

#### 定義智力

你怎麼知道一個人是聰明的？是基於他能夠做的事情嗎？是他能記住的訊息量嗎？還是他管理生活的方式？寫下三個你認為一個人聰明的標準。

接下來，想想你該如何測量你的智力定義中的能力。設計一個測驗來測量你所描述的其中一種能力，如果可以的話，與班上其他同學交換意見。你們對智力的概念相似嗎？還是有很大的差異？

如果有差異，沒關係，這種情況所在多有。研究曾經發現七十多種不同的智力非正式定義（Legg & Huter, 2007），還有兩百多種已出版的智力測驗和一般性向測驗（Urbina, 2011）。雖然心理學家對智力的構成莫衷一是，但所有的定義都指出智力不等於一個人的知識量。因此，任何有效的測量都不能僅測驗知識量的多寡（課前測驗第 1 題）。

智力的定義不易達成共識，部分原因在於智力並非單一能力，而是一個過程（Willis, Dumont, & Kaufman, 2011）。一個簡單但實用的定義是：**智力（intelligence）**是「適應環境、思考和學習、理解自己和他人的能力」（Sternberg, 2012, p. 209）。「適應」、「思考」和「理解」都是過程，這個定義也表明這就是聰明的人在做的事。

不易達成共識的另一個困難是，智力究竟是一種能力還是多種能力？檢視許多不同的智力或認知能力測量方法，可以發現每種能力彼此間至少是中度相關的；這表明它們有一些共同點。1900 年代初期，Charles Spearman（斯皮爾曼）指出這就是構成智力的 g，或稱一般因素（general factor）（Willis et al., 2011）。儘管其他研究人員認同一般智力因素的概念，但也認為不同的能力（稱為 s 或特殊因素 [specific factors]）包含在一般能力中。例如，魏氏兒童智力量表（Wechsler Intelligence Scale for Children, WISC-V）是一種廣泛使用的智力測驗，它能提供一個全量表智商分數，但也包含五個組合指數分數：語言理解、視覺空間、工作記憶、流暢推理和處理速度（Wechsler, 2014）。

g 因素又被細分為流動智力和固定智力。**流動智力（fluid intelligence）**使我們能夠解決幾乎沒有接受過訓練的新問題，通常以解決問題的效率和速度來衡量。另一方面，**固定智力（crystallized intelligence）**則是我們已經擁有的知識程度，我們利用這些固有的知識來解決問題（Cattell, 1963）。大腦功能研究支持存在上述兩種不同類型智力的觀點。需要流動智力的任務，與大腦前額葉皮層和頂葉區域的活動有關，而需要固定智力的任務，則仰賴大腦特定的額葉、後顳葉和頂葉區域（Goriounova & Mansvelder, 2019; Nisbett et al., 2012）。

**智力測驗**。智力測驗對應試者來說非常具有挑戰性，因為測驗題目設計是要判定個人的能力極限。
*©Istock / Slonov*

相較之下，有些心理學家認為，沒有所謂的一般智力構成所有心智能力基礎這回事。1950 年代，J. P. Guilford 提出了一種智力理論，界定出 120 種不同的能力（Willis et al., 2011）。近來，Howard Gardner 與 Robert Sternberg 等學者更將智力描述為較小單位、分散和獨立的能力。將智力視為能力的集合，顯示一個人可以在一個領域強、在另一個領域弱。從這種理論觀點來看，每種類型的智力在某種程度上都是獨立運作的。

## 測量智力

為更佳瞭解教育領域是如何概念化和測量智力，請先閱讀「研究之旅：智力測驗的歷史」。

### 研究之旅　智力測驗的歷史

智力測驗的現代史始於 1900 年代初期，當時 Alfred Binet（比奈）應巴黎公共教育部長的要求編製一個測驗，以找出無法從課堂教學中受益及需要替代教學方法的學生（Wasserman, 2012）。在此之前，被判定為智能缺陷的學生直接被學校開除的情況時有所聞。例如，Thomas Edison（愛迪生）的老師認為他「頭腦不佳」，不允許他繼續待在教室裡上課，只能回家自學（Detterman & Thompson, 1997, p. 1082）。

Binet 編製的測驗難度中等，兒童在測驗任務的表現水準，相當於學校要求的表現水準。隨著一系列測驗題目的難度漸增，將個別兒童的表現與其他同齡兒童的表現相比較，以此判定兒童的心理年齡（mental age, MA）。例如，如果一位 10 歲的兒童可以做到一般 10 歲兒童普遍能達成的任務，他的心理年齡就是 10 歲；但另一位 10 歲兒童可能只能達到一般 8 歲兒童的水平（心理年齡為 8 歲），另外一位兒童可以達到一般 12 歲兒童的水平（心理年齡為 12 歲）。表現低於其年齡預期水準的兒童，將被鑑定為需要接受替代方式的教學，以改善其學業表現。

史丹佛大學心理學家 Lewis Terman（特曼）將美國兒童的比奈測驗樣本加以標準化，並應用在美國的學校。Terman 不是將測驗分數計算成心理年齡，而是開發出名為**智商（intelligence quotient）**或 **IQ** 的數字來代表兒童的一般智力水平（Mackintosh, 2011）。分數的算法是將兒童的心理年齡除以實際年齡，再乘以 100。例如，如果一位 10 歲的兒童在 10 歲的水準上得分，那麼他的 IQ 分數是 10（心理年齡）除以 10（實際年齡）乘以 100，即 10 / 10×100 或 IQ＝100。如果另一位 10 歲兒童在 12 歲的水準上得分，IQ 則為 12 / 10×100＝120（Wasserman, 2012）。

由於對以心理年齡的比率作為 IQ 分數存有疑慮，David Wechsler（魏氏）基於**離差智商（deviation IQ）**的概念，開發出成人版和兒童版的智力測驗（Wasserman, 2012）。要判定離差智商，首先需對所有年齡組的大量樣本進行智力測驗，建立該年齡族群的測驗常模（或預期分數）。每個特定年齡組，預期平均分數定為 100，標準差為 15。如此一來，多數人的分數將落在 100－15＝85 和 100＋15＝115 之間（見圖 7.1）。請注意，離平均數越遠（即標準差愈大），極端分數的人愈少。

接受魏氏兒童智力測驗（WISC）評量的兒童，所獲得的分數只會與其他同齡兒童的分數相比較。例如，魯賓的得分高於大多數 10 歲的兒童，他的智商得分為 120。我們不再說他的得分達到 12 歲的水準（亦即心理年齡 12 歲），而是用 120 離差智商 IQ 分數意指他的分數高於許多 10 歲的兒童。請查閱圖 7.1 中 120 的 IQ 分數落在哪裡。

最新版本的 WISC（WISC-V）（魏氏兒童智

力測驗第五版）測量構成全量表智商的五個因素，評估兒童在不同分測驗中的能力表現。本書不提供 WISC-V 的實際題目，以下示例類似於目前使用或不再使用的先前版本（參見表 7.1），協助讀者瞭解這些測驗的性質。

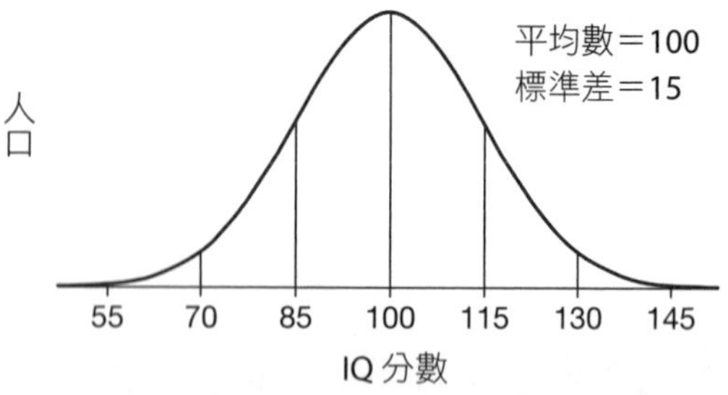


**圖 7.1　常態曲線（智商分數的分布）**。智力測驗的設計是多數人的分數落在中心點（平均數）附近（智商分數為 100）。離中心愈遠，得分極高或極低的人愈少。

**表 7.1**　**魏氏兒童智力測驗（WISC）**。以下是 WISC-V 中使用的一些指數分數、分測驗，以及分測驗中類似的題目描述或示例。

| 指數分數 | 分測驗 | 描述或示例 |
|---|---|---|
| 語言理解 | 詞彙 | 說出圖片中的物體名稱。<br>詞語定義。 |
| 視覺空間 | 方塊設計 | 使用彩色方塊重新排列圖案。 |
| 工作記憶 | 記憶廣度 | 記住愈來愈長的數字列表。 |
| 流暢推理 | 矩陣推理 | 選出一個能填補矩陣圖所缺少部分圖形的答案，請見下方示例。 |

**資料來源：**Weiss, L. G., Saklofske, D. H., Holdnack, J. A., & Prifitera, A. (2016). WISC-V assessment and interpretation. New York: Elsevier.

彩色版圖片

**矩陣推理：**哪一個編號方框內的圖形，是上圖問號方框的答案？

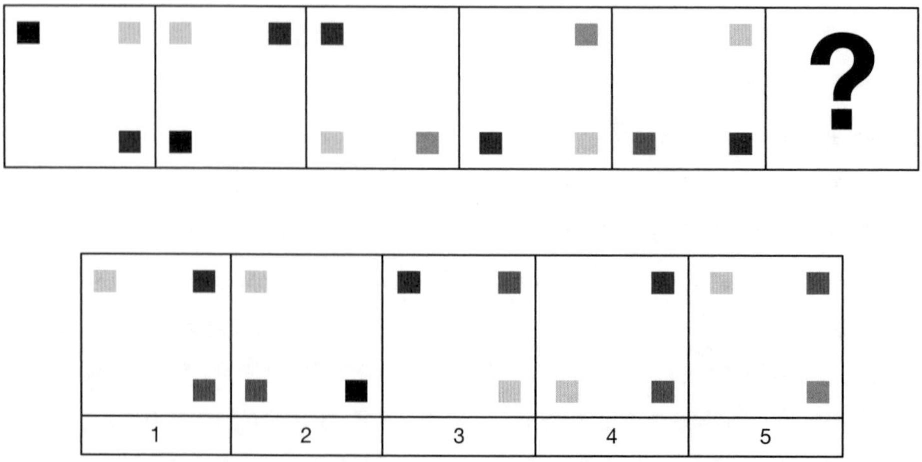


答案：編號 1。

近年來開發出許多神經功能測驗，用以測量與智力相關的特定能力。這些測驗必須由訓練有素的神經心理學家解釋，通常用於診斷認知缺陷，或者確定中樞神經系統異常的位置（Malik & Turner, 2015）。這些測驗通常只是系列評估（包括臨床報告、身體檢查和熟悉兒童的人所填寫的檢核表）中的一環。在教育情境中經常使用的評估測驗之一是 NEPSY-II（兒童發展神經心理測驗第二版），用以評估 3 至 16 歲兒童的注意力、執行功能、語言、記憶、學習、感覺運動功能、社會知覺和視覺空間處理（Korkman, Kirk, & Kemp, 2016）。

## 標準化測驗與替代測量方法

大部分智力測驗都是標準化測驗，以相同的方式施測和計分。使用標準化測驗有幾個優點，包括：良好的效度、信度和常模；受測者的測驗分數可與相同年齡的人比較，由此鑑別出需要特定服務或介入的兒童。標準化測驗還可以識別兒童的強項與弱點，並追蹤這些強項和弱點隨時間的變化。

當然，對標準化智力測驗的批評也不少。測驗可能對某些族群造成偏見，但也有大量心理計量研究並未在當今的智力測驗中找到支持這一擔憂的證據（Balkin, Heard, Lee, & Wines, 2014）。另一個問題是，測驗結果可能受到與測驗無關因素的影響，例如：兒童參加測驗時的狀態或測驗物理條件差（如：嘈雜的測驗環境）。

針對這些批評，學界另已開發出替代的測驗形式。第 2 章提到的**動態評量**，就是以 Vygotsky 的鷹架概念為基礎，讓主試者在給予兒童協助時，評估其改變的潛力。運用動態評量，主試者可以採取測驗—教學—再測驗（test-teach-retest）的方式來評估兒童學習技能或新知識的能力，或者給予更多提示，直到兒童得出答案為止（Bilinguistics, 2019; Leaders Project, 2013）。動態評量對兒童的改變潛力提供額外的訊息，用意在增補標準化測驗之不足，而非取代標準化測驗。

標準化測驗的第二種替代方法為**真實評量（authentic assessment）**，是使用複合問題來評估現實生活技能。例如，要通過駕照考試，必須同時參加筆試（標準化考試）和實際道路駕駛（真實評量）（參見圖 7.2；Mueller, 2016）。這類型的評量適用於難以用標準化方式評估的族群，包括：身心障礙學生、幼兒和資優學生（VanTassel-Baska, 2014）。

主試者在標準化測驗中的角色，是以完全相同的方式對所有受試者施測，避免干擾測驗程序；但在動態評量和真實評量中，主試者是測驗過程的主動參與者。由於主試者必須接受施測過程的專業訓練，而且一次只能對一位兒童施測，因此這些測驗形式並未廣泛使用。

| 標準化測驗 | 真實評量 |
|---|---|
| 你正駕駛裝有「防鎖死剎車系統」（ABS）的汽車在濕滑的道路上行駛。如果需要緊急停車，你應該：<br>・用力踩煞車，然後放開，將方向盤轉向路肩。<br>・用力且快速地踩住煞車，同時轉動方向盤以避免打滑。<br>・用力踩住煞車不放，然後駛離危險區域。<br>在左轉或右轉之前，至少應該提前幾公尺打方向燈：<br>・15 公尺。<br>・20 公尺。<br>・30 公尺。<br>除非另有標示，住宅區汽車限速為：<br>・30 公里。<br>・40 公里。<br>・50 公里。 | <br>©Don Mason via Getty Images |

圖 7.2　**標準化測驗 vs. 真實評量**。參加駕照考試的時候，必須通過標準化的筆試和駕駛能力的真實評量。你認為哪一種方式最能反映你的駕駛技能，或兩者同等重要？

**資料來源：**Florida Department of Highway Safety and Motor Vehicles (n.d.).

## 智力的另類觀點

許多智力測驗的批評者認為，智力測驗所測得的大多數能力，並不是在當代社會中賴以成功的唯一能力。況且，沒有一種智力是所有其他智力的基礎（也就是說，沒有所謂的 g 因素）。當代最具影響力的兩個另類理論是 Gardner 的多元智能理論和 Sternberg 的智力三元論。

### Gardner 的多元智能理論

Howard Gardner（加德納）提出**多元智能理論（theory of multiple intelligences）**，證明智力有許多不同的表現方式。他將九種智能命名如圖 7.3 所示，但他也說「目前沒有，也永遠不可能有一份顛撲不破且普世接受的人類智能清單」（Gardner, 2011, p. 63），因此這個智能清單可能變動或繼續發展。

圖 7.3　多元智能理論

**資料來源**：Based on *Frames of Mind: The Theory of Multiple Intelligence* by Howard Gardner. Basic Books. 2011.

腦部損傷會損害某一智力，但其他智力幾乎不受影響，由此或可看到能力的個別差異，支持各個智力獨立存在這一觀點。然而，Gardner 的批評者指出，並沒有九種智能存在的有力證據，因為九種智能之間存在一定程度的相關性（Abbott & Burkitt, 2015）。第 5 章曾提到大腦不同區域的特定功能，但人類活動鮮少仰賴單一類型的能力。舉例來說，西洋棋遊戲需要邏輯思維來計劃行動、空間技能來想像棋盤，以及人際交往能力來推測對手可能使用的策略。雖然這些都是各別獨立的能力，但也需要彼此通力合作才能完成遊戲。儘管 Gardner（1999）樂觀地認為終究會找到支持其理論的神經學證據，但迄今為止的證據顯示，大腦中的處理通路是共享的，而不是功能各自運作（Waterhouse, 2006）。

我們希望新的理論能禁得起嚴格的科學檢驗，但 Gardner 的理念似乎來到毋須驗證的境界。可能的原因之一是這個理論對許多人來說意義重大。「智力多元論」（plurality of intellect）的想法對教師具有莫名的吸引力（Cerruti, 2013, p. 1），它鼓勵教師不要只看重以往智力測驗評估的語言和數學能力，而要勉勵學生盡己所能地發揮所長。傳統的智力測驗只是粗估兒童的單一能力，但多元智力表明每個孩子都可以找到一些優勢領域和獨特的天賦。Gardner（2011）建議教育工作者必須全面瞭解學生的經歷，以實施**個別化**（individualize）、能激發每位學生最大潛力的教學方式。用他的話說，教師應該挑選出要傳達的重要思想或概念，並以多樣化的方式教導，從而增加課堂的**豐富性**（pluralize）。

Stephen Wiltshire 的藝術。雖然 Stephen Wiltshire 患有自閉症，但他憑著超群的記憶力繪畫，展現某些自閉症患者超乎常人的能力。自閉症患者具有廣泛的功能水準，包括特定類型智力的非凡能力。
*©Reuters / Chip East*

## Sternberg 的智力三元論

Robert Sternberg（史坦柏格）也摒棄智力只有一個潛在決定因素（即 g 因素）的觀點。他認為智力不僅與學業成就有關，而且與生活成就有關。他曾言：「讓人成功的能力，端視如何善用個人的優勢，並均衡發展分析、創造和實用智力，來矯正或彌補自己的弱點。」（Sternberg, 2002, p. 448）根據 Sternberg 的**智力三元論**（**triarchic theory**），想要擁有成功的人生，必須善用這三種智力，以最好的方式與環境互動。

**分析智力**（**analytical intelligence**）是最接近 g 因素的智力，也是多數學校高度重視的智力。它是分析和評估想法，並藉由分析來解決問題和做出決策的能力。**創造智力**（**creative intelligence**）是激發想法和成功處理新事物的能力。當我們要求兒童盡可能地找出多個問題解決方案，而不只是一個「正確」的解答時，就是在測試其創造智力，亦稱**擴散性思考**（**divergent thinking**）。Sternberg（2003a）亦提到想法必須具有價值，也就是說，要發揮創造力，既需要擴散性思考來激發新想法，也需要**聚斂性思考**（**convergent thinking**）來將各種想法限縮到最實用或最有可能成功的選項。**實用智力**（**practical intelligence**）意指改變行為以適應環境、改變環境，或遷移到其他可以取得更大成功的環境，運用能力解決日常問題。雖然 Sternberg 等人的研究為這些不同類型智力的存在提供一些支持證據（Sternberg, 2003b; Sternberg, Castejón, Prieto, Hautamäki, & Grigorenko, 2001），但其他研究發現強烈支持只有一個 g 因素（Chooi, Long, & Thompson, 2014）。

小時候的 Sternberg 常覺得自己被忽視了，因為他的能力沒有落在學校和智力測驗評估的標準範圍內。他畢生的志業在於讓世人更加理解那些能力不同的孩子，目標是鼓勵教育系統不再只強調記憶能力，而應該促進和重視分析、創造和實用能力。本章後續討論創造力時，會再進一步討論 Sternberg 的理論和研究。

## 智力的穩定性

智力是否為一個穩定的特徵？對某年齡兒童的評估，能否說明該兒童在其他年齡的評估？確定智力穩定性的困難之一是，評估智力的方式因兒童的年齡而異。因此，如果觀察到不同年齡的差異，可能反映的是測量方式的差異，而不是兒童智力的實際變化。

評估嬰兒的智力很困難，因為我們對年齡較大兒童使用的測驗方法，在很大程度上仰賴語言，但嬰兒無法理解測驗說明或提供口語反應。因此，多數的嬰兒測驗評估身體、動作、感官和（或）早期語言發展，產生的結果被稱為**發展商數**（developmental quotient），而非智商。一些評估幼兒智力的新近方法是測量訊息處理能力，例如嬰兒對新奇事物的反應或者對熟悉刺激的習慣化（Bornstein, Hahn, & Wolke, 2013; Fagan, Holland, & Wheeler, 2007）。其他訊息處理能力，例如嬰兒期的注意力、處理速度和記憶力，可預測 11 歲時的一般智力（Rose, Feldman, Jankowski, & Van Rossem, 2012）。記憶力、處理速度、注意新刺激的能力及習慣熟悉刺激的能力，所有這些技能和能力，都是有助於嬰兒從環境中學習的特徵，這就是為什麼它們與日後的智力測量有關。一項研究檢視從嬰兒期到青春期以不同方式測量的智力穩定性。研究人員發現，用來測量智力的嬰兒發展商數，與學齡前的智力密切相關，與兒童期和青春期的智力中度相關（Yu, McCoach, Gottfried, & Gottfried, 2018）。當然，可以預見隨著評估的間隔時間拉長——如嬰兒期到學齡前 vs. 嬰兒期到青春期——測量結果之間的關係會變弱。然而，這些測量結果在整個發展時期互有關聯的事實表明，所有這些測量都想找出不同年齡階段智力的基本特徵。

## 基因、環境與智力

多年來，關於基因與環境對智力的相對影響，觀點始終搖擺不定，但讀完第 3 章後你應該知道，智力是來自於基因**或是**來自於環境，是個無關緊要的問題。以現今對基因和環境交互作用的瞭解，可以很確定兩者都會對智力產生影響（Sauce & Matzel, 2018）。使用全基因組關聯研究來審視遺傳變異量（或個別差異），估計值約在 20% 到 50% 之間（Plomin & von Stumm, 2018）；但即使是 50% 的遺傳力，亦意味著智商的一半變異是由基因以外的因素造成的。

基因大致設定了智力的上限和下限，而經驗則決定了潛能的實現程度。第 3 章曾說明**渠道化**的概念，亦即環境影響基因表達的程度。智力並不是一個被深入渠道化的特徵，也就是說，無論遺傳起點是什麼，環境都會對該特徵的最終結果或終點產生重大影響（課前測驗第 2 題）。被更富裕家庭領養的兒童，其學業表現通常比留在原生家庭的兄弟姊妹好（Kendler, Turkheimer, Ohlsson, Sundquist, & Sundquist, 2015）。提高家庭收入水平，也與兒童智商和學校表現的提高有關（Duncan, Morris, & Rodrigues, 2011）。類似的研究表明，當兒童於貧困的環境成長，貧困可能會使他們無法充分發揮遺傳潛力（Tucker-Drob & Bates, 2016; Woodley of Menie, Pallesen, & Sarraf, 2018）。

## 神經科學與智力

研究智力和大腦的神經科學家必須處理幾個基本問題。首先，智力與大腦的結構或功能有關嗎？其次，高智商和低智商的大腦差異，是由基因決定的，還是生活經驗的結果？抑或兩者的交互作用？從第 5 章我們已經學到，大腦的形成不僅是生理成熟的產物，也是個人經驗的結果。

從大腦與智力相關的統合分析研究所得到的結論是：經過 IQ 測驗測量，高智商與低智商個體的大腦結構和功能存在差異（Basten, Hilger, & Fiebach, 2015）。例如，大腦額葉和頂葉區域的結構，以及這些區域之間的交流和連接，都是構成智力的基礎——此即為頂額葉整合理論（Parieto-Frontal Integration Theory, P-FIT）（Basten et al., 2015; Nikolaidis et al., 2016）。這項研究仍處於早期階段，但已經有證據表明，其他大腦皮層下的區域也可能與智力有關。許多研究發現，較大的整體腦容量與智力較高有關（Goriounova & Mansvelder, 2019）。

智力程度不同的人，在兒童期和青春期的大腦發育是不一樣的。智力較高的兒童，白質或髓鞘化發育所需的時間更長，且在 3 歲時髓鞘化更多。髓鞘化的提高，強化了神經網絡，支持日後的發展（Deoni et al., 2016）。此外，大腦皮層是一層厚度不一的神經元，其厚度取決於不同區域的神經元數量。智力較高的兒童，大腦皮層變厚的速度更快，時間也更長；緊接著是青春期大刀闊斧地突觸連接修剪（Shaw et al., 2006），當不必要的連接被修剪掉時，大腦的功能就變得更有效率。

但這些新知識並沒有解決是基因抑或環境決定大腦發育和智力的問題。第 5 章曾提到**經驗－依賴的大腦發育**，例如練習樂器可以刺激大腦發展出更多的突觸連接、精熟複雜的肢體動作或雙語可以改變大腦灰質的密度。生活經驗與大腦結構互有關聯的研究疾呼：是先天遺傳與後天環境共同塑造出發展結果，個體會尋找與遺傳傾向非常契合的環境（第 1 章中所說的**利基選擇**），而正是這些環境經驗幫助個體發揮遺傳所設定的潛力。例如，大腦灰質數量較多的個體會被複雜的認知活動吸引，而參與這些活動則進一步刺激更多的灰質生成（Gryga et al., 2012）。

## 學習檢定

**知識問題：**

1. 為什麼定義智力如此困難？
2. 有哪些評量智力的替代方法？
3. 在教育領域中，最具影響力的兩種不同智力觀點為何？
4. 基因與環境對智力的相對作用為何？
5. 神經科學如何增進我們對智力和大腦的理解？

**思辯問題：**

你認為兒童的智力是由基因決定且固定不變的，還是由環境決定且可改變的？如果你是小學老師，這會對你的教學產生什麼影響？

# 智力的差異

## 學習問題 7.2・有哪些智能障礙與資賦優異的例子？

兒童的智力從許多方面來說各不相同。有的一般能力落於較差範圍，被稱之為智能障礙；有的則位於優秀範圍，堪稱資賦優異。在能力的平均範圍內，有些兒童患有特定學習障礙，學習狀況受到特定限制。本節將說明影響兒童學習進展的三種不同情況。

### 智能障礙

根據 DSM-5，**智能障礙（intellectual disability）**是一種在生命早期就出現的智能缺損，包括智力、社交和適應功能缺損（APA, 2013）。美國約有 1% 到 3% 的兒童被診斷為智能障礙。標準化智力測驗中，智力商數低於 70 一度是判定智能障礙的唯一指標；時至今日，學界已認定智能障礙包含知識、社會和實用等三個功能領域的困難。因此，現今的判定標準是：障礙如何影響個體的日常生活，而不是僅靠單一數值來診斷。基於這個原因，在做出智能障礙診斷之前，都會檢查兒童清晰思考、建立和維持友誼，以及管理日常活動和責任的能力（APA, 2013）。前面的章節已經探討智能障礙的諸多原因，包括唐氏症等遺傳因素，以及胎兒酒精症候群、極度營養不良、接觸鉛或汞之類毒素等環境因素，但專家咸認僅能在大約 25% 的案例中確定智能障礙的具體原因（U.S. National Library of Medicine, 2017b）。

智能障礙兒童曾被排除在學校教育之外，直至 1975 年，聯邦立法通過《身心障礙者

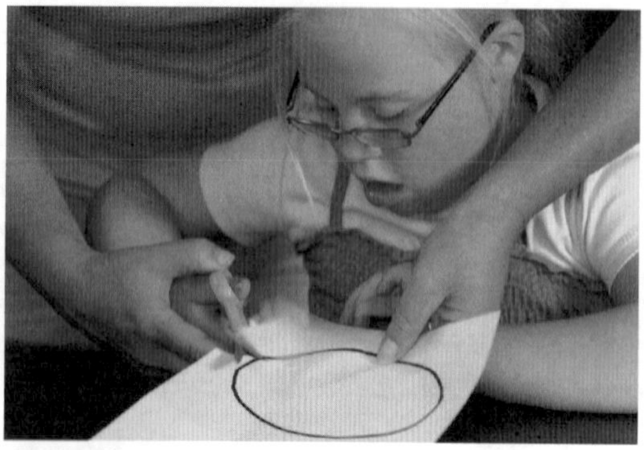

**智能障礙**。《身心障礙者教育法》確保那些與這位唐氏症兒童有類似情況的學生，都能在學校獲得充足的教育服務。

*©iStockphoto.com / EVAfotografie*

教育法》（IDEA），確保身心障礙兒童能接受免費和適當的公共教育。該法律雖經多次修訂，但重點仍是為符合條件的兒童提供早期介入、特殊教育和相關服務（U.S. Department of Education, n.d.）。

介入計畫和特殊教育可以協助智能障礙兒童充分發揮潛力。3 歲以下的嬰幼兒若在認知、生理、社交或情緒發展方面遲緩，在溝通或適應發展方面遲緩，或被診斷出可能患有導致發育遲緩的疾病，就有資格獲得早期介入服務（U.S. Department of Education, 2016）；3 至 21 歲的兒童和青少年可以透過學校系統獲得特殊教育和其他服務。智能障礙兒童的學習雖比平均或高於平均能力的兒童慢，但他們依然能學習新的技能，從而提高生活品質。

## 特定學習障礙

《身心障礙者教育法》中與認知能力有關的另一種情況是**特定學習障礙**（**specific learning disorder, SLD**）。DSM-5 列出一個針對特定學習障礙的單一總體類別，以及針對各個學業領域困難的「註記」（specifiers）（次類別）。特定學習障礙意指某位兒童可能被診斷為患有閱讀、寫作或算術障礙，或這三者的任一組合（Tannock, 2014）。診斷的條件為：必須有持續存在的學業表現障礙，該障礙顯著低於適當技能測驗的平均水準且無法用其他問題（如視力或聽力問題或動作障礙）來加以解釋。學習障礙的兒童並非智能障礙，其一般智力均高於平均水準。

國家學習障礙中心（National Center for Learning Disabilities, NCLD）估計，美國約五分之一的兒童患有特定學習障礙（Horowitz, Rawe, & Whittaker, 2017）。如圖 7.4 所示，2017 至 2018 學年間，在 IDEA 立法規定下接受服務的學生中，患有特定學習障礙的兒童所占比例最大（McFarland et al., 2019），高於自閉症學生數的三倍以上，以及智能障礙學生數的五倍以上（課前測驗第 3 題）。授課教師、支持服務的專業人員和家長之間的合作，能讓學生發揮最大潛能。本節僅大致說明特定學習障礙，第 8 章會進一步討論書寫和口語相關障礙。

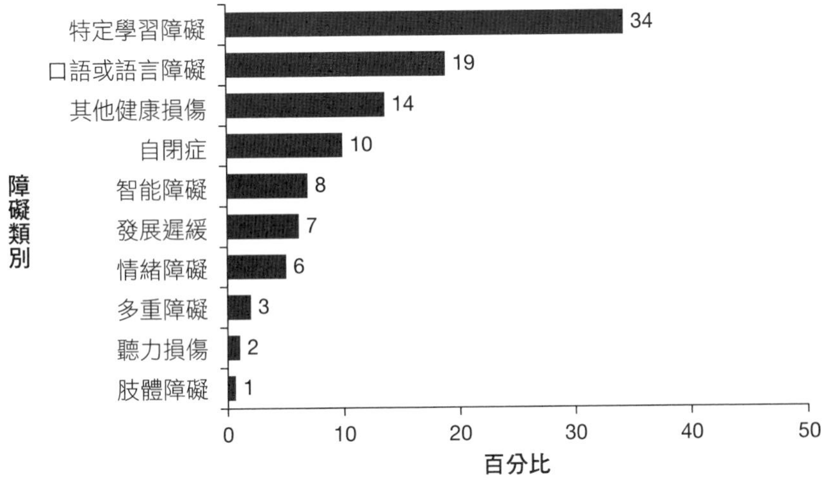


圖 7.4　根據《身心障礙者教育法》3 至 21 歲學生的百分比分布，按障礙類別劃分：2017 到 2018 學年。

資料來源：McFarland et al. (2019).

不同類型的特定學習障礙，形成原因各異。某些類型似乎是家庭遺傳，顯示這些疾病可能存在遺傳關聯，以及產前接觸藥物或酒精都會改變大腦的神經發育，增加兒童罹患特定學習障礙的風險。然而，雖然文化剝奪等其他環境因素可能會加劇神經功能缺損的影響，但那並非導致學習障礙的起因（National Institutes of Health, 2018）。

學習障礙可能源於早期發育，但通常直到兒童就學、需要培養閱讀和書寫能力時才被發現。由於兒童發展這些能力的速度不一，因此如果兒童的閱讀和書寫速度比同齡者慢，我們不應該遽下結論說他患有學習障礙。兒童可能需要更好的指導，或更多的練習和時間來發展這些技能，但兒童的困難若持續存在，學校的專家團隊須評估兒童的表現。雖然特定學習障礙無法根治，但適當的教育支持服務可以顯著降低障礙對發展的影響。有了這些幫助，兒童即可發揮自己的長處，並學習有效應對自身狀況的策略。因此，為這些兒童提供特殊教育服務的重要性不言而喻。

然而，即使有這些支持策略，學習障礙兒童仍會面臨社交、情緒和行為方面的挑戰。他們可能缺乏結交和維持友誼所需的人際交往和社交技巧，且由於自尊心低落，容易成為霸凌的目標。學習障礙兒童也可能因長期缺課、暫令停學，導致輟學率是其他學生的三倍（Horowitz et al., 2017）。兒童可能會自己嘗試找到應對挑戰的方法，有些選擇忽視問題或退出社交互動，有些則反抗並拒絕接受任何幫助、指責他人或採取攻擊行為。然而，如果兒童願意接受自己的限制，就能夠找到應對限制所需的資源，慢慢地將學習障礙視為身分認同的一部分，成為他們可以管理駕馭的面向（Givon & Court, 2010）。本章後續將說明**動機韌力**（motivational resilience）的價值，它是提升學業成就的要素。

從青春期進入成年早期，特定學習障礙的影響依舊存在。特定學習障礙者的四年制大學入學率僅為同齡者的一半（Horowitz et al., 2017），即使入學後，他們完成大學學業的可能性較小（Sharfi & Rosenblum, 2014）。進入職場後，他們的收入也低於沒有學習障礙的年輕人。幸而，從積極面來看，那些能夠從大學畢業的學習障礙者，其就業水平與一般勞動力人口相當，並且擁有同等的薪資福利（Sharfi & Rosenblum, 2014）。患有學習障礙並不代表兒童不能獲致成功。許多在各自領域取得非凡成就的人也有學習障礙，例如：知名演員 Whoopi Goldberg（琥碧・戈珀）、Keira Knightley（綺拉・奈特莉）、Justin Timberlake（賈斯汀・提姆布萊克）、Orlando Bloom（奧蘭多・布魯），奧林匹克運動選手 Michael Phelps（邁克爾・菲爾普斯），導演 Steven Spielberg（史蒂芬・史匹柏）都有特定學習障礙（LD Resources Foundation, n.d.）。

許多大學為有特定學習障礙的學生提供支持服務，例如考試時間不受限或筆記抄寫服務，讀者可利用課餘時間瞭解學校為這些學生提供的服務。

## 資賦優異

能力水準極高且具有非凡發展潛力的兒童，被視為**資優／英才（gifted or talented）**。要對資賦優異下一個單一、普遍接受的定義並不容易。儘管資賦優異包括廣泛的能力、天分和成就，但目前仍以智力為主要的定義特徵（McClain & Pfeiffer, 2012）。**資賦優異三環模型（three-ring model of giftedness）**試圖拓展我們對資賦優異的定義。在這個模型中，資賦優異位於中等以上的智力、創造力和工作熱忱的交集（見圖 7.5）。近年來，樂觀、勇氣、體力、精神活力、使命感等個人特質也添加到此模型中（Sternberg, Jarvin, & Grigorenko, 2011）。

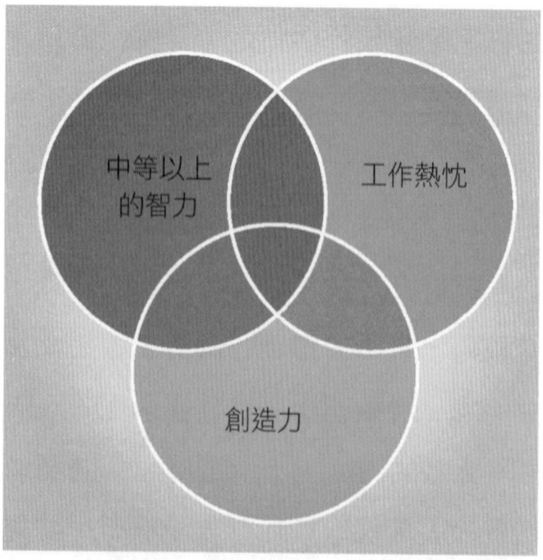


**圖 7.5　資賦優異三環模型。**Renzulli（1998）提出資賦優異三環模型，資賦優異位於中等以上的智力、創造力和工作熱忱的交集。

**資料來源：**Renzulli (1998).

這些理念反映在名為**人才發展模式**（talent development model）的資優教育取向（Pfeiffer, 2012）。世人常以為資賦優異是個人天生而永久的品質，彷彿兒童生來就天資過人。如果真是如此，那麼教育者在培養或發展人才方面可謂無用武之地。然而，人才發展模式將資賦優異視為可塑的特質，後天的培養、機會、努力、學習和練習，都可以發展成能力和專業知識（Olszewski-Kubilius & Thomson, 2015）。學校面臨的挑戰，就是設計出能實現這一目標的課程方案。

為智能障礙兒童提供服務的必要性已經獲得共識，但教育系統應為資優兒童提供的服務性質、數量或類型，卻莫衷一是。「卓越 / 優質」與「公平 / 均質」兩大目標之間的爭論僵持不下，這種緊張關係源於學校系統要爭取稀缺資源（Brown & Wishney, 2017）。贊成的觀點主張，為了國家的最大利益著想，應該將資源挹注給最有可能保持長期競爭力和創新的年輕人身上。新加坡和韓國等國家重視成就，定期培養在標準化測驗中表現優於其他國家的學生，將大量教育資源用於發展學生的優秀才能。反對的觀點則主張，提供資優學生資源是菁英主義者的論調，這些計畫和服務是讓那些已經有先天良好條件的學生受益，然而，即使教育系統沒有為資優兒童提供任何不同或特別的學習，這些兒童憑藉他們的才能，一樣會大放異彩。少數族裔學生在許多課程方案中的樣本代表性不足這一事實，讓資優 / 英才課程方案是否就是在培養菁英主義者的爭論，蒙上一層陰影（Brown & Wishney, 2017; Grissom & Redding, 2016; Peters & Engerrand, 2016）。

資優 / 英才學生的課程方案形式多元。常用的形式為**增益取向**（enrichment approach），也就是涵蓋一般課程內容，但比在課堂所學加深、加廣或更複雜化。授課教師可以彈性建構學生的學習經驗。在**加速課程**（accelerated program）中，資優學生可以較快的速度完成一般標準課程。特定科目（例如數學）進步迅速的學生可以就讀更高年級的課程，但在其他科目上則維持原來的年級。資優學生甚至可以跳級，加速所有科目的學習。加速課程的反對聲浪不斷，很多人認為資優學生與年長同學一起學習，會遭遇社交或情緒困難。然而，多數針對參加加速課程的資優兒童研究，並未發現負面的社會或情緒結果。資優學生自述更能正向看待自我、不覺得被同儕孤立、不介意被視為天才、生活滿意度提高（課前測驗第 4 題）（Boazman & Sayler, 2011; Lee, Olszewski-Kubilius, Makel, & Putallaz, 2015; Plucker & Callahan, 2014）；在沒有參加加速課程之前，反而常覺得無聊、無趣和不滿，與更聰明的年長同學一起學習還比較快樂（National Association for Gifted Children, n.d.）。

**資優 / 英才課程方案**。為資優 / 英才學生開設的課程，提供他們豐富的教育體驗。這個男孩正在研究一個未來式機器人。
*©Getty images / skynesher*

在學校環境之外，資優 / 英才兒童的家長可以做很多事情來培養和鼓勵孩子的才能。例如提供各式各樣的認知刺激，讓孩子參與和挑戰；但也不要讓孩子投入到過多的活動中，或因事事追求完美而耗盡心力

（National Association for Gifted Children, n.d.）。成人不應對資優兒童抱持過高期望，而忽略資優兒童畢竟還是孩子的事實。

## 創造力與智力

**創造力（creativity）**和智力有何關聯？創造力高的人不一定具有高智商？抑或創造力和智力密切相關，因此高（或低）創造力的人在智力方面也高（或低）？大量研究檢視創造力和智力的關係，發現兩者雖具有正相關，但相關性很低。這項研究得出的結論是，雖然高創造力必須具備一定程度的智力，但僅靠高智力是不夠的。智力相對較低的兒童，也能為問題思考出許多解決方案（即很有創造力）（課前測驗第 5 題）（Gajda, Karwowski, & Beghetto, 2017; Karwowski et al., 2016）。雖然傳統的智力測驗和許多學業環境要求兒童和青少年提出一個正確的解答，如本章前述的**聚斂性思考**，但創造力則是發想問題的多種解決方案，或擴散性思考的能力。

多數衡量創造力的測驗，其理念不外乎靈活思考，並思考問題的多種解決方案，尤其是獨特或原創的解決方案。閱讀「主動學習：創造力測驗」，以改編自創造力測驗的題目來探索自己的創造力。

主動學習

### 創造力測驗

以下題目與各種創造力測驗中使用的題目類似。給自己一段時間（每個問題 1 或 2 分鐘），並盡可能地想出另類答案。你可以和朋友一起進行這個活動，藉此觀察每個人在這些任務的表現上是否有顯著差異。

| | |
|---|---|
| 詞彙流暢度 | 在指定的時間內，盡可能地寫出以指定字母開頭的單詞。 |
| 其他用途 | 盡可能地想出指定物品的多種用途（如磚頭或自行車輪胎）。 |
| 結果 | 盡可能地想像假設情境的結果（例如，如果可以生活在水下，會發生什麼事？如果動物會說話，會發生什麼事？）。 |
| 繪製物體 | 只用一組特定的形狀（如：一個圓形和兩個正方形），盡可能地繪製出更多的物體。 |
| 設計 | 盡可能使用不同的設計來描繪一個普通常見的物體。 |

這類測驗的評分通常非常複雜，因此這個活動只是想讓你有激發創造力的機會，而不是評估結果。你能想出幾個高度原創的答案？多快想出來的？

今日的心理學家將創造力分成大 C 創造力和小 c 創造力。**大 C 創造力（big-C creativity）**意指影響世人的思考方式或生活方式，進而改變文化。例如，Pablo Picasso（畢卡索）改變了藝術世界，Steve Jobs（賈伯斯）改變了科技世界。**小 c 創造力（small-c creativity）**是個人用來應對日常挑戰的創造力（Kaufman & Beghetto, 2014）。例如，在手邊沒有紙的情況下，在手掌上潦草地寫下電話號碼，或使用廚房現有的食材做菜。

前面提到 Robert Sternberg 智力三元論所描述的三種智力——分析智力、實用智力和創造智力。他認為學校應該培養這三種智力，但課堂上幾乎都找不到培養創造力的教學型態，可能連教師都不知道如何教（Pang, 2015; Sternberg, 2003a）；或太重視考試成績，而沒有留下足夠的課堂時間提供學習創造力的機會（Hennessey, 2015; Pang, 2015）。然而，仍有一些簡單的方法可將創造力融入課堂活動。例如，讀完故事後，要求學生思考故事的續集情節；或在上完歷史課之後，去推測另外一種情景，例如：假使哥倫布沒有發現新大陸，美國會是什麼樣子（Hennessey, 2015）。為了激發創造力，必須鼓勵兒童勇敢嘗試新事物，並以新的方式思考情況，不受舊的做法和想法束縛。教師還須允許學生嘗試錯誤，鼓勵他們縱使失敗了也不要氣餒。

大 C 創造力。Elon Musk（馬斯克）是一位企業家、工程師和創新者，他創立了日後的 PayPal、利用其公司 SpaceX 為商業太空旅行製造可重複使用的火箭，並設計 Tesla 電動汽車。Musk 利用創新改變我們的世界，是大 C 創造力的最佳典範。
*©Bloomberg / Bloomberg / Getty images*

到目前為止，本章一直關注智力的概念，例如智力的定義、來源及如何測量。智力常被視為高學術成就的必要條件，但是還有許多其他因素會影響學生的學業表現，本章後半部分將聚焦於其他因素，包括非智力因素以及群體差異。

## 學習檢定

**知識問題：**

1. 智能障礙與特定學習障礙有何不同？
2. 何謂資賦優異三環模型？
3. 智力和創造力有何關聯？

**思辯問題：**

智能障礙兒童和資賦優異兒童都是學校系統裡的特殊族群。讓這些兒童和具有相同特徵的同齡者在同一個課堂學習，有什麼優點和缺點？讓他們與一般發展的同齡者一起學習，又有什麼優點和缺點？

# 學業成就：非智力因素

## 學習問題 7.3・智力以外的因素如何影響學業成就？

自從現代化智力測驗首度開發以來，就一直被用來預測學生在學校的出色表現，並且在預測一般正常發展兒童的學業成就方面有很好的效果。多數研究發現，標準化智力測驗的分數與各種學業成就衡量標準之間，具有中度至強度的相關（Kaya, Juntune, & Stough, 2015）。然而其相關性並不完美，表示還有其他因素可以解釋個體之間的學業成就差異（Borghans, Golsteyn, Heckman, & Humphries, 2016; Farmer, Floyd, Reynolds, & Kranzler, 2014）。本節將討論一些非智力因素的作用，包括自我控制、動機和學業心態（即是否可以藉由決心和努力來改變學業成就和智力）。

### 自我控制（自制力）

已被廣泛研究的非智力因素之一是自我控制（self-control，又稱自制力）。在一項經典研究中，八年級學生先接受智力測驗和自制力實驗，如：信封內裝有 1 美元鈔票，實驗者告訴學生可以保留這 1 美元鈔票，或留待週末繳回，即可獲得 2 美元（Duckworth & Seligman, 2005）。研究結果顯示，決心等待以獲得 2 美元獎勵的意願（即具有自制力），對學生學業成就的預測力是其智商分數的兩倍。

雖然智商分數比自制力更能預測一段時間內標準化測驗分數的變化，但自制力卻比智商分數更能預測在校成績等級的變化（Duckworth, Quinn, Lynam, Loeber, & Southamer-Loeber, 2011; Duckworth, Taxer, Eskreis-Winkler, Galla, & Gross, 2019）。仔細想想每種評量方式測量到的結果是什麼，就可以理解這一發現。智力測驗和標準化測驗主要是測量先前學過的知識，因此智商分數當然可以很好地預測標準化測驗的結果。然而，雖然好成績取決於知識量多寡，但也取決於與自制力相關的行為，例如：課堂專注力、主動積極及按時完成作業（Duckworth et al., 2012）。

自制力對學業成就的影響至關重大。在許多會影響學業成就的情況下，長期學業目標與更能提供立即滿足的非學業選項之間，角力不斷。今晚你會跟朋友出去玩，還是待在家裡寫下週要交的作業？這將決定你在重要課程中的成績。你現在是在線上聊天，還是把手機收起來繼續閱讀明天的學習內容？自制力有助於調節尋求快速且舒適選項的衝動，並堅持去做能促進長期成功的行為（Duckworth et al., 2019）。第 9 章將進一步詳盡討論自制力。

## 動機

另一個影響學業成就的非智力因素是動機。準備在考試中取得好成績需要付出努力，並且還要有動機去付出努力。動機區分為內在動機和外在動機。**內在動機（intrinsic motivation）**是發自內心覺得一項活動或任務有趣或好玩，是你想做的事情；**外在動機（extrinsic motivation）**則取決於從環境中獲得的激勵或獎賞。你在課堂上努力完成作業，是因為成功完成一項具有挑戰性的任務後，你會為自己感到自豪，這就是內在動機；若你是因為想要得到老師給的高分，才去努力完成作業，則屬於外在動機。

不意外的是，當學生因在標準化智力測驗中表現出色而可以獲得金錢獎勵時，不但測驗分數會提高，而且原本基準線分數較低的學生，進步的幅度比最初表現較好的學生還要大（Duckworth et al., 2011）。金錢獎勵雖無法增加學生的知識，但確實可以增加他們付出努力以表現最高能力水準的動力。

可以想見，當兒童的學習有所進步，他們會有動力繼續好好表現；但如果失敗了，可能會因此失去動力。然而，許多學生在遇到挫折後依然鬥志高昂，更加堅定意志未來要取得好成績，這些學生表現出高度的**動機韌力（motivational resilience）**。那些因挫折而氣餒、並退出課業學習的人，正表現出所謂的**動機脆弱（motivational vulnerability）**。

該如何幫助孩子培養動機韌力？在一項研究中，那些在學校非常投入且積極進取的學生，遇到挫折時更懂得使用應對策略，例如尋求幫助、制定策略和自我激勵，這些策略也反過來幫助他們堅持完成課業，並取得更高的學業成就。而那些較不投入的學生則傾向於使用更多適應不良的策略，包括自怨自艾和責怪他人，結果變得更加退縮和自暴自棄，學業成就一路下滑。這些學生的學業成就自成一個循環：成功帶來更大的動力，失敗則降低動力（Skinner, Pitzer, & Steele, 2016）。根據這些發現，對低成就學生的介入措施，應該放在教導他們面臨學業挫折的應對方式，以促進正向循環，打斷負面循環。

**雖然一開始沒成功⋯。**幾乎每個學生都曾對課業感到失望或失敗過。當這種情形發生時，那些具有動機韌力的人更懂得使用應對策略，例如尋求師長的幫助。
*©iStockphoto.com / SDI Productions*

## 學業心態

可能影響學生對挫折的動機反應的一個因素是，他們如何解釋自己的失敗。**學業心態（academic mindsets）**

是關於學習和智力的根深蒂固信念，會影響個體如何看待失望以及應對挫折（Aditomo, 2015; Rattan, Savani, Chugh, & Dweck, 2015）。這些心態的其中一個關鍵面向是：你認為智力是固定的或是可以培養的。認為智力可以透過決心和努力而改變，稱為**成長心態**（**growth mindset**）。例如，教導正在學習數學的學生，大腦就像肌肉一樣，愈鍛鍊愈強壯，他們會更堅持不懈，遇到挫折時使用更多的適應策略，取得更好的成績（Rattan et al., 2015)。想瞭解你自己是定型心態還是成長心態，請閱讀「主動學習：學業心態」。

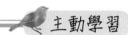

### 主動學習

## 學業心態

請勾選出你同意（或大部分同意）的陳述句：

1. 你無法改變與生俱來的智力水準。
2. 只要付出足夠的努力，就可以取得更好的成績。
3. 若有人想給予建議以提高我的課業表現時，我經常會動怒生氣。
4. 我在學習新事物時相當努力投入。
5. 聰明的人不需要很努力。
6. 我會運用老師和教練的回饋來提高表現。
7. 任何人都可以培養音樂天賦。
8. 男孩的數學就是比女孩好。
9. 只要努力，任何人都可以成功。
10. 我不會把時間浪費在不擅長的事情上。

（修改自 Dweck, n.d.）

參考下面的答案，看看你勾選的題項有多少是代表成長心態、多少代表定型心態。Carole Dweck（n.d.）建議讀者認識這兩種類型，但選擇用成長心態採取行動，去做你原先認為永遠無法做到的事情。

答案：定型心態：1、3、5、8、10；成長心態：2、4、6、7、9。

學習檢定

**知識問題：**

1. 為什麼智商能夠很好地預測標準化測驗成績，但自制力卻更能預測在校成績？
2. 動機韌力如何提高學業成就？
3. 何謂成長型的學業心態？

**思辯問題：**

身為父母，你看著家中學步兒裝滿一杯水，慢慢地走到桌子旁，一個不小心卻跌倒了。如果你想建立孩子的動機韌力，你會如何反應？有哪些反應反而會讓孩子的動機變得脆弱？

# 學業成就的群體差異

## 學習問題 7.4．性別、族裔和社經地位與學業成就有何關聯？

到目前為止，本章已經說明影響個別兒童和青少年學業成就的智力和非智力因素及其造成的差異。本節著重於與學業成就相關的群體差異，包括性別、族裔認同和社經地位。

## 性別與學業成就

男孩和女孩在學校的表現具有顯著差異。在美國和世界各國，女孩在學校的表現往往優於男孩（Jackman & Morrain-Webb, 2019）。在小學階段，女孩的閱讀和寫作能力通常比男孩高、參加資優／英才課程的女孩人數比男孩多、男孩留級的可能性比女孩高、男孩接受特殊教育的可能性是女孩的三倍、被停學或開除的男孩人數多於女孩人數（Fortin, Oreopoulos, & Phipps, 2015; U.S. Department of Education, 2012; Voyer & Voyer, 2014）。在高中階段，女孩的 GPA（成績平均積點）高於男孩、女孩在班級中獲得 A 的比例更高、男孩比女孩更有可能輟學。接受高等教育取得學士學位的女性多於男性，並有更多女性計劃在完成學士學位後進入研究所或專業學

**女孩與科學**。女孩和男孩一樣對科學感興趣。為了維持女性的科學興趣，已有許多計畫鼓勵女孩進入數學和科學領域。但近年來，在這些領域獲得學位的女性人數並沒有顯著增加。

*©iStockphoto.com / Daisy-Daisy*

校深造。

對出身於貧困家庭、少數族裔和低素質學校的兒童來說，男孩和女孩之間的學校表現差異更是明顯（Autor, Figlio, Karbownik, Roth, & Wasserman, 2016），顯示男孩比女孩更容易因貧困而處於不利地位。雖然原因有待釐清，但有證據表明男孩對負面和壓力經驗（例如生長於貧困家庭）的反應更大。

男孩表現不佳的部分原因歸咎於課程，因為課程強調閱讀和寫作，而這是女孩比較擅長的科目。課程使用的書籍讓男孩不感興趣，學校又常削減科學實驗室、體育課和課間休息等活動，但這些活動卻是較有利於男孩的體驗學習方式（Sax, 2007; Von Drehle, 2007）。研究人員訪談美國、加拿大、紐西蘭、英國、南非和澳大利亞男校近 1,000 名教師和 1,500 多名學生，請他們描述教學有效的因素，他們的描述具有「明顯的男孩風格」（Reichert & Hawley, 2010, p. 36）。這些課堂妙趣橫生，包括密集的身體活動和團隊工作，但也有競爭元素。這些特色在混合性別班級不一定看得到。另有學者研究男孩和女孩之間的生物學差異，來解釋他們在課堂上的不同表現。例如，5 歲男孩大腦中的語言中樞，相當於 3 歲女孩大腦中的語言中樞（Lenroot et al., 2007; Sax, 2007），這讓 5 歲男孩的閱讀學習變得更加困難，甚至不利於發育。當男孩在這些任務上屢敗屢挫時，會導致他們傾向在未來避免參與這些活動。

雖然女孩在學校的許多領域表現都優於男孩，但她們在科學（**s**cience）、技術（**t**echnology）、工程（**e**ngineering）和數學（**m**ath）等 STEM 領域的參與程度卻遠落後於男孩。圖 7.6 顯示 2006 年和 2016 年在 STEM 領域授予男性和女性學士學位的百分比。儘管學界一直致力於讓女孩對 STEM 學科產生興趣，但似乎成效甚微。

多年來，學界通常把這些差異歸因於女孩的能力較低，或對這些科目的興趣較弱。但在小學或中學階段的標準化測驗評量數學能力，男孩和女孩之間並沒有顯著差異（Ganley, 2018; Ganley & Vasilyeva, 2014），而且在所有教育階段，女孩的數學成績通常比男孩好（課前測驗第 6 題）（Voyer & Voyer, 2014）。然而在更複雜的數學領域，例如涉及高階問題解決的技能，男孩往往勝過女孩（Ganley, 2018）。稍後將說明**刻板印象威脅**（stereotype threat）的概念，以此解釋為什麼女孩在課堂上的表現與男孩一樣好，但在測驗上的表現卻持續低於男孩。

雖然無法明確區分男孩和女孩的能力水準，但男孩的數學能力優於女孩的說法甚囂塵上（Hutchison, Lyons, & Ansari, 2019），這些關於女孩數學和科學能力的錯誤觀念來自課堂和家庭，也來自女孩對自己的看法。

在課堂上，教師認為男孩的數學能力優於女孩，即使沒有證據表明真實差異存在

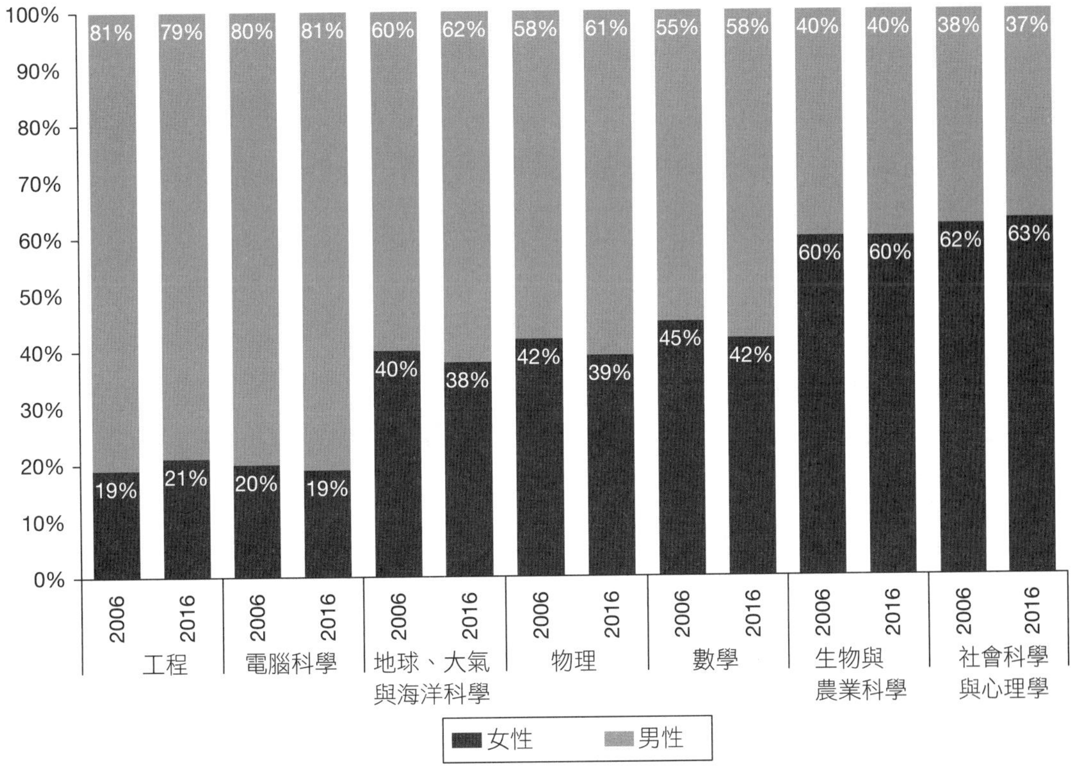


圖 7.6 科學與工程學科學士學位的性別分布（2006 年及 2016 年）。自 2006 年以來，女性在工程、電腦科學與數學領域的參與程度鮮少變化。

**資料來源**：National Student Clearinghouse Research Center (2017).

（Hutchison et al., 2019）。女孩在課堂上受到的對待，巧妙地貶低了她們的想法和貢獻。例如，當她們達到與男孩相同的數學水準時，教師傾向於將她們的成功歸因於努力，而將男孩的成功歸因於能力（Espinoza, da Luz Fontes, & Arms-Chavez, 2014）。男孩得到的訊息是他們的數學能力很好，而女孩得到的訊息是，她們必須努力克服自己的能力不足。

父母如何看待孩子的能力，是影響孩子如何看待自身能力的另一重要因素。與教師類似，父母也傾向於將兒子的成功歸功於數學天賦，並認為數學對女兒來說是比較困難的科目（Gunderson, Ramirez, Levine, & Beilock, 2012）。這顯示男孩和女孩得到的成功**歸因**訊息不一致。你想從事哪種類型的職業？是你必須努力工作的，還是你擅長的？父母的影響力舉足輕重，他們對孩子數學能力的信念，甚至比孩子過去的數學成就，更能預測孩子的自我知覺（Gunderson et al., 2012）。

女孩本身從小就接受這種誤解。早在小學二年級時，女孩就不將數學視為自我概念的一部分（Cvencek, Meltzoff, & Greenwald, 2011）。在 6 歲時，女孩更有可能認為「非常、非常聰明」是形容男性而非女性（Bian, Leslie, & Andrei, 2017, p. 389）。詢問小學生對男生和女生數學能力的看法時，二年級的男孩說男生的能力與女生相當，但女孩說女生的能力優於男生；到了三年級，男孩會說男生的能力優於女生，女孩反倒認為男生和女生的能力一樣；然而，到了四年級，男孩會說男生的能力超越女生，此時的女孩也同意男生的數學表現比較好（Muzzatti & Agnoli, 2007）。這種女生從小就不擅長數學的想法，造成的後果之一是，女孩不認為自己未來的職涯需要用到這些技能。

對女生數學表現的低期望，導致許多女孩在測驗情境下產生數學焦慮。當個體擔心自己會加深自身認同群體的負面刻板印象時，常常會變得更為焦慮，這種焦慮稱為**刻板印象威脅（stereotype threat）**（Steele & Aronson, 1995）。當女孩參加困難的數學考試時，她們會擔心自己的表現可能印證女生不擅長數學的刻板印象，而感到焦慮心慌。由於焦慮會削弱解決困難數學問題的工作記憶，女孩在考試的表現便隨之下降（Ganley & Vasilyeva, 2014）；但若能減少刻板印象威脅，就能恢復原來的表現水準。當明確告知大學女生她們即將參加的微積分測驗，在過去並沒有性別差異時，她們的表現甚至比同班的男生還要更好，如圖 7.7 所示（Good, Aronson, & Harder, 2008）。

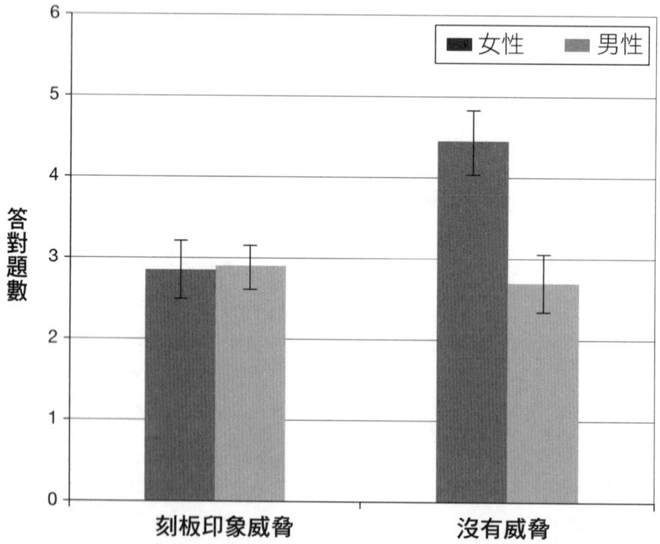


圖 7.7　刻板印象威脅。進行一項困難的數學測驗前，被告知該測驗沒有性別差異的女性，不但表現得比男性更好，也比得知強調該測驗是數學能力測驗的女性好。告知測驗具有性別差異，會活化女性的刻板印象威脅。

資料來源：Good, Aronson, & Harder (2008).

我們通常對自己抱持的刻板印象沒有自覺。無意識的刻板印象可用**內隱聯想測驗（implicit associations test）**來評估。該測驗衡量個體對各個概念之間自動化聯想的強度（Greenwald, Poehlman, Uhlmann, & Banaji, 2009）。在一項針對義大利中學生的研究中，如果教師對男孩的數學能力較優秀抱持隱含的假設，那麼男孩和女孩的課堂數學表現性別差異會擴大三倍（Carlana, 2018）。中學女生的性別與數學能力之間的內隱關聯強度，與她們未來參加數學課程的意願或偏好，以及她們在數學方面的成就有關（Steffens, Jelenec, & Noack, 2010）。閱讀「主動學習：內隱聯想測驗」，嘗試操作此測驗的簡短版本。

主動學習

## 內隱聯想測驗

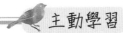

製作以下詞語的卡片：**數學、藝術、女性、男性**。接下來，再用以下詞語製作另一套卡片：**數學、詩歌、代數、藝術、幾何、舞蹈、微積分、文學、方程式、小說、女性、女人、女孩、她、女士、男性、男人、男孩、他、先生**。使用手機上的碼錶功能為這項活動計時。

1. 將寫有「數學」和「男性」字詞的卡片放在左側，將寫有「藝術」和「女性」字詞的卡片放在右側。將另一套卡片堆成一堆放在你的面前。
2. 拿起卡片堆中的每張卡片，決定你要將卡片放於左側（數學和男性），還是放於右側（藝術和女性）。計時這段你分類的時間。
3. 將所有卡片收回成一堆。將寫有「數學」和「女性」字詞的卡片放在左側，將寫有「藝術」和「男性」字詞的卡片放在右側。
4. 再次計時，將卡片堆中的卡片分類到左側或右側。

做其中一種分類，有比做另一種分類花更長的時間嗎？如果你隱微地認為女性與藝術有關、男性與數學有關，那麼將卡片堆中的每張卡片分類到這些組合，會比將數學與女性、藝術與男性配對分類更容易，分類所需的時間也更短（改編自 Greenwald & Nosek , 2001)。

欲施測線上版本，請搜尋：implicit association test and gender。

與 STEM 學科有關且對男孩有利、雖微小但顯著的差異能力之一是空間關係（參見圖 7.8）。有人認為這種差異早就存在於男孩和女孩出生前的大腦之中，然而我們知道，男孩喜歡玩積木等活動，這些活動可以訓練參與此類活動的大腦區域。第 5 章曾提到，大腦在整個兒童期都會依經驗持續發展。一項研究支持了男孩經常參與的活動類型，可以提高他們的空間能力的觀點。該研究表

**玩積木**。男孩的空間能力可能具有一些起步優勢，但這些能力也因他們參與的活動而增強。當男孩和女孩同時具有操作物體的經驗時，這種能力的性別差異就會減少。

*©iStockphoto.com / FatCamera*

明，與沒有這些經驗的人相比，自述曾花大量時間玩積木和其他空間導向玩具的女性和男性，在腦海中旋轉物體的能力更強（Nazareth, Herrera, & Pruden, 2013）。使用電腦遊戲（如：操縱形狀的俄羅斯方塊）加以訓練，可以大幅提高女孩的空間能力（Terlecki, Newcombe, & Little, 2008）。這些研究顯示，雖然男孩在空間能力方面具有遺傳起步優勢，但後天訓練仍可以顯著提高女孩的表現。

仔細看圖片上的物體：這四張圖中，有兩張和最左邊的圖是同一個物體。你能找出來嗎？請將它們圈選出來。

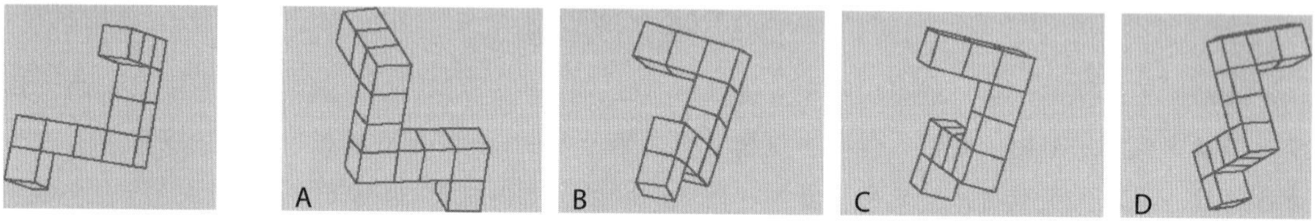


**圖 7.8　心像旋轉任務**。上述題目是少數幾種男孩一直比女孩表現更好的測驗之一。

答案：A和C。

**資料來源**：© American Psychological Association (1988).

打破刻板印象、鼓勵女孩進入 STEM 領域的成功策略之一是改變學生的學業心態。正如前述，可以教導女孩瞭解智力不是固定的，而是可以隨她們在數學和科學方面的經驗變化成長。學業心態的另一個面向為**歸屬心態**（belonging mindset），意指是否認為自己歸屬於某些學術領域或背景。由於 STEM 領域的女性專業人士寥寥無幾，女性幾乎沒有多少楷模和良師可以鼓勵她們追求科學職涯。一項針對 12 個歐洲國家、11,500 名女學生的研究，將擁有 STEM 榜樣與沒有榜樣的女性作比較。與沒有榜樣的女性相比，擁有榜樣的女性對 STEM 科目較感興趣，並認為自己在這些科目中的表現出色，兩組之間的人數差異幾乎相差兩倍。半數以上有榜樣的女性可以想像自己未來的 STEM 職涯（Microsoft & KRC Research, n.d.）。如果有更多女性進入這些行業，將有助於營造女性歸屬於這些行業的心態。但要實現這一目標，我們還有很長的路要走。

儘管刻板印象難以克服，但有些介入措施已經成功提高女孩在 STEM 領域的興趣和自我效能感。例如，具有使用智慧型手機編寫機器人程式正向經驗的大一女性，對自己的科技能力更有信心，其興趣和自我效能感與主修該領域的男性不相上下（Master, Cheryan, Moscatelli, & Meltzoff, 2017）。

正如所見，男孩和女孩在學校有各自碰到的困難。為了滿足兩方的需求，2006 年，美國教育部允許公立學校系統設立單一性別教室或學校（U.S. Department of Education, 2006），希望單一性別教室的結構可以更好地因應男孩和女孩不同的教育需求。但這種改變並未得到普遍認可。批評者表示，性別之間的相似處遠多於相異處（Paulson & Teicher, 2006），他們擔心對教育法修正案第九條（Title IX）的這種新解釋，會讓這一具有里程碑意義的立法、好不容易取得的禁止校園性別歧視成果倒退，並加劇性別歧視和制度化性別主義（American Association of University Women, 2009; Halpern et al., 2011）。另一個擔憂是，單一性別教室無法提供與其他性別學生一起合作和遊戲的學習機會。長遠來看，這可能會損害學生的社會情緒發展（Pahlke & Hyde, 2016）。迄今為止，多數比較單一性別和混合性別教育環境的研究，都沒有顯示將女孩和男孩分開教育帶來的好處（Brown & Ronau, 2012; Nisbett et al., 2012; Pahlke & Hyde, 2016），因此那些主張相似處大於相異處的批評者可能是對的。

**單一性別教室。**有些教育者認為，根據男孩和女孩不同需求量身訂製的單一性別教室，會讓他們的表現更好。你認為單一性別教室的優缺點為何？
*©iStockphoto.com / SDI Productions / iStockphoto.com / kali9*

## 族裔和文化對學業成就的影響

近年來，美國學校愈來愈多元化。2015 年秋季，公立小學和中學入學的學生中，49% 是白人，15% 是非裔，26% 是拉美裔，5% 是亞裔 / 太平洋島民（National Center for Education Statistics, 2019b）。自 1970 年代以來，不同族裔背景的學生成績差距持續縮小。2003 年以來，白人學生與非裔或拉美裔學生之間的閱讀和數學成績差距縮小了 13% 至 25%，但這段差距仍代表著大約 1 至 1 年半的正常學業進度。然而在這段時間裡，有無資格領用學校免費午餐（代表家庭貧困）的學生之間的差距，基本上沒有什麼變化（Hansen, Levesque, Quintero, & Valant, 2018）。持續努力縮小不同背景學生之間的成績差距，已經受到研究人員、教育者和政策制定者的極大關注，我們必須努力確保所有兒童都能獲得最好的教育機會。

為什麼成就差距如此難以縮小？其中一種解釋是我們對兒童及其實現潛力的期望——

無論我們是有意或無意的。我們的生活可能會達到、或低於他人的期望，兒童的課堂學習也是如此。但是當這些**期望效應（expectancy effects）**影響兒童對學業的付出努力程度，進而造成兒童的學業成績降低時，這問題就值得關注。

1968 年，Robert Rosenthal 和 Lenore Jacobson 進行了一項實驗，故意操縱教師對部分學生學業成就的期望。研究人員告訴教師，他們能夠找出即將在下一學年智力「開竅」的學生，教師有希望看到這些學生的智力顯著提高。而事實上，這些所謂即將「開竅」的學生是從班級名單中隨機挑選出來的。但到學年結束時，「開竅」學生的總智商得分明顯高於實驗對照組。Rosenthal 和 Jacobson（1968）的解釋是，改變教師對這些學生的期望，會改變教師的行為，從而促進兒童的智力成長。教師可能花更多的時間與這些學生相處，或者對他們認為即將「開竅」的學生給予更多的支持和鼓勵。

這項研究受到教育界、心理學界及社會大眾的矚目，但也引起諸多爭論。它傳達出一個非常樂觀、又簡單明瞭提高學習成績的方法——相信孩子並將這種信念傳達給孩子。然而某些研究成功複製原始發現，有些卻沒有（Jussim & Haber, 2005）。雖然相信孩子的成功能力很重要，但除了相信孩子的能力之外，還要努力幫助孩子精熟需要學習的材料，這些信念才有可能奏效（課前測驗第 7 題）。

構成教師期望效應的機制稱為**自我應驗預言（self-fulfilling prophecy）**。你的期望使你預測（即預言）未來會發生什麼事。這些由期望或信念衍生的行動，反過來證實預期的想法為真（Madon, Guyll, Willard, & Scherr, 2011）。例如，如果對孩子的表現期望不高，可能就不會多花時間與孩子相處或鼓勵孩子，甚至對孩子的言行吹毛求疵、過分挑剔孩子的所作所為。這些貶損的言行剝奪了孩子學習的機會，進而使孩子不喜歡上學、退出課堂活動。孩子也可能將你對他的看法融入他的自我概念中，將自己視為失敗者，自暴自棄，因而表現不佳——正如你所預期的那樣，你最初的預言應驗了。

教師可能沒有意識到自己抱持的無意識假設，會依學生的族裔產生不同的期望。一項大規模研究發現，數學和英語教師經常低估非裔與拉美裔學生的能力，無論他們實際的表現狀況如何（Cherng, 2017）。有些學生更容易受到早期教師期望的負面影響。被一年級教師低估能力的兒童，後期的學業表現比早期考試成績所預測的要差，低收入家庭兒童受影響的程度更大（Sorhagen, 2013）。連成績優異的非裔和非拉美裔白人學生也難以克服負面刻板印象，教師對他們的評價遠低於白人和拉美裔白人學生（Irizarry, 2015）。這些誤解造成的後果是，未能將學生善加安置在能為其學業發展提供更多機會的前段班，甚至是資優班。

儘管期望差異確實存在，但客觀來看，自我應驗預言的影響雖具有統計上的顯著差異，但差異相當小。回顧 35 年來的研究，結論是：自我應驗預言僅占學生成績差異的 5% 到 10%（Jussim & Harber, 2005; 亦見 Tenenbaum & Ruck, 2007）；不過，對來自被汙名化的社會族群來說，差異可能更大。此外，教師並非影響學生成績的唯一來源。若父母對孩子的學業成就抱持較高的期望，孩子的成績會提高、在標準化測驗中表現得更好、更有可能繼續接受教育（Yamamoto & Holloway, 2010）。家長的高期望，有助於緩衝教師的低期望對學生成績造成的負面影響。因此，實有必要讓教師和家長意識到他們的期望對學生表現的潛在影響，鼓勵他們以正向的期望帶動兒童積極進取。

## 貧困對學業成就的影響

貧困正威脅所有在沒有足夠資源情況下成長兒童的健康和發展。根據最新統計，將近五分之一的兒童生活在聯邦貧窮標線以下。2017 年，非裔（29%）和拉美裔（25%）兒童的貧困率高於白人兒童（11%）。5 歲以下幼兒比年齡較大的兒童更有可能生活在貧困中，單親家庭兒童面臨的風險更是大得多（Child Trends, 2019a）。儘管許多貧困兒童長大成人後仍為社會做出了正面貢獻，但童年貧困與所有發展困難有關，對認知功能和學業成就產生的負面影響已得到充分證明（Duncan, Magnuson, & Votruba-Drzal, 2014; Harwell, Maeda, Bishop, & Xie, 2017; Nikulina, Widom, & Czaja, 2010）。

家庭經濟資源匱乏的兒童在生命前兩年的認知發展程度較低（Noble et al., 2015）。如圖 7.9 所示（Isaacs, 2012），進入幼兒園時，他們的基本學前閱讀和算術能力已經大幅落後中產階級的同齡者。上了小學後，由於早已輸在起跑點上，愈來愈不容易追上同學，學校成了令人挫敗的地方。

**富裕與貧窮**。比較這兩個場景，並思考每個環境為在其中成長的兒童提供了什麼，以及可能對兒童的學業成就造成什麼影響。

*©iStockphoto.com / BrandyTaylor / iStockphoto.com / Marilyn Nieves*

1960 年代推動的啟蒙計畫（Head Start），目的是縮小不同社經背景兒童的能力差距，讓經濟處於不利地位的兒童，在入學時能與家境較好的同齡者不相上下。很多人以為啟蒙計畫只不過是學前教育方案，但它的目標遠不止於此。貧困影響的不只是兒童，還有家庭，因此啟蒙計畫是要幫助整個家庭和孩子。個案服務者幫助每個家庭找到滿足家庭最迫切需要的資源，每個上學日為兒童提供兩頓營養餐點，還有口腔照護和視力檢查。父母的參與也是該計畫的重要內涵，父母要學習親職技巧和教養態度，促使他們積極參與兒童在家中和學校的學習。父母的參與以及父母較少的控制行為（包括較少以體罰方式管教小孩）和在家裡進行更多的認知刺激活動有關（Ansari & Gershoff, 2016）。認知刺激增加與學業能力提升有關，減少體罰與問題行為降低有關。

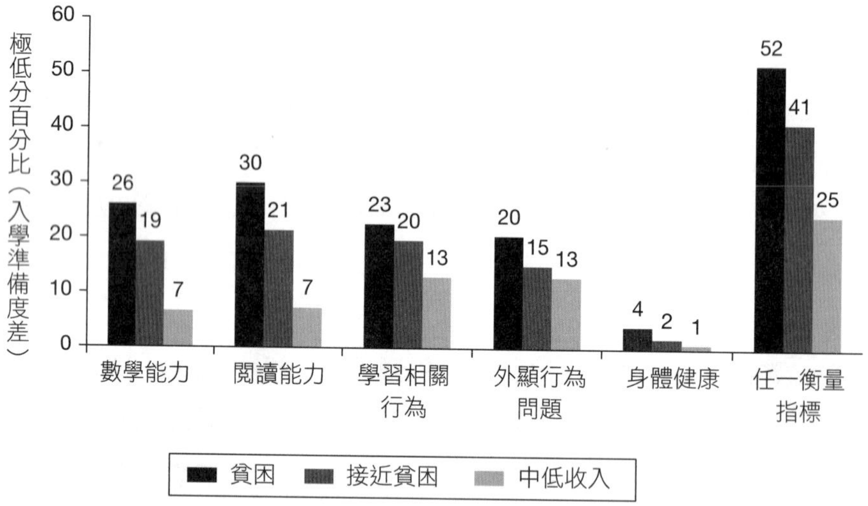


圖 7.9　**入學劣勢**。本圖顯示貧困狀況在幾項入學準備指標得分極低（未能做好入學準備）的情形。貧困兒童不僅入學時處於劣勢，這種劣勢還會隨時間擴大。

**資料來源**：Isaacs (2012).

1994 年，啟蒙計畫擴大為早期啟蒙計畫（Early Head Start, EHS），為孕婦和 3 歲以下幼兒提供服務。提供的服務根據社區的需求而調整，包括在社區或家中提供托兒服務、每週進行家訪等，以提高父母支持嬰幼兒發展的能力（USDHHS, 2018a）。

啟蒙計畫和早期啟蒙計畫的成效研究發現，兒童在幼兒園入學準備計畫結束前，確實出現一些認知進展，但這些進展通常不大，而且在三年級結束前就會消失（Puma et al., 2012; USDHHS, 2010）；對其他幼兒園中班（pre-K）課程的研究亦發現類似的淡出效應（fadeout effect）（Bailey, Duncan, Odgers, & Yu, 2017; Yoshikawa, Weiland, & Brooks-Gunn, 2016）。當然，這些研究結果不免讓人對這具有宏大目標的計畫失望。但請謹記，這些計畫中有許多方案是為成長於艱困環境下的弱勢兒童所設計的，也許毋須對這些相對短期的介入措施期望過高，即使是那些在發展關鍵時刻介入的措施亦然。

最近的關注重點轉向**可持續發展的環境（sustaining environment）**，即兒童的學前教育環境品質。一項針對田納西州全體學前班兒童的研究，得出的早期結論是，無論是好老師還是高品質學校，單一因素本身都不足以解釋哪些孩子能保住早期優勢、哪些孩子會失去早期優勢。然而，當兒童就讀高品質學校同時又遇到好老師時，語言和數學方面的優勢至少可以持續到三年級（Pearman et al., 2019）。這提醒我們即使是最好的教育經驗，也是由許多條件匯集而成，我們不能只關注一個因素而忽略其他因素，這種觀點與第 2 章的生態系統取向相呼應。

有研究檢視小學低年級之後的多樣發展結果（不限於標準化評估的認知技能），在這項研究中，參加高品質學前教育方案的低收入兒童獲得許多正面成果，包括更低的留級率和特殊教育安置。隨著年齡增長，他們更有可能從高中畢業、就讀大學、成年後的收入更高、入獄的可能性也降低（Bauer & Schanzenbach, 2016; HighScope Educational Research Foundation, 2014; Schweinhart, 2013）。參加高品質學前教育方案也與成人的自我控制、自尊和正向教養有關（Bauer & Schanzenbach, 2016）。

參加啟蒙計畫等早期介入措施獲得的認知效益，如果在幾年後就會消失，又該如何解釋其他正面、長期的結果呢？可能的答案來自於對 132 名啟蒙兒童（其中多數是非裔或拉美裔）的研究，該研究發現兒童在學齡前的執行功能顯著改善（Fuhs & Day, 2011）。正如第 6 章所述，執行功能包括抑制行為、彈性思考、切換注意力、調節情緒反應、監控和評估自己的表現、擬定計畫和完成任務的能力。莘莘學子培養這些技能，將有助於他們在學校成功，並避免一些問題行為。

根據這些研究，有人認為聯邦政府在啟蒙計畫上花費的資金收效甚微、不敷成本（Heartland Grant Solutions, 2015; Schweinhart, 2013）。不過，如果我們設想兒童需要的特殊教育服務、未完成高中學業或涉入刑事司法系統所耗費的成本時，不難看出防止這些結果的初期支出是合情合理的。諾貝爾經濟學獎得主 James Heckman（2011）總結早期介入措施的成效研究，他說：「早期投資讓我們能夠塑造未來；日後投資只不過是

**優先啟蒙**。參加早期啟蒙計畫的低收入家庭兒童，在教師的幫助下獲得良好的教育起跑點。
*©Head Start Program, Department of Health and Human Services.*

要修補過去錯失的機會」（p. 47）。美國國會每年重新批准啟蒙計畫的資金，受這些論點的激勵，2019 年的預算增加到 100 億美元以上，比前一年增加了 2 億美元（USDHHS, 2018b）。

### 學習檢定

**知識問題：**

1. 學校課程如何影響男孩的學業成就？
2. 何謂刻板印象威脅？它如何損害女孩在標準化測驗中的表現？
3. 支持和反對單一性別教室的論點為何？
4. 期望效應如何變成自我應驗預言？
5. 參加啟蒙計畫對兒童有哪些短期和長期的影響？

**思辯問題：**

第 2 章曾提到生態系統模型。請指出每個系統內（微觀系統、中間系統、外部系統、巨觀系統和時間系統）的一或多個要素，如何影響兒童在學習環境中成功的可能性。

## 結語

本章深入探討左右個體如何思考的認知過程，以及使用這些認知技能的個別差異。接下來的章節將轉向人類認知發展的另一個獨特面向：語言的發展，並深入探究兒童和青少年的生活環境（包括家庭、同儕團體和社區）如何影響個人智力潛能的實現程度。

*Chapter 8*

# 語言發展

## 學習問題：

8.1 語言有哪五個基本面向？

8.2 大腦有哪些部分專司語言？

8.3 有哪些關於兒童語言發展的基本理論？

8.4 語言從出生前到青春期是如何發展的？

8.5 兒童如何學習閱讀和寫作？

8.6 兒時學習雙語會有哪些結果？哪些類型的教育計畫適用於不會說英語的兒童？

8.7 兒童可能罹患哪些類型的語言障礙？

iStockphoto.com / Tomwang112

## 課前測驗

判斷以下每個陳述內容是「對」或「錯」，測試你對兒童發展的瞭解，接著在閱讀本章時，檢視你的答案。

1. □對 □錯 嬰兒天生就喜歡聽他們的母語。
2. □對 □錯 敏感的父母應懂得分辨嬰兒是因為生氣而哭泣，或是因為害怕而哭泣。
3. □對 □錯 教導嬰兒使用手語會延遲他們的口語發展。
4. □對 □錯 用寶寶語和嬰兒說話並無不妥。
5. □對 □錯 如果幼兒說：「I goed outside」，父母應該糾正他說：「不，你要說：I went outside」。
6. □對 □錯 使用閃字卡和練習簿是確保幼兒發展早期讀寫技能的最佳方式。
7. □對 □錯 在美國，幾乎有三分之一的四年級學生連基本的閱讀程度都沒有。
8. □對 □錯 當幼兒使用他們「發明」的拼寫（而不是傳統的拼寫）時，會妨礙他們學習正確拼寫的能力。
9. □對 □錯 經常傳發簡訊的學生和不常傳發簡訊的學生，在拼寫或使用標準英語的能力上沒有差別。
10. □對 □錯 當幼兒同時學習兩種語言時，學習第二種語言的心力會妨礙他的整體認知發展。

---

正確答案：1. 對；2. 錯；3. 錯；4. 對；5. 錯；6. 錯；7. 對；8. 錯；9. 對；10. 錯。

看著學步兒從說出單詞到一整句話，是兒童發展中最令人嘖嘖稱奇之處。儘管這些變化在年齡稍長之後並不明顯，但直到青春期，兒童的語言使用能力不斷取得重大進展。本章首先定義語言的一些基本面向，其次說明大腦在語言發展中的作用。語言學習是一個須從許多不同理論角度探討的問題，本章將描述其中幾個著名的理論，接著探討語言發展的方式——從嬰兒的第一個哭聲，到青少年使用的俚語，以及影響語言發展的因素；進一步探究書寫的語言，瞭解兒童如何學習閱讀和寫作。此外，也會討論雙語如何影響兒童的發展、教育系統應如何調整以因應課堂上愈來愈多的雙語兒童，以及雙語與文化認同的關係。最後則是有關兒童語言發展障礙的資訊。

# 語言的面向

## 學習問題 8.1・語言有哪五個基本面向？

從第一次發出哭聲開始，人類就開始與周遭世界交流。嬰兒用聲音（哭聲和咕咕聲）及肢體語言（用手指和其他姿勢）進行交流。8 到 18 個月大的時候，一個重要的發育里程碑發生了——幼兒開始使用語言說話。語詞成了象徵；也就是說，當幼兒說**桌子**時，我們就知道這個詞的代表對象。**語言（language）**成為用來與他人交流的象徵系統，但語言也可以用來自我對話或思考，我們使用的詞語會影響思考和理解經驗的方式。

隨著兒童的理解和表達能力發展，語言的五個不同面向跟著產生變化（見表 8.1）。**音系（phonology）**是研究語言音位的學問；要記住這個詞，可以試試發音 phone，或者 cacophony 這個詞（不和諧音，意思是很多響亮、煩雜的聲音）。**音素（phoneme）**是特定語言中最小的可區辨語音。例如，go 有兩個音素：g 和 o，而 check 有三個音素：ch、e 和 ck。不同語言的音素類型各具特色，例如，在日語中，母音的長度可表示不同的單詞。「toko」這個詞的意思是「床」，而帶有長尾音 o 的「toko」意思則是「渡航」（旅行之意）（Sato, Sogabe, & Mazuka, 2010）；而在英語中，無論把 cat 中的 a 發音多久，它的意思仍然是「貓」。**構詞（morphology，或稱形態）**是語言的聲音形成單詞的方式，以及各個單詞之間的關係。**語素（morpheme，或稱詞素）**是在語言中具有意義的最小單位。例如，單字 cats 有兩個詞素：cat 和 s。cat 指的是動物，s 表示不止一個。**語法（syntax，或稱句法）**是語言的文法，意指如何將單詞按順序排列，以及如何根據規則改變單詞以創造意義（例如，當談到過去時，將 play 改成 played）。**語義（semantics）**是指單詞的含義，當兒童使用一個詞時，所指的意思可能與成人的意思不同。例如，對兒童來說，**狗**可能包括任何有四條腿、一條尾巴和毛皮的動物。**語用（pragmatics）**是指在社交場合使用語言的方式，我們將語言用於不同目的，例如：問候、傳遞訊息、要求和請求，也在不同場合或對不同的人、用不同的方式說話，舉例來說，你可能會用不同的方式與教授、朋友和 2 歲幼兒說話。每種情況都要使用語言，以便與聽者進行有效的溝通交流。

**表 8.1　語言的五個面向**。當兒童發展語言時，也在發展語言這五個面向的新能力。

| 面向 | 研究主題 | 範例 |
| --- | --- | --- |
| 音系 | 語言的聲音 | chat＝ch-a-t（聊天） |
| 構詞 | 單詞的組成 | walked＝walk-ed（走路） |
| 語法 | 如何將單詞組合在一起，使其有意義 | 她邊走邊聊天 |
| 語義 | 單詞和句子的含義 | 聊天（chat）：以友好和非正式的方式交談 |
| 語用 | 在不同的社交場合使用語言 | 對孩子說：「來看車車！」<br>對大人說：「火車來了。」 |

當兒童發展出用語言交流的能力時，這五個面向也在發展。兒童必須理解並發出語音，同時也要學習單詞的含義及如何將單詞組合在一起，成為有意義的句子，並要學習何時及如何配合聽者的狀況使用語言，以達到溝通目的。因此，描述語言發展時，也要把所有的面向一併考慮進去。

### 學習檢定

**知識問題：**

1. 語言有哪五個面向？
2. 語素和音素有什麼區別？

**思辯問題：**

與 2 歲的孩子交談時，你會如何調整說話的方式？為什麼要做這些調整？

## 語言與大腦

### 學習問題 8.2・大腦有哪些部分專司語言？

多數人的語言區主要位於大腦左側，部分左利者的語言區位於大腦右側或兩側（Mazoyer et al., 2014）。大腦有兩個區域是語言中樞：Broca 區和 Wernicke 區（Paquette et al., 2015），如圖 8.1 所示。**Broca 區（Broca's area，布洛卡區）**是語言產出的活躍區域，位於大腦的動作中樞附近，負責產生舌頭和嘴唇的運動。Broca 區受損的人說話有困難，因此只能使用最少的單詞來表達他們的意思。例如，他們可能只會說「遛狗」（walk dog）而不是「我現在要去遛狗。」（I'm going to walk the dog now.）。然而，他們可以理解他人話語的意思（National Institute on Deafness and Other Communication Disorders [NIDCD], 2017），因為理解語言的大腦區域沒有受損。

如圖 8.1 所示，理解和創造言語意義的大腦區域稱為 **Wernicke 區（Wernicke's area，威尼克區）**，位於大腦的聽覺中樞附近。Wernicke 區受損的人可以毫無困難地說話，但話語的意義難以理解。例如，他們可能會說：「你知道木棉花變紅了，我想讓他康復並像以前一樣照顧他」（NIDCD, 2017, para. 6）。他們也很難理解他人的口語對話。

嬰兒在會**說話**之前就已經能**理解**單詞；換句話說，語言理解通常早於語言產出（Goodwin, Fein, & Naigles, 2012）。當你叫 1 歲幼兒把玩具放進盒子裡，他可能**理解**你的意思，聽從你的指示做出動作，但他不太可能會**說**「把玩具放進盒子裡」這樣的話。語言的這兩個面向是相互關聯的，就像在 2 歲時表現良好語言理解能力的學步兒，到了 3 歲時能發展出更多的口語詞彙（Fernald & Marchman, 2012）。然而，語言理解和產出之間的差異持續終生，正如大學生能聽懂課堂上複雜或技術性的講解說明，但他們的口說和寫作卻無法那麼複雜。

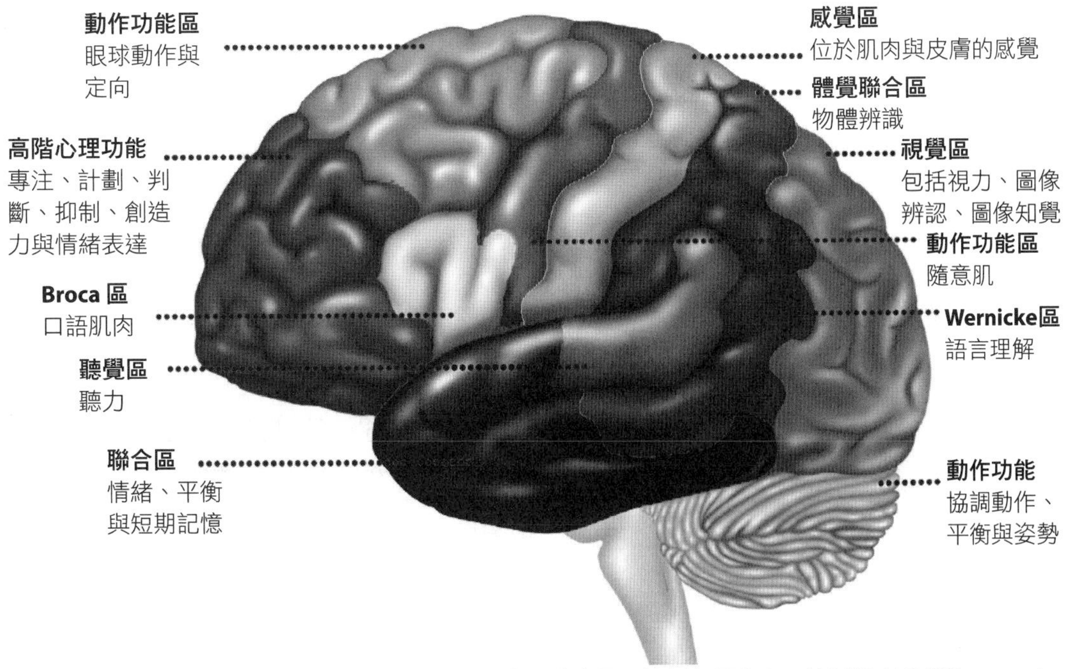


**圖 8.1 大腦的語言中樞。**Broca 區靠近控制動作的運動皮層，控制言語產出。控制語言理解的 Wernicke 區緊鄰控制聽力的聽覺區。

**資料來源：**Gwen Shockey / Science Source.

大腦不是一個簡單的器官，它的複雜性至今深奧難解。例如，雖然語言主要由 Broca 區和 Wernicke 區所在的大腦左半球處理，但語言的某些面向，例如識別他人話語中的情感，是由右半球控制的（Godfrey & Grimshaw, 2016）。此外，雖然 Broca 區和 Wernicke 區掌控的是語言的不同面向，但這兩個區域並非完全獨立運作。它們相互影響，兩者都對語言的理解和產出做出貢獻（Cohen & Billard, 2018）。

學習檢定

**知識問題：**

1. Broca 區和 Wernicke 區的功能是什麼？
2. 「理解早於產出」對幼兒語言發展的含義是什麼？

**思辯問題：**

與語言表達有問題的人或語言理解有問題的人交談，是件困難的事嗎？為什麼？

# 語言發展理論

## 學習問題 8.3・有哪些關於兒童語言發展的基本理論？

關於兒童如何產出和理解語言，學界有許多不同的觀點，許多爭議一直持續至今。我們仍在瞭解這個複雜的過程，是如何在生命的最初幾年發展地如此迅速。

### 行為主義與社會認知論

如果你在街頭進行調查，問人們「兒童是如何學習語言的」，很多人會回答「模仿」。當然，模仿必定發揮重要作用。畢竟，兒童學習的是他們所聽到的語言，而不是其他語言。語言是透過模仿學習而來的，這與第 2 章中 Bandura 的社會認知論一致。

根據 B. F. Skinner（1957 / 1991）的說法，語言也是透過操作制約和增強等行為主義理論的基本學習原則塑造出來的。增強是指能使行為持續表現的任何事物，顯然我們在許多方面增強了兒童的語言發展。當我們用微笑或聲音來回應嬰兒的咿呀聲時，嬰兒會發出更多的咿呀聲；如果我們在幼兒說「餅乾」一詞時給予回應，那麼他下次想要餅乾時就更有可能再次說出該詞。研究表明，母親對嬰兒發出聲音的回應愈多，嬰兒發展語言的速度就愈快，這與上述觀點不謀而合（Tamis-LeMonda, Kuchirko, & Song, 2014）。

**母嬰「對話」**。這位母親透過回應嬰兒的發聲來強化寶寶與她之間的交流。她也在對寶寶示範如何模仿她說話。
*©iStockphoto.com / JBryson*

## 天賦論

與關注環境影響的行為主義和社會認知論提出的觀點相反，Noam Chomsky（1968）提出的理論是：人類的大腦天生就有學習語言的能力，名為**天賦論（nativism）**。他指出，大腦中有一個**語言習得裝置（language acquisition device, LAD）**，只用於語言的發展，因此兒童才能快速地學習像人類語言這樣複雜的事物。在 LAD 中，稱為**普遍語法（universal grammar）**的基本語法原則在大腦中是固定內建的，但全世界各地的語言和語法規則並不相同，如何有普遍語法的存在？Chomsky 認為，大腦中的語言基本原理就和電腦的硬碟運作原理相似。正如電腦硬碟可以執行許多不同種類的軟體一樣，大腦中的語言結構也可以處理許多不同語言的特徵。事實上，嬰兒的大腦最初是用來區分世界上所有語言的聲音，隨著成長發展，嬰幼兒的感知範圍才縮小到周遭經常聽到的一種或多種語言。本章後續將有詳細的討論。

根據 Chomsky 的理論，聽到語言會激化 LAD，且 LAD 不僅有模仿功能而已，LAD 能讓兒童從聽過的內容中提取語言的原理和規則。天賦論者指出有證據表明兒童會說出他們從未聽過的話，例如：「The cats eated the mouses」（貓吃了老鼠）而不是「The cats ate the mice」。兒童*應該*從沒有聽過大人說「eated」或「mouses」之類的話，因此他們不可能只是模仿聽到的語言。但是，儘管第一句話在語法上是錯誤的，但在某些方面它**也可能**是對的。在英語中，的確是為過去式添加 -ed，為複數添加 -s，但這些規則也有例外，稱為不規則動詞和名詞。當兒童犯了這類的語法錯誤時，表示他們已經學到一種模式，但卻把它錯誤應用在不須遵循該模式的單詞。這種使不規則單詞遵循既定規則的過程，稱為**過度規則化**（**overregularization**）。

## 互動論

第三種理論綜合行為主義和天賦論。根據**互動論**（**interactionism**），兒童學習語言的生理準備度和環境中的語言經驗，共同作用促進語言發展。正如第 3 章提到基因如何透過環境來表達一樣，互動論學家主張基因與環境對兒童的語言發展同樣必要，並且必須合作無間。

此外，互動論指出，語言是在嬰兒和成人之間的社交互動中創造的。例如，成人在對幼兒說話的時候，會很自然地精簡語言，這並非成人認為「我要這樣教孩子說話」，而是因為幼兒自會理解並回應成人的話。對母嬰口語的研究發現，不同文化的母親在對嬰兒說話時，都在話語中做了許多相似的調整，或許是因為這些調整與嬰兒的感知和認知能力非常契合（Gogate, Maganti, & Bahrick, 2015）。本章後續將討論**兒童導向語言**（child-directed speech）的特徵和影響。

## 統計學習論

**統計學習論**（**statistical learning**）的支持者認為，嬰兒對語言的理解是習得的，而不是像 Chomsky 的天賦論所斷言有一套先天的語法系統。他們主張學習單詞及其含義的過程，靠的不是語言習得裝置，而是人類大腦的一般訊息處理能力。

嬰兒如何從一串聲音中學習區辨單詞？雖然我們可以從書面的空格辨識單詞，但這些「空格」在說話時通常並不顯著。例如，如果聽到有人說「Theelephantisdrinkingwater」，你怎麼知道 elephant（大象）是一個單詞，而 antis 不是？答案可能是：嬰兒的大腦不斷用統計來計算出某些聲音伴隨出現的可能性有多大（Saffran & Kirkham, 2018）。這種可能性稱為**轉移概率**（**transitional probability**）（Karuza et al., 2013）。例如聽到 elec 時，最常緊隨其後的聲音是 tric、trician 或 tion，也就是說，這些音節之間的轉移概率很高。然而，在一個句子中，electrician（電工）這整個單詞後面可能有許多不同的發音，任何特定的發音的轉移概率都很低。研究人員使用隨機嵌入音節的虛構詞，測試成人、兒童和嬰兒是否可將「單詞」與其他聲音區分開來（Lew-Williams & Saffran, 2012）。請看下面的「句子」，你能否弄清楚哪一個是「單詞」：

Bupadapatubitutibubupadadutabapidabupada

你發現 bupada 了嗎？聽到這麼冗長的句子，不管哪個年齡層的人都能夠挑選出「單詞」，即使它們沒有真正的意義。當研究人員將這一想法應用於區分真實但不熟悉的語言（如中文）的單詞時，他們發現 14 個月大的英語學習者已懂得在一串對話中，使用轉移概率來區分聽到的非單詞和單詞（Estes, Gluck, & Bastos, 2015），甚至連嬰兒也有可能理解單詞的含義（Hay, Pelucchi, Estes, & Saffran, 2011; Lany & Saffran, 2010）。現在，除了在剛才的「句子」中聽到 bupada，你還聽到有人說出 bupada 這個「單詞」，之後你就更有可能從一串聲音中辨識出 bupada 這個單詞。研究人員發現讓嬰兒單獨地聽到單詞以及在句子中聽到單詞，都有助於他們區分出單詞（Lew-Williams, Pelucchi, & Saffran, 2011）。

表 8.2 摘述語言發展的基本理論，以及每種理論如何描述語言學習的過程。儘管如此，嬰幼兒學習語言乃是基於所有不同的能力和經驗（D'Souza, D'Souza, & Karmiloff-Smith, 2017）。語言發展是嬰兒不斷成長的生理和認知能力交互作用下，持續適應周遭經驗的歷程。

**表 8.2　四種語言發展理論的比較。**兒童語言發展的四種理論，各提出四種不同的機制來解釋此一過程。

| 理論 | 語言習得方式 |
|---|---|
| 行為主義與社會認知論 | 他人增強嬰兒的口語；嬰兒模仿他們聽到的話語。 |
| 天賦論 | 嬰兒的大腦天生就有學習語言的能力。 |
| 互動論 | 生理準備度和社交互動共同促進語言發展。 |
| 統計學習論 | 嬰兒的大腦使用統計概率來理解所聽到語言中的單詞。 |

## 學習檢定

**知識問題：**

1. 行為主義和社會認知論如何描述幼兒學習語言的方式？
2. 天賦論與其他語言發展理論有何不同？
3. 成人如何調整他們與嬰兒說話的方式？目的何在？
4. 對於嬰兒怎麼學會從一串對話中挑選出單詞，統計學習論如何解釋？

**思辯問題：**

在世界各地的文化中，成人常對嬰兒說「寶寶語」（baby talk）。本章討論的四種理論如何解釋這個現象？有無哪種理論可能不同意這是幫助嬰兒學習語言的有效策略？

# 語言發展的階段

## 學習問題 8.4．語言從出生前到青春期是如何發展的？

本節將說明語言的發展。首先，以表 8.3 預覽從胎兒期到青春期的主要發展。

表 8.3 語言發展的里程碑。兒童在理解語言和說話能力方面，通常會經歷一系列的里程碑。兒童達到這些里程碑的時間點不一，因此下表描述的是每個階段的發展重點，而不是確切的年齡。

| 階段 | 里程碑 |
|---|---|
| 胎兒期 | ·能夠聽到口語聲，這會影響出生後對語言聲音的偏好。 |
| 嬰兒期 | ·起初能區分所有語言的聲音，然後逐漸縮小到嬰兒母語的聲音。<br>·與成人互動以促進語言學習。<br>·哭聲：成人從嬰兒的哭聲強度（而不是哭聲的特別含義）來區辨嬰兒的需要。<br>·咕咕聲：輕聲母音，如 ooh（喔）和 aah（啊）。<br>·牙牙學語：重複同一音節（bababa），形成不同的音節組合（badagoo）。<br>·用示意動作表達。 |
| 學步期 | ·單字。<br>·詞彙爆增。<br>·使用限縮（constraints）來建立詞彙。<br>·將兩個單詞組合「媽媽起來」（Mommy up!）。<br>·電報式語言「我回家」（Me go home）。 |
| 兒童早期 | ·加入一些語素來變化單詞「我走到商店」（I walked to the store）。<br>·自我中心式語言：未將他人觀點考慮進去的社會語言。<br>·私語：自言自語，最後會內化為思考。 |
| 兒童中期 | ·講述技能：理解故事的邏輯。<br>·後設語言能力：理解單詞背後的含義。 |
| 青春期 | ·複雜語法。<br>·俚語。 |

語言發展尚有一個主要問題爭議未解：當兒童超過某一特定年齡，是否就無法發展語言？要瞭解我們在這個問題上的想法發生了怎樣的變化，請參閱「研究之旅：語言學習有關鍵期嗎？」

## 研究之旅 語言學習有關鍵期嗎？

如果兒童的語言學習確實有所謂的關鍵期存在，那麼在被剝奪豐富語言環境刺激下生長的嬰幼兒，可能會遭遇終生學習語言的困難。語言學習關鍵期存在的證據，見諸於在生命早期受到嚴重剝奪，以及聽覺障礙未及時得到矯治兒童的研究。其中最著名的剝奪案例，是一位名叫吉妮（Genie）的女孩。

吉妮童年的絕大部分時間都被綁在她家後方臥室的椅子上。在那裡，她幾乎與世隔絕，沒有與他人互動的機會。1970 年，她的情況引起洛杉磯福利當局的注意，13 歲的吉妮最後終於被帶離原生家庭。當時的她整體發育嚴重遲緩，幾乎沒有功能性語言。吉妮為科學家提供一個獨特的機會，來檢視語言發展是否有關鍵期存在。13 歲時的她已經過了兒童正常發展語言的年齡，但是發展學家使用各種方法來促進她的語言發展，並且仔細記錄下她的進展（Rymer, 1993）。儘管吉妮最終學會了單詞，但研究人員得出的結論是她不會使用語法（Curtiss, 1977）。

這項結論經媒體一再報導，被視為語言學習關鍵期的證據。然而，Peter Jones（1995）重新檢視吉妮語言學習的早期報導，得出不同的結論。看看吉妮在 1974 年和 1975 年說出的幾句話：

「我要想想媽媽坐公車。」（I want think about Mama riding bus.）

「老師說吉妮在外面發脾氣。」（Teacher said Genie have temper tantrum outside.）

「我沒有玩具綠色籃。」（I do not have a toy green basket.）

雖然這些句子並不完美，但亦顯示出相當複雜的語法結構。Jones（1995）的結論是，吉妮能夠發展語言，尤其是語法。然而她的語法是有瑕疵的，即便年齡漸長也改善有限。

另一方面，有一位名叫切爾西（Chelsea）的女性病例報告指出，之前她被誤診為智能障礙，31 歲之後才被發現是聽覺障礙。她和家人住在一起，但沒有接受教育，也沒有語言刺激。直到戴上助聽器後，她才開始學習單詞，但始終無法發展出正常的語法。以下是她寫出的一些句子：

「香蕉吃」（banana the eat）

「彼得三明治麵包火雞」（Peter sandwich bread turkey）（Herschensohn, 2007, p. 91）

對羅馬尼亞孤兒的研究進一步說明了語言學習機會之窗的重要性，這些孤兒在羅馬尼亞設備簡陋、人手不足的孤兒院度過了生命的最初幾個月，遭受到極端的剝奪。2 歲之前被安置在寄養家庭的幼兒，語言發展幾乎沒有問題，而年齡較大才被收養的兒童，則有明顯的

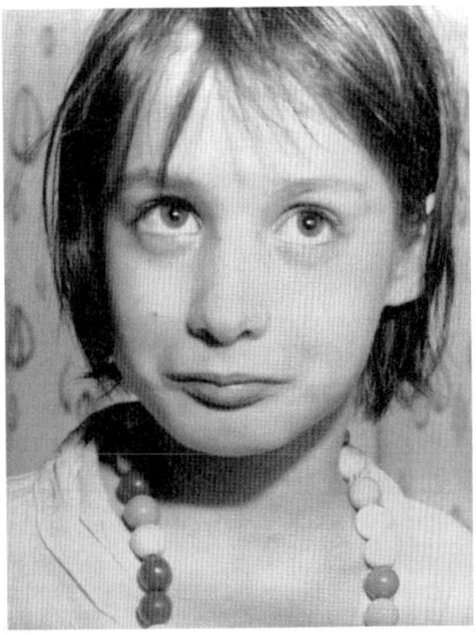

**語言學習的關鍵期**。吉妮在幾乎完全孤立的環境中長大，直到 13 歲才被救出。她成為深入案例研究的對象，探究語言是否可以在年齡較大的孩子身上發展。

*©Getty images / Bettmann / Contributor*

語言障礙（Windsor et al., 2011）。但是，請注意，這些兒童的語言遲緩並非持續終生的障礙。例如先天聽力缺損的幼兒，如果愈早植入人工耳蝸，尤其是在出生後兩年內植入，語言效果愈好（Parish-Morris, 2015）。早期植入似乎更能有效地保留或恢復支持嬰兒語言發展的聽覺系統（NIDCD, 2013）。

語言的不同面向可能受到早期剝奪的不同影響。雖然語法（或句法）的發展受到生命第一年接觸語言的影響（Friedmann & Rusou, 2015），但語義（單詞和句子的含義）的發展似乎沒有所謂的關鍵期（Choubsaz & Gheitury, 2017）。儘管鮮少證據表明兒童在某個年齡之後就無法學習語言的某些面向，但很顯然的是，若能讓他們愈早接觸語言，他們就愈容易理解和表達語言。

## 產前基礎

語言學習甚至在出生前就開始了。在產前發育的最後三個月，從母親說話時胎兒心率和動作的變化，顯示胎兒可以聽到母親的聲音。對新生兒大腦功能的研究發現，即使母親只是說「寶寶」這個詞，新生兒也能區辨出母親的聲音和其他女性的聲音（Moon, Zernzach, & Kuhl, 2015）。在一項經典研究中，女性孕期最後六週，在胎兒醒著期間，每天兩次閱讀特定書籍中的段落，例如蘇斯博士（Dr. Seuss）的《戴帽子的貓》（*The Cat in the Hat*）（DeCasper & Spence, 1986）。出生之後，那些聽過這個故事的嬰兒，會試圖以特定方式吸吮奶嘴，來誘使母親閱讀《戴帽子的貓》，而不要聽他們以前從未聽過的新讀物。

嬰兒似乎在出生之前就已經熟悉母親所說的語言，無論是英語、阿拉伯語或是華語，且在新生兒時期就顯示比較喜歡聽到母親所說的語言（課前測驗第 1 題）（Moon, Lagercrantz, & Kuhl, 2013），新生兒的大腦對母語的反應與非母語的反應不同（Vannasing et al., 2016）。在一項研究中，當說話者從英語轉向日語時，胎兒的心率會增加，表示胎兒能夠區分這兩種語言（Minai, Gustafson, Fiorentino, Jongman, & Sereno, 2017）。此外，在胎兒期就常聽母親說兩種語言的新生兒，表現出對兩種語言的偏好（Byers-Heinlein, Burns, & Werker, 2010）。他們所聽到的語言甚至會影響他們最初發出的聲音，3 到 5 天大的嬰兒哭聲，聽起來就像他們在出生前聽到的語言。法國嬰兒的哭聲是從低音到高音，而德國嬰兒的哭聲則是從高音到低音，彷彿是在模擬他們聽到的語音。於出生前聽到阿拉伯語或義大利語的新生兒身上，也發現類似的結果（Mampe, Friederici, Christophe, & Wermke, 2009; Manfredi et al., 2019）。

## 語言的前語言感知

嬰兒出生後，在說出一個單詞之前，就已經學到大量的語言聲音。嬰兒生來就有區辨所有語言聲音的能力，但到了 10 到 12 個月，這種能力反而會失去一些（Parish-Morris, 2015）。例如，印地語（Hindi）有兩個獨特的音素，對於英語母語者來說，這兩個音素聽起來都像 da。其中一個音與英語發音方法相同，但另一個音是用舌頭抵在口腔上方。在英語環境中的嬰兒可以區分這兩種聲音，直到約 10 個月大後，因為他們在母語中不再繼續聽到印地語發音，才逐漸失去這種能力（Conboy & Kuhl, 2011）。亞洲嬰兒可以分辨英語發音 ra 和 la 的區別，但對亞洲成人而言則比較困難，從他們的口語中聽不出這種區別（Kuhl, 2010）。

嬰兒將他們的感知縮小到特定語音的過程，似乎與日後的語言產出有關。7 個月大時善於辨別母語聲音的嬰兒，在 2 歲時語言發展得更好；而那些 7 個月大時善於辨別非母語聲音的嬰兒，日後語言發展較遲緩（Kuhl, Conboy, Padden, Nelson, & Pruitt, 2005）。似乎在學習語言的過程中，有一部分取決於辨識出構成該語言的特定聲音，並忽略不屬於該語言的聲音（Conboy, Sommerville, & Kuhl, 2008）。然而，當嬰兒在出生 6 個月後接觸第二語言時，他們又能恢復辨別新語言中特定聲音的能力（Conboy & Kuhl, 2011）。

## 嬰兒的前語言溝通：哭聲、咕咕聲和牙牙學語

嬰兒在實際說出單詞之前，早以多種方式和外界交流。他們一出生就會哭，起初這是一種反射行為，並不是有意義的交流。交流的過程始於嬰兒瞭解到哭聲可以當作一種信號，周遭成人為了阻止他們繼續哭下去，會幫他們排除任何不舒服的刺激。儘管嬰兒在生氣、害怕和疼痛時的哭聲不同，但成人通常只能辨識出 8 個月大以上嬰兒發出的疼痛信號哭聲（Chóliz, Fernández-Abascal, & Martinez-Sánchez, 2012）。父母一般可以分辨哭聲的強度和嚴重程度，但說不出具體的原因（課前測驗第 2 題）（Gustafson, Wood, & Green, 2000）。知道這一點應該會讓父母親們鬆口氣，他們往往以為自己應該瞭解寶寶哭泣的**原因**，但卻束手無策。

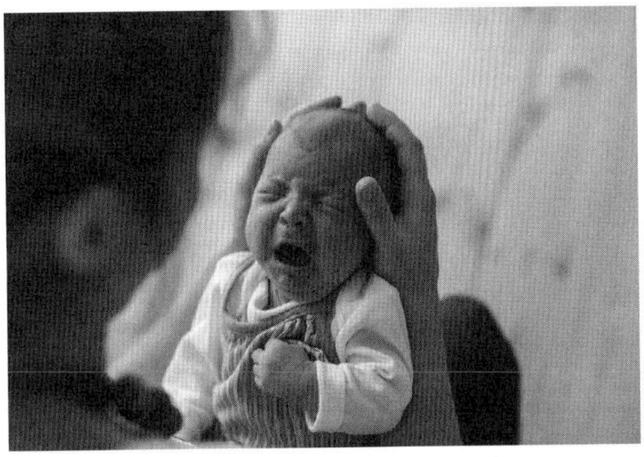

**寶寶為什麼哭？**除了表達疼痛或不適的強度外，嬰兒哭泣並非要傳達什麼特定的訊息。父母必須靠過往經驗去釐清嬰兒為何會在特定時間哭泣：是午睡、餵食時間到了？還是寶寶想要陪伴？
*©iStockphoto.com / Halfpoint*

出生後 2 到 3 個月，嬰兒開始發出更悅耳的聲音（Stoel-Gammon, 2011）。嬰兒發出的第一個聲音是柔和的母音（元音），聽起來有點像鴿子的**咕咕聲（cooing）**。照顧者對咕咕聲的直覺反應，就是嬰兒似乎開始說話了（Yoo, Bowman, & Oller, 2018）。嬰兒和照顧者你來我往，創造所謂的**原始對話（protoconversation）**（Gratier et al., 2015）。嬰兒發出咕咕聲，照顧者回應；嬰兒看著照顧者笑，父母也微笑看著嬰兒說話。如此一來一往，嬰兒甚至在會說話之前就已經開始學習如何使用語言。

嬰兒通常在 4 到 6 個月大時開始發出單音節聲，例如 ba 和 da，並在 6 到 8 個月大時重複組合這些聲音（baba、gaga）（Fagan, 2015）。最常見的子音是 / b / 、 / d / 和 / m / 。聽到這些聲音的父母非常興奮，認為寶寶說「dada」時是在叫「爸爸」，說「mama」時是在叫「媽媽」。其實這些最初的發聲似乎並沒有什麼意思，但由於父母對這些聲音的回應方式，嬰兒漸漸瞭解它們的含義（Stoel-Gammon, 2011）。有趣的是，在世界各地的語言中，即便那些沒有共同起源的語言，代表父親的語音如：dada（英語）、abba（希伯來語）、daa（車臣語）和 baba（華語和史瓦希利 [Swahili] 語），以及代表母親的語音：mama（英語）、ahm（阿拉伯語）、mam（威爾斯語）和 manah（希臘語），都是取自嬰兒最早發出的聲音（McWhorter, 2015）。

有時在 6 個月到 10 個月之間，嬰兒發出的聲音會從重複的 bababa，變成更多樣的聲音。這種新的咿呀聲，稱為**典型牙牙學語**（canonical babble），乍聽之下很像嬰兒講出他正聽到的話（Lipkind et al., 2013）。例如，daDAW ee derBEH 聽起來就像 the doggie under the bed。雖然嬰兒剛開始能發出所有語言的所有聲音，但此時從聽覺經驗獲得的回饋，在語言發展中的作用比以往更大。例如，在英語環境下長大的嬰兒，不會發法語或西班牙語中的 / r / 類語音，因為在他的語言環境中沒有聽過這類聲音。聽覺障礙嬰兒早期一樣會牙牙學語，但當聽力正常嬰兒正處於增加發出聲音種類的年齡時，聽覺障礙嬰兒發出的聲音卻沒有增加，原因就在於沒有從環境中接收到語言輸入（Bass-Ringdahl, 2010）。另一方面，學習手語的失聰嬰兒，與聽力正常嬰兒似乎有著相同的語言學習階段，只不過他們此時的「牙牙學語」是用示意動作，而不是發出聲音（Morgan, 2014）。

## 成人如何促進語言發展

再繼續說明語言發展的各個階段之前，先來瞭解成人在促進幼兒語言發展中所扮演的角色。首先是父母如何以口語和姿勢與嬰幼兒互動，奠定早期語言發展的基礎；接下來探究社經地位如何影響父母與孩子交談，以及這些差異如何影響兒童的語言發展。

## 共同注意、示意動作和手語

出生後的頭幾個月，嬰兒的注意範圍多半在自己的身體及與外界周遭的互動。但 6 個月大時，他們開始對周圍的物體和事件產生更多的興趣。此時，照顧者可以向嬰兒講述兩人共同看到的物體和事件，向嬰兒解釋所看到的東西。這就是**共同注意（joint attention）**，意指親子都在看同一個對象，同時會留意對方是否也在看，這有助於嬰兒將注意力維持更長的時間（如第 6 章所述）。能維持較長注意力時間的嬰兒，在 1 歲前能理解更多的單詞（Yu, Suanda, & Smith, 2018）。

指向（pointing）是嬰兒學習單詞的重要方式之一，當孩子指向一個對象，父母也隨之為該對象命名時，這個單詞會比較快成為孩子能運用的詞彙（Rowe & Goldin-Meadow, 2009）。指向有助於預測嬰兒在 18 個月大時能理解多少單詞（McGillion et al., 2017）。

除了指向，嬰兒在學會說話之前還會使用許多示意動作，一邊說話一邊比手畫腳（Igualada, Bosch, & Prieto, 2015）。當幼兒使用示意動作，例如揮舞雙手來表示「鳥」時，實際上**鳥**一詞往往要再等大約 3 個月後才會出現（Iverson & Goldin-Meadow, 2005）。甚至有些實驗證據表明，多讓嬰兒使用示意動作，能增加次年的詞彙習得量（LeBarton, Goldin-Meadow, & Raudenbush, 2015）。

**指向**。在會說話之前，嬰兒使用指向作為一種交流方式。我們不知道這個孩子指的是什麼東西，但她的父親肯定會告訴她。

*©iStockphoto.com / Halfpoint*

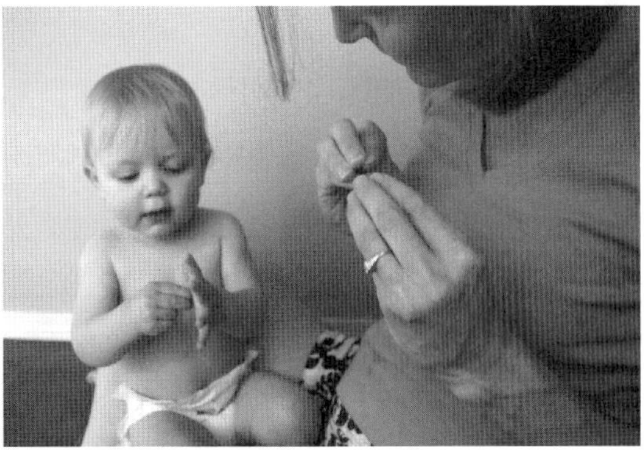

**嬰兒手語**。嬰兒在使用語言之前就會使用示意動作。例如學習美國手語的「更多」（more）等示意動作來傳達需要，這樣並不會耽誤他們口語的發展。

*©Christina Kennedy / Alamy*

有些父母會用手語和嬰兒交流，非語言符號有其代表的意義，就像單詞一樣。若幼兒可以用手語而不是用哭叫表達需要，父母和孩子的挫敗感將減少很多。有人擔心如果讓嬰兒依賴示意動作溝通，會耽誤口語發展，但無論母親和嬰兒是否用手語溝通，研究並未發現任何發展差異存在（課前測驗第 3 題）（Kirk, Howlett, Pine, & Fletcher, 2013; Seal & DePaolis,

2014）。此外，當成人使用手語時，這其實是一種細心且回應敏感的教養方式，從而促進嬰兒在所有成長領域的健康發展（Barnes, 2010）。

雖然多數父母與嬰兒交談時都會使用示意動作，但示意動作的數量和類型因家庭而異。社經地位較高家庭的父母使用示意動作與嬰兒交流時，傳達的意義更為多樣。社經地位較高家庭的孩子在 14 個月大時，也隨之使用更多的示意動作來傳達意義。14 個月大時的示意動作差異，可預測兒童在 4 歲半、即將開始上幼兒園時的詞彙量差異（Rowe & Goldin-Meadow, 2009）。

嬰幼兒可觀察到的父母示意動作數量也有文化上的差異。例如，義大利人說話時的示意動作比美國人多，即使示意動作在兩者間的作用似乎相差不大（Iverson, Capirci, Volterra, & Goldin-Meadow, 2008）。對義大利人和美國人來說，兒童在說話的同時使用示意動作，預告了下一階段的語言發展：說出兩個單詞。

兒童語言發展的速度與他們和父母互動的性質有關。如果父母更常對孩子說話、更具體地回應他們的興趣，孩子的語言發展會更快，例如，具體說出孩子看到的東西的名字，而不是隨口敷衍。父母和嬰兒以一種動態的方式交流，跟隨彼此的帶領切換關注焦點，這樣似乎最能有效地促進語言發展。

## 兒童導向語言

除了說出物體的名稱外，在許多文化中，成人會用彷彿嬰兒可以理解的方式對他說話（即使嬰兒顯然並不理解），來塑造嬰兒發展語言的能力。早在嬰兒出生後的第 2 個月，成人就開始與嬰兒相互進行前面提到的原始對話（Gratier et al., 2015），如下例所示：

> 媽媽：哦，你**餓了**對不對？（嬰兒踢腿。）
>
> 媽媽：**對**，你**是**餓了。**那麼**給你一些**牛奶**喝，好不好？（寶寶發出咕咕聲。）
>
> 媽媽：啊，所以媽媽說**對**了，這是你想要的**牛奶**。我們先給你換尿布好嗎？（寶寶踢腿。）
>
> 媽媽：**對**！乾淨的尿布，**這個**就是你想要的。寶寶**好乖**。（Karmiloff & Karmiloff-Smith, 2001, p. 48）

**為口語奠定基礎**。這位母親正在為寶寶日後的口語奠定基礎。嬰兒從這種互動中學到了什麼？

*©iStock / bo1982*

研究 11 個不同國家的母嬰互動，可發現母嬰之間的對話量因國家而異。然而，不管是哪個國家地區，當嬰兒向母親發出聲音時，母親也傾向對嬰兒說話，接著嬰兒又再回應母親，形成某種對話（Bornstein, Putnick, Cote, Haynes, & Suwalsky, 2015）。當嬰兒發聲時，母親的回應會驅使嬰兒繼續發聲。

想想你和嬰兒說話，或聽別人對嬰兒說話的方式。你不太可能靠近一個嬰兒，用低沉而單調的聲音說：「哈囉，寶貝，你今天好嗎？希望你今天過得愉快。」你可能會說：「哈～囉，小～寶～寶，**你**今天好不好呀？」我們以高音調、非常誇張和歌唱的節奏與嬰幼兒交談，這種特殊的說話方式稱為**兒童導向語言（child-directed speech）**，或稱寶寶語（baby talk）（Weisleder & Fernald, 2013）。有些人認為使用兒童導向語言有負面影響，是在教嬰兒錯誤的說話方式，但有證據表明，此種自然表露的說話方式可以促進語言發展（課前測驗第 4 題）（Golinkoff, Hoff, Rowe, Tamis-LeMonda, & Hirsh-Pasek, 2019）。

對嬰幼兒說話時，成人說話速度較慢、句子較短、用詞簡單、母音誇張。這些有別於正常語言型態的變化，實際上是為了符合嬰幼兒的感覺和認知能力所做的調整，以吸引他們的注意，從而提高成人和嬰幼兒之間的投入參與（Räsänen, Kakouros, & Soderstrom, 2018）。兒童導向語言似乎可促進早期對語言音素或聲音的感知，進而提高單詞記憶力，累積更多的詞彙量（Lebedeva & Kuhl, 2010; Parish-Morris, 2015）。世界各地許多文化都可見到兒童導向語言，包括與北美西方不同的文化，以及斐濟與肯亞等傳統文化（Broesch & Bryant, 2015）。

## 社經地位與語言發展

儘管多數父母都會對嬰兒說話，但他們的兒童導向語言數量和品質差異極大，這些差異會影響兒童日後的發展，包括入學準備。在一項關於兒童語言環境的經典研究中，Hart 與 Risley（1995）用兩年半的時間追蹤 42 個家庭，觀察並記錄家庭的日常對話。他們發現，到幼兒 3 歲時，高社經地位家庭的幼兒比低社經地位家庭的幼兒平均多接觸 3,000 萬個字（Hart & Risley, 2003）。經驗差異對幼兒詞彙量增長的影響，如圖 8.2 所示。其他研究也發現，低社經地位和高社經地位家庭的 18 個月大幼兒，在詞彙和語言處理上已顯示出差異。到 24 個月大時，弱勢家庭的幼兒已經落後家境富裕的同齡者六個月（Fernald, Marchman, & Weisleder, 2013）。

近期的研究更為關注語言互動的品質，而非數量上的差異。母親的幾個口語面向能預測學齡兒童的語言能力，包括母親的句子長度、不同單詞的數量以及 wh 問題（who、what、when、where、why，亦即誰、什麼、何時、何地、為什麼）的數量（Vernon-Feagans, Bratsch-Hines, Reynolds, & Willoughby, 2020）。此外，如果父母就孩子感興趣的話題與之互動，彈性回應嬰幼兒的話語，孩子的語言能力就會提高（Golinkoff et al., 2019）。

研究人員針對父母教育程度不同的幼兒，研究其早期使用的句子類型（Vasilyeva, Waterfall, & Huttenlocher, 2008）。結果發現，不同組別的幼兒在**簡單**句的使用上沒有差異；然而，在他們日後習得和使用**複雜**句方面出現差異。教育程度較高家庭的子女，更早開始並經常使用複雜句。不同教育背景家庭的子女，隨著年齡的增長，複雜句的使用差距愈來愈大。

然而，社經地位的差異是平均值。無可否認地，某些低收入父母與子女交談的數量與富裕父母一樣多（Fernald & Weisleder, 2015），這表示同一社經地位組幼兒接受的語言數量和品質，也會影響他們的語言習得。在一項針對西班牙語的低收入家庭研究中，顯示不同家庭間成人與嬰兒交談數量的巨大差異。父母與學步兒的交談量愈多，幼兒在 2 歲時詞彙量愈多（Weisleder & Fernald, 2013），事實上，父母與子女的言語互動品質，比家庭的社經地位更能預測兒童的語言發展。

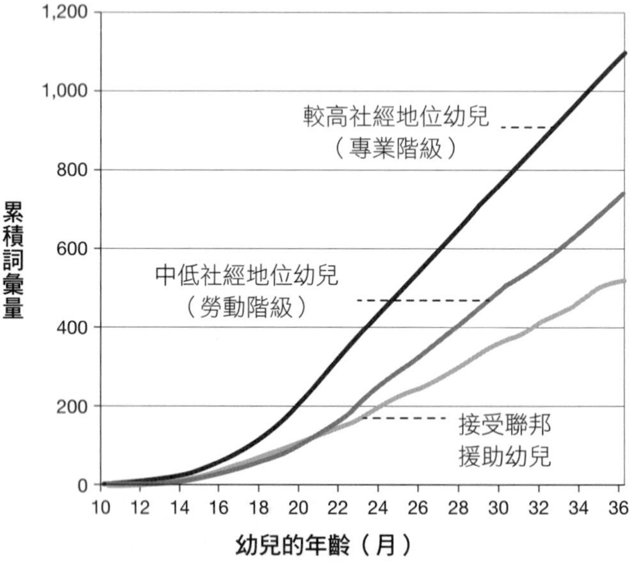


**圖 8.2　幼兒詞彙量的差異**。幼兒在日常生活中聽到的單詞愈多，學習說出的單詞就愈多。幼兒的父母若是專業人士，聽到的單詞要比勞動階級家庭或接受社會福利援助家庭的幼兒更多，這些都會反映在他們的詞彙量上。

**資料來源：**Hart & Risley (1995). 經出版商許可轉載。

接下來將說明單詞和句子習得的語言發展階段。

## 學步兒的單詞和句子發展

在與照顧者互動的過程中，嬰兒開始將詞語與熟悉的物體和人物連接起來。前面提到，語言的理解先於語言的產出。雖然嬰兒在 6 到 9 個月大時開始**理解**單詞，但平均要到約 13 個月大時才開始**說出**單詞（Bergelson & Swingley, 2018; Tamis-LeMonda, Cristofaro, Rodriguez, & Bornstein, 2006）。牙牙學語有時會直接帶出嬰兒的第一句話；嬰兒在牙牙學語時發出的聲音，可能是說第一個單詞的聲音（McGillion et al., 2017），儘管這些詞與成人的用詞並不對應。例如，一個嬰兒可能將所有的車輛都稱為「車車」，將水稱為「喂」。當家人帶著他去洗車時，他會將這兩個虛構的單詞組合成「喂車車」來說明他的經驗。不過，首先出現在嬰兒詞彙的特定單詞，在不同文化中竟極為相似。例如，在英語、希伯來語和史瓦希利語（譯注：Kiswahili 語，非洲語言使用人數最多的語言之一）中，典型的第一個詞包括表示mommy（**媽媽**）、daddy（**爸爸**）、banana（**香蕉**）、pets（**寵物**）和cars（**汽車**）等詞及其相關的聲音（Erard, 2019）。

## 詞彙量增加

1 歲時，嬰兒的詞彙量通常只有幾個單詞，但到了 2 歲，他們已經擁有大約 300 個單詞的詞彙量，但個體之間差異相當大（MacRoy-Higgins, Shafer, Fahey, & Kaden, 2016）。有些幼兒在 2 歲時會出現所謂的**詞彙爆增（vocabulary spurt）**，有些幼兒的學習則是漸進式的（Parladé & Iverson, 2011）。本章後續將說明一些超出正常範圍的語言發展模式，這些模式可能暗示有嚴重問題存在，但語言遲緩情形在此時期並不少見，也不一定是疾病的徵兆。

學步兒是如何快速建立詞彙量的？首先在 2 歲時，幼兒開始懂得單詞是代表周遭世界中物體的象徵，這激勵他們去學習和使用語言。全世界各地的幼兒通常都是先學習名詞，再學習動詞。名詞之所以更容易學習，是因為名詞代表的是幼兒眼中見到的物體，而且他們已經明白物體都有一個名稱（Waxman et al., 2013）。但是，不同的語言中表達動詞的方式各異。例如，說英語者通常會說「the girl *is* young」，但其他許多語言會省略「is」這個動詞，因為句子的其餘部分已經隱含了動詞的意思。由於處理動詞的方式不同，因此幼兒學習動詞的難易程度取決於他們正在學習的是哪種語言（Waxman et al., 2013）。

兒童建立詞彙的第二種方法是使用名為**限縮（constraints）**的若干假設和原則，以此限制或約束幼兒學習新單詞時聯想到其他事物。限縮方式之一是**整體對象偏誤（whole object bias）**。當幼兒第一次見到長頸鹿，聽到有人指著牠說「長頸鹿」時，幼兒會假設這個單詞是指這整隻動物——而不是指牠奇怪的長脖子、瘦腿或褐色斑點等。即使這個新看見的對象身上顯然其中一個部分比另一個部分更突出，幼兒仍會做出這種假設（Hollich, Golinkoff, & Hirsh-Pasek, 2007）。另一個限縮方式是**互斥限縮（mutual exclusivity**

**constraint**）。幼兒假設一個物體僅有一個名稱，如果他們聽到一個新詞，會認為這個新詞描述的是一個他們還不知道其名稱的物體，因為該物體不可能有兩個不同的名稱（Kalashnikova, Escudero, & Kidd, 2018）。**分類限縮（taxonomic constraint）**意指幼兒假設一個新詞亦指稱屬於同一類別的其他對象；換句話說，**狗**指的是這隻狗，同時也是指所有的狗（Gliozzi & Madeddu, 2018）。

另外兩種學習新詞彙的機制是**語法自助（syntactic bootstrapping）**——兒童使用語法或句法來學習新詞的含義（Gutman, Dautriche, Crabbé, & Christophe, 2015）；以及**語義自助（semantic bootstrapping）**——兒童用已經學過的單詞來命名物體或動作以理解語法類別，例如名詞和動詞（Abend, Kwiatkowski, Smith, Goldwater, & Steedman, 2017）。「pull yourself up by your bootstraps」（用自己的鞋帶把自己提起來）是一種表達方式，意思是運用自己的資源來解決問題，在這個例子中，兒童使用他們在某個語言面向（語法）的知識，來幫助他們學習另一面向（語義）。例如，單詞的形式差異，可以用來判斷它們是名詞還是動詞。如果告訴你兩個虛構的詞 klumfs 和 pribiked，你知道哪個是名詞，哪個是動詞嗎？你知道名詞後面可以加 s 來形成複數，這是一個有力的線索，所以 klumfs 是一個名詞。同樣地，只有動詞才有過去式，因此 pribiked 結尾的 ed 是一個有力的線索，表示這是一個動詞。其次，單詞出現在句中的位置（語法），也可成為語義的線索。在英語中，名詞通常在動詞之前，因此，如果有人告訴你：「**thrulm progisted** the car」，你會假設 thrulm 是名詞，而 progisted 是動詞。就像如果有人告訴你「you have a very **glickle** smile」，你可能會猜測 glickle 是修飾或描述 smile（微笑）的形容詞。

幼兒也使用他們已知的動詞來學習新名詞。在一項研究中，給 15 個月和 19 個月大的幼兒看一張動物圖片和一張色彩鮮艷的抽象物體圖片，接著讓他們聽一段對話。對話中一個人說：「德斯在哭。」給 19 個月大的幼兒再次看兩張圖片，並問他們：「德斯在哪裡？」他們會看向動物那張圖，而不是抽象物體那張圖。15 個月大的幼兒並沒有多看動物圖幾眼，但到了 19 個月大的時候，幼兒明白只有生物才會哭泣；因此，動詞「**哭**」幫助他們弄清楚德斯這個字指的是動物，而不是什麼抽象物體（Ferguson, Graf, & Waxman, 2014）。

幼兒將這些原則應用於學習新詞，並透過**快速配對（fast mapping）**的一次性接觸過程快速學習新詞。這些限縮方式先讓幼兒形成初始假設（例如，德斯是一種生物），留待日後測試，為快速習得單詞提供基礎（Aravind et al., 2018）。

## 造句

幼兒掌握一定數量的詞彙後，開始進入到下一個語言發展階段。在這個階段，他們對詞義和複雜語法結構的理解能力大幅增長。他們開始將單詞組合成片語，例如：「媽媽來」或「走貓貓」。這是語法使用的開始。世界各地的幼兒在這個階段幾乎都以相同的方式說話，話語中只包含最基本的訊息。例如，他們會說：「吃蘋果」，但不會說「我正在吃蘋果」或「你吃了蘋果」。有些幼兒將「去」或「多」等單詞變成「樞紐」單詞（“pivot” word），附加在其他單詞上，例如：「蘋果去」和「媽媽去」。

當幼兒開始把三個以上的詞放在一起，語言的語法或句法於焉發展。他們使用最簡單的單詞組合、以正確的順序來傳達意思。早在即時通和簡訊發明之前，人們曾經發送電報。發送電報時是按字付款，因此，電報上不會寫：「我將在晚上 11:00 到達火車站。」而會改寫成「晚上 11 點到站」，以省略所有不必要的字詞。當幼兒開始組合單詞時，他們的做法就好像是每個單詞都要付錢一樣，只使用必要的單詞來表達他們的想法，稱為**電報式語言（telegraphic speech）**。

電報式語言的詞序反映出兒童所聽到的語言。例如，英語句：The dog chased the cat（狗追貓）的順序首先是主詞（the dog），接著是動詞（chased），然後是動詞的受詞（cat）。說英語的幼兒很難產出和理解順序變動的被動句：The cat was chased by the dog（**貓被狗追**）。然而，生長於非洲南部（說塞索托語 [Sesotho]）和肯亞（說史瓦希利語和 Kigiriama 語 [譯注：亦為史瓦希利語之一]）的兒童經常聽到被動句，開始學說話後即能理解被動語態（Alcock, Rimba, & Newton, 2012; Kline & Demuth, 2010）。閱讀「主動學習：詞序的影響」，看看幼兒是否能理解被動句。

主動學習

## 詞序的影響

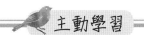

拿兩張紙，一張紙上畫一隻面朝右奔跑的狗，第二張紙上畫一隻面朝右奔跑的貓。請一位 3 到 10 歲的兒童排列出「**狗在追貓**」的圖片，再請兒童排列出「**狗被貓追**」的圖片。兒童是否能明白第二句是被動語態，事實上是「貓在追狗」？如果不能，顯示兒童仍然是以主詞—動詞—受詞的語法結構來理解語言。有些說英語的 4 歲兒童可以理解被動句，但許多小學兒童仍無法理解這類被動句（Vasilyeva, Huttenlocher, & Waterfall, 2006）。將你得到的結果與班上其他測試不同年齡兒童的同學相比較。

父母通常**不會**明確地糾正幼兒的語法。以下的故事說明如果花很多時間糾正幼兒的語法，可能會產生什麼影響——回到從前互相寫信的時代，一個年輕人寫信給遠在另一所大學唸書的女朋友。如你所見，這兩位年輕人都非常聰明。他們寫信給對方互訴衷情，但收信的其中一方卻將信件的**語法更正**後寄回給另一方。看到這種情況，你一定會覺得不可思議，為什麼？顯然，情書看重的是滿滿情意的內容，而不是語法。同樣地，當兒童試圖訴說某事時，成人應該回應他的內容，而不是話語的形式。當孩子說「我去商店」時，我們應該回答：「哦，你要去商店嗎？」我們不會說：「你應該說『我要去商店』。」如果這麼糾正他，孩子一定百思不解（課前測驗第 5 題）。Karmiloff 和 Karmiloff-Smith（2001）提供下列範例，說明當母親試圖糾正孩子的語法時所發生的情況：

幼兒：爸爸**來**上班了。（Daddy **goed** to work.）
媽媽：是的，沒錯。爸爸**去**上班了。（Yes, that's right. Daddy **went** to work.）
幼兒：爸爸開車**來**上班。（Daddy **goed** to work in car.）
媽媽：是的，爸爸開車**去**上班。（Yes, Daddy **went** in his car.）
幼兒：爸爸開車很快**來**上班。（Daddy **goed** his car very fast.）
媽媽：嘿呀，爸爸開車**去**上班了。說「**去**上班」，不是「**來**上班」。爸爸**去**上班了。（Ah ha, Daddy **went** to work in his car. Say **went** to work, not **goed**. Daddy went **to work**.）
幼兒：爸爸**來去**上班了。（Daddy **wented** to work.）（p. 102）

如上例所示，有時就算直接糾正幼兒的語法，也起不了作用。而且，你想告訴爸媽重要的事，爸媽卻一直糾正你的語法；當父母拘泥於句子的形式，而不回應子女想要表達的意思時，可以想見孩子會有多麼挫敗。

## 兒童早期的語言發展

3 歲的幼兒更加熟練詞彙與語法的理解和表達，多數幼兒開始學習用兩個以上的單詞湊成的句子。此外，雖然幼兒只懂得使用單詞的基本形式，例如「**我去商店**」（I go store），但學齡前兒童開始加上語素。本章一開始曾定義語素為語言中具有意義的最小單位。語素可以是房屋、汽車或鱷魚之類的詞，或單詞中具有意義的部分，例如表示過去式的-ed 或表示複數的-s。隨著學齡前兒童學會適當地使用語素，當要表示過去發生的事時，兒童不會再說「I walk home」而是說「I walked home」（我走路回家）。正如前面提到的天賦論，當幼兒學習使用這些添加的語素時，他們經常畫蛇添足、弄巧成拙。有趣的是，他們甚至可能在同一句話中同時使用正確和錯誤的版本，例如：「I "goed" to the store and then "went" home.」（我去了商店然後回家。）

閱讀「主動學習：蒐集語言樣本」來瞭解幼兒語言發展的性質。

主動學習

## 蒐集語言樣本

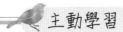

蒐集 18 個月至 4 歲幼兒的 3 到 5 分鐘語言樣本，觀察幼兒與另一個幼兒玩耍，或與成人交談的情況。試著準確記錄幼兒說的話，他用了多少個單詞：一個、兩個、三個還是更多？回想書上所描述的發展階段，觀察這個幼兒在哪個階段。如果幼兒只使用一個單詞，他如何讓別人理解他的意思（例如，使用示意動作）？如果幼兒將多個單詞組合在一起，這些單詞的順序是否與成人語法的順序相同，或某些單詞被遺漏了（例如，I am going to the store 變成 I go store）（我要去商店）？幼兒是否使用適當的詞尾（例如，kicked、playing、desks）？是否有過度規則化的現象，在單詞後面添加不規則的形式（例如，goed、sitted）？將你的發現與班上蒐集其他年齡幼童的結果相比較。

儘管幼兒的語言使用正在迅速增加，但學齡前兒童與他人交流的能力仍然有限。Piaget（1973）將幼兒無法在對話中換位思考的能力限制，稱為**自我中心語言（egocentric speech）**。例如，幼兒可能會說：「我去了那個地方，看到有人轉來轉去。」他沒有意識到你不知道「那個地方」是哪裡，也不知道要說明人是怎樣「轉來轉去」，因為他不明白你並不知道他所知道的一切。Piaget 的解釋是，孩子不是天生就懂得社交；他們必須學習社交並理解他人的觀點。如此一來，他們的語言才會社會化，讓溝通變得更有效率。Piaget 的口語發展原理簡述如下：

前社會語言⟶自我中心語言⟶社會語言

Vygotsky（1962 / 1986）對幼兒的口語交流限制另有非常不同的看法，Vygotsky 認為兒童是天生的社會人，總是會想和他人交流。他們的口語可分為兩種：對他人說話和對自己說話。第 6 章曾簡介**私語**或自言自語的概念，對他人說話持續發展成溝通能力，私語則變得愈來愈不明顯。幼兒常大聲地自言自語，例如會說：「我正在用紅色蠟筆。」在執行任務時，年齡稍大的兒童更常喃喃低聲自語，有些兒童甚至僅默默地動嘴。Vygotsky 指出，私語最終會慢慢內化為無聲的語言（也就是「在腦海中說」），接著演變為思考。Vygotsky 的口語發展原理簡述如下：

**自我中心語言**。這個男孩坐在其他幼童旁邊自言自語。這是否表明他缺乏社會意識，或這是其指導自身活動的一種方式？

*©iStockphoto.com / nilimage*

社會語言 → 溝通式語言
↘ 自我中心語言或私語 → 內在對話或思考

私語不會結束於兒童早期，一項研究讓成人在進行圖片分類任務時可大聲自言自語，結果發現任務愈困難，他們自言自語的次數就愈多（Alarcón-Rubio, Sánchez-Medina, & Winsler, 2013）。閱讀「主動學習：私語」，看看成人在何時仍會私語。

主動學習

## 私語

如果你發現自己獨自一人時會大聲說話（使用私語），請回想你最有可能對自己說什麼。很有可能是你必須要做的事，比如：「糟了……心理學作業！」或「差點忘記！」這些話語通常與自我指導或自我監督有關。身為成人，我們通常不會用這種方式對自己說話，但當獨自一人或試圖做一些困難的事情時，我們極有可能故態復萌。

選一個安靜的地方，找個朋友幫你一起進行這個活動。先為你的朋友找張桌子和準備書本或報紙的其中一個頁面，讓他可以作業。告訴他，你正在研究人們如何準確搜尋書面材料，以找出目標字母。請他在你給他的那一頁書面材料上「劃掉 Ts，圈出 Os，並將 Ls 畫框」。重複這些說明幾次，確定他理解了，並要求他複述一兩次但不能寫下來，限時 3 分鐘。

確定你的朋友理解這些指示之後，告訴他你會坐在旁邊，這樣才不會分散他的注意力，你會告訴他什麼時候開始、什麼時候停止。2 分鐘後，提醒他剩下 1 分鐘（給他更多的壓力）。在他進行的時候，仔細聽他是否自言自語來幫助自己完成任務。Kronk（1994）發現在 47 名參與者中，有 37 人處理困難的認知任務時會自言自語；且 47 個私語的人當中，有 46 人在別人做同樣的任務並自言自語時，也會自言自語。

當你的朋友完成後，向他解釋你做這個實驗的真正目的，以及許多（但不是全部）成人在這項任務中自言自語的狀況。

## 兒童中期的語言發展

在兒童中期，除了精進與擴展詞彙和語法外，兒童還發展出理解故事或訊息是否合乎邏輯的能力，稱為**講述技能（discourse skills）**。例如，他們能指出下面的句子哪裡有問題：「她在路上弄丟了錢包。當她到達商店時，她拿出錢包，買了她最喜歡的糖果。」（Language and Reading Research Consortium, 2015, p. 1954）如果給兒童看打亂順序的故事圖片，他們也能夠正確地排列圖片，說明哪件事先出現、哪件事後出現。他們還發展出根據聽到的內容進行推論的能力。例如，如果教師為班級朗讀「金髮女孩和三隻熊」

（Goldilocks and the Three Bears），那麼需要兒童推論的問題可能是：「為什麼金髮女孩把熊寶寶的椅子坐壞了？」兒童必須利用他們對嬰兒和女孩體型大小的瞭解來推斷結論——她的體型大到把椅子坐壞了（Reading Rockets, 2015）。

此年齡階段兒童發展出的另一個能力是，理解詞語的形音不同於其所代表的意義。例如，一個男孩說他喜歡**小圓白菜**（brussels sprouts）這個詞，是因為這個詞的發音很好聽，而不是他喜歡吃這種蔬菜。這種理解是**後設語言能力（metalinguistic abilities）**的基礎，也就是兒童開始思考語言及如何使用語言。閱讀「主動學習：後設語言覺知」，看看年齡較大的兒童如何開始將詞語當作詞語來欣賞。

主動學習

## 後設語言覺知

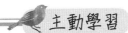

想知道不同年齡階段的兒童是否理解一個詞語的形音不同於與其所指稱的意義，請進行以下活動。問兒童：「你最喜歡的東西是什麼？為什麼？」然後問：「你最喜歡的詞語是什麼？為什麼？」將你得到的回答與其他同學所訪問的不同年齡階段兒童相比較。學齡前兒童不太可能將詞語與其所指稱的事物區分開來，他們可能會說最喜歡的詞是**棒棒糖**，因為棒棒糖很好吃。大一點的兒童比較知道「詞語」和「事物」不一樣，他們可能也會說喜歡的詞是**棒棒糖**，但理由是因為喜歡「棒棒糖」（lollipop）這個詞的發音（Pan, 2005）。

後設語言能力讓兒童以嶄新的方式使用語言。例如，他們的幽默感躍升到新的層次，如下例所示：

KNOCK KNOCK（叩叩叩！敲敲門。）
Who's there?（誰呀？）
lettuce.（萵苣。）
lettuce who？（哪位萵苣？）
Lettuce in, we're hungry!（讓萵苣進來，我們餓了！）

〔譯注：一個標準的敲門笑話有五句：
1. A：Knock, knock!（叩叩叩！敲敲門。）
2. B：Who's there?（誰呀？）
3. A：*x*.（*x* 可以是一個物體或人物，有時是一個名字。）

4. B：*x* who?（*x* 是誰？／哪位 *x*？）

5. A：運用雙關語製造笑話。〕

從這個例子可看出，許多笑話需要相當複雜的語言理解能力。聽者得要明白 lettuce 和 let us 的發音相似，但意思卻大異其趣，才會知道自己被騙了，頓時覺得這個笑話很有趣。這表示他們能理解有些詞語聽起來很相似，但意思卻截然不同。能理解這些笑話的兒童具有較好的後設語言覺知，通常也比不理解這些笑話的兒童擁有較佳的閱讀理解能力（Zipke, 2007）。

表 8.4 說明隨著年齡增長，兒童的幽默感產生的變化。仔細審視這些階段，想想兒童的幽默從一個階段轉移到另一個階段時，需要哪些認知成長。

學齡兒童發展出使用詞語來表達超出其字面意義的能力。例如，他們會將教室比喻為**動物園**，或**小吉是一隻雞**。他們也開始懂得嘲諷或諷刺，也就是故意說反話。例如，比利想幫媽媽洗碗，卻不慎打破盤子。他的媽媽說：「你還**真是**個**好**幫手呀！」聽到這種回應，5 歲的幼兒並不明白這不是真的在稱讚比利，但 7 歲和 9 歲的兒童已能理解這是一種諷刺（Filippova & Astington, 2010）。

**表 8.4　兒童的幽默**。兒童的幽默感主要取決於他們的認知發展階段。當感覺到某些地方不對勁或不協調，通常就是逗人發笑的點。請注意，後期的幽默並不會取代早期的幽默。例如，儘管青少年更喜歡即興發揮的機智而不是死記硬背的笑話，但一個巧妙的雙關語或逗趣的笑話，能同時逗樂青少年和成人。

| 階段 | 說明 | 範例 |
|---|---|---|
| 階段 0：沒有幽默感地笑 | 嬰兒微笑和大笑，但與幽默感無關。 | 嬰兒看到另一個嬰兒時會笑。 |
| 階段 1：對著依戀對象笑 | 幼兒愈來愈能意識到周遭的人際關係情境，並與父母或其他依戀對象一起參與社交幽默。 | 學步兒和媽媽玩躲貓貓，每次媽媽的臉露出來幼兒都會笑。 |
| 階段 2：以物擬物 | 兒童以突兀的動作製造非語言的「笑話」。 | 幼兒把絨毛玩具放在耳邊說話，把絨毛玩具當成電話。 |
| 階段 3：故意錯誤命名物體或動作 | 當兒童的詞彙量爆增，他們就可以將不協調的幽默延伸到錯誤命名的物體或動作上。 | 兒童故意把東西的名字叫錯（例如，指著鼻子說是耳朵）。 |
| 階段 4：玩文字遊戲 | 隨著兒童的語言能力提高，他們喜歡使用押韻詞、自編不存在的字（silly words）和與具體物體沒有直接關聯的幽默文字來玩遊戲，這讓他們覺得很有趣。 | 當每個人都說：「麋鹿麋鹿我迷路了！」時，一群朋友都笑了。 |

| 階段 | 說明 | 範例 |
|---|---|---|
| 階段 5：謎語和笑話 | 兒童開始明白幽默有其意涵——笑話必須將荒謬的事物轉變為能讓人意會的事物。他們開始記住謎語和笑話，並將其作為與同儕和成人社交互動的一種方式。 | 兒童重複講敲敲門笑話（Knock-knock Joke） |
| 階段 6：有趣的故事 | 青少年更喜歡即興發揮的機智和奇人軼事，而不是死記硬背的笑話和謎語。 | 青少年講述一個真實經驗，但故意強調和誇大愚蠢的元素；青少年會觀察並指出表面上嚴肅但其實荒謬的一面。 |

**資料來源：**修改自 Cunningham & Scarlett (2004); McGhee (1979).

## 青少年的語言

青少年的語言聽起來和許多成人的語言大不相同，從某種意義上說，青少年的口語變得更像成人、句子更長，而且語法更複雜。不過，青少年很喜歡說俚語或髒話，尤其是當他們聚在一起交談時。這可能是因為他們覺得這樣子說話很好玩，或為了與特定群體建立關係，或者只是覺得這樣才像青少年（Jay & Janschewitz, 2012）。

青少年的俚語（slang）有時會在社會上蔚為流行，成為大家耳熟能詳的用語（Brenoff, 2016）。作者本想在書中列出一張青少年俚語列表，但一想到這本書出版時這些俚語可能已經過時了，只好作罷。相反地，如果你離青春期不遠，想想你對朋友說話的用語，想必跟你對父母等不同世代的人說話的用語不一樣。你知道這些用語的來源嗎？你在國高中時會用別的用語來說嗎？你所使用的俚語，是你居住的地區特有？還是專屬於你的特定群體？不同地區和各個不同的次級團體（subgroups），各自發展出特定的俚語。例如，加州的青少年比內布拉斯加州的青少年更可能使用與衝浪有關的俚語。以青少年為視聽對象製作電影時，導演經常會聘請青少年為顧問，為電影中使用的俚語提供建議（Nye & Winterman, 2011）。這些用語不但是最夯的流行語，還要反映出電影中不同青少年群體掛在嘴邊的用語。

**學習檢定**

**知識問題：**

1. 有哪些證據可證明語言學習有關鍵期？
2. 成人如何促進嬰兒的語言習得？
3. 學步兒使用哪些策略以快速學習詞彙？
4. 後設語言能力讓兒童中期的孩子學會了什麼？
5. 青少年的用語與兒童和成人的用語有何不同？

**思辯問題：**

比起觀看電視節目或影片，與周遭世界互動更能讓嬰幼兒有效學習語言。為什麼？

# 讀寫能力：閱讀和寫作

## 學習問題 8.5・兒童如何學習閱讀和寫作？

到目前為止，我們對語言的討論都集中在口語上。本節將介紹語言另一個非常重要的面向：理解和使用書面語言的能力。學校是多數兒童學習閱讀和寫作的環境，但這些技能的基礎是在整個學齡前奠定起來的。

## 閱讀

以下探討兒童在學校學習閱讀的方式，首先看看幼兒如何從非正式的活動，例如父母在就學前為他們朗讀，來學習閱讀、寫作和印刷文字。

### 讀寫萌發

**讀寫萌發（emergent literacy）**是兒童開始接受正規教育前發展出的一套能力，為日後的學業能力奠定基礎。當幼兒拿起一本書，將它正面朝上、翻頁，用看圖片的方式「閱讀」故事，或拿鉛筆在紙上塗鴉，這些都是讀寫萌發能力。就像口語發展一樣，讀寫萌發能力的關鍵是成人和兒童之間的互動，在這裡指的是成人朗讀故事給兒童聽。從共讀的過程中，兒童開始認識印刷文字體、學習辨認和指稱文字、分辨不同文字的聲音，並學習新單詞（Irwin, Moore, Tornatore, & Fowler, 2012）。

為幼兒朗讀不僅是向他們介紹閱讀技巧。在生命的前三年定期為幼兒朗讀，與提高語言發展和認知發展程度有關（Duursma, 2014; Weisleder et al., 2018）。2014 年，美國兒科學會發布一項新的政策聲明，建議醫生鼓勵父母為幼兒朗讀，以培養語言能力和閱讀興趣（O'Keefe, 2014）。2014 年，美國多數 1 至 5 歲的幼兒（76% 的非拉美裔白人兒童、55% 的非裔兒童和 48% 的拉美裔兒童），每天都有一位家人陪他們共讀（Knop & Siebens, 2018）。

許多成人喜歡唸書給幼兒聽，但幼兒應該是共讀過程的主動參與者。**對話式共讀（dialogic reading）**旨在培養早期讀寫能力，成效有目共睹（Zevenbergen & Whitehurst, 2008）。成人與兒童共讀繪本，積極討論。成人就故事內容提問，鼓勵兒童參與對話。共讀過程的關鍵在於角色翻轉——兒童變成說故事的主角，成人則是積極的聽眾，並適時回答兒童的問題（Institute of Education Sciences, 2007）。

Vygotsky 的近側發展區可用以解釋對話式共讀效果卓著的原因。Vygotsky 認為，當成人（或能力更好的同儕）帶領兒童思考稍微超出自身發展程度的概念時，兒童學得最好。若成人能順利將對話式共讀過程中的對話和提問保持在兒童的近側發展區域內，則可以將互動建立在兒童現有技能的基礎上，引導兒童提高理解水平。有些家長，尤其是教育程度較低的家長，喜歡採用強調重複練習和學習基礎技能的閃字卡（flash cards）和練習簿（Neuman, Kaefer, Pinkham, & Strouse, 2014）。然而，這些做法將特定的讀寫能力與豐富的閱讀環境切割，無法提供如對話式共讀中的敏察回饋和互動。雖然閃字卡等有助於提升低成就兒童和認知障礙兒童的能力（Browder, Wakeman, Spooner, Ahlgrim-Delzell, & Algozzine, 2006），但多數兒童其實是受益於與閱讀相關的非正式活動（課前測驗第 6 題）。

對話式共讀的基本技巧是 PEER 策略。在與兒童的互動過程中，成人向孩子**提問（prompt）**故事的內容、**評估（evaluate）**孩子的反應、**擴展（expand）**孩子的反應，並鼓勵他**重述（repeat）**擴展後的內容（Zevenbergen & Whitehurst, 2008）。例如你正在帶孩子看一本有幾隻動物圖片的書，你可以向孩子**提問**：「你有看到一隻小貓嗎？」如果孩子說：「這是一隻小貓。」你可以說：「是的（**評估**），牠坐在小狗旁邊（**擴展**）。」最後，鼓勵孩子說出完整句子，請孩子**重述**：「小狗坐在小貓旁邊。」對話式共讀的目標是提出問題、鼓勵兒童思考所看到的內容，並在回答問題中培養語言能力。閱讀「主動學習：對話式共讀」中的說明，看看與孩子一起閱讀時如何使用這些技巧。

**對話式共讀**。這位父親為女兒朗讀，詢問她和這個故事有關的問題。他積極地讓女兒參與共讀過程，為讀寫萌發能力奠定基礎。

*©iStockphoto.com / sturti*

主動學習

## 對話式共讀

對話式共讀是一種互動技巧，需要多加練習。利用這個機會和幼兒（最好是 3 或 4 歲的孩子）一起閱讀。挑選一本你熟悉的書（你童年最喜歡的書尤佳），先對書中故事有足夠的瞭解，這樣你才能把注意力放在提問上。在開始之前，你可以準備一張提問備忘錄，提醒自己接下來可使用哪種提問。

- **填空式提問**（Completion prompts）。在句子末端留下空白，讓幼兒回答。例如：「當小女孩去商店時，她買了一個______。」
- **回憶式提問**（Recall prompts）。詢問幼兒閱讀的內容，例如：「小女孩想去哪裡？」或「為什麼小真會難過？」
- **開放式提問**（Open-ended prompts）。要求幼兒描述圖片中正在發生的事情。
- **Wh 式提問**（Wh-prompts）。詢問**誰**、**什麼**、**何時**、**何地**、**為什麼**以及**如何**，例如：「小柔接下來打算做**什麼**？」或「小俊**為什麼**興奮？」
- **延伸式提問**（Distancing prompts）。將幼兒在故事書中學到的知識，應用到現實世界。例如：「這隻狗看起來很像我們上週在小雅阿姨家看到的那隻狗，你還記得那隻狗嗎？你喜歡牠什麼？」（Zevenbergen & Whitehurst, 2008）。

善加練習對話式共讀技巧後，處處都是學習的機會。找到兒童的**近側發展區**，適度地向幼兒提出你的想法和問題，促進幼兒的閱讀理解，這就是許多父母和優秀教師一直在做的事情。

針對美國、南非、墨西哥和孟加拉等不同背景國家的兒童，進行對話式共讀的成效研究發現，對詞彙的理解與產出增加（Vally, Murray, Tomlinson, & Cooper, 2015）。這些技巧也提高了有語言遲緩風險的學齡前英語學習者和自閉症類群障礙兒童的前讀寫技能（preliteracy skills）（Correa, Lo, Godfrey-Hurrell, Swart, & Baker, 2015; Fleury, Miramontez, Hudson, & Schwartz, 2014; Towson, Gallagher, & Bingham, 2016）。

入學時有閱讀困難風險的兒童，亦可從共享閱讀情境下的具體指導式學前方案課程中受益。例如，豐富詞彙量以加強理解詞彙的語義、指出文字及其發音以擴展理解書面語言的能力（Piasta, 2016）。每一項技能的培養都必須以個別兒童的準備度為依歸，方有利於增進日後的閱讀技巧。

## 在學校學習閱讀

兒童多半在小學初期開始學習讀寫技能。閱讀有賴於兩項基本技能：理解書寫文字和理解單詞和句子。閱讀教學法有二：**自然拼音法（phonics or basic skills approach，又稱字**

**母拼讀法**）從字母和音素開始，教兒童將這些元素組合成單詞；**全語言教育法（whole language approach）**使用有趣的閱讀材料，著重於從上下文脈絡中去認識單詞。這兩種教學法各擅勝場，都受到教育者的青睞，兩種教學法之間的爭論被稱為「閱讀論戰」（the reading wars）（Castles, Rastle, & Nation, 2018）。

今日，大眾普遍認為自然拼音法對初學者來說必不可少。在美國，各州共同核心標準（Common Core State Standards Initiative）將自然拼音法列為閱讀基本技能之一（Castles et al., 2018），自然拼音法也是英國全國通用的教學法，研究證據亦支持其效果（Machin, McNally, & Viarengo, 2016）。

即使兒童學會書寫語言，他們仍需要廣泛且豐富的閱讀經驗，才能快速地辨識單詞、理解單詞的涵義，成為流暢的閱讀者（fluent readers）（Castles et al., 2018）。流暢閱讀需要足夠的詞彙量和關於閱讀內容的背景知識，方有助於理解文本（Cervetti & Hiebert, 2015）。有一點是肯定的：讀得愈多，讀得愈好；愈喜歡閱讀，閱讀程度愈高；閱讀材料愈容易取得，兒童就愈會去閱讀。成功學會閱讀的兒童會覺得閱讀很有趣，閱讀量累積得愈多。但對學習閱讀有困難的兒童來說，愈逃避閱讀，閱讀能力就愈退步，愈沒有動力加強流暢閱讀所必須的練習。

**好書吸引兒童閱讀。**當書籍有吸引力且容易取得時，兒童更有可能享受閱讀。某家航空公司甚至提供書籍給搭機旅行的兒童閱讀。

*©iStockphoto.com / narvikk*

不識字是開發中國家的主要問題，不過，即使在已開發國家，也有大約 20% 的 15 歲兒童未具備有效發揮生活功能的閱讀水準（Organisation for Economic Co-operation and Development, 2016）。雖然美國的閱讀能力逐步提升，但仍有很大的改善空間。2017 年國家教育進展評測（National Assessment of Educational Progress, NAEP）的結果顯示，四年級和八年級學生的進展適中，但 32% 四年級公立學校學生的閱讀程度低於基本水準（部分精熟必備知能）（課前測驗第 7 題），31% 位於基本閱讀水準，37% 達到**精熟**（紮實的學業表現）或**高級**（優異的學業表現）水準（NAEP, 2017a）。八年級學生當中，24% 低於基本水準，40% 位於基本水準，36% 達到或高於精熟水準（NAEP, 2017b）。

## 書寫能力

即使是非常年幼的孩子，也喜歡拿蠟筆或麥克筆「寫」信或故事。最早的書寫能力（和閱讀能力的發展相似）非常基本：幼兒明白書寫是從左到右（在英語系國家）、從上到下，並依此規則來傳達訊息。不同語言的書寫過程各異，表 8.5 呈現世界各地的一些書寫方式。

**表 8.5** 三種不同語言組群的書寫技巧。如果你是用英語書寫，從左到右寫字母與單詞對你來說可能再自然不過，但對於使用其他語言書寫的兒童來說，從右到左或從上到下書寫才對。

| 語言組群 | 書寫方向 | 每個符號的代表意義 | 字母數目 | 示例 |
|---|---|---|---|---|
| 英語<br>法語<br>西班牙語 | 從左到右 | 每個字母代表一個聲音。 | 26<br>26<br>27 | I speak and write English.<br>⟶ |
| 希伯來語<br>阿拉伯語<br>波斯語 | 從右到左 | 每個字母代表一個子音；添加的標記代表母音。 | 22<br>28<br>32 | אני מדבר וכותב עברית<br>⟵ |
| 中文<br>日文<br>韓文 | 從上到下、從右到左；或從左到右橫寫 | 每個字符代表一個單詞或單詞的一部分。 | 數千 | 我會說和寫中文。<br>⟶<br>我會說和寫中文。↓ |

第 5 章曾提到幼兒的精細動作技能發展，他們的手部動作控制能力是從手臂向下延伸到手指。隨著精細動作技能提高，他們開始寫出可辨識的文字。圖 8.3 呈現英語系幼兒的書寫能力發展。幼兒喜歡寫自己的名字，甚至在入學前就已經能掌握這項技能，隨著精細動作技能進一步發展，他們的書寫更為熟練，包括用草寫體書寫。

**圖 8.3 早期的書寫**。這個幼幼班小朋友的寫字樣本，顯示他在短短幾個月內取得極大的進步，幼兒對學習寫自己的名字感到自豪。

**資料來源：**Copyright © 1999-2010 Karen Cox, www.prekinders.com. 經許可轉載。

幼兒會說出熟悉的單詞，於是常常根據單詞的發音來發明自己的單詞拼寫。剛開始有些令人難以理解，例如，將 train（火車）拼寫成 chran。第一次寫字是將來學習拼寫和書寫的基礎。與某些成人的想法相反，使用發明拼寫（invented spelling）並不會減緩或妨礙幼兒學習傳統拼寫，事實上，它甚至有助於幼兒學習閱讀（課前測驗第 8 題）（Ouellette & Sénéchal, 2017）。

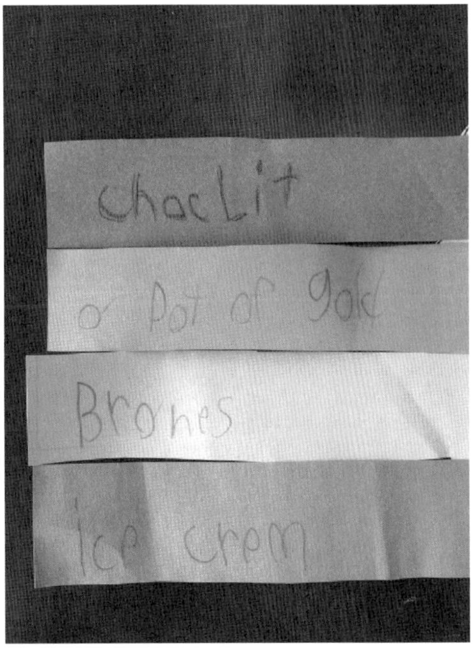


**發明拼寫**。這名幼兒正在使用他聽到的語音來發明拼寫出巧克力（chocolate）這個單字。幼兒雖然還沒有完全學會英語中所有複雜的拼寫規則，但他們學得很快。

*©Stella Newsom*

小學低年級的兒童開始學習和應用傳統的拼寫規則（例如，在單詞的後面加上 -ed 以形成過去式），並學習更多特定字母在書面語言中出現的典型模式，最終的目標是要讓拼寫變得自動化，以便更加快速準確地拼寫單詞。有些證據表明，書寫本身的物理過程，有助於兒童記住單詞的拼寫方式（Bosse, 2015）。

然而，書寫不僅僅是在紙上正確寫出文字或將單詞串在一起，我們用書寫來交流想法，所以書寫必然包括寫作能力。一項研究請五年級學生撰寫三種類型的文章：記敘文、論說文和說明文，他們的寫作品質取決於對主題的瞭解，以及是否具備寫作技巧的知識。知道寫作必須經過計畫和編輯，及組織架構對於撰寫有效論文不可或缺的兒童，比缺乏這些知識的兒童寫得更好（Olinghouse, Graham, & Gillespie, 2015）。因此，有效地教導兒童書寫能力，對他們的發展至關重要（Brunstein & Glaser, 2011）。

近年來，如簡訊（texting）等電子通訊已經影響了青少年的書寫語言。由於溝通者想要提高交流的效率，所以發展出一套獨特的速記方法，例如：用眾所周知的 LOL 代替 laugh out loud（大笑），用 u 代替 you（你）。閱讀「主動學習：英文簡訊縮寫」，看看你知道多少英文簡訊縮寫的意思。

儘管有些人擔心一直使用簡訊縮寫，會對年輕人拼寫或書寫標準英語的能力產生負面影響，但情況似乎並非如此（課前測驗第 9 題）（Hurst, 2016; Varnhagen et al., 2010）。在一項研究中，能力低下學生的論文報告穿插出現一些簡訊縮寫，但多數學生通常能將這兩種類型的書寫分開（Hurst, 2016）。

**主動學習**

## 英文簡訊縮寫

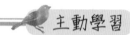

你知道下列英文簡訊縮寫的意思嗎？

| | | | | |
|---|---|---|---|---|
| 1. TYVM | 2. W / E | 3. OATUS | 4. IIRC | 5. IMHO |
| 6. NP | 7. WBU | 8. ROFL | 9. OTOH | 10. SFSG |

答案：

1. Thank you very much.（感激不盡。）2. Whatever.（隨便。）3. On a totally unrelated subject.（換個話題。）4. If I recall correctly.（如果我沒記錯的話。）5. In my humble opinion.（依我淺見。）6. No problem.（沒問題。）7. What about you?（你呢？）8. Rolling on the floor laughing.（笑歪。）9. on the other hand.（另一方面。）10. So far so good.（目前為止還可以。）

雖然傳發簡訊或使用其他短訊交流方式的青少年，不會比其他青少年更常寫作，但部落格（blogging）確實讓寫作變得更容易了（National Writing Project, 2014）。事實上，已有高中課堂開始使用部落格，目標是讓學生在提高寫作技巧的同時，亦能暢所欲言（Lampinen, 2013; Oliver & Coble, 2016）。

大學和商界主管對於高中畢業生未具備良好的寫作技巧莫不憂心忡忡。全國寫作委員會（National Commission on Writing）2004 年調查 120 家美國大企業人力資源總監的意見。一半的受訪者表示，他們在僱用員工時會考慮寫作能力，可能不會錄取寫作能力不佳的應徵者。他們也強調三分之二的受薪員工在工作時都有一定的寫作責任，溝通能力顯然在晉升和留住人才方面發揮一定作用。全國寫作委員會得出的結論是，員工的寫作能力欠佳，造成美國企業每年的損失高達 33 億美元。一項未發表的研究於 2016 年再次調查這個問題，發現愈來愈多企業主張寫作是員工的重要技能（Aschliman, 2016）。儘管青少年有自己的一套說話和寫作方式，但一旦進入職場，他們必須具備良好的語言和寫作技巧，才能成就一番事業。

**青少年的溝通。**許多青少年使用手機傳發簡訊給朋友。雖然簡訊使用了很多縮寫和特殊術語，但幸運的是，它似乎並沒有干擾青少年使用標準英語的能力。

*©iStockphoto.com / LeoPatrizi*

學習檢定

**知識問題：**

1. 何謂讀寫萌發？
2. 說明對話式共讀的過程。
3. 為什麼自然拼音法對初學者是必要的？
4. 發明拼寫對幼兒的書寫能力有何影響？
5. 電子通訊如何影響青少年的寫作能力？

**思辯問題：**

一般家長通常都忙得不可開交。如何才能有效協助他們理解每天抽出時間親子共讀的重要性，以及我們可以做些什麼來支持親子共讀？

# 雙語與雙語教育

**學習問題 8.6．兒時學習雙語會有哪些結果？哪些類型的教育計畫適用於不會說英語的兒童？**

## 雙語成長環境

在美國，五分之一以上的兒童在家說英語以外的語言（Kids Count, 2018），世界上高達 66% 的兒童會說雙語（Marian & Shook, 2012）。學習說一種語言已是一項複雜的認知任務，遑論說兩種不同的語言。基於此，父母有時會懷疑學習雙語如此耗費心力，會不會損害孩子的整體認知發展？所幸情況並非如此，有證據表明學習雙語在某些方面甚至可以提升認知能力（課前測驗第 10 題）（Marian & Shook, 2012）。雖然雙語兒童在每種語言的詞彙量比單語兒童少，但兩種語言相加的詞彙量卻與單語兒童的詞彙量相當（Hoff et al., 2011）。他們達到語言里程碑的年齡相似（Genesee, 2016）；年齡較小時學習第二語言的兒童，更能熟練地使用該語言，說話也比較沒有明顯的口音（Huang, 2014）。雖然兒童在說第一語言時，偶爾會使用第二語言的單詞，這可能是因為第一語言的詞彙不足。換句話說，就算兒童不知道英語單詞 book（書），但知道西班牙語單詞 libro，他就可以在英語句中替換西班牙語單詞，例如：「I am reading the libro.」（我正在看書。）（Quay & Montanari, 2016）隨著每種語言的詞彙量增加，此類錯誤也逐漸減少。

雙語兒童的後設語言能力，使他們能夠以更高階的方式理解與思考語言。因為他們知道同一事物在不同的語言中，可以有不同的名稱，因此他們更容易理解語言的相對性。例如，book 只是閱讀資源的一種代稱，而 libro 是另一種代稱。雙語兒童在認知功能的其他面向也具有優勢，例如工作記憶能力和執行功能（Grundy & Timmer, 2017; Parish-Morris, 2015）。

## 雙語教育

有些兒童具備兩種語言能力，但在美國的學校中，也有將近 500 萬名英語程度有限的兒童（National Center for Education Statistics [NCES], 2019a）。英語程度有限的兒童中，絕大多數以西班牙語為第一語言，其次是阿拉伯語、華語、越南語和索馬利語（NCES, 2019a）。如何才能有效幫助這些雙語學習者在學校成功，至今依然爭論不休。

**雙語教室**。英語並非美國課堂上許多兒童的母語。美國教育系統以各種教授英語為第二語言（ESL）的計畫來適應這種多樣性。

*©AP Photo / CHARLIE RIEDEL*

如何教導英語非母語的兒童，反映了當時的歷史背景。例如，第一次世界大戰期間，由於對使用交戰國語言的人存有疑慮，迫使學校強制實施獨尊英語的教育。到了 1960 年代，由於抵達美國的移民數量急劇增加，移民子女母語教學的需求大增，也通過支持母語教學的立法（Petrzela, 2010）。1980 年代，由於這些課程方案需要大量資源，且非母語人士的英語學習進度緩慢，因而出現一些反對聲浪。然而，時至今日又轉向提供雙語課程，同時推廣母語與英語（例如，參見 Goldenberg & Wagner, 2015）。當學生高中畢業時的雙語表現優異，即可獲得雙語勛章認證（Seal of Biliteracy）（Seal of Biliteracy, 2016）。

美國各州共提出了 43 種不同語言的計畫，包括亞美尼亞語、法語、俄語和尤比克語（Yup'ik，阿拉斯加某些族群使用的語言）（USDOE, 2018a）。在美國，教導英語非母語兒童的英語課程形式十分多樣化，常見的課程方案有：

- **沉浸式課程（immersion programs）**：學術科目用英語教學，教師根據學生目前的語言程度調整用語。
- **以英語為第二語言的抽離式課程（English as a second language [ESL] pull-out programs）**：學生在校部分時間專門學習英語課程，但沒有專門學習母語的一般課程。
- **過渡式雙語教育課程（transitional bilingual education programs）**：學生在接受一些母語指導的同時，也接受學習英語的密集指導。過渡式課程的目標是讓學生盡快準備好過渡到一般的英語課程，如此一來才不會在數學、科學和社會研究等科目落後於其他同學。

· **發展式雙語課程（developmental bilingual programs）**：以學生的母語程度為基礎，同時將英語作為第二語言學習。學生初期用母語學習核心科目，但在藝術、體育和音樂等科目則以英語學習。等到具備足夠的能力，再用英語學習核心科目。

· **雙向沉浸式課程（two-way immersion programs）**：此方案的使用頻率比其他替代方案低，是將以英語為母語的兒童與正在學習英語的兒童安排在同一課堂學習。這類課程的教師需具備高超的教學技巧，整合語言學習並同時支持兩方學生的語言發展（USDOE, 2018a）。

要說哪種方法最有效，可謂眾說紛紜。許多課程方案並非單一形式，因此融合數種形式的方案彼此之間很難比較和評估（Guglielmi, 2008）。由於這些課程方案的預期目標不時變動，因此成效評估也必須隨之改變。如果目標是希望移民融入美國語言和文化，那麼沉浸式教學法就非常適合；另一方面，如果目標是促進多元文化，則雙語式教學法可能是最佳策略（Ginn, 2008）。

## 文化、認同與雙語

當家庭移民到不同的國家時，他們也帶著原本的文化和語言。儘管多數父母希望子女學習新語言，以便在移居國家取得成就，但許多人也希望子女保留原生國家的語言，即**傳承語言**（heritage language）（Krogstad & Gonzalez-Barrera, 2015）。使用傳承語言是兒童和青少年認同其家庭文化的重要方式，而且也不會影響他們的英語程度（Tsai, Park, Liu, & Lau, 2012）。具有強烈文化認同的父母，較會跟子女說傳承語言，因此孩子更有可能會說雙語。然而，傳承語言很容易佚失。例如，在美國出生的華裔第二代，僅有五分之一能說很流利的中文（Tsai et al., 2012）。

研究表明，即使同一文化的移民集居生活，例如南加州的墨西哥裔美國人，居住在新國家的第三代族裔對傳承語言的使用也大為減少（Rumbaut, Massey, & Bean, 2006）。2014年，美國 88% 的拉美裔青年表示他們的英語說得很好，37% 表示在家只說英語（Krogstad, 2016），許多人認為不需要靠說西班牙語來維持拉美裔身分認同。多數拉美裔青少年說他們將西班牙語和英語組合，稱為「西班牙式英語」（Spanglish）（Krogstad & Gonzalez-Barrera, 2015）。這些變化的後果之一是，兒童無法與不會說英語的祖輩溝通，也無法與留在原生國家的家庭成員交流，使得傳播文化、價值觀和維繫人際連結變得更加困難（Mejia & Carcamo, 2016）。第 10 章將詳加說明關於族裔認同的發展。

## 學習檢定

**知識問題：**

1. 雙語有哪些認知優勢？
2. 有哪些不同類型的雙語教育課程？
3. 移民者的母語與其族裔認同有何關聯？

**思辯問題：**

當兒童移民到美國時，是否應保留其傳承語言？為什麼？

# 語言障礙

### 學習問題 8.7・兒童可能罹患哪些類型的語言障礙？

當兒童有語言困難時，會影響他們的學業、社交和情緒。本節首先說明四種類型的溝通障礙，接著討論自閉症類群障礙兒童特有的語言困難，最後描述一種與書寫語言有關的特定學習障礙——閱讀障礙。

## 溝通障礙

兒童達到語言里程碑的年齡差異極大。然而當兒童開始上學後，教師和其他學校人員可能會發現之前父母沒有留意到的語言相關問題。DSM-5（APA, 2013）指出幾種影響兒童社交和學校表現的溝通障礙，包括聽、說和使用語言的能力：

・**語言障礙（language disorder）**是指兒童對語言的理解和產出語言的能力，遠低於其年齡的標準。兒童的詞彙量有限、不會使用正確的時態、無法記憶單詞或說出符合年齡期望的句子長度和複雜的句子。此外，兒童也難以描述事件或話題並進行對話。

・**語音障礙（speech sound disorder）**意指兒童的發音不正確，不符合其年齡發展（例如，用某一發音代替另一發音），造成兒童的口語難以理解，干擾社交和學業能力。

・**兒童期初發型語暢障礙症或口吃（childhood-onset fluency disorder or stuttering）**是指在說話的流暢度和時機出現困難。兒童不斷重複聲音或音節、重複整個單詞，以及在說話的單詞或句子中停頓。

・**社交或語用溝通障礙症（social or pragmatic communication disorder）**會造成語言和非語言溝通困難。兒童不會看場合與他人交流，例如，不打招呼、不懂得看對象是幼兒或成人來改變溝通方式、不會輪流對話或解釋誤會、無法理解一詞多義的幽默或隱喻。

任何兒童都有可能不時出現這些語言問題，但除非問題持續存在、語言能力大幅落後於同齡兒童應有的程度，且問題干擾生活的其他面向（例如與他人交流的能力或在校表現），才會被視為障礙。有些研究發現語言障礙與親子互動和社會情緒發展困難有關，因此必須儘早發現和治療，以免衍生出繼發性問題（Vissers & Koolen, 2016）。受過專業訓練的語言病理學家，可以協助罹患溝通障礙的兒童。

## 自閉症類群障礙

第 5 章曾提到自閉症類群障礙（ASD）的診斷標準。語言發展是自閉症診斷的核心，本節首先說明自閉症的溝通障礙面向，包括語言和非語言溝通困難；障礙影響範圍從完全沒有語言，到社交互動語言缺損（APA, 2013）。

有些自閉症兒童根本無法說話，另有些兒童的語言刻板或重複，他們會說一些與對話無關的話，例如一直重複數字 1 到 5。有些自閉症兒童有**鸚鵡式仿說（echolalia）**，會一直重複聽到的話（就像回聲一樣）。例如，父母問孩子：「小弘，你想要什麼？」孩子會回答：「你想要什麼，小弘？」而不是回答父母的問題。他們也可能有**延遲仿說**（delayed echolalia），也就是日後在不適當的情況下重複他人說過的話。自閉症兒童也可能以奇怪的方式說話，例如用非常高的音調或像機器人一樣說話，有些則會仿說在電視或其他媒體上聽到的內容（NIDCD, 2018）。

自閉症兒童的許多典型日常對話能力也有困難。閱讀「主動學習：觀察對話能力」，加強你對進行有效對話所需能力的理解，這些能力是本章前述所提及的**語用**能力之一。

主動學習

### 觀察對話能力

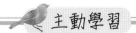

你可曾想過我們在進行對話時使用了多少社交能力？這些能力協同合作，將言語賦予意義，透過交談交換訊息。

找個地方觀察彼此認識的人之間的對話，例如校園自助餐廳或學生自習室。如果是在課堂進行這個活動，可以找一些同學，有的當對話者，有的當觀察員。為減少尷尬，可給參與者一個話題來討論，例如上週的天氣或最近在校園發生的事情。話題是什麼並不重要，只要不具有爭議性即可，因為我們要觀察的是對話，而不是爭論。

當參與者說話時，花 3 到 5 分鐘仔細觀察他們為維持對話和有效溝通做的所有事情。你可將下文中提及的對話線索做成列表，將觀察內容與之比較。留意觀察參與者的對話過程符合多少對話線索。

在美國，對話的特徵通常是對話者之間有眼神接觸。若同意對方的說話內容，則頷首微笑；如不同意，就皺眉搖頭。我們所說的話語通常與面部表情和肢體語言相稱，多數情況下，一方會等另一方說完再接著說；輪流說話，鮮少打斷對方或插嘴；為了讓對話繼續下去，會試著在已經說過的內容中加入新的訊息，或就前一位發言者的內容提問。對話者彼此之間會保持適當的距離（所謂的適當距離則取決於所處文化和關係的親密程度），交談的時候，朋友的距離通常比陌生人或同學更近。面部表情、示意動作和肢體語言會配合談話的主題，若說話者開起玩笑，聽者會仰頭大笑，顯示他們樂在其中；若是討論一些苦惱或嚴肅的事情，他們可能會垂頭喪氣、咬指甲或撥弄手指；若有人說到擔憂或令人失望的事，另一個人可能會撫摸他的手臂或背部來安慰他。如果話題改變，其中一位說話者可能會用「對了，……」或「你覺得呢……？」以表示對話正在導入新的話題。想要結束對話時，則會說：「我現在要去上課了。」或「晚點見。」

閱讀前面這一段時，你可能覺得：這不就是我們所熟悉的常識嗎？進行「主動學習」的觀察活動時，你可能對這樣的常識太熟悉到甚至沒有注意一些細節。現在，想像與你交談的人在你說話時沒有看著你的眼睛、沒有回應你說的話，或者雞同鴨講、面無表情、沒有使用任何示意動作，或表情和示意動作與說話內容毫不相干，這些情況會讓進行對話有多困難。這些都是自閉症兒童常見的語用問題（NIMH, 2018）。

**培養語言能力**。特教老師正在鼓勵這位自閉症男孩使用語言。自閉症兒童使用語言或用語言來表達某些事物（如情緒）的能力非常有限。

*©Shutterstock / Photographee.eu*

隨著自閉症兒童長大，他們逐漸意識到難以理解他人和被他人理解，他們的憤怒、沮喪或焦慮可想而知。這些雖不是自閉症本身的症狀，但卻是自閉症的衍生後果和挑戰（Uljarević et al., 2019）。

## 閱讀障礙：一種和語言有關的學習障礙

第 7 章曾說明特定學習障礙，本節則要探究**閱讀障礙（dyslexia）**，它是一種影響閱讀能力──包括單詞識別、理解和拼寫問題的特定學習障礙（APA, 2013）。閱讀障礙是一種神經發展障礙，也就是大腦的功能和結構在發育過程中出現問題，可能的原因包括遺傳（APA, 2013; Plomin, Kovas, & Haworth, 2007）、產前環境不良、分娩過程中受傷或出生後不久罹患嚴重疾病或受傷。極度營養不良或暴露於環境毒素也是可能的因素（National

Institute of Child Health and Human Development, 2012）。

約有半數的閱讀障礙兒童在兒童早期就顯現出語言發展問題（Snowling, 2012）。當他們閱讀的時候，由於很難區辨各個語音，使得識別和拼寫單詞難上加難（APA, 2013; Snowling & Hulme, 2011）。由於閱讀困難很早就開始，影響擴及整個求學時期，因此必須趕在兒童變得逃避閱讀之前，儘早讓他們在學校接受處遇（Ferrer et al., 2015）。愈來愈多的證據表明，系統性語音訓練可以提高閱讀障礙兒童的閱讀能力，可惜效果不彰（Duff & Clarke, 2011）。然而，即使提高閱讀準確性，閱讀流暢度和拼寫仍有可能演變為長期存在的問題。由於障礙性質和嚴重程度不同，有必要針對特定的閱讀能力予以加強或多管齊下，特別是障礙程度較為嚴重的學生（Snowling & Hulme, 2011）。

**閱讀障礙**。許多兒童喜歡閱讀，但對於患有閱讀障礙的兒童來說，閱讀是每天都要面對的苦差事。

*©iStockphoto.com / danchooalex*

### 學習檢定

**知識問題：**

1. DSM-5 中列出哪些類型的溝通障礙？
2. 自閉症類群障礙如何影響兒童使用語言和與人溝通的能力？
3. 閱讀障礙兒童會碰到什麼困難？

**思辯問題：**

本章曾提到語言的五個基本面向：音系、構詞、語法、語義和語用。本節所描述的每種語言障礙，分別和哪些面向有關？

## 結語

語言是人類至關重要的經驗。我們用語言與他人產生連結，交流想法、感受和需求，並用語言來理解世界。正如本章所述，我們無法真正將兒童發展的任何一個面向獨立切割來看，語言發展亦受兒童社會和情緒經驗的影響。本書的下一部分，將說明兒童的語言能力和認知能力如何在其社會和情緒發展中發揮重要作用。

# Part 4

# 社會與情緒發展

*Chapter 9*

情緒發展與依戀

·

*Chapter 10*

認同：自我、性別與道德發展

·

*Chapter 11*

社會發展：社會認知與同儕關係

# *Chapter 9*

# 情緒發展與依戀

## 學習問題：

9.1 什麼是情緒？生理和文化如何形塑情緒？

9.2 什麼是氣質？

9.3 兒童如何學會調節和控制自己的情緒？

9.4 正常的情緒是如何發展的？兒童與青少年會出現哪些情緒問題？

9.5 什麼是依戀？為什麼依戀對發展很重要？

9.6 什麼是依戀障礙？

## 課前測驗

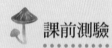

判斷以下每個陳述內容是「對」或「錯」，測試你對兒童發展的瞭解，接著在閱讀本章時，檢視你的答案。

1. □對　□錯　情緒是普世皆同的，所以全世界的人都能理解彼此的情緒表達。
2. □對　□錯　個人與生俱來的氣質將持續終生。
3. □對　□錯　對待焦慮兒童最好的辦法，就是忽略他的恐懼，才能讓兒童擺脫恐懼。
4. □對　□錯　荷爾蒙是青少女憂鬱症發病率較高的主要原因。
5. □對　□錯　詢問青少年是否考慮自殺，會害他更易將自殺付諸實行。
6. □對　□錯　對有行為規範問題的青少年使用「嚴厲的愛」措施（例如，荒野求生營或新兵訓練營），能有效矯治這些青少年。
7. □對　□錯　當嬰兒因為父母離開而哭泣時，表示他們過於依戀父母。
8. □對　□錯　要形成安全依戀，母親必須在嬰兒出生後立即與嬰兒接觸。
9. □對　□錯　雖然幼兒對父母發展出不安全依戀，但在年齡漸長之後仍然可以安全地依戀父母。
10. □對　□錯　同儕關係安全依戀的青少年，親子關係通常也是安全依戀的。

---

正確答案：1.錯；2.錯；3.錯；4.錯；5.錯；6.錯；7.錯；8.錯；9.對；10.對。

# 情緒：普世性與差異性

## 學習問題 9.1‧什麼是情緒？生理和文化如何形塑情緒？

你通常是一個愉快積極的人，還是時常陷在悲傷的情緒裡苦苦掙扎？你容易驚慌失措，還是鎮定自若？你冷靜隨和，還是容易被激怒？本節將討論形塑情緒表達、體驗和解讀情緒的生理基礎和環境影響。

## 情緒的定義

當你觀看恐怖電影時，你可能會感覺到心跳加速、心情緊張、想抓住身邊朋友的手臂，當隱藏的威脅步步進逼，你可能會嚇得跳起來。這種恐懼的體驗包括身體的生理反應、你對情況的解釋、你與他人的互動以及你的行為，這些都是**情緒（emotion）**的其中一部分。我們會經歷一連串的情緒，從快樂到悲傷、從憤怒到害怕、從尷尬到厭惡，不一而足。

**看恐怖電影**。恐怖電影會引起許多情緒反應。為什麼在看恐怖電影時會遮住（或部分遮住）眼睛？因為你試圖控制刺激接收量，把刺激維持在一個令人感到興奮和有趣、但又不至於負荷不了的程度。
*©iStock / Image Source*

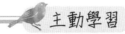

想理解情緒在溝通時發揮的重要作用，其中一種方法是看看情緒若不存在的話會發生什麼事。閱讀「主動學習：為什麼要使用表情符號」，瞭解缺乏情緒表達的電子通訊會出什麼問題，以及該如何解決這類問題。本節另將說明情緒表達的文化差異。

主動學習

### 爲什麼要使用表情符號

如果有人寫：「我想見你。」你會怎麼解釋？這個人是說好久沒見到你，還是準備罵你一頓？沒有了肢體語言或語調，我們無從得知發訊者的感受。早在 1982 年，電腦科學教授 Scott Fahlman 就曾建議線上溝通應包含字元符號「:-)」，以區分文意是諷刺、自嘲還是正經的話（Bellis, 2019）。即使僅使用一個簡單的表情符號（emoticons），就會讓意思大相逕庭，例如：「我想見你 :-)」與「我想見你>:-(」。早期以字元符號來表示的表情符號，如今多半被圖形式的表情符號（emoji，顏文字）取代，但它們的目的是一樣的——幫助收訊者理解訊息裡的情緒。事實上，在當今的電子通訊中，有時一個表情符號就能代表訊息的全部內容。

不同的文化發展出不同的表情符號。西式表情符號的寫法通常要將頭向左傾斜來看才能意會，而東方的表情符號通常是正面朝上，這兩種風格的表情符號反映出個人理解他人情緒的文化差異。在解讀表達不同情緒的臉部照片時，西方人傾向於掃描整個臉部，東方人注意的是眼睛（Jack, Blais, Scheepers, Schyns, & Caldara, 2009）。比較兩種文化所使用的表情符號，可看出其中差異相當明顯：

| 東 / 西方的表情符號比較 | | |
|---|---|---|
| 情緒 | 西方 | 東方 |
| 快樂 | :-) | (^_^) |
| 難過 | :-( | (;_;) or (T_T) |
| 驚訝 | :-o | (o.o) |

智慧型手機用戶都很熟悉的**顏文字**，是日本所開發的圖像符號，現在幾乎所有的社交媒體都在使用。表情符號旨在確保收訊者理解訊息裡的情緒涵義。雖然表情符號本應具有標準涵義（Unicode Consortium, 2019），但實際上它們並非放諸四海皆準。根據個人所處的文化和語言，表情符號可以有不同的涵義和弦外之音。

你如何解讀這些常用的表情符號？想像一下，如果你把圖像涵義與 Unicode 聯盟（Unicode Consortium，萬國碼聯盟）（譯注：是統籌萬國碼發展的非營利組織）頒布的標準涵義搞混，恐會讓你跟對方的溝通中斷。

圖 9.1　表情符號及其涵義

**資料來源：**Based on Dahlgreen (2015) and Barbash (2015).

答案：A圖：這在萬國碼裡代表睡眠，許多人誤以為它是悲傷或不快樂。
B圖：這個表情符號是趾高氣揚的表情，而非指生氣或受夠了。
C圖：這個表情符號是指頭昏眼花，而非指震驚、無聊或精疲力竭。

由於情緒包含生理成分，因此在許多文化中，**基本情緒（basic emotions）**的表現似乎有許多相似之處，如：喜悅（happiness）、悲傷（sadness）、恐懼（fear）、憤怒（anger）、好奇（interest）及厭惡（disgust）。有學者認為基本情緒是自發產生，並非後天習得的，因為世界各地的嬰兒都表現出基本情緒。更多證據顯示，基本情緒不是經由模仿他人而習得的。研究發現，在真實的情緒表露環境中，視覺障礙者的臉部表情模式，與視力正常者是相似的（Valente, Theurel, & Gentaz, 2018）。

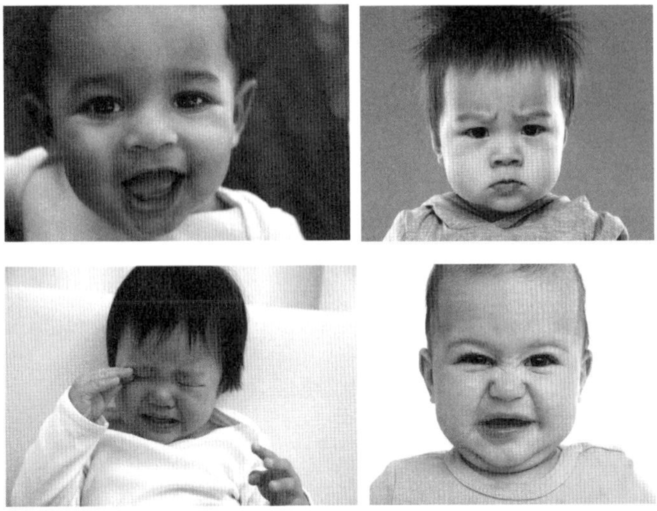

**基本情緒**。由於基本情緒具有生理成分，因此嬰兒從出生開始就會表現基本情緒。基本情緒普世皆同，讓人一眼即能辨識。上圖左是快樂，上圖右是生氣。下圖左是悲傷，下圖右是厭惡。
*©iStock / jfairone; iStock / leungchopan*

基本情緒或許普世皆同，但也有相當多的證據表明，隨著時間過去，情緒表達和理解他人情緒的方式，部分取決於所處文化、語言、性別、氣質和個性的影響（課前測驗第 1 題）（Gao, Chiesa, Maurer, & Schmidt, 2014; Kayyal & Russell, 2013; Wingenbach, Ashwin, & Brosnan, 2018）。在鼓勵情緒表達的文化中，人們會用大笑來表達喜悅；但在情緒表達較為含蓄的文化中，同樣快樂程度的人們可能只會微微露齒一笑。在兩個不同的文化中，這兩種笑雖然看起來不一樣，但卻代表相同的情緒。應當（或不應當）於何時、如何及向誰表達情緒的文化規範，就是所謂的**情緒表達規則（emotional display rules）**。兒童在發展早期就是根據這些規範，去學習如何、在何處及何時表達情緒。

西方文化鼓勵個體表達內心感受，並用情緒影響他人。因此，高興、興奮甚至害怕或生氣等高強度情緒都是可以被接受的。在東方文化中，與他人連結和順從是值得稱許的，因此，冷靜、知足、放鬆或平和等低強度情緒更易為人所接受（Lim, 2016）。在重視個性和獨立的歐美文化中，兒童漸漸明白，表現自大自滿甚至勃然大怒等情緒是可以接受的，因為這些情緒彰顯出個體的獨立性，而貶低個性的內疚和羞愧等情緒則不可取。相反地，在重視相互依存與和諧的東亞文化中，羞愧或內疚是可以接受的，因為這表示個體意識到自己的行為如何影響到他人，必須改進。而生氣之所以不可取，是因為它威脅到關係和諧（DeLeersnyder, Boiger, & Mesquita, 2013; Safdar et al., 2009）。移民到一個新國家時，適應新國家的情緒表達規則是文化適應過程的一部分（DeLeersnyder, Mesquita, & Kim, 2011）。

對情緒的聯想與解讀，稱為**情緒基模（emotion schemas）**，影響著我們體驗和表達情緒的方式。基模是一個認知框架，將外在世界加以組織、歸類和聯結。悲傷的時候，我們會提取大量的聯想和記憶來瞭解感受，把這個經歷貼上標籤，與其他的悲傷經歷聯結起來，並自忖在他人面前表達悲傷是否恰當。舉例來說，「大男孩不哭」的想法強力箝制許多美國男孩的悲傷表現，使得他們在需要幫助時不敢求助，甚至難以理解自己的悲傷情緒。在美國，被棒球擊中的男孩雖然忍不住想哭，但如果他的哭泣基模包括「大男孩不哭」，他可能會將悲傷轉為憤怒，因為美國文化比較能接受憤怒的情緒表達。

## 情緒的發展：自我和他人的作用

在發展出任何自我意識之前，兒童就已經從他人身上學習情緒。本節首先描述兒童如何透過社會參照和同理心來瞭解自身的情緒，接著討論自我意識的進一步發展，如何使兒童經驗到內疚和羞愧等自我意識情緒。

### 社會參照

瞭解自身情緒的方法之一是：在不確定**自己**該如何反應時觀察**他人**的反應，此一過程稱為**社會參照（social referencing）**。在 1 歲之前，當嬰兒面臨不熟悉的情況時，他們會先看看母親的反應（Thompson, 2019）；如果母親在微笑，嬰兒就會做出正向的反應；如果母親看起來很痛苦，嬰兒也會表現出痛苦的模樣。你可能見過嬰幼兒看到別人笑之後，他也跟著笑了起來，但其實他們不知道自己在笑什麼。你或許也曾見過學步兒不小心輕輕撞了一下，他有點訝異，但不是因為撞痛了，他望向爸媽，觀察他們的反應。如果父母的反應不大，他可能就繼續玩耍；但如果父母大驚失色，他可能會開始大哭。當然如果幼兒真的受傷，父母一定要趨前關心安慰一番。

嬰幼兒也會看不同場合，向不同的人尋求社會參照。例如，看到同伴對玩具表現出害怕的反應，他們就不想玩那個玩具了（Nichols, Svetlova, & Brownell, 2010）。有的情況則是嬰兒回應父親的情緒，多過於回應母親的情緒。當嬰兒處於瀕臨危險的境地（例如第 5 章的視覺懸崖實驗），嬰兒更容易對父親的焦慮起反應，如果父親的神色看起來十分擔心，嬰兒極有可能不敢越過視覺懸崖（Möller, Majdandžic, & Bögels, 2014）。

### 同理心

在電視或電影中看到劇中人物哭泣時，你的眼眶是否也在泛淚？感受他人的感受，無論是快樂還是痛苦，都是**同理心（empathy）**的本質，也是許多人際互動的基礎。即便是嬰兒都能展現同理心；嬰兒如果聽到另一個嬰兒的哭聲，他也會跟著哇哇大哭（Geangu, Benga, Stahl, & Striano, 2010）。分擔他人的苦惱時，我們常以幫助或安慰對方來表達**同情心（sympathy）**。第 10 章討論道德發展時會再進一步討論同理心，在此之前請先閱讀「主動學習：同理心和同情心」，來瞭解兒童如何表達同理心。

主動學習

## 同理心和同情心

進行以下實驗來觀察兒童的同理心和同情心（Robinson, Zahn-Waxler, & Emde, 1994）。找一位你認識的兒童，故意假裝你受傷了，例如被抽屜夾到手指、踢到腳或一些明顯但輕微的傷害。事先多加練習，這樣你的演技才比較逼真。

兒童有何反應？有的幼兒會無視、大笑、一臉受傷的表情；有的會問你是否需要 OK 繃或問「你還好嗎？」來表示同情。從兒童換位思考及同理他人痛苦的能力，來思考每種行動的意義。隨著年齡漸長，兒童會從同情你時表現個人的痛苦（例如，自己也哭了），轉為更關心你的感受，並想幫助你感覺好一點。

觀察兒童的反應後，記得要向他保證你現在好多了、一點也不會痛了。如果他試圖幫助你，你也要表達感謝之意。

如果父母能經常與幼兒討論情緒和心理狀態，孩子會更有意願關心那些身處困境的人、試圖安慰他人、更快且更常去同理有需要的人（Drummond, Paul, Waugh, Hammond, & Brownell, 2014）。如果搜尋有關年齡較大兒童與青少年同理心的研究文獻，會發現對缺乏同理心青少年的研究，比對同理心發展良好的青少年研究要多得多。缺乏同理能力與青少年性虐待、犯罪、反社會或霸凌有關。與他人建立友善關係的經驗可保護兒童與青少年遠離這類問題。例如，兒童與父母的安全依戀，和青春期的高度同理心發展有關（Murphy, Laible, Augustine, & Robeson, 2015）。依戀在兒童情緒發展的許多面向上都扮演著重要的角色，本章稍後將進一步說明。

**同理心**。即使是幼兒也有同理心，會試圖安慰他人，就像這個男孩安慰他的朋友一樣。

*©iStockphoto.com / Imagesbybarbara*

## 自我意識情緒

情緒通常可區分為基本（或主要）情緒和自我意識（或次生）情緒。前面談到嬰兒在出生後的第一年就會表現基本情緒，但諸如自豪、羞愧和內疚等次生情緒發展較晚，因為幼兒尚未具備完整的自我意識（Lewis, 2011）。次生情緒有賴於幼兒懂得思考事件如何影響自我評價，這就是為什麼次生情緒也被稱為**自我意識情緒（self-conscious emotions）**。

幼兒通常在 3 歲時開始發展尷尬、內疚和羞愧等情緒，並在兒童早期隨著愈來愈瞭解所處生活世界的社會標準、規則和目標而增加（Bafunno & Camodeca, 2013）。

辨識基本情緒之間的差異很簡單，但次生情緒之間的差異較為隱微，需要進一步解讀。內疚和羞愧的區別在於，一個側重行為，另一個側重自我。當兒童想到自己曾做過的某件特定行為，心生懊悔時（「我做了壞事」），就會產生**內疚（guilt）**。內疚造成的自責感，常促使我們做些事情來彌補（Stuewig et al., 2015）。若側重於自身無法改變的某個面向時（「我是個壞人」），就會產生**羞愧（shame）**。羞愧也與個人失敗有關，例如課業或運動表現不佳；內疚則與道德問題有關，例如傷害他人。

在西方文化中，羞愧的經驗通常與無價值感和無能感有關。兒童感覺到他人的審查視線，試圖隱藏自己；或因為羞愧轉而歸咎他人，惱羞成怒地反擊，這些兒童到了青春期更容易出現偏差行為。心懷內疚的人通常會以道歉或賠償來彌補自己的不良行為，兒童期的內疚傾向與青春期的正向行為有關，包括較少性伴侶和較少使用藥物酒精（Stuewig et al., 2015）。第 10 章將詳細討論道德發展的過程，以及兒童如何內化文化灌輸的價值觀——如果違反這些內化的標準，就會感到內疚或羞愧。閱讀「主動學習：羞愧和內疚」，看看你是否能區分羞愧和內疚。

主動學習

## 羞愧和內疚

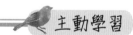

在一個聚會上，你說了一些傷害朋友的話，你知道他聽到了。之後你的想法是「我無法相信我是會做那種事的人」，還是「我很抱歉我傷害了我的朋友」？ 這兩種反應中，哪一種是內疚，哪一種是羞愧？你接下來的行動，會因為你是「內疚」或「羞愧」而有所不同嗎？

答案：認為自己說了傷人的話，而覺得自己是壞人，這是羞愧的表現；認為自己的行為傷害了別人，則是內疚的表現。通常在西方文化中，羞愧會導致退縮或憤怒，內疚則比較有可能驅使你向對方道歉。

學習檢定

**知識問題：**

1. 什麼是基本情緒？
2. 基本情緒和自我意識情緒的差別何在？
3. 社會參照如何影響兒童的情緒表達？
4. 同理心與同情心有何關聯？
5. 如何區別羞愧和內疚？

**思辯問題：**

生理和文化，與情緒經驗和情緒表達方式有何關聯？

# 氣質

## 學習問題 9.2・什麼是氣質？

你喜歡還是討厭恐怖片？你對上台報告躍躍欲試，還是想逃之夭夭？當你陷入車陣，你會怒不可遏還是泰然自若？**氣質（temperament）**是回應外在世界經驗的整體方式。儘管不同的經歷會喚起不同的情緒反應，但氣質意味著個體具有慣性的情緒風格，使其往往以特定方式回應各種事件。有些人害羞、膽小、易受驚嚇，有些人大膽、外向、無所畏懼，有些人則總是一副挑釁凶悍的模樣。

特定反應方式的個別差異，顯示這是個體習得而來的特有回應經驗的方式。但不少父母表示，他們的孩子從出生那一刻起就各不相同。一個安靜，另一個很吵鬧；或一個很挑剔，另一個很容易滿足。有些證據表明這些父母是對的，我們與生俱來就有某種氣質，在某種程度上這是先天傾向（National Library of Medicine, 2019）。本章後續將討論氣質是否會維持不變，以及何時會出現變化。

### 氣質的測量

描述和測量氣質最有影響力的學者，當屬 Alexander Thomas 和 Stella Chess（Chess & Thomas, 1999; Thomas & Chess, 1977）。他們對父母們進行結構化訪談，找出影響兒童氣質的九大向度：活動量（activity level）、適應性（adaptability）、趨避性（approach or withdrawal）、專注度與堅持度（attention span and persistence）、分心程度（distractibility）、反應強度（intensity of reaction）、情緒本質（quality of mood）、節奏性（或規律性）

（rhythmicity [or regularity]）及反應閾（threshold of responsiveness）。兒童在每個向度的得分高、低或平均，綜合可得出三種氣質類型：易養型、慢熱型和難養型，表 9.1 呈現這三種氣質類型兒童在九大向度中的特性。

根據 Chess 和 Thomas（1999）的研究，**易養型氣質（easy temperament）**兒童通常具有正向的情緒，很快就能適應變化，飲食、睡眠和排泄等模式規律可預測。相較之下，**難養型氣質（difficult temperament）**兒童情緒偏向負面、容易受挫，適應變化的速度較慢，飲食、睡眠和排泄不規律，難以預測。與易養型兒童相比，他們對外在情況的反應更為強烈。對這些孩子來說，重要的是父母要努力保持周遭環境的規律性和可預測性，逐步引入變化。**慢熱型氣質（slow-to-warm temperament）**兒童對新經驗（無論喜歡或不喜歡）的反應比難養型兒童溫和，但比易養型兒童的反應強烈。但是若能給他們一些時間，不要催促他們，隨著反覆接觸新經驗，他們會自行慢慢適應。慢熱型兒童的飲食、睡眠和排泄模式雖不像難養型兒童那般難以捉摸，但不如易養型兒童規律。

**表 9.1**　**氣質群像**。這張表呈現 Thomas 和 Chess 歸類的「易養型」、「慢熱型」及「難養型」兒童，在九大氣質向度中的簡略描述。

| 氣質向度 | 易養型 | 慢熱型 | 難養型 |
| --- | --- | --- | --- |
| 活動量 | 因人而異 | 低到中 | 因人而異 |
| 適應性 | 快 | 慢 | 慢 |
| 趨避性 | 主動接近 | 一開始會逃避 | 退縮逃避 |
| 專注度與堅持度 | 高或低 | 高或低 | 高或低 |
| 分心程度 | 因人而異 | 因人而異 | 因人而異 |
| 反應強度 | 弱或中 | 中 | 強 |
| 情緒本質 | 正向 | 稍微負向 | 負向 |
| 節奏性（或規律性） | 高 | 因人而異 | 低 |
| 反應閾 | 高或低 | 高或低 | 高或低 |

**資料來源：**改編自 Chess, Thomas, & Birch (1965).

**注意：**Thomas 和 Chess（1977）對兒童氣質的初期研究發現，易養型兒童約占樣本的 40%，難養型約占 10%，慢熱型約占 15%。其餘 35% 的兒童無法歸類，因為他們在不同類型中都有表現出這些特徵，或在不同場合表現出的行為類型不一致。

Chess 與 Thomas（1999）另提到，找出氣質並瞭解其可能衍生的結果之後，更重要的是兒童氣質與環境要求之間的**適配性（goodness of fit，或稱契合度）**。例如，如果嬰兒非常畏懼噪音和人群，敏察度高的父母會避免嬰兒接觸這些刺激，或只在嬰兒有足夠休息、吃飽和舒適時才帶他接觸這些環境，從而創造一個孩子的氣質與所處環境非常契合的條件。氣質在兒童發展中擔任吃重的角色，例如，本章稍後將說明嬰兒的氣質與其對母親的依戀品質有關。

描述和測量氣質的第二種有影響力的方法得歸功於 Mary Rothbart（1981）。Thomas 與 Chess 的研究源自於臨床工作，但 Rothbart 更強調氣質的神經生物學基礎。她將氣質定義為反應性和自我調節的生理差異，但她也相信這些特徵受經驗影響，且會隨著年齡增長而發生變化（Rothbart & Bates, 2008）。她進行嬰兒研究，找出三個組成氣質的高階因素：外向性（extraversion）、負面情緒（negative emotionality / affect）和主動控制（effortful control）。本章後續將討論**主動控制**對自我調節的作用，主動控制是氣質的其中一個特徵，隨著兒童年齡增長，其重要性益加顯著。主動控制與畏懼退怯一樣，與日後的良心發展有關（Rothbart, 2012）

## 氣質的穩定性

與生俱來的氣質是否成為我們持續終生情緒反應的基礎，是個複雜難解的問題。儘管隨著時間過去，許多兒童的氣質維持不變（Carranza, Gonzalez-Salinas, & Ato, 2013; Casalin, Luyten, Vliegen, & Neurs, 2012; Neppl et al., 2010），但也有許多兒童的氣質發生變化。不過，氣質特徵通常不會從一個極端轉變為另一個極端（課前測驗第 2 題）（Bornstein, Hahn, Putnick, & Pearson, 2019; Carranza et al., 2013）。氣質變化的其中一個原因是，兒童成長的文化更看重並鼓勵哪些特徵？例如，在強調兒童應聽話乖巧的文化中，父母和周遭成人會施加壓力，要求反應非常強烈的孩子學習克制忍耐，如此一來他的行為才能更符合社會環境的期望。

想想你的氣質為何？如果你現在是個害羞的人，你小時候也害羞嗎？如果你現在性格外向，曾有人說你是個容易親近的小孩嗎？你是否曾經很害羞，到了一定年齡之後卻變得比較外向？想多瞭解 Rothbart 研究氣質的方法及理論是否適用於你，請依照「主動學習：氣質」中的建議，訪談你的父母。

主動學習

## 氣質

根據對父母們的訪談結果，Mary Rothbart 等人認為氣質的三個基本向度包括：（1）外向性，（2）負面情緒，（3）主動控制（Rothbart, Ahadi, Hershey, & Fisher, 2001）。使用這些向度訪談你的父母，瞭解你小時候的狀況。以下是 Rothbart 的**兒童行為量表**（Children's Behavior Questionnaire）中每個向度的樣本題（譯注：中文版請參見陳韻如與雷庚玲（2014）：學齡前自閉症光譜疾患兒童的氣質與適應。國立臺灣大學心理學研究所博士論文），每個特徵的兩個描述代表該向度連續光譜的兩端。你分別落在連續光譜的哪個位置？

外向性：和其他孩子玩耍時經常大笑—**或者**—更喜歡待在一旁觀看而不是和其他孩子一起玩。
負面情緒：得不到想要的東西時會亂發脾氣—**或者**—生氣煩躁時很容易安撫。
主動控制：可聽從旁人的要求降低聲量—**或者**—經常不假思索地衝動行事（Neppl et al., 2010; Rothbart et al., 2001）。

你對外在經驗是否快速做出反應，例如立即抓住想要的物體，還是需要慢慢地適應新環境？沮喪或生氣時，你是否能夠讓自己平靜下來？父母對你兒時的描述，仍然適用於現在的你嗎？如果你的氣質發生重大變化，引發這種變化的原因為何（例如，因為轉學到新學校並結交到新朋友而變得更加外向）？對某些人來說，這些氣質指標似乎穩定不變，但在某些經驗的推波助瀾下，氣質也有可能發生變化。

**氣質**。兒童的氣質可能從害羞、開朗到調皮大膽，落在這個連續光譜上的位置，會影響兒童如何詮釋新的經驗。你落在哪個位置？你一直都是這樣嗎？
*©iStock / altanaka*

## 學習檢定

**知識問題：**

1. 如何定義氣質？
2. Thomas 與 Chess 將氣質分成幾種類型？
3. 何謂**適配性**，它的重要性為何？
4. Rothbart 認為氣質的三個向度是什麼？
5. 氣質如何或在何時會隨著時間而改變？

**思辯問題：**

試想生活當中一個你的氣質特徵和環境要求不適配的情況。如果有的話，你做了什麼來改善適配性？如果你不改變，可能會有什麼結果？

# 情緒調節與自我控制

### 學習問題 9.3・兒童如何學會調節和控制自己的情緒？

**情緒智商（emotional intelligence）**意即理解和控制自己的情緒、理解他人的情緒，並能利用這些理解來讓人際互動順利進行（Kahn, Ermer, Salovey, & Kiehl, 2016）。情緒智商的兩大重點是情緒調節與自我控制。這兩個詞有時雖能互換，但兩者之間仍有一個重要的區別。調整感受以妥善處理事件，此為**情緒調節（emotion regulation）**；連行為也加以控制時，就是**自我控制（self-control）**。情緒調節是根據特定情況調整情緒反應，是鍛鍊自我控制的良好機會，藉此學習喚起適當的反應或抑制不適當的反應，從而達到目標（Paschke et al., 2016）。本節將描述嬰幼兒學習調節情緒的方式，接著討論兒童期自我控制能力的發展。

## 情緒調節

當兒童（和成人）能夠控制自己情緒的表達，他們才會以正向的方式運用情緒。無法控制情緒的成人，做出的不良示範之一就是路怒症。路怒症駕駛者會對擋路的人窮追不捨，置自己和他人於危險境地。當幼兒亂發脾氣時，也是同樣地無法控制怒氣。路怒症駕駛者的行為與學步兒鬧脾氣無異，所以下次碰到塞車或有人擋路時，記得要深呼吸，緩和心情。

**調節情緒**。路怒症駕駛就像一個脾氣暴躁的小孩。從這兩張圖片可知，這兩個人都沒能好好調節和控制自己的負面情緒。

*©iStock / RapidEye; iStock / dzigns*

新生兒幾乎沒有調節自身情緒的能力，直到約 6 個月大時，嬰兒的大腦額葉才發育到足以調節情緒衝動（Smith, Diaz, Day, & Bell, 2015）。因此，嬰兒幾乎沒有能力調節他們對外在事件的反應，他們只知道當下的感覺和需求。

在額葉發育到足以成為嬰兒的「情緒管理者」（emotional manager）之前（Smith et al., 2015, p. 264），嬰兒必須仰賴照顧者來調節苦惱。父母可以抱抱不舒服的嬰兒，或者給他一個安撫奶嘴（Dayton, Walsh, Oh, & Volling, 2015）。你一定有過在非常疲倦或飢餓時，更難以自我控制的經驗，因此父母必須提供可預測的常規環境來協助嬰兒管理情緒。定時吃飯、睡覺和遊戲，有助於防止嬰兒太餓、太累或太無聊。

嬰幼兒第一次嘗試的情緒調節，可能是一些自我安撫行為（self-soothing behaviors），例如：吸吮姆指、緊握著最喜歡的安全毯不放，或不去看讓人害怕討厭的物體（Eisenberg, Hofer, & Vaughan, 2007）。當嬰兒受到過度刺激時，他們也會隱微地發出信號。如果你和嬰兒玩耍時，嬰兒突然打哈欠、伸展身體或轉過臉去，這就是他想讓你知道現在在做的事情已經令他不堪負荷了，此時就需要減少外在刺激量。敏察地回應嬰兒發出的信號——無論餓、累還是不舒服，都有助於嬰兒學習調節自己的情緒。因為這樣可以讓他知道，他不需要靠發狂來搏得照顧者的回應。

隨著嬰兒成長為學步兒，周遭成人成為他們調節情緒與控制行為的榜樣。如果成人用發飆怒吼的方式宣洩自己的挫敗感，幼兒就會以為這種行為是可以接受的。最佳做法應該是在採取行動之前先保持冷靜，用言語表達挫敗感，以自我控制取代衝動行為。例如，曾和幼兒相處的人都知道，這個年齡的幼兒很常咬人和打人，此時你可以對他說：「用說的。」提醒孩子用其他更為人所接受的方式來表達挫敗感。隨著兒童漸長，他們要繼續學習有效控制負面情緒的方法，成人也必須關心情緒調節失利的兒童與青少年。

John Gottman（2001）提出兩種父母教導孩子處理情緒的方式，分別為**情緒指導**（**emotion coaching**）和**情緒消除**（**emotion dismissing**）。他首先假設負面情緒是不愉快的，我們必須找到方法處理。情緒消除型的父母通常認為情緒是有害的，因而想保護孩子免受情緒的影響。他們弱化情緒的重要性，試圖分散孩子的注意力或逗孩子開心，企圖消除負面情緒。例如，如果孩子因為受傷而生氣了，情緒消除型父母會弱化這件事，說：「這只是個小擦傷，沒什麼大不了。過來跟我一起玩這個遊戲。」這類型的反應等於是告訴孩子他不瞭解自己的感受、或他的感受無關緊要。這類父母並非不關心孩子，而是覺得負面情緒讓人不舒服，以為採取忽略負面情緒的方式能夠讓孩子感覺更好。情緒消除型的父母希望孩子快樂，所以他們認為孩子的負面情緒是父母失敗的標誌。由於這類父母不會使用描述情緒的語言，所以他們的孩子不知道如何用語言表達感受。

**情緒指導**。當父母認可孩子的感受時，孩子會更瞭解自己的情緒，並學習在生氣難過時以更好的方式讓自己平靜下來。

*©iStockphoto.com / karens4*

相比之下，情緒指導型父母協助孩子探索和理解感受。雖然有些情緒是負面的，但他們願意提供機會幫孩子標記情緒並理解情緒，讓孩子瞭解可以做些什麼來因應情緒。例如，當孩子受傷（即使傷口很小），情緒指導型父母依然認可小傷口也會讓孩子難過，正當化孩子的感受，這就是告訴孩子即使是小傷口也會痛、也可以感到難過，告訴孩子傷口不痛並無法讓感覺消失。當孩子學會標記和理解自己的情緒時，他們就更懂得培養同理心並理解他人的情緒（Gottman, 2001）。父母認可孩子的感覺後，可以繼續跟孩子討論能做些什麼來改善情況。慢慢地，情緒指導型父母的孩子在心情沮喪時就能學會如何讓自己平靜下來。基於這些理念而設計的父母效能訓練方案成效研究發現，教導父母一些指導策略並多加使用這些策略，可以減少幼兒行為問題並提高同理心（Lauw, Havighurst, Wilson, Harley, & Northam, 2014; Wilson, Havighurst, & Harley, 2014）。

隨著年齡增長，兒童自我調節情緒的能力愈來愈好，也愈來愈懂得根據情況需要靈活地運用各種策略（Zimmerman & Iwanski, 2014）。情緒調節能力與社會能力、良心、同情心、親社會行為、內隱和外顯行為問題較少（Eisenberg & Sulik, 2012; Sawyer, Miller-Lewis, Searle, Sawyer, & Lynch, 2015）以及本章下一節討論的幾種行為障礙有關。例如，較差的自我調節與兒童期和青春期的攻擊程度較強有關（Blair, Raver, & Finegood, 2016）。

## 自我控制

具備良好的情緒調節能力後，兒童就能發展出**主動控制**（**effortful control**）能力，有意識地控制自己的行為。這種能力可透過各種**延後滿足**（**delay of gratification**）任務來評估。兒童是否能夠抗拒立即獲得獎勵的衝動，以便在未來得到更大的獎賞？在延後滿足的經典研究中，實驗者告訴 4 歲幼兒，他們可以選擇馬上吃掉一顆棉花糖，或等待一段時間後吃到兩顆棉花糖。閱讀「主動學習：兒童如何抗拒誘惑？」與兒童一起嘗試這個實驗。

主動學習

### 兒童如何抗拒誘惑？

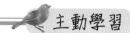

Walter Mischel 的研究團隊發現， 4 歲時能主動自我控制的幼兒，在青少年時更能集中注意力和忍受挫折（Eigsti et al., 2006）。雖然嬰兒幾乎沒有延後滿足的能力，但到 4 歲時，許多幼兒已經可以使用特定的策略來幫助自己做到這一點。找一位學齡前幼兒一起嘗試以下任務：

#### 所需設備

1. 兩顆棉花糖（或其他有吸引力的獎賞）。
2. 一套桌椅。
3. 有單面鏡的房間為佳。若無，找一個幼兒不知道你能觀察他的房間。

#### 實驗程序

1. 找一位 3 到 5 歲的幼兒（男女不拘）進行這項活動。在沒有干擾（例如，沒有玩具或書籍）的房間裡，讓幼兒坐在桌子前面，盤子裡放一顆棉花糖（或其他零食）。
2. 告訴幼兒你必須離開房間一會兒，並問他想要吃一顆棉花糖還是兩顆棉花糖。向幼兒解釋，如果他可以等到你回來，就能吃到兩顆棉花糖。但是如果等不及了，他也可以先吃掉第一顆棉花糖，但就沒有第二顆棉花糖可吃了。確認幼兒理解你的說明。
3. 離開房間並觀察幼兒 10 分鐘。如果幼兒吃了棉花糖，或看起來很苦惱的樣子，請盡快返回房間。暗中觀察幼兒是否吃掉棉花糖，以及如何阻止自己吃棉花糖。他是否壓住自己的手、將目光從棉花糖上移開，或在房間四處走動、唱歌以分散注意力？這些都是幼兒試圖主動控制的方式。
4. 如果幼兒等到你回來都還沒有吃掉棉花糖，你應該給他兩顆棉花糖。如果他吃掉第一顆棉花糖，就不要給予第二顆棉花糖。
5. 一定要告訴幼兒他幫了大忙，感謝他參與這個過程。
6. 將你的實驗結果與班上其他同學的結果相比較。運用更多策略來控制自己的幼兒，是否更能熬到實驗時間結束？結果是否因幼兒的年齡而異？例如，4 歲的幼兒是否比 3 歲的幼兒能等待更長的時間？

那些把目光從棉花糖移開、壓住手或吹口哨來分散注意力的幼兒，比那些一直盯著棉花糖看的幼兒等待更久的時間。教導學齡前幼兒**重新框架**（reframe）誘惑——將棉花糖想成雲朵或棉球而不是好吃的食物，也有助於他們培養耐心去等待更大的獎勵（Mischel, 2014; Mischel et al., 2011）。例如，參加一個有很多美味食物的聚會，你刻意遠離美食區，轉身找人聊天以分散自己忍不住大吃大喝的誘惑。

在日本文化中，學前教育者認為，即使是幼兒也有能力調節自己的行為。他們使用一種稱為**反省**（hansei）的文化傳統——教師使用問題引導幼兒評估自己的行為，並思考可以改進的方法（Izumi-Taylor, 2009）。例如，如果幼兒溜進教師休息室，教師會問幼兒他的同學是否知道他在哪裡、他們會不會想念他，以及他們是否可以在沒有他的情況下開始教室活動等等，而不是訓斥或命令他回到教室。這些問題引導幼兒反思自身行為對他人的影響，輔導幼兒規範自己的行為。

自我控制與學齡兒童的許多正向結果有關。對五百多名 4 歲時接受棉花糖實驗的幼兒進行追蹤研究發現，那些能抗拒誘惑的幼兒，BMI 身體質量指數較低、SAT 成績和學業成績較高、因應壓力的能力較好、自我價值感和自尊較高。第 7 章的研究曾指出，願意等待獲得 2 美元獎勵而不是立即獲得 1 美元獎勵的學生，在校成績更好（Duckworth & Seligman, 2005）。針對不同族群的類似研究也發現，正向結果還包括更少的攻擊性和霸凌行為（Mischel et al., 2011; Schlam, Wilson, Shoda, Mischel, & Ayduk, 2013）。年齡較大的兒童顯然更能延後滿足，因為他們的認知能力已發展到足以運用更多、更有效的策略。

**抗拒誘惑。**面對誘惑時能夠自我控制是情緒發展的重要一步。抗拒誘惑能力較弱的幼兒，在往後的生活中自我控制的能力也較弱。
*©iStockphoto.com / Kontrec*

## 學習檢定

**知識問題：**

1. 情緒調節與自我控制有何關聯？
2. 情緒消除如何影響兒童的情緒發展？
3. 什麼是主動控制？
4. 如何進行延後滿足實驗？

**思辯問題：**

為什麼早期發展的自我控制與後期發展的許多正向結果有關？

# 正常的情緒與情緒問題

## 學習問題 9.4・正常的情緒是如何發展的？兒童與青少年會出現哪些情緒問題？

隨著年齡增長，兒童體驗和表達情緒的方式出現變化。本節將討論恐懼、悲傷和憤怒的預期發展模式，接著描述兒童無法調節情緒反應時可能遇到的困難。情緒調節困難與**外顯行為或針對他人行為**（**externalizing or other-directed behaviors**）（兒童以負面消極的方式攻擊外在環境），以及**內隱行為或針對自我行為**（**internalizing or self-directed behaviors**）（兒童因痛苦的情緒而做出傷害自己的行為）的問題有關。恐懼、焦慮、悲傷和憂鬱等情緒困難與內隱行為問題有關，而憤怒和攻擊性則與外顯行為問題有關。本節另將說明一些協助情緒管理困難兒童的處遇措施。

### 恐懼與焦慮

兒童的恐懼有些和年齡變化有關。表 9.2 簡要描述一些與兒童、青少年年齡相關的恐懼和焦慮。

表 9.2　兒童與青少年常見的恐懼和焦慮來源

| 年齡 | 恐懼的事物 |
|---|---|
| 8 到 9 個月 | 嬰兒已會認人，開始對不熟悉的人表現出**陌生人焦慮**。 |
| 10 個月到 2 歲 | 和父母分開時，學步兒會有**分離焦慮**。 |
| 4 到 6 歲 | 幼兒分不出什麼是真實的、什麼不是，所以他們會怕黑或害怕躲在衣櫃裡的可怕怪物。 |
| 7 歲以上 | 恐懼的事物更加真實。兒童害怕自然災害和可能會傷害他們及家人的人，也會擔心父母遭遇不好的事情。這個年齡階段的兒童也會對課業、成績或同儕相處感到焦慮。 |
| 前青春期和青春期 | 這個年齡階段的恐懼和焦慮多半與社交經驗有關。青少年擔心自己的外表及自己是否會被同儕接納，他們也擔心自己的表現是否能夠達到預期的目標，無論是學業成績還是運動表現。 |

**資料來源：**Lyness (2018).

一般來說，年齡較大兒童的恐懼比幼兒要少（Burnham, Lomax, & Hooper, 2013）。反覆接觸實際上無害的可怕經歷、對真實世界的瞭解不斷加深以及使用因應策略的能力提高，都有助於降低年齡較大兒童的恐懼。女孩比男孩更容易害怕和害羞（Burnham et al.,

2013; Cummings, Caporino, & Kendall, 2014），或至少女孩更願意表現出這些情緒。鮮少研究探討兒童文化背景的差異，但白人青年自陳恐懼程度最高的是與學校有關的恐懼；非裔青年則是對動物、死亡和瀕死的恐懼；拉美裔青年的恐懼是與家庭有關的問題（Burnham et al., 2013），非裔兒童也比白人兒童有更多的恐懼。研究證明，恐懼感太強會對兒童的自我概念產生負面影響，恐懼經驗愈多，自我概念愈為負面（Ollendick, Grills, & Alexander, 2014）。

恐懼和焦慮之間的區別並非涇渭分明，但恐懼通常被視為對真實事件的反應，而**焦慮**（**anxiety**）則是對可能發生或可能不會發生的事件的預期心理。在發展過程中多少會有某種程度的恐懼和焦慮是正常的，但是當焦慮過於嚴重，以至於干擾日常活動並造成巨大的痛苦時，就是惡化成**焦慮症**（**anxiety disorder**）了（APA, 2013）。雖然焦慮症的確切原因尚不清楚，但遺傳、氣質、壓力經驗和（或）生化因素等都有一定的影響。fMRI 顯示，焦慮症患者的杏仁核（邊緣系統的一部分，在處理情緒方面起著重要的作用——尤其是恐懼）過度反應，使其更難以控制恐懼和焦慮感。儘管焦慮體質多少有些家族遺傳的傾向，但相同的基因組合究竟會不會導致焦慮症，還是取決於個人的生活經驗（Vann, 2016）。

焦慮症是兒童和青少年最常見的心理健康障礙。多達三分之一的美國青少年患有焦慮症，但有些專家聲稱這個診斷數據被低估了（Weir, 2017）。由於我們都會時不時地焦慮，所以很難判定焦慮何時越過界線，成為需要治療的疾病。成人可能沒有意識到焦慮已經嚴重到需要治療，或者不知道去哪裡找有效的治療方法。焦慮的程度會在強烈痛苦和較不痛苦之間循環往復，因此成人可能誤以為問題已經自行解決了。但對焦慮症兒童的縱貫研究發現，兒童期的焦慮狀況可預測日後演變成焦慮症、憂鬱症和物質使用障礙，加重自殺的風險，因此我們不應輕忽焦慮，也不該假設焦慮會隨著年齡增長而自行消失（課前測驗第 3 題）（Weir, 2017）。

美國精神醫學會（American Psychiatric Associaion, 2013）羅列許多特定焦慮症。表 9.3 摘述一些兒童與青少年常見的焦慮症，例如為人熟知的**畏懼症**（phobia），就是一種對特定事物的非理性恐懼，嚴重到會干擾日常功能。成人和兒童常見的畏懼症包括對蜘蛛、蛇、高度、飛行、水和公開演講的恐懼。

治療畏懼症的方法很多，其中一種方法為**減敏感法**（desensitization），類似於第 2 章中談到的使用虛擬實境來克服古典制約恐懼。兒童首先學習控制身體對恐懼的生理反應，包括漸進式肌肉放鬆訓練或深呼吸技巧。接下來是建立從最不害怕到最害怕的焦慮階層。最後，治療師會引導兒童一個接一個地完成有待克服的焦慮項目。兒童停留在每一個項目的焦慮感受中，直到恐懼消退，明白那些恐懼刺激不會對他造成傷害。暴露療法可採想像暴露或真實暴露的方式，成效可期（Kaczkurkin & Foa, 2015）。

表 9.3　兒童與青少年常見的焦慮症

| 診斷 | 說明 | 症狀／初發年齡 |
|---|---|---|
| 畏懼症（Phobia） | 對特定事物的非理性恐懼已經嚴重影響到日常生活功能。 | 兒童的症狀包括哭鬧、發脾氣、黏人和僵住不動。青少年可能會因極度恐懼而心跳加快、頭暈和手心冒汗。 |
| 廣泛性焦慮症（Generalized Anxiety Disorder） | 模糊但持續地擔心壞事即將發生。 | 兒童期發病並不常見，但有可能在青春期發病。 |
| 恐慌症（Panic Disorder） | 一種突然、強烈的恐怖和懼怕感，伴隨心悸、胸痛和噁心等生理感覺；對再次發作的恐懼會使患者無法維持一般的日常活動。 | 兒童期發病並不常見，但有可能在青春期發病。 |
| 分離焦慮症（Separation Anxiety Disorder） | 兒童對於須與家人（通常是父母或照顧者或依戀對象）分離感到害怕和緊張；兒童無法忍受與其年齡相符的分離。 | 在兒童早期開始，通常會極力逃避上學。 |
| 社交焦慮症（社交畏懼症）（Social Anxiety Disorder; Social Phobia） | 不尋常或過度地害怕在社交場合受到審視和評價。 | 兒童的症狀包括哭鬧、發脾氣、僵住不動、黏人和說不出話。青少年則會盡可能避開社交場合。 |

**資料來源：**Anxiety Disorders Association of America (n.d.); APA (2013, 2017a).

## 悲傷與憂鬱

悲傷雖是對失落和失望的正常反應，但先天的氣質可能會讓某些兒童更常陷入悲傷。一項研究評估 3 歲幼兒的氣質，這些幼兒在約七年後遭遇颶風珊迪（Hurricane Sandy）（譯注：2012 年造成美國東岸地區巨大災難的大西洋颶風）所造成的壓力。那些在 3 歲時被評為有悲傷氣質的幼兒，因創傷而出現憂鬱症狀的可能性更高（Kopala-Sibley et al., 2016）。當悲傷演變成沮喪，有可能較為輕微和短暫，也可能相當持久和嚴重。如 DSM-5 所述，**重鬱症（major depression）**是一種持續時間長且嚴重到足以影響個人生理、情緒、認知和社會功能的憂鬱症。患者經常難以入睡或進食、無價值感和內疚、無法集中注意力、對以前喜歡的事物失去興趣，甚至有自殺意念。

青春期前的憂鬱症相對罕見，12 歲以下的罹病兒童約為 1% 至 2%（Forti-Buratti,

Saikia, Wilkinson, & Ramchandani, 2016），但也有早在 3 歲就被診斷出來的例子，高風險兒童甚至更早就出現憂鬱的跡象。幼兒雖然還不懂得直接說出負面的想法，但仍會表現出成人與青少年憂鬱症的核心症狀，如飲食和睡眠障礙、對以前喜歡的活動失去興趣，以及長時間的煩躁和沮喪（Luby, 2017）。早期評估之所以重要，是因為憂鬱的學齡前兒童隨著年齡增長，繼續惡化成憂鬱症的可能性要高得多（Luby, Si, Belden, Tandon, & Spitznagel, 2009）。

據估計，美國約有 13.3% 的青少年至少有過一次重鬱發作（National Institute of Mental Health, 2019），且青春期憂鬱症的發病率節節升高。一項針對青少年和年輕成人的研究發現，12 個月來的重鬱症發病率，從 2005 年的 8.7%，上升到 2017 年的 13.2%（Twenge, Cooper, Joiner, Duffy, & Binau, 2019）。由於青春期憂鬱症與日後的諸多問題行為有關，包括焦慮症、行為障礙、物質濫用和自殺，所以千萬不要輕忽這些症狀，或將其誤認為是典型的青少年喜怒無常（Maughan, Collishaw, & Stringaris, 2013; Nock et al., 2013）。

年齡較大、來自單親家庭或有物質使用障礙的青少年面臨更大的風險，但憂鬱症的另一個重要風險因素是性別。一項以來自 90 個不同國家 / 地區近 200 萬人的統合研究分析報告指出，罹患憂鬱症的女孩比男孩多，且憂鬱症的發病率差異早在 12 歲時就出現了（Salk, Hyde, & Abramson, 2017）。如圖 9.2 所示，憂鬱症的發病率在整個青春期增加，在過去一年中，青少女重度憂鬱症的發病率幾乎是青少男的三倍。在不同的族裔群體中，北美印第安人 / 阿拉斯加原住民青少年和混合血統者的風險最高（National Institute of Mental Health, 2019）。

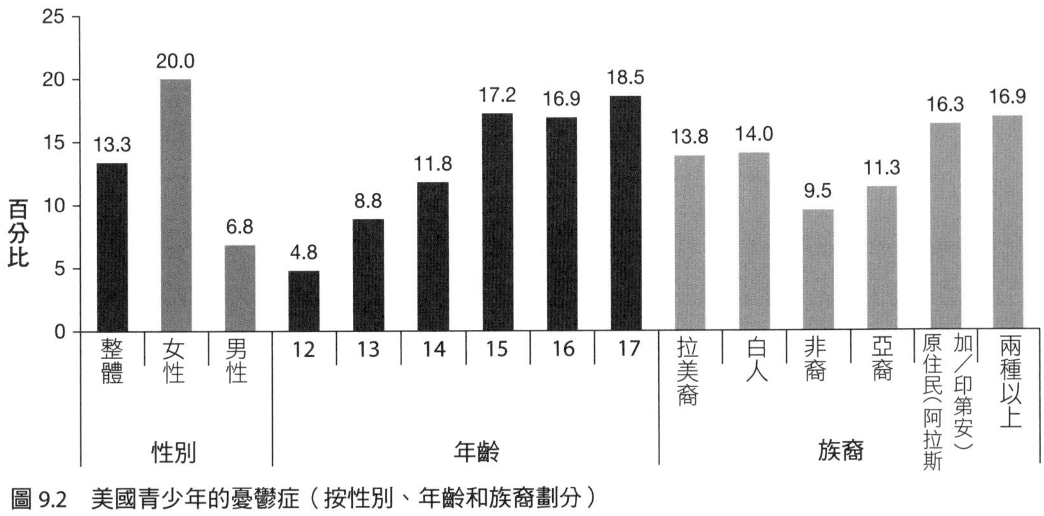


圖 9.2　美國青少年的憂鬱症（按性別、年齡和族裔劃分）

**資料來源**：National Institute of Mental Health (2019).

憂鬱症和焦慮症的共病率可高達 75%（Cummings et al., 2014），這種高共病率反映出診斷這兩種疾病的症狀高度重疊，或疾病共有相似的一組風險因素，包括疾病的家族史、特定訊息處理偏差或生理體質（Garber & Weersing, 2010）。這些疾病也可能有先後順序關聯，例如，焦慮症可能會導致日後發展為憂鬱症。幸而，這兩種疾病都可以相似的方式治療，本節後續將有更詳細的說明。

由於青春期女孩的憂鬱症急劇增加，研究人員不斷尋找可能解釋性別差異的生理原因，例如荷爾蒙變化。然而，事實證明這只是眾多風險因素之一（課前測驗第 4 題）。其他風險包括大腦化學物質變化、遺傳、兒童早期創傷或導致無助感的負面思考模式（Mayo Clinic Staff, 2018d）。對身體形象不滿意也可能是女孩憂鬱症的觸發因素（Chen, Cai, Guo, & Xiao, 2014），以及女孩也比男孩更容易在青春期經驗到各種負面生活事件（Yue, Dajun, Yinghao, & Tianqiang, 2016）或成為網路霸凌的受害者（Mojtabai, Olfson, & Han, 2016）。最後，女孩和男孩的社會化方式不同，社會允許男孩表達挫折和憤怒，但女孩卻只能將這些感受藏在心底，對她們的內心造成傷害。女孩也常以反芻思考來面對困境，她們一遍又一遍地關注失敗及失敗的原因和結果（Levine, 2017）。當她們與朋友分享負面情緒並花大量時間談論問題和糟糕的感受時，甚至可能將自己的憂鬱情緒轉移給朋友，這個過程稱為**共同反芻**（co-rumination）（Schwartz-Mette & Rose, 2012）。

儘管慢性或重度憂鬱症是嚴重的情緒困難狀況，但它是可以治療的。然而只有不到 40% 的憂鬱青少年接受治療（見圖 9.3；National Institute of Mental Health, 2019），這通常是因為外界將症狀誤認為不過是青少年的喜怒無常。在許多情況下，結合談話療法和藥物治療的效果較佳。其中，**認知行為治療（cognitive behavioral therapy）**協助個體辨識錯誤或負面的想法，代之以更現實的想法，轉換看問題的角度，提高因應能力和社交技巧。這

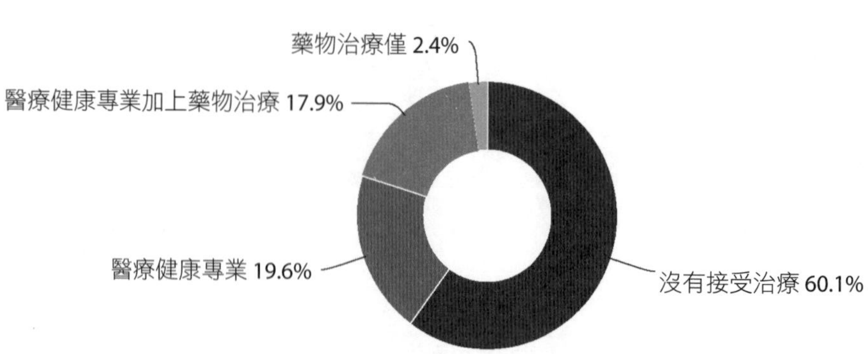


圖 9.3　重鬱症青少年過去一年接受的治療

**資料來源：**National Institute of Mental Health (2019).

種療法最適合輕度至中度憂鬱症患者（Pathak, 2018）。另有幾種相當安全有效的藥物已特別批准醫師開處方給青少年服用。然而，由於服用抗憂鬱藥物的兒童、青少年和年輕成人出現自殺意念或行為的風險增加，因此應仔細觀察個體是否有憂鬱症惡化或異常行為的跡象，尤其是在治療的前幾週更應多加留意（Mayo Clinic Staff, 2018d）。

未經治療的憂鬱症恐惡化成自殺，這是年輕人的第二大死因（Robinson et al., 2018）。2017 年美國 15 至 24 歲的青少年和年輕人中有 6,200 人死於自殺，更多青少年有自殺意念或自殺未遂（America's Health Rankings, 2019）。根據美國疾病管制與預防中心（CDC, 2017g）的數據，同年，有 17.2% 的高中生表示曾考慮自殺，13.6% 表示已制定計畫，7.4% 表示已企圖自殺一次以上。雖然女孩的企圖自殺率是男孩的兩倍，但男孩的自殺完成率是女孩的三倍，部分原因是男孩使用的自殺方式更為致命（Shain, 2016）。

儘管所有族裔和社經地位族群的青少年都有自殺風險，但北美印第安人和阿拉斯加原住民男性的自殺率最高，非裔女性的自殺率最低（Shain, 2016）。自殺意念風險增加的族群包括：性少數青年、有自殺家族史、個人或家庭心理健康問題、物質使用障礙，或有攻擊和衝動史的人（Shain, 2016）。

**青少年憂鬱症**。雖然女孩比男孩更容易在青春期罹患憂鬱症，但也有 10% 的男孩蒙受憂鬱之苦。女孩在憂鬱時比較會向他人求助，男孩則常會覺得必須自己面對。

*©iStockphoto.com / Motortion*

學校理應是實施降低自殺風險計畫的場域，以學校為本的介入措施包括：針對在校學生的**一般性計畫**、針對較高風險族群的**篩選性計畫**，以及針對出現自殺相關行為個體的**介入性計畫**等。所謂的自殺風險，指的是曾企圖實行結束生命的行動（Robinson et al., 2013）。可惜的是，儘管廣泛採用聲稱最佳的自殺察覺和預防計畫，整體成效仍有待加強（Katz et al., 2013; Robinson et al., 2013）。

許多人以為詢問對方是否有自殺意念，反會害他的自殺念頭更加執拗，所以極力避免與青少年談論自殺話題。事實是，詢問有關自殺問題不會讓人更有可能自殺（課前測驗第 5 題），重要的是為他找到求助管道（Mayo Clinic Staff, 2018c）。當校園發生自殺事件時，學校應該為自殺者的朋友和同儕提供協助，為有需要的人提供諮商服務。美國預防自殺基金會（American Foundation for Suicide Prevention）2018 年提供一份建議聲明，學校可用它來幫助學生瞭解發生了什麼事。建議聲明如下：

> 雖然我們可能永遠不知道＿＿＿＿（自殺者姓名）為何要結束生命，但我們確實知道自殺有很多因素。在許多情況下，心理健康狀況是其中一個因素，這些狀況是可以治療的。如果你有任何心理不適，請尋求協助。自殺不應該是一種選項。（p. 47）

## 憤怒與攻擊

憤怒是一種需要管理和控制的基本情緒。儘管隨著年齡增長，多數兒童都能學會如何在不傷害他人的情況下表達怒氣，但並非所有兒童都能做到（Gutman, Joshi, & Schoon, 2019; Malti & Song, 2018; Marcus, 2017）。圖 9.4 說明研究發現的典型軌跡，多數兒童從小到大的攻擊性都很低；有些則在發展早期較高，之後逐漸降低。然而，少數兒童的攻擊性在接近青春期時增加，另有極少數兒童的高攻擊性一直持續整個兒童期到青春期。攻擊是對立反抗症、侵擾性情緒失調症和行為規範障礙症的主要症狀，以下詳細說明這些障礙。

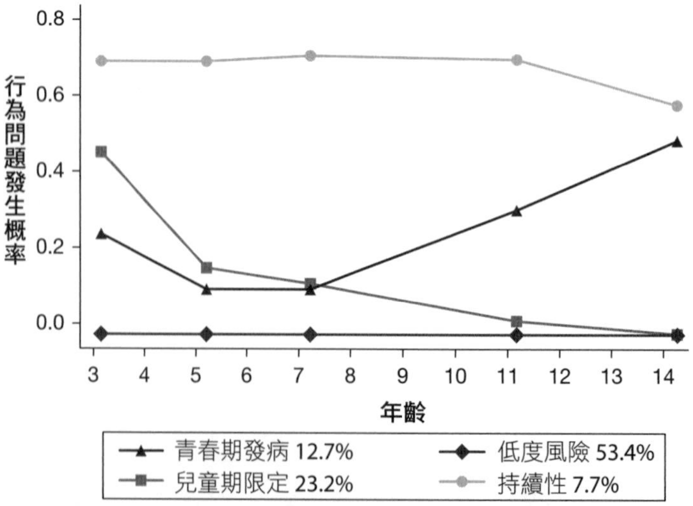


圖 9.4　從兒童早期到青春期的行為問題和累積風險的發展軌跡

資料來源：Gutman, Joshi, & Schoon (2019).

## 對立反抗症

不時反抗或對立是兒童主張自主性的一種方式。然而，當挑釁、對抗和爭論成為持續性的行為模式，則兒童可能患有名為**對立反抗症（oppositional defiant disorder, ODD）**的行為障礙。對立反抗症的症狀包括憤怒 / 易怒情緒、爭論 / 挑釁和報復行為（APA, 2013）。由於這些症狀包括相當常見的行為，例如：發脾氣、與成人爭吵、拒絕遵守成人的要求及攻擊同儕，因此診斷重點是要瞭解這些行為何時超出正常範圍成為失序行為，以及行為的頻率和嚴重性。另外還須考慮兒童是僅在一種情境（例如，只在家裡），還是不同場合都表現這些行為（APA, 2013）。

很難確定對立反抗症的成因，但兒童的氣質和家庭環境因素勢必都有影響。Gerald Patterson 等人指出反抗兒常見的家庭互動模式，即**脅迫強制型家庭環境（coercive family environment）**（Smith et al., 2014）。例如，當孩子拒吃蔬菜時，媽媽會鼓勵他吃。孩子不聽，開始嘟嘟囔囔地抱怨，最後媽媽受不了就放棄了，把蔬菜拿走。下次再叫他吃蔬菜時，孩子已經知道他可以如法炮製，所以他變本加厲，將盤子推向媽媽。媽媽大吼，但隨即又放棄，把蔬菜收走了。一段時間後，這種情況會升級為母親對孩子尖叫，孩子把盤子扔向媽媽（Fabiano, 2016）。每次父母讓步都在增強孩子的行為，因為在孩子的心中，當父母不再試著強迫他做不想做的事時，等同他已經贏得這場親子戰爭。同樣地，只要父母一放棄，孩子就停止抱怨或尖叫，換來的和平與安靜就會增強父母無效的教養方式，這就形成一種對峙模式：孩子反抗→父母求和→孩子獲勝，如此不斷重複並升級。當幼兒成長於這種脅迫強制型家庭環境時，恐將於兒童中期出現品行問題（Smith et al., 2014）。觀察這樣的家庭一段時日，就會發現預測行為問題發展的不是幼兒早期的困難行為，而是和這些行為有關的親子互動。

**處理反抗行為**。幼兒有時會以反抗行為來維護自己，這是正常的現象。但父母如何處理這種行為，是日後是否會演變成問題的基礎。父母須以堅定和一致的態度來處理正常的反抗行為。
*©iStock / killerb10*

介入計畫可以幫助家庭打破這個循環，但要在幼兒年齡愈小時開始介入，成功的可能性愈大。父母管理訓練（Parent Management Training）是一項針對 ODD 兒童、經過深入研究的介入措施，它教導父母以始終如一的方式回應孩子，使用明確和直接的指令，留意和增強合宜行為而非負面行為。另一種有效的方式則是父母和孩子共同找出解決問題的較佳方法（Ollendick et al., 2016）。

## 侵擾性情緒失調症

**侵擾性情緒失調症（disruptive mood dysregulation disorder, DMDD）**的初發年齡為 6 至 10 歲，每週三次或以上「嚴重且反覆發作的脾氣爆發，其強度或持續時間與當時情況不成比例」（APA, 2013, p. 156）。患有 DMDD 的兒童在多數時間、許多不同的情況下都顯得容易煩躁生氣。

DMDD 在 DSM-5 是一個新的診斷，關於它是否為一個獨特且獨立的診斷，爭議至今不斷（Bruno et al., 2019）。有學者認為它比對立反抗症更嚴重，但它的兩個主要症狀——易怒 / 憤怒情緒和脾氣爆發，是許多疾病共有的症狀。一項研究評估 6 至 12 歲兒童的 DMDD 症狀，並在兒童 8 歲時重新評估，首次評估被視為有 DMDD 症狀的兒童中，僅 29% 到研究結束時仍被視為有 DMDD 症狀問題（Mayes et al., 2015）。這種新的診斷類別仍須繼續審視其有效性和對臨床醫生的實用性。

## 行為規範障礙症

**行為規範障礙症（conduct disorder）**是更為嚴重的診斷，DSM-5 將其描述為「重複而持續侵害他人權利，或行為模式違反該年齡應遵守的重要社會規範」（APA, 2013, p. 469）。用於診斷這種情況的行為包括：攻擊人和動物、毀壞財物、欺騙或偷竊，以及嚴重違反規範的行為，包括經常離家出走或逃學。許多患有行為規範障礙症的兒童也同時患有注意力不足過動症（APA, 2013）。

**行為規範障礙症**。行為規範障礙症包括攻擊性、嚴重侵犯他人權利或嚴重違反社會規範。與年齡不符的行為（例如未成年飲酒）可能是潛在嚴重問題的行為模式之一。

*©Ron Bull / Alamy Stock Photo*

據估計，美國的行為規範障礙症發生率從少於 1% 到 10% 不等，且男孩的發病率遠高於女孩（APA, 2013）。對立反抗症兒童更有可能在兒童後期繼續發展為行為規範障礙症（Husby & Wichstrøm, 2017），經歷創傷事件也可能是行為規範障礙症發生的起因（Carliner, Gary, McLaughlin, & Keyes, 2017）。

行為規範障礙症是最難治療的疾病之一，但**多系統治療（multisystemic treatment, MST）**已讓治療露出一線曙光（Henggeler & Sheidow, 2012）。根據第 2

章描述的 Bronfenbrenner 生態系統論，多系統治療仔細審視可能導致問題的諸多面向，包括家庭、同儕、學校和社區。在治療師和家人的共同努力下，結合家庭與社區的力量來克服問題。許多研究證明，多系統治療能顯著改善家庭關係、減少兒童對同儕的攻擊性和結交同樣有行為障礙的同儕，並減少離家安置的需要（Henggeler & Sheidow, 2012）。

讓家庭積極參與的 MST 等療法，似乎比那些將孩子抽離家庭的治療效果要好得多，例如某些聲稱基於所謂的「嚴厲的愛」（tough love）措施（Duffy, 2014）。就像荒野求生營和新兵訓練營一樣，聽起來雖然吸引人，但其實無法減少再犯，甚至可能有害（課前測驗第 6 題）（Scott, 2008）。這種團體方案將犯罪青少年聚集在同一個環境中，無疑是給他們共享犯罪訊息並起而效尤的機會。在這種情況下，一群離經叛道的損友反而加強彼此的違法行為（Duffy, 2014）。畢竟兒童或青少年最終仍要回歸到家庭、學校和社區正常生活，因此，將家庭視為一個整體的治療更有可能實現上述目標。即使青少年能從這些家外治療措施學到一些正向技巧，但如果他回到的是一個不支持行為改變的環境，改變也不太可能持續。

### 學習檢定

**知識問題：**

1. 恐懼和焦慮有什麼區別？
2. 為什麼將重鬱症誤認為是青少年正常的喜怒無常是危險的？
3. 脅迫強制型家庭環境如何影響對立反抗症的發展？
4. 什麼是多系統治療？

**思辯問題：**

如果你自己或你認識的人曾陷入憂鬱或焦慮，最能有效幫助你或其他人處理這些困難情緒的方法是什麼？

# 安全依戀的發展

## 學習問題 9.5・什麼是依戀？爲什麼依戀對發展很重要？

愛是最重要和最有凝聚力的情緒之一。我們最初愛戀的對象是那些關心我們的人，通常是父母。親子關係中的愛由一種稱為**依戀（attachment）**的情感連結（emotional bond，或稱情感紐帶）組成，這是嬰兒和兒童成長過程中幸福的核心。本節將探討依戀是如何發展、如何因人而異，以及依戀帶來的結果。在開始之前，請先閱讀「主動學習：體驗安全依戀感」。

主動學習

## 體驗安全依戀感

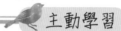

找一個安靜的地方閉上眼睛，放鬆片刻。試著回想你生命當中曾感到被關心、安全和被愛的時刻。停留在這段回憶幾分鐘，體驗那種感覺。當時你和誰在一起？發生了什麼事？最後，慢慢睜開眼睛，回到現在。反思這段回憶，你的感覺如何？有沒有一個人特別讓你有被關心和被愛的感覺？這項活動是希望引發與依戀經驗相關的感受，這些感受是我們在有壓力時可能會動用的情感記憶。這個練習對某些人來說並非容易，所以如果你無法想起有關的回憶，也不用太擔心。

**安全依戀**（**secure attachment**）是和給予舒適和安全感的特定人物建立強烈、正向的情感連結。如果你依戀某個人，表示當你感到痛苦時，你會想向那個人尋求安慰。你會很高興見到他（她），不想跟他（她）分離，他（她）是一個允許你完全做自己的人。儘管母親常是嬰兒的依戀對象，但嬰兒其實可以安全依戀於許多人，包括父親、祖父母和其他照顧者（Cassidy, 2016）。依戀始於嬰兒期，是我們一生幸福的核心。

閱讀「研究之旅：依戀研究的歷史」，瞭解學界多年來對依戀的觀點如何變化。

**持續終生的依戀**。依戀始於嬰兒期，且持續終生。

*©Istock / Chris Ryan / iStock / PeopleImages / iStock / katleho Seisa*

## 研究之旅 依戀研究的歷史

從 1900 年代早期到中期，精神分析和行為理論學家都以**驅力減降理論**（**drive reduction**）來解釋孩子和父母之間的連結是如何形成的。亦即，人類的行為受到滿足基本需求（如飢餓）的動機所驅使，餓的時候我們會去尋找食物，吃完食物之後，動機就會降低。這兩種理論學家認為，孩子對母親的依戀都是基於母親具有滿足這些驅力的能力。當母親提供食物時，嬰兒學到將飢餓感減少與母親的存在連結在一起，因而對母親產生依戀。

關於依戀的新觀點出現在 1958 年，當時 Harry Harlow（哈洛）發表一篇名為「愛的本質」（The Nature of Love）的論文，報告他對恆河猴的研究結果。為了檢驗他對依戀是如何形成的假設，Harlow 在一些小猴子剛出生時就將牠們與母親分開，改用兩個代理「媽媽」撫養。一個替代品是用鐵絲網線製成；另一個是用海綿橡膠包覆木棒，上面裹著絨布，摸起來很舒服。其中一半的小猴子由掛在鐵絲媽媽上面的瓶子餵食，另一半由絨布媽媽餵食。

Harlow 發現，無論是哪位代理媽媽提供牛奶，小猴子大部分時間都依偎在絨布媽媽身上。當牠們被一個響亮的、移動的物體嚇到時，牠們會跑到絨布媽媽那裡尋求安慰。當牠們被放到一個全新的、未知的環境中時，牠們再度表現出先緊黏在絨布媽媽身上，再慢慢去探索房間。小猴子將絨布媽媽當作安全基地，受到驚嚇時可以回到它身邊。當絨布媽媽不在時，小猴子顯得悶悶不樂，不願去探索環境或玩耍。Harlow 相信，哺育嬰兒的主要功能實際上是提供與母親接觸的舒適感，正是這種接觸舒適感創造了母嬰依戀，而非行為主義者和精神分析學家所認為的餵食需求。

大約同一時期，接受過精神分析訓練的兒童精神病學家 John Bowlby（鮑比），在精神科診所觀察到兒童與父母分離對其心理健康的巨大影響（Ainsworth & Bowlby, 1989）。Bowlby 認為，Harlow 對恆河猴的研究證實了他的懷疑，即精神分析論對依戀的解釋是不夠的。

1958 年，Bowlby 在 Konrad Lorenz 的動物行為學理論（見第 2 章）基礎上，提出了一種新的依戀理論。Bowlby 主張，依戀是一種具有生物學基礎的主動行為，與嬰兒為了生存而需要保護有關。嬰兒的哭泣、微笑、吸吮、黏人和緊跟在後等行為都是適應性行為（adaptive behaviors），透過母子依戀關係的建立來提高幼兒的生存機會。

依戀何以具有適應性？首先，因為嬰兒須

**Harlow 的恆河猴**。Harry Harlow（1958）的研究發現小猴子更喜歡「絨布媽媽」（即使它不提供食物也無妨），而不是有奶瓶提供食物的「鐵絲媽媽」。這一發現如何挑戰精神分析和行為理論對依戀的觀點？

*©Nina Leen / The LIFE Picture Collection / Getty Images*

依賴成人照顧者提供生存所需，所以從生物學的觀點來看，嬰兒的哭泣、微笑和黏人等行為能將成人留在身邊。其次，當嬰兒感到安全時，他們才有意願去探索環境。但他們會不時察看父母在不在，好似一種「情緒充電」（emotional refueling），就像一輛沒油的汽車，需要加油才能繼續行駛（Mahler, Bergman, & Pine, 2000, p. 69）。孩子將父母當作**探索的安全基地（secure base for exploration）**，由於探索對於人類的學習至關重要，因此依戀行為是具有適應性的。

1950 年，Mary Ainsworth（安斯沃斯）加入 Bowlby 的研究團隊（Ainsworth & Bowlby, 1989）。Ain-sworth 熱中於評估和分類不同類型的情緒安全感。1954 年，她從觀察烏干達的母親和嬰兒開始了她的研究。依據她的觀察，找出四種依戀型態：安全型依戀、迴避型依戀、矛盾／抗拒型依戀和混亂型依戀。Bowlby 和 Ainsworth 的理論至今仍是多數關於依戀研究的基本模型。

## 依戀的發展：Bowlby 的階段論

John Bowlby（1969）的依戀研究擷取了 Harlow 的研究和行為學理論的新觀點，提出早期依戀發展的四個階段：

1. **前依戀期（preattachment）**：出生至 6 週。
2. **依戀形成期（attachment in the making）**：6 週至 6-8 個月。
3. **依戀明朗期（clear-cut attachment）**：6-8 個月至 18 個月-2 歲。
4. **目標調整夥伴關係期（goal-corrected partnership）**：18 個月後，又稱**互惠關係形成期**（formation of reciprocal relationships）（Ainsworth, Blehar, Waters, & Wall, 2015）。

### 前依戀期（出生至 6 週）

從出生伊始，嬰兒就會吸引他人照顧。聽到嬰兒的哭聲——特別是自己寶寶的哭聲——時，我們會坐立難安。新生嬰兒的爸媽在產後都會經歷荷爾蒙變化，有可能因此增加他們對嬰兒苦惱表現的反應（Feldman, Weller, Zagoory-Sharon, & Levine, 2007; Weisman, Zagoory-Sharon, & Feldman, 2014）。如第 5 章所述，嬰兒的感官偏好誘使他們與整個世界、尤其是與母親進行社會互動。新生兒對聲音有反應，喜歡被撫摸和擁抱，他們用哭泣來表達自己的需求，吸引他人關心他們。

### 依戀形成期（6 週至 6-8 個月）

嬰兒在大約 6 週大時開始微笑。起初，這些微笑看似隨機出現，但大約 2 個月大時，嬰兒顯然已經發展出朝向特定對象的社交性微笑（Wörmann, Holodynski, Kärtner, & Keller, 2014）。很快地，嬰兒只會對認識的人微笑，此種早期的區辨反應是嬰兒與熟悉和重要的人建立特殊關係的基礎。

許多嬰兒很早就會區辨熟悉和不熟悉的人。6 個月大的嬰兒開始有**陌生人焦慮**（**stranger anxiety**）。有時，嬰兒只要一看到陌生人就開始哭泣，有些情況則是只要在母親的懷裡，嬰兒就願意與陌生人互動並微笑；但如果陌生人想抱他，嬰兒就會大哭。

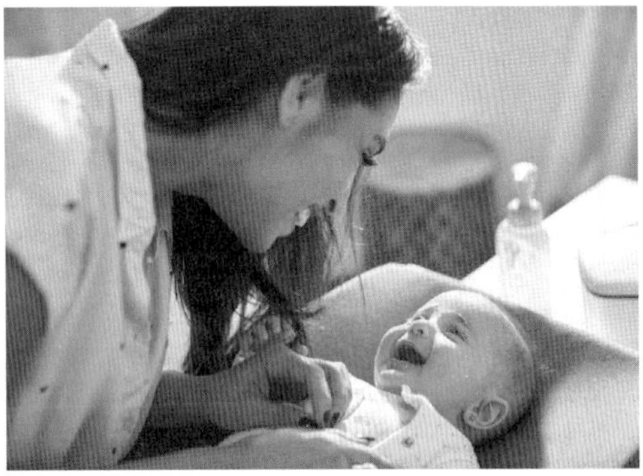

**第一個微笑**。當嬰兒開始向母親微笑時，對父母來說是一種美妙的獎勵，連當父親的也會激動不已。這是對嬰兒的照顧者形成特定依戀過程的早期步驟。

*©iStockphoto.com / monkeybusinessimages*

## 依戀明朗期（6-8 個月至 18 個月-2 歲）

這個階段的嬰兒開始四處移動，積極地與照顧者互動。嬰兒現在可以清楚地區分依戀對象和陌生人。在這個階段，嬰兒在感到壓力或害怕時會去找父母，與父母分離變得可怕，因此當父母離開時嬰兒會抗議。這種痛苦稱為**分離焦慮**（**separation anxiety**）。嬰兒在離開讓他感到安全的人時哭泣，並不表示對那個人過度依戀，這是很正常的反應（課前測驗第 7 題）。此外，父母成為嬰兒探索時的安全基地，當父母就在身邊、觸手可及時，嬰兒很樂意探索環境；如果父母不在，探索可能戛然停止。

**依戀作為探索的安全基地**。安全型依戀的孩子可以遠離父母玩耍，只要他們可以時不時地回去父母身邊「情緒充電」。

*©iStockphoto.com / selimaksan*

你可曾有想家的時候？也許是參加校外旅行、夏令營或離家上大學時。雖然你比嬰兒更能控制自己的情緒，但若沒有讓你感到安心的人在旁守護，獨自一人的你仍會感到焦慮不安。那時候的你是否更常打電話或發訊息給爸媽或朋友？這種情況和先前提到的「情緒充電」相似。

## 目標調整夥伴關係期（18 個月後）

隨著嬰兒逐漸成長為學步兒，他們愈來愈能意識到照顧者的目標和動機與自己有所不同，幼兒必須藉由彼此的互動與照顧者建立夥伴關係。這種夥伴關係立基於兩個獨立個體的互動，彼此在讓互動持續下去的過程中，都扮演平等的角色（Bowlby, 1969）。

幼兒現在能夠對特定依戀關係形成內在表徵（Bowlby, 1969），此種依戀的**內在運作模式**（**internal working model**）概念，有助於心理學家瞭解早期依戀模式如何帶動兒童（甚至成人）在往後的生活中發展親密關係類型，這是根據過去與照顧者的互動經驗而形成的

**母親和孩子的夥伴關係。**18 個月大的幼兒會積極地與母親互動，從而建立目標調整的夥伴關係。
*©iStockphoto.com / kate_sept2004*

內在腳本。因此從這個意義上說，兒童未來的互動是由過去的互動所塑造的。例如，受過虐待的兒童可能會預期他人的攻擊，這種預期會影響兒童結識新朋友時的行為方式。受虐兒童可能以激怒他人的方式重現兒時經歷的虐待情況，這種行為看似奇怪，但可以理解為試圖減少新情況的不確定性——兒童至少可以根據以前的經驗來理解新情況，藉此控制恐懼。受到溫情呵護的兒童則正好相反，他們期望別人會正向地對待他們，因此這些兒童也以溫暖友善的方式待人，他們的正向行為接連引發他人的正向回應。

研究支持上述觀點，即內在運作模式隨著年齡增長漸趨穩定，但也有證據表明它們是可以修正的（Kobak, Zajac, & Madsen, 2016）。抱持負面內在運作模式的兒童，需要時間和耐心來克服剛開始一段新關係時的負面預期，但這是可以成功做到的事。

## 安全依戀

正如「研究之旅：依戀研究的歷史」中所讀到的，Mary Ainsworth 根據嬰兒在母嬰關係中感受到的安全程度，研究嬰兒和母親依戀類型的個別差異。她設計出名為**「陌生情境」（Strange Situation）**的程序，據此對依戀類型進行分類。陌生情境是將嬰兒和母親置於一系列對嬰兒來說壓力愈來愈大的情境中。除了第一步驟外，每個步驟皆持續 3 分鐘。如果嬰兒哭泣，可以縮短時間。

1. 一名觀察者帶母親和嬰兒進入配備單面鏡的舒適房間，旋即離開。
2. 寶寶玩耍，母親自然地回應。
3. 陌生人進入房間，3 分鐘後母親離開。
4. 嬰兒和陌生人留在房間，陌生人可與嬰兒互動。
5. 母親回來，陌生人離開，3 分鐘後母親又再度離開。
6. 寶寶單獨留在房間 3 分鐘。
7. 陌生人進入房間，與嬰兒互動。
8. 母親回到房間。（Ainsworth & Bell, 1970）

根據 Ainsworth 觀察嬰兒在陌生情境中的反應，歸納出四種依戀型態：安全型依戀和三種不安全型依戀（迴避型依戀、矛盾 / 抗拒型依戀和混亂型依戀）。Ainsworth 發現，最能確定嬰兒與母親依戀關係型態的兩種行為，分別是：（1）當母親在房間裡時，嬰兒能自在探索新環境的能力，此時母親是探索的安全基地；（2）嬰兒對母親回到房間的反應，稱之為**重聚行為**（reunion behavior），也就是嬰兒因母親離開後產生的壓力，在母親回來後是否能因為母親的安撫而平靜下來，然後再重新去玩耍。有趣的是，當母親離開房間時，嬰兒是否哭泣**並非**依戀型態的可靠指標，表 9.4 說明每種依戀型態中嬰兒與母親的典型行為。

安全型依戀的嬰兒依靠父母回應他們的需求，壓力大時會求助父母。嬰兒對可靠的父母的依賴，使他們樂意去探索環境，他們知道如果需要幫助的話，母親就在那裡。相比之下，不安全型依戀的嬰兒認為父母不夠可靠，因而學會採用以下兩種方式之一來因應。在**迴避型依戀（avoidant attachment）**中，母親對嬰兒反應冷淡，嬰兒學會不去依賴她的幫助和支持。這類嬰兒在母親離開房間時並不難過，和陌生人在一起與和母親在一起時一樣自在，當母親回到房間時，嬰兒也不急著迎接她。在**矛盾 / 抗拒型依戀（ambivalent / resistant attachment）**中，母親對嬰兒的回應不一致。當嬰兒用哭泣試圖引起她的注意時，她卻忽視不理；當嬰兒想睡覺時，她卻一直逗他玩。矛盾 / 抗拒型的嬰兒不願離開母親去探索房間。當母親離開房間時，他非常不知所措，不讓陌生人安慰他。但當母親回來後，他也不接受母親的安慰（Dozier & Bernard, 2019）。嬰兒的行為是「矛盾的」，他似乎想靠近母親，但當母親想接近他時，他又生氣地把母親推開。

雖然前三種依戀型態的關係安全度或信任度不同，但這三種依戀型態的嬰兒仍是以有序且一致的方式來因應特殊情況。第四種**混亂型依戀（disorganized attachment）**的嬰兒行為不可預測和怪異，依戀的方式混亂無序（Hennighausen & Lyons-Ruth, 2010）。這類型依戀通常與父母虐待或疏忽，以及負荷不了的恐懼有關。它的發展模式大致如下：嬰兒害怕時想求助的對象，正是讓他害怕的人；嬰兒不知道該做什麼或向誰求助；他們無法組織或統整自己的行為，因為他們沒有可預測的環境；他們無法預期接下來會發生什麼事或別人要他做什麼。

表 9.4 **依戀型態**。此表說明 Ainsworth 的四種依戀類型及其在陌生情境中的相關行為，以及每種型態的母親育兒行為。

| 依戀型態 | 安全程度 / 秩序程度 | 探索的安全基地 | 重聚行為 | 母親的育兒行為 |
|---|---|---|---|---|
| 安全型 | 安全 / 有序型 | 照顧者在場的情況下自由探索 | 照顧者回來時很高興，並且很容易被照顧者安撫 | 以敏察的方式始終如一地回應嬰兒的需求 |
| 迴避型 | 不安全 / 有序型 | 無論照顧者在場與否皆自由探索 | 不會去找照顧者 | 拒絕或忽視嬰兒的需要；以負面的方式回應嬰兒的苦惱 |
| 矛盾 / 抗拒型 | 不安全 / 有序型 | 在照顧者附近也不敢自由探索 | 照顧者回來後，會同時靠近和拒絕照顧者 | 回應嬰兒苦惱的方式不一致 |
| 混亂型 | 不安全 / 無序型 | 以混亂無序的方式探索 | 迴避、抗拒和恐懼混雜在一起 | 照顧者侵擾、辱罵和 / 或情感忽視，或行為令人困惑或害怕 |

資料來源：改編自 Benoit (2004); Cherry (2019).

## 關係中的依戀

依戀是基於兩個人之間的關係，彼此都對關係的性質產生影響。每個孩子與個別父母的互動創造出一種獨特、不同於任何其他人的一對一關係。

### 母親的角色

母親能否成為敏察度高、積極回應的照顧者，其影響因素與任何處於壓力狀態、需要幫助的人極為相似（見 Crockenberg & Leerkes, 2003; DeFalco et al., 2014; Figueiredo, Costa, Pacheco, & Pais, 2009; Tronick & Reck, 2009）。有以下特質的母親，更有可能對嬰兒做出正向回應：

- 良好的社會支持，尤其是照顧難養型嬰兒時
- 與伴侶有正向的關係
- 充足的經濟資源
- 良好的心理健康（例如，焦慮、憂鬱或壓力程度較低，或較高的生活滿意度）
- 童年時期得到良好的照顧

母親的婚姻狀況、就業和教育等社經特徵為何未列於上述清單中？因為這些個人變項中沒有一個與母親的敏察度和反應性有關。然而，若通盤考量這些特徵，確實可以預測母親敏察度的差異（DeFalco et al., 2014; Drake, Humenick, Amankwaa, Younger, & Roux, 2007）。原因可能在於這些特徵彼此密切相關，整體來看，它們與上述能預測照顧敏察度的特徵有關。例如，有工作、已婚並受過良好教育的母親，更有可能具備社會支持、經濟資源和心理健康，從而預測其能成為敏察度高、積極回應的照顧者。

**不是「連結」，而是⋯⋯。**儘管 Kennell 和 Klaus（1979）關於早期連結的研究仍有不足之處，但已促使醫院改變做法。這位母親流露出懷抱初生寶寶的喜悅。

*©Ariel Skelley / Blend Images / Getty Images*

1979 年，John Kennell 和 Marshall H. Klaus 兩位醫師強力呼籲早期依戀的重要性。他們主張新生兒必須在出生後短短幾個小時內與母親有親密的肌膚接觸，以此與母親建立連結。他們的研究改變了醫院對待母親和初生嬰兒的方式。新生兒毋須在出生後立即與母親分開，而是讓母嬰有機會互動。然而，之後的研究未能證實原始研究中聲稱早期接觸的長期影響（Eyer, 1992）。立即的肌膚接觸對母親和健康的新生兒來說都是美好的體驗，但這並不能決定彼此之間的情感依戀（課前測驗第 8 題）。

## 父親的角色

在嬰兒依戀的研究中，父親的角色經常被忽視。嬰兒依照喜好強度排序主要和次要依戀人物，形成他的依戀階層（Zeahan, Chesher, & Boris, 2016）。在這個階層中，對不同人物的依戀品質可能相同，也可能相異。在一項研究中，大約 70% 的嬰兒對父母雙方都同樣是安全型依戀，其餘則是對母親安全型依戀，對父親不安全型依戀；或對母親不安全型依戀，對父親安全型依戀（Lickenbrock & Braungart-Rieker, 2015）。

**對父親的依戀。**父親和母親一樣，會跟他們的小嬰孩形成強烈的依戀。同樣地，敏察和回應嬰兒的需要是父嬰依戀的重要基礎，父親積極參與遊戲的作風，亦是父嬰關係的重要特色。

*©iStockphoto.com / MaxRiesgo*

母親通常是安全感的來源，而父親比較

像是提供嬰兒刺激的玩伴。此種互動差異可以解釋為什麼男嬰比女嬰更能安全依戀於父親（Schoppe-Sullivan et al., 2006）。與女兒的情況相比，父親活潑和刺激的遊戲風格與兒子的注意力模式更適配（Palm, 2014）。然而，若父親的性格更外向、隨和，同時理解嬰兒的思考方式，男孩和女孩都有可能與父親建立安全的依戀（Palm, 2014）。當父親認為他們在孩子的成長中發揮重要作用，他們也更能與孩子建立安全的依戀關係（Palm, 2014）。

## 嬰兒的角色

嬰兒的氣質也在依戀關係型態發展中占有一席之地。父母對待活動力強或性情易怒嬰兒的方式，與對待沉著冷靜和性情溫和嬰兒的方式不同。你或許以為易怒和難養型氣質的嬰兒很難照顧，因而形成不安全的依戀，但事實並非如此。在某些情況下，嬰兒的高度負面情緒反倒是安全依戀的預測指標，因為敏察性高的父母必須花更多心力關注他們（Gartstein & Iverson, 2014; Kiff, Lengua, & Zalewski, 2011）。照顧難養型嬰兒時，母親的敏察度尤其重要（Hartman & Belsky, 2016）。能夠敏察地回應嬰兒需求的母親，同時也在教難養型嬰兒如何調節自己的情緒，久而久之，嬰兒的情緒反應會變得不再那麼難以相處（Parade, Armstrong, Dickstein, & Seifer, 2018）。

## 攜手同行

研究人員愈來愈關注多元家庭、社會和文化背景下依戀關係的複雜性（Palm, 2014）。依戀是一種持續的關係，隨著時間推移，父母與嬰兒的特徵和行為相互塑造。不一定要完美的父母才能擁有一個安全依戀的嬰兒，嬰兒和父母的韌力，通常能締造正向的結果。如前所述，安全依戀的發展受到嬰兒、父母雙方以及家庭環境的影響。評估沒有發展出最佳依戀關係的嬰兒時，我們必須將整體情況都考慮進去，只責怪母親並不公平。

## 對非雙親照顧者的依戀

閱讀完上述有關母嬰依戀的內容後，你可能會猜想母親是否應為照顧嬰幼兒的不二人選；前面提過，父親也會與嬰兒形成重要的依戀關係。然而，有些父母擔心孩子對托育服務提供者的依戀，可能會破壞孩子對父母的依戀。

1991 年，美國國家兒童健康與人類發展研究所（National Institute of Child Health and Human Development, NICHD）在全美十個地點展開一項大規模縱貫研究，檢視早期托育對兒童發展的影響。這項研究其中一個相當令人驚訝的結論是，許多預計會影響嬰兒對父母的依戀品質的特徵，包括托育的時數、托育的品質以及托育的類型，對依戀品質幾乎沒有顯著影響（Friedman & Boyle, 2008）。事實上，母親的高敏察性與安全依戀的關係，比任何家外送托（out-of-home care）的特徵都來得密切。多數孩子似乎不需要只和父母單獨接觸，才能形成安全依戀。不過，近來對**差別感受性假說（differential-susceptibility hypothesis）**的研究發現，難養型嬰兒更易受到外人托育品質影響（Hartman & Belsky, 2016）。

嬰兒對照顧者的依戀，不僅受到嬰兒的天生氣質影響，也受到成長的文化背景影響。以下分別說明這兩種影響。

## 依戀的生理機制

正如本書所述，研究人員已經發現許多行為與生理之間的關聯。荷爾蒙的作用讓父母更能敏察和回應新生兒發出的信號，同樣的荷爾蒙也會促使嬰兒與照顧者保持親近（Blair-Gomez, 2013）。

不安全和混亂型依戀的嬰兒對壓力的反應，與安全型依戀的嬰兒不同。壓力與三種生理反應有關：皮質醇的釋放、交感神經系統戰或逃反應的活化及免疫系統的功能（Blair-Gomez, 2013; Pietromonaco & Powers , 2015），不安全型依戀與這三個系統的功能受損有關。矛盾型依戀嬰兒在需要幫助時不確定照顧者的反應，時時保持高度警覺。他們的壓力反應系統伴隨著高濃度的皮質醇，對潛在的威脅反應過度，使他們持續處於警覺狀態。迴避型依戀嬰兒慣於弱化痛苦，與他人保持距離，因此他們的系統在面對威脅時反應不足。安全型依戀嬰兒對他人的回應抱持正向期待，並據此學到以靈活有效的方式應對痛苦，在有需要時求助於他人。安全依戀協助他們調節情緒及對壓力的生理反應（Gander & Buchheim, 2015），繼而協助嬰兒制定策略，發展自我控制。本章稍後將介紹在羅馬尼亞孤兒院中被嚴重忽視的兒童，即使這些孤兒後來被有愛心的家庭領養的三年後，他們對社交互動的荷爾蒙反應也與其他孩子不同。

遺傳學領域的進步也增加我們對依戀機制的理解。正如第 3 章所述，等位基因的不同形式基因，以不同的方式與環境經驗相互作用，影響了安全依戀的發展。例如，特定基因 5-HTTLPR 涉及許多功能，包括情緒調節、睡眠、動機和注意力，基因形式或長或短。攜帶一或兩個短版等位基因的嬰兒，發展出不安全型依戀的風險更高。然而，具有這種遺傳組合的嬰兒如果在敏察性高的母親教養下，仍有可能發展出安全型依戀（Blair-Gomez, 2013）。攜帶兩個長版 5-HTTLPR 等位基因的嬰兒，即使照顧者的敏察性不夠好，也不太可能形成混亂型依戀（Spangler, 2013）。這些研究發現提醒我們，像依戀這樣複雜的發展結果，是由遺傳傾向與環境交互作用而成的。

## 依戀與文化

還記得 Bowlby 認為依戀是一種適應性行為，有助於確保嬰兒的生存，因此依戀普遍見諸於世界各地的文化中。這一假設得到強而有力的支持（Mesman, van IJzendoorn, & Sagi-Schwartz, 2016）。從西方工業化國家到非洲的狩獵社會，嬰兒都會依戀照顧者。在壓力大的情況下，所有嬰兒都會表現出依戀行為，偏向與一或多名照顧者連結。在西方、非洲、東亞、中東、拉丁美洲文化、富裕和貧窮的經濟環境，都可看到安全型、迴避和抗拒型依戀（Mesman et al., 2016; Mousavi, Mazaheri, Aslafi, Khalighi, & Poorganji, 2018）。雖然安全型依戀是多數文化的主要型態，但嬰兒不安全依戀型態的比例則因不同的文化背景而異。

表 9.5 比較美國、日本、南韓和全球嬰兒樣本中的安全型、迴避型和抗拒型依戀型態。本表雖未包含混亂型依戀，但南韓約有 9% 的嬰兒為混亂型依戀，北美和歐洲樣本的混亂型依戀比例為 15%（Jin, Jacobvitz, Hazen, & Jung, 2012; Lyons-Ruth & Jacobvitz, 2008）。

**表 9.5　不同文化的母嬰依戀型態分布。**在許多文化中，安全型依戀嬰兒的百分比相似，但焦慮 / 迴避或抗拒型則因國家而異。

| | 迴避型（A） | 安全型（B） | 抗拒型（C） |
|---|---|---|---|
| 日本札幌 | 0 (0%) | 41 (68%) | 19 (32%) |
| 美國巴爾的摩 | 22 (21%) | 70 (67%) | 13 (12%) |
| 全球樣本 | 423 (21%) | 1,294 (65%) | 273 (14%) |
| 南韓大邱 | 1 (1%) | 66 (78%) | 18 (21%) |

**資料來源：**修改自 Jin, Jacobvitz, Hazen, & Jung (2012).

研究人員採用詢問不同文化的父母認為安全型依戀的嬰兒是什麼模樣，而不是觀察不同文化兒童是屬於 Ainsworth 的哪種依戀型態。美國母親認為安全型依戀相當於自主自律和自我決定。在美國文化背景下，如果孩子能夠離開母親身邊並獨立玩耍，就被視為安全型依戀兒童。然而，日本母親卻認為安全型依戀的孩子要懂得包容、乖巧和合作，與他人和諧相處（Rothbaum, Kakinuma, Nagaoka, & Azuma, 2007）。波多黎各母親和穆斯林母親則將服從與尊重他人視為安全型依戀的指標（Mousavi et al., 2018）。這提醒我們所謂的「好母親」定義，得從文化脈絡著眼（Keller, 2013）。在西方文化中，干涉被視同為母親毫不在乎嬰兒的獨立自主需求，但在其他文化中，指導和監督反而是身為好母親應做的事。

第 4 章曾提到許多西方文化的母親在產後陷入孤立狀態，但許多非西方文化並不會這樣。西方文化的依戀發展側重於母嬰關係，但在其他文化中靠的是社會網絡。薩伊共和國

（Zaire）的 Efe 族女性成群攜抱甚至共同哺乳一個新生兒。剛果盆地雨林中的覓食者集體撫育幼兒，當嬰兒只有幾週大時，就習慣每天與 20 名不同的照顧者互動（Keller, 2013）。透過這些早期的社會互動，嬰兒逐漸社會化以適應文化的社會網絡結構。依戀研究並沒有納入或尊重社會化目標和照顧策略的文化差異，因為這些差異不符合西方傳統的依戀概念。例如陌生人焦慮的概念，在嬰兒被 20 名以上照顧者共同撫育的文化中，是沒有意義的。

## 嬰兒期之後的依戀發展

本節將說明嬰兒依戀的穩定性、嬰兒期安全依戀的長期影響，以及限制或改變早期依戀對後期發展影響的因素。接著探討兒童中期和青春期依戀關係的性質。

### 嬰兒期依戀的長期結果

在研究嬰兒依戀對日後發展的影響之前，首先應認識依戀的穩定性（即，安全型依戀的幼兒是否繼續維持安全型依戀，不安全型依戀的幼兒是否繼續維持不安全型依戀）。正如 Bowlby 的內在運作模式概念所預測的，研究發現依戀型態的穩定性及各個關係之間一致性的證據（Booth-LaForce et al., 2014; Waters & Roisman, 2019）。然而，在低風險樣本（Booth-LaForce et al., 2014）及短期的研究（McConnell & Moss, 2011）中，依戀本來就比較穩定。

有幾項因素和連續性有關。多數人的家庭並沒有發生巨大的變化，因此育兒特徵維持穩定，嬰兒期發展的依戀和適應模式持續受到後期經驗增強。此外，兒童既有的行為模式，通常會繼續複製早年的關係型態。但若兒童的生活環境發生變化呢？大量證據顯示，新的生活環境有可能將不安全的依戀轉變為安全依戀，反之亦然（Booth-LaForce et al., 2014）。與敏察度高的伴侶建立新的關係，有助於將不安全的依戀重塑為較為安全的依戀，而失去或與依戀對象分離，會降低內在運作模式的安全感。一般而言，負面生活事件，例如：失去家庭成員、父母離婚、貧困、父母住院或虐待等，都會對親子關係的品質產生顯著影響（McConnell & Moss, 2011）。

在不安全依戀的情況下，育兒介入（parenting intervention）的確可以改變育兒模式，由此讓依戀發生變化（例如，參見 Bernard et al., 2012），顯示嬰兒的早期依戀經驗不會注定以不安全依戀始，以不安全依戀終（課前測驗第 9 題）；而這也表示以安全依戀始者，無法保證以安全依戀終。研究表明每個階段都為下一階段奠定基礎，但每個連續階段的經驗，也可以改變兒童發展的性質和方向（Van Ryzin, Carlson, & Sroufe, 2012）。

依戀可以是後期發展問題的風險因素或保護因素，嬰兒期的安全依戀可預測日後更少的外顯及內隱行為問題，甚至 14 歲時的社會能力。另一方面，嬰兒期的不安全依戀和混亂失序，與後期的外顯行為問題（如攻擊和對立行為）及內隱行為問題（如焦慮和憂鬱）有關（Van IJzendoorn, Fearon, & Bakermans-Franenburg, 2017）。當然，依戀並非單獨運作，而是在家庭、社區和文化的背景脈絡下開展，因此最好將依戀視為日後觸發疾病的重要因素，而不是唯一的決定因素。

## 兒童期與青春期的依戀

隨著兒童年齡增長，他們不再需要與照顧者形影不離以獲得安全感，但遇到困難時，兒童仍希望照顧者能即時伸出援手。為此，兒童發展出一套**安全基地腳本（secure base script）**，反映出他們在苦惱時對照顧者的期望。他們是否期望照顧者敏察地回應？或者照顧者會忽視或曲解他們發出的信號？腳本是基於兒童先前與照顧者的相處經驗而建立的，會隨著時間和不同情境趨於穩定，指引兒童的行為（Waters & Roisman, 2019）。遇到困難時，安全型依戀兒童期望得到支持，但不安全型依戀兒童則不敢奢望。

欲評估兒童的安全基地腳本，可請兒童回答他們在需要幫助的各種情況下，會做什麼事來推知。對 7 至 12 歲兒童的研究發現跨情境一致性（例如，考不好的情況下，父母會如何提供幫助；如果受傷的話，父母會如何提供幫助）和跨關係一致性（即兒童對父母和同儕的期望；Psouni & Apetroaia, 2014）。具有正向安全基地腳本的兒童，傾向於以適應性的方式因應困境。

學齡前兒童和學齡兒童的依戀關係持續性已毋庸置疑，但青少年對父母的依戀關係尚待釐清。與某些人的想法相反，父母仍是多數青少年的重要他人，而從童年開始的依戀關係依舊是青少年幸福感的重要來源。青少年或許不需要時時刻刻待在父母身邊才能感到安全，但父母給予的承諾和幸福感，仍是他們探索廣闊的社會關係和經驗世界的安全基地（Gorrese & Ruggieri, 2012）。

隨著與同儕的關係變得更加親密與支持，同儕也開始發揮依戀關係的功能。學界曾將親子和同儕關係視為競爭對手，假設其中一個關係的重要性上升，另一個關係的重要性必然降低。然而，青少年其實可以同時與父母和同儕都維持正向、高品質的關係，正如內在運作模式所言，親子關係為安全型依戀的青少年，與好友的關係也傾向為安全型依戀（課前測驗第 10 題）（Gorrese & Ruggieri, 2012）。

內在運作模式繼續影響著青春期後期的戀愛承諾關係。在戀愛關係中，我們將伴侶當作壓力時的避風港和探索環境的安全基地，甚至在遠離伴侶很長一段時間時出現分離的痛苦（Shaver & Mikulincer, 2014），這些都是我們從早期的親子關係中承接到的安全依戀特徵。戀愛關係的不同之處在於，伴侶是彼此的依戀對象。閱讀「主動學習：戀愛關係的依戀型態」，瞭解青少年和成人的依戀型態，與 Ainsworth 的嬰兒期依戀型態之間的關聯。

## 主動學習

### 戀愛關係的依戀型態

下表是 Hazan 和 Shaver（1987）的研究中對戀愛關係的描述。辨識這些描述符合嬰兒期的哪一種依戀型態，將其正確配對。Ainsworth 的依戀型態分別是：**安全型**、**迴避型**和**矛盾 / 抗拒型**。

| 戀愛關係說明 | 依戀型態 |
|---|---|
| 其他人並不如我所願那般容易親近。我經常擔心伴侶不是真的愛我或不想和我在一起。我想與對方完全融為一體，但這種願望有時會把人嚇跑。 | 1. |
| 與他人親近對我而言相對容易，我可以自在地依賴他人並讓他人依賴我。我不會擔心被遺棄或害怕別人離我太近。 | 2. |
| 與他人親近讓我有些不舒服；我很難完全信任和依賴他人。有人靠得太近時，會讓我神經緊繃。很多時候，另一半希望我們能更親密一點，但這樣會讓我不舒服。 | 3. |

答案：1. 矛盾 / 抗拒型　2. 安全型　3. 迴避型

Hazan 和 Shaver 發現，每種依戀型態的成人樣本百分比，與在美國進行的嬰兒依戀研究百分比非常相似。受訪者與父母的關係品質（以及父母之間的關係）是受訪者戀愛關係依戀型態的最佳預測指標。但研究人員謹慎地說，關係是複雜的，人格變項（如依戀型態）不足以解釋戀愛關係中的依戀。然而其研究結果確實表明，情感關係的品質具有明顯的連續性。

## 學習檢定

**知識問題：**

1. 什麼是內在運作模式？
2. Ainsworth 將依戀分成哪四種類型？
3. 非雙親照顧者如何影響嬰兒對父母的依戀？
4. 跨文化研究發現依戀型態有哪些差異？
5. 嬰兒期的依戀品質如何影響兒童後期和青春期的關係？
6. 什麼是安全基地腳本？

**思辯問題：**

某種文化看重的依戀行為，在另一種文化不一定適用，試舉例說明。

# 依戀障礙

## 學習問題 9.6・什麼是依戀障礙？

多數兒童與照顧者形成安全依戀，有些兒童與特定照顧者形成不安全依戀，另有極少數兒童在所有依戀關係中都遇到困難，需要加以介入處遇。DSM-5 列出兩種依戀障礙：**反應性依戀障礙（reactive attachment disorder, RAD）**和**去抑制性社會參與障礙（disinhibited social engagement disorder**，或稱**去抑制型依戀障礙）**（APA, 2013），兩者都是嬰兒期遭受虐待或忽視，因而干擾安全關係形成。

反應性依戀障礙（RAD）兒童無法形成任何依戀，不會與照顧者互動，表現出社會和情緒功能障礙（APA, 2013）。去抑制性社會參與障礙兒童不分遠近親疏一概接近，該診斷僅適用於在發展早期遭遇機構剝奪（institutional deprivation）或其他形式的嚴重社會忽視的個體（Kennedy et al., 2017）。他們似乎無法與照顧者建立特定關係，無論對方是陌生人還是熟悉的人，互動行為完全沒有差別（APA, 2013）。雖然這種行為在機構環境裡或許有其適應功能，讓嚴重剝奪的兒童可以抓住任何機會滿足他們對社交親密和關懷的需求，但當孩子回歸到較為正常的社會環境中時，過度地親近和信任陌生人，包括尋求身體接觸，可能會有風險（Kennedy et al., 2017）。

### 依戀障礙的成因

反應性依戀障礙的診斷，最初是根據 1960 年代 Tizard 等人對成長於英格蘭孤兒院兒童的觀察結果（Tizard & Rees, 1975; Zeanah, Smyke, Koga, Carlson, & Bucharest Early Intervention Project Core Group, 2005）。這些兒童是由頻繁更換的照顧者撫養長大的，身邊僅有少數幾個非常瞭解他們的人；到 4 歲時，只有三分之一的幼兒與照顧者建立了穩固的依戀關係。

**羅馬尼亞的孤兒**。羅馬尼亞孤兒院的惡劣條件造成長久的問題，即使最終被收養的兒童也難以倖免。無法形成情感依戀是這些兒童最嚴重的問題之一。
*©Romano Cagnoni / Hulton Archive / Getty Images*

最近關於反應性依戀障礙的研究，大多集中在羅馬尼亞孤兒院中悲慘條件下長大的兒童。1980 年代，該國的領導人 Nicolae Ceauşescu 想要增加人口，嚴格禁止避孕和墮胎，並強迫女性繼續生育超出家庭照顧能力的孩子。結果，超過 10 萬名的兒童被送往羅馬尼亞孤兒院，沒有得到良好的身體、心理或情感需求照顧（Kaler & Freeman, 1994）。一項研究報告指出，幼兒在一週內由多達 17 名不同的照顧者照顧，這些照顧者還得同時照顧許多嬰兒（Zeanah et al., 2005）。閱讀本章前述關於嬰兒如何與照顧者形成安全依戀之後，就能明白為什麼這些兒童無法形成依戀——他們未曾獲得形成情感連結所必需的一致、敏察或有回應的照顧。

英國進行的一項縱貫研究追蹤 165 名在嬰兒期被領養的羅馬尼亞孤兒（Kennedy et al., 2017）。多年後，到了青春期和成年早期，那些在嬰兒期經歷長達 6 個月以上機構剝奪的人，仍然出現去抑制型依戀障礙的特徵。他們過度信任他人，缺乏對陌生人的警戒心，常向他人透露過多的個人訊息。養父母和養子女自己都要留意這些特徵，幸而有些人能夠在需要外向性格的職業中善加發揮利用這些特質。儘管這些養子女通常能安全依戀於養父母，但不安全依戀的風險更大。去抑制型依戀障礙患者，到了青春期和成年早期容易併發自閉症類群障礙症或注意力不足過動症，這些疾病也可能是因早期剝奪造成的，與焦慮症或憂鬱症等任何臨床狀況較無關係。

## 依戀障礙的預防與治療

一項為羅馬尼亞孤兒院兒童制定的寄養計畫，比較留在收容機構、轉入寄養服務，以及從未待過收容機構（對照組）三組兒童的反應性依戀障礙發病率（Smyke et al., 2012）。6 至 30 個月大留在收容機構的嬰幼兒，比從未待過收容機構（對照組）的嬰幼兒，罹患反應性依戀障礙的跡象更多；而那些隨後被轉入寄養服務的嬰幼兒，反應性依戀障礙的發病率下降到與從未待過收容機構（對照組）相同的水平。研究人員發現，寄養組的去抑制性社會參與障礙跡象也有所下降，但仍高於對照組。研究顯示將嬰兒安置到更安全的環境似乎可以改善依戀，但改善的時機僅限於出生後最初幾年，且改善效果有限。領養依戀障礙兒童的家庭必須明白，想扭轉養子女早期經驗的負面影響，需要付出相當大的心力。

儘管許多被領養的羅馬尼亞孤兒最終都能有正向的發展結果，但與其在依戀障礙發生後亡羊補牢，預防高危險族群（例如生活在貧困或虐待家庭中的兒童）方為上策。最有效的方法著重於培養母親對嬰兒的敏察力（Juffer, Bakermans, & van IJzendoorn, 2018）。隨著母親敏察力提高，母嬰依戀也愈加鞏固。迄今為止，只有少數介入方案的目標放在提升父母雙方的敏察力，但其效果確實比僅著眼於母親的方案更為理想。

### 學習檢定

**知識問題：**

1. 反應性依戀障礙和去抑制性社會參與障礙有什麼區別？
2. 依戀障礙的發生原因為何？
3. 對依戀障礙兒童最可能有效的介入措施為何？

**思辯問題：**

哪種類型的方案，可以有效協助去抑制性社會參與障礙兒童學習以合適的方式與他人互動？

## 結語

從嬰兒早期開始，我們就必須學會理解、表達和控制情緒。本章探究情緒經驗如何從與他人的密切關係中發展出來。下一章將說明情緒、認知甚至語言發展，如何催生出嬰兒的第一個自我意識，最終促成青少年的自我認同發展。

# Chapter 10

# 認同：自我、性別與道德發展

## 學習問題：

10.1 嬰兒期的自我意識如何發展爲青春期的認同？

10.2 從學齡前到青春期，自尊如何變化？

10.3 多數兒童的性別認同如何發展？LGBT兒童和青少年的性別認同如何發展？

10.4 族裔認同如何影響發展？

10.5 哪些因素會影響兒童的道德認同發展？

©iStock / SDI Productions

## 課前測驗

判斷以下每個陳述內容是「對」或「錯」，測試你對兒童發展的瞭解，接著在閱讀本章時，檢視你的答案。

1. □對 □錯 世界各地的幼兒在大約相同的年齡發展出自我意識。
2. □對 □錯 青少年無需多加探索即可形成認同。
3. □對 □錯 自尊在幼兒時期非常高。
4. □對 □錯 從青春期中期到成年早期，多數青少年的自尊維持高自尊和穩定性。
5. □對 □錯 時至今日，多數父母並沒有強化特定性別的刻板印象，並以非常相似的方式對待兒子和女兒。
6. □對 □錯 全球有七十多個國家認定男同志是違法的。
7. □對 □錯 出生時被認定為女孩的青少女，自我認同為跨性別或非常規性別的可能性，是出生時被認定為男孩的青少男的兩倍。
8. □對 □錯 女孩和男孩思考道德問題的方式不同。
9. □對 □錯 當個體面對道德困境時，其道德價值觀和信念是實際行動的最佳預測指標。

---

正確答案：1. 錯；2. 對；3. 對；4. 對；5. 錯；6. 對；7. 對；8. 錯；9. 錯。

如果請你描述自己，你會怎麼說？花點時間列出你會使用的形容詞，稍後再將此列表與學齡前兒童、學齡兒童和青少年對自尊的典型描述做比較。本章將探究「自我」（self）的許多面向，以及這些不同的面向在兒童期和青春期的變化。首先是自我概念，即個體如何描述自己和人際關係。接下來是自尊，如個體對這些特徵的評估與感受。另外會再討論幾個在自我意識中發揮重要作用的認同面向，包括：性別認同、族裔認同及道德認同。

# 自我概念的發展

## 學習問題 10.1．嬰兒期的自我意識如何發展為青春期的認同？

自我意識是如何開始的，又是如何發展為年齡較大兒童與青少年的認同感？嬰兒逐漸理解他們是獨立的個體，能區分自己與照顧他們的人不同；幼兒漸漸明白自我是連續性的，自我意識變得更加複雜；到了兒童中期，兒童更能反思自己是誰；而對青少年來說，認同是一個核心問題，他們努力定義自己是誰，以及自己想成為什麼樣的人。

## 嬰兒期的自我

嬰兒是否知道他們有一個與周遭人物不同的自我？有證據表明，即使是剛出生的嬰兒，他們在觸摸自己的臉頰時和其他人觸摸他們的臉頰時，會有不同的反應。他人的觸摸會使得嬰兒轉頭尋找食物，而當嬰兒觸摸自己的臉頰時則不會（Rochat, 2015）。第一個自我意識發展之後，嬰兒意識到他們具有能使事情發生的能力：「**我**做出這個動作」或「**我**讓媽媽笑了」（Rochat, 2015）。嬰兒讓事情發生的**意圖**（intention）反映出他們知道自己是改變的啟動者。形成這種對自我的早期理解之後，緊接著是幼兒開始思考**關於**自己——一個新的「我」（me）的概念於焉形成。**自我意識**（self-awareness）意指自己就是感知和思考的對象。第二種自我意識於 2 歲時開始發展。以下說明自我意識的四種呈現方式：鏡中自我認知、使用代名詞**我**（I）和**你**（you）、視角換位思考，以及占有欲。

### 鏡中自我認知

判定幼兒是否具有身體自我意識的經典實驗是鏡中自我認知任務（mirror self-recognition task）。在這項任務中，幼兒的父母假裝為幼兒擦鼻子，但偷偷在幼兒的鼻端點上紅色顏料，再讓他站在鏡子前。如果幼兒知道鏡子裡的人其實是自己、而不是另外一個人，當他看到鏡子裡的可笑紅色記號時，會摸自己的鼻子。1 歲的幼兒還不會這麼做，相

**這就是我！**在快要 2 歲時，西方文化的學步兒就能在鏡子中認出自己。在此之前，他們會對鏡子裡的嬰兒感到很好奇，但現在他們知道那個嬰兒是誰了——就是她自己。
*©iStock / Antonio_Diaz*

反地，他們的反應就好像看到鏡子裡有另外一個可以一起玩的孩子。直到 18 至 24 個月大之間，西方社會的幼兒才明白鏡像是自己映射的身影，而會去摸自己的鼻子（Broesch, Callaghan, Henrich, Murphy, & Rochat, 2011）。

不過，文化會影響幼兒發展理解並認識自我鏡像的年齡。在重視自主和個人主義文化下長大的幼兒，比重視關係勝於個性文化下的幼兒，更早意識到自我（課前測驗第 1 題）（Kärtner, Keller, Chaudhary, & Yovsi, 2012）。成長於較看重關係文化的幼兒，自我意識的發展方式不同。在被移動的玩具手推車擋住身體的任務中，他們很早就明白必須移動自己的身體才能讓手推車移動（Ross et al., 2017）。雖然這些幼兒後來也能認出鏡中的自己，但他們更早意識到自己的身體與其他物體和人之間的關係。

## 使用人稱代名詞

你可能聽過幼兒說：「爸爸，抱你，抱你！」（Daddy, pick you up, pick you up!）其實他們的意思是：「爸爸，抱我！」（Daddy, pick me up）。正確地使用**我**和**你**不是光靠模仿就能學會——孩子聽到爸爸說：「我來抱你。」（I'll pick you up.）所以就模仿他聽到的句子。只有當幼兒明白**我**和**你**是不同的意思時，他才懂得正確使用人稱代名詞，改說「抱我」。在這之前，許多幼兒採用直呼自己名字策略，例如：「小靜會做！」如果父母在對話中交錯使用代名詞和孩子的名字，就能提高幼兒對代名詞的理解（Smiley, Chang, & Allhoff, 2011）。這麼做似乎有助於幼兒理解「那是小琪的書」和「那是你的書」指的是同樣的意思。當聽到別人說「你」時，他們指的是小琪，但當小琪自己說「你」的時候，她指的應該是別人。正確使用**我**和**你**的能力與鏡中自我認知有關，這兩種能力都在 2 歲半時開始發展（Kärtner et al., 2012）。

## 視角換位思考

如果你要求幼兒給你看他的畫作，他可能會把他的畫舉到他能看到、但你還看不到的高度，因為他假設既然他能看到，你勢必也能看到。幼兒必須要能瞭解到你和他是觀點不同的獨立個體，才發展出所謂的**視角換位思考（visual perspective-taking）**，這是 18 至 24

個月大幼兒發展出的另一種與自我意識相關的能力（Moll & Tomasello , 2006）。換位思考能力也和文化有關，成長於重視相互依存文化的幼兒，比重視個人主義文化的幼兒，更懂得從他人的角度看待問題（Wu, Barr, Gann, & Keysar, 2013）。

**這是我的！**占有欲是幼兒不斷增長的一種自我意識。知道自己是一個獨立的個體後，幼兒也開始主張有些東西是屬於他的。

*©PhotoAlto / Sigrid Olsson / Getty Images*

### 占有欲

2 歲的幼兒正進入 Erik Erikson（1963）所謂的**自主決定 vs. 羞愧懷疑（autonomy versus shame and doubt）**階段。「自主」意味著我是獨立的，可以控制發生在我身上的事。幼兒最喜歡用兩個詞：「不要！」和「是我的！」來維護他們的自主權，或將自我與他人區分開來。這種態度與認出鏡中自我的能力有關（Rochat, 2015）。

隨著幼兒愈來愈清楚自己與周遭人物有別，他們更有動力去捍衛自己的做事方式及屬於自己的東西。與自我概念較不清楚的幼兒相比，能在鏡中認出自己、且能正確理解和使用**我**和**你**的 2 歲幼兒，更敢去與不熟悉的同伴互爭玩具（Levine, 1983; 另見 Rochat, 2015）。照顧者應該瞭解互爭玩具不是自私的行為，而是幼兒在伸張他的自主權。

## 幼兒期的自我

來到幼兒期時，自我變得與能力息息相關，難怪 Erikson（1963; 1968）將下一階段的核心任務命名為**積極主動 vs. 退縮內疚（initiative versus guilt）**。學齡前兒童嘗試主動做某些事；也就是說，他們想要表現、想要創造、想要實現某些事情。但是，幼兒卻經常在嘗試時遭受挫敗，或被父母責難批評，引發他們做錯事的內疚感。因此，成人應該對幼兒有耐心，並鼓勵他們多加嘗試摸索。

閱讀以下這個幼兒的自我描述，即可瞭解積極主動態度的重要性：

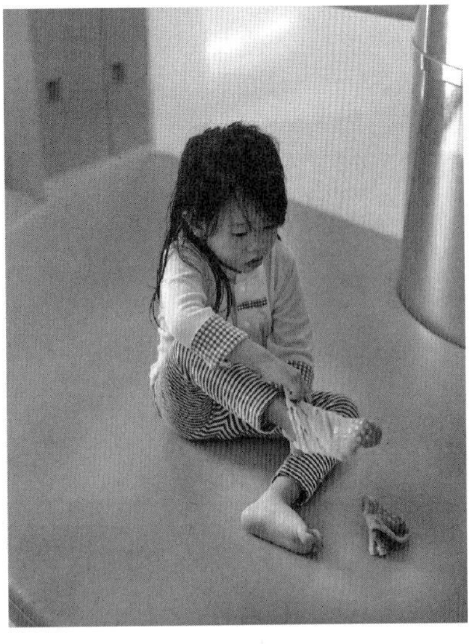

**看看我會做什麼！**學齡前兒童希望自己能做到某些事。父母可以鼓勵這種積極主動的態度，不要讓學齡前兒童在第一次嘗試時就因受挫而退縮內疚。

*©iStock / GOLFX*

> 我今年 3 歲，我是男生，我叫小宇。我和愛我的爸爸媽媽住在一起。媽媽會為我做好吃的義大利麵！我要幫小妹妹過聖誕節！我有一雙藍色的眼睛和一隻橘色的小貓，我自己的房間裡有一台電視機，這些都是我的！我知道怎麼念 ABC，你聽：A、B、C、D、E、F、G、H、J、L、K、O、P、Q、R、X、Y、Z。我可以跑得非常快，比我 2 歲的時候還快……。我可以爬到遊樂園攀爬架的頂端，我都不會怕！從來不怕！我一直都很開心。我很強壯。你看，我能舉起這把椅子……（Harter, 2012b, p. 29）

這種自我描述有哪些特徵？包括：身體特徵（藍眼睛）、財產（一隻小貓）、能力（知道 ABC、會爬高、抬椅子）、感覺（從不害怕）和一些基本訊息（年齡和住在哪裡）。這些和你描述自己的方式相似嗎？兩者之間可能有一些重大差異。

這個年齡階段的兒童開始形成關於個人生活的一系列連貫記憶，稱為**自傳式記憶**（**autobiographical memory**）。研究表明，父母與孩子談論生活事件的方式，會影響幼兒如何記憶他們的生活。若父母引導孩子對事件進行複雜的討論，孩子就更能記住生活的細節，甚至以更複雜的方式理解事件。生活中的事件記憶在自我概念發展中擔任重要角色，更高層次的自我意識有助於建構更準確的自傳式記憶（Prebble, Addis, & Tippett, 2013; Reese, Jack, & White, 2010）。

父母引導孩子記憶生活事件的方式，受到文化價值觀和期望的影響。歐美裔母親與學齡前兒童談論過去的事情時，經常評論和美化孩子所說的話，以創造詳盡的個人敘事，反映出對個人經驗的重視（例如：「你還記得你為什麼那麼生氣嗎？」）中國母親常向孩子提問，鮮少請孩子娓娓道來，同時向孩子灌輸社會規範和行為期望，反映出公共義務的價值觀（例如：「老師教過你規則，對嗎？」；Wang, 2006, p. 186）。這種記憶共享是一種文化傳播形式，因為它以順應文化的方式來組織和共享訊息，並在自傳式記憶和自我概念之間建立關聯。

## 兒童中期的自我

來到兒童中期，兒童愈能以更複雜的方式思考自己。幼兒慣以全有或全無的方式看待自己（「我從不害怕！我總是很快樂」），但 8 至 11 歲兒童的自我概念益發完善，包括較陰暗的面向。例如：「**如果**我的朋友不在身邊，我會很難過。」（Harter, 2012b, p. 61）。他們也可以同時體驗多種情緒，例如：「我很開心收到禮物，**但**很生氣這不是我想要的禮物。」（Harter, 2012b, p. 62）

Erik Erikson（1963）將兒童中期描述為**勤奮進取 vs. 自貶自卑（industry versus inferiority）**的衝突。此時兒童必須將童年的幻想放在一邊，開始勤奮地學習社會要求的技能，在多數現代社會中，這意味著要上學以為成年生活做準備。兒童在學校得到許多回饋，告訴他們自己的表現如何，他們開始將自己與他人比較（Harter, 2012b）。進行**社會比較（social comparison）**時，他們可能會想：「我在算術方面比小佑好，但在閱讀方面不如小婷。」這些比較構成兒童自我概念的基礎（「我是一名運動員」），也可能影響兒童的自尊。

兒童也在培養從他人角度看待自己的能力，包括從他人的觀點來看自己（Harter, 2012b）。這種新的觀點促使他們在與他人互動時，發揮更強的自我意識能力。例如，如果兒童大聲嚷嚷地靠近一位同學，而這個同學看起來很害怕的樣子，他可能會想：「我嚇到他了，我最好降低音量。」或心想：「我是一個活力充沛的人，我最好找別人一起玩。」不管是哪種情況，兒童會根據他對另一個同學的反應的觀察，來反思自己的狀況。

## 青春期的自我與認同

Erikson（1963; 1968）將青春期的發展任務描述為**自我認同 vs. 角色混淆（identity versus role confusion）**。根據 Erikson 的說法，青少年在進入成年早期時，必須釐清他們是誰以及他們想成為什麼樣的人。青春期的生理、認知和社會變化自然會反映在自我概念的變化上。

第 6 章曾提到，處於形式運思期的青少年可以進行抽象思考，這種新的認知能力反映在他們的自我描述中，包含更多抽象的心理屬性（Silva, Martins, & Calheiros, 2016）。青少年的**自我複雜度（self-complexity）**更高，表示隨著年齡增長，他們會用更多不同的面向來定義自己。自我複雜度較高與自尊較高有關（Martins & Calheiros, 2012），一位自我複雜度高的青少年可能會認為自己是一個有魅力的人、優秀的學生、差勁的運動員和很好的朋友（多數時候）。有些自我複雜度低的青少年則會將自我認同與外表綁在一起，鮮少認同其他面向自我。遇到壓力情況時，這些限制會讓他們陷入困境。例如，一個認同僅限於「忠心男友」的男孩，在與女友分手時可能會變得茶不思飯不想；另一個認同較為複雜的男孩面臨戀愛分手時，可能會轉向其他屬性，例如對自己的學業成就感到自豪。

認同發展過程中一個很重要的部分是嘗試不同的認同，這有助於解釋青春期的一些行為。青少年嘗試各種新的活動或結交新朋友，這些嘗試會影響他們的認同感（Doornwaard, Branje, Meeus, & ter Bogt, 2012）。多數青少年選擇社會認可的正向認同，但有時也會選擇 Erikson（1963）所說的**負向認同（negative identity）**。儘管父母或其他成人不贊成青少年成為吸毒者或偏差行為者，但這些行為提供青少年現成的認同，使其不加費力即可依循一套定義明確的態度、價值觀和行為。

**青少年的認同。**在認同發展的過程中，青少年可能會嘗試不同的認同，例如：「運動員」、「頭腦好」或「受歡迎」。

*©iStock / SDI Productions; iStock / Halfpoint; iStock / nemke*

## Marcia 的認同狀態

James Marcia（馬西亞）描述青少年努力達成認同的過程，擴展 Erikson 在認同發展方面的研究。根據 Marcia 的主張（1966；另見 Kroger, Martinussen, & Marcia, 2010; Meeus, van de Schoot, Keijsers, Schwartz, & Branje, 2010），達成認同要靠青少年花費一段時間積極**探索**可行的選項（Marcia 也將這個過程稱為**危機**），接著是對選擇進行名為**承諾**的投入過程。結合這兩個過程，Marcia 歸納出如表 10.1 的四種認同狀態。

**表 10.1** **Marcia 的認同狀態。**根據 Marcia 的主張，青春期的認同發展反映出兩個過程：探索可行的選項和對認同的承諾。個體在這兩個過程中的位置，決定了青少年的認同狀態。

| | | 危機（探索） | |
|---|---|---|---|
| | | 低 | 高 |
| 承諾 | 低 | 迷失型認同 | 未定型認同 |
| | 高 | 早閉型認同 | 定向型認同 |

有些青少年顯然並沒有花太多時間去思考未來，而且也不怎麼擔心。**迷失型認同（identity diffusion）**的青少年既缺乏危機感（或認為沒必要多加探索），又缺乏對未來認同的承諾。

有些青少年甚至在他們參與積極探索過程之前，就對自己的認同做出堅定的承諾（課前測驗第 2 題），此稱為**早閉型認同（identity foreclosure）**。沒有主動尋找認同，你如何知道自己將來會成為什麼樣的人？你可能生長在一個大家都期望你成為醫生、教師或警察的家庭，而這些期望毫無疑問地成為你看待自己的方式。在這種情況下，這些青少年已經關閉

（或切斷）其他可能性。早閉型認同在世界各地許多地方是常態，因為青少年的選擇受限。例如，生活在更傳統和專制社會中的阿拉伯貝都因（Bedouin）族青年的早閉型認同率，高於阿拉伯都會區的青年，因為後者有更多的選擇（Dwairy, 2004）。在另一項研究中，喀麥隆恩索（Nso）族青年的早閉型認同率高於德國青年（Busch & Hofer, 2011）。在強調服從父母的傳統社會中，青少年從父母那裡接受某些認同面向，是在其社會中找到安身立命之處的一種方式。

處於**未定型認同（identity moratorium）**的青少年正在積極探索形塑未來認同的選項。因此用 Marcia 的話來說，他們處於危機狀態，但他們還沒有準備好承諾作出具體的選擇。例如，大約三分之一的大學生在求學期間至少改變了一次主修，十分之一的學生則不止一次改變主修科系（U.S. Department of Education, 2017）。

最後，已經積極探索各種可行選項、也準備好承諾接受其中一種認同的青少年，處於**定向型認同（identity achievement）**狀態。有些人認為青少年必須與父母保持距離才能發展自己的認同，但青少年與父母之間的正向關係似乎更有利於認同達成。此外，隨著青少年的認同益發鞏固，家庭關係也變得更加穩固和具建設性（Crocetti, Branje, Rubini, Koot, & Meeus, 2017）。

儘管認同狀態是變動的，但認同形成的過程並不如預期般的動盪。一項研究發現，超過五年的時間裡，將近 60% 的青少年沒有改變他們的狀態（Meeus et al., 2010）。若有變動，也多半是朝向認同達成的方向進展（Meeus, 2011; Meeus, van de Schoot, Keijsers, & Branje, 2012）。然而，即便是定向型認同狀態的青少年也可能因為新的體驗，從而動搖他們對認同的承諾，並將他們推回到未定向的狀態。結識態度或價值觀迥異的朋友、前往從未見過的世界、遭遇新的文化衝擊，或者進入大學、接觸到新的想法等，這些經驗都可能動搖之前堅定的認同承諾。

回頭再看看表 10.1。你認為自己現在在哪個位置？一年前你在哪裡？一年後你會在哪裡？Marcia 的探索和承諾過程適用於其他認同發展的面向（Kroger & Marcia, 2011）。本章後續將再探討 Marcia 的理論如何應用於族裔認同發展。

## 青少年的成年禮

在許多文化中，青少年經由**成年禮（rites of passage）**的儀式促進認同發展。成年禮旨在為個體提供一種體驗，標示著從童年期進入到成年期，同時向社群宣告這一變化。許多儀式都基於宗教信仰，而有些儀式顯然與青少年的性成熟有關。

美國常見的幾種傳統成年禮如下：在猶太傳統中，為 13 歲的男孩和 12 或 13 歲的女孩慶祝的成年禮稱為 Bar Mitzvah 或 Bat Mitzvah（在希伯來語意為「戒律的兒子或女兒」）。在這個儀式上，男孩或女孩可以帶領宗教儀式，展示他（她）在宗教教育中的學習。儀式之後舉行的派對慶祝他（她）被社群接受為成年人，有責任執行宗教戒律。從拉丁美洲來到美國的成年禮被稱為 quinceañera，在這個儀式中，女孩要參加一個特別的派對，宣告她們的 15 歲生日。女孩穿上白色禮服，朋友也獲邀參加，派對的高潮是天主教的感恩節彌撒（Colón, 2017）。傳統上，quinceañera 宣布女孩到了適婚年齡。換句話說，她不再是個孩子，而是一位年輕的女性。

世界各地的成年禮形形色色。例如在峇里（Bali）島，人們認為牙齒是貪婪和嫉妒等不良衝動的象徵，因此要將它們「銼開」（實際上只是用竹子輕刮牙齒）以平衡善惡的力量（Bali Volunteer Programs, 2018），年輕人參加完這個儀式就是成年人了，之後才能結婚。

在某些文化中，成年禮顯然與青春期的性成熟有關。例如，北美納瓦荷（Navajo）族的 Kinaalda 儀式在女孩第一次月經來潮後的夏天舉行（Meza, 2019）。在非洲南部，傳統的祖魯（Zulu）和科薩（Xhosa）族男孩接受割禮儀式，標示他們成年了。男孩們被帶到一間僻靜的小屋，在那裡舉行割禮儀式。他們必須展現男子氣概，表現勇敢的行為，不可呼天搶地喊痛。儀式結束後，男孩的臉以白色粉筆塗色，作為他們純潔的標誌。長者會指導他們成人應負的責任，包括性責任。傷口癒合後，再洗掉臉上的塗色。一場盛大的儀式標示他們童年的結束和成年的開始（Mandela, 1994）。

閱讀「主動學習：成年禮」提出的問題，思考成長過程中標示著從童年期過渡到成年期的儀式重要性。

主動學習

## 成年禮

你可曾體驗過任何成年禮？在你的宗教信仰中，可有一些青春期的儀式，標示新的責任和學習？雖然美國很少有正式化的儀式，但請想想有哪些重要事件，可以代表「我現在是成年人」的概念。最常見且有意義的事件是考取駕照。在這個以汽車代步的社會，能夠靠自己從一個地方移動到另一個地方，對成年人來說至關重要。還有哪些是大眾認可的成熟標準？可以的話，請發想一個在你所處社群中，象徵從童年期進入到青春期、有意義的新儀式。

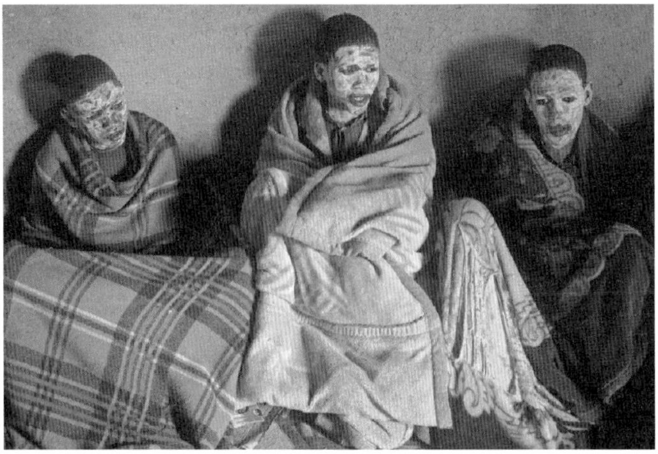

©Associated Press / Schalk van Zuydam

©Hyoung Chang / Denver Post / Getty Images

©iStock / nano

**成年禮**。非洲南部科薩族（Xhosa）的割禮儀式、拉丁美洲傳統的 quinceañera 和猶太傳統的 Bar Mitzvah，所有的文化儀式都在傳達同一件事：認可年輕人從兒童身分轉變為成人身分。

## 學習檢定

**知識問題：**

1. 哪些行為表明幼兒已經開始發展自我意識？
2. 學齡前兒童與學齡兒童的自我意識有何不同？
3. 請說明 Marcia 的認同狀態。
4. 成年禮與認同發展有何關聯？

**思辯問題：**

上大學如何形塑或改變你的自我認同？

# 自尊的發展

## 學習問題 10.2・從學齡前到青春期，自尊如何變化？

前面已談論自我概念或你如何自我描述，現在要將重點轉向**自尊**（**self-esteem**），亦即你對這些特質的*感受*。有些人會混淆這些名詞，但它們是不一樣的概念，有必要加以釐清。還記得本章開頭要求你寫下的自我特質列表嗎？閱讀「主動學習：自我概念和自尊的區別」，學習區辨這些名詞。

主動學習

### 自我概念和自尊的區別

在標有「自我概念」的欄位中，列出七個可描述你自己的重要特質，例如身體特徵（身高、體重、體格）、能力（好學生、會運動）或性格特質（害羞、好奇）。列出後，接著再圈選一個數字，代表你對每個特質的喜歡或不喜歡程度。

| 自我概念 | 自我評估 | | | | | | |
|---|---|---|---|---|---|---|---|
| | 喜歡 | 5 | 4 | 3 | 2 | 1 | 不喜歡 |
| | 喜歡 | 5 | 4 | 3 | 2 | 1 | 不喜歡 |
| | 喜歡 | 5 | 4 | 3 | 2 | 1 | 不喜歡 |
| | 喜歡 | 5 | 4 | 3 | 2 | 1 | 不喜歡 |
| | 喜歡 | 5 | 4 | 3 | 2 | 1 | 不喜歡 |
| | 喜歡 | 5 | 4 | 3 | 2 | 1 | 不喜歡 |
| | 喜歡 | 5 | 4 | 3 | 2 | 1 | 不喜歡 |

如果你和多數人一樣，你會發現你的自我評估有些差異。你喜歡自己的某些部分，有些部分則不太喜歡。如果仔細查看自我概念中的特質，會發現具有相同特質的其他人，所評比的自尊程度不同。例如，你認為自己是一個非常高的人，但你可能會喜歡或討厭高這個特徵；或你認為自己是一個非常信任他人的人，但你可能會喜歡自己總是能看到別人的美好之處，或討厭自己如此信任他人以至於常被人利用。

請記住，這些自我評估離不開文化脈絡。你喜歡的特質和你所屬文化重視的特質，是否在另一文化中並*沒有*受到重視？例如，在美國這種重視個人的文化中，堅持己見是正向的特質；但在更強調人際關係和諧的文化中，堅持己見卻是負面的特質。

你的整體自我價值感受，稱為**整體自尊（global self-esteem）**。不過，正如前述的主動學習所見，通常你會喜歡自己的某些特質，而不喜歡某些特質。Susan Harter（2012b）發展出一套自尊模型，指出與兒童和青少年自我評估感受相關的五個不同向度，分別是：

1. 學業能力：覺得自己在學校表現很好。
2. 社交能力：覺得自己知道如何交朋友。
3. 行為舉止：覺得自己按照應有的方式行事。
4. 運動能力：覺得自己擅長運動。
5. 身體外表：喜歡自己的樣子。

隨著年齡增長，兒童愈來愈能將這五個向度整合到對整體自尊的全面評估中。

## 兒童期的自尊

回顧本章前面那位 3 歲幼兒的自我描述，你可能會覺得他過於自信樂觀。這名 3 歲幼兒聲稱他念得出**所有的** ABC（其實沒有），可以跑得**很快**、可以爬到遊樂園攀爬架的**頂端**，而且**從來不會害怕**。另一位小女孩也有這種不切實際的自我評估，問她是否會游泳，她的回答是「會」，但真的下水時，她卻像石頭一樣沉下去。這種不著邊際的樂觀從何而來？學齡前兒童還不懂得將自己與他人比較——即社會比較，這種能力要等到學齡期才會出現。缺乏比較標準的情況下，他們自認自己所做的一切事情都是「最棒的」（課前測驗第 3 題）（Harter, 2012a）。

從兒童早期進入到兒童中期，兒童對自己能力的信心呈下滑趨勢，有幾個因素使然。第一，兒童愈來愈會拿自己與同儕比較，他們的自我評估變得更加實際，難以如幼兒期般自賣自誇。第二，小學老師持續給予的回饋，有助於他們對自己的能力進行更準確的評估（Harter, 2012a）。當幼兒收到他們在特定任務中成功或失敗的回饋時，這些訊息對其未來成功的期望幾乎沒有影響（Davis-Kean, Jager, & Collins, 2009）；相比之下，年齡較大的兒童會接受這些訊息，並據此改變他們對未來行為的預測。也就是隨著年齡增長，兒童的自我概念變得更加合乎實際。第三，兒童中期的兒童經常參加各種有組織、評價性質的活動。他們學習音樂才藝或體操，參加運動隊伍、國際象棋或學校辯論社團等競爭性活動，種種情況讓他們清楚認識到其他人的能力比他們優秀或差勁。

高自尊與許多正向發展結果有關，而低自尊與許多負面發展結果有關。例如，高自尊學生往往比低自尊學生的學校表現要好（Cvencek, Fryberg, Covarrubias, & Meltzoff, 2017）。有鑑於此，教育界推出許多提高學生自尊的計畫，最終目的是為提高學生的學業成績。整體而言，這些努力被稱為**自尊運動（self-esteem movement）**。

長期以來，稱讚似乎與增強個體的自尊有關，但兒童收到的稱讚類型影響深遠。對個體本質的稱讚（如：「你真聰明！」）或誇大其詞的讚美（如：「你太棒了！」）長期下來恐損害自尊。收到這些類型稱讚的兒童，一旦面臨一項自認極為困難的任務，便會開始質疑自己的智力，導致自尊受挫。另一方面，稱讚兒童完成任務的過程（如：「你真的很努力！」）可以提高自尊。當這些兒童遇到困難的任務時，他們明白努力的重要性，失敗並不代表對他的否定。相反地，失敗和錯誤激勵他們再接再厲，最後終於成功時，他們會對自己有能力學習和成長深感自豪。

可惜的是，成人往往浮誇地稱讚低自尊的兒童，揠苗助長的結果反倒讓兒童在遇到困難的任務時，自尊滑落得更快（Brummelman, Crocker, & Bushman, 2016; Brummelman, Thomaes, Orobio de Castro, Overbeek, & Bushman, 2014）。其實父母只要讓孩子感覺到被愛、被尊重，參與他們的興趣，幫助他們反思經驗、理解對這些事件的感受，如此會比任何形式的讚美更能提高自尊（Harris et al., 2017）。

## 青春期的自尊

在青春期早期，全球青少年的自尊向下滑落。在發展認同中苦苦掙扎，以及過渡到青春期早期的生理、社會和環境變化，對青少年的自尊都是嚴格的考驗。青春期劇烈的生理變化，難免讓他們感到笨拙和尷尬，更加在意起自己的外表。隨著同儕關係愈趨重要，同儕的回饋對青少年的自我感覺影響也愈來愈大（Gorrese & Ruggieri, 2013）。

青春期的認知變化也會影響自尊，青少年的假設思考能力使他們不僅能夠思考真實我（real self）（目前擁有的特質），還能夠思考**理想我（ideal self）**（渴望在未來擁有的特質）。這種比較對自尊的影響力，取決於兩個自我之間的差異以及個體對特質的看重程度（Harter, 2012b）。例如，你目前的體重和理想體重之間的差異相對來說很小，但如果外表特質對你來說非常重要，那麼即使是很小的差異也會對自尊產生很大影響。身體形象對多數青少年的重要性非同小可，甚至可占整體自尊的 45% 到 70% 變量（Wichstrøm & von Soest, 2016）。另一方面，一個你比較不關心的特質對自我感覺的影響要小得多。

幸運的是，過渡到青春期所帶來的生理、社會和認知變化的負面影響，對多數青少年來說相對短暫，而且影響並沒有想像中的那麼大（Huang, 2010）。如圖 10.1 所示，對多數人來說，青春期中期到成年早期的自尊一直都很高（課前測驗第 4 題）（Birkeland, Melkevik, Holsen, & Wold, 2012）。

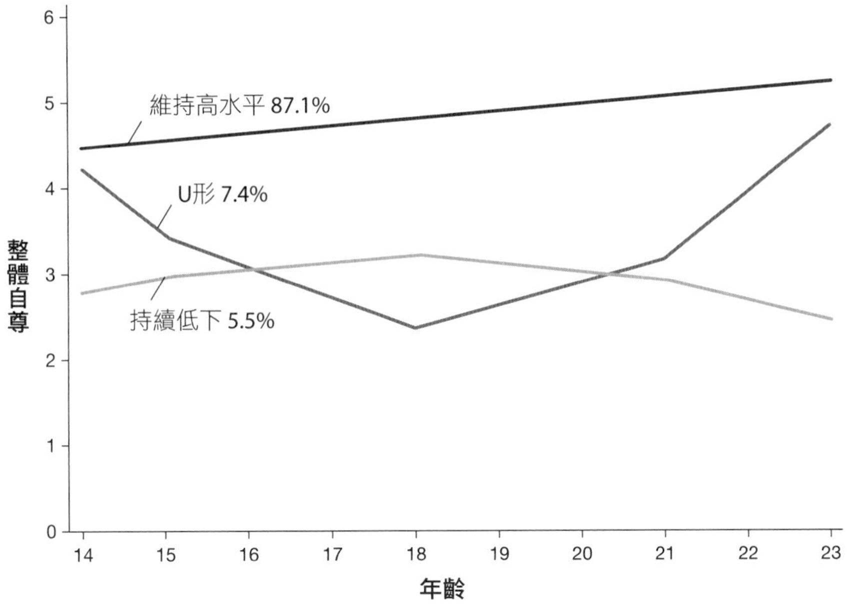


圖 10.1　**青少年自尊的年齡相關變化**。對多數青少年來說（根據本圖所示的研究結果，多達 87%），自尊在青春期中期相對較高，到了成年早期仍然維持高水平；少部分人（7.4%）在完成中學學業後從低自尊反彈回升；僅 5.5% 的人表示在這段期間自尊心持續低下。

**資料來源**：Birkeland, Melkevik, Holsen, & Wold (2012).

自尊的性別差異在青春期早期就出現了，青少女的整體自尊往往低於青少男，幸而這些差異到了成年早期會減少，可能是因為女性的獨立機會增多，提升了她們的自信心（Helwig & Ruprecht, 2017; von Soest, Wichstrm, & Kvalem, 2016）。儘管多數關於自尊的研究都是在西方國家進行的，但從 171 個不同國家受訪者的研究中發現與上述相同的性別和年齡差異模式（Helwig & Ruprecht, 2017）。男性的自尊往往比女性更高，且兩性的自尊通常自青春期中期到中年早期向上攀升。

## 媒體、自我概念、自尊與認同

典型的 8 至 18 歲美國兒童每天平均花 7 個小時在娛樂媒體上（Rideout, Foehr, & Roberts, 2010），光是這段時間就能使媒體對兒童的自我概念產生巨大影響。媒體接觸的影響力如此強大的另一個原因是：花在媒體上的時間愈多，兒童參與其他正向、有助於提升自尊的建設性活動的時間就愈少（Martins & Harrison, 2012）。鼓勵兒童與青少年參加他們喜歡的活動或嗜好，如體育、藝文活動等，有助於提升他們各個面向的自我概念。

隨著社會比較在兒童自我概念和自尊的發展上日漸重要，兒童在電視、電影、廣告和網絡上看到的形象，提供他們另一個相互比較的標準。前面提到外貌特質對整體自尊的影響重大，對於媒體上經常出現一些不切實際的形象，究竟會讓兒童對自己的身體形象有多不滿，爭議尚未平息（Barker & Bornstein, 2010; Martins & Harrison, 2012）。媒體上的女性和女孩普遍被描繪成不切實際的纖瘦苗條，這種**纖瘦理想（thin ideal）**會損害女孩的自尊。在一項研究中，年僅 5 歲的女孩表達想要更瘦的願望，且女性每天接觸的媒體數量與飲食限制有關（Damiano, Paxton, Wertheim, McLean, & Gregg, 2015）。男孩也可能被所謂的**肌肉理想（muscular ideal）**影響；男孩在媒體上看到的超級英雄和超級運動員形象，未必比女孩看到的女性形象更真實。對男孩來說，這些形象導致他們對身體不滿，渴望自己的外表更高大、強壯、更有肌肉（Diedrichs, 2012）。然而，在對兩百多項研究的統合分析中，媒體描繪的形象，主要是影響那些本已經對自己身體感到不滿意的女孩，而對男孩則沒有顯著影響（Ferguson, 2013）。

前面提到在認同發展的過程中，青少年會嘗試不同的身分認同。今日，幾乎一半以上青少年過著「上線中」的日子，人手一機，隨時可以造訪各種社群網站和 Apps（Anderson & Jiang, 2018, p. 2）。社群媒體為年輕人提供前所未有的機會，構築和管理全新的線上身分（van der Merwe, 2017）。正如 Marcia 的認同發展理論所言，與已經在認同發展過程中向前邁進的青少年相比，尚未做出堅定承諾的青少年更常在網路上展現自我。他們呈現出更為理想化的自我版本，並且在社群媒體上構築的各個自我版本不太一致（Fullwood, James, & Chen-Wilson, 2016）。他們還常在線上做出和說出在現實生活中不會做或說的事情（van der Merwe, 2017）。

我們都曾試圖控制或影響他人對我們的看法，這一過程稱為**印象管理**（impression management），例如 Facebook 和 Twitter（譯注：2023 年 7 月已更名為 X）等網站讓青少年得以從喜歡或不喜歡什麼的回饋中，細密調控他人的觀感。人們爭相競逐按「讚」數，以至於 Instagram 最後刪除按讚數的功能（譯注：IG 目前仍有按讚功能），以減少打動他人和提升個人形象的不良企圖（Wagner, 2019）。哪些青少年最有可能以這種方式使用社群媒體？一項針對大學生 Facebook 用戶的研究發現，與高自尊者相比，低自尊者登入網站的頻率更高、花費的時間更長。他們社群頁面中自我吹捧的內容較多，例如：自我介紹內容使用更多正向的形容詞，或修飾貼文中的照片（Mehdizadeh, 2010）。青少年如此關注他人如何看待他們，是否會干擾形成一致性認同的過程？或者以這種方式嘗試不同身分的能力，長遠來看是否有助於青少年鞏固他們的認同？答案目前尚不清楚，對這些問題的研究才剛起步。

## 學習檢定

**知識問題：**

1. 自尊與自我概念有何不同？
2. 男孩和女孩的自尊有何不同？
3. 媒體接觸以何種方式影響自我概念和自尊？
4. 社群媒體在青少年認同發展的過程中起了什麼作用？

**思辯問題：**

舉例說明你曾收到或聽到針對你個人本質的稱讚。想想看，有其他能針對你努力過程的稱讚方法嗎？請說明為什麼針對努力過程的讚美更有效果。

# 性別認同

**學習問題 10.3・多數兒童的性別認同如何發展？LGBT兒童和青少年的性別認同如何發展？**

「是個男孩！」「是個女孩！」當嬰兒出生時，通常會先宣布嬰兒的性別，因為性別是認同最核心的面向之一。如今，許多父母無需等到出生那一刻才知道新生兒的性別，有些準父母甚至在嬰兒出生之前就精心策劃性別揭祕派對，與親朋好友分享這一天大消息。你的性別——意指生理上是男性還是女性——是由基因、荷爾蒙和身體部位決定的。然而，性別的概念包括社會賦予男孩或女孩的所有角色和刻板印象。男性或女性的身分，決定了你大部分的生活經歷。花點時間想想你與「男孩」和「女孩」性別概念上的關聯。

本節說明五種解釋性別認同發展的理論，接著檢視性別刻板印象的影響。最後，探討不同性取向和性認同兒童與青少年的認同發展。

**性別揭祕派對。**直到參加派對的客人切下蛋糕，他們才能知道這對夫婦懷的是男孩還是女孩。
*©iStock / Beautyinoddplaces*

## 性別發展理論

許多理論提出兒童如何發展性別概念和性別認同的觀點。在此介紹五種理論取向及相關研究：行為主義論、社會認知論、認知發展論、性別基模論和性別自我社會化模式。表 10.2 摘要每種理論的基本機制。

表 10.2 **性別發展理論**。下表介紹五種解釋性別認同發展機制的理論。

| 理論 | 性別認同發展的機制 |
|---|---|
| 行為主義論 | 他人增強了性別一致的行為。 |
| 社會認知論 | 兒童模仿和觀察他人所表現的性別一致行為。 |
| 認知發展論 | 認同是由認知發展階段決定的：<br>性別認同期<br>性別穩定期<br>性別恆定期 |
| 性別基模論 | 性別概念是從社會對每種性別的規範中習得的。 |
| 性別自我社會化模式 | 性別由個體自己定義。 |

## 行為主義論與社會認知論

正如第 2 章所述，行為主義論的核心概念之一是增強，對行為主義者而言，性別認同是直接和間接增強性別角色與活動的結果，環境對性別相關行為的反應方式導致個體繼續或重複這些行為。現今的父母可能會聲稱他們對男孩和女孩沒有差別待遇，所有可見的性別差異都是天生的。但大量研究表明，實際上父母確實有增強兒童的性別遊戲活動和家事分工（課前測驗第 5 題）（Leaper, 2014）。例如與女兒相比，父親更常與兒子進行體能遊戲，與女兒則是更常一起閱讀或說故事。在家有 1 歲和 2 歲幼兒的非裔、拉美裔和歐美裔美國父親身上就可發現這些差異（Leavell, Tamis-LeMonda, Ruble, Zosuls, & Cabrera, 2012; Mascaro, Rentscher, Hackett, Mehl, & Rilling, 2017）。

父母或許沒有意識到他們的行為和態度微妙地影響了孩子。在一項研究中，即使父母聲稱他們沒有性別刻板印象，但幼兒仍明白父母不贊成跨性別遊戲，尤其是男孩的跨性別遊戲（Freeman, 2007），這表示孩子有在留意父母無意識之下對性別角色的態度。近年來，有些家長試圖撫養出中性性別（gender-neutral）的孩子，他們避免使用帶有性別刻板印象的玩具、給孩子取中性的名字或不向任何人透露孩子的性別（Diproperzio, n.d.）。社會大眾對這種教養方式的態度不一，有些人認為這會讓孩子無所適從或招人訕笑，有些人則認為這麼做可以擴展孩子的行為方式和能力。到目前為止，還沒有證據表明這些孩子的長期發展結果。

社會認知論的核心概念是模仿在行為塑造中所起的作用。兒童每天都會接觸到無數可模仿的性別角色和活動，即使父母對性別角色並沒有明顯區別，孩子仍會看到周遭世界和媒體描繪的刻板印象角色。例如，觀看超級英雄卡通的男孩更常參與男性刻板遊戲和武器遊戲（Coyne, Linder, Rasmussen, Nelson, & Collier, 2014）。有些幼兒故事書企圖呈現性別非典型角色來打破這些刻板印象（例如海盜女孩或男性芭蕾舞者），這些故事似乎對不怎麼遵從性別刻板印象、常接觸到現實世界中非典型性別例子的女孩，影響尤其深遠（Abad & Pruden, 2013）。兒童如何記住這些故事也很耐人尋味。在某些情況下，他們對性別非典型人物的故事記憶比性別典型人物來得深刻。這或許是因為故事內容不尋常，但他們對故事的記憶也可能不正確——他們多半記得的是這些人物表現的性別典型行為（Abad & Pruden, 2013）。在一個高度性別化的世界中，一本書或電影中偶爾出現的非典型角色，能對兒童的想法產生多大影響，仍是個待答問題。

**男孩可以玩洋娃娃嗎？**你覺得這個小男孩的父母看到他在玩洋娃娃時會有什麼反應？他們的反應會傳達給他什麼訊息？

*©iStock.com / poplasen*

## 認知發展論

Lawrence Kohlberg（1966）是第一個從認知理論視角審視性別認同發展的理論學家。作為 Piaget 的追隨者，他認為兒童對性別的理解，反映其認知發展的水準。

Kohlberg 描述的第一階段，稱為**性別認同期（gender identity）**，大約始於 2 歲。在這個階段，幼兒可以辨識性別——「我是女生，你是男生」。隨著幼兒學到這些性別標籤，有些證據顯示他們的遊戲變得更符合性別刻板印象（Zosuls et al., 2009）。然而他們還不明白，性別是一個穩定且永久的特徵。他們可能認為如果一個女孩打領帶，她可能會變成男孩，或者性別會隨著時間而改變（「我是男孩，但長大後可以當媽媽」）。第二階段稱為**性別穩定期（gender stability）**，從 3 歲開始，幼兒逐漸明白性別不會隨著時間而改變，也就是說，女孩將成長為成年女性，而男孩將成長為成年男性。但是，他們仍不清楚玩卡車的女生不會變成男生，或者玩洋娃娃的男生不會變成女生。最後第三階段稱為**性別恆定期（gender constancy）**，5 歲的兒童明白即便外在看起來有些變化，性別也依然保持不變；例如，長頭髮的男生仍然是男生。

這些觀點已獲得研究支持，例如性別恆定期的兒童，不再拘泥於性別特徵（Halim et al., 2014; Ruble et al., 2007）。研究人員向兒童提出一些問題，例如：「男生塗指甲油有錯嗎？」和「如果一個男生不會因此惹上麻煩，也沒人笑他，他可以塗指甲油嗎？」用以判定兒童對性別角色標準的僵化程度。結果顯示，在兒童尚未性別恆定之前，他們心中還對性別可否改變存疑時，他們的性別標準仍相當僵化。因此，學齡前兒童通常比學齡兒童更嚴格堅守性別刻板印象。等到兒童清楚自己將永遠是男生或女生時，才會靈活看待外在裝扮如服裝、髮型和指甲油；知道男生可以塗、也可以不塗指甲油，但就算塗了，他仍然是男生。「主動學習：Kohlberg 的性別認知發展論」說明如何與幼兒一起測試這些概念。

主動學習

## Kohlberg 的性別認知發展論

根據 Kohlberg 的認知發展論，判定兒童的性別概念水平。請訪談一位 2 到 6 歲的兒童，並提出第一欄中列出的問題。如果兒童的年紀太小，無法理解你的問題，就不要繼續發問下去。第二欄的訊息是要用來判定兒童的性別認同階段。當你訪談不同性別的兒童時，請用不同的方式提問。訪談男孩時，請用「男生」代稱「相同性別」，用「女生」代稱「相反性別」；訪談女孩時，請用「女生」代稱「相同性別」，用「男生」代稱「相反性別」。你也可以問兒童他（她）的男生朋友和女生朋友的名字，用他們的名字來代稱。

| 詢問兒童的問題 | 兒童的回答 | 性別發展階段 |
|---|---|---|
| 1. 你是男生還是女生？<br>**追訪問題：**<br>無論兒童回答什麼，都再反問他（她）。例如，如果兒童說她是女生，再詢問她是否是男生。 | | 性別認同期 |
| 2. 當你還是小寶寶的時候，你是男生還是女生？或者你有時是男生，有時是女生？ | | 性別穩定期 |
| 3. 當你長大後，你會是男人還是女人？還是有時是男人，有時是女人？ | | 性別穩定期 |
| 4. 如果你走進另一個房間，穿上（相反性別）的衣服，你最後會變成男生還是女生？<br>**追訪問題（如果兒童的回答正確的話）：**<br>你為什麼說你最後還是（相同性別）？是因為你不想成為（相反性別），還是因為你不能從（相同性別）變成（相反性別）？ | | 性別恆定期 |
| 5. 當你長大後，如果你做（相反性別）的工作，你最後會變成男人還是女人？ | | 性別恆定期 |
| 6. (1) 如果男生塗指甲油，他會變成女生嗎？<br>(2) 如果女生剪短頭髮，她會變成男生嗎？<br>(3) 如果男生玩洋娃娃，他會變成女生嗎？<br>(4) 如果女孩玩卡車，她會變成男生嗎？ | | 性別恆定期 |
| 7. 如果你真的想變成（相反性別），可以辦得到嗎？ | | 性別恆定期 |

**資料來源：**Arthur, Bigler, & Ruble (2009, p. 444).

如果兒童只能正確回答問題 1，表示他處於性別認同期；如果他只能正確回答前三個問題，表示他處於性別穩定期；如果兒童至少能正確回答前四個問題，表示他處於性別恆定期。僅正確回答某個階段中一些問題的兒童，表示他還在理解該階段的性別概念。可以的話，將你得到的結果與那些訪談不同年齡兒童的同學相互比較。

Sandra Bem 認為 Kohlberg 對各個性別概念階段的發現，大部分是基於兒童對兩性真正的身體差異一知半解。在教養自己的孩子時，Bem 確信兒子知道兩性的身體差異。她以下列例子來說明當兒童真正理解身體差異時，就不會受到表面差異（如頭髮長度）的影響——Bem 希望兒子不受性別刻板印象束縛，所以她答應他的要求，讓他戴髮夾去上學。結果兒子的朋友對他說：「你是女生，因為只有女生才戴髮夾。」她的兒子脫下褲子，直截了當地向朋友展示他是男生，但他的朋友卻說：「每個人都有陰莖，只有女生才戴髮夾！」（Bem, 1989, p. 662）。在不知道兩性身體差異的情況下，兒子的朋友必須依靠髮夾等表面特徵來確定他人的性別。

## 性別基模論

Bem 提出**性別基模論（gender schema theory）**，其理論基礎是兒童從其所處的特定社會經驗中學習性別概念，而非如 Kohlberg 主張的階段發展。兒童的自我概念部分是由文化賦予的性別特質而形成的。在許多西方文化中，男孩的自我描述多半是「強壯」而非「體貼」，女孩則恰恰相反。父母會炫耀自己的小男孩有多強壯，或扔球時「手臂多麼有力」，小女孩卻不太可能聽到這些評語。相反地，父母會興奮地說小女孩是如何的愛洋娃娃，真的像「小媽媽」一樣。當兒童得知社會對其性別的期望時，他們會設法滿足這些期望（Hyde, 2014）。

社會期望的影響在幾個經典實驗中得到證明。在這些實驗中，學前班和年齡較大兒童的班級教師，不斷在日常互動中強調性別。例如，他們將所有男孩安排到一個活動組，將所有女孩安排到另一個活動組；或要求兒童依照男孩－女孩－男孩－女孩的順序排隊。兩週後，將這些兒童與普通教室的兒童比較，可以發現他們的性別刻板印象增加，與異性同儕互動的意願降低（Liben & Bigler, 2017）。

儘管有些兒童強烈認同男性或女性特質，但也有些兒童融合這些特質。例如，他們在該鼓起勇氣時展現魄力，必要時也能仁慈溫柔。Bem 稱此為**雙性氣質（androgyny）**，並認為擁有這種靈活性的個體心理調適能力較好。雖然某些研究表明，男性特質（而非雙性氣質）與男女兩性的心理健康有關（例如，參見 Johnson et al., 2006; Woo & Oei, 2006），但近期一項研究證實 Bem 的理念——比起僅認同單一性別特質的兒童，自認具有兩性心理特質的兒童心理健康程度較佳（Pauletti, Menon, Cooper, Aults, & Perry, 2017）。

**男性特質和女性特質**。這位女性建築工人和男性幼兒園教師，需要哪些與男性和女性角色相關的特質，才能在職場上發揮所長？

*©iStock / Feverpitched / iStock / HappyKids*

儘管 Bem 強調社會對性別認同的影響，但其他學者指出，性別認同是從出生前就開始的荷爾蒙發育，加上生理、心理、社會和認知因素的結合，孕期荷爾蒙為兒童與社會規範的互動奠定基礎。這些學者認為，在 3 歲時已經高度性別定型的兒童，到了 13 歲時一如既往，幾乎沒有變化（Golombok, Rust, Zervoulis, Golding, & Hines, 2012）。

## 性別自我社會化模式

**性別自我社會化模式（gender self-socialization model）**是較為新近的性別認同發展模式，它摒棄任何預設的男性氣質、女性氣質或雙性氣質等概念，而著眼於兒童與青少年在性別一致與壓力感受上的個人經驗與想法。在這個理論中，性別認同包括個體對所屬性別的想法和感受。例如，研究人員認為，不能光靠詢問某人是否認為自己是體貼或進取的特質來評估性別認同，因為這些特質不盡然符合他的性別刻板印象。反之，研究人員詢問的是：「妳覺得妳是一個典型的女生嗎？」或「你喜歡自己是男生嗎？」（Tobin et al., 2010, p. 604）。該理論認為性別認同分成五個向度：

1. 所屬知識（membership knowledge）：個體對於所屬性別型態的知識。

2. 性別滿意度（gender contentedness）：滿意自己的性別。

3. 性別從眾的壓力（felt pressure for gender conformity）：來自自己和他人對遵守性別刻板印象的期望。

4. 性別典型性（gender typicality）：自覺與相同性別者的相似性。

5. 性別中心性（gender centrality）：性別相對於其他認同（如：族裔認同）的重要性（Tobin et al., 2010, p. 608）。

想想你在每個向度中的特性。例如，你可能對自己的基本性別（第一個向度）有清楚的認識，但在其他向度上的回答卻與班上其他同學的回答不同。

上述理論雖有助於瞭解多數兒童如何認同出生時的性別，但卻難以解釋另類兒童的性別認同。接下來要說明男 / 女同志、雙性戀、跨性別和非常規性別的兒童與青少年如何形成和表達性別認同。

## 男 / 女同志、雙性戀和跨性別（LGBT）兒童與青少年的認同

隨著世人對性取向範圍的理解和接納度提高，相關專門術語也隨之增加。「LGBTQIA+」（譯注：使用「＋」表示其他更多無限的可能。）一詞包括自我認同是女同志（lesbian）、男同志（gay）、雙性戀（bisexual）、跨性別（transgender）、酷兒（queer）或疑性戀（questioning）、間性者（intersex，或稱雙性別，指外生殖器生來就模稜兩可的人）、無性戀（asexual）及其他性別取向和性認同的人（Gold, 2018）。每種族群都有其獨特的經驗，有必要加以區別。但本書無法一一討論這些不同的族群，而是將重點放在與性別和認同有關的兩個重要問題，包括：**性取向（sexual orientation）**（或指被同性或異性對象性吸引）在認同發展中的角色；接著探討與出生性別無法契合的跨性別兒童其性別認同發展。

### 男 / 女同志和雙性戀（LGB）兒童與青少年

在 2015 年進行的全國性調查中，8% 的青少年認為自己是男 / 女同志或雙性戀（Kann et al., 2016）。然而，自認為是 LGB 的人和自認為是異性戀的人，都有某種程度的性取向流動性（sexual fluidity）（Savin-Williams & Cohen, 2015, p. 361）。認可和接受個人的性取向，不必然發生在某一特定時刻，個體反倒較有可能終其一生不時地重新審視自己的性取向。

男同志和女同志經常憶起，在童年的某個時刻開始覺得自己與同性同儕不一樣，他們通常在 12 歲左右認為自己可能不是異性戀（Pew Research Center, 2013a; Savin-Williams & Cohen, 2015）。這些青少年並非以提早發生性經驗來證實自己是男同志，而是在第一次性接觸之前就體認到這一點（Calzo, Antonucci, Mays, & Cochran, 2011）。

**性取向**。無論青少年的性取向為何，若能得到同儕的支持，將使青春期的性別認同發展過程更順利。
*©Jeff Greenberg / Universal Images Group / Getty Images*

認定自己是 LGB 的一個重要過程是向他人揭露自己的性取向，也就是「出櫃」（coming out）（Savin-Williams & Cohen, 2015）。對男孩和女孩來說，第一次揭露的對象很可能是親密的女性友人或最信賴的手足。向家人出櫃是許多 LGB 青少年最感壓力的部分。在一項研究中，絕大多數向父母出櫃的青少年都表示他們的父母很能接受；但這個結論不盡正確，因為受訪者中並不包括因害怕家人反應而不敢向其出櫃的青少年（Katz-Wise, Rosario, & Tsappis, 2016）。

對 LGB 青少年的汙名和歧視導致他們成為霸凌（幾乎是異性戀青少年的 2 倍）、約會暴力（2 倍）和強迫性行為（3 倍）的受害者。LGB 青少年也更常涉入高風險健康行為，包括抽菸、喝酒、使用大麻和其他藥物。他們有較高的憂鬱和自殺傾向，有 29% 的人曾企圖自殺，而異性戀學生的這一比例僅 6%，少數族裔 LGB 學生的壓力更大（Human Rights Campaign, 2018; Zaza, Kann, & Barrios, 2016）。毫無疑問地，家人和朋友的接納和支持，與 LGB 青少年揭露性取向後較佳的心理調適和心理健康結果有關（Campbell, Zaporozhets, & Yarhouse, 2017）。

雖然有 12.5% 的 LGB 學生仍因擔心自身安危而不敢上學（Kann et al., 2016），但近年來學校對 LGB 學生的支持和接納似乎改善不少。更多學生聲稱得到校方人員給予的支持，他們的學校制定保護 LGB 學生的反霸凌和反騷擾政策，課後社團也幫助 LGB 學生感受到校園環境的友善氛圍（Gay, Lesbian, & Straight Education Network, 2015）。

探索性取向的過程離不開文化脈絡和特定的歷史時刻。時至今日，有將近三分之二的美國人支持同性伴侶結婚的權利，這一比例在過去 20 年中穩步上升（McCarthy, 2019）。

然而，對 LGB 個體的接受度因文化而異。圖 10.2 顯示世界各地的差異性，從此圖可看到即使在一個地區內，同意社會應該接受 LGB 性取向的受訪者百分比也存在很大的差異。皮尤研究中心（Pew Research Center）（2013b）結論道，LGB 性取向在宗教重要性不高及較富裕的國家中，更能得到支持。年輕的受訪者通常比年長的受訪者更能接受、女性比男性更能接受（但差異不大）。

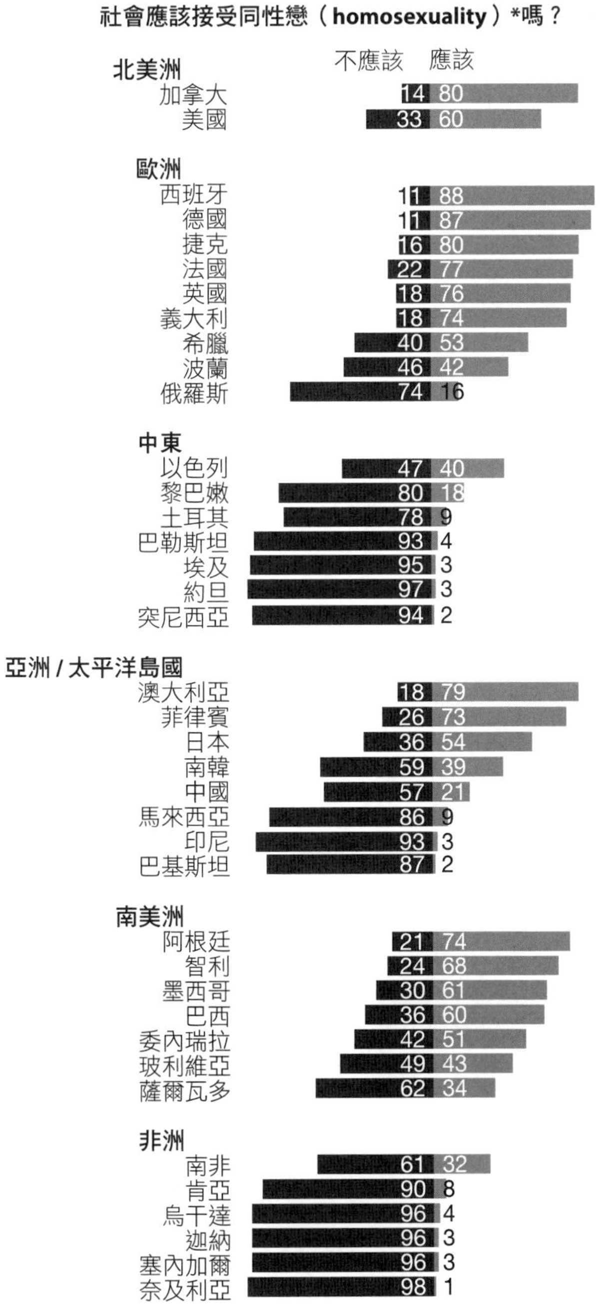


**圖 10.2　全球接受 LGB 人士的差異。** 接受 LGB 人士的人口百分比因世界各地而異，但即使在同一地區內也有顯著差異。

**資料來源：**Pew Research Center (2013b).

***請注意：**這項調查使用「同性戀」這個詞，故此處沿用與該問卷一樣的名詞。

同性之間的合意性行為至少在 70 個國家中是非法的（課前測驗第 6 題），在汶萊、伊朗、奈及利亞、沙烏地阿拉伯、索馬利亞、蘇丹和葉門甚至會被判處死刑（Mendos, 2019）。對於那些生長於譴責男同志的族裔、國家或正統宗教社區的年輕人，如何熬過這一過程，我們知之甚少。這些年輕人之於社區和研究，基本上都是隱身於黑暗之中的（Human Rights Campaign, 2012）。

在結束這個話題之前，我們必須重申性取向是一個非常複雜的話題。雖然在研究中經常將男 / 女同志或雙性戀混為一談，但它們各自的經驗卻是大相逕庭。正如本節一開始所揭示的，實有必要對於性認同發展提出更複雜和差異化的構念，以充分涵蓋人類經驗的範疇。

男 / 女同志青少年常常得向他人解釋其性取向。想體驗一下這種感受如何，請閱讀「主動學習：異性戀問卷」。

主動學習

## 異性戀問卷

當男 / 女同志和雙性戀年輕人出櫃時，世人總愛提問一些他們幾乎無法回答的問題。以下活動旨在幫助讀者瞭解他們的經歷。不管你的性取向為何，請試著從異性戀者的角度回答這份異性戀問卷，然後思考問卷後面提出的反思問題。

### 異性戀問卷

請盡可能誠實地回答以下問題：

1. 你認為是什麼導致了你的異性戀？
2. 你是從什麼時候開始以及如何決定你是異性戀的？
3. 你的異性戀是否可能只是你成長的一個階段？
4. 你的異性戀是否可能源於你對同性的恐懼？
5. 如果你從來沒有和同性睡過，說不定試一下，你會發現你可能是同志？
6. 如果異性戀是正常的，為什麼那麼多精神病患是異性戀？
7. 為什麼你們異性戀人士要誘使別人過像你一樣的生活方式？
8. 為什麼要炫耀自己的異性戀？就不能低調一點保持沉默嗎？
9. 絕大多數戀童癖都是異性戀者。你認為讓你的孩子接觸異性戀老師安全嗎？
10. 在社會支持婚姻制度的情況下，離婚率還是節節上升。為什麼異性戀者之間的穩定關係這麼少？
11. 為什麼異性戀者如此濫交？
12. 如果你知道孩子即將面臨如心碎、疾病和離婚等問題，你還會希望你的孩子是異性戀嗎？

## 反思問題

1. 你覺得這些問題很難回答嗎？其中是否有些問題比其他問題更難回答？哪些問題特別難以回答？具體來說，難以回答的部分是什麼？
2. 這些問題讓你感覺如何？
3. 男 / 女同志和雙性戀年輕人被問到類似的問題時，代表我們身處怎樣的社會？
4. 如果你聽到有人問男 / 女同志這樣的問題，你會怎麼做？

（Girl's Best Friend Foundation and Advocates for Youth, 2005, pp. 41–42）

多年來，男同志性取向成因的相關想法出現很大變化。「研究之旅：對男同志性取向的解釋」說明這些想法的演變。

## 研究之旅 對男同志性取向的解釋

被同性吸引的歷史與人類歷史一樣古老，但以科學的方式試圖理解和解釋同志的成因則是近期的事。在 1800 年代後期，Karl Heinrich Ulrichs 提出一種聲稱具有生物基礎的科學理論（Kennedy, 1997），但這一觀點很快就被精神分析論的解釋所取代，隨後主導這個領域多年不墜（Bieber et al., 1962）。

精神分析論的解釋以家庭動力為本，其中包括一個強勢或有魅力的母親，和一個軟弱、充滿敵意或疏離的父親。但檢驗這一解釋的研究，通常是基於那些已經困擾到尋求治療師協助者的陳述，採用小樣本或單一受試者設計，或根本沒有對照組。事實上，這些研究是由已經認定同性戀是出身於神經症家庭的臨床醫生所進行的，有違研究的科學價值。同性戀是病態的觀點持續到 1973 年，直到美國精神醫學會《精神疾病診斷和統計手冊》（*Diagnostic and Statistical Manual of Mental Disorders*）正式將同性戀排除在精神疾病之外（Spitzer, 1981）。由於**同性戀**（homosexual）一詞與病理學的概念有關，故今日已不常以「同性戀」稱之。

儘管對男同志的單一解釋沒有得到普遍支持，但生物學因素的支持證據比社會因素的支持證據還多（Bailey et al., 2016）。已經仔細探究的生物學因素包括產前影響和基因影響，例如，有先出生的哥哥會增加晚出生的弟弟成為男同志的機率。這個假設提到，第一胎為男性的產前發育，可能引發母體的免疫反應，導致抗體作用於隨後孕育的男性胎兒的大腦性別分化（sexual differentiation）（Blanchard, 2018）。當然，這無法解釋為何有人是長子又是男同志。

雙胞胎研究發現基因的作用，但它們並不代表全部。對同卵雙胞胎和異卵雙胞胎性取向一致率的研究表明，大約三分之一的變異量是由基因引起的，四分之一是共同環境的影響，其餘則是源於雙胞胎的不同生活經驗影響（Bailey et al., 2016）。

關於男同志性取向的成因，仍有許多懸而未決的問題。極有可能也最好的解釋終歸於許多交互作用複雜的生物和社會因素。

## 跨性別、變性者和非常規性別兒童與青少年

異性戀、男 / 女同志和雙性戀是由個人選擇的伴侶來定義的，而跨性別、變性者和非常規性別者，則是指個人的性別認同與指定性別（assigned gender）或**出生性別（natal gender）**不相符。這群兒童與青少年覺得自己是困在女孩身體裡的男孩，或困在男孩身體裡的女孩，另有些人覺得他們不符合任何性別。**跨性別（transgender）**意指認同出生性別以外的性別特徵。有些跨性別者採取改變身體結構的方式變性，包括荷爾蒙療法或醫療手術，這些人統稱為**變性者（transsexual）**（APA, 2013）。**非常規性別（gender nonconforming）**一詞意指不認同或不遵從男性或女性性別常規的個體。**順性別（cisgender）**一詞則指認同出生性別的人。

跨性別者的數量很難估計，許多人不願公開表明。一項針對明尼蘇達州九年級和十一年級青少年的大型調查中，2.7% 的受訪者認為自己是跨性別者 / 非常規性別者；出生時被認定為女性者，發生率人數是出生時被認定為男性者的兩倍（課前測驗第 7 題）（Rider, McMorris, Gower, Coleman, & Eisenberg, 2018）。為什麼會成為跨性別者？原因尚不清楚。有證據表明基因對同卵雙胞胎和異卵雙胞胎的作用，但檢視環境因素影響的研究則尚無定論（Diamond, 2013）。

對出生性別的不滿，可能在生命早期就開始了，有些幼兒甚至早在 2 歲時就表達改變性別的渴望（Steensma, Kreukels, de Vries, & Cohen-Kettenis, 2013）。這些兒童迴避與其出生性別相符的服裝、遊戲和玩伴，有些人對自己的生殖器抱持負面情緒，想要擁有異性的生殖器。雖然並非每位兒童在成長過程中都一直存有負面感受，但早期的負面感受愈強烈，就愈可能一直帶著這些情緒進入青春期。女孩想改變性別的堅定心情也比男孩強（Steensma et al., 2013）。10 至 13 歲之間似乎是此種特異性別認同發展的關鍵，從前青春期到歷經青春期的變化，兒童的性別認同似乎愈加典型或特異，並維持一定的穩定性。大部分沒有堅持跨性別認同的人最終認同自己是男同志或女同志（APA, 2013）。雖然許多跨性別青少年在青春期之前就認同自己是跨性別者，但有些人在兒童期幾乎沒有表現出跨性別認同，而是到了青春期後期才開始發展（APA, 2015; Clark et al., 2014）。

變性不再像過去那樣被認為是精神疾病。在 DSM-5 中，只有當個體對自己的生理性別感到苦惱時，才會做出**性別不安（gender dysphoria）**的診斷（APA, 2013）。許多跨性別兒童與青少年並不會對自己的性別認同感到困擾，除非他們受到同儕甚至成人的戲弄、騷擾和攻擊。一項針對十三萬名以上跨性別青少年的調查中，27% 表示他們覺得在學校或上下學途中並不安全；約三分之一表示曾遭受身體或網路霸凌；23% 表示曾遭遇強迫性行為（Johns et al., 2019）。跨性別青少年表示，在不被允許使用符合其性別認同的洗手間

**跨性別認同在生命早期就開始了**。雖然 Jazz Jennings 出生時是男性（如圖左，時為 3 歲），但在非常年幼時，她就堅定地認為自己是女孩（如圖中，時為 5 歲）。如今的她成為呼籲社會接納跨性別者的領袖，圖右為她在 2016 年紐約市同志驕傲大遊行（Pride Parade）的剪影。

*©TransKids Purple Rainbow Foundation / iStock / scarletsails*

**該使用哪種洗手間？**跨性別者究竟應該使用出生性別的洗手間，抑或他們屬意性別（preferred gender）的洗手間，這個問題一直煩擾著跨性別青少年。這取決於跨性別者在哪裡最自在，以及其他人對於跨性別者出現在哪裡感到自在？

*©iStock / Sam Thomas*

和更衣室的學校，遭受性侵的可能性更高（Murchison, Agénor, Reisner, & Watson, 2019）。雖然多數跨性別青少年表示父母很關心他們，社區和學校也很安全，他們也沒有憂鬱或自殺意念，但他們的確比順性別的同儕更易有憂鬱或自殺傾向（Clark et al., 2014; Perez-Brumer, Day, Russell, & Hatzenbuehler, 2017）。

治療可協助個體確認和接納自我特異的性別認同，或鼓勵他們接受既定的身體和天生的性別角色，但美國心理學會（American Psychological Association, 2015）建議青少年的治療程序應先確認其所選擇的性別認同。隨著青春期開始身體變化，跨性別青少年或許會試圖隱藏乳房或陰莖來改變身體外觀。提供性別確認醫療服務的診所可以協助他們決定想要做出哪些改變，評估每位兒童或青少年的性別認同和表現，診察心理社會功能與社會支持，為其尋找適當的資源（Kuper, Lindley, & Lopez, 2019）。醫療處遇方式包括使用荷爾蒙抑制劑來阻斷青春期身體繼續變化，還可以早在 13 歲半或 14 歲時使用性別確認荷爾蒙（gender-affirming hormones）（Hembree et al., 2017），亦可進行性別重置手術（gender reassignment surgery），但手術多半不會在 18 歲之前進行（APA, 2015）。

人權戰線（Human Rights Campaign, 2018）的友善校園計畫（Welcoming Schools program）旨在協助學校推動接納多元家庭、創造性別包容和防止霸凌行為的計畫，展現對 LGBTQ 學生的友善態度。60% 的 LGBTQ 學生曾加入 LGBTQ 社團，協助學生正向看待學校經驗，並提供支持給在學校或社區中遭到敵意對待的人（Human Rights Campaign, 2018）。儘管 LGBTQ 青少年遭遇許多困境，但幾乎所有人都對自己的認同感到自豪（Human Rights Campaign, 2018）。社會對這些青少年的接納已有長足的進步，但要消除歧視、騷擾和暴力，還有很長的路要走。

### 學習檢定

**知識問題：**

1. 行為主義論和社會認知論如何說明兒童早期的性別發展？
2. Kohlberg 的性別認知發展論包含哪些階段？
3. 什麼是性別基模？
4. 男 / 女同志和雙性戀青少年的認同，與跨性別青少年有何不同？

**思辯問題：**

試想一個性別期待與你熟悉的社會不同的地方，想像你在那個社會中的生活會有何不同？

## 族裔認同

### 學習問題 10.4・族裔認同如何影響發展？

兒童的另一個認同發展面向為**族裔認同（ethnic and racial identity）**，包括對所屬族裔群體的知識和態度。民族（ethnicity）通常是指具有共同國籍或文化的一群人，而種族（race）則指不同群體之間特有的身體特徵，例如膚色。請記住，**種族**一詞是一種社會結構，意即種族群體是由各個社會定義的。在美國被認為是黑人的人，在巴西可能會被視為白種人、在南非被認定是有色人種（Onwuachi-Willig, 2016）。種族和民族的概念重疊，以下將合併探討。

雖然兒童明白人的外貌差異，但他們通常要到 4 歲或 5 歲時，才會以族裔來識別他人。懂得族裔的類別後，他們也以此來自我認同所屬的群體。兒童在 6 至 8 歲時標記出自己所認同的族裔群體；到了 7 至 8 歲時，兒童瞭解族裔差異是源於生理特徵、語言模式及生活方式等社會特徵，接著發展出**族裔恆常性**（**racial and ethnic constancy**），亦即在 8 到 10 歲之間，理解到族裔不因時空環境不同而變化（Byrd, 2012）。

「身為一個________（族裔名）意味著什麼？」兒童對這個問題的回答方式因族裔群體而異（Rogers et al., 2012, p. 101）。移民兒童常提到他們的語言、遺傳特徵或出生地，而白人和非裔兒童更常提到身體特徵，例如膚色或感受到的社會階級差異。

Jean Phinney 以 Marcia 的認同狀態為基礎，提出族裔認同狀態發展的理論。她根據個體對族裔認同的探索和承諾程度，提出四種認同狀態，其說明和示例如表 10.3 所示。

這些階段的進展與青少年的許多正向發展結果有關，包括較佳的自尊、學業成就、心理調適、社會和同儕互動及家庭關係（Cardinali, Migliorini, Andrighetto, Rania, & Visintin, 2016; Costigan, Koryzma, Hua, & Chance, 2010; Smith & Silva, 2011)。強烈的族裔認同感可減少憂鬱心情（Costigan et al., 2010; Piña-Watson, Das, Molleda, & Camacho, 2017）和促進學校表現（Butler-Barnes et al., 2017; Jaramillo, Mello, & Worrell, 2016）。與族裔群體的正向連結，可以緩衝歧視對非裔青少年（Isom, 2016）和墨西哥裔青少年（Park, Wang, Williams, & Alegría, 2018）的負面影響。

表 10.3 Phinney 的族裔認同發展階段

| 階段 | 說明 | 示例 |
|---|---|---|
| 迷失型族裔認同 | 對個人的族裔認同興趣缺缺 | 「我的過去不會改變；我不會想太多。我現在是美國人。」 |
| 早閉型族裔認同 | 對認同的承諾都是來自父母或其他人的灌輸，而不是自己的探索 | 「我不會去探尋我的文化。我只要按照父母的言行，以及他們告訴我的方式去做就可以了。」 |
| 未定型族裔認同 | 願意探索族裔認同，但缺乏明確的承諾 | 「我周遭有很多非日本人，要定義我是誰讓我很困惑。」<br>「我認為世人都應該知道黑人經歷了什麼，我們才能走到今天這一步。」 |
| 定向型族裔認同 | 探索族裔對個人的意義，對自身的族裔認同做出承諾 | 「有人因為我是墨西哥裔而貶低我，但我不在意。我更能接納自己。」<br>「我曾經想成為白人，因為我想要有飄逸的長髮，想成為大家注目的焦點。我以前覺得淺色皮膚更漂亮，但現在我覺得黑膚色女孩和淺膚色女孩都很漂亮。我現在不想成為白人了，我很高興我是黑人。」 |

**資料來源**：修改自 Phinney (1989); Phinney, Jacoby, & Silva (2007).

族裔認同的形成，受到社會對族裔群體的態度影響。儘管有些人認為種族主義在美國不再是個議題，但那些經歷過種族主義的人可不這麼想。種族主義的定義是認定某種族比另一種族優越、區分孰優孰劣的信念系統。它由刻板印象（對某群體過於簡化和籠統的堅定信念）、偏見（對某群體的負面態度）和歧視（對某群體的負面行動；Cooper, McLoyd, Wood, & Hardaway, 2008）所組成。種族主義也可以是利用制度構建和運作出來的，制度性種族主義（institutional racism）——無論是居處隔離、侵略政策抑或僅提供少數族裔青年些許就業機會——與心理健康結果如憂鬱、自殺、暴力、壓力相關疾病和適應不良的因應策略（如物質使用）有關（Hope, Hoggard, & Thomas, 2015）。

除了公開的歧視行為和制度不公外，少數族裔青少年還暴露於**微歧視**（microaggressions，微攻擊）的風險中，例如瀏覽商品時被店員緊盯不放。49% 到 90% 的非裔青少年表示曾遭遇歧視騷擾、在公共場所受到不良對待，或被他人認定其能力較差或較為暴力（Cooper et al., 2008）。此類對待可說是一種毒性壓力，對身心健康造成負面的影響（Hope et al., 2015; Isom, 2016）。

少數族裔青少年的失望和沮喪可想而知。然而，這些經驗也可能引發他們更加深入探索族裔認同，推進認同發展（Quintana, 2007）。有幾項因素推了他們一把，第一，父母的溫暖和支持，以及生活中其他人的正向社會支持，幫助少數族裔青少年在面對負面事件時依然能維護自尊。其次，透過**種族社會化（racial socialization）**的過程，少數族裔父母教導孩子瞭解他們可能遭遇的歧視，預先做好準備，學習應對歧視的想法和策略。父母亦可向孩子灌輸族裔傳統的自豪感，來促進正向的族裔認同。父母的支持和種族社會化都能改善青少年遭受種族歧視的負面後果（Cooper et al., 2008; Richardson et al., 2015）。在一項實驗研究中，參加為期 10 週、提升族裔認同與自豪感計畫的非裔兒童，比未參加的兒童具有更高的自尊（Okeke-Adeyanju et al., 2014）。

青少年的族裔認同也受到同儕的影響。隨著年齡增長，對於族裔認同的重要性程度、青少年對自身族裔的正向態度，以及他們認為其他人對自身族裔的正向看法程度，都與同儕愈加相似（Santos, Kornienko, & Rivas, 2017)。

**尋找族裔認同。**無論是慶祝寬扎節（Kwanzaa）（譯注：慶祝非裔美國人文化的節日）、中國新年的包紅包、還是為亡靈節（Día de los Muertos）（譯注：墨西哥的重要節日）盛裝打扮，分享家庭傳統都有助於兒童與青少年形成族裔認同。在你成長的過程中，有哪些重要的家族傳統？

*©Purestock / Alamy / iStock / szeyuen / iStock / Simone Hogan*

### 學習檢定

**知識問題：**

1. 什麼是族裔恆常性？
2. 兒童如何發展族裔認同？
3. 強烈的族裔認同對青少年的發展有什麼影響？

**思辯問題：**

「身為一個________（族裔名）意味著什麼？」你會如何回答這個問題？你認為你有強烈的族裔認同嗎？為什麼？

# 道德認同

## 學習問題 10.5・哪些因素會影響兒童的道德認同發展？

本章前面曾提到，自我概念包括任何思考和描述自己的方式。你會形容你自己是誠實的或值得信賴的嗎？你是一個有愛心和同情心的人嗎？你會尊重和耐心地對待他人嗎？這些自我概念都是道德發展的基礎。本節要探討道德認同的發展，亦即作一個有道德的人，在個人的自我意識上占多大部分。

道德是個人對是非的理解，包括我們的想法和作為。道德思考和道德行為的形式，在整個兒童期持續變化。本節將說明不同的理論和研究如何解釋道德發展與先天固有、環境影響、情緒發展和認知發展的關聯。此外，理解道德並不等同於表現道德行為，因此我們不僅要檢視道德思考的發展，也要檢視道德行為的發展。

## 先天固有的角色

圖 10.3　**小幫手和搗蛋鬼**。這兩張圖一開始都顯示圓形想上去山頂，但卻沒有成功。在第一張圖片中，三角形後來成功地將圓形推上山頂。在第二張圖片中，方塊卻是將圓形推回山下。與搗蛋鬼方塊相比，嬰兒更喜歡小幫手三角形，表現出他們的早期道德判斷。

**資料來源：**Hamlin, Wynn, & Bloom (2007).

長久以來，我們都以為幼兒的道德主要是由他人決定的。幼兒會去做正確的事，是因他們能得到獎勵，否則就會受到懲罰。但有些研究表明，即使是未滿 1 歲的嬰幼兒，也能感覺何為是非對錯（Hamlin, 2013）。第 6 章的核心知識論提到，某些知識和對世界的理解，在出生前就已內建於大腦中——有些研究人員相信，早期的道德意識即是如此。

讓 10 個月大的嬰兒看圖 10.3 的兩個場景。這兩個場景在一開始，都有個圓形想爬上山頂，但沒有成功。第一張圖的情況是，三角形前來救援，推著圓形，使其成功到達山頂。第二張圖的情況是，方塊將圓形推回山下，使其永遠不會到達山頂。讓嬰幼兒看完這兩個場景後，研究人員將三角形和方塊放在他們的面前。研究人員發現，與「搗蛋鬼」方塊相比，嬰幼兒更傾向去指或觸碰「小幫手」三角形。用其他的物件代替，結果也是一樣，例如一隻動物玩偶試圖打開玩具盒，有別隻玩偶幫它打開，另一隻卻砰地關上盒子（Hamlin, 2013; Hamlin, Wynn, & Bloom, 2007）。研究人員認為，雖說生活經驗建立在這種早期理解之上，但基本的道德意識是與生俱來的，而非後天習得的。然而，另有些研究人員質疑這些結果，聲稱嬰兒的選擇偏好是對任務其他面向的反應（Scarf, Imuta, Colombo, & Hayne, 2012），因此該領域的研究仍在持續中。

## 環境的角色

除了基本的道德感之外，兒童的道德判斷和道德行為還受到許多成長環境因素的影響。父母、同儕和媒體直接或間接地影響兒童思考是非的方式。行為主義論解釋兒童如何從操作制約的直接機制中學習辨明對錯。根據行為主義論，當兒童做了好事，例如幫助朋友，他可能會因此得到大人的表揚或朋友的正向反應。這種增強促使兒童未來再度做好事。同理，當兒童做不好的事，例如拿走朋友的玩具，他會被大人責罵及得到朋友的負面反應。將負面後果與這種行為連結後，會降低兒童未來再度做不好的事的可能性。

社會認知論提出道德發展的間接學習機制。兒童會模仿他人的言行，尤其是看到他人的言行得到增強時。雖然兒童並非因為自己的言行而得到直接增強，但他們會去觀察並理解什麼是好的行為、什麼是不好的行為。例如，幼兒會模仿電視節目的攻擊行為和助人行為。以 3 至 5 歲兒童為研究樣本，採用高品質的親社會電視節目和 DVD 取代攻擊性節目時，幼兒的社交能力得分增加，憤怒 / 攻擊 / 對立行為減少（Christakis et al., 2013）。

道德發展最大的問題在於：兒童如何從對外在結果（例如獎勵和懲罰）的反應，轉而內化為是非道德感，即使四下無人時也願意做正確的事。有些理論強調這是情緒發展的角色，而另有些理論則強調是認知發展的角色。

**培養良心**。從這位兒童臉上的表情看來，他似乎知道自己做了錯事。你認為這是內化的道德價值觀引起的擔心，抑或他只是害怕自己的不當行為被發現會受到懲罰？

*©iStock / wanderluster*

## 情緒發展的角色

情緒在道德發展的作用有二。首先，我們不想做不對的事，因為我們會為此感到內疚，這是一種非常不舒服的情緒。其次，我們想做對的事，因為這麼做會讓我們感覺良好。這些情緒是**良心**（conscience，即理解道德規則的自主內在指導系統）引發的結果。如果母親願意回應嬰兒，嬰兒長大後也會比較願意遵守父母的指導和規則。這些規則被內化為學齡前兒童良心的基礎。反過來，培養出內在良心的兒童鮮少做出破壞性和負面的行為（Hardy & Carlo, 2011; Kochanska, Barry, Aksan, & Boldt, 2008）。

正如第 9 章所述，同理心和同情心是情緒反應的基本面向，是**親社會行為（prosocial behavior）**的基礎。如果你對他人有同理心，對他們的困境深表同情，你自然會想做些事情來幫助他們，而不是落井下石。親社會行為也可能源於內疚。近期一項對年齡較大兒童進行的研究發現，有些兒童願意與同儕共享，是受到同情心的驅使；而有些兒童則認為如果不共享，他們會感到內疚（Ongley, Nola, & Malti, 2014）。

憤怒是具有相反效果的情緒，會導致傷害他人身體或情緒的**反社會行為（antisocial behavior）**。不同年齡兒童的攻擊行為與其道德理解水準有關。我們比較不會擔心學齡前兒童為了搶玩具而將朋友推開，但用網路詆毀他人名譽的青少年就很令人擔憂。這是因為學齡前兒童通常不瞭解自己的行為會對他人造成傷害，但青少年應該很清楚其作為會造成的危害。

## 認知發展的角色

認知理論認為道德思考的發展與一般認知思考的發展有關。本節將描述 Piaget 認知發展觀點與道德思考發展之間的關聯，以及 Kohlberg 如何進一步闡述這些觀點。接著，要討論性別和文化與 Kohlberg 的道德發展觀點如何交互作用。

**道德知識（moral knowledge）**意指對是非對錯的理解。**道德判斷（moral judgment）**則是我們推理道德問題並得出結論的方式。例如，有兩個孩子知道不經詢問就拿走餅乾是錯的，他們有相同的道德知識，然而，他們不拿走餅乾的理由則因其認知發展階段而異。幼兒不拿走餅乾，是因為他知道如果這麼做會受到懲罰；但道德判斷階段較高的兒童之所以認為擅自拿走餅乾是錯的，是因為會破壞與父母的約定。

為檢驗其道德發展理念，Piaget（1965）向不同年齡的兒童提出道德困境，看看他們如何反應。他將兒童的道德判斷推理類型分為三個時期：前道德期、他律道德期和自律道德期。Piaget 認為 4 歲之前的幼兒處於**前道德期（premoral）**；亦即，他們無法從道德的角度思考問題。

Piaget 將 4 至 7 歲兒童的道德思考稱為**他律道德期（heteronomous morality）**。**他律**（heteronomous）意指「受外界控制和被迫接受」（Merriam-Webster, 2019）。在這個時期，幼兒是根據成人的權威命令做出判斷，他們尚未真正理解為什麼應該遵守道德規則，因此他們的行為在各種情境下的表現常常不一致（Lapsley, 2006）。他律道德思考的另一個面向為**正義遍在觀（immanent justice）**，或稱「因事情本身而自然產生的懲罰」（Piaget, 1965, p. 251）。例如，Piaget 的其中一個道德困境是：一位男孩偷了蘋果逃跑，之後從一座壞掉的橋上掉進水裡。Piaget 問兒童：「如果這個男孩沒有偷蘋果，他會不會掉進水裡？」處於他律道德期的兒童會說，如果這個男孩沒有偷蘋果，他就不會掉進水裡，掉進水裡是對他的行為的懲罰。

到了 7 歲或 8 歲時，兒童通常會來到第三個時期，即**自律道德期（autonomous morality）**。他們開始認識規則，並意識到必須遵守規則，與他人的互動才能繼續維持下去。用 Piaget 的話來說，他們漸漸明白「每個人都必須公平」（1965, p. 44）。隨著兒童變得不再那麼自我中心，且更加瞭解他人的觀點，人人都要公平的問題變得至關重要。Piaget 認為兒童的遊戲之所以有助於道德發展，是因為在遊戲的過程中，一切都必須與同伴協商，而不是聽從成人的指示。所以兒童如果想繼續遊戲，他們必須一起弄清楚如何公平地遊戲，並且得體地對待彼此。

Kohlberg 以 Piaget 的道德發展理念為基礎，設計一系列道德困境題目來評估不同年齡兒童的道德判斷。根據兒童的回答，他提出道德發展的階段，其中最著名的道德困境是名為「漢斯與藥物」（Heinz and the Drug）的短篇故事：

> 在歐洲，一名婦女因罹患罕見的癌症，正瀕臨死亡。醫生說只有一種藥物能救得了她，此藥物最近由同鎮的藥師研發成功。藥師索價 2,000 美元，是他製造藥物成本的十倍價錢。病人的丈夫漢斯到處借錢，但也只能湊到一半左右的費用。他告訴藥師他的妻子快死了，央求藥師賣便宜一點，或是讓他延後付款。但藥師說：「不行。」於是，絕望的漢斯只好闖入藥師的店，偷藥給妻子治病。身為丈夫的漢斯可以這麼做嗎？為什麼？（Kohlberg, 2005, p. 214）

有人立刻說漢斯當然應該要偷藥，但也有些人說他這樣做是錯的。Kohlberg 感興趣的不是漢斯應不應該偷藥，而是要瞭解人們如何得出結論。有人說「漢斯應該偷藥，因為如果他不這樣做，他的妻子會生他的氣」，這個理由與那些說「他應該偷藥，因為人類生命是神聖的」，兩者的道德思考層次完全不同。同樣地，那些說「他不應該偷藥，因為他可能會被抓到並被送進監獄」的人，與那些說「他不應該偷藥，因為尊重他人的財產很重要」的人，完全是不同的層次。

根據這些不同類型的推理，Kohlberg 歸納出三個層次的道德判斷：道德循規前期、道德循規期和道德循規後期。每個層次中又可細分為兩個階段，如表 10.4 所述。以下大致說明三個主要層次的內涵。

道德判斷的第一個層次是**道德循規前期（preconventional moral judgment）**，常見於幼兒，這個層次的特點是自身利益和基於獎懲的動機。在某些情況下，人難免以這種方式思考。例如，如果你開車超速，但在看到警車時踩了剎車，此時你並不是考量到限速的理由（例如安全或節省汽油），而是因為你不想收到昂貴的超速罰單。

道德判斷的第二個層次是**道德循規期（conventional moral judgment）**，這個層次超越了自身利益，考慮到周遭人的福祉。在第一個子階段，個體的道德決定是基於生命中重要他人的道德期望。「信任、忠誠、尊重和感恩」是這個子階段的核心價值（Kohlberg, 1987, p. 284）。第二個子階段的個體更常根據整個社會的期望做出決定。人必須遵守法律，因為如果不遵守法律，社會就會瓦解。第二個子階段的個體對漢斯困境的回答可能是：「他不應該偷藥，因為如果每個人都這麼做，社會秩序就會崩壞。」

**表 10.4** **Kohlberg 的道德發展階段**。除了三個層次的道德發展外，Kohlberg 進一步將每個層次再細分為兩個階段。本表說明每個階段的道德發展思考如何變化。

| 層次 | 階段 | 說明（道德判斷的基礎） |
|---|---|---|
| 一、道德循規前期（9 歲以前） | 1. 他律道德期 | 聽從權威，害怕懲罰。 |
| | 2. 個人主義、工具性目的和交換 | 公平──每個人的利益都必須列入考慮。 |
| 二、道德循規期（多數為青少年或成人） | 3. 互惠的人際期望和遵從規則 | 希望藉由滿足他人期望而能被視為「好人」，包括體貼、忠誠和感恩。 |
| | 4. 社會制度和良心 | 考量整個社會的利益；為了所有人的利益而維護社會秩序。 |
| 三、道德循規後期（某些 20 到 25 歲以上的成人） | 5. 社會契約與個人權利 | 瞭解社會規則可能因不同群體而異，但某些價值觀，例如生命和自由，是普世皆然的。 |
| | 6. 普世的倫理原則 | 遵循平等權利、出於自我選擇的原則，即使這些原則與社會規則相衝突。 |

**資料來源**：修改自 Kohlberg (1987).

**道德循規後期的思考**。瑞典青少女 Greta Thunberg（童貝里）發起一項全球性的學生罷課行動，呼籲藉由每週五拒絕上學，來抗議世人對氣候變遷的無作為。她對未來的關心和看重，更勝於遵守上學的規定。之後，她因帶領這項運動而被提名為諾貝爾和平獎候選人。

*©Michael Campanella / Contributor / Getty Images*

道德判斷的第三個層次是**道德循規後期**（**postconventional moral judgment**），這個層次不以社會作為道德或正確的定義因素。Kohlberg 認為這個層次的人相信天賦人權，人人生而平等，因此道德判斷是基於適用所有人的普世原則。這些原則通常符合社會規則，但當它們不符合社會規則時，這個層次的人仍然選擇遵循普世原則。例如，綠色和平組織成員在 2014 年 5 月試圖阻止一艘俄羅斯油輪在北極卸載石油貨物時，違反了法律。所有人都被逮捕，但組織成員都覺得他們的道德原則比社會規則更重要。一位抗議者說：「這艘油輪是貿然開發北極的始作俑者，北極是一個令人驚嘆不已的美麗聖地，但它正在我們的眼前融化。」（Vidal, 2014, para. 7）閱讀「研究之旅：Kohlberg 的生平與理論」中描述的另一種情況，在這種情況下，個人不惜違法以捍衛心目中更高的道德目的。

## 研究之旅 Kohlberg 的生平與理論

許多時候，個人的生活經歷會影響他們發展的理論和研究。Lawrence Kohlberg 的生平與他的研究息息相關。二次世界大戰後，Kohlberg 加入美國商船陸戰隊服役，退伍後，他自願協助航船，將猶太難民從歐洲偷渡到英國控制的巴勒斯坦。此舉違反了英國法律——難民進入巴勒斯坦是非法的。Kohlberg 被逮捕並關押在塞浦勒斯島，直到獲得哈加拿猶太戰鬥部隊（Haganah）的解救。Kohlberg 晚年的研究主要集中在人們如何決定什麼是對、什麼是錯。如前所述，Kohlberg 理論的最高層次是個體發展出來的普世道德原則，其可能符合、也可能不符合特定國家或人群認為正確的事情。你能看出他的生活經歷如何塑造他的理論思想嗎？（改編自 Levine, 2002）。

到了青春期，個體可以發展出一定程度的道德推理，特點是懂得運用抽象的道德價值觀，採取不同的角度分析道德問題，從而客觀地理解和評估情況（Vera-Estay, Dooley, & Beauchamp, 2015）。然而，正如在認知發展中，許多人終其一生都未能從具體運思期進入到形式運思期，許多人也無法超越道德循規期。青少年認知發展的某些面向可以預測其是否能達到較高層次的道德推理，特別是智力、認知靈活度和語言流暢性（Vera-Estay et al., 2015）。

可能延誤道德發展的其中一個因素是耗費大量時間在暴力電玩遊戲上（Bajovic, 2013）。每天花 3 小時以上玩這些遊戲（包括第一人稱射擊遊戲）的青少年，社會道德發展水準遠低於玩得較少或根本不玩的青少年。每天花費大量時間沉浸在暴力的虛擬世界中，占用青少年從其他活動中學習正向價值觀的時間。教師、家長等應多鼓勵青少年擔任志工，參與社區服務和課外活動（Bajovic, 2013）。

## 性別與道德思考

Kohlberg 原先只研究男孩。就算之後的研究包括女孩，也只說女孩的道德推理層次低於男孩。Carol Gilligan 認為，這是因為 Kohlberg 的理論帶有性別偏見，反映了男性的道德觀。Gilligan 指出，女性的道德層次並非低於男性，而是對道德問題有不同的思考方式。女性的道德判斷通常是基於**關懷原則**（principle of care），而男性的道德判斷多半基於客觀、抽象的正義，因為這就是 Kohlberg 階段論的理念基礎。儘管 Gilligan 大部分的研究都使用現實生活的道德困境，但偶爾也會用假設性的困境，例如「豪豬與鼴鼠」（The Porcupine and the Moles）的寓言故事：

> 天氣愈來愈冷，一隻豪豬正在找地方過冬。牠找到了一個很棒的洞穴，卻發現裡面住著一個鼴鼠家族。豪豬問鼴鼠：「你介意我和你們一起過冬嗎？」。慷慨的鼴鼠欣然同意，豪豬就搬了進去。但洞穴太小了，鼴鼠每次走動都會被豪豬的尖刺割傷。鼴鼠們盡量忍耐種種不適，最後他們終於鼓起勇氣接近豪豬，說：「可以請你離開嗎？我們想再次擁有屬於自己的洞穴。」豪豬說：「不行！這個地方很適合我。」

講完這個寓言後，Gilligan 接著問：「鼴鼠該怎麼辦？為什麼？」（Gilligan, 1987, p. 14）。

Gilligan（1987）認為女孩 / 女性的回答會是盡可能地滿足每個人的需求：「用毯子蓋住豪豬（這樣鼴鼠就不會動彈不得，豪豬也有地方過冬）」或「挖一個更大的洞穴」（p. 7）。男孩則傾向以絕對的是非對錯來回答問題：「豪豬一定要離開，這是鼴鼠的洞穴」（p. 7）。

雖然有幾項研究提出道德思考的性別差異，但多數研究發現男孩和女孩都會從正義和關懷的角度思考道德（Skoe, 2014; Walker, 2006）。男孩和女孩解決道德困境的觀點並非始終如一，困境本身的性質才是他們採用何種觀點的決定因素（Walker & Frimer, 2009）。事實上，Kohlberg 原本主張男性的道德層次高於女性也沒有得到證實。在近期研究中，Kohlberg 的道德推理階段唯一發現到的性別差異反倒有利於女孩，不過這些差異因國家而異（Gibbs, Basinger, Grime, & Snarey, 2007）。故可得出主要的結論是：道德推理沒有顯著的性別差異（課前測驗第 8 題）。

## 文化與道德思考

Kohlberg 認為，他從美國受試者所發現的道德發展階段，適用於全世界各地的文化。針對 75 個不同國家進行的研究回顧，發現從道德循規前期向道德循規期前進的普遍性證據（Gibbs et al., 2007）；然而，從道德循規期到道德循規後期的普遍性極富爭議，有些學者認為道德循規後期反映的是西方都會地區的價值觀。例如，在一項比較韓國和英國兒童的研究中，研究人員發現韓國人稱之為「chung」的概念，無法依 Kohlberg 的方法進行評分。「chung」是韓國社會的核心價值，意思是人與人之間的情感連結，代表「個體之間的界線模糊，彼此之間具有一體同心感，親情、安慰、接納等均由此而生」（Baek, 2002, p.

387）。「chung」如何影響道德判斷的例子如下——詢問一名 16 歲的韓國青少年，如果漢斯不愛他的妻子，他是否應該為他的妻子偷藥？這名韓國青少年的回答是：

> 即使他不愛她，他也應該偷藥。有人說，夫妻生活在一起，不是因為愛，而是因為 chung。漢斯和妻子可能因為在一起很長一段時間，所以他們之間有 chung（Baek, 2002, p. 384）。

「chung」的觀念似乎代表高層次的道德推理，但它不太吻合 Kohlberg 道德循規後期的理念。

## 社會領域理論

根據**社會領域理論（social domain theory）**，社會知識包括三個領域：道德領域、社會常規領域和個人領域。至於每個領域的行為是否合乎道德，我們的判斷方式並不相同。道德領域（moral domain）涉及對正義、福祉和權利以及如何對待他人的判斷。道德領域的問題是強制性的（每個人都必須遵守這些規則）、可類化的（規則在任何時候、任何地方都適用）、不受權威影響（即使沒有任何人在場監督，你仍遵守這些規則），違反道德規則是嚴重的罪行。社會常規領域（social-conventional domain）建立在社會期望之上，常規則因文化而異。個人領域（personal domain）包括影響個人、但不影響他人的問題，因此是個人選擇的範疇（Smetana, 2013）。Piaget 和 Kohlberg 將道德發展描述為從兒童早期關注自己（個人領域），到兒童中期關注社會（社會常規領域），再到青春期關注普世的道德原則（道德領域），但社會領域理論則主張這三個領域都在兒童早期各自獨立發展。

下面的例子顯示一位 4 歲女童如何以不同的方式，思考在幼兒園發生的道德問題和常規問題：

**道德問題（身體傷害）**

訪談者：妳有看到事情經過嗎？

女　孩：有。他們本來在玩，但約翰卻打傷了他。

訪談者：妳覺得小朋友可以打人嗎？

女　孩：只要沒有打傷人的話。

訪談者：有這樣的規定嗎？

女　孩：有。

訪談者：什麼規定？

女　孩：不可以打傷人。

訪談者：如果沒有規定可以打傷人，就可以打傷人嗎？

女　孩：不可以。

訪談者：為什麼不可以呢？

女　孩：因為小朋友可能會受傷，然後就哭了。

**常規問題**

訪談者：妳有看到事情經過嗎？

女　孩：有。他們很吵。

訪談者：妳覺得小朋友可以吵鬧嗎？

女　孩：不行。

訪談者：有這樣的規定嗎？

女　孩：有。我們必須保持安靜。

訪談者：如果沒有規定不可以吵鬧，就可以吵鬧嗎？

女　孩：可以。

訪談者：為什麼？

女　孩：因為沒有規定。（Nucci, 2008）

從上述例子可看出，即使是幼兒也能理解道德問題（任何情況都應該相互尊重）和社會常規問題（可以改變的規則）之間的區別。隨著年齡增長，兒童用以做出判斷的標準更加抽象（Smetana, 2013）。當然，並非所有問題都可以輕鬆歸類到這三個領域之中，在模稜兩可的情況下，個人如何做出決定，會受到情境脈絡、文化、年齡及問題重要性的影響。

## 道德思考與道德行為

世人常以為行為會反映出自身的價值觀。換句話說，人們用特質取向來理解道德，自認為是一個有道德的人，也相信自己依道德行事。然而大量研究表明，道德認同和道德行為之間僅有中等強度的關聯（課前測驗第 9 題）（Hardy & Carlo, 2011），顯示道德更像是「狀態」而不是「特質」，任何情境因素都會影響我們依照道德價值觀或信念行事的可能性。

面臨假設的道德困境時，通常不必考慮可能會影響實際行動的情境限制（situational constraints），但現實生活中其實充斥著各種情境限制。例如，告知神學院學生他們即將進行一次實習布道，有些學生要傳講仁慈的撒馬利亞人故事，而有些則傳講無關的話題。另外，告訴某些學生他們的布道時間快要到了，有些則沒有告知。在前往布道的路上，每個神學院學生都會看到一個看起來很痛苦、需要幫助的人。你認為讓學生決定停下腳步來提供幫助的原因是什麼？真正決定學生實際行動的，並非同情心和仁慈的撒馬利亞人故事，而是他們是否會遲到（Darley & Batson, 1973）。

## 促進道德發展

道德思考和道德行為是先天固有、認知和情緒發展及環境方面影響的綜合結果，包括媒體、父母和同儕等所有因素。我們如何提升兒童的道德？已有許多不同形式的方案希望能促進兒童和青少年的道德發展，以下介紹具有成效的介入方案。**服務學習（service learning）**即為一項要求參與者提供社區服務，並從經驗中反思學習的計畫。服務學習方案早在幼兒園就開始實施，一直延伸到青春期。這些方案的研究結果顯示能提高參與者的道德意識，包括同理心、包容、利他、付出和關懷（Scott & Graham, 2015）。然而最重要的是，這些方案提供一個結構化反思的機會，引導兒童從中思考道德和倫理問題（Conway, Amel, & Gerwien, 2009）。

一群澳大利亞中學生的服務學習經驗，親身證實了方案的成效。他們參與紅十字會和當地療養院的服務，活動開始前接受訪談時，許多學生不認為這樣的活動會對他們產生什麼重大影響。然而活動結束後，他們對這次經驗的反思包括：「學會同理，因為你必須理解他人的感覺與想法」和「萬事萬物都有價值，我之前沒有意識到這一點」（Lovat & Clement, 2016, p. 123）。服務學習為學生提供一個超越自我及澄清道德價值觀的機會。

### 學習檢定

**知識問題：**

1. 有哪些證據支持「嬰兒天生就有道德感」這一觀點？
2. 他人的反應如何影響兒童判斷哪些行為是對的、哪些是錯的？
3. 情緒在道德思考和道德行為發展中的作用為何？
4. Piaget 和 Kohlberg 的道德發展階段有何不同？又有何相似之處？
5. 有哪些證據支持 Gilligan 的道德推理性別差異理論？

**思辯問題：**

想想你曾面臨道德挑戰的時候，例如：抄襲朋友的論文內容，或對朋友撒謊等。有哪些道德價值觀影響你是否作弊或撒謊的決定，又有哪些情境限制影響了你？

# 結語

本章探究自我的發展。兒童與青少年發展出我是誰的概念（自我概念）及自我評價（自尊）。兒童期和青春期自我意識發展的三個重要面向，分別是性別認同、族裔認同及道德認同。到青春期結束時，多數年輕人已經統整出對自己的認同，以及成年後的期許和抱負。自我和認同的發展水準與兒童和他人的互動方式有關。接下來的章節將探討社會能力的發展，以及社會能力與同儕和家庭關係的關聯。

Chapter 11

# 社會發展：社會認知與同儕關係

## 學習問題：

11.1 什麼是心智理論能力？從嬰兒期到青春期的發展狀況如何？

11.2 遊戲對幼兒發展的重要性爲何？

11.3 兒童中期的同儕關係有何變化？

11.4 青春期有哪些重要的同儕關係類型？

11.5 霸凌和校園暴力如何影響兒童和青少年？

©iStock / jacoblund

## 課前測驗

判斷以下每個陳述內容是「對」或「錯」，測試你對兒童發展的瞭解，接著在閱讀本章時，檢視你的答案。

1. □對 □錯 嬰幼兒無法建立有意義的友誼。
2. □對 □錯 那些喜歡參與打鬧遊戲的男童，通常較受同儕喜愛。
3. □對 □錯 兒童開始上學後就不再玩假想遊戲。
4. □對 □錯 只要有摯友，兒童就不會覺得孤單。
5. □對 □錯 當兒童在學校的行為不端時，可以剝奪他們的課間休息時間。
6. □對 □錯 多數青少年表示曾被同儕施壓去做不應該做的事情。
7. □對 □錯 接觸大量媒體暴力的青少年，並不會比其他青少年更容易涉入約會暴力。
8. □對 □錯 與過去相比，今日有更多青少年自述在學校受到霸凌。
9. □對 □錯 運用同儕調停或同儕輔導來減少校園霸凌的反霸凌計畫，實際上卻讓霸凌發生的數量更為增加。
10. □對 □錯 與 25 年前相比，當今兒童成為校園暴力受害者的可能性降低不少。

---

正確答案：1. 錯；2. 對；3. 錯；4. 錯；5. 錯；6. 錯；7. 錯；8. 錯；9. 對；10. 對。

本章將探索兒童與青少年的社會世界，首先討論社會認知的發展如何影響兒童對社會世界的理解和社交互動型態。接著，我們著眼於兒童社會發展的其中一個核心面向：從完全依賴父母進入到同儕的世界，進而探究兒童期與青春期同儕關係的性質，瞭解這些關係如何隨年齡變化及對發展的重要性。

## 社會認知：心智理論能力

### 學習問題 11.1・什麼是心智理論能力？從嬰兒期到青春期的發展狀況如何？

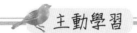

**社會認知（social cognition）**即兒童運用認知過程來理解社會世界的方式。兒童期發展出來的社會認知重要面向之一，稱為**心智理論能力**（theory of mind），即理解個體內在心理狀態如何運作的能力。閱讀「主動學習：心智解讀和心盲症」，體驗缺乏心智理論能力的情形是什麼樣子。

主動學習

### 心智解讀和心盲症

閱讀以下句子：「約翰走進臥室，在臥室裡四處走動，然後走出去。」（John walked into the bedroom, walked around, and walked out.）（Baron-Cohen, 1995, p. 1）寫下你認為約翰發生什麼事並解釋其行為原因。接下來，在你所寫下的解釋中，找出反映約翰心理狀態的詞語，並在下面劃線。例如，**想要、聽到、想知道、尋找、困惑**。完成此一步驟後，另外寫一個**不**包括約翰任何心理狀態的解釋。會不會覺得很難？例如：「也許約翰每天都在這個時候走進臥室、四處走動，然後再走出去。」（Baron-Cohen, 1995, p. 2）是不是覺得怪怪的？多數人會自動推測他人的想法，並據此解釋他人的行為。

我們甚至很難不去揣想他人心中在想什麼，但**心盲症（mindblindness）**患者即無法理解和推理他人的想法（Baron-Cohen, 1995）。正如第 5 章和第 8 章所述，這是許多自閉症類群障礙者的共同特徵。

心智理論能力可再細分為五種類型的理解能力，兒童似乎是在 2 至 6 歲之間掌握到此能力：

1. 需求各異：不同的人喜歡和想要的東西不同。
2. 信念各異：不同的人可以對同一件事抱持不同的信念。
3. 知識獲取：眼見為憑；如果沒有看到，就不會知道。

4. 錯誤信念：每個人根據自己的想法做事，即使他們的想法是錯的。

5. 隱藏情緒：人可以透過臉部表情管理，來故意隱藏情緒。

（Slaughter, 2015, p. 170）

雖然不同文化的兒童發展心智理論能力的年齡大致相同，但上述五種類型的理解能力，其發展順序不盡相同（Ahn & Miller, 2012; Shahaeian, Peterson, Slaughter, & Wellman, 2011）。例如，在伊朗和中國，成人雖鼓勵兒童去獲取知識，但也會提醒兒童不可發表挑戰長輩觀點和破壞家庭和諧的意見，因此這兩個國家的兒童理解的第一個心智理論能力是：他人可以知道自己所不知道的事情，或自己可以知道他人不知道的事（知識獲取）。澳大利亞和美國的兒童則被鼓勵勇於表達自己的意見，他們先學到他人可以有不同的觀點（不同的需求和不同的信念），之後才明白他人可以擁有不同的知識（Shahaeian et al., 2011）。父母與幼兒交談的方式，也對心智理論能力的發展產生影響。伊朗母親較常談論他人的心理狀態，而紐西蘭母親較常談論孩子本身的心理狀態。因此，紐西蘭兒童在發展出他人有不同信念的理解之前，是先發展出知識獲取這一理解能力（Tamoepeau, Sadeghi, & Nobilo, 2019）。

有些學者認為，就算是嬰幼兒，也似乎隱約理解他人的意圖或需求。在一項研究中，嬰兒看到有人反覆越過障礙物拿取物體（見圖 11.1）。移除障礙物後，讓嬰兒看到有人以好像前方還有障礙物一樣的方式伸手取物（如圖 C 的間接取物），嬰兒注視的時間會比注視直接伸手取物的時間更長（Wellman, 2014）。基於嬰兒會對令人驚訝的事物注視更長的時間這一點來看，研究人員的結論是，嬰兒明白此人打算拿取物體，而最有效的方法應該是直接伸手即可。如果嬰兒知道此人想要拿取物體，那麼在沒有障礙的情況下，此人仍使用間接取物的方式，會讓嬰兒感到驚訝。然而，嬰兒的注視行為是否真的表明他們相當理解他人的內在狀態，學者之間仍無共識（Heyes, 2014）。

2 到 4 歲之間的幼兒發展的能力是：明白其他人會誤信只有幼兒本人才知道不是真相的事；換句話說，其他人可能有**錯誤信念（false belief）**（Peterson, Wellman, & Slaughter, 2012）。測試幼兒是否理解他人想法可能與自己想法不同的經典實驗，稱為**錯誤信念範式（false belief paradigm）**。在這項實驗中，幼兒看到的場景如下：一個玩偶看到研究人員將一塊糖果藏在家家酒廚房的某個抽屜裡。玩偶隨後離開，研究人員從抽屜裡拿出糖果，將糖果放入冰箱。當玩偶回來時，詢問幼兒：「玩偶會去哪裡找糖果？」不明白其他人可能有錯誤信念的幼兒，會說玩偶會去冰箱找。因為幼兒知道糖果在冰箱裡，所以就認為玩偶也一定知道這一點。而明白其他人可能有錯誤信念的幼兒知道，玩偶會先看廚房的抽屜——玩偶最後看到糖果的地方。到了 4 歲時，多數幼兒皆可以根據對錯誤信念的理解做出正確回答。閱讀「主動學習：錯誤信念」，做一個小實驗來判斷幼兒是否發展出理解錯誤信念的能力。

**越過障礙物取物**

圖 A

成功取物習慣化示意圖

**無障礙物取物**

圖 B

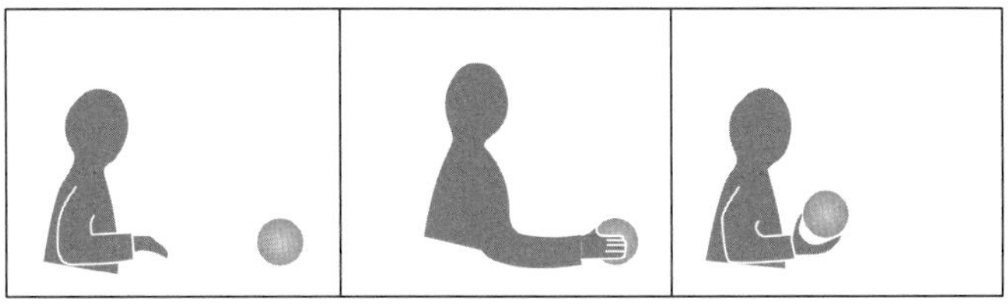

直接取物示意圖

**圖 C**

間接取物示意圖

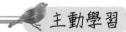

**圖 11.1　嬰幼兒對意圖行動的理解**。嬰幼兒首先看到有人伸手越過障礙物拿球，如圖 A 所示。接著看到有人直接伸手拿球，如圖 B 所示；另有人以與圖 A 相同的方式伸手拿球，但前方並沒有障礙物，如圖 C 所示。嬰幼兒注視圖 C 的時間更長，表示嬰幼兒對於人在沒有障礙物的情況下，不直接伸手拿球感到驚訝。

主動學習

## 錯誤信念

找一位 3 到 4 歲的幼兒和一位年齡較大的兒童，進行以下簡單的實驗：

1. 在孩子未進入實驗房間前，為每位孩子準備一個蠟筆盒。取出盒中的蠟筆並在裡面放入其他東西，例如短吸管。
2. 邀請孩子坐下，問他覺得盒子裡有什麼？孩子應會回答「蠟筆」或「筆」等類似的東西。接著打開盒子，讓孩子看看裡面到底是什麼，再次關上盒子。

3. 問孩子以下問題：「如果＿＿＿＿（朋友的名字）現在走進房間，他會認為這個盒子裡有什麼？」

如果孩子回答「蠟筆」（或他第一次回答的東西），表示孩子非常清楚朋友以為的狀況，與他自己知道的事實不同。如果孩子的回答是朋友知道裡面不是蠟筆，而是別的物品，表示孩子並不明白朋友可能有錯誤信念。反之，他認為朋友應該知道他內心在想什麼，儘管朋友沒有看到盒子裡的蠟筆已經被其他物品取代（改編自 Flavell, 1999）。

---

4 歲幼兒甚至會故意對他人說謊，主動製造錯誤信念。雖然我們常認為說謊是件壞事，但能夠說謊表示兒童具備心智理論能力——因為他知道可以哄騙別人誤信謊言。例如，一個知道自己偷吃餅乾的幼兒，可能會在媽媽質問他時否認。以前還小的時候，他會以為媽媽知道他所知道的事（偷吃了餅乾），所以不會費心說謊來欺騙媽媽（Lavoie, Leduc, Arruda, Crossman, & Talwar, 2017）。

理解他人想法的能力深受兒童生活經驗影響。若父母能與孩子討論情緒，兒童極有可能愈早發展出心智理論能力（Slaughter, 2015）。有手足的兒童往往也比獨生子女更快發展心智理論能力，兄弟姊妹之間的互動類型，如惡作劇、安慰和爭論，均有利於兒童思索他人的想法（McAlister & Peterson, 2013）。如果父母的管教技巧中，能含括鼓勵孩子思考做出傷害他人的事情時他人的感受，孩子也更有可能理解錯誤信念（O'Reilly & Peterson, 2014; Shahaeian, Nielsen, Peterson, & Slaughter, 2014）。

直到兒童中期，兒童才逐漸明白，兩個不同的人對同一事件可能有不同的解釋。以下研究證實這個新發展出來的理解。研究首先以一對兄妹衝突的故事開始，故事內容如下：

> 彼得和海倫是兄妹。萬聖節快到了，他們都在為學校的比賽準備扮裝，比賽的獲勝者將獲得一個非常酷的獎品。上學前，彼得想到他的裝扮少了一樣東西，他問海倫：「妳可以幫我把妳的球棒帶到學校嗎（譯注：此處原文為「bat」，但也可聽成「蝙蝠」，所以才會發生以下的誤會）？我還有很多其他的東西要帶。」海倫答應了。海倫找到一根球棒和一個毛茸茸的橡皮蝙蝠，她抓起橡皮蝙蝠帶去給彼得。到了學校，比賽開始時，海倫把橡皮蝙蝠拿給彼得。但彼得的裝扮是棒球運動員，所以他需要的是球棒而不是橡皮蝙蝠。「哦，不！」彼得說，「妳毀了我的裝扮，妳這個笨蛋！」（Ross, Recchia, & Carpendale, 2005, p. 591）

詢問兒童彼得會怪誰、海倫會怪誰，並解釋每個人的觀點。最後再詢問兒童，彼得和海倫是否能有不同觀點。到了 7 或 8 歲時，兒童都能看出這兩個人物對於是誰犯錯各有各的想法，而且兩種觀點都是對的。

**兒童的心智理論**。這名幼兒讀懂她媽媽的心思，她接收到媽媽發出「她也想要吃些東西」的信號。
*©iStock / SolStock*

玩過撲克遊戲的人都知道，心智理論能力的理解甚至是更加複雜的。好的撲克玩家明白，他不僅必須憑直覺推估其他玩家的想法（「我有一手好牌」），也要謹記其他玩家也在企圖理解他的想法。如果他想唬弄其他玩家，他必須讓他們以為他手上握有的牌與實際情況不同。換句話說，他要思考別人是怎麼想他的。7 歲兒童已具備此種**遞迴思考**（**recursive thinking**）的能力，並持續發展至青春期（van den Bos, de Rooij, Sumter, & Westenberg, 2016）。圖 11.2 說明遞迴思考的運作方式。

**圖 11.2　遞迴思考**。本圖常用來測試參與者是否能說明每張圖片的遞迴思考過程。例如，在第一張圖片中，男孩正在想女孩和她的父親。在第二張圖片中，男孩正在想他在想自己。在第三張圖片中，男孩正在想女孩在思考她父親對她母親的看法。

**資料來源**：Oppenheimer (1986).

隨著兒童的成長，社會認知變得更加複雜。第二個重要問題是兒童解讀他人想法的個別差異。理解他人想法的能力，通常與在同儕中的受歡迎程度，及以積極方式與他人合作和互動的能力有關（Slaughter, Imuta, Peterson, & Henry, 2015）。但有些兒童傾向於將他人的意圖解讀為敵意而非善意，稱為**敵意歸因偏誤**（**hostile attribution bias**）。歸因意指我們對行為的解釋或推測原因。如果別人對你好，你可能將之歸因於他是一個善良的人；但是，如果你有敵意歸因偏誤，你可能將之歸因於他對你有所求，由此可見社會理解對社會關係的重要性。然而，社會關係不僅和社會認知有關。接下來的章節將探討兒童的同儕關係性質。

學習檢定

**知識問題：**

1. 何謂心智理論能力？
2. 何謂錯誤信念範式？
3. 何謂遞迴思考？
4. 心智理論能力如何促進正向的社會行為？

**思辯問題：**

Piaget 的自我中心觀（如第 6 章所述）與心智理論能力的概念有何異同？

# 嬰幼兒期的同儕關係

## 學習問題 11.2・遊戲對幼兒發展的重要性爲何？

本節將討論嬰幼兒與同儕的早期社會互動型態，接著說明同儕遊戲在促進兒童早期生理、認知、情緒和社會發展方面的重要作用。

### 嬰幼兒時期：從父母到同儕

顯然嬰兒出生後不久，生理上就已經準備好要與人交流了。第 4 章和第 5 章曾提到，嬰兒更喜歡注視臉而非無生命的物體、對聲音和撫觸會有反應。他們的哭聲吸引他人的注意，而他們的第一個社交性微笑，更強化了父母和嬰兒之間的連結，與父母的早期依戀關係性質，成為培養孩子與其他兒童成功建立關係能力的基石。

正如第 9 章所述，嬰兒與父母建立了安全或不安全的依戀關係。與父母有安全依戀關係的嬰幼兒，與同儕互動的社交能力較佳，這種社會能力甚至可以一直延續到就學之後（Groh, Fearon, IJzendoorn, Bakermans-Kranenburg, & Roisman, 2017; McElwain, Holland, Engle, & Ogolsky, 2014）。同樣地，許多不同文化背景的父母都樂於與孩子玩耍（Roopnarine & Davidson, 2015），這些遊戲與孩子未來和同儕互動的社交技能發展有關。若父母能與幼兒一邊遊戲、一邊討論內在想法，孩子長大後更能與同儕建立積極正向的友誼（McElwain, Booth-LaForce, & Wu, 2011）。兒童與同儕的關係品質，將進一步影響生活的許多面向。

從嬰兒期開始，兒童與其他同齡兒童的互動出現一些性質變化和特別之處。當幼兒與成人、甚至年齡較大的兒童互動時，通常是由年長的一方主導互動，因為他們比較有能力，也比較懂得讓互動繼續進行，不像幼兒的社交能力較弱。同儕互動的不同之處在於，幼兒們必須靠自己的社交和認知能力，想辦法維繫關係。同儕關係的另一個特色是比較有趣好玩——在兩個幼兒停止「你追我跑」遊戲之前，爸媽早就累壞不玩了。再者，成人雖樂見學齡前兒童沉迷於恐龍玩具，但卻不一定有時間跟他們一起玩，青少年則是經常和同儕互相傾訴不想跟父母分享的心事。

我們都知道學齡前幼兒會跟其他孩子一起玩，但常以為嬰幼兒還沒有能力建立真正的同儕關係。能與其他同儕進行有意義互動的最小年齡是幾歲？5 個月大嬰兒在看到其他嬰兒時即顯露出非常感興趣的模樣，會對他們微笑並試圖碰觸他們（Hay, Caplan, & Nash, 2009; Recchia & Dvorakova, 2012）。將近 1 歲的嬰兒即能表現出希望靠近及尋找其他幼兒，並有把玩具遞給他們之類的行為（Williams, Ontai, & Mastergeorge, 2010）。當嬰兒挨近彼此玩耍、參與相同的遊戲活動時，他們顯然樂在其中。在幼兒托育機構中，這些早期的友誼甚至可充當「安全基地」（secure base）的功能，緩衝從托嬰中心過渡到幼兒園的壓力（課前測驗第 1 題）（Recchia & Dvorakova, 2012）。

2 歲的幼兒開始將「相互性」（reciprocity）納入同儕互動中，將自己的行為與其他幼兒的行為相呼應（Williams et al., 2010）。隨著他們有能力四處走動，他們開始互相模仿。例如：「我看你跳，看起來好像很好玩，所以我也跳。」20 到 24 個月大時，模仿變成交互進行，例如：「你跳，然後我跳，接下來換你跳，然後換我跳，我們倆一直笑個不停。」

隨著幼兒發展語言，他們將這種新能力加進人際互動中。他們用語言協調活動、計劃事情及解決問題。語言也顯示兒童正在發展使用象徵的能力，這種能力促成假想遊戲的進行。這時期的幼兒不再像之前提到的模仿跳躍那樣，只會動動身體，而是開始玩起辦家家酒或其他假想遊戲。

所有的關係都會有衝突，幼兒與同儕的關係也不例外。和幼兒打過交道的成人都知道，「我的！」和「不要！」是幼兒最常說的兩個語詞，有時還伴隨著又打又咬，令成人傷透腦筋。然而，懂得使用這些語詞，也反映出幼兒發展的正向層面。正如第 10 章（Levine, 1983; Rochat, 2011）所述，聲明玩具的所有權，表示個體的自我意識正在發展。此外，衝突不僅發生在宣稱擁有物品，也反映出新的社會意識正在形成。幼兒的衝

**嬰兒與同儕的互動**。1 歲的嬰幼兒對同儕很感興趣，透過周遭玩具開始互動。早期的友誼有助於幼兒安心地待在托兒機構。
*©iStock / santypan*

突本質上是相應的，也就是：「如果你拿走我的玩具，下次我也要找機會拿走你的玩具。」（Hay, Hurst, Waters, & Chadwick, 2011）幼兒藉此學習如何結交朋友——如果你希望有人和你一起玩，那麼就不能搶走別人的玩具。

**早期的社會互動**。幼兒的第一次互動通常是從互相模仿開始的。從圖中可看出這兩位幼兒的模仿遊戲，最終會慢慢發展成輪流及合作等進階社交技巧。

*©Design Pics / Ron Nickel / Ron Nickel / Design Pics / Newscom*

## 學齡前兒童與遊戲

遊戲是學齡前同儕互動的特色。在假想遊戲中，兒童自行創造整個遊戲世界以及其中的不同身分，身為成人的我們也不得不佩服他們這種社交技巧。就像爵士四重奏中的成員既要即興發揮、同時也要配合其他演奏者，兒童如果想要一起玩，就必須學會控制自己的衝動並理解他人的意圖。在這個階段，模仿已經不足以維持互動。取而代之的是兒童之間扮演配對的角色：「你當媽媽，我當寶寶。」假想遊戲提供兒童表達和探索感受的機會，為日後建立信任和親密同儕關係奠定基礎。

什麼是遊戲？遊戲包含以下特點：

1. 遊戲是自願自發的。
2. 遊戲是享樂和愉悅的事。
3. 遊戲是主動參與的。
4. 遊戲帶有言外之意；亦即，以誇張的方式來表示這是假裝的（Howe & Leach, 2018）。

有人認為遊戲是人類普世皆有的行為。即使是從小就必須工作的兒童，也會在工作時想辦法遊戲。例如，巴西的低收入和中產階級兒童，都會玩假想遊戲，無論其族裔和所在地理位置如何（Gosso, Morais, & Otta, 2007）。聯合國兒童權利委員會（United Nations Committee on the Rights of the Child）（2013）指出，「遊戲和娛樂對兒童的健康與福祉至關重要，可促進創造力、想像力、自信、自我效能及生理、社會、認知和情緒的優勢與技能，有助於學習的各個層面……」（p. 4）。

遊戲是兒童生活的重心，不會遊戲通常顯示兒童生活中出現其他更大的問題。當兒童有機會遊戲、但卻無法遊戲時，這可能是各種行為問題的徵兆。在 DSM-5 中，自閉症類群障礙的其中一個特徵就是「缺乏共享的社交遊戲和想像力（例如，適齡的假想遊戲），以及日後堅持只能按照非常固定的規則進行遊戲」（APA, 2013, p. 54）。有些高度壓力和焦慮的兒童雖具備遊戲所需的認知和社交能力，但仍不會遊戲，因為他們的情緒妨礙了與遊戲樂趣相關的自由表達（Scarlett, Naudeau, Salonius-Pasternak, & Ponte, 2005）。

接下來將討論遊戲如何促進兒童的身體、認知、社交能力和情緒發展。雖然本書是在不同章節分別介紹發展的不同面向，但請記住，它們是彼此交互作用的——遊戲即為其中一例。

## 透過遊戲促進身體發育

遊戲以多種方式直接促進身體發育，其中一種方式是**身體活動遊戲（physical activity play）**，這類型的遊戲須運用大量肌肉活動。身體活動遊戲大致分成三個階段（Smith, 2010）。嬰兒期為**節律性刻板動作（rhythmic stereotypies）**，包括重複性、無目的性的大肌肉動作，如：踢腿或揮手。這些動作的發展受到神經肌肉成熟的影響。在能自主控制特定身體部位之前，嬰兒進行的多半是這類型的動作（Smith, 2010）。

學步兒進行的是運用大量肌肉運動的**運動遊戲（exercise play）**，例如遊戲形式的跑步或跳躍。劇烈運動遊戲的時間，在 4 歲或 5 歲時達到高峰，之後隨著兒童的在校時間增加而減少。運動遊戲的功能是訓練肌肉、增強力量和耐力，運動遊戲最盛行的年齡範圍，也是手臂與腿部肌肉和骨骼快速生長的發育時期（Smith, 2010）。

第三種身體活動遊戲是**打鬧遊戲（rough-and-tumble play）**，兒童看起來像是在打架或摔角，但他們只是玩得開心，而不是互相傷害或要拼個輸贏。大約 60% 的小學學齡男孩表示他們玩過打鬧遊戲，但僅占其遊戲時間的十分之一（Smith, 2010）。11 歲左右，打鬧遊戲成為在遊戲團體中建立統治階級的一種方式，變得更具攻擊性。世界各地的常見遊戲（尤其是男孩的遊戲），基本上都屬於這種類型（Storli & Sandseter, 2015）。對幼兒來說（尤其是男孩），參與同性之間的打鬧遊戲，與情緒表達、情緒調節，以及受同儕歡迎有關（課前測驗第 2 題）（Lindsey, 2014; Lindsey & Colwell, 2013）。

**打鬧遊戲**。遊戲可以促進兒童的身體發育。這種打鬧遊戲可以增強力量、協調性及情緒表達。
*©iStock / yellowsarah*

## 透過遊戲促進情緒發展

在 Freud 的精神分析傳統中，遊戲一向被視為兒童內在情緒衝突的表達。兒童將現實中困擾他們的事情，用假想遊戲表現出來。例如，幼兒扮演娃娃的「壞媽媽」（mean

**遊戲治療**。這位男孩正在參加一個遊戲治療療程，遊戲協助他在安全的空間中表達自己的內在世界。
*©iStock / mmpile*

mother），以表達他對父母管教的不滿。這類假想帶給幼兒一些控制感，助其處理無助的真實情況，包括與生活中強大的成人相處。遊戲讓兒童得以表達某些在現實生活中可能被無法接受的情緒，例如對剛出生的弟弟妹妹的憤怒。從許多方面來說，遊戲與情緒的表達、調節和理解有關。**遊戲治療（play therapy）**即是由受過專業訓練的治療師，以遊戲為互動的方式，協助兒童修通困難的情緒。

遊戲治療已證實可有效治療注意力不足過動症、教室行為問題和焦慮症兒童，以及減少兒童的就醫恐懼（Kool & Lawver, 2010）。若父母能參與遊戲治療，治療效果尤其顯著，他們可透過遊戲治療瞭解孩子想要表達的內容（Jeon, 2017）。當父母能從孩子的角度更清楚地看到事情的樣貌時，也許就愈能幫助孩子解決情緒衝突，孩子也比較不會以消極的方式釋放情緒，例如打架或鬧胃痛。

## 透過遊戲促進社交能力發展

與其他兒童一起遊戲，從本質上來說就是社交行動，因此遊戲與社交能力的發展和友誼的形成息息相關。1930 年代，Mildred Parten（1932）描述以下六個層級的遊戲，沿用至今。這些遊戲層級奠基於兒童與同儕在一起時使用的社交能力類型。

1. **無所事事的行為（unoccupied behavior）**：環顧四周，但不從事任何活動。
2. **旁觀行為（onlooker behavior）**：在旁邊看其他兒童玩耍。
3. **獨自遊戲（solitary independent play）**：每位兒童各玩各的玩具。
4. **平行遊戲（parallel play）**：在同儕旁邊玩，但不與同儕互動；經常使用同類型的玩具素材，例如，積木或洋娃娃。
5. **聯合遊戲（associative play）**：與其他兒童玩耍、分享玩具和互動，但沒有實現共同目標的整體團隊組織。
6. **合作遊戲（cooperative play）**：與一群具有共同目標的兒童一起遊戲，如建造一個結構體、創造一個虛構的情境，例如被指派擔任「房子」的角色，或進行運動比賽。

眾多研究支持 Parten 的觀點，即隨著年齡增長，兒童愈來愈能互動和合作；愈能參與社交互動遊戲，社會適應愈佳（Barnett, 2016; Wu, 2014）。然而，Parten 提出如此明確的

©iStock / Rawpixel

©iStock / LightFieldStudios

©iStock / FatCamera

**Parten 的社交遊戲階段**。隨著兒童發展社交技能，他們的遊戲從獨自遊戲（圖一）轉向平行遊戲（圖二），最終再到合作遊戲（圖三）。

遊戲層級亦受到質疑。例如，兒童通常在大約相同的年齡進行獨自遊戲和平行遊戲，因此無法反映不同的社會成熟度水準。平行遊戲在整個學齡前階段普遍可見，許多學前班教室的活動類型都算是平行遊戲。下例是並排坐在電腦前的兩個男孩之間的對話：

兒童 A：（坐在電腦 A 的螢幕前）這不是 G 的作品嗎？他昨天做的，對吧？
兒童 D：（繼續看著電腦 B 的螢幕）好像很有趣，哈哈哈哈！
兒童 A：G 還沒做完，我來做！
兒童 D：我是這裡的蜘蛛人，砰！（在繪圖板上潦草地畫了許多線條，看起來像是蜘蛛網）。（Lim, 2012, p. 409）

上述例子顯示，兒童緊鄰著彼此使用電腦，但即使有說話，也沒有真正的互相交流。閱讀「主動學習：Parten 的社交遊戲階段」，測試你對 Parten 遊戲階段的理解。

主動學習

## Parten 的社交遊戲階段

在 Parten 的每個遊戲層級旁邊，寫下最符合其描述的編號：

| | |
|---|---|
| 無所事事的行為＿＿＿＿＿＿ | 1. 小明和小華決定玩辦家家酒，並一致同意小君當小寶寶。 |
| 旁觀行為＿＿＿＿＿＿ | 2. 小凱一邊吸吮拇指，一邊隨意地環視房間。 |
| 獨自遊戲＿＿＿＿＿＿ | 3. 小欣和小威各自在玩拼圖，偶爾會互相看看對方的作品。 |
| 平行遊戲＿＿＿＿＿＿ | 4. 小智用積木建造一座高塔。 |
| 聯合遊戲＿＿＿＿＿＿ | 5. 小蘭是班上的新同學，她很有興趣地看著其他兒童玩耍。 |
| 合作遊戲＿＿＿＿＿＿ | 6. 小偉和小霖在沙堆裡玩耍，他們互相交談，交換各自沙堡所需的工具和杯子。 |

答案：無所事事的行為：2。旁觀行為：5。獨自遊戲：4。平行遊戲：3。聯合遊戲：6。合作遊戲：1。

遊戲和社會發展密切相關、環環相扣，因此研究人員很難界定是遊戲還是社交能力發展在先。遊戲無疑有助於社會發展，而社會發展較好的兒童，通常也會是較好的玩伴。**友誼（friendship）**是一種互惠關係，意指雙方都必須同意兩人之間存有友誼，其特點是陪伴、親密和好感。互為朋友的學齡前兒童，彼此相處得更自在、一起玩的時候更開心、更能化解衝突、互相安慰和彼此支持，互動比彼此非朋友的學齡前兒童更複雜，包括更高層次的正向和負向行為（Howe & Leach, 2018）。和年齡較大的兒童一樣，學齡前兒童傾向於選擇攻擊性或親切性與自己相似的人當朋友（Eivers, Brendgren, Vitaro, & Borge, 2012），他們也比較容易受從事相同類型遊戲的兒童吸引。或許正因為如此，男孩傾向於和男孩當朋友，女孩則傾向於和女孩當朋友（Daniel, Santos, Antunes, Fernandes, & Vaughn, 2016）。然而，這個年齡階段的友誼並不像日後的友誼關係那般重視複雜的特質，例如朋友值不值得信賴。

## 透過遊戲促進認知發展

Jean Piaget（1962）根據兒童的認知成熟度，提出遊戲發展順序。他假設兒童遊戲的性質會隨其思考水平的變化而改變，讀者可先回顧第 6 章 Piaget 的認知發展階段。基於認知發展順序，Piaget 提出遊戲的三個層級，以及應用更為廣泛的第四個遊戲層級（Smilansky, 1968）：

1. **練習性遊戲（practice play）**：為了好玩而重複進行的某種行為。例如，在水坑上來回跳躍，只單單為了享受這麼做的樂趣。處於感覺動作期的嬰兒能夠進行練習性遊戲，例如一遍又一遍地丟球，單純是為了想看球被丟出去。

2. **建造性遊戲（constructive play）**：為遊戲目的建造或製作某物件。例如，建造一座積木高塔，只是為了享受將其推倒的樂趣；或為玩具火車製作火車軌道。

3. **象徵性 / 社會戲劇性遊戲（symbolic / sociodramatic play）**：運用象徵和想像力進行遊戲。例如，假裝打電話。感覺動作期之後的學步兒開始在遊戲中使用象徵，前運思期的學齡前兒童則以假想遊戲居多。

4. **規則性遊戲（games with rules）**：為遊戲制定規則或進行有既定規則的遊戲，例如棒球或足球，這類遊戲最常見於具體運思期。Piaget 認為，年幼兒童常透過假想來使現實符合自己所需，而年齡較大兒童則是藉由遵循規則，使自己適應周遭更大的社會世界現實。

**假想遊戲**。假想遊戲在兒童早期及日後的生活中發揮重要作用。這位小女孩假裝她是一名消防員，她可從中學習到什麼？

*©iStock / chameleonseye*

練習性遊戲始於嬰兒期，如嬰兒一遍又一遍地搖波浪鼓；而象徵性 / 社會戲劇性遊戲和建造性遊戲則隨著幼兒的假裝、計劃和執行不同場景所需的認知能力，在兒童早期發展出來。曾與學齡前兒童玩糖果樂園（Candyland）或梯盤棋（Chutes and Ladders）等桌遊的人很快就發現，幼兒還不太擅長玩有既定規則的遊戲。他們想要獲勝，但不瞭解規則的本質，也不明白這些規則適用於所有的玩家。Piaget 認為，當兒童開始參與規則性遊戲時，就會停止假想遊戲；但研究表明兒童在 12 歲之前還會繼續玩假想遊戲（課前測驗第 3 題）（Lillard, Pinkham, & Smith, 2011），有些人甚至會延續到成年期，正如成千上萬扮成卡通人物、遊戲或電影角色參加集會的成人一樣。

假想遊戲攸關認知發展。假想遊戲似乎比其他活動更能促進 Vygotsky 所謂的私語（Berk & Meyers, 2013）。私語就是大聲和自己說話，以指導自己的行動。如果你曾和學齡前幼兒在一起，你可能聽過他們在自言自語，假裝自己是不同的角色，並獨立主導整個對話。在一項研究中，給予學齡前幼兒用玩具釣竿抓塑膠魚的任務。一種實驗情況的任務像在遊戲（「假裝你在抓魚給家人吃」），另一種情況的任務像是工作（「你釣到的魚愈多，你能贏得的貼紙就愈多」）。參與遊戲任務的幼兒，比從事工作任務的幼兒使用更多的私語（Sawyer, 2017）。

假想遊戲可作為一種介入策略，用來促進幼兒的認知執行功能發展。在一項實驗研究中，學齡前幼兒童與成人一起設計和演出假想遊戲劇本，例如去月球或假裝成在森林中飛行的鳥，並與非假想遊戲組幼兒比較。五週後，與非假想遊戲組相比，假想遊戲組的幼兒在工作記憶和認知彈性方面，改善的情況更為顯著（Thibodeau, Gilpin, Brown, & Meyer, 2016）。

## 透過遊戲進行教育

近年來，幼兒教育工作者承受各方要求重視幼兒的學業成績，要幫助幼兒在標準化測驗中取得好成績而備感壓力。由於這種壓力，他們覺得有必要在以遊戲為基礎、以兒童為中心的課程以及以教師為主體的課程之間做出選擇，但這可能是錯誤的二分法。全國幼兒教育學會應用研究中心（National Association for the Education of Young Children's Center for Applied Research）主任 Kyle Snow（n.d.）建議我們多方思考遊戲和教學，如圖 11.3 所示。

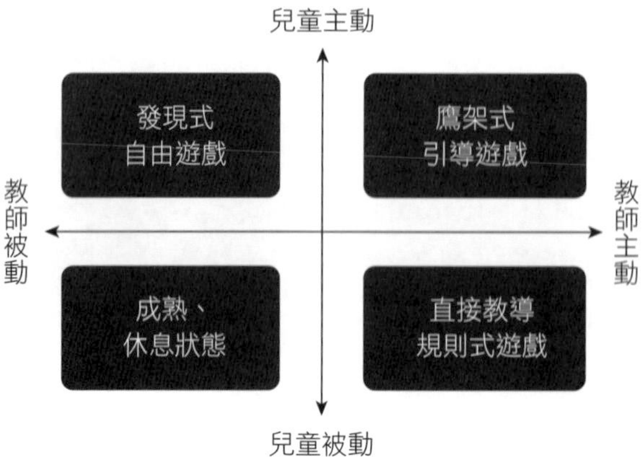


**圖 11.3　遊戲與直接教導兼顧**。與其認為學前教育不是以遊戲為中心、就是以教師為主導，我們可將這兩種取向結合。例如，**引導式遊戲**在兒童主動和教師主動的向度上都很高。

**資料來源**：Snow (n.d.)

有些課程較重視幼兒的活動，有些更為重視教師的教學，另有些則結合鷹架和引導式遊戲。

在傳統的直接教學中，教師是主動的，但兒童是相當被動的。相比之下，在**發現式學習（discovery learning）**中，兒童可以自己發現和理解知識（即兒童是主動的，教師在這個過程中是被動的）。**引導式遊戲（guided play）**是讓兒童在成人準備的環境中學習，由成人為兒童的學習搭建鷹架（Weisberg, Hirsh-Pasek, Golinkoff, Kittredge, & Klahr, 2016）；兒童自由地參與有趣、自發、靈活同時也有學習目標的遊戲。如圖 11.3 所示，在引導式遊戲中，兒童和教師都是學習過程的主動參與者。最後，當教師和兒童都處於被動狀態時，學習得靠兒童自然的身體和認知成熟來發展。當然，圖 11.3 中的象限並非純粹的例子。即使是發現式學習或自由遊戲，教師也可以某種方式提供幫助或引導兒童。因此圖 11.3 只是要表示，與兒童學習者的角色相比，教師的角色較少介入。

運用發現式學習於學前教育的優點，從下述研究得到證實。研究人員向兒童展示一個具有四種不同有趣效果的新穎玩具，如：玩具的其中一根管子可以發出吱吱聲，另一根管子有一個隱藏的鏡子等等。對第一組 4 歲的幼兒，實驗者表現得好像是偶然發現第一根管子會發出吱吱聲，似乎對這個發現感到驚訝和高興；對第二組幼兒，實驗者表現得像是一位傳統的教師，直接告訴幼兒如何讓第一根管子發出吱吱聲。接著，讓兩組幼兒自己玩玩具（Bonawitz et al., 2011）。兩組幼兒重複研究人員的動作，但第一組幼兒玩玩具的時間更長，並且能比第二組幼兒發現新玩具的更多功能。研究人員得出結論，直接教導會降低兒童的好奇心，削弱其自行發現新知識的可能性。

這些不同的幼兒教育取向範例如下。例如，蒙特梭利教學法強調發現式學習，運用促

共融式遊戲場。這個遊戲場經過專門設計，可供所有兒童和成人使用——包括身障人士和非身障人士。這裡不像一般遊戲場有台階、凹凸不平的地面和高高在上的單槓，讓圖中的小男孩得以在此玩耍。

*©Don Smetzer / The Image Bank / Getty Images*

進身體參與和感官探索的學習材料，鼓勵兒童和不同年齡的孩子一起探索。教師是兒童解決問題的協助者，而不是告知兒童如何去做的指導者（American Montessori Society, n.d.）。

另一種取向是源於義大利 Reggio Emilia 鎮的教育取向（瑞吉歐教學法），強調由教師引導遊戲和搭建鷹架。教師觀察兒童的興趣，並以此為基礎來加強學習。例如，如果兒童對他們發現的蜘蛛網非常感興趣，教師便會抓住這個機會，請兒童畫出蜘蛛網，並詢問其他和蜘蛛有關的體驗，接著繼續以兒童的興趣為基礎進行各種學習，例如：數蜘蛛的腳有幾隻、閱讀有關蜘蛛的書籍（Biermeier, 2015）。

## 適合身障兒童（和成人）的遊戲場所

並非所有兒童都能參與遊戲體驗。不能走路或有其他身體限制的兒童通常無法在一般遊戲場溜滑梯或盪鞦韆。一項名為無界線遊戲場（Boundless Playgrounds©）的計畫創建了所有兒童都可以使用的遊戲場，無論他們的身體和精神狀況如何都可以使用（Stewart, n.d.）。一般遊戲場往往也限制了身障父母與孩子的玩耍與互動。但在一個軍事基地的無界線遊戲場內，失去四肢或坐在輪椅上的士兵得以與孩子一起玩耍，為遠離家人很長一段時間、且外貌變化極大的父母創造出寶貴的機會，藉以拉近疏離的親子關係。

### 學習檢定

**知識問題：**

1. 嬰幼兒如何發展同儕關係？
2. 遊戲治療如何協助情緒困難兒童？
3. Parten 的遊戲層級為何？
4. 學齡前兒童的友誼有什麼特點？
5. 為什麼遊戲對兒童早期的認知發展很重要？

**思辯問題：**

如果要為孩子選擇幼兒園，根據圖 11.3，你會偏好往哪個方向取捨呢？為什麼？

# 兒童中期的同儕關係

## 學習問題 11.3・兒童中期的同儕關係有何變化？

到了兒童中期，同儕變得愈來愈重要。本節將探究友誼的性質和影響，以及同儕團體中的地位和社會接受度在這一發展時期的重要性。

## 學齡兒童與友誼

6 到 12 歲的兒童渴望擁有一個最好的朋友，朋友們花時間在一起、喜歡做同樣的事情、相互提供情緒支持。同儕關係的另一個重要面向是**社會地位（social status）**，亦即個體在同儕群體中普遍被接受或被拒絕的程度。研究人員使用**社會計量（sociometry）**技術來研究同儕接受度，要求兒童提名他們最喜歡或最不喜歡的同儕，然後將所有兒童的選擇綜合起來，即可判定每位兒童在同儕團體中社會接受度或拒絕度的整體分數。圖 11.4 顯示綜合同儕接受度與同儕拒絕度的不同社會地位。

在同儕團體中獲得大量「最喜歡」提名、少數「最不喜歡」提名的，為**受歡迎兒童（popular children）**。獲得大量「最不喜歡」提名、少數「最喜歡」提名的為**被拒絕兒童（rejected children）**。提名數量接近團體平均的兒童為**一般兒童（average children）**，獲得少數提名的為**被忽視兒童（neglected children）**。最後一組的情況特殊，有些兒童獲得許多同儕「最喜歡」的提名，但也同時獲得大量「最不喜歡」的提名，他們是**有爭議兒童（controversial children）**（Coie, Dodge, & Coppotelli, 1982）。

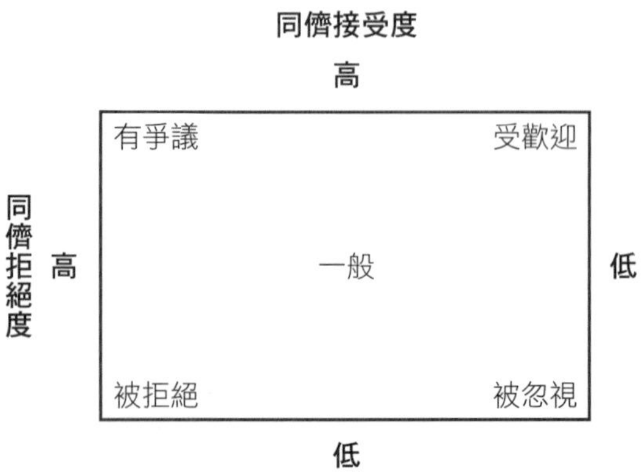


受歡迎兒童＝同儕接受度高，同儕拒絕度低
被拒絕兒童＝同儕拒絕度高，同儕接受度低
有爭議兒童＝同儕接受度高，同儕拒絕度高
被忽視兒童＝同儕接受度低，同儕拒絕度低
一般兒童＝同儕接受和同儕拒絕度接近平均

**圖 11.4　判定社會計量地位**。在詢問兒童他們最喜歡誰（同儕接受）和最不喜歡誰（同儕拒絕）後，綜合資訊可得出五種社會計量地位群體。

**資料來源**：Coie, J.D., Dodge, K.A., & Coppotelli, H. Dimensions and types of social status: A cross-age perspective. *Developmental Psychology, 18*(4), 557–570. © 1982 American Psychological Association.

近年來研究人員發現，兒童將同儕團體中「受歡迎」的人分成兩種。兒童喜歡合群、樂於助人、理解他人感受與觀點的同儕。而有些人雖然看起來也受歡迎，但他們是以攻擊或操縱他人來達到目的，因此不一定受到同儕喜歡（van den Berg, Deutz, Smeekens, & Cillessen, 2017）。在這種情況下，受歡迎多半與權力有關，而不是與討人喜歡有關。

研究人員進一步區分出兩組被拒絕兒童：**被拒絕攻擊型兒童（rejected-aggressive children）**和**被拒絕退縮型兒童（rejected-withdrawn children）**（Juvonen, 2013）。有些兒童因為好鬥而被同儕拒絕，這些兒童通常不知道同儕不喜歡他，因而繼續採取同樣的攻擊行為，增加日後出現行為問題和違法犯罪的風險（García-Bacete, Marande-Perrin, Schneider, & Cillessen, 2019）。他們甚至會常將他人無意冒犯的行為解釋為敵意，即之前提過的敵意歸因偏誤。例如在自助餐廳，有人從你身旁走過，他托盤裡的牛奶潑灑到你身上，這只是個意外？還是那個人想羞辱你、讓你難堪？即使是中性事件，敵意歸因偏誤的兒童也會採取負面反應，因而被同儕視為更具攻擊性（Nelson & Perry, 2015）。第二種被拒絕的兒童，是因社交孤僻和社交焦慮而被同儕拒絕（Juvonen, 2013）。過於害羞、緊張或焦慮的兒童不敢與同儕接觸，其他兒童對他們也是興致缺缺（Baker, Hudson, & Taylor, 2014）。這些兒童知道他們被拒絕，心裡很痛苦，繼而引發焦慮、憂鬱和學業困難（Rubin, Coplan, & Bowker, 2009）。

關於受歡迎程度和同儕拒絕的研究，主要集中在個別兒童的個人特徵上，但同儕關係的背景也會影響誰受歡迎和誰被拒絕。被同儕喜愛的特徵，可能因不同團體而異。例如，雖然兒童可能因為攻擊性強或退縮孤僻而被同儕拒絕，但孤僻的兒童在攻擊性強的團體中更易被拒絕，而攻擊性強的兒童在孤僻的團體中一樣易被拒絕（Mikami, Lerner, & Lun, 2010）。年齡較大的學齡前兒童，也傾向於接納與自己相似的同儕，與之建立友誼。因此，當周遭多數同學都是白人時，非裔兒童更容易被拒絕；而當周遭多數同學是非裔時，白人兒童更容易被拒絕（Mikami et al., 2010）。

有些不受同儕歡迎的兒童仍擁有友誼，減輕了被同儕拒絕或忽視所帶來的負面影響。一個好朋友就足以讓兒童擺脫孤單，免受被拒絕、沒有親密朋友可能導致的生理壓力（Peters, Riksen-Walraven, Cillessen, & de Weerth, 2011）。然而，只有一個摯友的兒童也可能會感到孤單（課前測驗第 4 題），感到孤單的兒童更易被朋友占便宜（Nowland, Balmer, & Qualter, 2019）。與受歡迎兒童相比，不受歡迎兒童所擁有的友誼往往不那麼支持和投入（Rubin et al., 2009）。

©iStock / SDI Productions

©iStock / fstop123

©iStock / fizkes

**你要有朋友！許多同儕都喜歡受歡迎兒童，不喜歡被拒絕和被忽視的兒童。**親密的友誼與社會地位攸關兒童的幸福感。

同儕拒絕和缺乏朋友都與成年後的困難有關，而同儕接受和擁有好朋友都與較佳的發展結果有關。在一項研究中，有朋友的前青春期兒童，成年後的自我價值感較高。前青春期被同儕拒絕的兒童容易在日後觸犯法律，這可能是因為被拒絕兒童轉而向偏差同儕尋求友誼，而這些同儕帶他們從事犯罪行為（Juvonen, 2013)。

最後，同儕拒絕的影響程度，受**拒絕敏感度（rejection sensitivity）**——也就是兒童對拒絕有多敏感而定。所有兒童都曾在人生某個時候被同儕拒絕，但有些兒童的反應比其他人更強烈。當兒童被父、母或同儕拒絕時，他們開始預期將會受到拒絕，即使並未有拒絕情事（Rudolph & Zimmer-Gembeck, 2014)。這可能會形成惡性循環，使兒童長期受到潛在朋友的拒絕。閱讀「主動學習：拒絕敏感度」，瞭解它如何影響兒童的同儕關係。

主動學習

## 拒絕敏感度

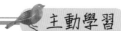

這份「兒童拒絕敏感度問卷」（Children's Rejection Sensitivity Questionnaire）（Downey, Lebolt, Rincon, & Freitas, 1998）中設定幾種場景，請兒童想像並作答如果這些事情發生在他們身上，他們會有什麼感受。請先閱讀問卷中的兩個情境示例。

1. 想像你是最後一個離開教室去吃午餐的人。當你跑下樓要去學生餐廳時，你聽到一些同學在樓梯下方竊竊私語，你想知道他們是否在談論你。

   **這時**，對於那些同學是否在說你的壞話，你會有多**緊張**？
   不緊張　1　2　3　4　5　6　非常非常緊張

   **這時**，對於那些同學是否在說你的壞話，你會有多**生氣**？
   不生氣　1　2　3　4　5　6　非常非常生氣

你認為他們在說你的壞話嗎？
是的！1 2 3 4 5 6 不是！

2. 想像你回到教室，同學們正在分組，準備一起做一份報告。你坐在那裡，看著許多其他同學被邀請加入。當你等待時，你想知道同學是否會邀請你加入他們的小組。

**這時**，對於他們是否會選擇你，你會有多**緊張**？
不緊張 1 2 3 4 5 6 非常非常緊張

**這時**，對於他們是否會選擇你，你會有多**生氣**？
不生氣 1 2 3 4 5 6 非常非常生氣

你認為同學會選擇你加入他們的小組嗎？
會！1 2 3 4 5 6 不會！

反思問題：
1. 為什麼研究人員要詢問兒童，在每種情況下他們會有多緊張或多生氣？
2. 緊張與生氣如何影響兒童與同儕的關係？
3. 如果兒童一直預期自己會被同儕拒絕（但其實沒有），可能會有什麼後果？
4. 回想你曾邀約某人見面，但卻被拒絕的時候，你會如何解釋這個結果？你做了什麼？這會對你和那個人的關係產生什麼影響？

---

對拒絕特別敏感的人常將他人對他們的反應解釋為敵意，並認定對方不喜歡或不尊重他們。他們要不是生氣，就是焦慮。當社交拒絕讓兒童感到焦慮時，他們對未來即將面對的社交場合愈加退縮。然而，當其反應是生氣時，可能會導致他們攻擊他人（London, Downey, Bonica, & Paltin, 2007）。

## 性別與遊戲

**性別區隔（gender segregation）**意指兒童偏好與同性別兒童玩耍及交朋友的傾向，約從學齡前開始，在兒童中期變得更加明顯（Leaper, 2013）。雖然很多遊戲是男孩和女孩都可以一起玩，但世界各地許多文化中，均可看到同性別遊戲互動的偏好（Fouts, Hallam, & Purandare, 2013）。

男孩和女孩分開玩的原因之一可能是遊戲風格不同。男孩常玩打鬧遊戲，而女孩更善於交談、更有自制力。兒童早期身體活動力較強的女孩，喜歡和男孩一起玩耍，但隨著她們逐漸意識到性別是一個定義特徵，便會轉而找女孩當玩伴（Leaper, 2013）。無論是西方或非西方文化，男孩多半比女孩更常在較大的團體中遊戲，而且可以離家更遠去玩耍（Gosso & Carvalho, 2013）。女孩可能更喜歡成對或與小團體互動。因為大團體需要合作、競爭、衝突和協調，而小團體可以得到親密的連結，更能關注個人的需求和感受，所以女孩和男孩由此從遊戲中學習到不同的技能（Ayres & Leve, 2006）。

男孩也比女孩更常花時間玩電子遊戲。在美國，41% 的男孩每天玩電子遊戲達兩小時以上，女孩則只有 9%（Rideout & Robb, 2019）。本書第 12 章將詳加說明媒體使用的性別差異。

想瞭解性別或遊戲偏好是否會影響男孩女孩決定和誰一起玩，請閱讀「主動學習：性別遊戲偏好」。

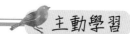

主動學習

## 性別遊戲偏好

根據 Alexander 和 Hines（1994）編製的「玩伴與遊戲風格偏好結構式問卷」（Playmate and Play Style Preferences Structured Interview），使用以下步驟採訪一位 4 到 8 歲的兒童：

1. 準備材料：先拿四張空白卡片或紙張。在兩張卡片上畫一個簡單的圖形。在第三張卡片上，畫一個「女生」的簡單圖形（例如，穿著裙子和長髮），在第四張卡片上畫一個「男生」的簡單圖形（例如，戴著帽子和領結）。然後在其他的空白卡片或紙張上畫一些性別成見玩具（gender-stereotyped toys），例如嬰兒娃娃和玩具卡車，以及一些中性玩具，例如溜滑梯和拼圖（也可以剪貼雜誌上的玩具圖片或列印網路上的圖片）。
2. 向兒童說明沒有正確或錯誤的答案後，進行以下一系列活動：
   a. 向兒童展示兩張卡片上的簡單圖形，其中一張與男生類型的玩具配對，另一張與女生類型的玩具配對。說明卡片上的圖形人物是小朋友，而卡片上的玩具就是那個小朋友喜歡的玩具。接著讓兒童選擇會想與之成為玩伴的小朋友卡片，如此進行幾次像這樣的性別玩具配對。
   b. 將中性玩具與女生和男生的圖形配對，並請兒童選擇會想與之成為玩伴的對象。
   c. 最後，將性別人物與異性玩具配對（例如，男生與娃娃，女生與玩具卡車），讓兒童選擇會想與之成為玩伴的對象。

兒童是否更喜歡找正在玩符合其性別成見玩具的小朋友為玩伴？還是喜歡找同性別的小孩一起玩？強迫兒童選擇時，他（她）是選擇同性別的兒童，還是玩性別成見玩具的兒童？Alexander 和 Hines（1994）發現，所有年齡男孩的選擇一律以玩具類型為主（無論是男孩還是女孩在玩的玩具），有的男孩會拒絕和那些玩超出他可接受的玩具類型之外的男孩。年齡較小的女孩（4 至 5 歲）選擇和女孩一起玩，無論她手上的玩具性別偏好如何。年齡較大的女孩（6 至 8 歲）選擇的則是玩具類型，而非玩伴的性別。

## 課間休息時間的重要性

在學校上學期間，能與同儕自由玩耍的時候莫過於課間休息時間（recess）了。前面提到，遊戲能促進兒童早期各個面向的發展，到了兒童中期也不例外。然而，就像幼兒園的自由遊戲時間被壓縮一樣，近年來有取消或減少課間休息時間，而將之騰讓給教學使用的態勢。在美國，僅有 16% 的州制定法律，保留每日的課間休息時間給兒童（Society of Health and Physical Educators, 2016）。雖然課間休息時間只占學校一天之中的一小部分，且通常每次只有 20 到 30 分鐘，但它可是占了兒童身體活動的很大一部分。面對此一態勢，美國兒科學會（AAP）發表聲明支持課間休息時間：

> 課間休息時間是一天中必要的休息時間，它可以讓兒童的社交、情緒、生理和認知得到充分發展。從本質上來說，課間休息時間應是兒童的私人時間，不應因為學業或懲罰等因素而取消（課前測驗第 5 題）（Murray & Ramstetter, 2013, p. 186）。

上學期間有機會在課間休息時間玩耍，對生理、認知和社會發展的影響深遠。儘管並非所有兒童都將課間休息時間拿來從事身體活動，但確實有許多兒童喜歡在下課時間跑跑跳跳。課間休息時間身體活動的機會減少，是美國兒童肥胖問題的促成因素之一。課間休息時間有助於兒童達到每天建議的 60 分鐘時間身體活動（CDC, 2019j），獲得建議課間休息時間長度的兒童，體重指數低於沒有課間休息時間的兒童（Fernandes & Sturm, 2011）。

學校可採取一些簡單的策略，增加課間休息時間適度或劇烈的身體活動。例如：提供平價的設備如飛盤、呼拉圈、跳繩、豆袋和球類；培訓操場監督員，示範兒童新的遊戲和活動；在地上畫跳房子或球場界線等簡單遊戲，即可增進身體活動（Beighle, 2012; Chin & Ludwig, 2013）。提供兒童活動的獎勵，亦可增加課間休息時間的身體活動量（例如，參見 Foote et al., 2017; Galbraith & Normand, 2017）。

兒童無法休息的時間愈長，他們對功課就愈不專心。若能在上學期間給予一些空閒時間玩耍，兒童回到課堂上時會更加專注。有些理論認為，兒童的注意力持續時間有限，一直讀書沒有休息，認知恐怕超過負荷（Smith, 2010）。在課間休息時間釋放精力，有助於兒童在課堂上保持專注。白天至少有一次課間休息時間的兒童，課堂上的表現會更好（Erwin, Fedewa, Wilson, & Ahn, 2019）。

最後，美國兒科學會指出，課間休息時間對兒童中期社會發展的重要性：

> 課間休息時間的同儕互動與課堂上的互動相輔相成。由此獲得溝通、談判、合作、分享、解決問題和應對進退等一生受用的技能，這不僅是健康發展的基礎，也是學校經驗的基本衡量標準（Murray & Ramstetter, 2013, p. 186）。

學習檢定

**知識問題：**

1. 兒童期有哪些不同的社會地位團體？
2. 拒絕敏感度如何影響兒童與同儕的關係？
3. 男孩和女孩的遊戲經驗有何不同？
4. 為什麼課間休息時間是兒童上學期間的重要時間？

**思辯問題：**

擁有一位好朋友，何以能保護被同儕拒絕的兒童免受最壞影響？

# 青少年的同儕世界

### 學習問題 11.4・青春期有哪些重要的同儕關係類型？

雖然同儕在兒童中期很重要，但同儕關係更是青春期日益重要的發展脈絡。同儕關係有許多種形式，從個別的友誼到朋黨和共享名聲與興趣的青少年群夥。本節另將討論青春期萌芽的戀愛關係。

## 友誼

兒童的友誼主要是彼此陪伴，而青少年的友誼則以同理心、忠誠、平等、互惠和坦誠分享等品質為主（Bornstein, Jager, & Steinberg, 2013）。自認友誼品質愈佳的青少年，自尊程度愈高、問題行為愈少（Hiatt, Laursen, Mooney, & Rubin, 2015）。

與男孩相比，青春期女孩繼續維持較小且排外的朋友圈。儘管男孩和女孩都同意同儕社交技巧很重要，但女孩比男孩更重視這些技巧（Mjaavatn, Frostad, & Pijl, 2016）。青少女認為親密、忠誠和承諾是友誼中的重要品質，男孩則是將友誼建立在地位或成就等特質上，友誼網絡較為開放暢通（Mjaavatn et al., 2016; Vaquero & Kao, 2008）。青少女認為分享心事並獲得理解和關心很重要（Rose et al., 2012），但這種親密的分享和揭露，反倒使她們容易受到朋友的背叛，成為親密友誼的潛在情感代價之一。另一個代價是，當青少年與朋友分享苦惱的感受時，聽到這些感受的朋友也會愈加焦慮和憂鬱（Rose, Schwartz-Mette, Glick, Smith, & Luebbe, 2014）。

青少年和幼兒一樣，多半會選擇與自己相似的人作朋友，且通常是與同性友人建立親密的友誼（Hebert, Fales, Nangle, Papadakis, & Grover, 2013），特別偏好來自相同族裔背景的朋友（Hafen, Laursen, Burk, Kerr, & Stattin, 2011; Mjaavatn et al., 2016）。朋友之間的態度、價值觀和活動偏好通常都很相似。友誼剛開始時，朋友在很多方面即彼此相似，而隨著友誼的時間拉長、彼此互相影響，朋友變得更加相似（Shin & Ryan, 2014），友誼因此更能繼續維持下去（Hafen et al., 2011）。雖然這段過程通常是愉快和正向的，但青少年也可能會在朋友的誤導下從事冒險或問題行為，包括性行為（Baumgartner, Valkenburg, & Peter, 2011; Rew, Carver, & Li, 2011）、抽菸（Liu, Zhao, Chen, Falk, & Albarracín, 2017）、酗酒（Li et al., 2017）及犯罪（Young & Weerman, 2013），同儕團體透過團規強迫個人遵從，或同儕之間直接仿傚這些行為。閱讀「主動學習：朋友——相似或不同？」探討青春期時你和朋友之間的相似處。

**摯友**。青少女之間的友誼特色是親密和分享心事，朋友通常也有很多共同點。這兩個朋友似乎對學業成就懷抱共同的興趣和目標。

*©iStock / Aleksandar Pirgic*

## 主動學習

### 朋友——相似或不同？

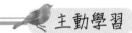

回想你在高中一或二年級時最好的兩個朋友，並在圖表上圈出他們與你**相似**或**不同的**特徵。

| | 好朋友 1 | | 好朋友 2 | |
|---|---|---|---|---|
| 對學業成績的態度 | 相似 | 不同 | 相似 | 不同 |
| 學校活動的參與度 | 相似 | 不同 | 相似 | 不同 |
| 愛好或興趣（例如：音樂、戲劇、電玩、收藏） | 相似 | 不同 | 相似 | 不同 |
| 宗教價值觀或信仰 | 相似 | 不同 | 相似 | 不同 |
| 對抽菸的態度 | 相似 | 不同 | 相似 | 不同 |
| 對飲酒的態度 | 相似 | 不同 | 相似 | 不同 |
| 你認同的群體（例如：人緣好、頭腦好、運動員） | 相似 | 不同 | 相似 | 不同 |
| 害羞或外向程度 | 相似 | 不同 | 相似 | 不同 |
| 其他對你而言很重要的特徵： | | | | |
| 1. | 相似 | 不同 | 相似 | 不同 |
| 2. | 相似 | 不同 | 相似 | 不同 |
| 3. | 相似 | 不同 | 相似 | 不同 |

你和朋友的相似性對你有什麼幫助？差異性又對你有什麼幫助？是否有任何的差異造成你們的關係出現壓力或緊張？你能想到任何你或你的朋友因這段友誼而發生了哪些變化嗎？

## 朋黨和群夥

在課餘時間聚在一起的朋友小團體被稱為**朋黨（cliques，或稱小圈圈）**（Ellis & Zarbatany, 2017）。朋黨在青春期早期最為常見，多數朋黨的成員在短期內都相當穩定（Rubin, Bowker, McDonald, & Menzer, 2013）。朋黨內的成員各自擔任不同的角色，通常會有一個領導者，有些人是核心成員，另有一些人是在朋黨周遭留連的「候位崇拜者」（wannabes）。有些青少年同時加入多個朋黨，並將這些朋黨串連在一起。當然，也有些青少年不屬於任何朋黨，他們可能與個別朋友建立友誼，或是社交孤立（Brown & Klute, 2006; Gentina, 2014）。不屬於任何朋黨的 11 至 13 歲青少年容易感到孤單，使得他們在 14 歲時更容易罹患憂鬱症（Witvliet, Brendgen, Van Lier, Koot, & Vitaro, 2010）。

朋黨雖可成為社會支持的重要來源，但他們也會使用嘲笑或威脅排擠等手段來控制成員。朋黨對內部成員的影響力取決於朋黨的特徵，有些朋黨是親社會或學業導向的，有些則是攻擊性或低成就的。與結交個別朋友一樣，青少年會選擇和自己價值觀相似的朋黨，隨著時間過去，他們彼此變得愈來愈像（Ellis & Zarbatany, 2017）。

青少年也受到**群夥（crowds）**的影響，也就是一群個人能力、興趣、活動或社會地位等名聲相似的青少年團體（Brown & Larson, 2009）。群夥中的成員不一定會花時間在一起，甚至可能沒有見過彼此。但基於相似性的因素，使得青少年更有可能跟群夥裡的人當朋友，而非與不同群夥的人當朋友（Bagwell & Schmidt, 2011）。群夥標籤通常基於成員的各種共同特徵，如居住地（例如，北方人）、族裔或社經背景（亞裔、勢利小人）、能力或興趣（運動員、動漫宅）。回想你在高中時期知道的群夥。群夥的數量以及識別的難易程度，因學校環境而異。

**青少年群夥**。青少年群夥是指在流行、音樂品味、活動或其他特徵方面相似性高的群夥。你在高中時也有看過一些特殊的群夥嗎？

*©iStock / CREATISTA*

## 同儕影響力

為什麼青少年看起來如此相似——同樣的髮型、同樣的衣服和同樣的鞋子？答案是**同儕影響力（peer influence）**。這通常是一個微妙的過程，與所謂的「同儕壓力」（peer pressure）概念不同，同儕壓力意指同儕積極地要他人做他們正在做的事。**同儕壓力**一詞常令人聯想到從事負面行為，儘管父母等成人擔心同儕會引誘青少年涉入負面行為（例如，性行為、吸食藥毒品或犯罪），但其實青少年也可以幫助彼此遠離這類行為（Ellis & Zarbatany, 2017）。同儕影響力的類型，大部分取決於青少年的同儕類型（課前測驗第 6 題）。

**同儕影響力。**同儕影響力可以是直接的，也可以是隱微的。朋黨內形成的群體規範，是影響朋友採取相似風格、態度和行為的一種方式。
*©iStock / Maria Roldan Pazos*

因此，與貶低學業成就的同儕交往，可能使青少年遠離課業；但與高成就的同儕交往，則對青少年的學業成就產生正向影響（Robnett & Leaper, 2013; Shin & Ryan, 2014）。同理，當青少年隸屬於反社會同儕群體時，反社會行為的風險會大增。在此類團體中，青少年會因反社會行為而得到直接獎勵，或被威脅要驅逐出團體當作懲罰，以此確保成員的凝聚力（Ellis & Zarbatany, 2017）。同儕團體要求成員順從的程度，依時機、強度及團體期待而異（Brown & Larson, 2009）。

同儕關係無法與現實脫節。儘管同儕關係很重要，但它仍只是青少年社交網絡的一部分而已。同儕影響青少年，但家庭成員也在影響青少年。在一項研究中，白人青少年在使用香菸和酒精方面最受同儕影響，而非裔青少年則受手足的影響最大（Rowan, 2016）。父母和同儕對青少年的相對影響力究竟如何，學界的看法不一。閱讀「研究之旅：父母和同儕的影響」來瞭解這些觀點的變化。

## 研究之旅　父母和同儕的影響

青少年與父母和同儕的關係，有著性質上的不同。長期以來，學界一直爭論這兩類關係對青少年的相對影響力。青少年必須脫離父母而獨立，跟隨同儕前進，才能長大成人嗎？

從歷史上看，社會大眾普遍認為父母是青少年發展和決策的主要影響因素。青少年想成長為像他們的父母一樣的大人。然而，二戰後演變出一種有別於以往的青少年文化。過去主導的觀念是：青少年被同儕引誘，遠離父母的生活。成人和同儕處於兩個不同的世界，中間幾乎沒有交集。Kandel 和 Lesser（1972）提出所謂的**水力模型**（hydraulic model），此理論基於影響力的總量是固定的假設，因此，同儕影響力增加，必然表示父母的影響力降低。幾十年來，社會大眾眼中的青少年彷彿被兩股對抗的勢力拉扯，此消彼長。

1998 年，Judith Harris 挑戰許多假設，出版頗具爭議的著作《教養的迷思：父母的教養能不能決定孩子的人格發展？》（*The Nurture Assumptions: Why Children Turn Out the Way They Do*）。Harris 提出非常有力的論據，認為父母的影響力被嚴重高估了，同儕才是社會化過程中的主要力量。她寫道：「如果讓孩子留在一樣的家庭、學校、社區、文化或次文化群體中，但抽換掉他們的父母，這些孩子依然會成長為同一類型的大人」（Harris, 1995, p. 461）。

Harris 的想法代表父母和同儕相對影響力的極端立場。當代研究多數採取中間立場，認為父母在青少年發展的某些面向比同儕發揮更大的影響力，某些面向則是同儕的影響力更大，也有些面向是父母和同儕共同發揮影響力。

一項研究採取新的方式探究這個問題，該研究觀察青少年的大腦在父母或同儕的影響下，做出決定時的神經反應（Welborn et al., 2016）。在實驗之前，青少年先對 200 件藝術作品的喜歡或不喜歡程度進行評分。之後，再讓青少年看他們與父母或同儕的評價有很大落差的藝術作品，並以 fMRI 掃描青少年的大腦。有些青少年看到父母給藝術作品的分數，其餘青少年則看到同儕給的分數，最後，再請所有青少年重新對這件藝術作品評分。19 名參與者中，有 17 名明顯改向同儕評分的方向；而所有 19 名參與者都向父母的評分方向更動，顯示青少年的意見幾乎同樣受到父母或同儕意見的影響。此外，青少年在父母的影響下做出決定時，大腦被活化的神經區域，與在同儕的影響下做出決定時被活化的神經區域相同。

當然，影響青少年對藝術作品的看法並非什麼非常高風險的決定，何況父母和同儕是分別提出意見的，兩者並沒有衝突（也就是說，青少年不必非得在父母或同儕之間擇一）。現實生活情況是否能與此類研究結果相比，還有待觀察。

**二戰前的青少年。**在 1950 年代以前，許多青少年的目標是盡可能地像成熟的大人一樣。這種情況在二戰後發生了變化，演變出有別於以往的青少年文化。青少年擁有自己的流行、音樂、電影和電視節目。

*©George Marks / Retrofile / Getty Images*

## 青春期的戀愛關係

戀愛關係（romantic relationships）通常萌發於青春期，且與這個年齡階段的許多發展任務有關。戀愛關係在認同（包括性認同）發展中發揮重要的作用，影響了原生家庭的個體化過程，改變同儕關係的性質，為未來的親密關係奠定基礎。與生活中的任何新角色一樣，青少年必須學習如何經營戀愛關係。

與第 5 章描述的青少年性行為研究相比，青春期戀愛關係的研究相對少了許多。原因之一是缺乏對「什麼是戀愛關係」的普遍定義。許多研究只是讓參與者自行定義他們是否處於（或曾經擁有）戀愛關係。這種研究方法的問題在於，相當多將對方視為戀愛伴侶的人，並沒有被對方視為戀愛伴侶。換句話說，這並不是雙方交往的關係（Karney, Beckett, Collins, & Shaw, 2007）。另一種研究方法是簡短地描述何謂戀愛關係，例如：「你是否曾有過和另一個人約會、勾搭（hooked up）或其他方式的戀愛關係？」（Lenhart, Smith, & Anderson, 2015, p. 3）。戀愛關係的定義缺乏一致性，因此很難將一項研究與另一項研究的結果相比較。此外，青春期早期的戀愛關係可能非常短暫，使得研究參與者對於關係的描述不夠真實客觀。

青少年所稱的第一次戀愛關係，通常根本不是真正的關係，反倒比較像是**準社會戀愛關係（parasocial romantic relationships）**，也就是與偶像化人物（例如名人）的單方面關係，青少年在其中體驗到理想化的「戀愛」感覺。年齡較小的青少年幻想與這個人物建立關係，甚至用 Twitter 與他們互動。在青少年進入風險較大的真實關係之前，這些幻想是一種探索「戀愛中」感覺的相對安全方式。缺點是相比之下，真實的關係容易令人失望（Erickson & Dal Cin, 2018; Tukachinsky & Dorros, 2018）。

當青少年準備好進入真正的關係時，通常有一個普遍的發展模式。青少年先在混合性別群體（mixed-gender groups）中一起參與活動，例如聚會或出去玩。在這些混合性別群體中彼此相處融洽之後，他們開始尋覓戀愛伴侶。但伴侶通常不是來自同一群體，且鮮少先從建立友誼出發（Kreager, Molloy, Moody, & Feinberg, 2016）。對許多青少年來說，這個過程仍然遵循傳統的模式：男孩問女孩是否想和他一起出去，女孩接受他的提議。但在此之前，得先試著引起對方的注意，拉朋友們一起參與，以瞭解對方的興趣嗜好。建立關係之後，有些年紀較小的青少年對於面對面的互動感到不自在，改用文字互動；有些相處起來自在，就邀約單獨共度時光。許多年齡較大的青少年已經學會人際關係技巧，進展到更深入、更穩定的戀愛關係（Christopher, Poulsen, & McKenney, 2016）。

就像朋友一樣，戀愛伴侶在年齡、族裔和社經地位等人口統計學特徵，受歡迎程度和吸引力等社會特徵，以及憂鬱症狀等心理特徵上往往是相似的（Collins, Welsh, & Furman,

**戀愛關係**。戀愛關係中的情侶通常在年齡、族裔和吸引力等特徵上相似。為什麼他們的冒險行為程度也會相似？

*©iStock / dobok*

2009）。擁有高品質同儕關係的青少年，更有可能與戀愛伴侶建立高品質的關係。同樣地，同儕關係不佳的青少年，更容易涉入有潛在問題的戀愛關係（Kochendorfer & Kerns, 2019）。經過一段時間後，戀愛伴侶開始以有別於同性朋友的方式影響對方。例如，青少年的飲酒行為變得愈來愈受戀愛伴侶而非朋友影響（DeLay, Laursen, Bukowski, Kerr, & Stattin, 2016）。

社交媒體和約會網站的普及性，對青少年戀愛關係造成多方影響。雖然多數青少年表示，他們不會和沒有見過面的人約會，大約半數的青少年只是使用網站調情，或用網路作為新關係建立之初的交流方式之一（Lenhart et al., 2015），但網路關係總有一些風險。女孩封鎖不當調情方式的人數（35%），是男孩的兩倍（16%）。一旦關係確立，除了在一起的時間之外，多數青少年會使用訊息和電話來維持關係。關係結束時，大多數人會採當面分手或在網路上分手，有時甚至只需改變他們在 Facebook 上的關係狀態即可。雖然社交媒體讓青少年感覺與戀愛伴侶更親近，但大約四分之一的青少年表示，社交媒體也會讓他們感到嫉妒或不確定彼此的關係。雖然青少年喜歡用社交媒體公開表達他們對伴侶的愛，但大多數人也認為公眾對私人關係的審查有時令人不安（Lenhart et al., 2015）。

青少年從何處得知戀愛關係的模樣？他們從觀察父母的關係、與同儕討論戀情、從媒體閱聽，以及從同儕和其他人在社交媒體上發布的內容中學習。青少年的所見所聞，都會成為他們對關係中即將發生的事情所設定的樣板或期望。例如，青少年戀愛關係的品質，往往與父母的夫妻關係品質相去不遠（Goldberg, Tienda, Eilers, & McLanahan, 2019; Hadiwijaya et al., 2020; Tan et al., 2016）。

一位青少年的經歷反映了社交媒體的影響：「你忍不住會將你所看到的社交媒體關係強加在自己的關係上。」（Kulkarni, Porter, Mennick, & Gil-Rivas, 2019, p. 550）。青少年慣於將傳統媒體吹捧的名人視為戀愛和人際關係的典範。喜歡觀看戀愛實境秀節目的青少女，更常與同儕談論性行為；而觀看這些節目的男孩，則對現實世界中青少年的性活動程度抱持著過高且不切實際的期待（Vandenbosch & Eggermont, 2011）。以大學生為樣本的研究顯示，看了太多浪漫節目的人，更有可能對關係產生不切實際的想法，包括相信「我會立即感受到與戀愛靈魂伴侶之間的一體感和不可分割感」、「擁有親密關係的人可以感知對方的需求，就好像他們可以讀出對方的心思一樣」（Holmes, 2007, paras. 12, 13）。

當然，並非所有社會都允許年輕男女自由尋找戀愛伴侶。根據吸引力、愛情和個人需求選擇約會對象，是美國等西方社會的特點。但在印度等社會，青少年所屬的家族發揮更大的作用。在印度，父母和孩子會考慮潛在的婚配對象是否能融入大家族，在選擇對象時要務實，不能只追求浪漫愛情。大約 90% 的婚姻是由父母或家族中的其他長輩所決定（Bejanyan, Marshall, & Ferenczi, 2014）。

戀愛關係雖有助於促進青少年各方面的發展，但戀愛的負面影響是暴力和虐待。青少年約會暴力的盛行率很難評估，因為許多青少年不敢報案，關注**約會暴力**（dating violence）相關議題的研究定義各異。CDC（2019k）將約會暴力定義為：現任或前任約會伴侶在約會關係中施加的身體、性或心理攻擊或跟蹤騷擾。2017 年，68% 自述有約會對象的學生當中，11% 的年輕女性和 3% 的年輕男性遭遇過性約會暴力，9% 的年輕女性和 6.5% 的年輕男性遭遇約會對象的其他類型暴力（CDC, 2018j）。當關係出現暴力時，受害者和施暴者的角色經常重疊，80% 以上的受害者承認自己也曾在其他關係中施暴。青少年的性關係開始得愈早、交往的伴侶愈多，就愈有可能成為親密伴侶暴力的受害者（Halpern, Spriggs, Martin, & Kupper, 2009）。

兒童期淪為身體或性虐待的受害者，恐增加青少年在親密關係中遭受或施加暴力的風險（Widom, Czaja, & Dutton, 2014）。遭受嚴重性虐待的倖存者，日後從事高風險性行為的可能性增高（Hornor, 2010）。媒體使用也會影響青春期的約會暴力，青少年接觸的暴力媒體愈多，就愈能接受他們的攻擊性，也就愈有可能成為約會暴力的加害者或受害者（課前測驗第 7 題）（Friedlander, Connolly, Pepler, & Craig, 2013）。這些在親密關係中複製的暴力並非不可避免，故有必要針對高風險青少年實施助其建立健康和幸福關係的介入計畫。

遭遇約會暴力的青少年容易罹患憂鬱症和焦慮症、從事不健康的活動，如抽菸和酗酒、考慮自殺（CDC, 2019k）。他們極有可能在成年早期再次受害（Halpern et al., 2009）。另一方面，擁有高品質關係和較少伴侶的青少年，成年早期的關係更幸福。他們更懂得好好地解決衝突，並在成年後的關係中提供和接受支持（Madsen & Collins, 2011）。青少年的戀愛經驗不應等閒視之。青少年在早期關係中學到的經驗，會影響他們在成年後建立正向關係和維持長久關係的能力。

學習檢定

**知識問題：**

1. 青春期的友誼與兒童中期的友誼有何不同？
2. 青春期女孩與男孩的友誼有何不同？
3. 朋黨和群夥有何區別？
4. 多數青少年經歷過哪些類型及多大程度的同儕影響？
5. 友誼和家庭關係與青少年的戀愛關係有何關聯？

**思辯問題：**

我們可以做些什麼來幫助青少年對親密關係抱持更合乎現實的期望？

# 霸凌、網路霸凌和校園暴力

## 學習問題 11.5・霸凌和校園暴力如何影響兒童和青少年？

儘管同儕對兒童期和青春期個體的影響通常是正向的，也是支持與陪伴的重要來源，但同儕關係也有陰暗面，包括霸凌、騷擾、恐嚇和暴力。本節探究霸凌的原因、霸凌者與受害者的特徵，以及霸凌對兩造的後果；繼而檢視減少霸凌發生的方案及成效，最後揭示校園暴力的現況。

### 什麼是霸凌？

**霸凌（bullying）**意指「故意且反覆造成他人受傷或不適的攻擊行為」（American Psychological Association, 2017, para. 1）。霸凌包括身體霸凌（如：打、捏或揍）、辱罵或嘲笑等言語霸凌和情緒霸凌（如威脅或恐嚇）。**網路霸凌（cyberbullying）**意指使用數位科技來傷害他人，包括電子郵件、簡訊、數位影像、網頁（包括社群媒體）、部落格和聊天室。有人認為網路霸凌的傷害特別大，因為電子訊息可以立即發送給很多人，無法像避免校園霸凌一樣躲開網路霸凌，但這些想法至今未獲實徵證據證實。詢問青少年對不同形式騷擾的反應，他們表示，單用數位科技形式的騷擾（technology-only harassment）比當面騷擾要少得多，而且比當面騷擾更容易制止（Mitchell et al., 2016）。與當面騷擾相比，單用數位科技形式的騷擾鮮少重覆發生、持續時間短、更有可能擴及陌生人（但被同學或認識的人騷擾顯然更令人痛苦）。然而，造成最大痛苦的是當面和數位科技併用的騷擾。

©iStock / LSOphoto

©iStock / FatCamera

**霸凌和網路霸凌**。霸凌的方式形形色色，包括身體虐待、言語虐待和心理虐待。恐嚇或威脅也是一種心理霸凌，即使霸凌者從未將任何威脅付諸行動亦然。網路霸凌更是讓問題雪上加霜，因為涉及的人數更多更廣。

## 霸凌的盛行率

霸凌盛行率的估計困難，原因之一是研究人員得到的估計數據取決於霸凌的定義——是否包括行為重複發生，以及研究取樣的時間區段。例如，詢問學生是否曾在過去 30 天或整個學年中被欺負，得到的數據可能截然不同。大約 20% 的 12 至 18 歲學生自述，2017 學年度曾在學校遭受霸凌，比 2005 年的 29% 略為下降（課前測驗第 8 題）。霸凌盛行率也隨青少年的年齡增長而變化。29% 的六年級學生自述曾遭受霸凌，但只有 12% 的高中生自述曾被霸凌（Musu, Zhang, Wang, Zhang, & Oudekerk, 2019）。圖 11.5 顯示青少年自述曾遭受的不同形式霸凌行為。

網路霸凌受害者或加害者的青少年百分比，各研究結論分歧不一。但有些研究指出，當面霸凌比網路霸凌更為頻繁（Musu et al., 2019; Ybarra, Mitchell, & Espelage, 2012）。在美國最近的一項研究中，15% 的騷擾事件僅涉及數位科技形式，但將近三分之一涉及數位科技和當面形式併用（Mitchell et al., 2016）。年齡較大青少年比年齡較小青少年更容易遭受網路霸凌，女孩比男孩更容易遭受數位科技騷擾和當面騷擾。

關於霸凌的國際研究發現，自陳受害率存在很大差異，從最低的塔吉克共和國（Tajikistan）的 7% 到最高的波札那（Botswana）的 80% 學生受害率（Richardson & Hiu, 2018）不等。但即使有這些差異，在許多環境和文化中，霸凌仍是許多學齡兒童和青少年面臨的重大問題。

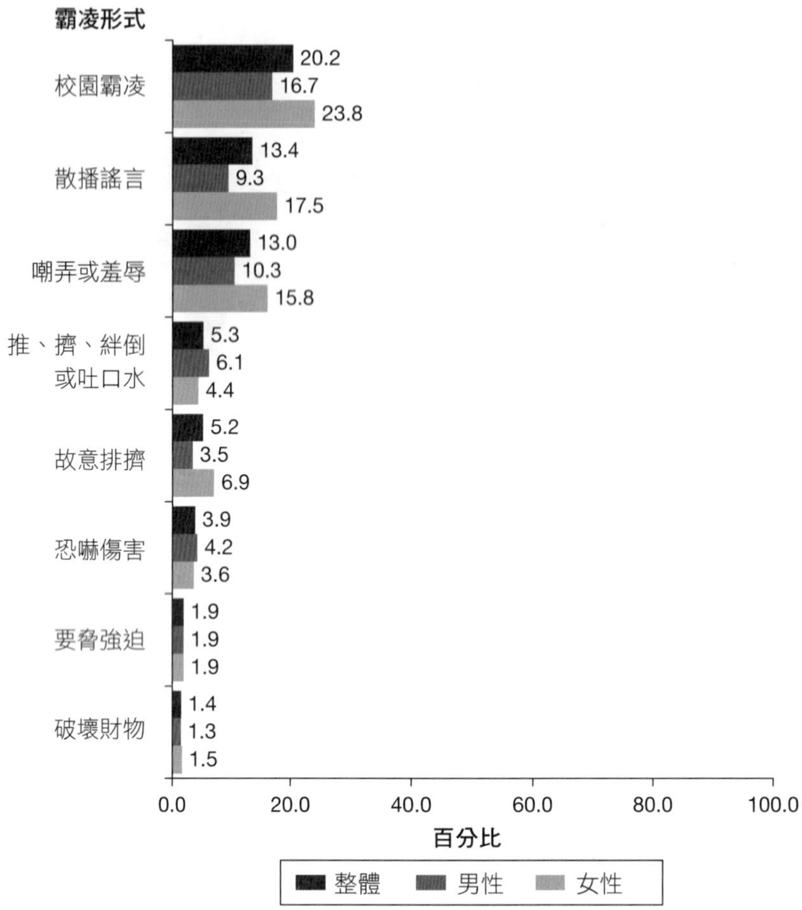


**圖 11.5　校園霸凌**。此圖顯示 2017 學年度自述曾在學校遭受霸凌的 12 至 18 歲美國學生百分比，按霸凌形式和受害者性別劃分。

**資料來源**：Musu, Zhang, Wang, Zhang, & Oudekerk (2019).

**注意**：「校園」包括學校建築物、校地、校車以及上下學途中。自述在學校遭受不只一種霸凌的學生，在校園霸凌的學生總數中只計算一次。

## 霸凌者和受害者的特徵

霸凌者不只一種。一項研究指出三種類型的霸凌者：（1）受人歡迎且具有良好社會智能（social intelligence）的霸凌者。他們懂得利用社交手腕來操縱同儕群體以取得統治地位；（2）受人歡迎但社會智能一般的霸凌者；（3）不受歡迎且社會智能較差的霸凌者，經常以敵意歸因偏誤敵視尋常的社交互動（Peeters, Cillessen, & Scholte, 2010）。男孩和女孩的霸凌方式並不相同，男性霸凌者傾向於身體恐嚇，女性霸凌者則傾向於情緒和心理恐嚇（Wang, Iannotti, & Nansel, 2009）。在所有年齡層中，情緒和心理霸凌都比身體霸凌來得多（Musu et al., 2019）。

霸凌者往往難以適應學校和融入學校環境，但他們的朋友通常不比非霸凌者少（Meland, Rydning, Lobben, Breidablik, & Ekeland, 2010）。霸凌者的家庭特徵包括：對父母的不安全依戀（Eliot & Cornell, 2009）、缺乏父母監督、懲罰性管教及家庭暴力，霸凌者因此學到用攻擊作為解決紛爭的手段（Zottis, Salum, Manfro, Isolan, & Heldt, 2013）。

霸凌者常選擇不被同性同儕接受的兒童為目標，這樣受害者才不會有其他人出手相助（Veenstra, Lindenberg, Munniksma, & Dijkstra, 2010）。特別的是，霸凌者最常挑選那些「焦慮孤獨」（anxious-solitary）的兒童為對象，這些受害者不僅不善交際，一眼就讓人看出他們怯懦畏縮的樣子（Ladd, Kochenderfer-Ladd, Eggum, Kochel, & McConnell, 2011）。然而，霸凌者也會以受歡迎的兒童為目標，因為霸凌可以用來提升社會階級。霸凌者也會瞄準社會競爭對手，以此獲取同儕群體中更高的地位。受歡迎兒童遭受霸凌的負面後果，不亞於成為霸凌目標的孤僻兒童，但往往被成人和其他兒童認為是「做戲」而一笑置之。若其他人未能敏察受歡迎兒童經歷的痛苦，將會使他們的處境更加艱難（Faris & Felmlee, 2014）。

## 霸凌的後果

霸凌會對受害者造成嚴重的情緒、心理和身體後果。受害者罹患憂鬱症和焦慮症等內隱行為問題的風險更大，自我概念普遍不佳（Klomek, Sourander, & Elonheimo, 2015）。由於受害者自認沒有朋友相挺，這種孤單感和無力感會使其衍生自殺念頭，甚至企圖自殺（Koyanagi et al., 2019）。霸凌也會影響受害兒童在學校取得成功的能力，因為受害與曠課、缺乏課外活動參與（Harris, 2004）和學業成績下降有關（Davis et al., 2018）。

霸凌或受害的長期影響可能持續到成年期。受害者罹患憂鬱和焦慮等內隱行為問題的風險升高，霸凌者則容易從事涉入外顯行為問題和犯罪行為，尤其是暴力犯罪以及濫用非法藥物和處方藥（Baiden & Tadeo, 2019）。受害者也可能成為霸凌者，反之亦然，加重這些霸凌—受害者（bully-victims）出現各種行為問題的風險。兒童淪為受害者或霸凌者的頻率愈高，成年期出現負面影響的可能性就愈大（Klomek et al., 2015）。美國和英國的一項研究發現，兒童期遭受同儕霸凌對心理健康的不利影響，遠比父母的不當對待更大（Lereya, Copeland, Costello, & Wolke, 2015）。

## 介入措施

我們希望霸凌—受害者至少願意告訴一名校方人員他們的遭遇，但超過一半的兒童表示，即使被欺負也沒有告訴老師（Musu et al., 2019）。因為許多受害學生認為教職員不相信他們、對停止霸凌漠不關心，或者認為揭發霸凌反而會使情況變得更糟（Cortes &

Kochenderfer-Ladd, 2014; deLara, 2012）。然而，當學生看到學校教職員願意支持他們時，會更有勇氣說出霸凌受害遭遇，尋求幫助（Eliot, Cornell, Gregory, & Fan, 2010）。由於受害會讓人難以信任他人，因而造成兒童不願意告訴別人事情經過。最後，有些受害者之所以沒有揭發事情，是因為他們聲稱霸凌沒有造成困擾（Harris, 2004）。

霸凌不僅涉及霸凌者和受害者之間的互動。為充分理解發生了什麼事、以及為什麼會發生，我們必須檢視霸凌發生的社會脈絡。Dan Olweus（2003）用**霸凌圈**（bullying circle）加以描述（見圖 11.6）。如圖所示，除了受害者和霸凌者之外，另有一些人是任憑霸凌發生的被動者或支持者，以及受害者的捍衛者和好奇的旁觀者。反霸凌計畫的目標之一是賦能學生，讓他們未來在面對霸凌時，能夠有效地捍衛自己。

社會大眾對霸凌憂心忡忡，目前美國 50 個州都已制定反霸凌法（stopbullying.gov, 2018）。有些人會說，解決方案是讓霸凌者離開學校，這就是零容忍計畫的目標，在該計畫中，任何被發現霸凌他人的學生，都會被校方停學或退學（Borgwald & Theixos, 2013）。儘管這方法聽起來很吸引人，但這些計畫也面臨許多問題。因為這需要靠主動提報，但學生和教師可能都會隱匿不報。由於零容忍計畫著眼的是公開的霸凌行為，結果反倒是使霸凌變得更加隱祕和諱言，尤其現在還可以使用匿名的網路霸凌。零容忍計畫的另一個後果是，受到懲罰的學生被停學在家，但霸凌者常在家中受到欺負和虐待，因而更容易逃家輟學、捲入犯罪活動。最重要的是，這種方法成效不彰。沒有證據表明廣泛施行零容忍計畫能降低霸凌的發生率（Borgwald & Theixos, 2013），因而喪失這類計畫的初衷。

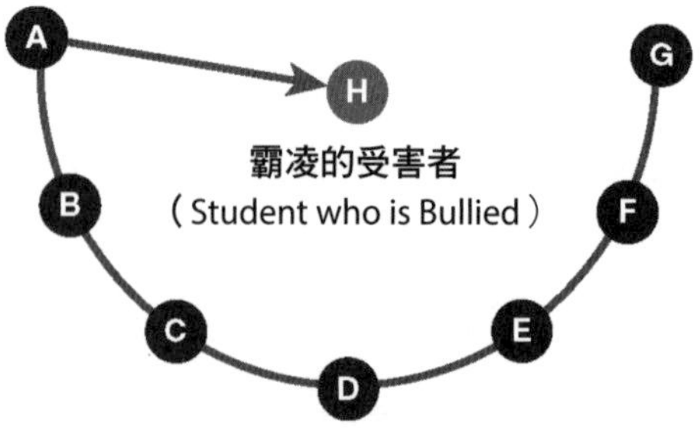


**A. 霸凌者**（Students Who Bully）：這些學生實施霸凌，並扮演帶頭的角色。

**B. 追隨者或黨羽**（Followers or Henchmen）：這些學生積極參與霸凌，但通常不主動發起，也起不了主導作用。

**C. 支持者或被動霸凌者**（Supporters or Passive Bullies）：這些學生積極且公開地支持霸凌行為，例如在旁訕笑或起哄，但沒有加入霸凌。

**D. 被動支持者或可能的霸凌者**（Passive Supporters or Possible Bullies）：這些學生喜歡霸凌，但沒有表現出支持的外在跡象。

**E. 不參與的旁觀者**（Disengaged Onlookers）：這些學生不參與、不表態，也不積極參與任何一方（他們可能會想說：「這不關我的事。」或「看看接下來會發生什麼事。」）

**F. 可能的捍衛者**（Possible Defenders）：這些學生不喜歡霸凌，認為他們應該幫助受害者，但卻什麼也沒做。

**G. 捍衛者**（Defenders）：他們不喜歡霸凌，會試圖幫助被霸凌的學生。

圖 11.6　**霸凌圈**。從霸凌圈可看出，霸凌不僅涉及霸凌者和受害者，還有許多人或多或少參與其中。

**資料來源：** Olweus (2003). © 2001 by Guilford Publications, Inc. 經 Guilford Publications, Inc., 與 Copyright Clearance Center. 同意轉載。

美國學校制定和實施的其他類型反霸凌計畫，包括：

- 傳統方案如 Olweus 霸凌預防計畫（Olweus Bullying Prevention Program），旨在減少霸凌發生，同時遏阻霸凌擴大的機會（Olweus, 2003）。
- 提高社交能力同時減少反社會行為（例如攻擊性）的計畫。
- 教導學生如何應對衝突的計畫。
- 透過和解或同儕調停等方式，恢復受害者與霸凌者之間關係的修復式正義計畫（restorative justice programs）（Ferguson, San Miguel, Kilburn, & Sanchez, 2007）。

回顧反霸凌計畫的研究可發現，這些計畫平均減少 20% 的霸凌行為及15% 的受害事件（Gaffney, Ttofi, & Farrington, 2019）。這項回顧研究還找出有助於提高計畫成效的要素，包括：長期密集的方案、讓家長參與、加強遊戲場監督機制。然而令人驚訝的是，早期的一項研究發現，以同儕為主的介入措施，如同儕調停、同儕輔導或旁觀者介入計畫，反倒使受害事件更為增加（課前測驗第 9 題）（Gregory et al., 2010）。由於學校的整體氛圍會促進或阻止揭發霸凌情事，因此校方應制定明確的執行規則，提供支持性的友善校園環境，將霸凌減至最低。

## 校園暴力

校園暴力（school violence）嚴重威脅兒童與青少年的福祉。近年來發生的大規模校園槍擊等可怕而悲慘的事件，迫使大眾關注兒童在學校可能面臨的危險。單一學生被殺的事件數量，多年來並沒有太大變化，但在過去十年中，大規模槍擊事件的死亡人數增加，而這些數字每年大幅波動不定（CDC, 2019l; Holland et al., 2019）。因此，許多學校都採取了安全措施，包括金屬探測器和武裝警衛人員、定期教導學生如何因應校園槍擊事件。但是，重要的是要瞭解多數兒童所面臨的危險。事實上，兒童凶殺案和自殺事件發生在校外的可能性，遠比在校內發生的可能性要大得多，校園凶殺案僅占美國所有兒童和青少年凶殺案的 2% 以下（Holland et al., 2019）。當然，即使是單一死亡事件（無論發生在校內還是校外）都嫌太多。因此，任何為減少這些數字所做的努力都會使每個人受益。

校園暴力包括暴力攻擊、性侵害和搶奪財物。如圖 11.7 所示，儘管校園槍擊事件增加，但 1992 至 2017 年間校園暴力整體程度呈下降趨勢（課前測驗第 10 題）。2017 年，8.1% 的九至十二年級學生表示曾有肢體衝突、6% 表示曾在校園內受到武器威脅或受傷。6% 的學生表示在過去 30 天內至少曾缺課一次，因為覺得學校不安全（Musu et al., 2019）。

減少校園暴力的努力包括：為可能遭受暴力風險的兒童提供個別服務，以及推行全校性改善校園正向氛圍的介入措施。另外還有廣泛的社區介入措施，以減少學校所在社區的暴力行為。

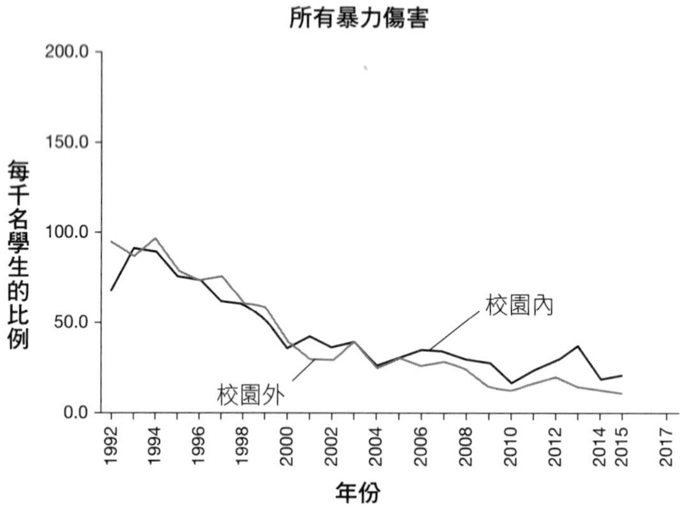


**圖 11.7　1992 至 2017 年校園內外的兒童暴力傷害。**根據美國司法部的數據，近年來 12 至 18 歲兒童的暴力攻擊、性侵害和搶奪財物等受害率皆大幅下降。

**資料來源**：Musu, Zhang, Wang, Zhang, & Oudekerk (2019).

## 學習檢定

**知識問題：**

1. 網路霸凌與當面霸凌的影響有何不同？
2. 有哪些不同類型的霸凌者？
3. 霸凌對受害者有什麼影響？
4. 在過去 20 年中，校園暴力是增加還是減少了？

**思辯問題：**

同儕調停為何無助於制止霸凌？可以採取哪些措施使其更有成效？

# 結語

本章說明兒童對社會概念的理解如何影響他們經營人際關係。透過各式各樣的社會互動及對這些經驗的反思理解，兒童逐漸建構出他們的社交世界。接下來的章節將探討兒童如何將這些社交能力和互動運用至各種生活環境中。

# Part 5

# 發展的脈絡

*Chapter 12*

活動、媒體與大自然

·

*Chapter 13*

健康、幸福與韌力

Chapter 12

# 活動、媒體與大自然

## 學習問題：

12.1 非結構化時間（包括在大自然中度過的時間）如何影響兒童的發展？

12.2 兒童和青少年使用電子媒體的方式有哪些？對發展有何影響？

12.3 結構化活動如何促進正向青年發展？

12.4 除了直系親屬和同儕之外，還有哪些關係對社會發展很重要？

## 課前測驗

判斷以下每個陳述內容是「對」或「錯」，測試你對兒童發展的瞭解，接著在閱讀本章時，檢視你的答案。

1. □對 □錯 當 ADHD 兒童在戶外遊戲時，他們的症狀會減輕。
2. □對 □錯 多數家庭沒有監督青少年子女上網的時間。
3. □對 □錯 觀看改善語言發展的節目，會提高嬰兒的詞彙量。
4. □對 □錯 在學齡前觀看教育節目的兒童，高中時的英語、數學和科學成績更好。
5. □對 □錯 沒有抱持敵意的兒童玩暴力電子遊戲後，比抱持敵意但不玩暴力電子遊戲的兒童更容易有打架糾紛。
6. □對 □錯 觀看很多娛樂節目與兒童的攻擊性有關，但觀看教育節目則否。
7. □對 □錯 大量自拍是自戀的表現。
8. □對 □錯 許多兒童和青少年的日程安排過多，放學後大部分時間都花在體育和音樂課等有組織的活動上。
9. □對 □錯 參加有組織的運動，能使兒童培養出終生保持體能活躍的技能。
10. □對 □錯 聽古典音樂會讓你更聰明。

---

正確答案：1.對；2.對；3.錯；4.錯；5.對；6.錯；7.對；8.錯；9.錯；10.錯。

本章將探討兒童如何利用課餘時間。兒童與青少年在許多不同的環境中，和許多不同的人度過相處的時光。有自由的休閒時間和朋友一起遊戲或出去走走，對發展至關重要。而電子媒體的使用，無論是在與朋友相處或是獨自一人打發時間上，分量愈來愈吃重。另外許多結構化活動，如運動和藝術，不但能促進青年正向發展，還有助於兒童與青少年和生活中重要的非父母成人建立連結。

## 非結構化時間與大自然活動

### 學習問題 12.1・非結構化時間（包括在大自然中度過的時間）如何影響兒童的發展？

兒童與青少年的生活不僅是在學校和家庭裡。多數兒童與青少年都有一些可自由運用的時間，可以自己決定如何度過。放學後打發時間的方式因文化而異，反映出各自的文化價值觀。例如，學生花在家庭作業上的時間因國家而異，美國 15 歲青少年每週平均花 6 小時做家庭作業，芬蘭學生每週花不到 3 小時，俄羅斯學生每週花 10 小時，上海學生則每週花 14 小時做課後作業（Klein, 2014）。除了家庭作業之外，在台灣有三分之一的 11 年級（高二）學生，每週在正常上課日以外，還要花 4 到 8 小時補習；近三分之一學生每週花 4 到 16 小時時間去私立「補習班」上課，以提高成績或為重要考試（如各級學校或大學的入學考試）做準備（Chen & Lu, 2009）。

在美國，由於父母擔心孩子的安全、使用媒體的時間增多及參加成年人舉辦的活動，現今的兒童較前幾個世代的兒童更少和朋友一起出去玩。在近期的一項研究中，家有 5 歲以下兒童的父母僅略超過半數表示子女有花時間玩非結構化遊戲；僅 28% 的青少年父母說子女有參加非結構化活動；僅 22% 的父母表示子女會和朋友一起出去玩（Barna Group, 2017）。至少對幼兒來說，非結構化的休閒時間與正向認知發展有關。擁有更多自主遊戲（self-directed play）時間的幼兒，自主執行功能表現愈佳，也就是說，他們指導自己的思想和行動、去實現自己訂定的目

**和朋友出去玩。**兒童和青少年需要一些非結構化時間去參加自己選擇的活動。雖然過多的無人監督時間與問題行為有關，但有時間出去玩並享受與朋友相處的樂趣，對年輕人來說是一件好事。
*©Istock.com / FilippoBacci*

標的能力愈好（Barker et al., 2014）。

就像幼兒需要有遊戲的休閒時間一樣，青少年也需要時間和同儕一起出去玩，藉此持續尋找有別於父母的身分認同，並學習和同儕在一起時如何自我管理。雖然青少年需要這樣的機會，但父母不免擔心青少年子女與同儕在無人監督的情況下，會從事危險或不當的行為。父母的擔憂其來有自，因為利用這段時間涉入犯罪行為、性行為、吸毒和酗酒的可能性大增（Lee, Lewis, Kataoka, Schenke, & Vandell, 2018）。例如，青少年愈常花時間和違法亂紀的朋友廝混，參與犯罪行為的可能性就愈大（Svensson & Oberwittler, 2010）。父母面臨的挑戰是，在提供青少年自由和父母監督之間尋求適當平衡，既培養子女的自主意識，同時又能保護他們遠離重大風險。一般說來，隨著青少年長大，父母允許他們可花更多時間與同儕在外相處，但父母的監督對於結交年長同儕的早熟青少年尤為重要，如第 5 章所述（Bravender, 2015）。

## 兒童與大自然

「那些沉思大地之美的人，在其有生之年始終可以找到力量的泉源。」

——Rachel Carson (1998), *The Sense of Wonder*, p. 100

如前所述，今日的兒童很少有機會出去玩。由於開放空間逐一遭到開發以及交通流量增加，兒童愈來愈無法在社區中安全地漫步。加上父母雙方都有工作（或者只有其中一人在家），父母鮮少能在家監督子女的行為，也不希望孩子在沒有成年人監督的情況下到戶外玩耍。因此與過去幾代相比，兒童與大自然隔絕的程度更高。本節將探討大自然活動經驗對兒童健康發展的好處，包括讓兒童定期接觸公園、森林和花園等綠色環境中的土地、水和生物。

Richard Louv（2008）在《失去山林的孩子：拯救「大自然缺失症」兒童》（*Last Child in the Woods: Saving Our Children From Nature-Deficit Disorder*）一書中，呼籲大眾留意將孩子與自然世界分離的後果。Louv 提出一項他名之為「讓兒童走向戶外」（Leave No Child Inside）的運動。隨後，聯邦政府制定「美國大戶外倡議」（America's Great Outdoors Initiative），為美國青年提出四項目標：

1. 讓戶外活動變得更具吸引力、刺激和有趣，貼近當今的年輕人。
2. 確保所有年輕人都能接觸安全、乾淨、離家近的戶外場所。
3. 賦予青少年在戶外工作和志願服務的能力。
4. 為正式、非正式的環境和戶外教育奠定基礎（America's Great Outdoors, 2011）。

2019 年，61% 的 6 至 12 歲兒童和 58% 的 13 至 17 歲兒童，全年至少參加過一次戶外休閒活動。特別是在青春期，女孩（56%）參加這些活動的比例低於男孩（67%）。但隨著年齡增長，女孩的參加人數持續增加，男孩的人數卻一直減少。許多參加活動的孩子長時間待在戶外，最受歡迎的戶外活動是騎自行車和釣魚，其次是跑步、露營和遠足（The Outdoor Foundation, 2019）。研究人員開始關注與自然世界接觸或隔絕對兒童的影響，研究範圍包括從在綠色空間玩耍到馬術治療（therapy using horseback riding）等各種接觸大自然的方式。

**兒童與自然世界**。這位小女孩對蝴蝶的著迷，可能會激發她對大自然的興趣及保護意願。
*©iStock / SKLA*

當兒童待在戶外綠色空間，不但可進行更多身體活動，還與肥胖程度降低有關，對低收入家庭兒童的效果尤為顯著（Evans, Jones-Rounds, Belojevic, & Vermeylen, 2012; Fan & Jin, 2014）。除了飲食之外，活動程度不足是肥胖的促成因素之一。學校裡的植栽園區為成千上萬名兒童提供接觸大自然的機會。有證據表明，在這些植栽園區裡活動能提高學生選擇和享用健康蔬菜的意願。植栽園區甚至提高家庭對於健康食物的採買，其原因可能是兒童願意多吃蔬菜了（Hutchinson et al., 2015; Wells et al., 2018）。

如你所知，若你曾在海灘度過一段悠閒時光或在樹林中漫步，你會體驗到自然環境的放鬆效果，而這樣的放鬆對兒童的行為具有正向的影響。在大自然中度過的時光有助於重新集中注意力（Berman, Jonides, & Kaplan, 2008; Schutte, Torquati, & Beattie, 2017）。接觸自然戶外環境已證實可減少 ADHD 的注意力缺陷症狀（課前測驗第 1 題），並能增強貧困社區女孩的自律性（Taylor & Kuo, 2009; Taylor & Kuo, 2011; Weeland et al., 2019）。在公園和遊戲場度過更多時光並擁有家庭花園的孩子，不太可能出現行為問題（Flouri, Midouhas, & Joshi, 2014）。若讓在生

**學校植栽園區**。你知道為什麼這群孩子會更願意吃自己種的蔬菜嗎？
*©Istock.com / sdiproductions*

活壓力較大的鄉間地區兒童有更多機會接觸家附近的自然環境，就能降低他們的痛苦程度，提高自我價值感（Wells & Evans, 2003）。加州的一項研究發現，校園中栽種灌木和樹木的都市學校，學生的學業考試成績較高，不受家庭的社經地位影響（Tallis, Bratman, Samhouri, & Fargione, 2018）。這些新興研究領域的證據表明，無論收入如何，良好的公共政策可以確保每個人都能接觸綠色空間和自然環境。

親近自然的經驗與父母對自然的態度，促進兒童對自然世界的正向態度、享受自然的樂趣及激發保護自然的願望（Chawla, 2015; Cheng & Monroe, 2012）。從小就接觸戶外活動的成年人，隨著年齡增長，更有可能繼續參與戶外活動（The Outdoor Foundation, 2018）。為了讓幼兒及早接觸自然環境，有四百多所戶外幼兒園（又名森林或自然生態方案計畫）讓兒童實際到戶外上課，以體驗自然活動為主。希望藉由自然世界的經驗，促進兒童的學習成效，增加他們對大自然的喜愛（Einhorn, 2020）。

儘管愈來愈多研究發現，兒童的幸福感與接觸、參與自然環境有關，但這些關聯背後的原因仍有待釐清。要瞭解自然世界對兒童發展的影響，還有很長的路要走，但重要的是及早探究這些影響，因為兒童接觸自然世界的機會是愈來愈少了。

**學習檢定**

**知識問題：**

1. 世界各地兒童在放學後的時間使用上有何不同？
2. 為什麼現今的兒童比起過去更不可能到戶外遊玩？
3. 親近大自然對兒童有哪些正向影響？

**思辯問題：**

如何鼓勵城市兒童接觸自然環境？你會提出什麼論據來說服校方支持這樣的計畫？

## 電子媒體的使用

### 學習問題 12.2・兒童和青少年使用電子媒體的方式有哪些？對發展有何影響？

兒童和青少年接觸自然環境時間趨少的原因之一是，電子媒體的使用占據生活愈來愈多的時間。多年來，電視和電影是唯一可用的螢幕媒體，但隨著智慧型手機和平板電腦等行動電子設備的推出，媒體使用在 21 世紀發生革命性的變化。現在，網路世界唾手可得——包括訊息、娛樂和通訊。本節將探究電子媒體使用的影響，首先來看看美國兒童與青少年使用媒體的程度和類型。

就連小嬰兒也在使用各種不同類型的媒體。2017 年，2 歲以下幼兒平均每天花費 42 分鐘使用螢幕媒體（screen media）（Rideout, 2017），行動媒體（mobile media）更大幅增加了嬰兒的螢幕使用。在一項研究中，65% 的 3 歲以下幼兒在平日使用一或多種形式的行動媒體（Levine, Bowman, Kachinsky, Sola, & Waite, 2015），且絕大多數在生命的第一年就開始使用電子媒體（Kabali et al., 2015）。然而，美國兒科學會（AAP, 2016b）建議，除了視訊聊天之外，父母應避免 18 至 24 個月以下的嬰幼兒使用任何電子媒體，即使是視訊聊天，也應在成人陪同下進行，好協助嬰兒瞭解這是怎麼一回事。

父母應該嚴格把關給嬰幼兒使用的電子媒體。父母應該謹記，最能讓幼兒從中獲益的是人與人之間真實的互動，沒有任何一種教育媒體使用能比得上實際的玩耍和互動。對於 2 至 5 歲的兒童，美國兒科學會（AAP, 2016b）建議每天的螢幕媒體時間應限制在一小時以內，並要由一位可幫助兒童理解和應用視聽內容的成人陪同觀賞解說。

學齡兒童的情況略為不同。媒體可以讓兒童接觸新的觀念和資訊、連絡朋友和家人（尤其是那些住在遠方的親友）、合作完成家庭作業和報告。社交孤立的兒童特別受惠於社群媒體，包括障礙兒童或格格不入的兒童，社群媒體讓他們找到知音，相濡以沫。8 至 12 歲的兒童（或稱「少年」[tweens]）每天約觀看 5 小時的娛樂節目（Rideout & Robb, 2019）。相比之下，他們只花 1 小時閱讀書籍、雜誌和新聞。低收入家庭的青少年每天花在螢幕媒體上的時間，比高收入家庭的青少年多了將近 2 小時（Rideout & Robb, 2019）。

對於學齡兒童，美國兒科學會（AAP, 2016c）並未建議具體的媒體使用時間，而是希望父母瞭解和限制子女使用媒體的數量和類型，監督孩子的媒體使用情況。父母可以與孩子談論媒體內容（主動監督），或限制子女使用的媒體數量（被動監督），也可以和孩子一起使用媒體（Padilla-Walker, Coyne, Kroff, & Memmott-Elison, 2018）。若父母能監督子女的螢幕時間，就能減少孩子使用電子媒體及接觸到暴力媒體。如此一來，即可增加兒童的睡眠時間、提高學業表現和降低攻擊行為（Gentile, Reimer, Nathanson, Walsh, & Eisenmann, 2014）。父母應持續與子女討論網路霸凌和網路安全等問題。最後，父母應設立無媒體時間（media-free times）（如家庭聚餐）和無媒體場所（如臥室），並強化其他健康行為。美國兒科學會為家長提供一個名為「家庭媒體使用計畫」（Family Media Use Plan）的線上工具，詳見 HealthyChildren.org。

到了 12 歲時，大約三分之二的兒童擁有自己的智慧型手機，而幾乎所有的青少年都擁有或使用智慧型手機，近半數青少年表示他們幾乎一直掛在線上（Anderson & Jiang, 2018）。青少年每天使用娛樂螢幕媒體的時間超過 7.5 小時（Rideout & Robb, 2019），相較之下，閱讀書籍、雜誌和報紙的時間只有 1.5 小時。將近三分之一青少年每月的課外閱讀次數少於一次。大約三分之一的青少年表示，他們睡覺時將行動裝置放在床上，另有三分之一的青少年說睡覺時行動裝置就放在伸手可及之處，大約三分之一的青少年到了半夜還在使用手機查看除了時間以外的內容（Robb, 2019）。儘管將近半數父母會監督青少年子女的線上活動內容，但只有大約四分之一的父母會監督他們花費在線上的時間，會監督青少年娛樂活動的父母則更少（課前測驗第 2 題）（Rideout & Robb, 2019）。

圖 12.1 顯示青少年使用線上媒體的方式。近年來，電視收視率雖然下降，但線上影音收視率卻大幅增加。2015 至 2019 年間，線上觀看影片的時間多了一倍，達到平均每天 1 小時。這種轉變之所以值得重視，是因為大部分的線上影音都是青少年單獨觀看，鮮少像之前一樣是與家人一起收看電視節目（Rideout & Robb, 2019）。

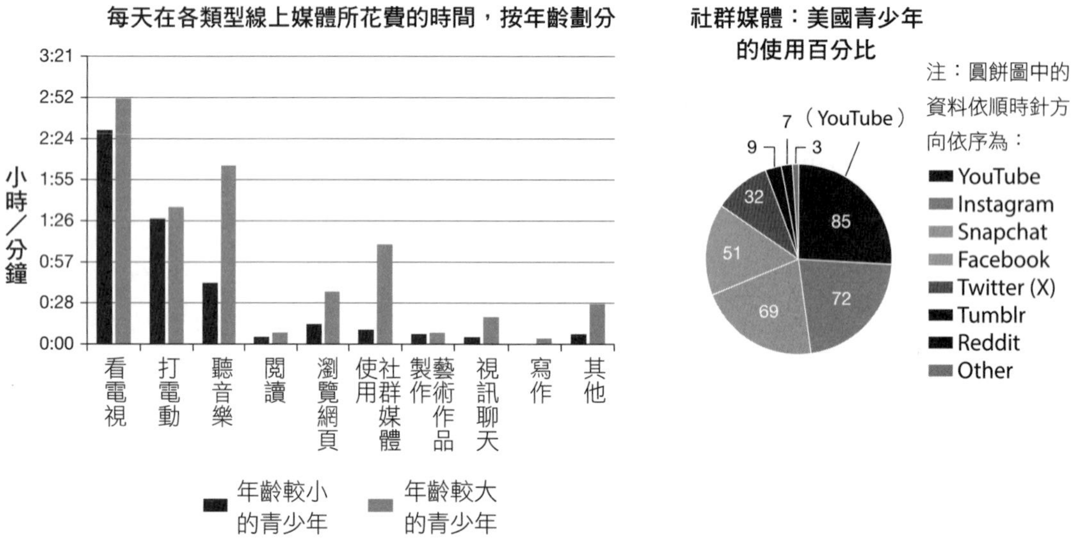


**圖 12.1　青少年如何使用螢幕媒體**。年齡較大的青少年（teens，約指 13 至 19 歲）比年齡較小的青少年（tweens，約指 8 至 12 歲）花更多時間使用螢幕媒體，特別是花時間聽音樂和使用各種社群媒體。然而，這兩類青少年都常使用線上影音媒體來觀看節目和影片。

**資料來源**：USDHHS, Pew Research Center.

與過去相比，今日的兒童和青少年不僅使用更多不同形式的媒體，而且經常同時使用多種媒體，也就是第 6 章提到的多重任務處理（一心多用）。電子媒體的多重任務處理可能會影響兒童長時間專注於一件事的能力，例如閱讀或完成家庭作業。此外，正如第 6 章所述，一邊開車一邊使用手機，大幅增加事故發生的機率。

媒體使用的數量、類型和內容對許多發展領域造成影響。接下來的章節將回顧媒體使用對兒童生理、認知、社會發展及自我概念的影響；最後討論何謂媒體素養，引導家長和孩子善加理解媒體的影響，以及如何善用電子媒體來促進兒童發展。

## 媒體與生理發展

已有大量研究證實看電視與肥胖有關（Zhang, Wu, Zhou, Lu, & Mao, 2016）。看電視之所以與體重有關，是因為兒童看電視的時間愈多，進行身體活動的時間就愈少；兒童觀看高熱量但低營養食品和飲料的廣告愈多，他們邊看電視邊無意識吃下的食物就愈多（Robinson et al., 2017）。除了電視節目的廣告之外，特定的食品品牌也利用電視節目置入式行銷，達到隱性推銷的目的（Boulos, Vikre, Oppenheimer, Chang, & Kanarek, 2012）。隨著兒童成長與發育，觀看電視時間增加，與更多的體重問題有關。因此不論如何，應限制仍處於成長階段的兒童收看電視的時間，方有助於維護他們的健康與福祉。

**一心多用**。將注意力分散在不同的任務上（例如，一邊看電視一邊看書），不但會降低處理訊息的能力，能儲存的訊息也會減少。但許多人明知有害還是屢勸不聽。

*©Strauss / Curtis / The Image Bank / Getty Images*

**看電視與肥胖**。兒童看電視的時間多寡之所以與體重有關。是因為邊看電視邊吃東西？還是因為看電視使身體活動減少？箇中原因仍不清楚，但這兩個因素可能都有影響。

*©Istock.com / fertnig*

## 媒體、認知發展和學業成就

並非所有電視節目都對兒童發展產生相同的影響。有證據表明，教育性質的電視節目可以提高某些兒童的認知功能和學習成績，而娛樂性電視節目則會使學習成績變差。本節首先說明電子媒體如何影響嬰幼兒的認知發展，接著探究教育媒體和娛樂媒體對兒童和青少年的認知發展和學業成就，如何產生不同的影響。

### 嬰兒期的媒體使用

愈來愈多父母讓嬰幼兒接觸電子媒體，許多人認為這麼做是出於教育考量（Rideout, 2017）。雖然教育性質的電視節目已被證明可以促進年齡較大兒童的認知發展，但幾乎沒有證據表明電視或任何類型的影音節目對嬰幼兒有益（Radesky, Schumacher, & Zuckerman, 2015）。原因之一是當父母和孩子一起觀看這些節目時，彼此之間的對話更少。父母和孩子一起觀看的益智性節目愈多，在節目結束後自由遊戲時間使用的語言愈少（Lavigne, Hanson, & Anderson, 2015; Pempek, Demers, Hanson, Kirkorian, & Anderson, 2011）。在一項研究中，1 歲幼兒觀看旨在促進語言發展的教育性影音節目，其語言發展並未優於未觀看的嬰兒。詞彙使用和理解的預測因子，是成年人與嬰兒共讀的次數（課前測驗第 3 題）（Robb, Richert, & Wartella, 2009）。在另一項研究中，父母陪同嬰兒觀看影片的互動程度，決定了嬰兒能從觀看影片中學到多少。父母的參與愈多，嬰兒的學習愈多（Fender, Richert, Robb, & Wartella, 2010）。

除了專為嬰幼兒製作的節目之外，3 歲以下幼兒平均每天接觸 5.5 小時的背景電視（background television）（Lapierre, Piotrowski, & Linebarger, 2012）。42% 有小孩的家庭大部分時間、或甚至一直都開著電視，即使沒有人在看也一樣（Rideout, 2017）。但僅僅是播放背景電視，都可能不利於幼兒的認知發展。雖然幼兒通常不會一直盯著看他們不懂的節目，但電視節目的製播就是為了吸引觀眾的注意力，不管是幼兒或成人。你是否曾有這樣的經驗：在一個開著電視的房間或餐廳裡，你是否發現，雖然沒去看電視，但你的眼睛一遍又一遍地被電視吸引，使你從談話或其他活動中分心了？閱讀「主動學習：背景電視」，看看這種情況有多常發生在你身上。對嬰幼兒來說似乎也是如此，這會損害他們發展遊戲的能力（Anderson & Hanson, 2013; Setliff & Courage, 2011）。嬰幼兒在 30 分鐘的節目期間觀看背景電視超過 25 次，擾亂對早期最佳認知發展至關重要的遊戲和社交互動（Schmidt, Pempek, Kirkorian, Lund, & Anderson, 2008）。1 歲時接觸到以成人為閱聽族群的背景電視愈多，4 歲時的認知功能就愈低（Barr, Lauricella, Zack, & Calvert, 2010）。顯然，背景電視會以多種不同的方式損害幼兒的認知發展。

**嬰兒期的媒體使用**。和廣告所聲稱的相反，並沒有證據表明接觸媒體有助於嬰兒的認知發展。但為什麼專為嬰兒設計的線上產品仍受到父母的歡迎？
*©Istock.com / Daniela Jovanovska-Hristovska*

主動學習

## 背景電視

要體驗幼兒在背景電視播放下一邊進行遊戲的感受，請找一間附設電視的餐廳嘗試這個實驗（以不妨礙其他顧客觀看電視為前提）。在一張紙上記錄下你就坐的時間；在整個用餐過程中，每次你抬頭看電視時就做個記號；最後記錄你離開的時間。接下來，計算你整個用餐時間中抬頭看電視的次數。對於你的注意力經常被甚至沒有在看的電視吸引，你是否感到驚訝？

你也可以在家裡嘗試第二種實驗。打開背景電視與朋友家人共進晚餐，再找另一天與同一群人共進晚餐，但不要打開電視。你在餐桌上的談話參與程度有無不同？當背景電視打開時，其他人是否也因此分散了談話的注意力？

今日，即使是嬰幼兒，也將注意力放在行動媒體裝置上。表 12.1 顯示幼兒使用每種媒體的數量。你或許以為幼兒從觸控螢幕互動中學到的內容，比僅僅從觀看影片中學到的更多。但對 3 歲以下的幼兒來說，透過觸控螢幕學習的任務，並不能類化為對真實物體的理解或執行相同任務的能力（Moser et al., 2015）。當一個 2 歲幼兒可以在觸控螢幕上拼出一個六塊拼圖，但卻不知道真正的拼圖為何物時，這對認知發展意味著什麼？嬰兒使用觸控螢幕的次數愈多，出現睡眠問題的可能性就愈高，而充足的睡眠是這個年齡階段最佳認知發展的先決條件（Cheung, Bedford, Saez De Urabain, Karmiloff-Smith, & Smith, 2017）。此外，嬰幼兒使用行動裝置的次數愈多，語言發展遲緩的可能性就愈大（AAP News, 2017）。這一發現背後的原因尚不清楚，有待進一步瞭解使用行動裝置媒體與語言結果之間關係的深層原因。連網玩具（Internet-connected toys）、虛擬實境（virtual reality）和聲控助理（voice-activated assistants）等新科技正在進入家庭（Rideout, 2017）。到目前為止，我們只能猜測它們可能對嬰幼兒產生什麼影響。

**表 12.1**　2017 年幼兒的日常媒體使用情況。儘管幼兒觀看電視的比例高於其他電子媒體，但自 2015 年以來，他們使用行動裝置的時間增加了三倍。請注意：使用電視、DVD 和行動裝置的時間從嬰兒期進入幼兒期時顯著增加。

| 裝置 | 0 至 8 歲 | 2歲以下 | 2 至 4 歲 | 5 至 8 歲 |
|---|---|---|---|---|
| 電視 | :58 | :29[a] | 1:09[b] | 1:04[b] |
| DVD / 錄影帶 | :17 | :06[a] | :23[b] | :18[b] |
| 行動裝置 | :48 | :07[a] | :58[b] | 1:02[b] |
| 電腦 | :10 | *a | :05[b] | :20[c] |
| 電玩遊戲機 | :06 | *a | :04[b] | :12[c] |
| **螢幕媒體合計** | **2:19** | **:42[a]** | **2:39[b]** | **2:56[b]** |

**資料來源**：Rideout (2017).

**請注意**：*代表少於 1 分鐘但大於零。上標（a, b, c）表示組間差異是否具有統計學意義（$p<.05$）。帶有不同上標的項目表示有顯著差異；沒有上標或有共同上標的項目，表示沒有顯著差異。

許多父母急於提供嬰兒媒體，好讓他們有事情做；有些父母慣用媒體安撫躁動的嬰兒（Radesky, Silverstein, Zuckerman, & Christakis, 2014）。美國兒科學會（AAP, 2011b）提醒家長：

> 對於發育中的大腦來說，非結構化遊戲時間比接觸任何電子媒體更有價值。即使是僅 4 個月大的嬰兒，獨自遊戲也能培養創造性思考、解決問題，並在與父母互動最少的情況下完成任務。（p. 1043）

換句話說，嬰兒不需要一直接受父母或媒體的娛樂。正如前述，非結構化時間對於自主執行功能的發展才是至關重要的。

## 教育媒體的影響

從 2 歲開始，教育性（但不是娛樂性）媒體似乎對幼兒的學習具有積極影響。教育性節目不勝枚舉，如《芝麻街》（*Sesame Street*）在製播之初就將研發納入考量，因此，對該節目成效的研究比其他節目都多。有關《芝麻街》的歷史和成效研究資訊，請參閱「研究之旅：教育電視節目和《芝麻街》」。

## 研究之旅　教育電視節目和《芝麻街》

1950 年代，兒童教育節目的拍攝手法多半是由一位教師帶領典型的學前班或幼兒班教室活動，教師不是受過訓練的演員。當時的調查顯示，與早期的試驗性教育節目相比，兒童更喜歡看商業節目（Lemish, 2007）。到了 1960 年代，卡內基公司的 Joan Ganz Cooney 研究發現，學齡前兒童每天都在收看大量電視節目（Friedman, 2006）。他們召集一群頂尖的教育工作者、心理學家和電視製作人，利用當時的最新研究，研判兒童如何才能從收看電視節目中達到最佳學習效果（Lemish, 2007）。他們觀察到兒童對廣告非常著迷，由此開發出一個與廣告使用相同技術的節目，例如運用短片、鮮豔的色彩和音樂，但內容偏重在教育目的而非商業目的。隨著 Jim Henson 布偶劇團的加入，該節目命名為《芝麻街》，於 1969 年首次播出（Williams-Rautiolla, 2008）。

如今，《芝麻街》已推廣超出美國的國界。節目以 70 種語言在全球 150 個國家 / 地區播放（Sesame Street Workshop, 2019b）。在每個版本中，來自美國的《芝麻街》工作人員與當地製作人、藝術家和演員合作，製作適合當地文化的節目。

《芝麻街》根據支持兒童知識發展的相關研究，設定非常具體的目標。例如，研究發現看電視的時候，若能讓兒童與成人互動，學習效果更好。因此，《芝麻街》設計出能夠吸引父母和學齡前兒童一起參與的片段。為此目的，包括 Jimmy Kimmel、Janelle Monáe、Ellen DeGeneres、Garth Brooks 等許多名人、演員和音樂家都曾擔任《芝麻街》的客串嘉賓，且該節目經常模仿成人觀看的節目，例如《唐頓莊園》（*Upside Downton Abbey*）和《權力遊戲》（*Game of Chairs*）戲謔模仿版。3、4 歲的幼兒聽不懂這些笑話，但他們的父母可以。這是為了鼓勵父母和孩子一起收看，進而促成討論和強化節目的教學內容。

《芝麻街》的宗旨是教導兒童閱讀、寫作和算術等學前技能，但節目教導的遠不止這些。傳達關於合作或友誼的重要性，一直是《芝麻街》很重要的使命任務。各種族群的多樣性和接受度也是一個核心價值，演員陣容中不乏來自不同背景的角色。《芝麻街》也正視其社會影響力，倡議影響兒童生活的重大問題。例如，為敘利亞難民和鄰國約旦、伊拉克、黎巴嫩製作新的版本（Sesame Street Workshop, 2019a）。《芝麻街》還為父母設置線上指南，幫助他們與孩子討論新冠病毒（Sesamestreet.org, 2020）。

許多研究證據表明，收看《芝麻街》確實對幼兒有所影響。一項 15 個國家的統合分析發現，較常觀看《芝麻街》的兒童，擁有更多的認知知識（例如：數字、字母和形狀），更瞭解當地的環境和健康問題（例如：資源回收或安全規則）、擁有較佳的社會推理能力和正向態度（例如：較少的團體偏見）（Mares, Sivakumar, & Stephenson, 2015）。雖然在兒童早期觀看《芝麻街》的幼兒，小學期間的學業成績更好，但這些影響不一定會持續到高中（課前測驗第 4 題）（Kearney & Levine, 2016）。《芝麻街》協助兒童啟蒙、開啟先機，但介入措施必須貫穿整個兒童期和青春期，方能將良好的成效繼續維持下去。

為跟上快速變化的媒體步調，《芝麻街》新增電子媒體應用程式，協助幼兒識字。另有播客（podcasts）、電腦遊戲和其他活動網站，加上一個已超過 10 億次觀看的 YouTube 頻道（American Academy of Pediatrics, 2016b; Luckerson, 2013）。

**世界各地的《芝麻街》。**2019 年，《芝麻街》迎來 50 週年慶，現以 70 種語言在全球 150 個國家 / 地區播放。在每個國家，布偶演員角色都改編配合當地文化以及重要議題。這位是來自南非的卡米（Kami），她感染了愛滋病毒。

*©Getty Images / Getty Images News*

隨著新型媒體的發展，包括行動裝置和互動式裝置，針對幼兒的新式教育應用程式（apps）如雨後春筍般出現。AAP 傳播與媒體委員會（AAP Council on Communications and Media）在審查有關其教育成效的研究時得出結論：「父母在 app 商店『教育』類別下找到的應用程式，多數並沒有提供效果證據。這些應用程式只針對死記硬背的學業能力，而非已建立好的課程目標，且幾乎不採納發展專家或教育工作者的意見。」（American Academy of Pediatrics, 2016b, p. 7）為什麼這些應用程式遠未能達到預期目標？因為要讓這些電子應用程式發揮教育效果，成人必須陪同學齡前兒童一起參與學習，但多數商業應用程式並未提供這樣的機會。AAP 報告指出，非結構化遊戲、社交遊戲及與成人的回應式互動，仍是學齡前兒童的最佳學習方式。

多數學齡兒童和青少年喜歡玩電子遊戲，平均每天玩將近 1.5 小時（Common Sense Media, 2015），僅 3% 的男孩和 17% 的女孩不玩電子遊戲（Anderson & Jiang, 2018）。許多教師會使用電子遊戲輔助教學，亦有證據表明它們可以有效提高兒童的學習能力。然而，並非所有電子遊戲都有相同效果，遊戲的設計會影響學習成效。例如，包含個別化鷹架的遊戲（如第 6 章所述）更有效；單人非競爭式和小組競爭式遊戲，比單人競爭式遊戲更能促進學習成效（Clark, Tanner-Smith, & Killingsworth, 2016）。

## 娛樂媒體的影響

儘管教育媒體對兒童的認知發展和學業成就具有積極影響，但學齡兒童經常觀看的娛樂媒體帶來的卻是負面影響（Common Sense Media, 2012）。尤其是在兒童學習閱讀的最初幾年，隨著娛樂媒體使用增加，學業成績跟著下降（Schmidt & Anderson, 2007）。

有幾種解釋可以用來說明這樣的關聯。其中最簡單的解釋是取代假設（displacement hypothesis）；亦即，媒體的使用取代了兒童和青少年做家庭作業和從事其他更健康活動的時間。例如，當兒童使用電子媒體時，便犧牲了閱讀時間和睡眠時間（Gentile, Berch, Choo, Khoo, & Walsh, 2017）。

媒體使用造成學業成績較低的第二個可能解釋是，許多兒童和青少年一邊寫作業**同時**也在使用各種類型的媒體。約有五分之一的青少年在做作業時會打開電視、傳訊息和（或）使用社群媒體，大多數人認為這對他們的學習能力沒有影響（Rideout & Robb, 2019）。一項研究發現，由於電子產品的干擾，學生注意力停留在作業上的時間不到 6 分鐘。做作業同時使用 Facebook 的人，GPA（成績平均積點）較低（Rosen, Carrier, & Cheever, 2013）。本章前面談到背景電視對幼兒的影響，正如第 6 章所述，即使幼兒沒有主動觀看背景電視，他們的學習成績也會因為分心而受到影響。

媒體使用造成學業成績差的第三個可能解釋是，由於對電子媒體一心多用，導致兒童和青少年很難將注意力深度集中在一件事上，注意力持續時間變短。如第 6 章所述，對媒體一心多用的青少年，更容易粗心和注意力渙散（Baumgartner, van der Schuur, Lemmens, & te Poel, 2017; Moisala et al., 2016）。此外，相關研究也找出暴力媒體與 ADHD 症狀的關聯

（Beyens, Valkenburg, & Piotrowski, 2018），但影響的方向尚未釐清。是有注意力問題的兒童更喜歡使用電子媒體，還是電子媒體的使用會導致注意力困難？在新加坡進行的一項針對電子遊戲的大規模縱貫研究發現，有注意力問題的兒童玩的電子遊戲更多，而玩電子遊戲會導致日後的注意力問題更加嚴重，形成雙向的因果關係（Gentile, Swing, Lim, & Khoo, 2012）。

## 媒體與社會發展

不同形式的媒體對社會發展的影響大相逕庭。本節將討論電子遊戲和電視對攻擊性和親社會行為的影響，以及兒童和青少年將社群媒體、簡訊等其他媒體融入社會關係的方式。

### 攻擊性與親社會行為

從 Bandura 的早期研究可知，兒童會模仿在影片中看到的攻擊性行為（見第 2 章），但攻擊性行為在兒童觀看的媒體中非常普遍。在一項電視節目調查中，60% 的節目含有某種程度的身體暴力。兒童電視節目，包括卡通，都有極度暴力的內容，連所謂的普遍級電影（譯注：兒童可獨自觀看，無需家長陪同）都含有某些暴力（Wilson, 2008）。2009 年，美國兒科學會的政策聲明重申，媒體暴力「可能導致攻擊性行為、降低對暴力的敏感度、做惡夢和擔心受到傷害」，並於 2016 年將其關注範圍擴大到虛擬暴力，並指出：「以殺死他人為核心主題的第一人稱射擊遊戲（first-person shooter games）不適合任何兒童。」（AAP, 2016b）

大量證據表明，觀看暴力節目或玩暴力電玩會提高年輕觀眾的攻擊性行為、攻擊性想法和攻擊性情緒，同時降低同理心和親社會行為（Anderson et al., 2017; Bushman, Gollwitzer, & Cruz, 2015; Kirsh, 2012）。縱貫研究結果顯示，在 2 至 5 歲時觀看暴力電視，與 7 至 10 歲時的攻擊性更強有關（Christakis & Zimmerman, 2007）。接觸較多暴力媒體的三至五年級兒童，五個月之後的身體、語言和關係攻擊程度更為激烈（Gentile, Coyne, & Walsh, 2011）。在青少年身上也發現這些關聯。一項為期兩年的追蹤調查顯示，兩年內德國高中生的攻擊模式與其使用暴力媒體的模式依然相同，而期間減少使用暴力媒體的青少年，攻擊性也隨之降低（Krahé, Busching, & Möller, 2012）。就青少年而言，即使是聽帶有攻擊性內容的音樂，也與日後的攻擊程度增加有關（Coyne & Padilla-Walker, 2015）。

暴力電玩增加攻擊性的程度是電視節目的十倍，因為玩家不僅是觀看，而是正在將暴力付諸行動（Polman, de Castro, & van Aken, 2008）。當玩家認同並扮演「槍手」的角色、遊戲中出現更多鮮血時，衝擊似乎更加強烈（Barlett, Harris, & Bruey, 2008; Konijn, Bijvank, & Bushman, 2007）。儘管有些證據表明，深具敵意和攻擊性的兒童，比其他兒童更加容易受到暴力電玩的影響；但即使是不具這些特性的兒童，也會變得更加暴力。在一項研究中，最不具敵意的兒童在玩了電子遊戲之後，打架的次數比最具敵意但不玩電子遊戲的兒童還多（課前測驗第 5 題）（Gentile & Anderson, 2003）。

**暴力電玩**。研究發現，不論兒童是否已有暴力行為，玩暴力電玩都會引發兒童的攻擊傾向。
*©Istock.com / mikkelwilliam*

父母應與孩子談論他們正在觀看的內容、限制孩子觀看的內容和數量、一起看電視或玩電子遊戲，同時與孩子討論以減少暴力媒體的影響。當父母採取這些策略，孩子觀看的媒體愈少，觀看的暴力節目就隨之變少，攻擊性程度也因此降低了（Gentile et al., 2014）。

但媒體也為正向的思考和行為樹立榜樣。研究表明，正向的節目與兒童的親社會行為有關，例如：助人、分享、合作、同理心和較少的攻擊性（Coyne et al., 2018）。經典電視節目《羅傑斯先生的鄰居們》（*Mr. Rogers' Neighborhood*）的宗旨就是促進兒童健康的社會和情緒發展。該節目播出 33 年來，對數百萬兒童的影響深遠。羅傑斯先生只是單純地面對鏡頭，語氣溫柔誠懇，彷彿在和一個孩子說話。早期對該節目進行的研究發現，《羅傑斯先生的鄰居們》會增加幼兒正向的友伴互動、處理恐懼和憤怒的能力及延後滿足的能力（Cantor, Sparks, & Hoffner, 1988; Coates, Pusser, & Goodman, 1976; Friedrich & Stein, 1973）。近期較為人所熟知的兒童教育節目如：《丹尼爾老虎的鄰居們》（*Daniel Tiger's Neighborhood*）、《芭蕾小精靈》（*Angelina Ballerina*）、《泡泡孔雀魚》（*Bubble Guppies*）或《卡尤》（*Callou*）等，也關注正向的價值觀，如友誼、關懷和分享、懷抱目標及處理正向和負面的情緒。最近的一項研究顯示，在兩週期間觀看 10 集《丹尼爾老虎的鄰居們》的學齡前兒童，同理心、自我效能感和情緒辨識能力提高。若父母能積極地與孩子討論電視內容，效果更為顯著（Rasmussen et al., 2016）。

**羅傑斯先生和小老虎丹尼爾（Mr. Rogers and Daniel Tiger）**。經典節目《羅傑斯先生的鄰居們》和衍生劇《丹尼爾老虎的鄰居們》對幼兒的社會情緒成長有所助益。
*©Deborah Feingold / Corbis Entertainment / Getty Images / Frederick M. Brown / Getty Images Entertainment / Getty Images*

判斷電視節目是否有助於社會和情緒學習，其中一種方法是查看角色是否表現出合作、助人和非暴力解決衝突的能力。另外也可觀察他們是否學會命名自己和他人的情緒，以及是否懂得使用深呼吸等技巧來控制自己的情緒。最後，可以留意角色是否積極參與正向的決策過程，例如腦力激盪和預想可能的後果（Christensen & Myford, 2014）。

即使教育節目有潛在的正向影響，仍不乏風險存在。雖然觀看更多教育節目的兒童，兩年後依然表現出更多親社會的互動行為，但觀看太多教育節目的兒童，也比其他兒童更有可能涉入關係攻擊（例如，「我們不想和你一起玩！」）（課前測驗第 6 題）。研究人員發現，連教育節目也有攻擊行為的角色，儘管這些角色通常是節目快結束時才現身亦然。研究人員推測，問題在於學齡前兒童不像成人那般理解故事情節，他們還看不出節目快結束時的正向解決技巧與先前的攻擊有何關聯，因此恐怕會將關係攻擊視為可模仿的樣板（Ostrov, Gentile, & Mullins, 2013）。

## 使用媒體來交流

青少年熱衷於使用電子媒體來交流，交流的各種形式飛速增長。青少年用網路彼此連絡，包括使用簡訊、即時通訊、電子郵件、視訊聊天、部落格、玩互動式遊戲，以及用社交網站互動。2018 年最受歡迎的平台如圖 12.2 所示。

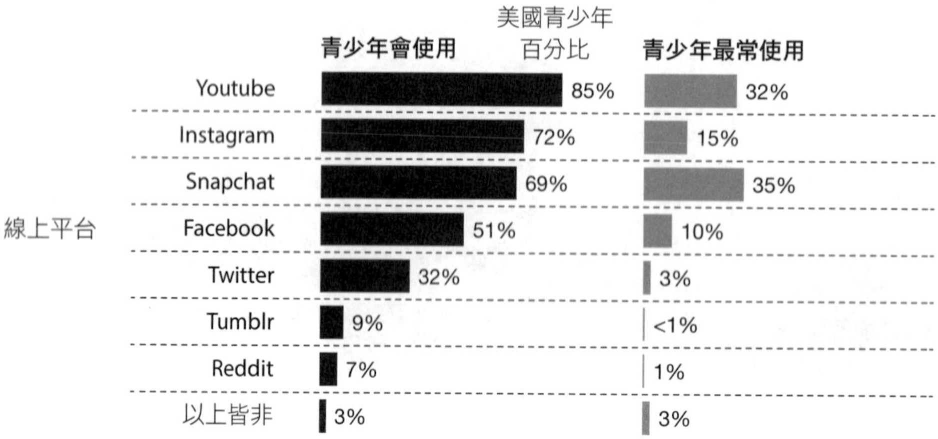


圖 12.2　**青少年流行的線上平台**。這些平台在 2018 年最受青少年歡迎。你認為現在還有哪些更受歡迎的平台？

**資料來源**：Anderson & Jiang (2018).

社群媒體不僅使朋友和家人的聯繫變得更加容易，還可以促進社區參與、激發創造力和激盪想法（O'Keeffe, Clarke-Pearson, & Council on Communications Media, 2011）。學生和學校運用社群媒體完成分組作業，加強課堂學習。社群網站亦可集結一群有共同興趣的人，彼此互相幫助。例如，青少年癌症倖存者使用網路資源蒐集相關訊息，獲得社會和情感支持（Chou & Moskowitz, 2016）。

青少年有時也會因網路行為而置身於危險之中。對於使用社群媒體的青少年來說，其中一個風險是網路霸凌。另一個風險是**性簡訊（sexting）**，也就是將自己的裸照、半裸照或影音發送給戀愛對象（Patchin & Hinduja, 2019）。在一項全國調查中，11% 的 12 至 18 歲青少年表示曾發送過性簡訊。青少年或許認為這是一種無害的調情，但在美國多數州，這是非法的舉動，並可能遭致兒童色情指控（發送照片的青少年可同時被指控為加害者和受害者；Roe, 2017）。青少年可能沒想到：一旦你發布一張照片，就無法控制這張照片的流向，照片會在未經你同意或不知情的情況下被廣傳出去，而一旦上傳到網路，它就永遠存在，消除不掉。

網路交流的另一個風險是潛伏著網路掠食者（online predators）。一項針對網路掠食者的研究證實，這些人大多數是成年男性，透過長期建立信任來與青少年建立關係（Wolak, Finkelhor, Mitchell, & Ybarra, 2008）。和這些成年人交往的青少年，直到最後都還相信他們正在與關心他們的人建立浪漫的性關係。這類型的犯罪多數裁定為法定強姦罪（譯注：成年人和已進入青春期、性成熟的未成年人進行性行為）而非強制性交罪（譯注：以強制行為，違反被害人意願而發生性交），意思是成年人與法律上年齡過小而無法表示同意的人發生性關係。顯然，必須確實教導青少年瞭解使用電子通訊與成年人建立關係的潛在危險，但家長通常很難知道如何監控孩子的網路互動安全，尤其是青少年子女通常比他們更熟悉網絡環境。聯邦貿易委員會（Federal Trade Commission）提供一份名為「Net Cetera」的指南，幫助父母學習如何監控並與孩子討論網路安全問題。

## 媒體與自我概念

雖然影響兒童自我概念發展和建立自尊的因素很多，但他們看待和評價自己的方式勢必受到每天長時間接觸的媒體影響。本節討論媒體使用與幼兒、少數族裔和 LGBTQ 青年自我概念和自尊的關聯，接著探討**自拍**現象和自我概念與自戀的關聯。

### 媒體使用、自我概念與自尊

除了促進社會和情緒發展外，《羅傑斯先生的鄰居們》節目宗旨也希望讓兒童感受到被愛，進而提高他們的自尊。多年來，Fred Rogers（他的角色名「Mister Rogers」更廣為人知）會面對鏡頭說「我喜歡你本來的樣子」或「世界上只有一個獨一無二的你」，還有「因為有你，讓今天變得特別美好」（Tuttle, 2019）。儘管觀看《羅傑斯先生的鄰居們》之類的節目可以提高自尊，但可惜的是，電視也正在用各種方式戕害兒童和青少年的自尊。

不同形式的媒體經常以非常狹隘、刻板的方式描繪性別規範和期望，反覆接觸這些印象會影響青少年對自己的看法。在電影、電玩、廣告和電視節目中，女性的角色經常被描繪成依賴男性、屈居於男性之下，而男性角色則被描繪成獨立自主、掌控全局。對美國大學男性的研究發現，男性的媒體使用與更傳統的男性角色信念有關，觀看真人實境節目和體育節目，對男性的性別角色信念具有特別強大的影響（Giaccardi, Ward, Seabrook, Manago, & Lippman, 2016）。

經常觀看浪漫愛情電視節目（例如肥皂劇、約會實境秀、真人秀和黃金時段偶像劇）的青少年，從節目中學到約會是一個性別化的過程，規定男性和女性該扮演好什麼角色（Rivadeneyra & Lebo, 2008）。女性為被動的性對象，因年輕和美貌而受到重視；男性則為支配和強大的個體，性是男子氣概的界定特徵。性被描繪成隨意、暢快且沒有後果的行為。青少年若把這些特徵納入自我對性的看法，將使他們面臨性行為的風險。

鮮少研究著墨於媒體對少數族裔青少年自我概念的影響。電視和電影描繪的對象多為白人、非拉丁裔角色，而當少數族裔出現在媒體上時，通常以刻板印象的方式呈現。少數族裔的角色常是罪犯、性玩物和社經地位較低的人（Martins & Harrison, 2012; Ross, 2019）。相較於非少數族裔，少數族裔年輕人是更大宗的媒體使用者（Child Trends,

2014a），因此這些描繪會影響他們的自我看法和生活機會（The Opportunity Agenda, 2011）。正如前述，當這些觀念融入到你的自我形象時，它們就會成為自我應驗預言，使你開始以符合或低於期望的方式行事。一項針對 7 至 12 歲兒童的研究發現，看電視與白人女孩、非裔女孩及非裔男孩的自尊呈負相關，但對白人男孩卻沒有影響（Martins & Harrison, 2012）。對此發現的其中一種解釋是，接觸這些對一般女性的負面形象描繪，以及特別是對非裔男性的負面形象描繪，會降低這些族群的自尊；而對白人男性的正面形象描繪，則會提高白人男孩的自尊。

幾年前，Clark（1969）即主張，電視節目對少數族群的描繪，從不具代表性（nonrepresentation）（該族群被排除在外）、到嘲笑（ridicule）（該族群被當作嘲弄的對象）、再到調整（regulation）（對該族群的角色描繪淺薄，但尚可為社會所接受），最後達到尊重（respect）（同時呈現該族群的正面與負面形象）。近年來，媒體對 LGBT 人物的描繪，似乎也與上述階段不謀而合。GLAAD 媒體研究所（GLAAD Media Institute, 2019-2020）最新的一份報告發現，2019 至 2020 年當季黃金時段網路節目中，10.2% 的常規角色是男 / 女同志、雙性戀或跨性別者。Amazon、Hulu 和 Netflix 原創劇集的 LGBTQ 角色數量也在逐年攀升。對於正在處理性別認同問題、但缺乏現實生活榜樣，故只好轉向媒體尋求指引的青少年觀眾來說，性別多樣角色的形象描繪尤為重要。隨著青少年成長，批判性思考和社會觀點取替能力提高，方使他們更能抵抗媒體呈現的負面刻板印象（Hall & Smith, 2012）。青少年的成長背景、觀看的節目類型及對節目的反應，都會影響他們對自己的看法和感受。

## 自拍與自戀

超過 90% 的青少年會自己幫自己拍照，稱為**自拍（selfies）**，並會將這些照片上傳到網路上供他人瀏覽。第 6 章曾說明青春期的想像觀眾，可以想見自拍是青少年思考他人如何看待自己的另一種方式。已有研究探討自拍和發布自拍照的人，是否比不自拍的人更為自戀。換句話說，自拍者是否誇大了自己的重要性，並更希望得到他人的羨慕？在一項針對 18 至 34 歲人口的研究結果顯示，果不其然，自戀的人更常自拍，且在網路上發布的自拍照愈多，就會變得愈自戀（課前測驗

**自拍**。許多青少年會自拍和上傳自拍照。在何種情況下這是一件有趣的事？何種情況又該擔心？

*©Istock.com / mixetto*

第 7 題）（Halpern, Valenzuela, & Katz, 2016）。父母應與青少年子女討論自拍的風險，例如：在懸崖邊等危險場所自拍容易發生事故，或在網絡上發布不當內容的後果等。父母也可以提醒青少年將拍攝興趣轉向外在世界或他人，而不僅僅是關注自己（Uhls, 2015）。

**自拍的危險**。這個標誌張貼於香港迪士尼樂園。若不注意周圍環境，使用自拍棒可能導致他人受傷。
*©Bloomberg / Getty Images*

## 協助兒童和青少年作個聰明的媒體閱聽人

**媒體素養（media literacy）**是指識讀媒體展演背後的目的和訊息的能力。媒體素養教育既可降低媒體使用的相關風險，又可強化其對兒童和青少年的益處。例如，廣告愈來愈常採取公然或較隱微的方式瞄準兒童為受眾，像是在電玩或電影中的廣告。參加學校為期四週、每次 4 小時媒體素養計畫的兒童，不但對廣告更為反感，而且更懂得識別虛假廣告。但該計畫未能成功地讓兒童更加警覺嵌入在遊戲或節目中的廣告。因此，未來仍須採取更多策略來教育兒童（Sekarasih, Scharrer, Olson, Onut, & Lanthorn, 2019）。

媒體素養教育特別關注的面向是吸菸的形象，包括利用置入性行銷的方式將香菸與型男美女演員連結在一起。即使控制父母和同儕吸菸的因素，觀看更多吸菸電影畫面的非吸菸青少年，相較於觀看最少吸菸畫面的青少年，更有可能開始吸菸（Morgenstern et al., 2013）。電影產業針對這些擔憂做出些許回應，從 2002 到 2018 年，未出現吸菸鏡頭的普遍級、保護級、輔導級電影數量，從 35% 增加到 69%。然而，在**確實**出現吸菸鏡頭的電影中，吸菸或使用其他菸草的畫面出現次數，衝上歷史新高（CDC, 2019n）。雖然電影製作公司同樣可以在電影上標示類似於暴力、性或成人語言等的「吸菸」警語，但十分之九的青春電影並未做出這樣的警語標示。

媒體素養教育已應用在教導學生辨識電影中的吸菸畫面。一項研究比較反吸菸媒體素養運動（教導九年級學生分析和評估大眾媒體關於廣告、促銷和電影置入式廣告中的吸菸訊息）與傳統式的反吸菸課程（教導學生吸菸的長短期影響及如何抵抗吸菸的社會壓力），結果顯示，媒體素養運動更能有效讓學生堅決反對開始吸菸，他們對吸菸的人數也有更正確的認識（Primack, Douglas, Land, Miller, & Fine, 2014）。

另一個成功的媒體教育計畫，鎖定媒體對青少年性行為的影響。青少年向同儕講授五堂類似「利用性來推銷」等主題的課程。與控制組相比，參與該計畫的青少年更有可能同意「媒體中的性描繪錯誤百出且誇大渲染」（Pinkleton, Austin, Chen, & Cohen, 2012, p. 469）。

**學習檢定**

**知識問題：**

1. 與嬰幼兒一起使用電子媒體的最佳方式為何？
2. 教育媒體和娛樂媒體對兒童的影響有何不同？
3. 使用暴力媒體對兒童有何影響？
4. 媒體對青少年的自我概念產生哪些影響？
5. 什麼是媒體素養？如何培養兒童和青少年的媒體素養？

**思辯問題：**

如何善用電子媒體來促進學齡兒童健康的身體、認知和社會情緒發展？

# 結構化時間

## 學習問題 12.3．結構化活動如何促進正向青年發展？

兒童與青少年在校外參加各式各樣的活動。本節說明他們在這些有組織的活動上所花費的時間，以及這些活動的好處和風險等相關問題。

### 既定活動的時間安排

課外活動可為兒童帶來正向體驗。兒童藉由課外活動培養興趣、習得技能、與懷抱助人熱忱的成人互動並結交新朋友（Oberle, Ji, Guhn, Schonert-Reichl, & Gadermann, 2019）。將近 60% 的 6 至 18 歲兒童至少參加一項課外活動，其中 47% 的男孩和 36% 的女孩參加體育運動，26% 的男孩和 31% 的女孩參加社團，25% 的男孩和 36% 的女孩去上各種課程，54% 的人每月至少參加一次宗教活動（Knop & Siebens, 2018; U.S. Census Bureau, 2019）。當要求 9 至 19 歲的兒童和青少年描述他們參加體育運動、課外活動、社團和宗教青年團契等活動的**原因**時，他們的答案有：愉快和刺激、父母和朋友的的鼓勵與支持、有挑戰自我和培養技能的機會、與他人互動等。在多數情況下，兒童和青少年均有尋找和參與課外活動的內在動機。

《壓力山大的孩子》（暫譯）（*The Pressured Child*）一書的作者 Michael Thompson 說：「一般說來，在資源豐富、有趣、促進成長的童年和過度安排的童年之間存在一條界線，但沒有人知道那條線在哪裡。」（Feller, 2013）儘管有些人聲稱孩子參加的活動已經夠多了，但研究表明，似乎僅有少數兒童被安排去參加有組織的活動（課前測驗第 8 題），僅 15% 的父母認為孩子的日程安排太滿（Pew Research Center, 2015a）。圖 12.3 顯示 1998 至 2014 年間兒童參與活動的變化情形。令人驚訝的是，這段時間的變化竟如此之小。

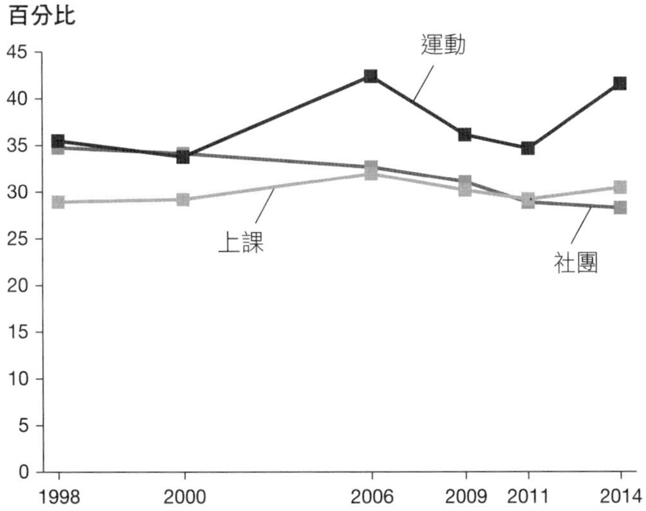


**圖 12.3　1998 到 2014 年，參與課外活動的 6 至 17 歲兒童人數百分比**。雖然電子媒體的使用增加，許多兒童和青少年仍繼續參與課外活動。

**資料來源**：Knop & Siebens (2018).

## 正向青年發展

第 1 章曾介紹的**正向青年發展**（PYD），有助於我們瞭解活動在年輕人的生活中所扮演的角色。正向青年發展的重點是找到能幫助年輕人充分發揮潛力的方法。正向青年發展不否認年輕人須面臨各種挑戰，但它並不著眼於缺陷和壓力。相反地，正向青年發展將兒童期和青春期視為充滿潛力和成長的時期，致力於找出能協助年輕人以最健康和積極的方式成長的良師、背景脈絡、環境和活動（Sanders & Munford, 2014; Youth.gov, n.d.）。當組織和社區提供年輕人機會去鍛鍊領導能力、培養技能並參與各種積極且富有成效的活動時，年輕人才有可能發展為健康、快樂、自給自足的成年人。正向青年發展的目標為五個 C：能力（competence）、信心（confidence）、連結（connection）、關懷 / 悲憫（care / compassion）和品格（character），最後邁向第六個 C：對社區做出貢獻（contribution to the community）（Erdem, DuBois, Larose, De Wit, & Lipman, 2016）。

明尼亞波里斯市（Minneapolis）的搜尋研究所（Search Institute）列出 40 項**發展性資源（developmental assets）**，是為正向青年發展的基石。其中外在發展性資源的定義為「為年輕人提供生活各方面所需的支持、機會和關係」，內在發展性資源的定義為「做出正確選擇所需的個人能力、承諾和價值觀，為自己的生活負責，獨立而充實」（Search Institute, n.d.）。建設性地善用時間是外在發展性資源之一，包括創造性活動，例如參加音樂、戲劇或其他藝術等活動或課程；參加社區青年方案；參與宗教活動；在家獨處，而不是和無所事事的朋友出門廝混。

這些活動的品質會影響青少年的參與結果。成效較佳的方案都具有以下三個特徵：

1. 與成人的正向互動至少持續一年。

2. 培養現實世界的生活技能。

3. 參與和領導兒童居住社區重視的活動（Mueller et al., 2011; Ramey & Rose-Krasnor, 2012）。

**有組織的活動**。兒童和青少年參加有組織的體育活動，好處不勝枚舉，但他們應該參加自己有興趣的活動，成人不宜施加太多的壓力。在你的成長過程中，有哪些有組織的活動影響了你？對你的發展產生了哪些影響？

*©Istock.com / skynesher*

**發展性資源**。與支持和關愛的成人建立良好的關係，是 Search Institute 所認定可促進青少年正向發展的一種發展性資源。
©Istock.com / kali9

參加課外活動與兒童和青少年的許多正向結果有關，例如：較佳的學校成就（Haghighat & Knifsend, 2019）、較少的暴力行為（Eisman, Lee, Hsieh, Stoddard, & Zimmerman, 2018)，以及更為正向的整體自我概念和學業自我概念（Modecki, Blomfield Neira, & Barber, 2018）。不同類型的活動，以不同的方式對發展的不同面向作出貢獻。例如，受過一年表演訓練課程的兒童與青少年，社會認知方面表現進步（Goldstein & Winner, 2012）。在七或八年級參加過體育運動的九年級學生，比沒有參加過體育運動的學生，自覺更能勝任和看重學校課業。參加藝術或學校社團的學生也是如此（Im, Hughes, Cao, & Kwok, 2016）。在一項針對有學業失敗風險的青少年研究中，參與多項活動（包括體育活動、學校社團和志願服務）的青少年，完成高中學業和繼續升大學的可能性是有類似風險、但沒有參與活動的青少年的三倍。相較之下，那些花時間打工、看電視或與朋友廝混的弱勢青年，不太可能繼續接受高等教育（Peck, Roeser, Zarrett, & Eccles, 2008）。參與社區服務學習活動的影響，遍及各項學業成就，包括「主題式學習、標準化測驗成績、學校出席率、學期成績、學習動機和學校參與度」（Furco, 2013, p. 11）。

## 有組織的運動

在美國，兒童參加體育方面的運動比任何其他活動還要多。但兒童在體育運動中的經驗各異。兒童可以參加高度結構化、有成人監督、競爭性的活動，或參加自己組織的非正式活動，遵循一套不太嚴謹的規則。他們可以參加足球、籃球或曲棍球等團隊運動，也可以從事田徑、游泳或體操等個人運動。

參加體育運動有助於兒童達到建議的每天 60 分鐘適度或劇烈活動量。參加有組織運動的兒童獲得身心健康和社交生活等方面的好處，是家長有目共睹的。家長表示，孩子從中學到紀律和奉獻精神，並培養出可在未來學校教育或職業生涯中運用的技能（NPR / Robert Woods Johnson Foundation / Harvard T. H. Chan School of Public Health, 2015）。

然而，兒童必須先具備參加特定運動的發展條件。在 6 歲之前，多數兒童並不具備有組織的運動所需的基本運動技能，因此較適合以跑步、投擲和接球等技能為主的非競爭性活動。到 6 歲時，兒童已經具備進行簡單有組織運動的基本技能，儘管他們尚缺複雜技能所需的手眼協調能力。這個年齡階段的兒童還不擅長記憶複雜的規則或策略，因此最好專注於學習新技能和參與，而不是以獲勝為目標。到 10 至 12 歲時，多數兒童皆已具備參加橄欖球或籃球等需要複雜技能運動的能力。隨著進入青春期，有些青少年比其他同儕更高、更重、更強壯，所以這個年齡階段的青少年應該盡可能選擇與身體能力相匹配的運動，同時也必須留意青春期早期的成長陡增對平衡和協調能力的影響（American Academy of Pediatrics, 2019b）。

我們常聽到一些頂尖成年運動員說，他們在很小的時候就開始接受運動訓練。但是否需要在早期就對某一特定運動進行密集的專業訓練，爭論至今未休。在小學或高中就展現運動潛力的孩子，經常聽到教練和其他人耳提面命，說他們應該專注於一項運動，才能充分發揮才能。但早期的運動專項化恐與運動生涯更常受傷有關（American Orthopaedic Society for Sports Medicine, 2019）。受傷可能由單一事件或事故引起，但是當年輕運動員重複進行相同的活動（例如投球或揮動網球拍），而缺乏足夠的休息時間讓身體恢復時，就會發生過度使用傷害（overuse injuries，又稱慢性傷害、過勞性傷害）（Paterno, Taylor-Haas, Myer, & Hewett, 2013）。在一項研究中，近半數專門從事單項運動的高中運動員表示，他們長期沒完沒了地受傷，而參加多項運動的運動員僅有四分之一如此表示。許多大學運動員表示，希望自己在年輕的時候，多方參與各種體育活動（The Aspen Institute, 2016）。專注於一項運動也會導致後期的運動倦怠。有些專家認為，在兒童早期多方參與各項運動、涉獵不同的運動技能，日後到了青春期再進行更專業的訓練，會比早期集中於單項運動更好（DiFiori et al., 2014）。

兒童的運動中輟率令人憂心。有組織的運動應是能讓兒童保持體能活躍並建立終生身體活動的生活模式，但一項被廣泛引用的統計數據是：70% 的參與者在 13 歲時運動中輟（課前測驗第 9 題）（Engle, 2004）。平均而言，兒童參與運動的時間為三年，中學是最有可能退出的時期（The Aspen Institute, 2019）。相較於擁有更多資源來支持運動相關費用和開支的家庭，低收入家庭青少年的運動中輟率是他們的六倍（The Aspen Institute, 2020）。約有四分之一的中輟者表示運動對他們來說不再有趣，另有 16% 的人表示退出的原因是家人擔心他們受傷。如果成人願意多瞭解兒童的感受，也許就可以提高留存率。強調技能、團隊合作、趣味而非獲勝，不失為讓有組織的兒童運動重新注入自發性和樂趣的好方法。當看到教練提倡健康的生活方式時，球員會更喜歡待在球隊中，較不會萌生退意；當看到教練提倡公平競爭與相互尊重時，球員不僅更喜歡這項運動，並且具有高度正向的自尊和更健康的行為（Van Hoye, Heuzé, Van den Broucke, & Sarrazin, 2016）。

## 運動安全

兒童參與體育運動的健康益處，必須權衡受傷的可能性。安全問題非同小可。每年有超過 350 萬 14 歲以下的兒童因運動傷害而需接受治療（American Orthopaedic Society for Sports Medicine, 2017）。圖 12.4 顯示各種運動相關傷害的風險，這種風險隨著兒童年齡的增長而增加，所有年齡的男孩受傷風險皆高於女孩（Wier, Miller, & Steiner, 2009）。當然，不同年齡的傷害來源是不同的。5 到 9 歲兒童最常見的傷害來自遊戲場活動和騎自行車，橄欖球和籃球則是年齡較大兒童和青少年的主要致傷原因（Rui, Ashman, & Akinseye, 2019）。參加團隊運動的兒童中，有三分之一受傷嚴重，至少有一段時間無法上場，有些受傷的後果甚至持續終生（Mickalide & Hansen, 2012）。

約有三分之一的兒童運動員認為即使受傷也應該繼續參加比賽，近半數的教練表示，他們受到來自受傷兒童父母的壓力，要讓球員重返賽場（Mickalide & Hansen, 2012）。在一項研究中，年輕的曲棍球運動員很清楚腦震盪後應該做什麼，但四分之三的人承認他們實際上根本不會做。即使曾有腦震盪經驗，也只有不到一半的球員表示他們確實沒有遵守不上場比賽的規定。問他們為什麼不遵守規定時，球員坦承他們想繼續比賽，不想讓教練或球隊失望（Mrazik, Perra, Brooks, & Naidu, 2015）。父母也可能沒有完全意識到孩子所面臨的風險。在一項具全國代表性的父母樣本中，86% 的家長認同受傷「只是比賽的一部分」的說法。比起母親，多數父親更是認為受傷無可避免（Hart Research Associates, 2011, p. 5）。

幸而，仍有很多方法可以降低兒童的運動傷害風險。例如，在參加運動之前進行身體檢查，有任何醫療問題（如氣喘）都應該與教練溝通；競爭對手的體型和重量應該相稱相當；成人應確保球員具備安全參加活動的相符技能水準；兒童必須正確使用安全設備，在練習或比賽前熱身，為活動做好身體準備，降低比賽過程中受傷的風險。平時的練習有助於兒童培養運動技能，讓他們有好的表現，同時也可以改善兒童的身體狀況，使他們能安全出賽。許多人以為兒童受傷是場上比賽過於激烈造成的，但絕大多數的傷害其實是在練習中發生的。因此，在練習過程中採取預防措施，如：熱身、穿戴防護裝備和多喝水，和上場比賽時一樣重要（SafeKids Worldwide, 2020）。

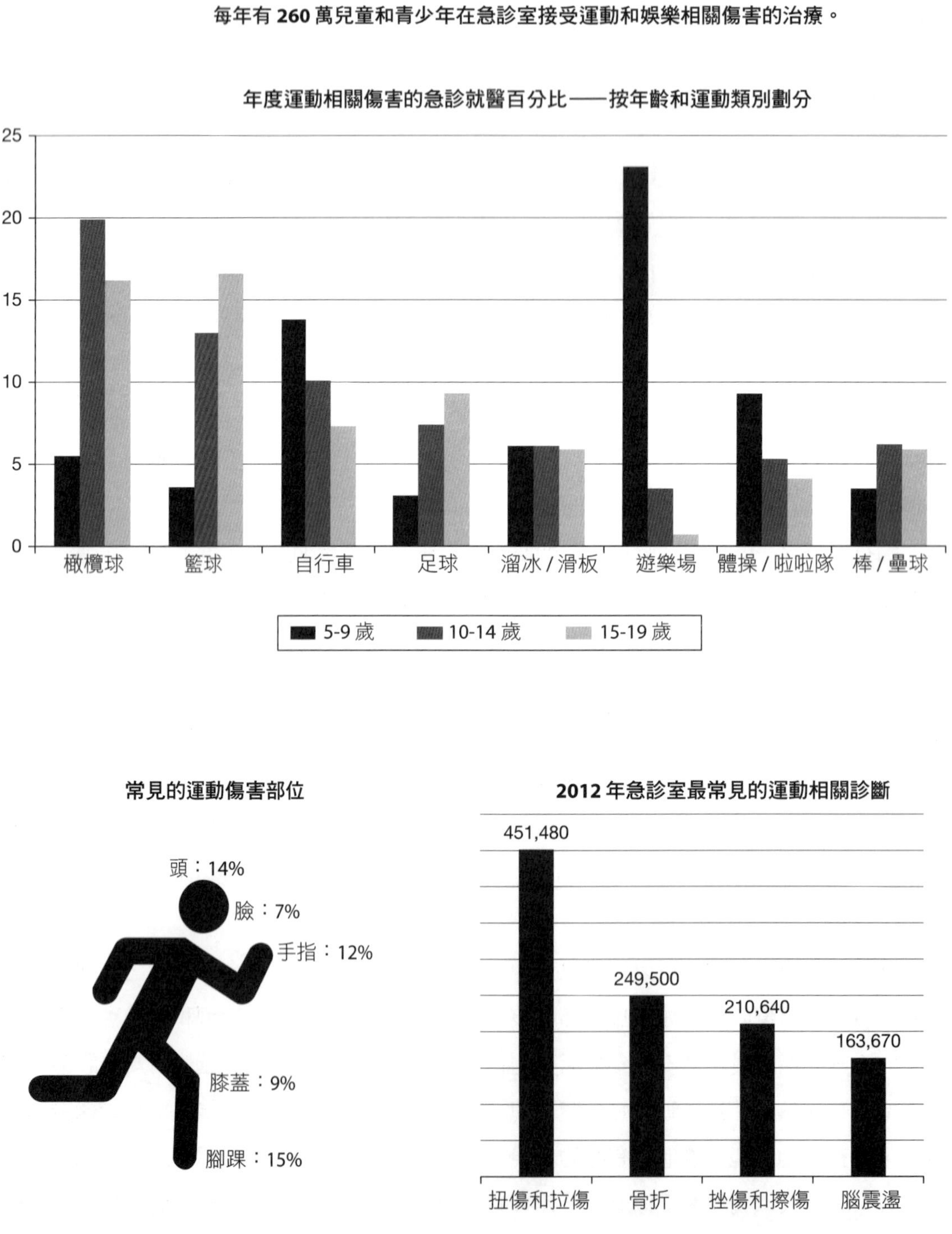


**圖 12.4　兒童和青少年的運動相關傷害**。五分之一的兒童因運動相關傷害去急診室接受治療。

**資料來源**：NIH; Rui, Ashman & Akinseye (2019).

## 腦震盪

關於腦震盪這種特殊運動傷害的長期影響，已經引發更多關注。腦震盪是一種腦部創傷病症，會改變大腦的運作方式，導致頭痛、記憶力減退和意識錯亂（Mayo Clinic Staff, 2017a）。重擊頭部會使顱骨內的大腦受到衝擊，從而造成傷害。至少參加一項運動的青少年中，有五分之一（無論男性或女性）表示一生中至少有過一次腦震盪（Veliz, McCabe, Eckner, & Schulenberg, 2017）。半數以上的運動相關腦震盪急診治療發生在 12 至 15 歲的青少年身上（見圖 12.5）。男孩和女孩都參加的運動中（如足球、袋棍球和籃球），女孩腦震盪的比例高於男孩（Ferguson et al., 2013）。這種性別差異的原因尚不清楚。生物力學的差異致使女性球員更容易受傷，或者可能與運動本身的相關規定有關。你知道男子袋棍球運動員要戴頭盔，而女子袋棍球運動員卻不需要戴嗎（Ferguson et al., 2013）？

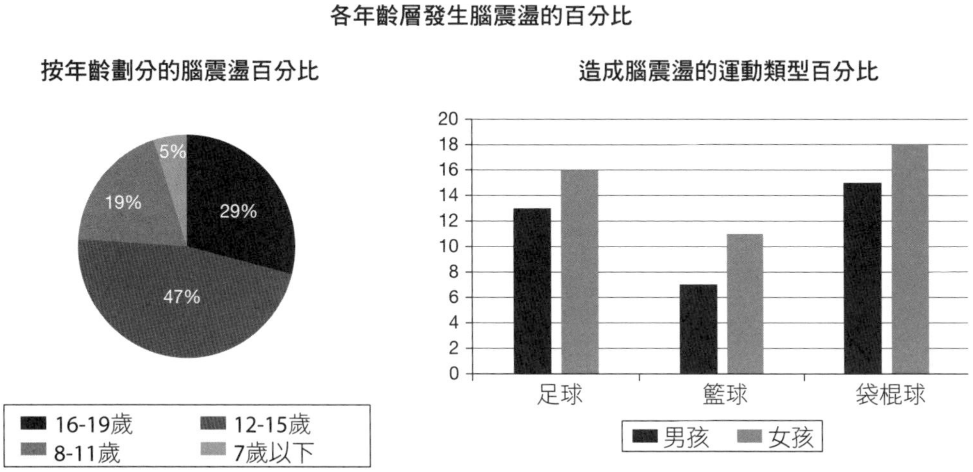


**圖 12.5　誰容易有腦震盪的風險？**近半數的腦震盪發生在 12 至 15 歲之間。是什麼導致少年和女孩在運動時發生腦震盪的風險更高？看右邊的圖時，請注意，參加競賽運動的男孩比女孩多，因此男孩的腦震盪總數更多，但就任一兒童來看，女孩腦震盪的風險比男孩更大。

**資料來源：**NIH; CDC.

判斷是否有腦震盪並不容易，但如果懷疑有腦震盪，應交由具有評估腦震盪經驗的合格醫療專業人員看診，以確定兒童是否可以回歸正常生活（CDC, 2015a）。為回應大眾對腦震盪的關注，美國 50 個州都制定「回到賽場」的法律（Return-to-Play laws），規定兒童遭受腦震盪時必須採取的步驟；許多衛生組織也發布事故後照護指南（CDC, 2015a）。腦震盪後，大腦需要時間來復原。許多教練雖已知道如何辨認腦震盪的主要病兆，也知道腦震盪並不一定會導致昏迷，但卻不瞭解一些較輕微的徵兆，如視力問題、對光及聲音敏感、睡眠問題和噁心（Sarmiento, Donnell, & Hoffman, 2017）。雖然多數教練同意他們需要

**袋棍球的性別差異**。這兩位青少年即將開始袋棍球比賽。女性球員在比賽中比男性更容易發生腦震盪。從這兩張圖片中，你能看出女孩在這項運動中更容易受傷的原因嗎？
*©Istock.com / clsgraphics; Istock.com / yobro10*

更多關於如何預防運動傷害的培訓，但由於費用高、時間不足或當地培訓計畫不適用，導致許多教練望而卻步（Mickalide & Hansen, 2012）。為此，美國疾病管制與預防中心（CDC, 2020b）提供名為「HEADS UP to Youth Sports」的線上課程，期能克服此一困境。教導運動員和成年人認識腦震盪的性質和後果雖然重要，但也需努力改變要求年輕運動員無視疼痛、繼續進行比賽的體育文化。

## 創造性活動

創造性活動，如繪畫、音樂、舞蹈和戲劇，是不分男女老少皆能用以表達思想和情感的途徑。創造性活動也在正向青年發展中扮演關鍵角色。在有愛心且經驗豐富的成人帶領下，這些活動不但有助於兒童和青少年表達自我，且能增進他們校內外的同儕人際交流。

有些研究宣稱，投入藝術活動（尤其是音樂）對兒童的智力有廣泛的影響。一項研究發現，聆聽古典音樂的大學生，空間智力任務表現較佳（Rauscher, Shaw, & Ky, 1993）。但這項研究發現的效果有限且歷時短暫，也未從其他研究看到類似效果（課前測驗第 10 題）（Pietschnig, Voracek, & Formann, 2010）。第 7 章曾舉出研究證據，顯示彈奏樂器者的大腦出現生理變化，Ellen Winner 等人檢視參與音樂訓練的兒童大腦功能時，確實發現到變化，但這些變化僅與音樂演奏的特定能力有關，例如：改善年輕音樂演奏者的手指靈巧度和節奏感，以及大腦相應部分的進步發展，但並沒有任何證據顯示能提高智力或其他非相關能力（Hyde et al., 2009）。

在學校參加藝術課程可以提高出席率、減少行為問題、提高學業成績，培養自律、人際交往和人際關係技巧，還能提供學生自我表達的管道和探索身分認同的機會（Farrington et al., 2019）。充實藝術涵養計畫幫助低收入家庭學齡前兒童做好上學準備（Brown, Benedett, & Armistead, 2010），協助英語學習者深化閱讀能力（Rieg & Paquette, 2009）。此外，藝術為兒童提供學校適應所需的社會情緒和自我調節能力的機會。最後，藝術可以反

參加藝文活動的青少年。你認為這名青少女可以從參與戲劇表演中得到什麼益處？
*©Istock.com / digitalhallway*

映參與計畫兒童的文化多樣性，增進自豪感和自信心。對青少年和年齡較大的兒童來說，表演所需的技能與幼兒在假想遊戲中使用的技能相似，但更為複雜。曾接受表演訓練一年的人，其心智理論能力和同理能力都有所進步（Goldstein & Winner, 2012）。在戲劇課程中，青少年學習到關於理解和情緒管理的寶貴經驗，找到新的應對挫折的方式，以及懂得與他人一起慶祝成功（Larson & Brown, 2007）。

創作戲劇或音樂節目可以讓來自不同背景的學生朝著共同的目標前進，協助他們建立穩固的歸屬感和正向的團體認同感，同時發揮各種才能，學習尊重來自不同背景的成員。表演獲得公眾認可是參與演出者的驕傲，而正向青年發展的目標，如：在安全環境中探索、與他人連結、為有價值的事情做出貢獻及培養勝任感，都是參與藝文活動的好處。

### 學習檢定

**知識問題：**

1. 什麼是發展性資源？
2. 參加體育運動有哪些正向和負面的影響？
3. 參與音樂和戲劇演出可以增進哪些能力？

**思辯問題：**

任選一個有組織的體育運動，說明一些可以增加參與活動的好處、或可以減少相關風險的方法。

## 重要的非父母成人的作用

### 學習問題 12.4・除了直系親屬和同儕之外，還有哪些關係對社會發展很重要？

認識兒童和青少年參與的活動後，可以看到這些活動常和父母以外的成人——如教練和教師有關。與有助於成長的成人建立良好的關係，是正向青年發展的一個重要指標。以往對社會關係的研究，主要集中在兒童、青少年與父母及同儕的關係上，但若詢問兒童或青少年誰是他們的重要他人，他們自發提及的對象中常包括親戚和沒有血緣關係的成人在內（Farruggia, Bullen, & Davidson, 2013; Futch Ehrlich, Deutsch, Fox, Johnson, & Varga, 2016）。非父母成人（nonparental adults）是發展的獨特脈絡，他們擁有同儕沒有的資源和生活經驗，青少年願意敞開心胸與他們談論因為尷尬或害怕受到懲罰、而不想與父母討論的話題（Sterrett, Jones, McKee, & Kincaid, 2011）。

與重要的非父母成人的關係具有強大影響力，既有直接影響，也有間接影響。在這些成人的監督和鼓勵下，可以直接降低兒童問題行為的風險，也可以間接協助兒童對抗同儕負面行為的影響。以下探討運動教練在兒童生活中的角色，以及自然式良師和正式良師的角色。

## 運動教練

將兒童和青少年託付給正向的成人楷模，咸認是參加有組織的體育運動的好處之一。對許多年輕人來說，教練是他們生活中重要的非父母成人之一。多數自願花時間指導有組織青少年活動的成人，都把孩子的最佳利益放在心上，但許多教練缺乏與孩子打交道的經驗，對兒童的發展不甚瞭解。14 歲以下兒童的團隊教練中，只有五分之一接受過正確激勵兒童的訓練（The Aspen Institute, 2016）。因此，教練或許想激勵球員，藉此推動他們磨練技能或激發成就感，但兒童可能只是想在團隊玩得開心，和朋友一起消磨時光。受過適當訓練的教練，才能激發兒童投注運動的熱忱。一項研究顯示，在訓練有素的教練帶領下，僅 5% 的兒童打退堂鼓；相比之下，在教練沒有受過專業訓練的團隊中，有 26% 的兒童打了退堂鼓（The Aspen Institute, 2016）。

專業教練養成計畫（Mastery Approach to Coaching）旨在協助教練為年輕運動員創造最佳體驗（Munsey, 2010a）。正如計畫的創辦人之一 Ronald Smith 說：「能充分提高表現的最佳方式是，創造一個能讓運動員玩得開心、自我鞭策、積極進取、盡最大努力的環境。你與他們的關係愈好，他們愈願意聽你的建言。」（Munsey, 2010a, p. 58）為此，該計畫提倡「正向三明治」（positive sandwich，或稱三明治回饋法）。當球員犯錯時，教練先提出正向的回饋，接著再提供如何改進的具體指導，最後以正向的鼓勵結

**與非父母成人的關係。**除了父母之外，許多兒童和青少年還擁有其他重要成人。體育運動的教練就是他們生活中非常重要的成人之一。

*©Istock.com / Monkeybusinessimages*

尾。實施這個經過深入研究的計畫後，團隊成員對教練的評價更高，由此打造出一個更多樂趣、提升自尊並減少焦慮和運動中輟的團隊（Smoll & Smith, 2009）。

## 自然式良師

**良師（mentors）**是能和年輕人建立信任的情感關係，並引導年輕人正向發展的非父母成人（DuBois & Karcher, 2013）。以下先描述**自然式良師（natural mentor）**如何自發地走進孩子的生活，為他們指引方向，接著說明如何運用正式的良師啟導計畫，幫兒童或青少年找到適配的良師。

自然式良師與更高的教育成就和學業動機、更能從種族歧視的壓力中復原、更低的焦慮和憂鬱、更高的自尊、更正向的自我概念、勝任感、對生活事件的控制感，及較佳的應對技巧有關（Hurd, Sánchez, Zimmerman, & Caldwell, 2012; Hurd, Stoddard, Bauermeister, & Zimmerman, 2014; Hurd & Zimmerman, 2010; Sterrett et al., 2011; Wittrup et al., 2016），並與行為問題、物質使用和高風險的性行為等負面結果較少有關（Sterrett et al., 2011）。在青春期或成年早期有自然式良師引導的人，長大之後的學業成就和收入更高，志願服務的時間也更多（Hagler & Rhodes, 2018）。雖然並非每項研究都呈現這些結果，但針對不同背景、不同風險程度的各類青少年族群進行的自然式良師研究，均支持上述正向結果。

對於沒有其他支持來源的兒童青少年而言，非父母成人良師十分重要，但即便如此，已經擁有很多資源的青少年，卻仍比沒有資源的青少年更易獲得自然式良師的協助（Bruce & Bridgeland, 2014）。不過，只要那些缺乏資源的青少年能與成人（尤其是教師）建立良好的指導關係，他們的成長更是指日可待（Erickson, McDonald, & Elder, 2009）。

## 良師啟導計畫

美國超過 450 萬兒童和青少年擁有正式的良師指導關係（Congressional Research Service, 2019）。這些關係是透過學校的方案和男女孩同好會（Boys and Girls Clubs）或大哥哥大姊姊（Big Brothers Big Sisters）等組織建立的。良師指導關係成功的因素，與建立正向親子關係的因素大同小異——親密和溫暖、一致性和結構化。

評估良師啟導計畫的統合研究分析發現，社區和學校為本的計畫，在學業、認知、健康、心理和社會功能等方面發揮中等程度的效果。參與這些計畫的青少年表示感受到成人的支持，改善了與父母、教師和同儕的關係（Raposa et al., 2019）。成功的良師啟導計畫相關特點如表 12.2 所示，雖然自願擔任良師的成人完全是出於善意，但善意本身尚不足以讓他們與青少年的關係產生積極的影響。在良師和學生之間，建立一個看重並敏察個人發展需求和興趣的適配關係，最有可能產生正向的結果（Erdem et al., 2016; Raposa et al., 2019）。為良師提供密集和持續的培訓與支持，並讓良師和學生長期投入這段關係，提供良師與學生的父母或同儕有交流互動的機會，也能增加計畫的正向效果。然而，若關係缺乏上述這些因素，恐導致兒童或青少年的幸福感下降，因此有必要讓良師充分理解他們對學生的承諾是何等重要。

**表 12.2** **成功的良師啟導計畫特點。**特點包括：規劃得宜、讓良師清楚知道他們要做什麼，以及監督師生適配的程度。

| 成功的良師啟導計畫 |
|---|
| ・以能從計畫中受益最大的年輕人為協助目標。 |
| ・有明確的目標和期望。 |
| ・靈活有彈性，可以適應不同的個性和需求。 |
| ・邀請願意投入至少 12 個月的良師來參與。 |
| ・讓父母和家人參與。 |
| ・必要時，須與其他服務和支持系統合作協調。 |
| ・謹慎配對良師與學生。 |
| ・在良師與學生配對的前後，為他們提供培訓。 |
| ・有嚴格和可靠的良師篩選方式。 |
| ・提供一致的監督、培訓和支持，及早發現問題。 |
| ・持續評估和監督計畫的實施及良師與學生適配的成果，並在必要時予以調整改變。 |

**資料來源：**修改自 Youth.gov (n.d.).

## 學習檢定

**知識問題：**

1. 家人和非家人的成人如何提供兒童和青少年不同類型的支持？
2. 教練可以使用哪些方法來確保兒童和青少年在體育運動中獲得正向的體驗？
3. 哪些特徵可以促進良師啟導計畫成功？

**思辯問題：**

為什麼低收入家庭的學生比家庭富裕的學生更難擁有自然式良師？怎麼做可以幫助這些學生建立正向的師生關係？

## 結語

本章說明家庭和學校之外的環境對兒童和青少年的影響。透過在自然界度過的時光，參與藝術、體育和其他活動，並與關懷的成人建立良好關係，都能促進正向青年發展。儘管媒體使用或可帶來正向影響，但也存在發展的風險。下一章將探討可能威脅兒童青少年健康與福祉的情況，同時也探討他們如何應對生活壓力，以及在逆境中表現出的韌力。

*Chapter 13*

# 健康、幸福與韌力

## 學習問題：

13.1 什麼是壓力？兒童和青少年如何因應壓力？

13.2 生理疾病和心理疾病如何影響兒童的發展？

13.3 還有哪些因素會威脅兒童和青少年的健康與福祉？

13.4 貧困、無家可歸、創傷、虐待和種族歧視，對兒童和青少年的發展有什麼影響？

13.5 哪些因素有助於提高兒童面臨巨大逆境時的韌力？

©Istock.com / jacoblund

## 課前測驗

判斷以下每個陳述內容是「對」或「錯」，測試你對兒童發展的瞭解，接著在閱讀本章時，檢視你的答案。

1. □對　□錯　「健康」的最佳定義是沒有任何疾病。
2. □對　□錯　面臨壓力大的情況時，最好的處理方式就是忽略情緒反應，專注於解決問題。
3. □對　□錯　睡眠不足會導致體重增加。
4. □對　□錯　由於兒童尚在成長發育期，因此他們比成年人更能抵抗環境毒素的影響。
5. □對　□錯　自 1980 年代以來，青少年的酒精消費量穩步下降。
6. □對　□錯　一旦家庭陷入貧困，就不太可能擺脫貧困。
7. □對　□錯　在美國，每 5 天就有一名兒童死於虐待或忽視。
8. □對　□錯　幾乎所有兒童性虐待都是由陌生成年男性犯下的。
9. □對　□錯　小時候受過虐待的成年人，未來很可能成為施虐的父母。
10. □對　□錯　能夠克服貧困或受虐等重大逆境的兒童，具有許多獨特的能力。

---

正確答案：1. 錯；2. 錯；3. 對；4. 錯；5. 對；6. 錯；7. 錯；8. 錯；9. 錯；10. 錯。

健康不僅僅是沒有疾病而已。健康是一種普遍的幸福狀態，不僅包括生理健康，還包括心理和社會健康（課前測驗第 1 題）。本章將說明一些威脅健康和福祉的常見因素，並提出有助於確保兒童和青少年健康的建議。身心健康受壓力影響，因此首先要來探討兒童和青少年如何因應壓力。多數人碰到的是正常壓力（例如，參加重要的考試或就讀新學校），但有些人遭遇的是創傷性的壓力。接著將介紹一些兒童常見的慢性疾病和心理疾病，以及威脅兒童健康的事故和傷害。本章另外探討的問題有：貧困家庭、創傷、無家可歸、兒童虐待或忽視，以及種族歧視如何影響兒童和青少年的發展與福祉。面臨這些困境，我們進而關注兒童與青少年的韌力，以及有助於培養韌力的因素。

## 壓力與因應

### 學習問題 13.1・什麼是壓力？兒童和青少年如何因應壓力？

兒童發展學界已經意識到，成長過程的逆境經驗會導致壓力反應，破壞正在發育的大腦及心血管系統、免疫系統和代謝調節控制系統功能（Shonkoff, Garner, & The Committee on Psychosocial Aspects of Child and Family Health, 2012）。這些有礙發展的壓力，會對個體的身心健康造成終生的影響。逆境的形式不知凡幾，幸而兒童發展學界已經找出幾種應對壓力源的有效方法，以及克服這些挑戰的優勢能力。

### 什麼是壓力？

**壓力（stress）**是生活中正常且不可避免的一部分。廣義來說，壓力是指超出個體因應能力之外的任何事物。符合這個定義的經驗，包括坐雲霄飛車等短期經驗，或生長於貧困家庭等長期經驗。有的是重複發生的事件，如兒童虐待；有的是如遭遇龍捲風侵襲等一次性事件。正面和負面的經歷，甚至是實際上幾乎沒有發生、或根本沒有真正危險的感知威脅（perceived threats），都會導致壓力。

感受到壓力時，大腦下視丘會向腎上腺發送信號，腎上腺會分泌高濃度的皮質醇（cortisol，或稱可體松），讓身體準備好應對環境的威脅。這就是為什麼會心跳加速、呼吸加快、開始出汗（APA, n.d.a）。這些生理反應就是所謂的**戰或逃反應（fight-or-flight response）**，目的是要保護個體免受環境中真實的威脅。若是為了應付短期壓力源，戰或逃反應尚能發揮應有的作用——激發能量，應對真實且立即的威脅；但當壓力變成長期或慢性狀況時，麻煩就出現了。身體不得不持續保持這種高度準備狀態，導致對身體造成傷害。長期製造大量皮質醇會降低身體的免疫反應，增加生病的可能性（National Scientific Council on the Developing Child, 2005 / 2014）。慢性壓力會導致疲勞、頭痛和胃部不適等身體症狀，或焦慮和憂鬱等情緒後果（APA, n.d.a）。

Kaiser Permanente 在 1990 年代進行的研究，找出童年逆境經驗的類型，並說明這些累積的經驗如何製造出一條導致疾病、失能甚至早逝的路徑（見圖 13.1）。已知的童年逆境經驗（adverse childhood experiences, ACEs）類型包括心理、生理或性虐待；與藥物濫用者、精神疾病患者或曾入獄者一起生活，以及目睹家庭暴力。童年逆境經驗與神經發育障礙有關，進而導致兒童期的社會、情緒或認知功能受損。ACEs 的數目愈多，成年後出現不良後果的風險就愈大，包括：酗酒、藥物濫用、憂鬱、自殺、吸菸、多重性伴侶、嚴重肥胖以及影響成人心、肺、肝臟的疾病（Shonkoff et al., 2012）。減少兒童接觸這些誘發風險因素，能幫助他們擁有一個安全且穩定的成長環境，從而降低一生中出現負面結果的風險。

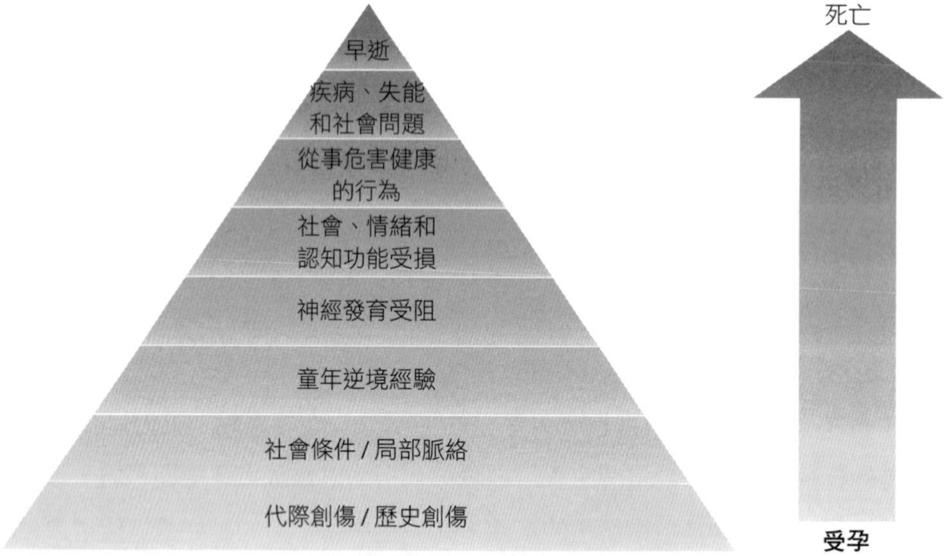


**圖 13.1　童年逆境經驗（ACEs）**。研究發現，隨著童年逆境經驗數目增加，阻礙個體在成年期發揮正常功能的負面影響也加劇。此圖說明童年期逆境經驗影響終生健康和功能的路徑。

**資料來源：**Center on the Developing Child at Harvard University (n.d.).

除了影響免疫系統外，長期高濃度的皮質醇會導致腦細胞死亡，或減少與學習和記憶至關重要的大腦區域之間的連接（National Scientific Council on the Developing Child, 2005 / 2014）。長期暴露在壓力環境中也會致使神經系統反應過度，或在接下來的歲月逐漸不再運作。長期處於壓力的嬰兒可能會成長為過度焦慮與恐懼的兒童和成人。幸而嬰兒的大腦尚具有可塑性或可變性，因此在敏察性高的照顧環境下，或可逆轉生命早期壓力的許多影響；但如果不及時介入，適應不良的壓力反應恐嚴重限制兒童的成長與發育。

壓力可說是相當主觀的體驗。有些人認為對著人群演講令人振奮，甚至很有趣；有些人則是一想到要上台就嚇得腳軟。兒童和青少年對壓力的感受，隨著年齡而變化。如第 9 章所述，與父母分離或接觸陌生人，會給幼兒帶來壓力；對學齡兒童和青少年來說，與同儕的關係、在校表現及家庭經濟狀況，是他們深感壓力的事情；而對年齡較大的青少年來說，學校和家庭經濟狀況仍然是壓力源，再加上外表和體重、為升大學做準備，以及高中畢業的出路決定等也是壓力（Munsey, 2010b）。邀請父母估計孩子所承受的壓力時，父母往往大大低估這個數字。在一項研究中，儘管有五分之一的兒童表示他們極度憂慮，但只有 3% 的父母將孩子的壓力評為極端壓力（Munsey, 2010b）。父母應該敏察兒童和青少年壓力的微小跡象，以開放的心胸與孩子懇談讓他們困擾的事情。父母或許認為自己的壓力對孩子沒有什麼影響，但感受到父母經常處於壓力的孩子，表示自己的壓力更大，更為悲傷、焦慮和沮喪（American Psychological Association, 2010）。

閱讀「主動學習：壓力與因應」，檢視自己的壓力經驗。

**壓力或樂趣？**想像這位小男孩站在高空滑索頂端時的感受。面對各種挑戰情境的反應因人而異，在這種情況下，你會有什麼感覺？
*©Istock.com / yulkapopkova*

主動學習

## 壓力與因應

寫下成長過程中讓你感到壓力的三件事。在每個事件旁邊，寫下事件發生的年齡以及你因應每個事件的方式。不同的年齡是否經歷不同的壓力事件？不同的年齡是否有不同的應對方式？你是否用相似或不同的方式因應不同類型的壓力？你的因應方式能成功減輕壓力嗎？現在，檢視你目前生活的壓力源。你如何應對這些壓力？將你的經驗與同學進行比較。哪些壓力源是常見的、哪些是特有的？你或許可以借鏡同學的因應方式。

### 常態壓力與非常態壓力

許多壓力其實是**常態壓力（normative stress）**。這類壓力是大多數人都會經歷到的事，通常可以預期和事前準備，不會超出我們的因應能力。例如，開始上幼兒園、中學或大學是一個常態事件，儘管通常會伴隨一定的壓力；進入青春期、學習開車、和喜歡的人出去約會等也是。這類經驗引發壓力的生理反應強度為輕度或中度、持續時間相對較短（Shonkoff et al., 2012），這些經驗讓我們有機會磨練因應技巧，增強未來繼續面對挑戰的能力和信心。

相比之下，**非常態壓力（non-normative stress）**是相對罕見的事件造成的，但產生的大量壓力在至少一段時間內足以壓垮個體。父母去世、重病或住院，以及自然災害等都屬於非常態壓力。儘管這類型的壓力強度大，但如果兒童或青少年能夠與有助於學習適應方式的成年人建立支持關係，通常可挺得過這類壓力（Shonkoff et al., 2012）。本章後續將說明威脅發展的創傷性壓力。

另有一種更具破壞性的壓力是**毒性壓力（toxic stress）**，例如兒童虐待的受害者、與物質濫用的父母一起生活，或遭受歧視等。在缺乏支持性成人的保護緩衝下，毒性壓力會激發強烈、頻繁、長期的生理壓力反應系統，若不間斷地暴露於毒性壓力中，短期內即足以損害學習、行為及身心健康（Shonkoff et al., 2012），但生命早期的壓力經驗，可能要等到青春期才會顯現為發展問題（Andersen, 2016）。例如，遭受虐待的兒童可能會出現憂鬱症狀，但這些症狀平均要到遭受虐待後九年才會出現。在另一個例子中，造成青少年成癮的壓力源，可能來自於問題浮現的十幾年前。

## 因應

面臨壓力情況時，個體會盡其所能地減少壓力，期能恢復到平衡的生理狀態。**因應（coping）**意指當我們受到壓力的挑戰時，努力地去調節情緒、認知和行為（Compas et al., 2017）。壓力的因應方式通常可分為問題焦點式因應策略或情緒焦點式因應策略。

**問題焦點式因應策略（problem-focused strategies）**旨在改變情況以減輕壓力，而**情緒焦點式因應策略（emotion-focused strategies）**則以減少或管理情緒苦惱為主。表 13.1 說明每種因應策略的示例，例如蒐集訊息、學習新技能或動員社會支持來獲得改善壓力情況的資源。而當無法實際改變或控制壓力情況時，即可使用情緒焦點式因應策略來減輕一些壓力，例如和信賴的朋友分享感受或轉念（Zimmer-Gembeck & Skinner, 2016）。事實上，調節面對壓力的情緒反應，是降低某些病理結果的最佳方法之一（課前測驗第 2 題）（Compas et al., 2017)。在多數情況下，人們會綜合使用多種策略。回顧你在「主動學習：壓力與因應」的答案，你常用哪種類型的因應策略？是問題焦點式因應策略或（和）情緒焦點式因應策略？為什麼在某種情況下要使用該種因應方式？

兒童感受到的壓力會隨著年齡增長而變化，但他們的因應方式也會發生變化。幼兒遇到困難時，傾向採用問題焦點式因應策略。例如不想與父母分開，就追著爸媽不放或揮手要他們回來。幼兒使用的情緒焦點式因應策略時則非常簡單直接，例如一再告訴自己媽媽會回來，或抱著毯子尋求安慰。所有的兒童和青少年都將社會支持作為一種因應策略，但兒童因應壓力的最大變化，發生在兒童晚期到青春期早期。隨著年齡增長，他們所使用的問題解決式策略增加，迴避壓力的策略減少（Eschenbeck, Schmid, Schröder, Wasserfall, & Kohlmann, 2018)。這可能反映出此時期兒童的認知、情緒和社會能力出現重大變化。青少年比幼兒更常使用媒體來分散注意力，男孩使用媒體的情況更是比女孩多（Eschenbeck et al., 2018)。儘管年齡較大的兒童和青少年已具備後設認知能力，能找出最有可能發揮作用的因應方式（Skinner & Zimmer-Gembeck, 2016)，但許多人仍採取能讓感覺變好、但無助於改善壓力情況的行為（APA, 2010)，聽音樂、玩電玩或看電視，雖有助於減輕苦惱的感覺，但並沒有使情況變好。

**表 13.1　因應方式**。兒童和青少年可能用來因應壓力的方式示例。

| 問題焦點式因應策略（努力改變壓力的來源或與壓力的關係） | |
|---|---|
| **方法** | **示例** |
| 積極因應：採取行動消除壓力源或減輕壓力的影響。 | 我採取行動，試圖讓情況好轉。 |
| 計劃：思考處理情況的最佳方式。 | 我努力思索可以做些什麼。 |
| 善用工具性支持：向他人尋求建議、幫助或資訊。 | 我尋求他人的幫助和建議。 |
| **情緒焦點式因應策略（試圖管理或調節壓力情況引發的情緒）** | |
| **方法** | **示例** |
| 宣洩情緒：釋放情緒。 | 我用傾訴來擺脫不愉快的感覺。 |
| 善用情感支持：尋求精神慰藉、同情或理解。 | 我尋求他人的安慰和理解。 |
| 接受：體認到必須適應這種情況，因為無法改變。 | 我接受已經發生的事實。 |
| 重新正向框視：以正向方式看待壓力情況。 | 我試著找出既已發生事情的好處。 |

**資料來源**：Carver (1997).

## 協助兒童因應壓力

前面提到，父母和助人工作者必須注意壓力的徵兆。這些徵兆因兒童的年齡而異，幼兒可能會退化為不符年齡的幼稚行為（例如，吸吮拇指或尿床），日常的飲食、睡眠和休閒活動模式被打亂；年齡較大的兒童和青少年可能會因為無法集中注意力或情緒起伏不定，而開始在學校惹麻煩。兒童變得比往常更具攻擊性、黏人或孤僻，喃喃抱怨頭痛或胃部不適。察覺到任何一項變化的成人，都應該關心兒童的感受，詢問是否有什麼事情困擾著他們。面對壓力時，說出內心的困擾是獲得社會支持的第一步。

**情緒焦點式因應策略**。這位年幼癌症患童所經歷的壓力非同小可。她的絨毛玩偶帶給她一些安慰，協助她因應壓力。

*©Istock.com / FatCamera*

我們也要協助兒童和青少年思考有用的問題解決策略，例如重新評估被誇大的壓力、獲得足夠的休息、吃健康的飲食、做些運動等，這些建議都有助於因應壓力（Mayo Clinic, 2017）。

大致瞭解壓力是什麼以及如何因應壓力後，接下來要探討導致許多兒童和青少年壓力的主要原因及影響，包括：威脅生理健康和福祉的因素、心理疾病、貧困和無家可歸、兒童虐待和種族歧視。

### 學習檢定

**知識問題：**

1. 常態壓力和非常態壓力有何區別？
2. 問題焦點式因應策略和情緒焦點式因應策略有何區別？
3. 可以用哪些方式協助兒童和青少年因應壓力？

**思辯問題：**

我們常認為壓力是有害的，但我們應如何善用在兒童或青少年期經歷的壓力，轉而對未來有幫助？

# 生理疾病和心理疾病

## 學習問題 13.2・生理疾病和心理疾病如何影響兒童的發展？

前面的章節已經探討一些與健康相關的重要議題，例如第 5 章說明營養不良和肥胖如何威脅兒童的健康。本章將繼續探討影響兒童和青少年的一些常見疾病和慢性疾病，以及影響許多兒童身心健康的心理疾病。有很多作法可以支持這些患病兒童與家庭的福祉。

### 常見的疾病

幼兒的免疫系統仍在發育中，因此他們對常見病菌的抵抗力不如年齡較大兒童和成人。這就是為什麼醫生建議幼兒進行疫苗接種，以保護他們免受麻疹、腮腺炎、百日咳、小兒麻痺、德國麻疹等常見疾病的侵害（CDC, 2019p）。近年來，這些疾病的病例在美國已大大減少或幾乎絕跡，但在世界其他地區仍然普遍存在。如果父母不持續為孩子接種疫苗，這些疾病將會捲土重來。例如，在兒童常規接種百日咳疫苗之前，美國每年約有 8,000 人死於百日咳。這一數字現已降至每年不到 20 人死亡，但該疾病最近在疫苗接種率低的地區有死灰復燃的現象（Aloe, Mulldorff, & Bloom, 2017; CDC, 2017h）。

儘管有些家長對疫苗的安全性存疑，但所有疫苗成分在普遍使用之前，都要經過臨床試驗，美國疾病管制與預防中心也會持續監測疫苗的有效性和安全性。父母必須明白，對於沒有接種疫苗保護的兒童而言，這些本可預防的疾病可能造成嚴重的健康後果。例如，腮腺炎原本是一種相對溫和的疾病，會導致發燒、頭痛、臉頰和下巴的唾液腺腫脹，但嚴重時會併發腦膜炎、腦炎、失聰，極少數情況下甚至會死亡（CDC, 2017f）。

雖然免疫接種可以預防許多傳染病，但無法預防腹瀉、喉嚨痛或感冒等常見疾病。幸運的是，大多數常見的兒童疾病是自限性疾病（self-limiting），也就是無需任何醫療處遇即可自癒。但當症狀嚴重或持續時間較長時，父母應該諮詢醫生。有些簡單但重要的預防措施可用以降低兒童或青少年罹患這些常見疾病的風險，例如經常洗手，並在打噴嚏時摀住口鼻。預防流感最好的方法是讓兒童和青少年接種流感疫苗，但若不幸感冒或得到流感，其實並沒有可以治療或加速疾病進程的方法，只能讓患者攝取充足的水分並充分休息，使其在疾病發展進程中能舒服一些。美國食品藥物管理局（USFDA, 2018c）強烈建議不要給 2 歲以下幼兒服用非處方咳嗽藥和感冒藥，因為這些藥物不但無法讓感冒更快治癒，還有一些潛在的嚴重副作用。

**如何預防傳播疾病**。可教導兒童兩種阻止疾病傳播的預防措施：對著胳膊彎處咳嗽或打噴嚏，以及經常洗手。
*©Shutterstock / gvictoria; istock.com / Dean Mitchell*

## 慢性疾病

相較於在沒有醫療處遇情況下自有其進程的常見疾病相比，慢性疾病的持續時間長、不會自發消退，且多數情況下無法完全治癒。兒童和青少年常見的慢性疾病包括：氣喘、糖尿病、鐮狀細胞貧血症、癌症、愛滋病、囊狀纖維化、癲癇、先天性心臟病、腦性麻痺和抽搐發作等疾病。根據一項估計，美國 25% 的兒童患有慢性疾病（Compas, Jaser, Dunn, & Rodriguez, 2012）。由於許多過去可能致命的疾病，今日已可完全治癒，因此現在有更多的兒童與慢性疾病**共存**（live with），而非**死於**（die from）慢性疾病。

家庭是個系統，一個家庭成員的慢性疾病或失能會影響家中的每個人。父母因為擔心病孩的健康而備感壓力；生病相關的醫療費用是另一個壓力來源。可以理解的是，對孩子的期待落空，父母肯定會感到失望或悲傷。需要對孩子的健康狀況隨時保持警覺，帶給婚姻極大的壓力。如果父母不能抽出時間滿足自身的一些需求，極有可能發生照護者耗竭（caregiver burnout）的現象。此外，由於父母對病孩的關注，健康的手足無法像生病的手足那般得到父母的眷顧或支持（Gan, Lum, Wakefield, Nandakumar, & Fardell, 2017）。父母和同儕的支持，有助於健康的手足瞭解家裡發生何事，以及這件事對他們、生病的手足和整個家庭的意義，減少他們的孤立感（Havill, Fleming, & Knafl, 2019）。儘管健康的手足也有風險，但許多研究結果令人振奮——健康的手足具有愛心、溫暖和善解人意的性格、高自尊、具備韌力和成熟穩重的風範，以及良好的因應能力（Gan et al., 2017; Havill et al., 2019）。

當然，患有慢性疾病的孩子得蒙受疾病帶來的痛苦或限制。需要住院治療時，陌生的環境、與父母分開，帶給孩子莫大的壓力——尤其是還不能完全理解自身發生什麼狀況的幼兒。幸而現在有愈來愈多醫院和醫療機構為家庭提供專業人士的服務，幫助整個家庭因應這種壓力經驗。

**兒科心理學家（pediatric psychologists）**為有情緒和行為困擾的慢性疾病兒童提供治療介入，他們也協助兒童面對痛苦和可怕的醫療程序（APA, 2020）。**兒童生活專家（child life specialists）**是兒童發展方面的專家，他們提供兒童和家庭成員相關訊息、支持和指導，促進兒童的最佳發展（Association of Child Life Professionals, n.d.）。為此，他們採用各種技術，包括運用遊戲的方式協助兒童和家庭為醫療程序做好心理準備，並讓兒童有自我表達的機會。

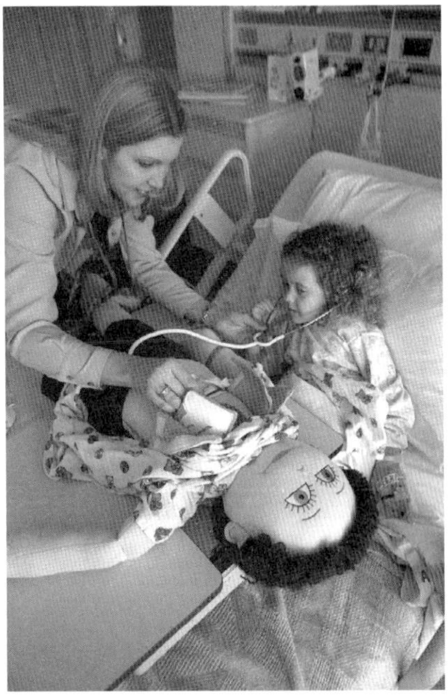

**兒童生活專家的工作。**兒童生活專家使用遊戲和適齡的交流方式，幫助兒童為即將到來的醫院手術做好準備，並為他們必須面對的問題制定因應策略。他們還幫助兒童處理感受，讓家人瞭解情況並參與孩子的照顧。
©*Spencer Grant / Science Source*

兒童如何因應慢性疾病取決於幾個因素，包括孩子的年齡和性情，以及疾病本身的性質。在壓力大的情況下，兒童通常會尋求同儕的社會支持，但慢性疾病兒童可能不容易獲得這種支持。同儕可能會避開生病的孩子，誤以為孩子的疾病會傳染。如果學齡兒童經常缺課或不能像其他孩子一樣參加相同的活動，他們也很難建立和維持友誼。而且坦白說，有些同儕滿刻薄的，尤其是某些醫療程序會毀壞或改變孩子的外表。青少年通常想從父母那裡發展獨立和自主，但患有慢性疾病的青少年仍然需要父母大量的控管和監督，這就可能導致青少年反抗攸關其健康的醫療處遇。例如，糖尿病青少年吃一般人吃的食物時可能會暫時覺得自己像個正常人，但這種反抗行為可能會對其健康造成嚴重影響。

許多慢性疾病具有家族遺傳特徵。你對自己的健康史瞭解多少？每當初次就診時，醫生常會要求患者提供家族病史訊息。閱讀「主動學習：建置個人健康紀錄」，幫助你蒐集這些訊息。

主動學習

## 建置個人健康紀錄

讀者可進行以下活動，追蹤從童年時期起未知或從未與父母討論過的家庭健康史問題。瞭解家族的病史很重要，因為若你的祖父母、父母和手足罹患關節炎、糖尿病、高血壓、心臟病，或重鬱症、酒癮或物質濫用等重大疾病，將會增加你罹患這些疾病的風險。

搜尋 My Family Health Portrait 等線上資源，可以找到由美國醫務總監負責維護的頁面，從中彙編詳細的家族健康史。你還可以透過查找下面問題的答案，以此建置個人健康紀錄。

- 童年時期你得過哪些疾病（例如，流行性腮腺炎、德國麻疹、水痘、風濕熱或鏈球菌咽喉炎）？你在幾歲時罹患上述疾病，病情有多嚴重？
- 你是否接種了最新的破傷風、小兒麻痺、德國麻疹和白喉等疾病的疫苗？查明你何時接種疫苗，切記有些疫苗必須重新接種。如果你的疫苗接種不是最新的，許多校園健康中心有提供免費的疫苗接種服務。
- 你曾接受過哪些外科手術（名稱和日期）？
- 你曾住院的日期和原因是什麼？
- 你對什麼東西過敏（如果有的話）？
- 你正在服用什麼藥物（處方藥和非處方藥）？使用量和使用頻率如何？
- 你的父母、祖父母或兄弟姊妹是否罹患關節炎、糖尿病、高血壓、心臟病、腎臟問題、癲癇、重鬱症、酒癮或其他物質使用障礙症等。

你可以根據自己的健康史來改變生活方式。瞭解家族中普遍存在的健康問題，可以幫助你思考降低這些問題風險的方法。

## 心理、情緒與行為障礙

美國一年有 13% 到 20% 的兒童和青少年會出現心理、情緒或行為障礙（Ghandour et al., 2019）。第 1 章曾介紹**發展精神病理學**的概念，將心理疾病描述為偏離正常發展途徑的軌道。基於此，本書業已在一般典型發展的討論中介紹了許多疾病。例如，在對營養的討論中，介紹了飲食障礙；在對依戀的討論中，介紹了反應性依戀障礙。表 13.2 摘要前面章節中介紹過的影響許多兒童和青少年的疾病，本章稍後另將介紹創傷後壓力症候群和物質使用障礙。

通常這些疾病的症狀與許多人不時表現出的行為沒有什麼太大不同，差別在於其行為、思考和感受更加極端；持續時間比大多數人經歷的要長；對兒童和青少年的生活造成重大痛苦和（或）破壞。若這些疾病在兒童早期發病，日後的健康預後較差，但兒童的彈性和韌力，亦有助於提高他們的康復機會。

治療措施包括精神科藥物和對兒童及家庭的心理社會層面介入，然而只有一半的兒童患者接受心理健康專家的治療（Whitney & Peterson, 2019）。在美國，兒童精神科醫師和其他行為健康醫師供不應求，因此許多兒童僅接受基層醫療醫師治療，而這些醫生當中，有三分之二表示他們沒有接受過治療兒童行為健康問題的必要培訓（Tyler, Huklower, & Kaminski, 2017）。

社會大眾仍對心理疾病患者抱持汙名化想法，因此這些患病兒童經常受到他人的歧視。當他人的負面看法成為兒童或青少年自我概念的一部分時，可能會加重他們的病情和相關問題。幸而有些證據表明，以學校為本位的方案可以增加兒童和青少年對心理疾病的瞭解，並減少他人對這些患病兒童的排斥與迴避（Milin et al., 2016; Murman et al., 2014）。

**表 13.2　兒童心理、情緒和行為障礙**。以下的簡要說明可以幫你複習前面章節中提到的一些兒童期障礙，本章稍後將介紹創傷後壓力症候群和物質使用障礙。

| 病名（章節） | 說明 |
|---|---|
| 自閉症類群障礙<br>（第 5 章和第 8 章） | 廣泛的社會交流與互動障礙，加上受限或重複的行為、興趣或活動，障礙程度從輕微到嚴重不等。 |
| 思覺失調症<br>（第 5 章） | 一種罕見但嚴重的心理疾病，通常包含以下兩種或多種症狀：妄想、幻覺、胡言亂語、混亂怪異的行為或行動僵直；負性症狀，如情緒表達和自我激勵行為減少。 |
| 飲食障礙（第 5 章） | ・**神經性厭食症**：個體故意將食物攝入量限制在可能危及生命的程度。<br>・**神經性暴食症**：特徵是暴飲暴食，然後自我催吐或過度使用瀉藥。 |
| 注意力不足過動症<br>（第 6 章） | 一種神經發育障礙，特點是注意力不集中、分心、衝動等其中一項或多項問題。 |
| 智能障礙（第 7 章） | 始於生命早期的智力缺損，包括認知、社會和適應功能缺陷。 |
| 特定學習障礙<br>（第 7 章和第 8 章） | 學業方面的表現在適當的技能測驗中顯著低於平均水準，且無法以其他問題來解釋，包括閱讀、寫作和算術障礙等次類別。 |
| 溝通障礙（第 8 章） | ・**語言障礙**：兒童對語言的理解和使用顯著低於年齡標準。<br>・**語音障礙**：難以發出相應年齡水準的聲音。<br>・**兒童期初發型語暢障礙症或口吃**：說話的流暢度和時機出現困難。<br>・**社交或語用溝通障礙症**：難以恰當地使用口語和非口語交流。 |
| 依戀障礙（第 9 章） | ・**反應性依戀障礙**：兒童無法形成任何依戀或遠離照顧者，社會和情緒功能受到干擾。<br>・**去抑制性社會參與障礙**：無論對方是陌生人還是熟悉的人，兒童與之互動的行為完全沒有差別。 |

| 病名（章節） | 說明 |
|---|---|
| 重鬱症（第 9 章） | 長期且嚴重的無價值感和絕望感，缺乏樂趣，有睡眠和食欲困擾，並可能有自殺念頭。 |
| 焦慮症（第 9 章） | ・**廣泛性焦慮症**：模糊但持續地擔心不好的事情即將發生。<br>・**恐慌症**：突然的、強烈的恐懼和畏怖感，伴有心悸、胸痛和噁心等生理感覺。<br>・**畏懼症**：對特定事物的非理性恐懼，嚴重干擾日常功能。<br>・**分離焦慮症**：當離開所依戀的親人，通常是父母或其他照顧者時，過度痛苦的程度與發展水準不相稱。<br>・**社交焦慮症（社交畏懼症）**：異常或過度恐懼在社交場合中會受到審視和評價。 |
| 侵擾性情緒失調症（第 9 章） | 嚴重且反覆發作的脾氣爆發，與當時情況不成比例，為不適齡的表現。 |
| 對立反抗症（第 9 章） | 持續表現出憤怒、挑釁、違抗和敵對等行為模式。 |
| 行為規範障礙（第 9 章） | 重複和持續地侵犯他人的基本權利，或違反該年齡應當遵守的社會規範。 |
| 創傷後壓力症候群（第 13 章） | 反覆經驗創傷事件，包括：侵入性想法、令人痛苦的夢境、創傷情境閃現，或在類似原始創傷的情況下出現極端反應。 |
| 物質使用障礙（第 13 章） | 使用會導致上癮、社交障礙、危險使用、耐受性增加和戒斷症狀的藥物。 |

## 學習檢定

**知識問題：**

1. 為什麼兒童接種疫苗很重要？
2. 慢性疾病如何影響家庭中所有的成員？
3. 什麼是**發展精神病理學**？

**思辯問題：**

除了增加行為健康專家的人數外（例如受過兒童服務專業訓練的精神科醫生、心理學家和社會工作者），還有什麼措施可以提高罹患心理或行為障礙兒童的治療效果？

# 其他威脅健康和福祉的因素

## 學習問題 13.3・還有哪些因素會威脅兒童和青少年的健康與福祉？

本節介紹幾種會威脅兒童和青少年日常福祉的情況。睡眠不足正逐漸損害兒童和青少年的生活功能，環境中的毒素更造成許多嚴重的健康問題，如：氣喘、癌症和事故傷害。酒精、香菸和非法藥物的使用也會對青少年的健康構成威脅。

### 睡眠不足

支持兒童和青少年生理和認知發展所需的睡眠量因年齡而異，學齡前兒童每晚需要 10 到 13 個小時的睡眠，學齡兒童為 9 到 10 個小時，青少年為 8 到 10 個小時（Miller, 2016）。然而，十分之六的中學生和十分之七的高中生沒有足夠的睡眠（Centers for Disease Control and Prevention, 2018h）。由於睡眠不足或睡眠品質不佳，會限制兒童的學習能力，增加憂鬱和焦慮程度以及青少年的車禍率，故睡眠不足現在被視為一個公共衛生問題（Oliver, 2017）。

當兒童進入青春期，他們的身體會出現**睡眠相位後移**（phase delay）的現象，造成他們晚睡，起床的時間也比兒童中期晚了兩小時左右（American Academy of Pediatrics, 2014b）。因此，許多社群都在討論青少年的到校時間應該訂在什麼時候。在一項以近 16,000 名國中生和高中生為對象的研究中，將中學生的到校時間延後 50 分鐘、高中生的到校時間延後 30 分鐘，此舉不但增加了學生的睡眠時間，還與他們做作業時不容易昏昏欲睡有關，並提高了他們的學業參與度（Meltzer, McNally, Wahlstrom, & Plog, 2019）。近期另一項延後高中到校時間 50 分鐘的研究發現，在該州青少年事故率**增加** 3.5% 的情況下，這些受試高中生的車禍率反倒**下降**了 5.25%（Bin-Hasan, Rakesh, Kapus, & Owens, 2019）。

睡眠不足的時候，我們的身體會釋放出更多飢餓素（ghrelin，告訴我們什麼時候應該吃飯），相反地瘦素（leptin，告訴我們什麼時候該停止進食）的分泌會減少，睡眠不足也會使新陳代謝變慢。由於這些原因，睡眠不足與兒童和青少年體重增加有關（課前測驗第 3 題）（Winter, 2017）。除了每晚的睡眠時間之外，睡眠品質也很重要。你是否很快入睡、整晚睡眠不會中斷、睡醒之後感覺精神煥發？在一項研究中，有長期睡眠問題的學齡前兒童，與心理社會症狀（尤其是攻擊性）、社交互動問題以及四年後焦慮 / 憂鬱情緒風險增加 16 倍有關（Simola, Liukkonen, Pitkäranta, Pirinen, & Aronen, 2014）。閱讀「主動學習：記錄睡眠日記」來追蹤你的睡眠習慣，並透過這些紀錄，瞭解一些可以提升整體睡眠品質的方法。

### 主動學習

## 記錄睡眠日記

作為一名大學生，要獲得充分的高品質睡眠並不容易。如果你連續一週、每天記錄你的睡眠狀況，即可找出影響你每晚獲得最佳平靜睡眠的習慣和模式。以下問題改編自美國國家睡眠基金會（National Sleep Foundation）（n.d.）的睡眠日記：

日期：__________

- 你昨晚的睡覺時間？__________________
- 你今天的起床時間？__________________
- 你的入睡狀況如何？（勾選）：_____容易入睡　_____需要一段時間　_____有困難
- 你是否容易在夜間醒來？______否　______是（多少次？______________）
- 是否有任何事打擾你的睡眠？______否　______是（請描述）
- 當你起床時感覺如何？（圈選）：神清氣爽　有點神清氣爽　疲倦
- 你飲用含咖啡因飲料的數量：______早上　______下午　______晚上
- 你一天中是否至少鍛練身體 20 分鐘？______是　______否
- 你今天午睡了嗎？______是　______否
- 白天進行日常活動時，你多常打瞌睡？

  ______無　______偶爾　______普通　______經常
- 在睡覺前的 2 至 3 小時內，你是否攝取：

  酒精 ______是 ______否

  一頓大餐 ______是 ______否

  咖啡因 _______是 _______否
- 睡前 1 小時，你進行了哪些活動（例如：閱讀、看電視）？

記錄你的睡眠習慣和模式一週後，你是否看出睡得好與睡不好的夜晚之間有何模式出現？例如，你在睡前或夜間飲用含咖啡因飲料的數量，或使用電子媒體是否導致了你的睡眠困難？

## 環境毒素與威脅

根據世界衛生組織（World Health Organization, n.d.）的說法，兒童比成人更容易受到環境毒素的影響，因為兒童比成人呼吸更多的空氣、吃更多的食物、每公斤體重消耗更多的水（課前測驗第 4 題）。兒童的中樞神經系統及免疫、生殖和消化系統仍在發育，環境毒素可能對其造成不可逆轉的傷害。已知的一些環境危害包括：石棉、戴奧辛、家用化學物品、鉛、汞、黴菌、殺蟲劑、氡氣和二手菸。接觸這些化學物質與氣喘、第二型糖尿病和癌症等疾病增加有關，且咸認會導致自閉症、低智商、認知遲緩、過動症、行為和學習問題，及動作技能不佳（Louie, Aja, & Szwiec, 2017）。請注意，這些化學物質不包括兒童常規接種的疫苗。圖 13.2 說明兒童接觸環境毒素的一些發育後果。

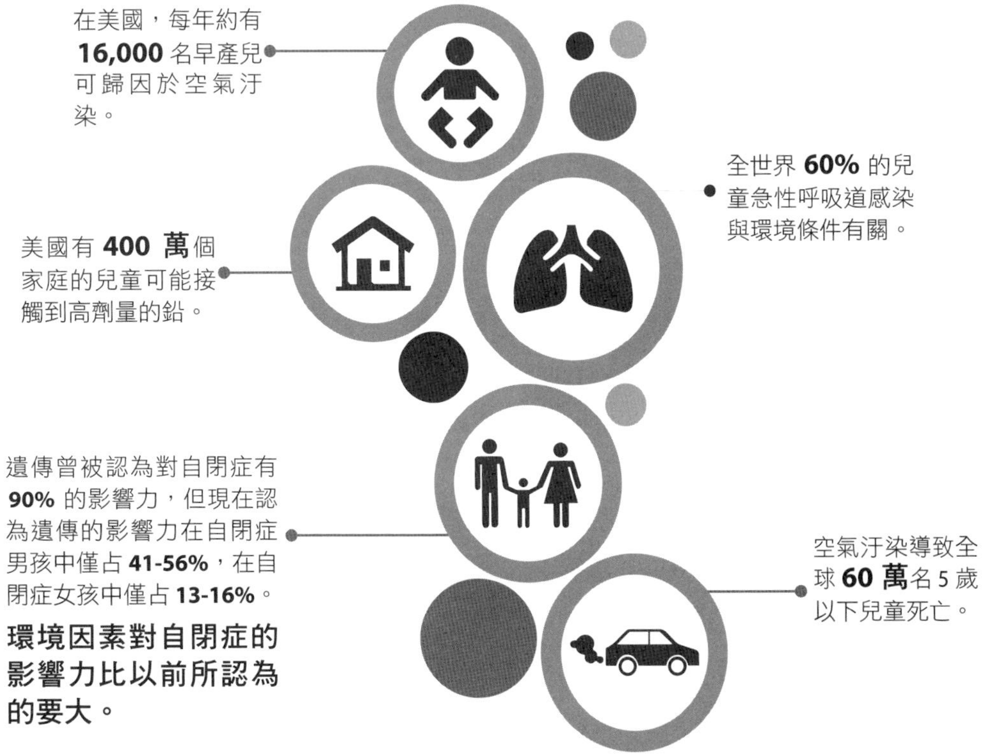
在美國，每年約有 **16,000** 名早產兒可歸因於空氣汙染。
全世界 **60%** 的兒童急性呼吸道感染與環境條件有關。
美國有 **400 萬**個家庭的兒童可能接觸到高劑量的鉛。
遺傳曾被認為對自閉症有 **90%** 的影響力，但現在認為遺傳的影響力在自閉症男孩中僅占 **41-56%**，在自閉症女孩中僅占 **13-16%**。
**環境因素對自閉症的影響力比以前所認為的要大。**
空氣汙染導致全球 **60 萬**名 5 歲以下兒童死亡。

**圖 13.2　環境毒素。**接觸環境毒素與兒童現在的許多不良發育結果有關。學者正在繼續瞭解哪些毒素會影響兒童及對兒童發育的影響程度。

**資料來源：**U.S. Environmental Protection Agency (2017a).

兒童經常在家中、學校和遊戲場上沾染到殺蟲劑，諸如：對付囓齒動物和消滅昆蟲的產品、家用化學物品、清潔產品、園藝產品及寵物產品等。我們吃的食物中也含有殺蟲劑，所以有些家庭選擇食用有機食品來降低風險。一項研究回顧發現，有機食品的營養或安全性優於非有機食品的證據雖然有限，但食用有機水果和蔬菜確實可以減少吸收殘留農藥（Smith-Spangler et al., 2012）。例如一項研究發現，食用有機食品可減少兒童尿液中殘留的殺蟲劑代謝物。然而儘管有所減少，研究人員的結論是，兒童在家中和周遭接觸到的殺蟲劑，遠比從飲食中接觸到的殺蟲劑還多（Bradman et al., 2015）。因此，成人應將殺蟲劑存放在兒童無法接觸到的地方，將殺蟲劑保存在原本的容器中，並遵守容器上的警告使用說明（U.S. Environmental Protection Agency, 2017b）。雖然政府機關持續監控美國食品供應的安全性，但是否選擇有機食品仍依個別家庭決定。

鉛是另一種對兒童發育有負面影響的環境毒素。自 1970 年代淘汰使用鉛作為家用油漆和汽車燃料中的成分以來，鉛的接觸量急劇下降，但仍有 50 萬名美國兒童血液中的鉛濃度超過美國疾病管制與預防中心的建議量（Louie et al., 2017）。即使低劑量的鉛也會影響智商、注意力和學業成績，並與長期的心理和行為問題有關。因此，避免接觸到任何濃度的鉛是最安全的（Louie et al., 2017）。

**兒童玩具上的含鉛塗料**。有些兒童玩具上使用的塗料，其鉛含量超過此類產品的允許含量，例如這本從其他國家進口的嬰兒書。嬰幼兒喜歡把東西放進嘴裡，這本書可能會對他們產生負面影響。

*©AP Photo / Jose Luis Magana*

接觸鉛的風險人口分布不均。許多老舊房子仍採用鉛水管或水管表面仍覆蓋含鉛塗料，道路附近的房屋周遭土壤中含有數百萬公噸汽車燃料排放的鉛（U.S. Environmental Protection Agency, 2019b），使得居住在舊房屋和交通壅塞地區的兒童面臨高度暴露於含鉛環境的風險。美國還有些城市的供水含鉛量高於可接受濃度，因為當地水質的酸度會腐蝕將水帶入家庭的鉛管（Rosner & Markowitz, 2016）。鉛暴露的其他來源還包括一些墨西哥生產的糖果和一些從中國進口的玩具上使用的塗料（Godwin, 2009），其來源特別值得關注，因為這些產品是專門銷售給兒童的。很難估計有多少兒童暴露於不可接受的鉛水平之中，因為只有一小部分血鉛水平升高的兒童經過檢測，並判定為危險程度。

環境因素每年影響數以萬計兒童的慢性疾病。美國兒童最常見的慢性疾病是**氣喘（asthma）**，這是一種支氣管炎，會導致胸悶、咳嗽、呼吸粗重及呼吸急促，半數以上病例是由過敏引起，但暴露於空氣汙染、黴菌和二手菸的環境中會使症狀惡化（Louie et al., 2017）。儘管氣喘是兒童最常見的慢性疾病，但圖 13.3 顯示自 2009 年以來，兒童氣喘診斷人數呈下降趨勢。受氣喘影響的男孩（9.2%）多於女孩（7.4%），且影響年齡較大的兒童多於 5 歲以下的兒童。非裔兒童（15.7%）和波多黎各裔兒童（12.9%）的患病率高於非拉美裔白人兒童（7.1%）；生活在聯邦貧困線以下的兒童（10.5%）患病率高於高收入家庭的兒童（7%）。氣喘最可能的致病原因是遺傳脆弱性和早期暴露於環境觸發因素的交互作用，如空氣汙染或香菸煙霧（National Institutes of Health, n.d.c）。

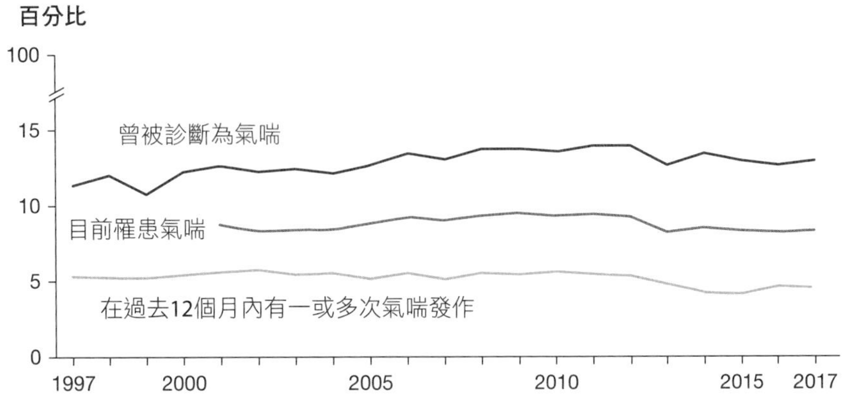


**圖 13.3　美國兒童的氣喘風險**。儘管氣喘仍然是兒童最常見的慢性疾病，但自 2009 年達到高峰以來，目前氣喘診斷人數呈下降趨勢。2017 年，13% 的 0 至 17 歲兒童曾被診斷為氣喘。

**資料來源**：Federal Interagency Forum on Child and Family Statistics (2019).

癌症是兒童期疾病致死的第一大原因。2019 年，估計新生兒至 14 歲的兒童中，會出現 11,000 例癌症新病例（National Institutes of Health, 2019）。近期關於兒童癌症的統計數據，既有好消息也有壞消息，如圖 13.4 所示。好消息是過去 20 年來兒童癌症的死亡人數有所下降，壞消息是同一時期兒童癌症的發病率持續攀升（U.S. Environmental Protection Agency, 2019a）。我們對兒童癌症的原因知之甚少，但接觸毒素（如輻射和殺蟲劑）可能是某些類型兒童癌症的致病因素之一。

兒童期接觸毒素，可能要到日後才會對健康產生負面影響。暴露於陽光的紫外線下就有此種風險，兒童期幾次的嚴重曬傷，也會增加個體往後罹患皮膚癌的風險（CDC, 2019m）。預防曬傷優於事後處理。避免在紫外線最有害的正午陽光下外出，穿著遮蓋裸露皮膚的衣服、戴帽子和太陽眼鏡，並使用防曬係數（sun-protection factor, SPF）15 以上且具有防護 UVA 和 UVB 的防曬產品，都有助於防止過度曝曬。我們原本以為防曬霜只會停留在皮膚表面，但現在研究發現，一些活性成分會被吸收到血液中（Matta et al., 2019），因此對兒童最安全的防曬產品是基於礦物質成分而非化學成分的產品。特別要注意的是，應避免使用含化學物羥苯甲酮（oxybenzone）的藥物，因為它可能具有某些荷爾蒙特性（AAP, 2019d）。

有許多國家組織為社會大眾提供訊息，協助和支持處理相關健康問題，讀者可以自行上網搜尋，尋找可為你居住社區和家庭提供支持的當地資源。

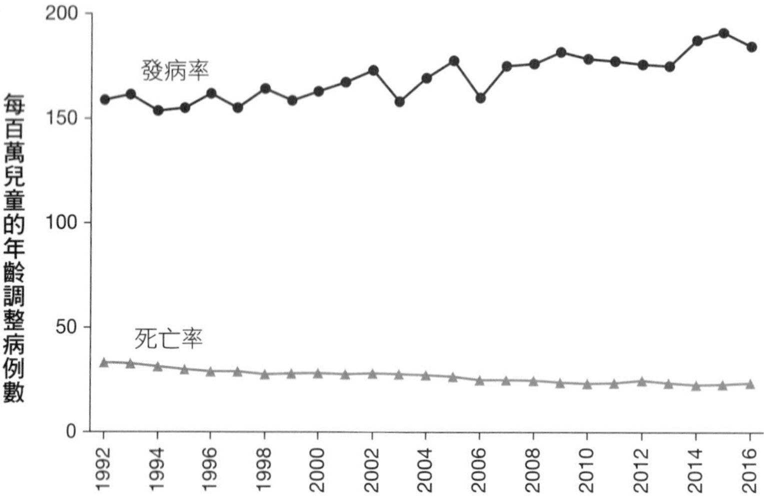


**圖 13.4　1992 至 2016 年美國兒童癌症的發病率和死亡率。**兒童的癌症病例數隨年齡成長而增加。幸而因著醫療的進步，癌症的死亡率已經下降。

**資料來源：**U.S. Environmental Protection Agency (2019a).

**兒童氣喘。**這位男孩患有氣喘，當他呼吸困難時必須使用吸入器。氣喘是美國兒童最常見的慢性疾病。

*©istock.com / parinyabinsuk*

**防曬。**使用防曬產品以防止紫外線對兒童和青少年造成傷害。兒童時期數次的嚴重曬傷，可能會增加罹患皮膚癌的風險。

*©Jose Luis Pelaez Inc / DigitalVision / Getty Images*

## 事故傷害

如圖 13.5 所示，直到最近幾年，兒童死亡總數趨於下降。慢性疾病和傳染病治療的進步，加上一些社會變革，如法律要求兒童乘坐車輛時應繫安全帶，皆有助於降低兒童的死亡人數。然而，亦如圖 13.5 所示，兒童死亡人數近期有回升傾向，主要是由於事故傷害導致死亡。2016 年，超過 60% 的兒童和青少年死亡原因與事故傷害有關（Cunningham, Walton, & Carter, 2018）。

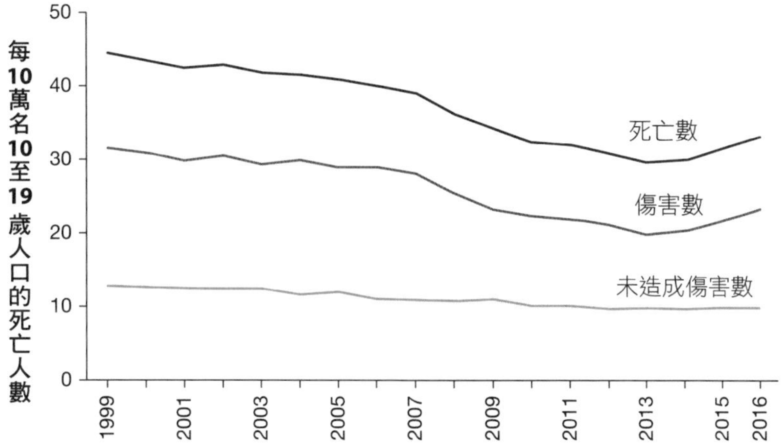


**圖 13.5　1999 至 2016 年美國兒童與青少年的傷害和非傷害死亡數**。直到最近幾年，美國兒童和青少年的總死亡人數才逐漸下降。但是請注意，最近死亡數增加的原因，是由於傷害相關的死亡人數增加。由疾病引起的死亡可能無法預防，但事故引起的死亡通常是可以預防的。

**資料來源**：Curtin, Heron, Miniño, & Warner (2018).

如圖 13.6 所示，致命傷害的死因從兒童期到青春期會出現變化。在出生的第一年，嬰兒特別容易窒息，占該年齡段意外死亡的 80% 以上（Child Trends, 2014b）；隨著兒童年齡增長，車禍事故的風險愈來愈高；到了青春期，車禍事故占所有意外死亡人數的三分之二。

## 酒精、菸草製品與非法藥物

隨著兒童進入青春期，他們開始選擇自己的生活方式，包括物質使用的決定，這會直接影響他們的健康和福祉。「監測未來」（Monitoring the Future）調查蒐集自 1970 年代以來，超過 42,000名八年級、十年級和十二年級學生行為、態度和價值觀的年度數據。最近的調查發現，大麻仍是青少年最廣泛使用的非法藥物，近幾年來的使用情況幾乎沒有變化。儘管大麻在某些州已可合法用於娛樂用途，但在任何情況下，21 歲以下的個人購買仍是非法的，這就是大麻被視為青少年非法藥物的原因。其他非法藥物的使用，如麥角二乙胺（LSD）、搖頭丸（MDMA）、古柯鹼和海洛因，近年來也維持不變。而處方用藥，包括安非他命、鎮靜劑則是逐漸下降（Johnston et al., 2020）。

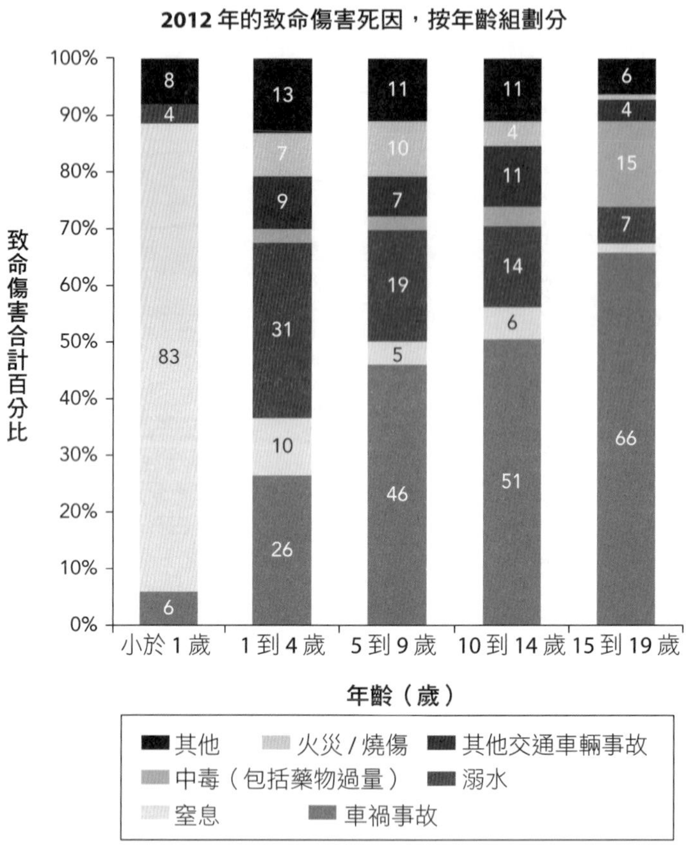


彩色版圖片

**圖 13.6　各年齡兒童的致命傷害死因**。致命傷害的原因在發展的不同階段各有顯著不同。雖然窒息是嬰兒期的重大風險，但隨著年齡增長，車禍事故的風險變得愈來愈重大。

資料來源：Child Trends (2014b).

雖然香菸和其他菸草製品的使用持續下降（見圖 13.7），但 2019 年「監測未來」調查中最重要的發現是，青少年吸**電子菸（vaping）**的人數急劇增加。電子菸是吸入和呼出由電子設備產生的蒸汽，有些電子菸液體只含有調味劑，但有些含有尼古丁或大麻。由於尼古丁是一種高度上癮的物質，經常吸電子菸反倒抵消了減少使用傳統香菸所帶來的任何健康益處（Johnston et al., 2020）。呼吸困難、呼吸急促和（或）胸痛，以及輕度至中度的胃腸道疾病、發燒或疲勞，甚至一些死亡病例，都與電子菸有關（U.S. Food and Drug Administration, 2020a）。有過這些症狀的青少年都表示，曾使用內含四氫大麻酚（THC，大麻中的精神活性元素）及一定濃度維生素 E 醋酸鹽的電子菸產品。關於這些疾病和死亡原因的研究還在起步階段，我們尚未完全掌握吸電子菸帶來的不良後果。

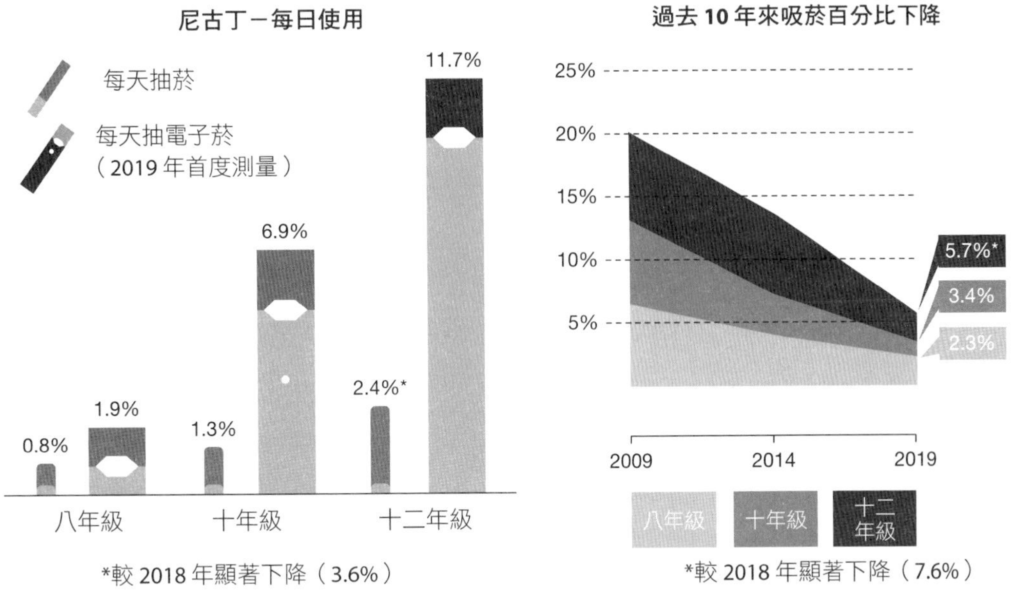


圖 13.7　**香菸和電子菸**。過去十年中，青少年吸菸的百分比顯著下降。然而，許多青少年改抽電子菸來攝取尼古丁。如圖所示，2.4% 的十二年級學生自述每天抽菸，11.7% 則自述每天抽電子菸。

**資料來源**：Students Against Destructive Decisions (2020).

**電子菸**。使用電子菸的青少年人數急劇增加。儘管有人聲稱電子菸比傳統香菸更安全，但青少年仍能透過電子菸的蒸汽對尼古丁上癮，而含有 THC 的電子菸液體可能與嚴重的肺損傷有關。

*©Istock.com / AleksandrYu*

## 酒精

自 1980 年代以來，青少年的酒精消費量持續下降（課前測驗第 5 題），從最近的 2019 年「監測未來」調查中可看見穩定下降的趨勢（Johnston et al., 2020）。圖 13.8 顯示過去十年飲酒和狂飲人數趨於下降。然而，儘管酒精使用減少，酒精仍是青少年最廣泛使用的物質。四分之一的八年級學生和十分之六的高中生自述曾飲酒。

青少年的飲酒多半是**狂飲（binge drinking）**。狂飲的定義為：男性在兩小時內喝了 5 杯以上的酒，或是女性喝了 4 杯以上的酒。年輕人的飲酒型態中約有 90% 是狂飲（National Institute of Alcohol Abuse and Alcoholism [NIAAA], 2020）。在過去，男性的狂飲和每日飲酒量都高於女性，但這種性別差異在最近的調查中出現逆轉，如圖 13.9 所示（NIAAA, 2020）。

狂飲會置青少年於種種危險境地，包括增加車禍事故死亡或受傷的風險（NIAAA, 2020）。因為重度飲酒者更容易衝動、更難以延後滿足，所以飲酒的年齡較大青少年，衝動行為表現和不飲酒的年齡較小青少年類似（Sullivan et al., 2016）。這種衝動與更嚴重的肢體攻擊或性侵害風險，以及使用其他藥物有關；日後的酒精依賴也是一種風險。過早大量飲酒更是容易出問題，因為青少年的決策能力尚不成熟，無法完全理解飲酒的後果。當然，與準備開始飲酒的青少年相比，那些從小就開始飲酒的人，接觸酒精的時間更長，其飲酒量長期累積下來，造成的傷害更大。

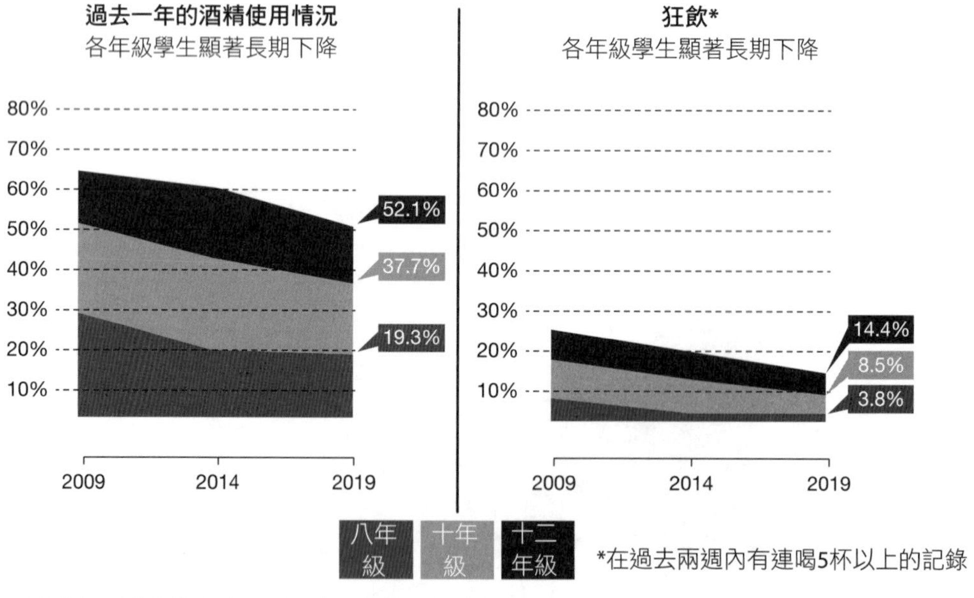


**圖 13.8　青少年酒精使用和狂飲**。近年來，過去一年中飲酒的青少年人數和狂飲人數趨於下降。這兩項結果呈現緩慢但穩定的進步。

**資料來源**：National Institute for Drug Abuse for Teens (2020).

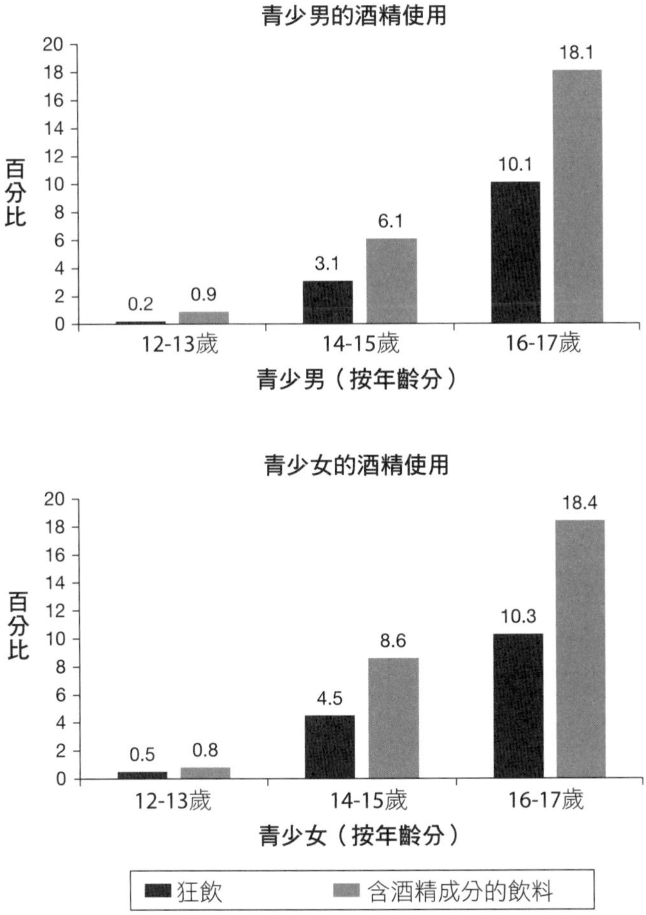


圖 13.9　**青少男和青少女的飲酒量**。不久之前，男性的每日飲酒量或狂飲人數還多於女性。但是，唯一的例外是年紀輕輕的青少年，此種性別差異在最近的統計數據中出現逆轉。該如何解釋這種近期的變化？

**資料來源**：National Institute of Alcohol Abuse and Alcoholism (2020).

## 菸草製品

一次狂飲或酒後駕駛的下場可能是死亡，而吸菸或許會造成最嚴重的長期後果。CDC（2019q）估計，當今約有 560 萬的青少年將因吸菸有關的疾病而早逝。吸菸率最高的是夏威夷原住民 / 其他太平洋島民、美洲印第安人 / 阿拉斯加原住民，其次是多元種族、拉美裔、非裔、白人和亞裔青少年。白人、拉美裔和亞裔男性曾經使用過菸草產品的可能性明顯高於女性，但其他種族 / 族裔群體並沒有顯著的性別差異（Odani, Armour, & Agaku, 2018）。一旦養成吸菸的習慣就很難戒菸，因此防止年輕人開始吸菸似乎是最明智的做法。正如第 12 章所言，對於任何將吸菸呈現為令人愉悅的廣告，都應當加以防範。

減少青少年吸菸的策略包括：提高菸草製品的價格、限制允許吸菸的區域、宣傳鼓勵無菸生活方式的媒體訊息和社區與學校方案，以及限制菸草製品的廣告和供應（CDC,

2019q）。2019 年美國立法規定，向 21 歲以下的人出售任何菸草產品（包括香菸、雪茄和電子菸）都是非法的（U.S. Food and Drug Administration, 2020b）。醫學研究所（Institute of Medicine, 2015）估計，此一立法可避免 2000 至 2019 年間出生的 223,000 位美國人過早死亡。雖然電子菸可能有助於吸菸者戒菸，但對四萬名國中和高中生的調查發現，電子菸的使用與吸菸的關聯性更大（Dutra & Glantz, 2014）。這項研究得出的結論是，電子菸不但無助於戒菸，甚至會鼓勵吸菸。

## 非法藥物

青少年使用的非法藥物包括致幻劑、鎮靜劑、古柯鹼或快克、海洛因、甲基安非他命等。藥物的效果取決於使用的特定物質、頻率和劑量。由於大麻在許多州已可合法用於醫療和娛樂用途，因此認為吸食大麻無害的青少年人數增加不少（Chadi & Hadland, 2018），但正如第 5 章所述，大麻會影響發育中的青少年大腦。它與認知功能的幾個面向衰退有關，也可能對健康造成間接傷害。例如，如果大麻損害了判斷力、運動協調性和反應時間，將導致青少年在開車時置自己和他人於危險之中；並且當判斷力受損時，他們更有可能從事不安全性行為或做出愚蠢的冒險行為。

自 2015 年以來，青少年濫用處方藥的情形呈現緩慢但穩步下降的趨勢（National Institute on Drug Abuse, 2019）。2016 至 2019 年期間，自述在過去一年中濫用處方藥物的十二年級學生百分比，從 12% 下降到 8.6%，包括利他能（Ritalin）和阿德拉（Adderall）等興奮劑（從 8.6% 降至 3.9%）以及維柯丁（Vicodin）和疼始康定（OxyContin）等鴨片類（opioids）藥物（從 2002 年的 9.6% 降至 2019 年的不到 2%）。類鴉片處方藥物目前的濫用率，是「監測未來」首次調查青少年使用情況以來的最低水平（Johnston et al., 2020）。

這些物質的使用下降是美事一樁，當青少年過度使用這些物質，或因使用這些物質而出現嚴重的生活問題時，即有可能罹患**物質使用障礙（substance use disorder, SUD）**。SUD 的病徵是渴望和使用比預期更多的物質；社交、家庭或學校出現問題；即使明知該物質會導致生活出現問題，仍冒險使用該物質；對該物質的耐受性提高，導致使用的物質量愈來愈多，在停止使用該物質時會出現戒斷症狀（APA, 2013）。

愈早發現問題就愈容易獲得治療。由於治療選擇多樣，故應該針對個人的具體需求量身訂製，關注整體發展，而非僅是個人的藥物使用這一面向（National Institutes of Health, n.d.b）。青少年家庭的參與是治療過程的重要環節，有效的計畫應促進家庭溝通，教育家庭成員如何在治療和復原期間支持青少年。儘管復發時有所聞，但增加青少年的抗藥動機和建立拒絕技巧的行為療法，是最有可能成功的治療方法。

**學習檢定**

**知識問題：**

1. 為什麼睡眠不足與體重增加有關？
2. 貧困兒童為何更常接觸到環境中的鉛？
3. 近年來兒童最常遭受的致命傷害為何？
4. 當代青少年更常使用哪些菸草製品、酒精和非法藥物？

**思辯問題：**

應該用什麼方式改變青少年的不健康行為，效果會比較好？

# 兒童正向發展的挑戰

## 學習問題 13.4．貧困、無家可歸、創傷、虐待和種族歧視，對兒童和青少年的發展有什麼影響？

許多成長環境置兒童與青少年的生理、認知和社會情緒發展於風險之中。本節將討論幾個重要的問題，包括貧困、無家可歸、創傷和兒童虐待。兒童和青少年也可能成為種族刻板印象、偏見和歧視的受害者。以下將討論每一項困境的後果，並描述能減少負面結果的方法。

### 貧困

成長於貧困家庭是兒童福祉面臨的最大風險之一。貧困與整個兒童期和青春期的認知、學業和健康結果不佳，及青春期危害健康相關行為較多有關（Annie E. Casey Foundation [AECF], 2019）。兒童貧困與所有發展領域困難有關，且有明確證據顯示兒童的語言發展、認知功能和學業成就方面存在缺陷（Duncan, Magnuson, & Votruba-Drzal, 2014; Nikulina, Widom, & Czaja, 2010）。2018 年，超過 1,190 萬個兒童（或每 6 個美國兒童中，就有 1 個）生活在收入低於貧困線的家庭中，其中近 73% 是非白人兒童。約有三分之一的非裔和美洲印第安人 / 阿拉斯加原住民兒童，和四分之一的拉美裔兒童生活在貧困之中。相比之下，每 11 名白人兒童中僅有 1 人生活在貧困中（Children's Defense Fund, 2020）。

貧困率因國家而異。將更多國民收入用於社會福利計畫的國家，兒童的貧困率較低。例如，2014 年丹麥和芬蘭等國家，將國民生產總值（GNP）的 20% 用於大量的社會福利計畫，他們的兒童貧困率低於 4%；而美國僅將國民生產總值的 12% 用於社會福利計畫，貧困率超過 20%（Wilson & Schieder, 2018）。政府政策和計畫影響貧困率的進一步證據，來自美國國家學院（National Academies of Sciences, Engineering, and Medicine, 2019）為美國國會準備的一份報告，該報告發現獎勵就業並為貧困人口提供支持的計畫，將美國兒童的貧困率從 1967 年的 28.4%，降至 2016 年的 15.6%。該報告的結論是，繼續推行或擴大收入所得稅抵免、福利改革、公共健康保險和「營養補充援助計畫」（Supplemental Nutrition Assistance Program）等，說不定能在十年內將貧困率降低一半。

當然，貧困不是靜態的情況，隨著際遇變化，家庭會陷入貧困或脫離貧困（課前測驗第 6 題）。在美國約有 20% 的兒童生活在貧困中，但有兩倍（約 40%）的兒童在 18 歲之前生長於貧困環境中至少一年（Ratcliffe, 2015）。對於處於或接近貧困線的家庭來說，冠狀病毒流行等重大災難嚴重損害他們的財務狀況。過早生活在貧困中，或童年大部分時間都在貧困中度過，兒童的表現會更糟（AAP Committee on Community Pediatrics, 2016; AECF, 2019）。這可能是因為貧困會影響兒童大腦的神經迴路和結構，而這兩者都在兒童早期以更快的速度發展，因此更容易受到負面經驗的影響。這些結構差異會影響語言發展、自我調節、工作記憶和學業成就（Hair, Hanson, Wolfe, & Pollak, 2015; Lempinen, 2012）

第 4 章曾提到，貧困的影響在出生前就開始了。缺乏足夠的健康服務和母體營養不良，會導致低出生體重和早產，兩者都是日後出現健康問題和認知發展受限的風險因素。貧困持續帶給父母巨大的壓力，影響他們的身心健康。憂鬱症在低收入家庭中更為常見，憂鬱症父母難以關心照顧子女、支持孩子獲得最佳成長（Ertel, Rich-Edwards, & Koenen, 2011）。被貧困壓得喘不過氣來的父母更有可能懲罰子女、對孩子冷漠以對，這麼一來，更加重貧困對兒童行為問題的影響（Flouri, Midouhas, Ruddy, & Moulton, 2017）。如第 8 章所述，與經濟狀況較好的父母相比，低收入父母較沒有能力提供認知刺激的環境，也較無餘力與孩子交流互動（Leffel & Suskind, 2013; Orth, 2018）。種種結果造成孩子的語言發展程度較差，繼而對日後的學業成績產生負面影響。貧窮還意味著家庭更有可能居住在住屋殘破、不安全、嘈雜和擁擠的社區（Aber, Morris, & Raver, 2012），這樣的社區幾乎不可能為兒童提供豐富的活動，例如課後活動或課程（Pew Research Center, 2015b）。

一些令人振奮的研究表示，當低收入家庭的收入增加時，將可改善兒童的發展結果。在 1990 年代中期，美國住宅與都市發展部（U.S. Department of Housing and Urban Development）開始了一項名為「轉向機會」（Moving to Opportunity）計畫的實驗。隨機挑選

4,600 個居住在高貧困地區的家庭，發予住屋補助，讓這些家庭搬到貧困程度較低的社區（Chetty, Hendren, & Katz, 2016）。當研究人員檢視搬家的影響時，發現在年幼時搬家的兒童，比留在原來貧困社區的兒童，發展結果更好。成年後的收入比對照組平均高出 31%，更有可能升大學、繼續生活在貧困程度較低的社區，成為單親父母的可能性更小。然而這僅適用於在 13 歲之前搬家的兒童。晚搬家的兒童並沒有因此受益，甚至在某些方面可能因搬家造成的中斷而遭致危害。從這項研究結論可知，兒童離開高貧困社區的時間早晚是影響較佳發展結果的主因。

有助於低收入家庭子女取得較佳發展結果的非經濟因素包括：溫暖和有回應的親子關係加上父母的嚴格管教（Berlin et al., 2009; Kim & Kochanska, 2015），以及參加第 7 章所介紹的早期教育計畫，例如啟蒙教育計畫（Head Start）。然而，對低收入家庭的直接經濟援助，或許是改善這些家庭子女命運最直接和最有效的方法。直接減少貧困的計畫如提供兒童津貼、稅收抵免或提高經濟援助，可以顯著提高貧困兒童的學業成績並減少行為問題（Burnside & Floyd, 2019; National Academies of Sciences, Engineering and Medicine, 2019）。

## 無家可歸

根據全國終結無家可歸聯盟（National Alliance to End Homelessness, 2018）的數據，幾乎 6 萬個有孩子的美國家庭，曾有一個晚上無家可歸。無家可歸的家庭與生活貧困的家庭得承擔許多壓力和風險，這些家庭的兒童經常挨餓、無法獲得醫療服務、錯過許多教育機會，他們的心理健康問題堪憂、發展遲緩和認知結果較差。

有些無家可歸的家庭與其他親戚或朋友同住、住在汽車旅館、睡在車上或公共場所。就算搬進緊急避難所，也通常是擁擠、嘈雜、不怎麼安全的環境，因此那是許多家庭的最後手段。由於居無定所，無家可歸的家庭經常從一個地方搬到另一個地方，迫使兒童必須轉學。因此這些兒童的缺課比例至少是普通學生的兩倍，而缺課與標準化測驗成績不佳及平均成績較低有關（National Center for Homeless Education, 2017）。在一項研究中，四分之一居無定所的家庭被迫骨肉分離，父母不得不將孩子（尤其是年長的孩子）送給朋友或親戚代為撫養，有的孩子則

**無家可歸**。貧困的後果之一可能是無家可歸。這是明尼蘇達州明尼亞波里斯市的一座帳篷城（tent city）。以帳篷為家的兒童往往缺乏足夠的營養、醫療和教育，對發展造成嚴重後果。
*©KEREM YUCEL / AFP / Getty Images*

進入寄養家庭（Shinn, Gibbons-Benton, & Brown, 2015）。

無家可歸對家庭來說是一個複雜、多方面的挑戰，因此需要各種服務來改善這些兒童的生活，包括醫療服務、物資援助、職業培訓和就業家庭的托育服務。美國無家可歸統合委員會（U.S. Interagency Council on Homelessness, n.d.）設計了一份 2018 至 2022 年策略計畫，目標是讓無家可歸成為罕見且短暫的事件。該計畫包括開發更多安全和負擔得起的出租房屋、為家庭提供經濟援助以滿足住房需求，以及連結家庭與當地資源，例如職業培訓，才能使他們的未來居住情況更加穩定。

## 創傷

近年來，創傷影響身心健康方面的研究方興未艾。愈來愈多證據表明，創傷的影響會體現在大腦結構中（Everaerd et al., 2016; Lutz et al., 2017）。**創傷**（truma）的定義不一，但通常是指對壓倒個人因應能力的極度痛苦事件的反應。因此，創傷會讓人感到無助、悲傷和恐懼，從而導致一連串的生理症狀或心理疾病（Onderko, n.d.）。創傷性事件包括（但不限於）：家庭暴力、身體或性虐待、忽視、車禍事故、自然災害、校園暴力、醫療創傷、恐怖主義、難民和戰爭創傷、自殺和其他創傷性失落。

兒童遭遇創傷風險的估計，因兒童樣本和使用的研究方法而異。但近三分之二的美國成人表示，他們在孩提時期至少經歷過一次創傷事件，近四分之一表示經歷過三個以上的創傷事件（Merrick, Ford, Ports, & Guinn, 2018）。兒童對創傷事件的反應，受經驗的性質、兒童是否為此做好準備、兒童如何看待威脅、事件持續時間、事件的嚴重程度、兒童的年齡或性別、兒童是否有其他創傷經驗，以及兒童本身的性格特徵、應對能力和創傷前的心理健康狀況等影響（Skuse, Bruce, Dowdney, & Mrazek, 2011）。種種複雜因素使我們很難預測個別兒童在特定情況下的結果。

**創傷經驗**。龍捲風過後，這個年幼的孩子正在幫忙清理家園，儘管他的家人努力重建生計，這種創傷的影響仍將繼續存在。兒童需要很強的韌力和他人的支持，才能從創傷中復原。

*©Amber Douthit / Stringer / Getty Images News / Getty Images*

創傷事件發生後，個體會感到焦慮、絕望或情緒疏離、對曾經喜歡的活動缺乏興趣、難以入睡或注意力不集中，以及有易怒或攻擊行為。有些人頻繁地被閃現（flashbacks）、惡夢或侵入性想法（intrusive thoughts）干擾，一再經驗創傷，這些都是**創傷後壓力症候群（posttraumatic stress disorder, PTSD）**的特徵（Mayo Clinic Staff,

2018a）。閱讀「主動學習：侵入性想法」，體會一下被侵入性想法干擾的感受。

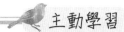

主動學習

## 侵入性想法

©*Istock / David Peperkamp*

閉上眼睛安靜地坐幾分鐘，試著想任何東西都可以，就是**不要**想圖片中的這隻兔子。

你能把這隻兔子拋諸腦後嗎？創傷後壓力症候群患者努力不去想創傷性事件。事實上，還有些人因創傷事件而患了失憶症，但對許多人來說，他們愈是想將記憶和想法排除在腦海之外，這些想法和情緒就愈會失控入侵。以下將介紹一些可以幫助兒童打破這個循環、恢復他們生活常軌的治療方法。

協助兒童因應創傷的有效治療方法之一為**認知行為治療**（cognitive behavioral therapy），如第 9 章所述，它幫助兒童發展必要的技能來管理與創傷事件有關的壓力（Lenz & Hollenbaugh, 2015）。例如，教導兒童和父母認識壓力及其後果；教導兒童學習放鬆技巧，幫助他們做好因應壓力的準備，並在認知上將壓力重新定義為可控制的情況；鼓勵兒童用自己的話敘說創傷故事，目的是理解和管理情緒，增加家庭所有成員之間的溝通和凝聚力。

雖然這種方法對年齡較大的兒童和青少年有用，但幼兒的語言或認知能力尚嫌不足。許多學齡前兒童在經驗創傷後，對其他兒童表現出破壞攻擊的行為。學齡前兒童和幼兒園兒童的退學率和停學率非常高——是全國學齡兒童平均的 13 倍（Gilliam & Shahar, 2006）——某些被退學的兒童可能正蒙受創傷的後遺症之苦。第 11 章描述的遊戲治療或藝術治療對幼兒可能更有幫助。此外，還有一些由學校主辦的介入措施，會邀請各個領域的成人與這些兒童互動（Smith, 2013）。

**因應重大傷病**。這張圖的繪者是一位抗癌病童，由此可清楚看出這名兒童對打針的感受。藝術治療可以幫助兒童處理情緒並控制焦慮，同時讓其他人有機會與兒童討論正在經歷的事情。

©*Carolyn Cole / Los Angeles Times / Getty Images*

# 兒童不當對待

稍停片刻，慢慢數到 10。在你數到 10 的這段時間裡，可能又發生了數起疑似兒童不當對待的事件。**不當對待（maltreatment）**是一個涵蓋虐待和忽視的廣義名詞，泛指父母或照顧者對兒童造成傷害或潛在傷害的任何行為。**虐待（abuse）**特指對兒童造成身體傷害的肢體行動。**性虐待（sexual abuse）**意指迫使兒童參與性活動，讓加害者得到性滿足或經濟利益，包括騷擾、法定強姦罪、賣淫、色情、暴露、亂倫或其他剝削性行為。**忽視（neglect）**是指儘管經濟許可，但卻沒有提供兒童必要的適齡照顧（USDHHS, 2020）。接下來將說明兒童保護服務（Child Protective Services, CPS）系統如何處理疑似不當對待通報案件、誰是受害者和加害者，以及可以做些什麼來幫助受害者和家庭。

2018 年，兒童保護服務收到約 430 萬件指控虐待或忽視的轉介案例，這些轉介案例涉及 780 萬名兒童（USDHHS, 2020）。圖 13.10 顯示三種主要指控類型的通報百分比：忽視、身體虐待和性虐待。儘管自 1997 年以來，指控身體虐待或性虐待的通報百分比維持相對穩定，但指控忽視的百分比持續攀升，每年都大幅超過指控虐待的通報數量。至於屬實案件（調查後發現有可靠證據支持指控的案件），指控身體虐待和性虐待的屬實案件顯著下降，而指控忽視的案件僅些微下降（Finkelhor, Saito, & Jones, 2020）。

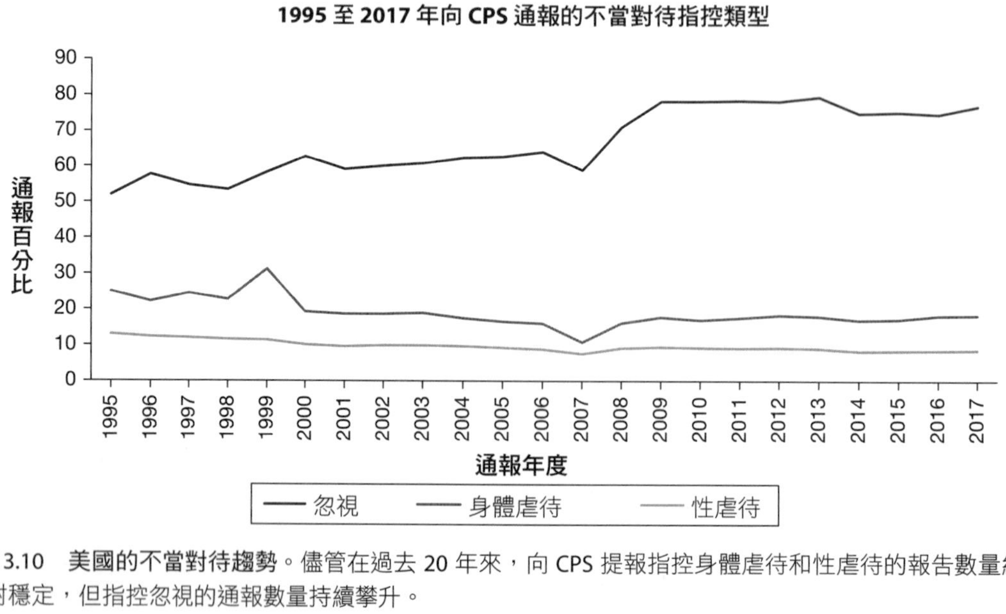


圖 13.10　美國的不當對待趨勢。儘管在過去 20 年來，向 CPS 提報指控身體虐待和性虐待的報告數量維持相對穩定，但指控忽視的通報數量持續攀升。

資料來源：USDHHS / ACF.

## 兒童保護服務

在說明當前的兒童保護服務系統如何運作之前，請先閱讀「研究之旅：兒童保護立法」，瞭解保護兒童免受虐待和忽視的歷史。

### 研究之旅 兒童保護立法

綜觀人類歷史，孩子曾被認為是父母的財產，父母可以對他們為所欲為。生病、殘障、畸形或甚至不討喜的兒童可能會受到虐待、殺害或遺棄（Covey, 2018）。只要孩子有被視為財產的一天，社會就不會去干涉個別家庭如何對待孩子。時至今日，兒童已成為需要被培育和保護的個體。但在中世紀，有些人還認為兒童體內附身著惡魔或惡靈，必須加以驅逐（Coster, 2012）。

1873 年，發生了美國兒童保護史上的一個關鍵事件。當時一名教會人員聽聞一位名叫 Mary Ellen 的 9 歲女孩受到家人的可怕虐待（Covey, 2018），每天都被毆打、禁食。當教會人員企圖帶 Mary Ellen 離開家時，卻發現沒有法律先例，當局拒絕採取行動。在教會人員堅持不懈的努力下，改向美國愛護動物協會（American Society for the Prevention of Cruelty to Animals, ASPCA) 求助，主張身為靈長類動物的 Mary Ellen，至少應該得到與受虐騾子同等的保護。在 ASPCA 的幫助下，Mary Ellen 終於得救，被安置於寄養機構中。次年，即 1874 年，防止兒童虐待協會（Society for the Prevention of Cruelty to Children）成立，使命為保護兒童免受虐待和不當對待。然而，Mary Ellen 案並沒有直接喚起社會大眾對保護兒童的關注。

將近一百年過去，時至1960 年代，科羅拉多州丹佛市的兒科醫生 Henry Kempe 在他所治療兒童的一些 X 光片中，發現骨折不同癒合階段的證據，顯示導致這些傷害的原因曾反覆發生過一段時間。Henry Kempe 醫生和同事在 1962 年發表一篇開創性的論文〈受虐兒童症候群〉（The Battered Child Syndrome），並展開一場運動，呼籲醫生和社會大眾揭開隱藏在封閉家門背後的不單純事件（Leventhal, 2003）。

即使愈來愈多人認識到兒童虐待情事普遍存在，但美國也花了十多年的時間才通過保護兒童免受虐待的全面立法。1974 年，國會頒布了第 93-247 號公法，即《兒童虐待防治法案》（Child Abuse Prevention and Treatment Act－CAPTA）。該法案明確建立一套向兒童保護機構通報疑似虐待或忽視案件，並追蹤案件處理情況的方法。該法案經過多次修訂，最近一次是在 2018 年（Child Welfare Information Gateway, 2019a），至今仍致力於查找和保護受到虐待的兒童，以及為家庭提供支持，使兒童能夠安全地與父母同住。

《兒童虐待防治法案》（CAPTA）規定各州都應設有免費熱線，以接收疑似不當對待的通報。圖 13.11 顯示兒童保護服務（CPS）系統處理疑似不當對待通報的流程。首先篩選打進熱線的電話，以確定通報是否適用於有關兒童虐待和忽視的相關法律。如果是，則將通報提交給當地 CPS 機構進行調查（USDHHS, 2020）。調查後判定指控**屬實**（正式判定兒童受到不當對待）、**疑似**（有足夠證據支持兒童受到不當對待，但未有足夠證據支持兒童受到實質不當對待）或**未屬實**（沒有足夠的證據支持指控）。如果判定兒童面臨迫在眉睫的危險，可以將他們帶離家庭，或向家庭提供服務以防止不當對待惡化。如圖 13.11 所示，即使通報為未屬實案件，CPS 也可以向家庭提供服務。

兒童保護機構必須在保護兒童和維護家庭完整之間尋求平衡。因此機構不會擅自將兒童從家中帶走，除非他們明顯處於危險之中（Covey, 2018）。2018 年，近 200 萬名面臨虐待或忽視風險的兒童接受既能維護家庭完整、同時又能保護兒童免受進一步傷害的預防服務，包括：教導父母有關兒童發展階段的知識、提供托育或就業服務，或提供住處轉介（USDHHS, 2020）。

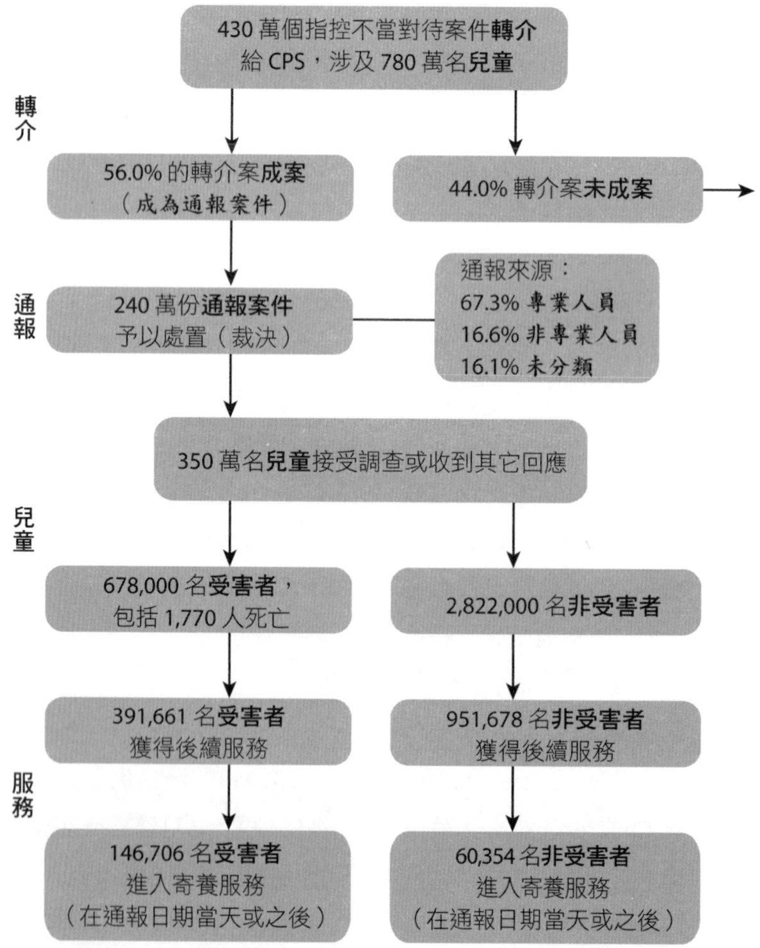


圖 13.11　CPS 系統的處理流程。本圖顯示 CPS 系統如何處理兒童保護服務機構提交的疑似不當對待通報。圖中數字為 2018 年的統計數據。

資料來源：USDHHS (2020).

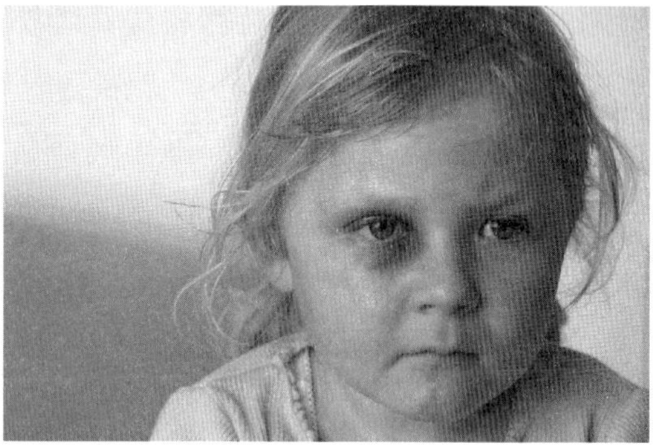

**兒童身體虐待**。兒童虐待的直接結果如這個女孩身上的傷痕，並且也會對受害者造成許多長期的心理後果。
©*Istock.com / sturti*

當社會大眾初次意識到遭受不當對待的兒童人數之多時，必然對兒童保護系統成效不彰非常不滿。因此，最初立法的宗旨是揭發每一件可能正在發生的虐待案件。為達此一目標，任何公民都可以向當局舉報疑似不當對待事件，但多數通報仍來自服務兒童和家庭的專業人員。根據法律，這些專業人員為**責任通報人員（mandatory reporters）**，他們*必須*向當局通報任何疑似事件（USDHHS, 2020），否則將受到法律處罰（罰款或徒刑）。責任通報人員包括：健康照護提供者、教師、托育服務提供者、社會工作者和警察。同時，美國所有州也保障責任通報人員免於因通報而被家屬起訴，因為他們的通報是以善意為出發點（Child Welfare Information Gateway, 2019b）。

最初決定擴大安全網以揭發任何不當對待案件的結果是，CPS 每年必須調查大量案件。2018 年，CPS 機構收到 240 萬份報告，耗費大量時間和資源調查之後，只有 17% 的案件屬實或疑似。若通過修法以減輕 CPS 的負擔、增加通報不當對待的難度，有可能導致更多實際的虐待或忽視案件成為漏網之魚。到目前為止，我們不願意做出這樣的妥協讓步，因此繼續採用這種廣泛撒網的方式，盡可能地找出不當對待的家庭。請記住，儘管 CPS 每年收到大量通報事件，但這只是實際發生案件的其中一部分，仍有許多案件未被發現。

## 不當對待的形式

2018 年 CPS 調查發現，兒童忽視的受害者（60.8%）比身體虐待（10.7%）或性虐待（7%）還多。另有其他案件涉及心理虐待、醫療忽視、性販賣或多重虐待（USDHHS, 2020）。

同年，有 1,770 名兒童因不當對待而死亡（USDHHS, 2020），這表示每天有近五名兒童因虐待或忽視而死亡（課前測驗第 7 題）。年齡愈小，面臨的風險愈大。向 CPS 報告的兒童死亡事件中，超過 70% 為 4 歲以下的幼兒，近半數的兒童死亡事件發生在 1 歲以下，男孩比女孩更有可能成為受害者。四分之三的死亡兒童遭受忽視，近半數遭到身體虐待，或合併其他類型的不當對待。

## 受害者和加害者

兒童的年齡是任何形式不當對待受害的最重要風險因素之一（見圖 13.12），身心障礙則是另一個風險因素。身障兒童受到虐待或忽視的可能性是非身障兒童的三倍。ADHD 等影響兒童外顯行為的障礙，使兒童更容易受到身心俱疲照顧者的身體虐待；依賴他人照顧、非語言溝通能力或聽力受損的兒童更有可能成為忽視或性虐待的受害者（Child Welfare Information Gateway, 2018b）。美洲印第安人 / 阿拉斯加原住民兒童的受害率最高，非裔兒童的受害率次之。另外，男孩和女孩成為不同形式不當對待受害者的風險相似，唯成為性虐待受害者的風險除外。由於性虐待案件與其他形式的兒童不當對待略有不同，本章稍後再特別討論這個議題。

2018 年，91.7% 的不當對待受害者是由父母一方或雙方施暴，13.4% 的案件中，至少有一名加害者不是父母（USDHHS, 2020）。多數的非父母施暴者為受害者的親戚或父母的未婚伴侶。

當然，兒童虐待和忽視可能發生在任何社經階層，但低收入家庭被通報的風險更高（Lefebvre, Fallon, VanWert, & Filippelli, 2017）。造成如此差異的一部分原因是通報偏見（reporting bias）（即貧窮家庭更常被通報到兒童保護服務機構），事實上不當對待也常發生在較為貧窮的家庭。正如前面討論貧困問題時提到的，與貧困相關的環境可能提高問題風險。整體而言，低收入家庭面臨更多的生活壓力，而壓力增加以及缺乏社會支持和資源，都會對育兒品質產生負面影響。當然，經濟資源不足也常導致兒童忽視。最後，貧困家庭更常與福利、緩刑服務或公共健康診所等機構接觸，這些機構必然也是疑似虐待或忽視的責任通報人（Lefebvre et al., 2017）。

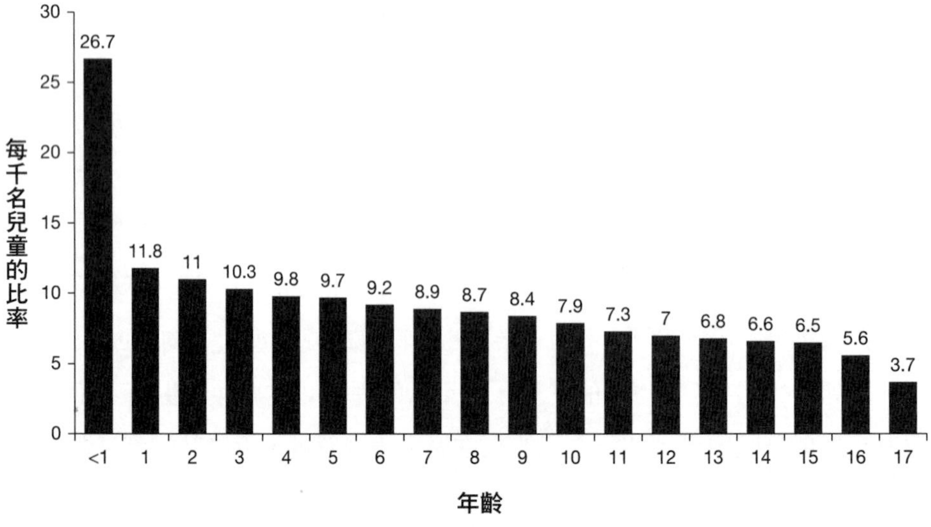


**圖 13.12　兒童不當對待的受害者年齡。**幼兒最有可能成為兒童不當對待的受害者，嬰兒的受害百分比略高於四分之一，3 歲以下的幼兒則占半數以上。幼兒為何容易成為受害者？

**資料來源：**U.S. Department of Health and Human Services (2020).

## 性虐待

任何年齡的兒童都有可能成為性虐待的受害者，性受虐的平均年齡為 9 歲，7 至 13 歲之間的風險最大（Darkness to Light, 2015）。性虐待發生在所有族裔背景及所有社經階層的家庭中，但生活在低收入、少數族裔家庭的兒童風險更高。與已婚親生父母同住的孩子風險最低，與單親父母或繼父母同住的兒童風險更高，而那些不與親生父母（例如寄養家庭）同住的兒童風險最高。與有同居伴侶的單親家長同住的兒童，也有很高的風險（CDC, 2020a; Darkness to Light, 2015）。當家庭中有物質濫用、心理健康、伴侶暴力或社會孤立問題時，也會增加該家庭兒童遭受性虐待的風險（CDC, 2020a）。

與一般人的想法相反，大多數遭受性虐待的兒童都是被認識的人加害（Darkness to Light, n.d.）。報警案例中，約 2.2% 的加害者和 11.6% 受害者為女性（Cortoni, Babchishin, & Rat, 2017），約四分之一的加害者年齡在 18 歲以下（National Child Traumatic Stress Network, 2009）（課前測驗第 8 題）。加害者經常使用**誘騙**（grooming）手法，引誘兒童進行愈來愈帶有性意涵的接觸，逐漸降低兒童告知他人受虐事實的機會。有時加害者會給兒童禮物或與他們一起做些特別的事，或威脅兒童保守祕密。如果加害者是家庭成員，兒童更難以揭發他們的施虐行為，因為擔心會給其他家人帶來麻煩（Townsend, 2016）。

許多受虐者長大成人後，多年來都沒有說出發生在他們身上的童年虐待。許多原因導致他們不願開口。施虐者可能威脅他們若告訴任何人，就要傷害他或他的家人，兒童也可能因受虐而感到羞恥或內疚。在某些情況下，兒童可能不知道可以向誰求助，或擔心沒有人會相信他們（Townsend, 2016）。儘管男孩和女孩都對受虐難以啟齒，但男孩還另外被一些男性文化期望等相關問題絆住。男子氣概的性別規範崇尚有權勢和有控制力的人，但在這種情況下，多半是暗指加害者較具男子氣概，受害者則是軟弱、有瑕疵、無能為力和無助的（Petersson & Plantin, 2019），這種態度阻礙了男孩向他人透露性虐待發生的事實。由於多數加害者為男性，性受虐男孩也擔心如果揭露受害，其他人會把他們視為同志（Gagnier & Collin-Vézina, 2016; Payne et al., 2014）。

儘管揭發困難重重，但許多兒童並沒有否認他們遭受虐待的事實，也不需要旁人具體指出受害事實來引導他們開口討論（Allnook & Miller, 2013; Jackson, Newall, & Backett-Milburn, 2015）。兒童最有可能向同儕或友伴揭露性受虐事實；當加害者不是家人時，也有許多兒童選擇向母親揭露（Townsend, 2016）。揭露後，若兒童願意接受司法詢問員的面談，性虐待指控更能成立，透過法律制度起訴加害者（Townsend, 2016）。

## 性販賣與性交易

全世界都非常關注以商業性剝削和性交易為目的，將兒童和青少年拐離家庭的**性販賣**（**sex trafficking**）問題。這種犯罪屬祕密性質，因此很難估計受害者的數目（Roby & Vincent, 2017）。性販賣遍諸世界各地，不限於未開發國家。最該留意的是女性受害者，但男性也處於危險之中，卻經常被坐視不管，因為他們不願意承認發生在身上的事，理由和不願意揭露性虐待類似；或因執法人員傾向於將男性視為犯罪者，而非受害者（Chin, 2014）。

美國醫學研究所和國家科學研究委員會（Institute of Medicine and National Research Council）得出的結論是，儘管性剝削和性販賣對年幼受害者及社區造成嚴重的長期後果，但「預防、揭發和打擊這些犯罪的努力，得不到支持、效率低下、各行其是、欠缺周詳的評估」（National Academy of Sciences, 2013, p. 1）。這些犯罪發生在社會邊緣，大眾不知道該如何認識問題或如何應對。離家出走或被迫離家的兒童最容易成為這一罪行的受害者。

過去，從事性交易的青少年被汙衊為犯罪分子，但現在已經轉而將他們視為受害者（Reid & Piquero, 2014）。許多人是為了逃離家庭虐待，包括性虐待。對這些青少年來說，性交易讓他們獲得些許的控制感；對有些人來說，性交易是當地社區的常態，他們也被期待要從事性交易；有些人則是被金錢和光鮮亮麗的生活所吸引。性販賣和性交易受害者的治療應著重在這些孩子所經歷的創傷，不論女孩或男孩都需要加以協助，才能為他們找到更好的生活方式。

## 兒童虐待與忽視的後果

童年時期遭受不當對待，與兒童期和整個成年期的諸多生理、行為和心理健康問題息息相關，但不當對待的形式不同，造成的後果也不同。此外，不同形式的不當對待經常同時發生。例如，遭受身體虐待的兒童也可能被忽視，因此很難將一種不當對待的影響與另一種不當對待獨立分開來看。

所有形式的虐待——身體虐待、性虐待和言語虐待——都包含在童年逆境經驗（ACEs）中，性虐待導致的無力感、不信任感和背叛感，造成的傷害尤甚（Johnson, 2016）。多達三分之一的性虐待受害者符合創傷後壓力症候群（PTSD）的診斷標準（Springer & Misurell, 2015；另見 Matulis, Resick, Rosner, & Steil, 2014）。兒童性虐待與憂鬱症或焦慮症等內隱行為問題的發生率較高有關，遭受性虐待的兒童也常有自我概念不佳、社交退縮、內疚或羞恥感。倖存者可能表現出外顯行為問題，包括衝動、攻擊、過動和學習困難（Springer & Misurell, 2015）。長期下來，倖存者出現藥物或酒精問題的風險增加（Smith, Smith, & Grekin, 2014）或出現自我傷害行為（Springer & Misurell, 2015）。隨著年齡增長，他們常過早發生性行為、有多重性伴侶，或參與高風險的性活動，例如一夜情或酒後亂性（Negriff, Schneiderman, & Trickett, 2015; Springer & Misurell, 2015）。由於倖存者不太懂得自我保護，使得他們成年後有再次受害的風險。因此，美國婦產科學院（ACOG, 2011 / 2019）建議醫生定期詢問女性過去或目前是否遭遇性暴力。

儘管有這些風險，兒童性虐待的倖存者仍可擁有良好的發展結果（Arias & Johnson, 2013; Springer & Misurell, 2015），有些兒童甚至從未出現情緒或行為困難（Saunders, 2012）。有愛心的成年人的支持、為兒童和家庭提供的服務，以及兒童的個人特質（包括韌力和靈性修養），都能讓倖存者得以繼續過上健康和成功的生活（Arias & Johnson, 2013; Springer & Misurell, 2015）。

和性虐待一樣，很難確切知道其他虐待形式的真實發生率，因為這些虐待幾乎是隱匿事件。但據估計，在高收入國家，身體虐待的年發生率在 4% 到 16% 之間，約有 10% 的兒童受到情緒虐待或忽視（Norman et al., 2012）。鮮少研究系統性地檢視身體虐待、情緒虐待和忽視的長期後果，但一項研究非性虐待長期後果的統合分析得出結論，身體虐待、情緒虐待和忽視與「各種心理疾病、物質使用、自殺未遂、性傳播疾病和高風險性行為」之間有因果關係存在（Norman et al., 2012, p. 1）。

心理和情感虐待，比身體虐待或性虐待更難定義和調查，因為沒有生理證據顯示其造成的傷害。然而，這並不意味著沒有後果。心理和情感虐待會形成「看不見的傷口」（unseen wounds）（Spinazzola et al., 2014, p. S18）。一項研究將**心理不當對待**（psycholgical maltreatment）定義為照顧者施加的欺凌、恐嚇、強迫就範、嚴重羞辱、貶低、威脅、過度要求、冷落和（或）孤立。研究還發現心理不當對待對某些向度的負面影響，甚至大過於身體虐待或性虐待（Spinazzola et al., 2014）。當心理不當對待與身體虐待或性虐待同時發生時，破壞性更大。儘管心理不當對待發生的頻率很高，並對兒童造成嚴重後果，但卻很少是兒童保護服務的處遇重點。

忽視對兒童發展造成的具體長期影響很難判定，因為忽視通常與其他置兒童於險境的生活狀況一起發生。一項針對通報屬實的忽視幼兒研究發現，17% 的孩子是未成年青少女所生、40% 的孩子血鉛濃度很高、近三分之二的母親沒有得到足夠的產前護理、45% 的人無家可歸、近三分之二的人生活在貧困中。與遭受身體虐待的兒童相比，被忽視兒童的風險因素更多（Fantuzzo, Perlman, & Dobbins, 2011）；與身體虐待相比，忽視與更多的心理疾病有關，包括認知遲緩、身體發育遲緩及執行功能和自我調節能力受損（Center on

**言語會傷人**。心理和情緒虐待，包括言語虐待，雖然不會在孩子身上留下傷口，但會造成持久的傷害，影響孩子的生理、社會和情緒健康。儘管傷害已經造成，但我們往往對它的威脅渾然不覺，未能及時提供介入措施來阻止。
*©Istock.com / monkeybusinessimages*

the Developing Child at Harvard University, n.d.）。

雖然虐待或忽視會對兒童日後產生負面影響，但重要的是瞭解這些影響的性質和程度。這些經歷會增加兒童罹患精神和心理社會問題的風險，但並不是導致負面結果的唯一因素。所以，我們能得出什麼結論呢？首先，兒童遭受不當對待雖然痛苦，但許多孩子想方設法從困境中站起來。當然，預防並及時制止不當對待發生是很重要的，兒童具有很強的韌力，在獲得適當的協助後，他們確實可以復原。第二，不要忘了，多數遭受不當對待的兒童並不是只有面臨單一問題，他們的健康發展面臨多重威脅：不當教養、家庭暴力、貧困和不當對待同時發生，這些困境在在加重兒童的壓力。還記得本章前面提到的童年逆境經驗（ACEs）的累積效應——發展過程中困境較少的兒童，更有可能克服這些挑戰，預後效果可期。

有人說兒童虐待的後果之一是，受虐兒長大後會成為施虐父母，但事情並非那麼簡單。雖然受虐兒成為施虐父母的風險很高，然而多數研究一致認為，許多在成長過程中遭受虐待的兒童，為人父母後並不會虐待孩子（課前測驗第 9 題）（Child Welfare Information Gateway, 2016; Widom, Czaja, & DuMont, 2015）。令人振奮的消息是，許多經歷過虐待痛苦的人，成年後設法克服這些經驗，脫胎換骨成為正向、有效能的父母。

預防兒童不當對待的花費或許高昂，但坐視不管的代價更是高出數倍。根據 2015 年的通報屬實案例，2018 年的總體終生經濟負擔估計為 4,280 億美元（Peterson, Florence, & Klevens, 2018）。況且，除了金錢成本之外，還有受害者無法估量的痛苦及生活品質的損失。

## 種族主義、偏見和歧視

有些人認為種族主義在美國不再是個問題，但那些經歷過種族主義的人可不這麼想。**種族主義（racism）**是一種認定自己的種族較為優越的信念，透過**偏見（prejudice）**（對其他社會群體的人有非理性或不合理的負面情緒或評價）和**歧視（discrimination）**（不當地對待其他群體的成員；National Association of School Psychologists, 2019）來差別對待。這種不當對待可以是公然的，也可以是隱微的和間接的。當我們對他人的假設甚至是無意識的、沒有意識到我們正在這樣做時，此即第 7 章提到的內隱聯想。第 10 章曾將**微歧視**視為毒性壓力的來源，這些**微歧視（microaggressions，微攻擊）**是指對某一群人的負面態度或信念而引發的行動。閱讀「主動學習：這些事曾經發生在你身上嗎？」體會有色人種在日常生活中經驗到的一些微歧視。

主動學習

## 這些事曾經發生在你身上嗎？

閱讀每個題目，看看這些情況是否曾發生在你身上。如果有的話，再圈選其發生的頻率。

| | | | | | | | | |
|---|---|---|---|---|---|---|---|---|
| 人們會因為我的種族就假設我是外國人。 | 經常 | 5 | 4 | 3 | 2 | 1 | 0 | 從不 |
| 人們會因為我的種族而對我退避三舍。 | 經常 | 5 | 4 | 3 | 2 | 1 | 0 | 從不 |
| 因為我的種族，我在商店或餐廳裡受到極差的待遇。 | 經常 | 5 | 4 | 3 | 2 | 1 | 0 | 從不 |
| 在我的班級或職場，很少有人跟我同種族。 | 經常 | 5 | 4 | 3 | 2 | 1 | 0 | 從不 |
| 我對某件事的貢獻，因為我的種族而被忽視或貶低。 | 經常 | 5 | 4 | 3 | 2 | 1 | 0 | 從不 |
| 因為種族的關係，我被認為教育程度不高。 | 經常 | 5 | 4 | 3 | 2 | 1 | 0 | 從不 |

**資料來源：**改編自 Torres-Harding, Andrade, & Romero Diaz (2012); Forrest-Bank, Jenson, & Trecartin (2015).

經歷諸如此類的微歧視會對個體的自尊及心理和情感健康產生負面影響。你對某些題目的反應，可能迥異於不同族裔或種族背景的人。非白人青少年自述比白人同儕遭遇更多微歧視（Forrest-Bank & Jenson, 2015）。種族或族裔並非微歧視的唯一來源，如果你有顯而易見的身心障礙，甚至髮型、髮色、身體穿環或人體藝術，都可能讓你面臨與少數種族或族裔相似的經歷。閱讀這些題目時，你是否才意識到你有時會在無意中說或做出類似的事情？

歧視會對兒童和青少年的心理健康、學業成就和社會情緒成長造成負面影響（Forum on Investing in Young Children Globally, 2016）。遭遇種族主義的人如何克服困境？第 10 章提到的**種族社會化**（racial socialization）是個解方，由少數族裔父母教導孩子認識歧視，幫助他們準備好如何應對歧視的策略，灌輸孩子族裔自豪感、給予溫暖和支持，以及他人的正向社會支持等，都有助於少數族裔兒童和青少年在面對負面經驗時維護自尊。

有些人認為種族歧視是從成人那裡學來的，兒童並非天生就是這般態度。但研究表明，多種因素（包括幼兒的認知局限）都會導致**刻板印象（stereotyping）**——以皮膚顏色等表面特徵，對某群體成員有過分簡化的印象。到了 4 或 5 歲，兒童對族裔的看法變得愈

**消弭歧視**。當多種族群體朝著一個共同目標而努力時，就能減少種族歧視。運動社團就是很好的例子，你是否曾參與過有助於打破不同族裔背景藩籬的活動？
*©Istock.com / sdi productions*

來愈刻板和偏見；但從大約 7 歲開始，兒童發展出從多個向度對他人進行分類的認知能力（Levy & Hughes, 2009）。借助這些能力，他們可以認識到人們既可以屬於某個種族或族裔群體，但不具有與該群體刻板印象的特徵。觀點取替和同理心從學齡前開始持續發展，這些能力亦有助於減少刻板印象和偏見。

父母可以讓孩子接觸不同種族或族裔背景的正面人物來打破偏見（Gonzalez, Steele, & Baron, 2017），鼓勵孩子發展跨族裔群體的友誼，並以身作則、身體力行（Suttie, 2017），敞開心胸與孩子談論族裔出身和種族主義（Vittrup & Holden, 2011）。學校應致力於減少種族偏見和歧視，一些有效的方法如：對學生的行為抱持明確的期望、推動平等和包容的校園氛圍。校方應制定完善計畫，幫助孩子感受和表現出對他人的同理心，並教育他們建立和維持正向關係的技巧；提供讓不同族裔背景學生朝著共同目標努力的合作學習體驗，培養和增進群體間的支持關係。最後，幫助兒童理解和欣賞個體差異的全校性計畫，皆能有效減少騷擾、霸凌和種族主義（Losinski, Ennis, Katsiyannis, & Rapa, 2019）。

隨著幾個主要城市陸續發生數起警察對少數族裔施暴的事件，美國大眾愈來愈清楚認識到系統性種族主義（systemic racism）的存在。與白人相比，少數族裔人士被警方殺害的風險更高。非裔男性在與警方的互動中，被殺害的風險幾乎是白人男性的三倍（Edwards, Lee, & Esposito, 2019）。當 George Floyd 於 2020 年 5 月死於警方之手時，激起許多不同族裔背景的人積極參與抗議遊行和要求改變的示威活動。不僅非裔和其他少數族裔應該學習如何對抗種族主義，整個社會必須優先找到正向的方法來化解憤慨的輿情，找回正義，增進所有公民的平等機會。

### 學習檢定

**知識問題：**

1. 在什麼情況下，貧困對兒童的傷害最大？
2. 認知行為治療如何幫助兒童因應創傷性壓力？
3. 當責任通報人員懷疑兒童遭受不當對待時，可以採取哪些步驟？
4. 為什麼男性性虐待的受害者比女性受害者更不願意揭露自己遭到虐待？
5. 什麼是種族社會化？它如何幫助兒童做好因應歧視的準備？

**思辨問題：**

你認為當代社會的哪些變化有助於打破刻板印象和偏見？哪些變化卻是延續偏見？

## 韌力

### 學習問題 13.5・哪些因素有助於提高兒童面臨巨大逆境時的韌力？

本章說明一些危及兒童和青少年成長與發展的經驗。經歷過如此巨大逆境的兒童能夠茁壯成長為 Emmy Werner 所說的「有能力、自信和有愛心的成年人」（2005, p. 98），令人敬佩不已。這種從逆境中重振旗鼓，或在不利的生活環境中茁壯成長的能力，被稱為**韌力**（**resilience**）。閱讀「研究之旅：無敵英雄、無懈可擊和韌力」，瞭解多年來我們對兒童因應壓力和創傷能力的觀念變化。

### 研究之旅　無敵英雄、無懈可擊和韌力

直到 1970 年代，心理學家和精神病學家主要是以所謂的**缺陷模型**（deficit model）或**風險觀點**（risk perspective）來瞭解威脅或破壞發展過程的環境。他們想知道如何降低兒童的風險，達到最佳發展，並預防或矯正已經存在的問題。儘管許多研究持續關注壓力和創傷的負面影響，但從 1970 年代和 1980 年代開始，出現一種新的觀點。當時有幾位學者注意到兒童克服巨大逆境成為非凡人物的故事，引起大眾的關注。

其中最著名的當屬 Emmy Werner（1992）對夏威夷考艾島（Kauai）近 700 名、從 1 歲成長到 40 歲的人士進行的縱貫研究（Aldwin, Cunningham, & Taylor, 2010）。幾乎三分之一的兒童一開始處於高風險狀態，他們經歷難產、生活貧困、父母因酗酒或心理疾病而失能，或遭遇父母離婚或不和，其中許多人兼有多重風險因素。Werner 和 Smith（1985）追蹤這些高風險兒童多年，發現其中三分之一兒童在成年期時發展得非常好。隨著類似的韌力研

究出現，學界的關注重點開始從對發展不利的因素，轉向到對發展有利的因子。

有哪些因素可幫助兒童從逆境中復原或反彈回升？Werner 的研究主要集中在有助於兒童展現韌力的特徵，保護因子包括：積極主動與他人（成人和同儕）交流的開朗個性、良好的溝通和解決問題能力、吸引他人的才華或能力，以及相信自己有能力讓好事發生（Werner, 2005）。

縱貫研究中發現的另一個重要保護因子是：懂得充分利用任何可用的資源，並在父母無法提供支持時，與替代性照顧者形成溫暖的情感連結。韌力強的兒童能善用重大的生活轉變，作為重新調整生活的機會（Werner, 2005）。擁有支持性的婚姻、重返學校讀書和投身軍旅都是契機，有韌力的人把握了這些機會。

這項早期研究著眼於特質——即某些兒童具有與韌力相關的特質，有些兒童則沒有。但自那時起，研究轉向為將韌力視為一個過程，而非固定的特質。第 12 章的**正向青年發展**觀點主張積極參與社區活動，以此作為培養兒童優勢的一種方式。無論風險是否存在，這些保護因子適用於**任何**情境、**任何**兒童，以充分發揮兒童的積極成長潛力。韌力是一個過程的證據為：各種不同類型的心理治療能有效地幫助兒童提高韌力，從而降低與創傷有關的症狀（Gillies, Taylor, Gray, O'Brien, & D'Abrew, 2013）。如果兒童的韌力能夠培養，那麼韌力就不是一種靜態的特質，而是一個因應和適應環境的過程。當代的觀點是，多數兒童可以在支持和有效的協助下變得更有韌力。

## 培養韌力

當韌力的研究首度發表，後來為大眾所知時，儼然將這些韌力兒童描繪得如此非凡出眾，彷彿他們是超級英雄，用**無懈可擊**（invulnerable）和**無敵英雄**（invincible）這樣的詞來形容他們，好像沒有什麼可以傷害他們似的（Masten, 2014）。但隨著對這些兒童的研究臻於成熟，得出的結論與克服不可能任務的超級英雄截然不同。致力於研究韌力多年的 Anne Masten（2014）將韌力形容為「普通魔法」（ordinary magic），她所說的「魔法」並不是任何稀有或不尋常的特質，而是由基本的人類適應系統所組成，包括依戀、良好的教養環境、自尊、自我調節和掌握環境（課前測驗第 10 題）。「適應系統」（adaptational systems）是我們善用任何資源的**過程**，這些都是為了讓發展依常軌進行，並在出現問題時重新校正的過程。每位兒童都有能力學習如何充分利用這些資源，但適應系統需要灌溉培養，好讓兒童在需要時可以使用。

兒童的家庭特徵和社會環境，也發揮了重要的作用。兒童或許擁有向外求援的能力，但也要有在兒童需要時願意伸出援手的人存在，僅有個人特質和社會環境其中一項都無法保證遭遇毒性壓力的兒童或青少年獲得正向結果。哈佛大學兒童發展中心（Center on the Developing Child at Harvard University, 2016）將韌力定義為「生理與環境之間的交互作用，培養兒童應對逆境和克服威脅健康發展的能力」（para. 4）。

**超棒，但不是超級英雄**。即使面對非常具有挑戰性的環境，兒童也有驚人的韌力。但研究表明，他們不需要超能力就能做到這一點。某些一般特質，包括開朗的性格、良好的溝通技巧和自信心，加上有愛心的成年人的支持，不僅能幫助受過創傷的兒童復原，還能進一步茁壯成長。

*©Istock.com / Rawpixel*

韌力最令人難以捉摸之處是兒童發展結果的變異性。例如，大多數在成長過程中受到虐待的兒童並不會延續這種模式虐待自己的子女，但有些人仍會這麼做（Jaffee et al., 2013）。在貧困中長大的兒童雖然會遇到某些心理和學業困難，限制了他們的成就，但也有兒童能克服早期貧困經歷，包括在各個領域達成非凡成就的人士，甚至包括幾位美國總統。韌力研究告訴世人，復原雖非必然，但並非不可能的任務。

另一種新的觀點是留意兒童在逆境情況下發展出來的**隱藏才能**（hidden talents），使其成功因應成長的生活環境。該觀點提出的問題是：「來自高風險環境的兒童和青少年，在哪些方面做得很好？」「我們如何善用（而非抑制）這些優勢，來提升介入的效果？」（Ellis, Bianchi, Griskevicius, & Frankenhuis, 2017, p. 578）。在壓力或創傷情況下有幫助的策略，在安全環境中反倒不利於適應。例如，受虐兒變得過度警覺，時刻注意針對他們的虐待。雖然這麼做有助於他們度過虐待情境，但在安全的情況下卻顯得疑神疑鬼和缺乏信任，這種行為反過來又使其他人不想與他們往來。一旦瞭解兒童在壓力情況下表現的適應行為策略，我們才能幫助他們學習利用其對環境的高度警覺，作為一種可以提高校內外成就的能力（Ellis et al., 2017）。

目前學界尚未確定所有的關鍵因素，況且發展過程如此複雜，不可能設計出一套能修正所有負面軌跡的韌力公式。然而重要的是，繼續找出並理解兒童與環境之間的複雜交互作用，無論兒童身處何種環境，都要幫助他們充分發揮獨特的潛力。

## 學習檢定

**知識問題：**

1. Emmy Warner 的研究如何改變學界對發展的看法？
2. 有哪些特質可以幫助兒童在逆境中保持韌力？
3. 哪些環境因素與個人特質交互作用，有助於培養韌力？
4. 什麼是培養韌力的隱藏才能？

**思辯問題：**

想幫助在充滿挑戰環境下成長的兒童，風險觀點與正向青年發展這兩種取向，各有哪些優點和缺點？

## 結語

隨著兒童的成長，儘管面臨眾多風險因素，但也有許多保護他們免受風險的因素。本章探討一些兒童的逆境經驗，包括生理疾病、心理疾病、貧困、無家可歸、種族歧視和兒童虐待。遭遇這些問題的兒童難免受到影響，遇到的風險因素愈多，就愈難以發展出成功生活所需的生理、認知、社會和情緒能力。幸而，許多兒童能夠善加因應並表現出非凡的韌力。無論是社會或個人，我們都有責任為所有兒童提高成功和復原的機會。

# 名詞彙編

## A

abortion **人工流產** 從女性子宮中取出胚胎（或胎兒）和胎盤的醫療程序。

abuse **虐待** 故意對兒童施加身體、性或心理傷害，造成潛在傷害的言行。

academic mindsets **學業心態** 影響學業行為的根深蒂固信念。

accommodation **調適** 改變心理基模以適應新的經驗。

active gene-environment interaction **主動型基因－環境交互作用** 基因成為兒童尋找適合其遺傳稟賦的環境經驗之驅動力。

active labor **分娩活躍期** 第一產程的第二階段，宮縮變得更長、更強、更頻繁，子宮頸擴張至 4 公分以上。

adolescent growth spurt **青春期成長陡增** 青春期早期身高和體重迅速增加的時期。

alleles **等位基因** 一個基因的不同形式。

ambivalent / resistant attachment **矛盾 / 抗拒型依戀** 依戀分類之一。嬰兒不願意離開母親去探索外在環境，當母親離開時非常痛苦；但當母親回來時，嬰兒想接近，但又憤怒地拒絕母親的擁抱。

amniocentesis **羊膜穿刺術** 產前遺傳異常檢查。醫生使用細長的針頭抽取羊水，檢驗羊水的內容物。

amnion **羊膜** 包覆胎兒的內胎膜，裡面充滿羊水。

anal stage **肛門期** Freud 人格發展理論的第二階段，幼兒的性驅力集中在肛門區域。

analytical intelligence **分析智力** 分析和評估想法，並藉此解決問題和做出決策的能力。是最接近 g 因素的智力，也是多數學校高度重視的智力。

androgyny **雙性氣質** 認為兩性都可以具備傳統的男性和女性特質。

anorexia nervosa **神經性厭食症** 個體過於在意體重，故意將進食量限制在可能危及生命的程度。

A-not-B error **A 非 B 錯誤** 先將物體藏在位置 A 的布下，然後再移動到位置 B 的布下，藉此測試嬰幼兒的物體恆存概念。

antisocial behavior **反社會行為** 傷害他人身體或情感的行為。

anxiety **焦慮** 對可能發生或不可能發生事件的模糊恐懼。

anxiety disorder **焦慮症** 嚴重、持續很長時間並干擾正常功能的焦慮程度。

Apgar Scale **亞培格量表** 根據新生兒的活動量、脈搏、皺臉、外觀和呼吸，在新生兒出生後 1 分鐘和 5 分鐘時，對其整體狀況進行評估。

applied behavior analysis（ABA） **應用行為分析** 應用操作制約技術來改變個體的諸多適應不良行為，包括自閉症類群障礙。

assimilation **同化** 將新經驗融入現有的心理基模。

associative play **聯合遊戲** 與其他兒童互動且分享玩具，但彼此沒有共同的目標。

asthma **氣喘** 兒童期最常見的慢性疾病。患者氣管收縮、呼吸困難。

attachment **依戀** 與特定人物的情感連結。

attachment in the making **依戀形成期** 從 6 週到 6 至 8 個月的階段，嬰兒發展出陌生人焦慮，懂得區辨熟悉和不熟悉的人。

attention-deficit / hyperactivity disorder (ADHD) **注意力不足過動症** 以注意力不集中、衝動或兩者兼而有之為特徵的發展障礙。

authentic assessment **真實評量** 著重於解決複雜現實問題的評量過程，不只是看重結果。

autism spectrum disorder **自閉症類群障礙** 社會交流和互動普遍受損，行為、興趣或活動受限或重複的發展障礙。嚴重程度取決於個體功能有效發揮所需的支持程度。

autobiographical memory **自傳式記憶** 關於個人生活的一系列連貫的記憶。

automaticity **自動化** 技能熟練到無需太多意識思考的情況下，就能完成任務。

autonomous morality **自律道德期** 兒童開始意識到規則，並瞭解他們須遵守規則，與他人的互動才能繼續維持下去，而不是因為成年人告訴他們該怎麼做。

autonomy versus shame and doubt **自主決定 vs. 羞愧懷疑** Erikson 的第二個發展階段。幼兒發展出自信心，但如果父母不支持，他們會懷疑自己的能力。

average children **一般兒童** 在社會計量中，「最喜歡」和「最不喜歡」的提名數量接近同齡組平均數的兒童。

avoidant attachment **迴避型依戀** 依戀分類之一。嬰兒在母親離開房間時並不難過，和陌生人在一起與和母親在一起時一樣自在。當母親回到房間時，嬰兒也不急著跑向她。

axons **軸突** 將衝動從神經細胞傳遞出去的部分。

## B

basic emotions **基本情緒** 在發展早期出現的一些自發性、無需學習的情緒，具有生物學基礎。

behavioral epigenetics **行為表觀遺傳學** 研究激發和停止有機體遺傳物質活動的化學反應，以及影響這些化學反應的因素。

behavioral genetics **行為遺傳學** 判定行為、特質或能力的遺傳程度的研究。

behaviorism **行為主義** John B. Watson 提出的理論，著眼於對可觀察行為的環境控制。

big-C creativity **大 C 創造力** 影響世人的思考方式或生活方式，進而改變文化。

binge drinking **狂飲** 男性在兩小時內喝了 5 杯以上的酒，或是女性喝了 4 杯以上的酒。

blastocyst **囊胚** 由內細胞團（之後發育成為胚胎）和外環細胞（之後發育成胎盤和絨毛膜）組成的空心細胞球。

Broca's area **Broca 區（布洛卡區）** 大腦中語言產出的區域。

bulimia nervosa **神經性暴食症** 一種特徵為暴飲暴食的飲食障礙，之後再用清除的方式（例如，自我催吐或過度使用瀉藥）來排除食物。

bullying **霸凌** 長時期反覆遭受同儕的負面行為對待，包括身體霸凌、言語霸凌和（或）情緒霸凌。

## C

canalization **渠道化** 基因表現受環境影響的程度。

centration **中心性（片見性）** 只關注在問題情境的一個向度。

cephalocaudal development **從頭到尾的發展** 從頭部區域開始，漸次向身體發展的原理。

cerebral palsy **腦性麻痺** 一種在發育早期出現的慢性疾病，主要影響身體動作和肌肉協調問題。

cervix **子宮頸** 子宮狹窄的下端。

child life specialists **兒童生活專家** 在醫療環境中促進兒童最佳發展的專家。

child-directed speech **兒童導向語言** 為了符合嬰幼兒的感覺和認知能力而調整的說話方式，以吸引他們的注意力；包括誇張的高音調、歌唱的節奏及使用簡單的詞彙。

childhood-onset fluency disorder or stuttering **兒童期初發型語暢障礙症或口吃** 說話的流暢度和時機出現困難。

chorion **絨毛膜** 包覆胎兒並形成胎盤的外層胎膜。

chorionic villus sampling（CVS） **絨毛取樣術** 產前遺傳異常檢測。使用一根小導管穿過陰道和子宮頸，抽取絨毛膜的細胞樣本進行檢測。

chromosome disorders **染色體異常疾病** 染色體過多或過少，或染色體結構因斷裂而改變所導致的疾病。

chromosomes **染色體** 組成人類遺傳因子的基因鏈。

chronosystem **時間系統** 生態系統論中的時間向度，包括個體的年齡和生活的歷史時期。

circumcision **包皮環切術（割包皮、割禮）** 將陰莖上的包皮割除。

cisgender **順性別** 認同出生性別的人。

classical conditioning **古典制約** 引起某一反應（非制約反應）的刺激（非制約刺激）與中性刺激重複配對後，中性刺激變成「制約刺激」，引起相同的反應（現稱為「制約反應」）。

classification **分類** 將物體組織成分層概念類別的能力。

clear-cut attachment **依戀明朗期** 6 至 8 個月到 18 個月至 2 歲的階段。當依戀的人離開時，嬰兒會有分離焦慮。

cliques **朋黨（小圈圈）** 花時間聚在一起、關係親密的友伴小團體。

coercive family environment **脅迫強制型家庭環境** 在這種家庭互動模式中，父母和孩子相互較勁，孩子變得愈來愈具攻擊性，而父母愈來愈無法有效控制孩子的行為。

cognitive behavioral therapy **認知行為治療** 改變適應不良的思考和行為，以解決問題為目標的治療方法。

cognitive development **認知發展** 隨著年齡增長，兒童思考、理解和推理方式的變化。

cognitive flexibility **認知彈性** 根據需要轉換焦點以完成任務的能力。

colostrum **初乳** 一種富含抗體和營養物質的濃稠淡黃色物質。是女性分娩後、分泌母乳之前所產出的乳汁。

comprehensive sex education program **全面式性教育課程** 經醫學證實適合所有年齡的性教育課程。

concordance rate **一致率** 個人的特徵或行為與另一個人相似的程度；用於檢視雙胞胎之間、領養兒童與親生父母和養父母之間的相似性。

concrete operations **具體運思期** Piaget 理論的第三階段。6 至 12 歲的兒童發展出邏輯思考能力，但尚未具備抽象思考能力。

conduct disorder **行為規範障礙症** 重複而持續侵害他人權利，或行為模式違反該年齡應遵守的重要社會規範。

connectionist or neural network model **連接機制或神經網絡模型** 將認知過程設想為同時處理訊息的概念節點相互連接組成的神經網絡。

conservation **保留概念** 理解無論外觀如何變化，某物體的量（數量、體積、質量）都維持不變。

constraints **限縮** 語言學習者縮減新單詞的其他意義。

constructive play **建造性遊戲** 為遊戲目的建造或製作某物件。

constructivism **建構主義** 主動建構對世界的理解，而不是被動地接受知識。

controversial children **有爭議兒童** 在社會計量中，同時獲得大量「最喜歡」提名和「最不喜歡」提名的兒童。

conventional moral judgment **道德循規期** 超越自身利益，考慮他人利益的道德推理。

convergent thinking **聚斂性思考** 為問題找到一個正確的解決方案。

cooing **咕咕聲** 柔和的母音，例如 ooh（嗚）和 ah（啊）。

cooperative play **合作遊戲** 與一群具有共同目標的兒童一起遊戲。

coping **因應** 努力去控制、忍受或減輕壓力。

corpus callosum **胼胝體** 連接大腦兩個半球的纖維束。

creative intelligence **創造智力** 激發想法和成功處理新事物的能力（有時亦稱為擴散性思考）。

creativity **創造力** 新穎且有價值的想法。

critical period **關鍵期** 發育快速、對傷害特別敏感的時期。若傷害發生，通常會造成嚴重且不可逆的後果。

crowds **群夥** 背負相似的刻板印象和名聲，但成員不一定花時間聚在一起的大型團體。

crystallized intelligence **固定智力** 利用固有的知識來解決問題。

culture **文化** 為促進生活在特定環境中的群體生存，而形成的行為、規範、信仰和傳統體系。

cyberbullying **網路霸凌** 使用數位科技，包括電子郵件、簡訊、數位影像、網頁（包括社群媒體）、部落格和聊天室等，來傷害他人的社會生活。

## D

decenter **去中心化** 同時考量問題情況多個向度的能力。

deferred imitation **延遲模仿** 記住觀察到的事物，並在日後重現的能力。

delay of gratification **延後滿足** 等到日後再滿足欲望的能力。

dendrites **樹突** 神經元中接收其他神經元脈衝的部分。

developmental assets **發展性資源** 有助於年輕人成為有愛心、負責任的成年人的正向經驗和特質。

developmental bilingual programs **發展式雙語課程** 英語學習者以母語學習核心科目，直到能用英語學習為止。

developmental cognitive neuroscience **發展的認知神經科學** 研究認知發展與大腦發育之間關聯的學科。

developmental coordination disorder（DCD） **發展協調障礙** 關鍵動作發展的年齡延遲，干擾了日常生活或學業表現。

developmental psychopathology **發展精神病理學** 將心理和行為問題視為偏離正常發展過程而非疾病的科學方法。

developmental theory **發展理論** 觀察並提出預測的發展理論。

deviation IQ **離差智商** 根據個體偏離測驗常模的程度來測量智力。

dialogic reading **對話式共讀** 可促進早期讀寫能力的技巧。成人和兒童一起閱讀，先由成人提出問題並鼓勵對話，然後轉換角色，由兒童向成人提問。

differential-susceptibility hypothesis **差別感受性假說** 主張具有某些特質的兒童，更容易受到環境壓力的影響。

difficult temperament **難養型氣質** 兒童的反應偏向負面情緒、反應強烈、適應變化的速度較慢，飲食、睡眠和排泄不規律。

discourse skills **講述技能** 理解故事或訊息是否合乎邏輯的能力。

discovery learning **發現式學習** 強調讓兒童自己去發現和理解新知識的教學方法。

discrimination **歧視** 因種族、族裔、宗教或其他因素而針對他人所產生的負面行為。

disequilibrium **認知失衡** 基模和經驗無法契合的混亂狀態。

disinhibited social engagement disorder **去抑制性社會參與障礙（去抑制型依戀障礙）** 一種依戀障礙。兒童不分遠近親疏一概接近，不分依戀對象和其他人。

disorganized attachment **混亂型依戀** 一種依戀型態。依戀行為不可預測和怪異、混亂無序，通常與父母虐待或忽視有關。

disruptive mood dysregulation disorder（DMDD）**侵擾性情緒失調症** 嚴重且反覆發作的脾氣爆發，其強度或持續時間與當時情況不成比例。

divergent thinking **擴散性思考** 為問題找到多個（而非一個「正確」）解決方案的能力。

dizygotic twins **異卵雙胞胎** 女性的兩個卵子分別由兩個精子受精，形成雙胞胎；在基因上與其他任何手足相似。

dominant genes **顯性基因** 基因的表現型。

doula **陪產員（導樂）** 訓練有素、學識豐富的陪伴者，在旁支持產婦分娩。

drive reduction **驅力減降理論** 人類的行為動機取決於滿足生理需求，或減少因生理需求或驅力而引發的不適。

dynamic assessment **動態評量** 使用「測驗—介入—再測驗」等程序來評量學生改變的潛力。

dynamic systems theory **動態系統論** 發展的所有不同面向，隨著時間推移交互作用並相互影響的動態過程。

dyslexia **閱讀障礙** 由於解碼書寫語言出現問題，而導致閱讀困難的一種學習障礙。

## E

early labor **分娩初兆期** 分娩第一產程的第一個時期。宮縮雖然不痛，但子宮頸開始變薄和擴張。

easy temperament **易養型氣質** 兒童通常具有正向的情緒，很快就能適應變化，飲食、睡眠和排泄等模式規律可預測。

echolalia **鸚鵡式仿說** 自閉症兒童重複他人的話語，無法適當地回應。

ecological systems theory **生態系統論** Bronfenbrenner 提出的發展理念。發展是個體與所處環境脈絡之間交互作用的結果。

effortful control **主動控制** 有意識地控制自己行為的能力。

ego **自我** 協調基本驅力和現實世界之間衝突的人格部分。

egocentric speech **自我中心語言** 由於還不會換位思考，使得幼兒的溝通能力受限。

egocentrism **自我中心觀** 無法從他人的角度看待或理解事物。

elaboration **精緻化** 一種記憶策略。自創額外的連結及聯想，如心像或句子，將訊息組合在一起。

embodied cognition **體化認知（具身認知、體感認知）** 認知是大腦、身體活動和環境經驗複雜相互作用的產物。

embryo **胚胎** 從受孕到懷孕第二個月末的發育有機體。

embryonic stage **胚胎期** 從受孕後約第 2 週開始，持續到第 8 週的產前階段。

emergent literacy **讀寫萌發** 兒童開始接受正規教育前發展出的一套能力，為日後的學業能力奠定基礎。

emotion **情緒** 身體對情境的生理反應，個體對情境、人際互動及對自身行為的認知解釋。

emotion coaching **情緒指導** 教導孩子理解和處理情緒的育兒風格。

emotion dismissing **情緒消除** 教導孩子忽略自身感受的育兒風格。

emotion regulation **情緒調節** 管理和控制情緒反應的能力。

emotion schemas **情緒基模** 個體對特定情緒的聯想和解讀。

emotion-focused strategies **情緒焦點式因應策略** 減少或管理痛苦情緒的因應策略。

emotional display rules **情緒表達規則** 應當（或不應當）於何時、如何及向誰表達情緒的文化規範。

emotional intelligence **情緒智商** 理解和控制自己情緒、理解他人情緒，並能利用這些理解來讓人際互動順利進行。

empathy **同理心** 體驗他人的感受。

encoding processes **編碼過程** 新訊息儲存在長期記憶中的轉換過程。

endocrine disruptors **內分泌干擾物** 干擾人體荷爾蒙系統功能的化學物質。

english as a second language (ESL) pull-out programs **以英語為第二語言的抽離式課程** 學生在別的教室中學習英語的課程。

epigenome **表觀基因組** 附著在 DNA 上，可以開啟或關閉基因的化合物。

equifinality **殊途同歸性** 不同的路徑可能導致相同結果的原理。

equilibration **平衡作用** 嘗試解決不確定性以恢復舒適平衡的認知狀態。

ethnic and racial identity **族裔認同** 對所屬族裔群體的態度。

ethology **動物行為學** 研究動物和人類行為在自然環境中的適應性價值。

evocative gene-environment interaction **激發型基因—環境交互作用** 基因使得兒童的言行吸引或「誘發」周遭人的某些反應。

executive function **執行功能** 大腦中負責協調注意力和記憶，並控制行為反應以達到目標的能力。

exercise play **運動遊戲** 幼兒進行大量肌肉運動的遊戲，例如跑步或跳躍。

exosystem **外部系統** 兒童未曾接觸、但仍會影響兒童發展的環境，如父母的工作地點。

expectancy effects **期望效應** 他人的期望對個體自我知覺和行為的影響。

experience-dependent brain development **經驗—依賴的大腦發育** 回應特定學習經歷時的發育。

experience-expectant brain development **經驗—預期的大腦發育** 大腦預期為正常事件經驗時的發育。

externalizing (or other-directed) behaviors **外顯行為或針對他人行為** 兒童或青少年對環境「採取行動」的行為，例如攻擊或破壞行為。

extinction **消弱** 在操作制約中，當行為沒有收到環境反應時而停止的過程。

extrinsic motivation **外在動機** 動機取決於從環境中獲得的激勵或獎賞。

## F

false belief **錯誤信念** 他人誤信只有兒童本人才知道不是真相的事。

false belief paradigm **錯誤信念範式** 一項實驗任務，用於評估兒童是否理解他人的想法可能與自己的想法不同。

false memories **錯誤記憶（虛假記憶）** 記得有發生、但實際上並沒有發生的事情的記憶。

fast mapping **快速配對** 兒童遇到新單詞後，運用限縮和語法知識，快速學習新單詞的過程。

fertilization **受精** 父親的精子和母親的卵子結合產生受精卵。

fetal alcohol spectrum disorders (FASDs) **胎兒酒精譜系障礙** 懷孕期間飲酒導致的諸多兒童傷害。

fetal alcohol syndrome (FAS) **胎兒酒精症候群** 母親懷孕期間大量飲酒或狂飲導致的兒童疾病；包括面部特徵異常、身材矮小和頭小畸形，與認知缺陷、難以控制行為和調節情緒等問題有關。

fetal stage **胎兒期** 受孕後第 9 週持續到出生的產前階段。

fetus **胎兒** 受孕後第 8 週到出生的發育有機體。

fight-or-flight response **戰或逃反應** 身體對威脅的生理反應。

fine motor skills **精細動作技巧** 涉及小動作（主要是手和手指，但也包括嘴唇和舌頭）的技巧。

fluid intelligence **流動智力** 快速有效地解決之前幾乎沒有學過的新問題的智能。

food insecurity **糧食不安感** 食物經常稀缺或無法獲得的情況下，讓人在可以獲得食物時暴飲暴食。

formal operations **形式運思期** Piaget 認知發展論的第四階段，12 歲以上兒童發展出來的邏輯和抽象思考能力。

friendship **友誼** 以陪伴、親密和好感為特點的互惠關係。

fuzzy trace theory **模糊痕跡理論** 說明兩種記憶系統的理論：要旨記憶是自動的、直觀的記憶，儲存事件的大致脈絡；逐項記憶是系統的、可控的記憶，儲存特定的細節。

## G

games with rules **規則性遊戲** 為遊戲制定規則或玩有既定規則的遊戲。

gender constancy **性別恆定期** 兒童明白即便外在看起來有些變化，性別也依然保持不變。

gender dysphoria **性別不安** DSM-5 中的一種診斷。個體對自己的性別偏好與出生性別不同而感到苦惱。

gender identity **性別認同期** 兒童可以辨識性別，但他們的性別概念仰賴於眼前所見的外表。

gender nonconforming **非常規性別** 不認同或不遵從男性或女性性別常規的個體。

gender schema theory **性別基模論** 兒童從其所處的特定社會經驗中學習性別概念。

gender segregation **性別區隔** 兒童偏好與其他同性別兒童一起玩耍。

gender self-socialization model **性別自我社會化模式** 性別認同發展基於個人的性別一致性和對壓力感受的看法。

gender stability **性別穩定期** 兒童明白性別隨著時間保持穩定，但不確定如果從事通常由其他性別進行的活動，性別會不會因此而改變。

gene **基因** 染色體上的一段 DNA，能產生蛋白質。這些蛋白質是身體發育和功能的基礎。

gene therapy **基因治療** 透過植入或禁用特定基因來治療遺傳疾病。

generalist genes **通才基因** 影響許多獨特認知能力的基因。

genital stage **生殖期** Freud 性心理發展的第五個、也是最後一個階段，12 歲以上的個體發展出成熟的性欲。

genome **基因組** 構成生物體遺傳指令的完整鹼基序列。

genome editing **基因組編輯** 移除、添加或替換 DNA 的技術。

genome-wide association studies **全基因組關聯研究** 能讓科學家同時研究整個人類基因組的技術。

genotype **基因型** 位於染色體上特定位置的基因。

germinal stage **胚芽期** 從受孕持續到受孕後 2 週的產前階段。

gestational age **胎齡（孕齡）** 胎兒發育的年齡，從母親的最後一次月經開始計算日期。

gifted or talented **資優 / 英才** 在智力、創造力和（或）藝術領域表現非凡的兒童和青少年；具有卓越的領導能力；或在特定學術領域表現出色。

global self-esteem **整體自尊** 個體的整體自我價值感受。

goal-corrected partnership **目標調整夥伴關係期** 從 18 個月開始的依戀發展階段，幼兒與母親建立起夥伴關係。

goodness of fit **適配性（契合度）** 兒童的氣質與環境要求的適配程度。

grey matter **灰質** 構成大腦的神經元和突觸。

gross motor skills **粗大動作技巧** 運用身體大肌肉群的技巧，例如腿和手臂。

growth mindset **成長心態** 透過決心和努力可以改變智力的想法。

guided play **引導式遊戲** 兒童在成人準備好的環境中學習，成人可以在其中為兒童的學習搭建鷹架。

guilt **內疚** 兒童想到自己曾做錯某件事（特別是有違道德良知的事）的感受。

## H

habituation **習慣化** 對重複刺激的反應減少。

hemispheres **腦半球** 大腦分成左右兩個半球。

heritability **遺傳力** 衡量基因決定特定行為或特徵的程度。

heteronomous morality **他律道德期** 根據權威命令做出道德判斷。

hostile attribution bias **敵意歸因偏誤** 將他人的無意行為解釋為故意敵對、非善意的傾向。

hypothetico-deductive reasoning **假設演繹推理** 對於世界如何運作做出假設，以及對這些假設進行邏輯推理的能力。

## I

id **本我** 根據精神分析論，人格中由基本驅力組成的部分，例如性和飢餓。

ideal self **理想我** 個體渴望在未來擁有的特質。

identity achievement **定向型認同** 探索各種可能性之後選擇了某種身分認同。

identity diffusion **迷失型認同** 對探索認同缺乏興趣。

identity foreclosure **早閉型認同** 不探索任何可能性即對某種身分認同做出承諾。

identity moratorium **未定型認同** 尚在探索尋找身分認同，未做出任何承諾。

identity versus role confusion **自我認同 vs. 角色混淆** Erikson 的心理社會階段之一。此階段的青少年想釐清自己是誰以及想成為什麼樣的人。

imaginary audience **想像觀眾** 認為自己在多數時候是他人關注的中心。

immanent justice **正義遍在觀** 認定一些不相關的事件是對不當行為的自然懲罰。

immersion programs **沉浸式課程** 用英語向英語學習者教授學術科目的課程。

implicit associations test **內隱聯想測驗** 衡量個體對各個概念之間自動化、下意識的聯想強度。

imprinting **銘印現象** 在動物行為學中，幼崽依附母親的自動化過程。

incremental theories **增量理論** 將發展視為數量增加或連續性變化的理論。

industry versus inferiority **勤奮進取 vs. 自貶自卑** Erikson 主張兒童中期要開始學習如何成為社會需要的成年人。

infant mortality **嬰兒死亡率** 出生後第一年的嬰兒死亡人數。

infant states **嬰兒狀態** 調節嬰兒接受刺激量的不同意識狀態；狀態從哭泣到深度睡眠不等。

infantile amnesia **嬰兒經驗失憶** 成年人無法記住大約 3 歲之前的經歷。

infertility **不孕症** 雖有頻繁、無保護措施的性行為，但一年內仍無法懷孕。

information processing speed **訊息處理速度** 執行認知任務的效率。

inhibitory control **抑制控制** 專注於任務並忽略干擾的能力。

initiative versus guilt **積極主動 vs. 退縮內疚** Erikson 心理社會發展的第三階段。學齡前兒童嘗試主動做某些事，但如果他們經常失敗或受到批評，有可能會產生內疚感。

inner cell mass **內細胞團** 胚泡中的一團固體細胞，後來發育成胚胎。

intellectual disability **智能障礙** 一種在生命早期就開始的智能缺損，包括智力、社會和適應功能缺損。

intelligence **智力** 有助於成功適應從而實現人生目標的特質。

intelligence quotient or IQ **智商** 原先是根據兒童的心理年齡與實際年齡的比率來衡量智力，如今大多改用離差智商來衡量。

interactionism **互動論** 一種語言發展理論。兒童學習語言的生理準備度和環境中的語言經驗，共同作用促進語言發展。

internal working model **內在運作模式** 兒童早期的特定依戀關係形成心理表徵，形塑其對未來關係的期望。

internalizing (or self-directed) behaviors **內隱行為或針對自我行為** 兒童將情緒轉向內在並傷害自己的行為。

intersectionality **多元交織性（交叉性）** 研究各種社會身分（如族裔、性別、性取向和社經地位）重疊對發展的影響。

intrinsic motivation **內在動機** 出自個人內在的動機，例如完成工作的自豪感。

intuitive thought **直覺思考** 根據 Piaget 的理念，為前運思期邏輯發展的初始形式。

## J

joint attention **共同注意** 兩個人同時看著同一物體，但也互相留意對方，以確保雙方都參與同一件事的過程。

## K

kangaroo care **袋鼠式護理** 將嬰兒與父 / 母裸露的胸部或乳房進行肌膚接觸，並蓋上毯子的做法。

## L

language **語言** 與他人交流或思考時使用的符號系統。

language acquisition device（LAD） **語言習得裝置** 根據 Chomsky，人類大腦專門用於語言發展的部分。

language disorder **語言障礙** 兒童對語言的理解和產出語言的能力，明顯低於其非語言智力的障礙。

latency stage **潛伏期** Freud 人格發展理論的第四階段，出現在 6 至 12 歲之間，這段時期的性驅力沉潛蟄伏。

lateralization **腦側化** 大腦某一功能的部位偏在一個腦半球。

long-term memory **長期記憶** 幾乎永久保留記憶的能力。

low birth weight **低出生體重** 足月出生但體重低於 5.5 磅（約 2500 克）的嬰兒。

## M

macrosystem **巨觀系統** 指引個人日常生活組織和場合的文化規範。

major depression **重鬱症** 長期且嚴重的無價值感和絕望感、缺乏樂趣、有睡眠和食欲困擾，可能有自殺念頭。

maltreatment **不當對待** 父母或照顧者對兒童造成傷害或潛在傷害的任何行為；包括虐待和忽視。

mandatory reporters **責任通報人員** 法律要求服務兒童者向當局通報疑似兒童虐待事件。

media literacy **媒體素養** 識讀媒體展演背後目的和訊息的能力。

menarche **初潮** 女孩的第一次月經。

mentor **良師** 能和兒童建立信任的情感關係，並引導兒童正向發展的非父母成人。

mesosystem **中間系統** 微系統中各個環境之間的相互作用，例如兒童的學校和家庭。

metacognition **後設認知** 思考和監控自身想法與認知活動的過程。

metalinguistic abilities **後設語言能力** 思考和談論語言的能力。

microaggressions **微歧視（微攻擊）** 隱微地表現出對某族裔群體的偏見態度。

microsystem **微觀系統** 生態系統論的觀點，意指個體在他直接接觸的環境中（例如家庭、學校或友伴團體）與他人的面對面互動。

mindblindness **心盲症** 無法理解和推理他人的想法。

miscarriage **流產** 胎兒在 20 週胎齡前自然死亡。

molecular genetics **分子遺傳學** 識別特定基因，並確定這些基因如何在細胞內發揮作用的研究。

monozygotic (MZ) twins **單卵雙胞胎** 女性釋放的一個卵子，由一個精子受精，由此產生的細胞球分裂形成兩個具有相同基因的個體。

moral judgment **道德判斷** 推理道德問題的方式。

moral knowledge **道德知識** 對於是非對錯的理解。

morpheme **語素（詞素）** 語言中具有意義的最小單位。

morphology **構詞（形態）** 語言的聲音形成單詞的方式，以及與單詞之間的關係。

motivational resilience **動機韌力** 從挫折中恢復力量，並有動力再接再厲。

motivational vulnerability **動機脆弱** 挫折後氣餒和失去動力的傾向。

motor schemas **動作基模** 嬰兒透過動作來組織他們對世界的理解。

multifactorial inheritance disorders **多因子遺傳疾病** 由許多基因與環境影響相互作用引起的疾病。

multifinality **同途異歸性** 相同路徑導致不同發展結果的原理。

multisystemic treatment (MST) **多系統治療** 針對行為規範障礙症進行諸多層面的介入處理，包括家庭、同儕、學校和社區。

muscular ideal **肌肉理想** 男孩和成年男性將肌肉發達的身體視為理想。

mutations **突變** 細胞分裂時基因出現變化。

mutual exclusivity constraint **互斥限縮** 語言學習者假設一個物件只有一個名稱。

myelin sheath **髓鞘** 包覆軸突的脂肪層。

myelination **髓鞘化** 神經元上包覆髓磷脂的過程。

## N

natal gender **出生性別** 根據出生時的身體特徵，指定給個體的性別。

nativism **天賦論** 一種語言發展理論。該理論假設人類的大腦天生就有學習語言的能力，聽到口語就會激活普遍語法。

natural mentor **自然式良師** 成人和兒童之間自發形成的指導關係，而非透過正式的計畫配對。

nature **遺傳基因** 先天遺傳基因對發展的影響。

negative identity **負向認同** 與父母或其他成人支持的認同意見相左。

negative reinforcement **負增強** 在操作制約中，可使行為更有可能再次發生的反應，因為該行為可消除不愉快的刺激。

neglect **忽視** 未能滿足兒童基本的生理、情緒、醫療或教育需求，或未能保護兒童免受傷害。

neglected children **被忽視兒童** 在社會計量中，「最喜歡」或「最不喜歡」的提名數量都較少的兒童。

neonatal abstinence syndrome **新生兒戒斷症候群** 嬰兒中止接觸產前物質所引起的一系列症狀。

neurodiversity **神經多樣性** 主張神經學差異（例如自閉症類群障礙）應像任何其他人類變異一樣受到尊重。

neurons **神經元** 構成身體神經系統的細胞。

neurotransmitters **神經傳導物質** 透過突觸將神經衝動從一個神經細胞傳遞到另一個神經細胞的化學物質。

niche picking **利基選擇** 尋找與基因非常契合、能強化遺傳秉賦的環境。

non-normative stress **非常態壓力** 相對罕見的事件所引起的壓力，使個體不知如何因應。

normative stress **常態壓力** 多數人都會遇到的可預期壓力，僅需適度和相對簡單的因應。

nucleotide **核苷酸** 一種有機分子，四個鹼基之一與磷酸基團和糖分子的組合。

nurture **環境教養** 學習和後天環境教養對兒童發展的影響。

## O

object permanence **物體恆存** 當嬰幼兒看不到物體時，仍可明白物體依然存在。

onlooker behavior **旁觀行為** 在旁邊看其他兒童玩。

operant conditioning **操作制約** 行為出現之後的反應，導致該行為更常出現的過程。

operations **運思** 遵循系統性、邏輯性規則的心理行為。

oppositional defiant disorder **對立反抗症** 對權威人物的挑釁、反抗和敵對的持續性行為模式。

oral stage **口腔期** Freud 人格發展理論的第一階段，嬰兒的性驅力集中在口腔區域。

organogenesis **器官形成** 產前發育的過程，身體的所有主要器官系統都在該過程形成。

overregularization **過度規則化** 一種語法錯誤，兒童將語言規則錯誤應用於不須遵循該規則的單詞（例如，添加 s 讓不規則名詞如 foot 變成複數形 foots）。

ovulation **排卵** 卵巢釋放出成熟的卵子。

ovum **卵細胞** 未受精的卵子。

## P

parallel play **平行遊戲** 在同伴旁邊玩相同類型的玩具，但彼此沒有互動。

parasocial romantic relationships **準社會戀愛關係** 與偶像化人物的單方面關係，個體在其中體驗到理想化的「戀愛」感覺。

parental ethnotheories **家長民俗理論** 指引父母在特定文化背景下最佳育兒方式的信念系統。

passive gene-environment interaction **被動型基因—環境交互作用** 與兒童有共享基因的家庭，提供能支持兒童發揮能力和興趣的環境。

pediatric psychologists **兒科心理學家** 為患有內科疾病的兒童提供治療處遇的兒童心理學家。

peer influence **同儕影響力** 影響兒童和青少年，使其與重要的同儕更加相似。

personal fable **個人神話** 青少年認定自己在某些方面是獨一無二的，與其他人不同。

phallic stage **性器期** Freud 性心理發展的第三階段，3 至 6 歲的兒童克服對異性父母的吸引力，開始認同同性父母。

phenotype **表現型** 基因顯現於身體外表的特徵。

phobia **畏懼症** 對特定事物的非理性恐懼，嚴重到會干擾日常功能。

phoneme **音素** 特定語言中最小的可區辨語音。

phonics (or basic skills) approach **自然拼音法（字母拼讀法）** 一種閱讀教學方法。先從字母和音素等基本元素開始，再將音素組合成單詞。

phonology **音系** 研究語言音位的學問。

physical activity play **身體活動遊戲** 須運用大量肌肉活動的遊戲。

physical development **生理發展** 身體和大腦中發生的生理變化，包括體型和力量的變化、統合感覺和動作，以及精細和粗大運動技巧的發展。

placenta **胎盤** 通過臍帶將母親的氧氣和營養傳送給發育中的胚胎，並在懷孕後期帶走胎兒排泄物的器官。

plasticity **可塑性** 尚在發育的大腦具有改變構造和功能的能力。

play therapy **遊戲治療** 由受過專業訓練的治療師，以遊戲為互動的方式，協助兒童修通困難的情緒。

pleiotropic effects **多效作用** 任何一個基因都可能帶來多種結果。

polygenic inheritance **多基因遺傳** 許多不同的基因交互作用，促發了特定的性狀或行為。

popular children **受歡迎兒童** 在社會計量中，獲得大量「最喜歡」提名、少量「最不喜歡」提名的兒童。

positive reinforcement **正增強** 在操作制約中，能使行為更有可能再次發生的反應，因為該行為會帶來愉快的體驗。

positive youth development (PYD) **正向青年發展** 幫助所有年輕人充分發揮潛力的方法。

postconventional moral judgment **道德循規後期** 不以社會作為道德或正確的定義因素，而是基於適用於所有人的普遍原則。

postformal operations **後形式運思期** 考量多種觀點，並統整看似矛盾訊息的認知能力。

posttraumatic stress disorder (PTSD) **創傷後壓力症候群** 反覆經驗創傷事件，包括：侵入性想法、令人痛苦的夢境、創傷情境閃現，或在類似原始創傷的情況下出現極端反應。

practical intelligence **實用智力** 改變行為以適應環境、改變環境，或遷移到其他可以取得更大成功的環境，運用能力解決日常問題。

practice play **練習性遊戲** 為了好玩而重複進行的某種行為。

pragmatics **語用** 在社交場合應如何使用語言的規則和指引。

preattachment **前依戀期** 從出生到 6 週的依戀發展階段。在這個階段，嬰兒的感官偏好使嬰兒與父母建立了親密的連結。

precocious puberty **性早熟** 青春期變化在非常早的時候就開始了（6 或 7 歲）。

preconventional moral judgment **道德循規前期** 以自我利益和基於獎懲的動機為特點的道德判斷。

prejudice **偏見** 基於族裔、宗教或其他因素，對他人抱持負面的態度。

premature (or preterm) **早產** 嬰兒在胎齡 37 週之前出生。

premoral **前道德期** 無法從道德的角度思考問題。

preoperational stage **前運思期** Piaget 理論的第二個發展階段。在這個階段，2 到 7 歲的兒童還不會以邏輯方式思考，而是採魔力信念和自我中心觀的思考方式。

prepubescence **前青春期** 青春期前荷爾蒙變化開始之前的時期。

primary sex characteristics **第一性徵** 與生殖直接相關的生理特徵。

private speech **私語** 大聲自言自語，以指導自己的行動。

problem-focused strategies **問題焦點式因應策略** 專注於改變或改善壓力情況的因應策略。

processing capacity **處理容量** 大腦一次可以主動處理的訊息量。

proprioception **本體感覺** 無需查看就可以知道身體不同部位在空間中的位置。

prosocial behavior **親社會行為** 幫助和支持他人的行為。

protoconversation **原始對話** 成人和還不會說話的嬰兒，用單詞、聲音及示意動作你來我往的互動。

proximodistal **從軀幹到四肢的發展** 從身體的中心軸向四肢發展。

pruning **修剪** 未使用的突觸退化和消失。

psychoanalytic theory **精神分析論** Freud 提出的理論，主張個體處理生物驅力的方式，形塑出一系列的人格發展過程。

psychosexual stages **性心理階段** Freud 認為每個階段的性能量都投注到身體的不同部位。

psychosocial stages **心理社會階段** Erikson 提出的階段理念，主張每個階段都需要解決與社會世界和認同發展有關的核心衝突。

puberty **青春期發育** 青春期發生的身體變化，使個體能夠進行有性生殖。

punishment **懲罰** 施加負面後果或取消正增強，以減少不良行為發生的可能性。

## Q

quantitative changes **量變** 測量到的數量變化

qualitative changes **質變** 過程或功能的整體性質變化。

## R

racial and ethnic constancy **族裔恆常性** 在 8 到 10 歲之間，理解到族裔不因時空環境不同而變化。

racial socialization **種族社會化** 少數族裔父母教導孩子認識他們可能遭遇的歧視，學習如何應對，並為自己的民族傳統感到自豪。

racism **種族主義** 認定種族有優劣之分的信念系統。

reactive attachment disorder (RAD) **反應性依戀障礙** 無法對照顧者形成依戀關係的障礙。

recessive genes **隱性基因** 隱性基因攜帶的訊息通常不會呈現在表現型中，除非與另一隱性基因配對。

recursive thinking **遞迴思考** 思考他人思考你的想法的能力。

reflexes **反射** 由較低階的大腦中樞控制，具有既定模式、不自主的動作反應。

rehearsal **複誦** 反覆背誦以記住訊息。

reinforcement **增強** 能使行為發生更多次的反應。

rejected children **被拒絕兒童** 在社會計量中，獲得大量「最不喜歡」提名、少量「最喜歡」提名的兒童。

rejected-aggressive children **被拒絕攻擊型兒童** 由於好鬥、煩人或社交技巧不佳而被同儕拒絕的兒童。

rejected-withdrawn children **被拒絕退縮型兒童** 因社交孤僻和焦慮而被同儕拒絕的兒童。

rejection sensitivity **拒絕敏感度** 兒童被同儕拒絕所影響的程度。

resilience **韌力** 從逆境中重振旗鼓，或在不利的生活環境中茁壯成長的能力。

reversibility **可逆性** 反向心理操作的能力。

rhythmic stereotypies **節律性刻板動作** 無目的地重複大肌肉動作，例如踢腿或揮手，常見於嬰兒。

rites of passage **成年禮** 公開宣告兒童的身分轉變為成人的儀式。

rough-and-tumble play **打鬧遊戲** 看起來像打架或摔角的遊戲，但目標不是傷害或獲勝，而是玩得開心。

## S

scaffolding **鷹架作用** 透過知識較為廣博的成人（或其他兒童）的指導，協助兒童的能力更上一層樓。

schema **基模** 一種認知框架，將概念、物體或經驗放入相關的類別或組群中。

schizophrenia **思覺失調症** 以思考混亂、幻覺和妄想為特徵的精神疾病。

scripts **腳本** 對生活中常見事件（例如去雜貨店購物）進行方式的記憶。

secondary sex characteristics **第二性徵** 與性別相關，但不直接涉及生殖器官的特徵。

secure attachment **安全依戀** 與提供舒適和安全感的特定人物建立強烈、正向的情感連結。

secure base for exploration **探索的安全基地** 孩子將父母作為探索環境時可以依賴的安全堡壘。

secure base script **安全基地腳本** 兒童在痛苦時會期望或不敢奢望得到照顧、關心和支持。

selective attention **選擇性注意力** 將心思放在某件事上，同時忽略其他事情。

self-complexity **自我複雜度** 用各種不同的面向定義自己。

self-conscious emotions **自我意識情緒** 有賴於自我意識發展的情緒，如自豪、內疚和羞愧。

self-control **自我控制** 選擇目標、啟動適當反應、抑制不當反應、監控成功和糾正錯誤的能力。

self-efficacy **自我效能** 相信自己有能力影響自身功能與生活環境的核心信念。

self-esteem **自尊** 個體對自我相關特徵的感受。

self-esteem movement **自尊運動** 旨在提高學生自尊心，進而提高學業成就的學校課程。

self-fulfilling prophecy **自我應驗預言** 期望或信念衍生的行動，證實最初的預言或期望為真的過程。

selfies **自拍** 使用行動裝置拍攝自己並在網路上發布自己的照片。

semantic bootstrapping **語義自助** 使用概念類別來創建語法類別。

semantics **語義** 單詞的含義。

sensorimotor stage **感覺動作期** Piaget 理論的第一個階段，嬰幼兒透過感官和身體動作來認識世界。

sensory memory **感官記憶** 透過感官輸入的訊息，以原始形式保留很短一段時間。

separation anxiety **分離焦慮** 與父母分離時感到痛苦。

seriation **序列化** 根據高度、重量或其他特性將物體排序的能力。

service learning **服務學習** 要求學生提供社區服務，並從經驗反思中學習的計畫。

sex trafficking **性販賣** 以商業性剝削和性交易為目的，將兒童和青少年拐離家庭。

sexting **性簡訊** 將自己的裸照、半裸照發布到網路上。

sexual abuse **性虐待** 迫使兒童參與性活動，讓加害者得到性滿足或經濟利益。

sexual orientation **性取向** 被同性或異性對象性吸引。

sexually transmitted disease (STD) **性傳播疾病** 經由性傳播感染的疾病。

sexually transmitted infection (STI) **性傳播感染** 微生物經由直接性接觸而引起的感染。

shaken baby syndrome **嬰兒搖晃症候群** 用力搖晃嬰兒，造成嬰兒的大腦反彈頭骨，導致腦部瘀傷、出血或腫脹。

shame **羞愧** 由於個人失敗或將不良行為歸因於自身無法改變的某個面向時，所產生的情緒。

shaping behavior **行為塑造（行為逐步養成）** 透過增強逐步形塑行為，使其變得愈來接近期望行為。

single gene disorders **單基因遺傳疾病** 由單個隱性基因或突變引起的遺傳疾病。

slow-to-warm temperament **慢熱型氣質** 一種普遍的反應傾向，特點是對新經驗的適應緩慢，以及在飲食、睡眠和排泄方面的中度不規律。

small-c creativity **小 c 創造力** 在日常生活中用來解決問題和適應變化的創造力類型。

social cognition **社會認知** 運用認知過程來理解社會世界的方式。

social cognitive theory **社會認知論** 透過觀察和模仿他人行為來學習的理論。

social comparison **社會比較** 將自己的表現或特徵與他人進行比較。

social domain theory **社會領域理論** 道德發展包含三種社會知識領域——道德領域、社會常規領域和個人領域。個體以不同方式來決定每個領域中什麼是道德的。

social or pragmatic communication disorder **社交或語用溝通障礙症** 難以恰當地使用語言和非語言溝通。

social policy **社會政策** 旨在促進社會中個人福利的政策。

social referencing **社會參照** 觀察他人的反應，以決定在模稜兩可的情況下該如何反應。

social status **社會地位** 個體在同儕群體中普遍被接受或被拒絕的程度。

social-emotional development **社會情緒發展** 與他人連結、表達和理解情緒的方式變化。

socialization **社會化** 將文化的規範、態度和信仰灌輸給子女的過程。

socioeconomic status (SES) **社經地位** 綜合收入、教育和職業等項目來衡量個人社會地位的指標。

sociometry **社會計量** 用於評估兒童在同儕群體中的社會地位的研究技術。

solitary independent play **獨自遊戲** 每位兒童各玩各的玩具。

specific learning disorder (SLD) **特定學習障礙** 持續存在的學習困難，造成個體的學業表現遠低於平均水準，且無法以其他問題更好地解釋。特定的學習困難領域包括閱讀、寫作和算術。

speech sound disorder **語音障礙** 發出或使用語音方面，不符合其年齡發展。

spermarche **初精** 男性開始製造有活力的精子。

stage theories **階段理論** 發展理論之一，主張生命的每個階段都與之前和之後的階段有質的不同。

statistical learning **統計學習論** 語言學習是一個「數據分析」（data crunching）的過程，學習單詞及詞義有賴於人腦的計算能力。

stereotype threat **刻板印象威脅** 當個體擔心自己會加深自身認同群體的負面刻板印象時，變得更為焦慮。

stereotyping **刻板印象** 僅根據某人所屬的群體就對他下定論。

stores model **儲存模型** 經由一連串的心理位置（從感官記憶到短期記憶到長期記憶）以處理和「儲存」訊息的理論。

Strange Situation **陌生情境** Mary Ainsworth 的實驗程序，旨在評估嬰兒的安全依戀程度。

stranger anxiety **陌生人焦慮** 嬰兒在大約 6 個月大時，對不認識的人心生恐懼。

stress **壓力** 任何超出個體因應能力之外、令其不堪負荷的事物。

substance use disorder (SUD) **物質使用障礙** 使用會讓人上癮、損害社交、使用風險、耐受性提高和戒斷症狀特徵的藥物。

sudden infant death syndrome (SIDS) **嬰兒猝死症候群** 表面上健康的嬰兒突然死亡；SIDS 的發生率在出生 1 個月至 4 個月之間達到高峰。

superego **超我** Freud 關於良心或對錯感受的概念。

sustained attention **持續性注意力** 不管時間過了多久，依然能繼續保持專注。

sustaining environment **可持續發展的環境** 幼兒的學前教育環境品質。

symbolic / sociodramatic play **象徵性 / 社會戲劇性遊戲** 運用象徵性符號和想像力進行遊戲。

sympathy **同情心** 關心他人的福祉，幫助或安慰對方。

synapse **突觸** 一個神經元的軸突與另一個神經元的樹突相會的地方。

synaptogenesis **突觸形成** 新突觸的發育。

syntactic bootstrapping **語法自助** 使用語法或句法來學習新詞的含義。

syntax **語法（句法）** 語言的文法。

## T

taxonomic constraint **分類限縮** 當兒童學習到一個新詞後，又將該詞延伸去標記其他類似的事物。

telegraphic speech **電報式語言** 語言發展的其中一個階段。在這個階段，兒童只使用必要的詞語來表達，省略不必要的詞（例如，Go bye-bye）。

temperament **氣質** 個體回應外在事件時的普遍情緒風格。

teratogens **致畸胎物** 可能破壞產前發育，並導致胎兒畸形或終止妊娠的物質。

theory of core knowledge **核心知識論** 主張人類大腦與生俱來就具有一些基本知識的理論。

theory of mind **心智理論** 理解他人和自己的心理狀態，以及根據信念、情緒和意圖等心理狀態採取行動的能力。

theory of multiple intelligences **多元智能理論** Gardner 主張有許多不同類型且彼此相互獨立的智能。

thin ideal **纖瘦理想** 媒體宣揚女孩和成年女性最好是纖瘦苗條的身材。

three-ring model of giftedness **資賦優異三環模型** 資賦優異是中等以上的智力、創造力和工作熱忱的交集。

toxic stress **毒性壓力** 在缺乏支持性成人的保護緩衝下，毒性壓力會激發強烈、頻繁和長期的生理壓力反應系統。

toxoplasmosis **弓蟲病** 由貓糞、貓砂或土壤中的寄生蟲引起的感染疾病。

transductive reasoning **轉換推理** 思考從一個特定觀察跳到另一個觀察，在無中生有的情況下創造出因果關聯。

transgender **跨性別** 認同性別特質，而非認同出生性別。

transition **過渡期** 分娩第一產程的第三階段。宮縮接連不斷，每次持續長達 90 秒，中間幾乎沒有停頓，直到子宮頸擴張至 10 公分為止。

transitional bilingual education programs **過渡式雙語教育課程** 針對英語學習者的課程。學生在接受一些母語指導的同時，也接受學習英語的密集指導。

transitional probability **轉移概率** 某一特定聲音伴隨另一聲音，形成單詞的可能性。

transsexual **變性者** 已經改變或計劃改變性別的人，包括（但不限定）進行生理醫療。

triarchic theory **智力三元論** Sternberg 認為智力代表分析、創造和實用三種智力均衡發展。

trophoblast **滋養層** 胚泡中的細胞外環，日後發育成妊娠的支撐系統。

two-way immersion programs **雙向沉浸式課程** 將以英語為母語的兒童與正在學習英語的兒童安排在同一班級，同時使用英語和非英語的課程。

## U

ultrasound **超音波** 一種產前檢測，使用高頻聲波形成胎兒大小、形狀和子宮位置的圖像。

unconscious mind **潛意識心靈** 沒有意識到的想法和感受。

undernutrition **營養不足** 缺乏熱量，或缺乏一或多種必需營養素。

universal grammar **普遍語法** Chomsky 提出的若干關於語法規則和限縮的假設，是內建在大腦中所有語言的基礎。

unoccupied behavior **無所事事的行為** 環顧四周，但不從事任何活動。

## V

vaping **電子菸** 吸入和呼出由電子設備產生的蒸汽。

violation of expectation **期望悖反** 基於以下發現的研究：嬰兒對意外的或令人驚訝的事件注視的時間更久。

visual acuity **視覺敏銳度** 清楚看見物體細節的能力。

visual perspective-taking **視角換位思考** 理解他人可從有別於自己的角度看待物體。

vocabulary spurt **詞彙爆增** 2 歲幼兒詞彙量快速增長。

## W

Wernicke's area **Wernicke 區（威尼克區）** 大腦中和理解語言含義有關的區域。

white matter **白質** 連接大腦神經元的髓鞘化軸突。

whole language approach **全語言教育法** 教導閱讀的方法，強調從單詞出現的上下文脈絡去理解單詞的含義。

whole object bias **整體對象偏誤** 語言學習者假設某一字詞說明的是整個對象，而不僅是該對象的其中一部分。

working (or short-term) memory **工作（或短期）記憶** 僅將訊息儲存一段短暫的時間，好讓大腦處理訊息並移動到長期記憶的記憶系統。

## Z

zone of proximal development **近側發展區** 根據 Vygotsky 的理念，意指兒童單靠自己做不到，但可以在更有能力或學識的人的幫助下做到。

zygote **受精卵** 女性的卵子和男性的精子經由受精結合在一起。

# 筆記頁

# 筆記頁

# 筆記頁

國家圖書館出版品預行編目（CIP）資料

兒童發展 : 主動學習的觀點 / Laura E. Levine, Joyce Munsch 著 ; 陳增穎譯. --
初版. -- 新北市 : 心理出版社股份有限公司, 2024.03
面； 公分. --（幼兒教育系列 ; 51233）
譯自 : Child development : an active learning approach, 4th ed.
ISBN 978-626-7178-98-0（平裝）

1.CST: 兒童心理學 2.CST: 兒童發展

173.1 113000030

幼兒教育系列 51233

兒童發展：主動學習的觀點

作　　者：Laura E. Levine & Joyce Munsch
譯　　者：陳增穎
執行編輯：陳文玲
總 編 輯：林敬堯
發 行 人：洪有義
出 版 者：心理出版社股份有限公司
地　　址：231026 新北市新店區光明街 288 號 7 樓
電　　話：(02) 29150566
傳　　真：(02) 29152928
郵撥帳號：19293172 心理出版社股份有限公司
網　　址：https://www.psy.com.tw
電子信箱：psychoco@ms15.hinet.net
排 版 者：菩薩蠻數位文化有限公司
印 刷 者：辰皓國際出版製作有限公司
初版一刷：2024 年 3 月
I S B N：978-626-7178-98-0
定　　價：新台幣 600 元